GURDJIEFF

A BIOGRAPHY

The Anatomy of a Myth

⊙

グルジェフ伝

神話の解剖

ジェイムズ・ムア：著
浅井雅志：訳

⊙

平河出版社

「彼はけたはずれの人間だった!」(アンスティテュ・グルジェフ〈パリ〉所蔵)

グルジェフが聖歌隊員を務めたカルス陸軍付属大聖堂（ティロ・ウルブリヒト教授所蔵）

「我が父」：ギオルギオス・ギオルギアデス（アンスティテュ・グルジェフ〈パリ〉所蔵）

カシュガルのグルジェフ（トライアングル出版社所蔵）

職業催眠術師グルジェフ。タシケント,1908年頃（エリザベス・ベネット氏所蔵）

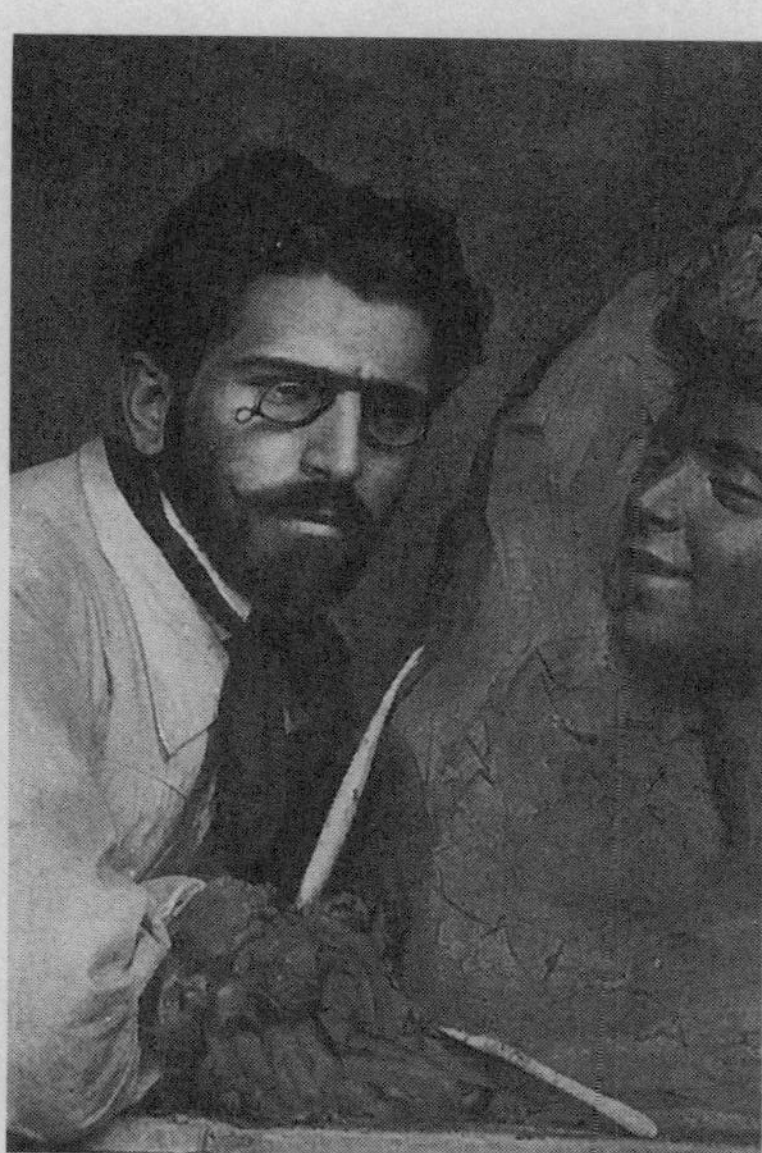

セルゲイ・ドミトリエヴィッチ・メルクーロフ：グルジェフの著名な従兄弟（メルクーロフ協会〈レニナカン〉所蔵）

若き日のポール・デュークス：イギリス人最初の弟子，1913年（著作権者不明）

エリザベータ・スジャーンヴァル（アンスティテュ・グルジェフ〈パリ〉所蔵）

ドクター・レオニード・スジャーンヴァル：グルジェフの最古参の弟子（アンスティテュ・グルジェフ〈パリ〉所蔵）

「ブラヴォー，アメリカ!」：1924年1月13日，ニューヨーク（ハルトン・ピクチャー社所蔵）

「私のユニークな愛を注いだ妻」：ユリア・オストロフスカ（アンスティテュ・グルジェフ〈パリ〉所蔵）

トマス・ド・ハルトマン：至高の誠意を捧げた男
（トマス・C・デイリー氏所蔵）

オルガ・ド・ハルトマン：『ベルゼバブの孫への話』の筆記者（トマス・C・デイリー氏所蔵）

第四次元・ウスペンスキー（著作権者不明）

アレクサンドル・グスタフ・ザルツマン：「ソゴル神父」（アンスティテュ・グルジェフ〈パリ〉所蔵）

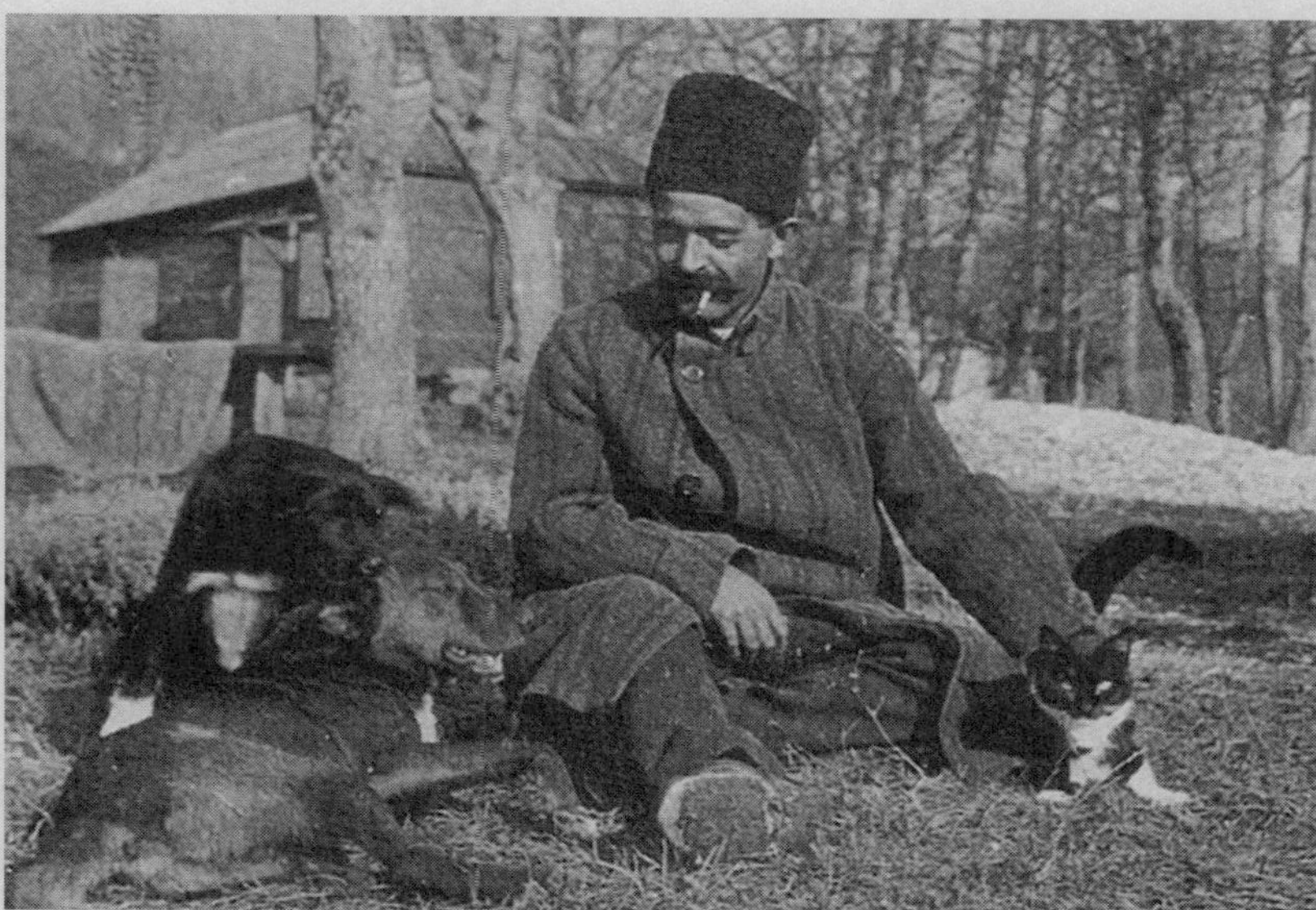

ペットを連れた逃亡者：オルグニキのグルジェフ（アンスティテュ・グルジェフ〈パリ〉所蔵）

「オルギヴァンナ」：グルジェフからフランク・ロイド・ライトへ（フランク・ロイド・ライト文書館所蔵）

ティフリス旧市街：グルジェフなじみの迷路（フィッツロイ・マクリーン氏所蔵）

キャサリン・マンスフィールド（アレクサンダー・ターンブル図書館所蔵）

ロザミア子爵夫人：グルジェフの庇護者（ダフネ・マクニール＝ディクソン夫人所蔵）

アヴォンのシャトー・ド・プリウーレ：グルジェフの「司令部」（アンスティテュ・グルジェフ〈パリ〉所蔵）

尼僧の秘儀参入（アンスティテュ・グルジェフ〈パリ〉所蔵）

スタディ・ハウス：グルジェフはここからワークを指導した（大英図書館所蔵）

集中した訓練(フランク・ロイド・ライト文書館,およびアンスティテュ・グルジェフ〈パリ〉所蔵)

壮麗なる執着(ジェレミー・フィンリー氏所蔵)

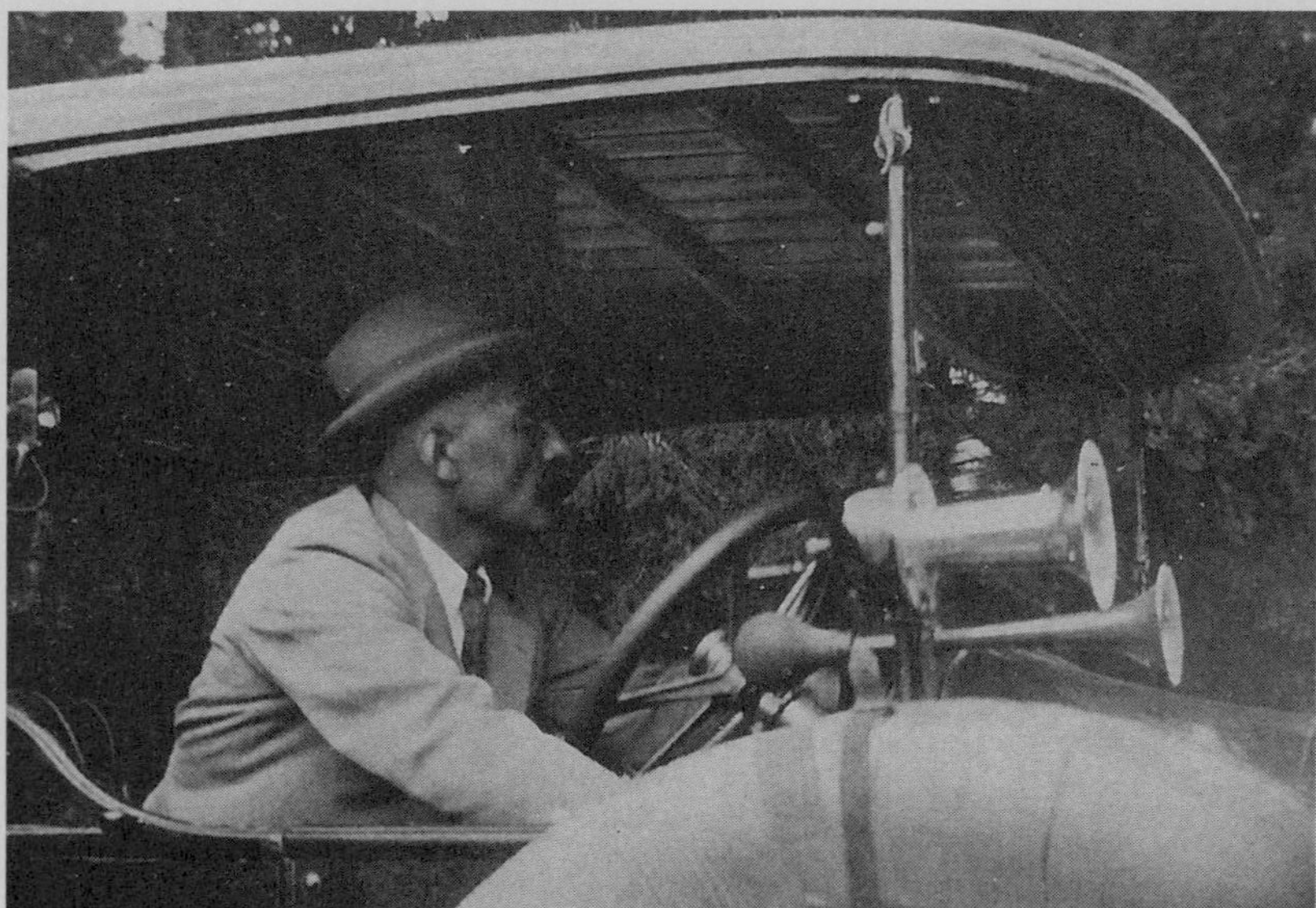

「真理の探求者」の生き残り(アンスティテュ・グルジェフ〈パリ〉所蔵)

カフェ・ド・ラ・ペ：『ベルゼバブ』はここで書かれた(グラン・トテル新協会所蔵)

A.R.オラージュ:アメリカ「大使」(アン・オラージュ氏所蔵)

ジェシー・オラージュ：「お前は煮えたぎる油の中に放りこまれる」(アン・オラージュ氏所蔵)

ソリータ・ソラーノ：「知識の宝庫の守護者」（アメリカ議会図書館所蔵）

ジェイン・ヒープ：「天使に捧げるろうそくでも，悪魔を突く棒でもない」（コマース・グラフィックス社，ベルニス・アボット氏所蔵）

ルネ・ドーマル：フランス人最初の弟子（アンスティテュ・グルジェフ〈パリ〉所蔵）

ドミトリ・イヴァノヴィッチ：グルジェフの弟（アンスティテュ・グルジェフ〈パリ〉所蔵）
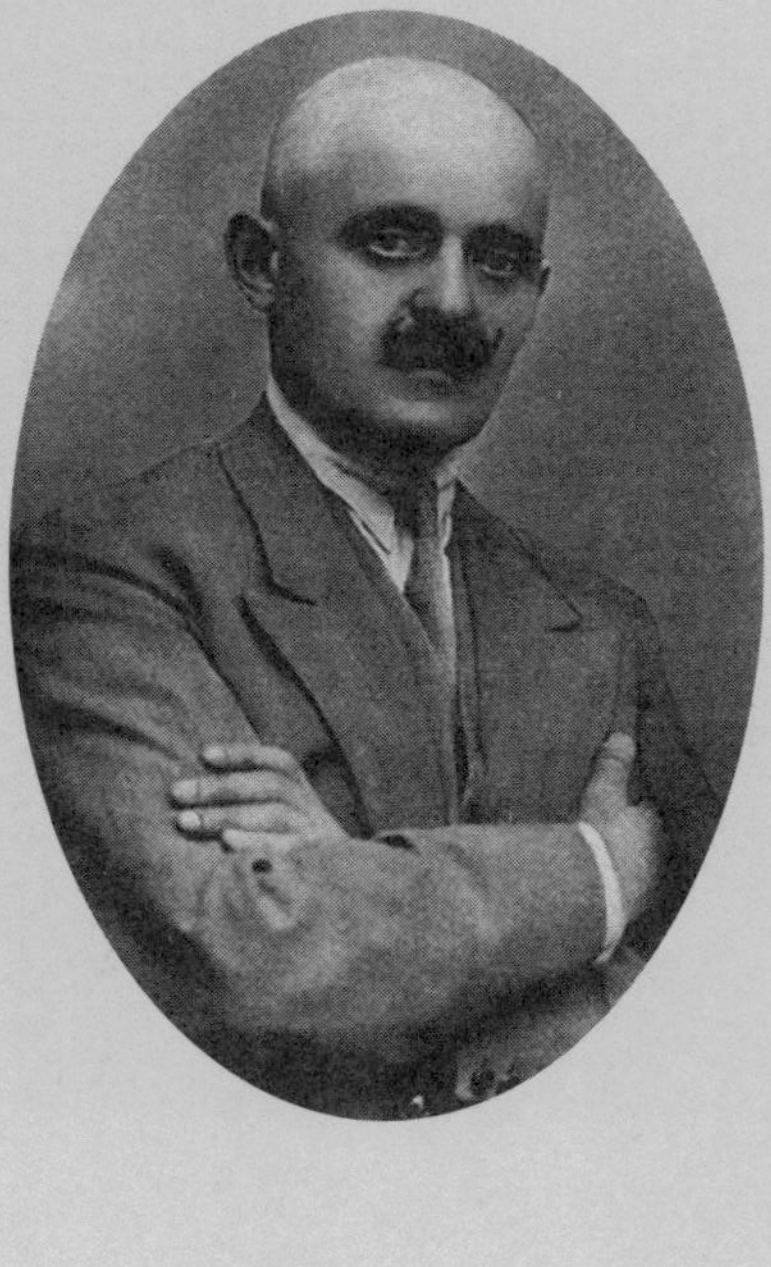

サンセット大通りを行く(アンスティテュ・グルジェフ〈パリ〉所蔵)

グルジェフの食料貯蔵室兼告解室(アンスティテュ・グルジェフ〈パリ〉所蔵)

ムシュー・ボンボン:コロネル・レナール街6番地, 1947年(ウィリアム・シーガル氏所蔵)

「サナダムシをなだめる」(アンスティテュ・グルジェフ〈パリ〉所蔵)

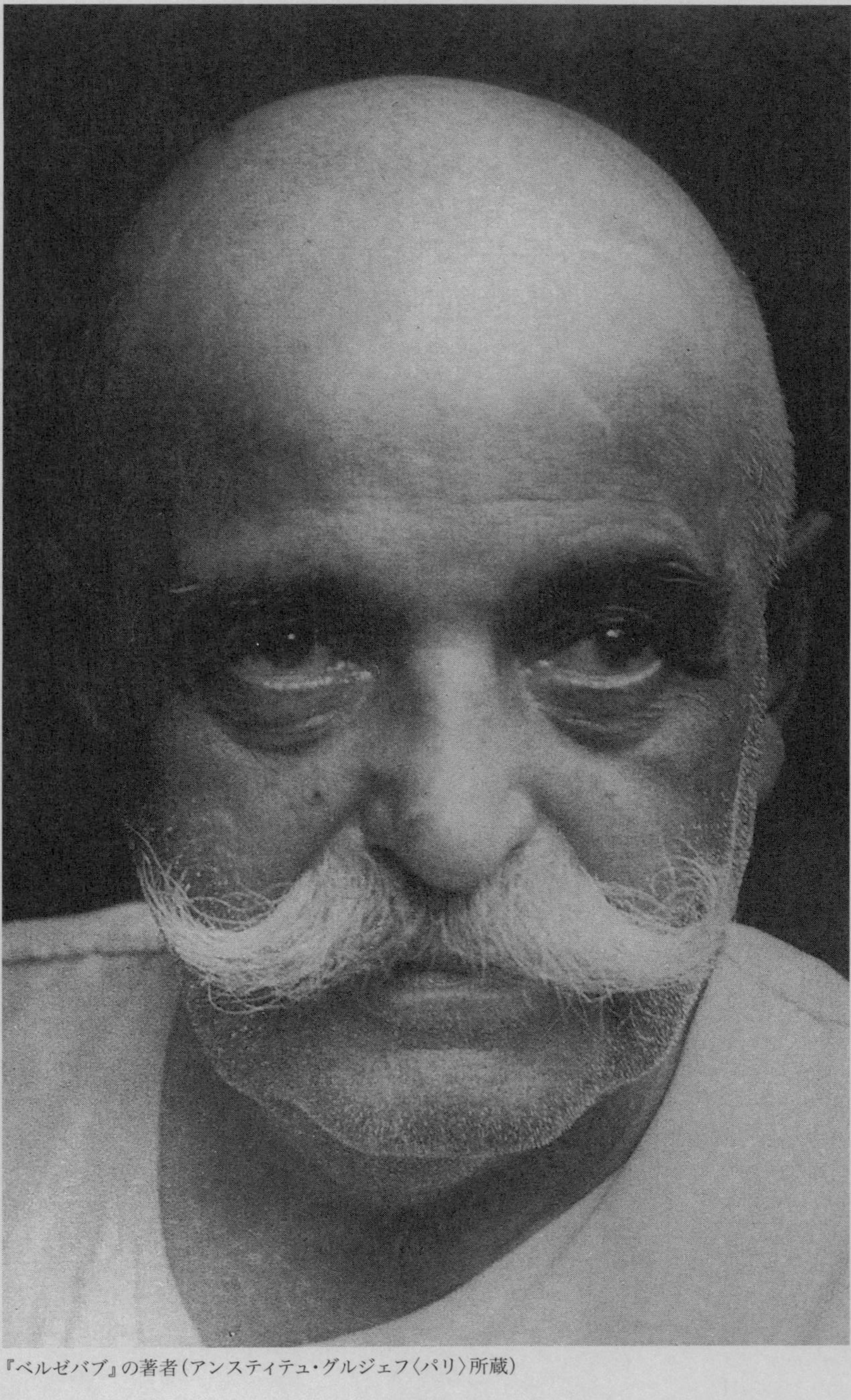

『ベルゼバブ』の著者（アンスティテュ・グルジェフ〈パリ〉所蔵）

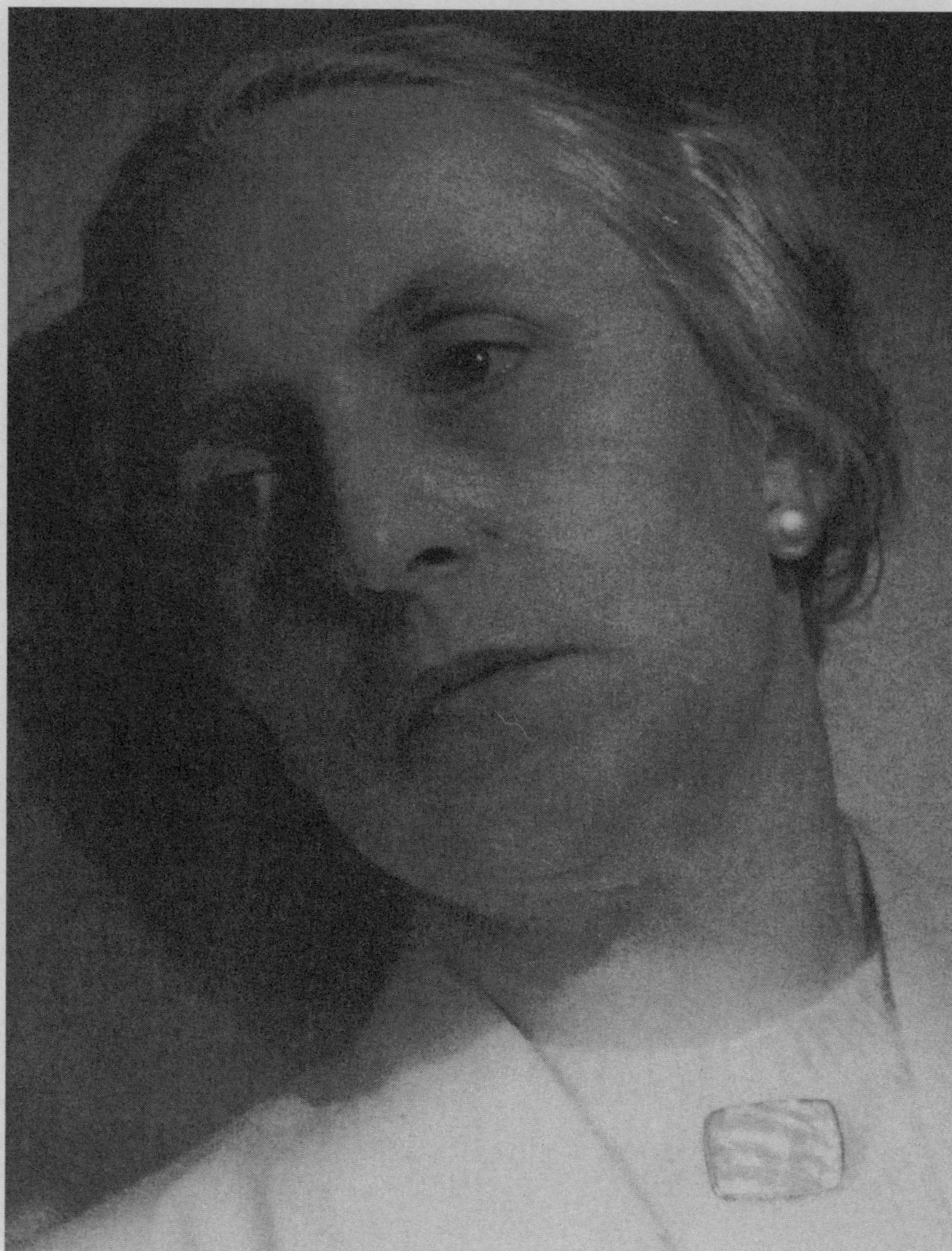

中年のジャンヌ・ド・ザルツマン（アンスティテュ・グルジェフ〈パリ〉所蔵）

アヴォン，1949年11月3日（エリザベス・ベネット氏所蔵）

最後のドルメン：グルジェフの墓（バーナード・マーウィス氏所蔵）

グルジェフ伝
神話の解剖

アンリエット・ランスに
敬意をこめて捧ぐ

グルジェフ伝◎神話の解剖……………目　次……………

◎本文中、原注A・用語解説は★付きの算用数字で、
原注B・引用文献は算用数字のみで示した。
また、訳注を付した箇所は＊で示した。

謝辞

以下の方々の善意には大いに勇気づけられた。モーリス・デゼル、ミシェル・ド・ザルツマン、そしてアンリ・トラコル。（とはいえ、彼らは本書の中で特別に言及されているわけではない）。とりわけミシェル・ド・ザルツマンには大きな恩恵をこうむった。彼の個人的な事情や感情にどうしても立ち入らざるをえないこのような書物の執筆を、奨励してくれたばかりか、他では得られないような資料まで提供してくれた。

グルジェフ晩年の描写においては、彼の存在感が忠実に再現されるよう努めた。その感覚は以下の彼の弟子たちと長期間交流したおかげで得られたものであった――エリザベス・ベネット、バーナード・コートニー・メイアーズ博士、マイケル・カラー＝ブリッグズ、ティム・ダールバーグ、ヘレン・エントウィッスル、ヒルダ・フィールド、ジョアナ・ハガティ博士、リナ・ハンズ、リュセット・ウズー、ジョン・レスター博士、キャスリーン・マーフィ、アダム・ノット、ドロシー・フィルポッツ、ジョージ・フィルポッツ、バジル・ティリー、パメラ・トラヴァーズ、そしてケネス・ウォーカー博士。

種々の文献に当たるに際しては、以下の諸施設の方々から助力を得た――大英図書館、公立公文書館、外務省図書館、王立アジア協会、王立地理学協会、グルジェフ・ソサエティ、ニューヨークおよびカリフォルニアのグルジェフ・ファウンデーション、ワールブルク・インスティテュート、ソ連文化交流協会、アルメニア友好・文化交流協会、そして元ソビエト大使の故レオニード・ザミャーチン氏。

細かな事項に関する調査では、以下の方々の助力を得た――ローズ・ブルックハウス、ジョン・ハンター、クリストファー・ソロモン博士。また翻訳ではジョン・ハンター、クリスティーン・ランバート両氏の援助を受けた。トマス・C・デイリーとロビン・ウォーターフィールドの両氏のご尽力により、トマスおよびオルガ・ド・ハルトマンの『ミスター・グルジェフとの日々』の決定版に使用された手稿に目を通すことができた。私の質問への返信の中で、レニナカン（旧アレクサンドロポール）のメルクーロフ記念館のサムヴェル・ムクルチアンからの手紙ほど胸に迫るものはなかった。それは一九八八年のあの壊滅的なアルメニア大地震の直後に投函されたものだった。ジェイコブ・ニードルマン教授はいつもすばやく適切な助言を与えてくれた。

以下の方々にも深い謝意を表したい。本書に収録されたグルジェフおよび彼をとりまく人々の写真の圧倒的多数は、ミシェル・ド・ザルツマンとパリのアンスティテュ（インスティテュート）・グルジェフとのご好意によるものである。トマスとオルガ・ド・ハルトマンの写真はトマス・C・デイリーの許可を得て掲載することができた。ウィリアム・シーガルには、彼の娘マーガレットとグルジェフが一緒に写っている写真の、ソーナ・ハルトゥーニアンからは、グルジェフの有名な従兄弟であるセルゲイ・ドミトリエヴィッチ・メルクーロフの写真の提供を受けた。グルジェフが車を運転している写真はジェレミー・フィンリーから、ロザミア卿夫人の写真はダフネ・マクニール＝ディクソン夫人から、A・R・オラージュおよびジェシー・オラージュの写真はアン・オラージュ夫人の提供によるものである。心から感謝したい。写真を探す作業は、ローズ・ブルックハウス、マリアン・イムハスリー、そしてとりわけピーター・アーヴィンの協力を仰いだ。パディ・マフェットも関係諸機関との間に立って便宜を図ってくれた。いくつかの地域の写真掲載にあたっては、デヴィッド・マーシャル・ラング教授と、旧友であるティロ・ウルブリヒト教授のご好意を得ることができた。

本書は完成までに四年かかったが、その間、エレメント・ブックス社の社長であるマイケル・マンからはいつに変わらぬ助力と激励を受けた。原稿の校訂にはローズマリー・ペティットがあたってくれた。

最後になったが、私の旧友で、グルジェフ・ソサエティの文書保管人でもあるジェフリー・サマーズは、激励や批判や助言をたえず与えてくれた。彼を本書の共著者であると呼んでも、決して過言ではない。

序文

ゲオルギー・イヴァノヴィッチ・グルジェフは一九四九年一〇月二九日に死んだ。……しかし彼は本当に逝ったのだろうか。いや、彼はここにいる。つまり、彼の肉体の消滅を超えたある微妙な、しかし活力に満ちた影響力がいたるところに見られ、「グルジェフ」という名称がそのシンボルになっているのだ。いや、時としては、彼の多くの弟子たちが静かに内省するとき、彼が生きていた「今」と同様の姿をこの「今」に連れもどしてくるかのようにさえ思える。むろんこれは信念とか念写とか異常心理学といったものとはなんの関係もない。現に目の前にあるものに自分を開くかどうかだけの問題なのだ。クリシュナ神はかつてこう断言した。「非現実のものは存在をもたない。現実のものは存在を停止することはない」

精神がこうした弾力を維持するのはなまやさしいことではない。グルジェフの葬儀がアレクサンドル・ネフスキー大聖堂で執り行われたとき、ちょっとしたハプニングがあった。葬儀が終わり、司祭が聖像画が掛けてある聖障に覆いをかけたとき、電気系統に故障が起こり、整然とした集まりを冬の夜の暗闇の中にたたきこんだのである。グルジェフの敵たちは大喜びした──彼の影響力の消滅を象徴する出来事だというわけだ。「これでおしまい！」。幸いなことにそこでは、彼にもっとも近い友人たちがかかげる希望のろうそくが燃えていた。ところが、「文化的酸素」ともいうべきものが欠けていたのだ。今思えば遠い時代だ。黒いベレー帽がアストラハン帽を駆逐し、ジャン・ポール・サルトルがカフェ・ド・フロールのテーブルに自分専用の電話を取り付けさせていた時代なのだ。当時パリにいた賢者で、グルジェフほど「度を過ごした」者はいなかったのではないか。「白痴のための乾杯」の儀式、神聖舞踏のクラス、ホメロス風の叙事詩である『ベルゼバブの孫への話』――こうしたものは、一片の真剣な関心さえ呼び起こさなかった。知的予想屋どもの大半は、彼が歴史の中に埋もれてしまうのはまちがいないと思ったことであろう。

それを思えば、今日の変化には目をみはるものがある。新千年紀を迎えようとしている年にやってきたグルジェフの五十回忌には、（彼に対する不利な修正意見や誹謗中傷、かと思えば、ずさんでありがた迷惑な擁護、つぎはぎだらけの百科全書的解釈や海賊まがいの私物化、などなどの波をかいくぐって）彼の影響力がますます広まっているのを目にすることになった。セオドア・ローザックは、グルジェフこそ進化を続ける現代のセラピーの創始者だと言う。E・F・シューマッハーは、エコロジー運動の哲学的側面の父の一人だと言い、リンカン・カースティンは、現代アメリカ舞踏にまぎれもない影響を与えたと言う。ジェイムズ・ウェッブは彼を注目すべきオカルト的作家と位置づけ、ピーター・ブルックとジェルジー・グロトフスキは、グルジェフとドラマの領域との関連について重要な発言をしている。同様にロビン・スキナーは心理学との、バサラブ・ニコレスクは（最近の息をのむほどに大胆な論文の中で）量子物理学との関連に言及している。またこれに加えて、グルジェフが弟子のトマス・ド・ハルトマンと共同で作曲した感性を揺さぶるピアノ曲に対しても、今ほど関心が高まった時期はなかった。

しかし、待て……彼の教えに従う者たちもまだ歓喜するには早すぎる。没後によくある劇的な名声の獲得――科学におけるメンデル、美術のヴァン・ゴッホ、文学のカフカなど――は、ほとんど常に決定的な重要性をもつ論文その他のものを呼び覚ましてくるのだ。すでに人の知るところとなっている思想の分野では、長い間弁証法という槌でたたかれてきたものだけが、最終的に確固たる認知を受けることができるのである。一七世紀における認識論上の決裂から、現代のポスト構造主義的言葉遊びにいたる近代ヨーロッパ思想が、（われらが主人公がいみじくも述べたように）「取るに足らない、ほとんど空虚な観念の上に構築された……音楽」にすぎないのだとしたら、それは秘教の伝統にも死をもたらすものである。ならば、秘密の喜びに震えながら、こう認めようではないか——最終的に確定されたグルジェフなどというものは幻想でしかないこと、最後の審判の日など近づいてはいないこと、そして彼を攻撃する者と賛美する者との激突こそが、これから先何世紀にもわたる「激しく、活気に満ちた出来事」を約束してくれるのだ、と。

おびただしい数の媒体が、グルジェフの影響力をなんらかの形で未来へと伝えようとしている。その最高位に位置するのは、当然のことながら彼自身の作品である。彼の音楽、瞠目に値する神聖舞踏、そして著作。著作の中では、パメラ・トラヴァーズが「空飛ぶカテドラル」と呼んだ『ベルゼバブの孫への話』が屹立している。付言しておくと、この巨大なテクストに立ち向かうには、「奮闘するヤコブ」的精神が必要だ。そのキーとなる諸章は、その茫漠、曖昧模糊、ないしは深遠さにおいて、ヘーゲル、ハイデガー、ラカンといった面々に一歩たりともひけをとらない。因習的な読者諸氏は、簡単に抱き寄せられるような見方に出会うことはまずあるまい。いや、実はこの本、文学史上にそそり立つ巨大なティラノザウルス・レックスで、人間が常識と考えるにいたった見方をことごとくむさぼり食わせるための遺伝子操作で生み出されたものなのだ。すなわち——「何世紀にもわたって人間の中に根づいてきた、この宇宙に存在するすべてのものに関する信念や見解を、いかなる妥協も許さず、情け容赦なく、読者の思考および感情の中から駆逐する」ために。こうした情け容赦ない思想の解体作業（アドルノの『否定の弁証法』参照）は、当然のことながら大きな騒音を生じるが、一方テクストの下に隠れているものは、露骨なまでに建設的なものなのである。神話創世的人物である壮麗なるベルゼバブは、あからさまにグルジェフ自身をモデルにしているが、彼は不羈（ふき）の精神をもつ者たちにたえず呼びかける。こうした者たちは、社会の愚かしさから自らを振りほどこうとする力によって、安っぽいシニシズムへと陥るかわりに、超越的な意味と目的との探求へと駆り立てられているのである。彼らが若ければ若いほど条件は有利になる。

こうした者たちの特殊な渇きは、彼らをこれもやはり特殊なオアシスへと導く。この探求には、識別眼、常識、そして鋭い直感が不可欠だ。グルジェフの五十回忌を迎えた今、彼の名を冠し、彼の思想を視野に入れた組織はますます増加し、この世の春を謳歌している。その内のいくつかは系統的にもまずまず正統で、彼の遺産に忠実に活動している。それ以外はそうとはいえない。今では、インターネット上のサイトも含めて、グルジェフのまがいものが悲しいほどに氾濫している。そうしたまがいものは、模倣や反論、さらにはパロディという姿さえとって、せっせと「ドル・ビジネス」に励んでいるのである。

伝記がその本領を発揮するのはまさにこの点においてである。伝記の主人公その人が、それが正統であるかどうかの試金石を提供してくれるからだ。一八六六年から一九四九年という時代の枠は、実に多彩な歴史的舞台をしつらえてくれる。つまりグルジェフの生涯は、プロシアのシュレスヴィヒ・ホルシュタイン公国の併合からベルリン空輸の停止まで、スメタナの『売られた花嫁』からシモーヌ・ド・ボーヴォワールの『第二の性』まで、アルフレッド・ノーベルのダイナマイトの発明からソ連の最初の核実験までをカバーしているのである。この時代、人類は、自らを痛めつけた結果生まれた屈辱的な傷がこれまでになくひどくなっているのに、これを後生大事にかばいつづけた。この時代はまた、アルメニア人の大虐殺と第一次世界大戦、ユダヤ人のホロコーストと広島・長崎の惨劇の証人となった。(こうした無数の事件が、彼のあの恐ろしい言葉の証拠となっているではないか――「いかなる進化もない。ただ外形が変わるだけだ。……近代文明は暴力と奴隷制とお上品な言葉の上に築かれているのだ」)

とはいえ、グルジェフの個人生活という万華鏡を回せば回すほど、彼の生涯は歴史の中にすんなりとおさまるようにはできていないことを痛感させられる。彼という人間は、それが身にまとった華麗なペルソナ——トルキスタンの虎、オゼイ王子、市民グルジェフ、ムシュー・ボンボン、舞踏教師——の中にも見当たらないし、彼が演じた役——ピラミッドのガイド、ローマの靴磨き屋、ブハラの造花作り、中央アジアでの叡智の探求者、タシケントの催眠術師、ペトログラードの秘教の教師、エッセントゥキの金鉱探し、イスタンブールの絨毯商人、カーネギー・ホールの一回限りの興行主——の中にもおらず、はたまた、哲学者ピョートル・ウスペンスキーや作曲家のトマス・ド・ハルトマン、舞踏家ジャンヌ・ド・ザルツマンなど、彼がその磁力で引きつけた注目すべき弟子たちの中にも、彼がアルマニャックやコーヒーを飲んだ、フィリポフ、キメリオン、カフェ・黒バラ、チャイルズ・レストラン、レクリヴァイス、カフェ・ド・ラ・ペといった場所にもいないのだ。

　ヨーロッパの古典期以降の伝記では、聖者の生涯や王侯貴族の隆盛と没落に範をとることが通例になっている。古典においても、ステレオタイプ化した英雄たちがあふれている。もう決して若くない私は、見慣れたグルジェフ晩年の写真を見るたびに、ギルガメシュ叙事詩の音色を耳にする。

　クラブの王ギルガメシュよ、汝の美点は偉大なり。この男はあらゆることを知り、この王は世界の諸国を知っていた。賢明で、さまざまな神秘を体験し、秘儀を知っていた彼は、あの大洪水以前の時代の話を語ってくれた。長い旅に出、疲れて倦み果て、帰ってきたときには、すべてが刻みこまれた石版になっていた。

　巡礼を志す精神は、こうした足跡をたどることを希求しないだろうか？　しかし、上昇への希望、「北へではなく上方へ」と移動しようとする強い欲求だけでは、何も達成されない。たやすく空中浮遊の幻想や、あるいは快適な苦悩の中へ滑り落ちてしまう。ある高みからわれわれの道程を導き、激励してくれる者が必要になる。自分が何を語っているかを熟知している人間という、きわめて稀な存在が必要なのだ。これこそグルジェフがその生涯をかけて演じた役であり、そしてこの伝記においても、彼がわれわれに与えてくれる恩恵なのである。

伝記作家に、伝記執筆以上におもしろく、しかしまた手強い仕事を突きつける者がいるかどうか、私にはわからない。(また、その仕事にあたっているからといって、大言壮語することは控えねばならない)。しかしひとつだけはっきり言えるのは、今回のこの仕事が私にとって拷問だったということである。それは単に、使った資料がいまだ時の制約を受けているとか、彼のまわりにいた者たちが見せる非歴史主義的なはにかみだとか、あるいはグルジェフの心酔者たちがきらびやかな舞踏の中でまぶしくも怪しげな光を放っていたり、はたまたグルジェフの二番煎じたちが好き放題やっている、といった問題ではない。伝記の真の問題は、かつても今も将来も、伝記作家と彼が描く対象の「存在(ビーイング)」の乖離なのだ。ある者たちは聖人伝に走り、今日隆盛をきわめる別の一派は偶像破壊に向かったが、それで困難が解消するわけではない。キプロス島には古い格言がある——「石が卵の上に落ちたら、ああ、かわいそうな卵よ! でも、卵が石の上に落ちたら、それでも、ああ、かわいそうな卵、なのだ」。

カエサルの『ガリア戦記』ばりに、本書は三部に分かれている。第一部はグルジェフが熱烈な探求者であった前半生に挑んだものだ。この部分は「自己神話化」と名づけたが、それは私が、グルジェフ自身の四つの著作に(完全にではないが)かなりの程度依存していることをごまかそうと意図してのことではない。「思想の顕現」と銘打った短い第二部では、グルジェフの主要な思想の素描を試みた。このやっかいなしろものは正確に把握されねばならない。ここで扱っているのは、現代人の気質に合った批評を構築しようとやっきになっている人間ではなく、その生と思想とが驚くべき深みにおいて融合している人間である。最後の第三部は、完全装備をした上でグルジェフの後半生に挑んだものである。この時期、彼はほとんど魔人的ともいえるエネルギーで秘儀伝授者としての自己の運命をまっとうしようとした。この時期に関しては、彼の弟子たちや彼を中傷する者たちが大量に記録を残し、混乱を引き起こしている。それで私はこの部分に、(感謝しつつヘルマン・ヘッセから借用して)「同盟者の記録保管所」と名づけた。

最後にひとこと。私は、本書を捧げた当の相手が、この本に眉をひそめるであろうことを痛いほどに自覚している。マダム・アンリエット・ランスが自らと他者とに課した要求は実に厳しいものであった。その謦咳に接することのできた者たちにとって、彼女は三〇年近くにわたるイギリスでのグルジェフの代弁者といったものをはるかに超える存在であった。彼女こそは、グルジェフの教えが伝達可能であることを示す生き証人だったのである。私はここに慎んで、彼女の存在の驚くべき豊かさを証言しておきたい――それを称賛することが、いかに生意気な行為であるかを痛感しながらも。

ジェイムズ・ムア
ロンドン、一九九九年

第I部:自己神話化

1 思考の覚醒

［1866〜1886］

一九二五年、パリのグラン・トテルおよびカフェ・ド・ラ・ペ*の常連に一人の客が加わり、好奇の的になった。その男は五〇代後半で、物書きのようだった。安い罫線入りのノートと鉛筆を使っているところを見ると、あまり豊かではなさそうだったが、それにしては、身につけている立派なラム・ウールのカラクール帽と、握りに金をあしらった杖が不釣合いであった。時に物思いにふけりながらレモン果汁をブラック・コーヒーに入れているかと思えば、時にはアルマニャックをダブルで頼み、チップとしてウェイターにチョコレート・チップスやアーモンド菓子、キャラメルやペパーミント菓子などを渡すこともあった。ベロア張りの長椅子に、東洋風に片足だけあぐらをかいて座るその男は、まわりからあまりに浮き立って見えた。時折、鉛筆を強くなめながら、完璧な言い回しを見つけようと、わけのわからぬ言葉をつぶやいた。しかしいつもは、あのバベルさながら、おしゃべりと喧噪うずまくカフェの中央にあって、異様なまでに沈黙を守っていた。

日に夜をついで、いつ果てるともなく、この物書きは著作に没頭していた。週が月に、月が年に変わっていった。男がそれほど熱中しているのは何だろう。いかなる思想が男のそりあげた頭蓋の中を駆けめぐっているのだろう。いかなる未知の精神を、その小さくて丸い、大理石のテーブルの上に呼び出そうとしているのだろう。も

訳注*――――パリのオペラ座の前にある。一階がカフェ・ド・ラ・ペ、二階以上がグラン・トテル（ホテル）。

し男の解き放たれた——そしておそらくは煽動的な——精神が、厳重に封印してあった輪の中から、なんの疑いもあたえぬ世界へと躍り出ることが許されたとして、その著作はいつ出版されるのだろう。誰にもわからない。この物書きは、人を困惑させるうさんくさい存在以上のものではなかった。ウェイターはみなこの男が好きで、「ムシュー・ボンボン」と呼んでいたが、陰で悪口を言う者たちは、「キャサリン・マンスフィールドを殺した張本人」だと噂していた。

今日では、少なくとも次のことは明白である。もし客の中に、この物書きがしているのは、たとえばナポレオン法典のこうるさい改訂といった、人騒がせな愚にもつかない仕事だと思っていた人がいたとすれば、その人はこの男をひどく見くびっていたことになる。男の視野にあった企ては、はるかに大きなものであった。すなわち、新しく、より健全な世界の創造にこそ、そしてその過程においてわれらが古き世界を、ノミをたたきつぶすようにたたき壊すことにこそ、彼は精魂を傾けていたのである。

この風変わりな男はミスター・グルジェフといった。彼は執筆中の叙事詩の主人公に、堕天使ベルゼバブを使っていた。

この作家の位置をわずかでも理解するには、まず最初に、彼は、金に塗られたコリント風の柱形で飾られ、フレスコ画に彩られた天井には時代遅れの両性具有のケルビムが舞っているこのグラン・カフェ・ド・ラ・ペからはるか離れたところで、自らの生涯の旅を始めたことを知っておかなくてはならない。のみならず、ここにいたる彼の道程は、あまりに困難で遠回りな、しかもきわめて特異なものであり、まったくユニークというほかないことも。

ゲオルギー・イヴァノヴィッチ・グルジェフは、ロシア領アルメニア、アレクサンドロポールのギリシア人地区にある両親の家で生まれた。正確な誕生日は誰にもわからない。諸資料から割りだした最良の推測では、一八六六年ということになる。[★1] ロシア国境をトルコから守るために大急ぎで作られた、この新しくもむさくるしい駐屯地の町は、積み上げられた壁や要塞、砲座などが、ここが古くからの係争の地であり、多くの戦いと強制移住とがあったことを伝えていた。慎重な者たちは生まれた子供を登録しなかった。いや、彼らは何ひとつ登録しようとはしなかった。それでも、幼いグルジェフ[★2]が耳にした最初の音には、穏やかな、甘い響きがこもっていた。母の歌うアルメニアの子守歌、近くにあるギリシア正教の聖ゲオルギウス教会の鐘の音、父が雇っていた牧夫たちが、アルパ・チャイ、別名バーリー河の岸にそって、夏の牧場へ追っていく無数の牛の鳴き声……

彼の父、ギオルギオス・ギオルギアデスは当時三二歳前後であった。彼は家畜ともども、重労働と地主の義務とを相続しており、その仕事で厳しい一日の大半はつぶれた。牧畜業者になったのは運命の計らいであったが、自ら選んでアシュク、すなわち吟遊詩人になった。厳しい環境の中で家畜の世話をしながら、そのひび割れたくちびるで、驚くべきレパートリーの民間伝承、神話や言い伝えを吟じたのである。初めての息子と過ごす時間は多くはなかったが、夜も遅くなってから、ムラー・ナスレッディン[★10]や『アラビアン・ナイト』の話をしてやった。とりわけ「足の悪い大工ムスタファ」が父のお気に入りだった。この大工は空飛ぶ椅子でもなんでも作れるという、才知の化身であった。

ギオルギアデスの家はかなりいいほうで、ギリシア人地区の大半の家よりはずっと立派だった。小さなバラ園まであり、窓には、よくある油紙ではなくガラスがはまっていた。だから、シラキ平原を吹き抜ける風がうなる、半年も続く厳しい冬でも家の中は暖かかった。やがて、グルジェフが三歳になる頃、この家には父方の祖母が住むようになり、また弟のドミトリも生まれた。彼の大好きなギオルギー・メルクーロフおじさんもよく訪ねてきた。いきおいよく火の燃える暖炉をつつむ雰囲気は、優しさと秩序、単純さと平穏に満ちていたが、同時にそこは、家父長的ヒエラルキーの支配する空間でもあり、誰もが自分の立場を心得ていた。父ギオルギアデスはよくこう言った。「もしお前が一番なら、お前の妻は二番だ。もし妻が一番なら、お前は二番よりはゼロになったほうがよい。そうなればお前のめんどりは安全だ」[1]

幼年時代のグルジェフはほしいものや必要なものはなんでも与えられたが、甘やかされたわけでは決してない。立ち上がって話せるようになるかならぬかのうちに、父のスパルタ教育が始まった。冬には明け方にたたき起こされ、泉に行って服を脱ぎ、身体を洗ってから裸で走りまわるよう命じられた。眠りと目覚めとの間の明確な違いを骨の髄までたたきこむためであった。夏になると、毒をもっていない蛇を手にとるよう命じられた。ベッドの中も安全ではなかった。ギオルギアデスが時折りじ虫やカエルやネズミを毛布の中に入れておくからだ。恐怖心や小心さに対して「免疫をつける」ためであった。

このような教育の目的は、決してニーチェ的な超人を育てることではなく、恐怖と怠惰を克服できる正常な人間を生み出すことであった。トランスコーカサス（コーカサス［カフカス］山脈の南方）の生活は厳しく、そこで生き抜くには不屈の精神が要求された。地震、干魃、疫病、洪水などがこの地の人々に無慈悲に襲いかかり、その歴史に大きな痕跡をとどめていた。ギオルギアデスは長男に対して容赦なく振る舞ったが、その底には遠くまで見据えた愛情が流れていた。グルジェフを、彼の兄弟姉妹だけでなく、何千何万という子供たちから抜きんでた存在とするプロセスは、こうしてあのアレクサンドロポールから、草原の海に浮かぶ、陳腐でもったいぶった家々を乗せた筏のごときあの町から、すでに始まっていたのである。

グルジェフが七歳のとき、父親に試練が降りかかった。一八七三年、アジアから入ってきたきわめて悪性の伝染病が家畜を襲い、夏の二カ月間猛威をふるい、今では相当な数になっていたギオルギアデスの牛を、一緒に放牧していた隣人たちの牛もろとも全滅させたのである。アシュクである父はこの災難に際して、見事なまでの内的平静さを見せたが、以後の新たな生活に完全になじむことはできなかった。彼の心の広さや内省的な性格、名誉を重んじる気質（これがために、彼のもとで働いていた者たちに保証金を払わねばならなかった）などは、抜けめないアルメニア人が牛耳っていた商取引の世界では大きなハンディキャップとなった。それでも彼は家具を売り払い、なけなしの金を集めると、材木工場を開き、カルスのパシャリクにあるソガンル・ダー（山）の森から切り出した木材を加工して、アレクサンドロポールで拡大しつつある需要にあてようとしたのである。

グルジェフはまだ若かったが、この災難をあの足の悪い大工ムスタファの精神で受け止め、家計の足しにしようと、空の薬莢（きょう）やら何やらから器用に作り出した「拳銃」を友達に売ったりした。この頃から性格がしだいにはっきりとした形をとりはじめていた。彼は、頑健で才知とエネルギーにあふれていた。ろうそくがともり、香の立ちこめたギリシア正教の教会の聖歌隊の中では天使のように見えたかもしれないが、喧嘩や、友達のファティモフとやる悪ふざけ、スズメを撃ったり、馬の毛で鳩を罠にかけたりするときには、年齢からは想像もできないような悪魔的な側面を見せるのであった。

彼が因習的な道から離れる、最初にしてもっとも意味深いきっかけとなったのは、驚いたことに、彼が敬愛してやまなかった祖母が死の床についたことであった。

私の初孫よ、ようく聴くがよい。そしてこの厳命をいつも覚えておきなさい。これからは、他人がやるようなことは絶対にやってはなりません。おとなしく学校にだけ行ってそれ以外には何もしないか、それとも、ほかの誰もしないようなことをやりなさい。[2]

少年はすぐ、そして文字どおりにこの忠告を実行に移した。祖母の葬儀の最中に、不謹慎な歌を歌いながら墓のまわりをスキップして回ったのである。しかしまもなく、祖母の言葉はひとつの行動原理となって彼の内部に深く根づいた。この原理は、安っぽい奇矯な行動ではなく、地道な実践と革命的な思考へと彼を導いたのである。自分は他人と本質的に違う、自分はまったく独自な存在だという感覚は、きわめて早い時期にグルジェフの中に芽生え、早熟な神秘主義ともいうべき色合いを帯びるにいたった。ここに一風変わった例がある。友達と言い争っているうちになぐられ、歯が折れたときのことだ。

この歯には七つの根があり、それぞれの根の先端に一滴ずつ血がついているのがはっきりと見えた。しかもその一滴一滴を通して、白色光の七色のスペクトルのひとつがあざやかに、燦然と輝いていた。[3]

住人のほとんどにとってアレクサンドロポールという町は、その田舎特有の偏狭さゆえに、いかなる疑問も発することのできない場所であった。馬糞の臭いのするこの町には、なんの伝統もなかった。想像力の養分になるようなものは何もなかったのだ。しかし町の向こう、グルジェフが揺れる草の中をあてどなくさまよった場所には、彫像の破片やレリーフが埋もれていた。それらの破片は、太古の遺物が何層にも積み重なっていることを、忘れられた言語を、さまざまな王朝の運命的な変遷を、ありとあらゆる感情や情熱的な確信を、そしてそれらすべてが忘却の彼方に消え、土にもどっていったことを物語っていた。

家庭をとりまく状況はますます厳しくなっていった。ギオルギオス・ギオルギアデスの事業は完全に失敗し、アルメニア商人からはよってたかって食いものにされ、さらには三人の可愛らしい娘が生まれて父親の責任はますます重くなった。しかし彼は、むしろ以前より心安らかになったように見えた。詩的な世界に引きこもり、物質的な問題を解決せぬままそれを超越しようとするかのようであった。彼の材木工場はついに倒産し、作業所で小さな木工製品を作ってかろうじて家族を養うという苦境に陥った。このとき、運命の女神が手を差し伸べた。

一八七七年四月二四日、皇帝アレクサンドル二世はスルタン・アブデュル＝ハミト二世に宣戦を布告し、アレクサンドロポールから川を渡って軍を進めた。グルジェフの母をはじめ、アルメニアのキリスト教徒はこれを熱狂的に歓迎した。トルコ人の残酷さに対する積年の恨みをはらすためだけではない。雄弁で行動力のあるアルメニア人で、同民族の尊敬を一身に集めていたミハイル・タリエロヴィッチ・ロリス＝メリコフがロシア軍を率いていたからだ。グルジェフと丸い眼をしたドミトリは、白いひげをはやした都会人が軍旗を祝福するのを見ていた。何千というアルメニア人がアレクサンドロポールからあふれ出て、砲車にしがみつき、車輪を押し、ロープを引っぱり、雄叫びをあげながら軍が向こう岸に渡るのを助けた。日も暮れて、最後の進軍ラッパの音がやんだとき、ロシア兵は草の海に消え、アルメニア人は家路についた。

続く六カ月間、アレクサンドロポールは不穏な噂につつまれた。そして一八七七年一一月一八日の日曜日、グレゴリオ教会やカトリック教会、アルメニア教会、ギリシア正教、ロシア正教の教会がいっせいに歓喜に満ちた鐘を鳴らし、鐘の音が深い雪の上を流れていくのをグルジェフは聞いた。その夜、「戦う教会」はこの勝利を祝った。ロリス＝メリコフ、および皇帝の弟、ミハイル・ニコラエヴィッチ大公が、カルスの町でトルコ軍を壊滅させたのである。人道的な意味合いからいえば、「それで結局なんの益があったのだ？」という皮肉な問いは残るのであるが、グルジェフの人生においては、この事件は否定しようのない重要性をもつことになる。もはやアレクサンドロポールではほとんど失うもののなくなっていたギオルギオス・ギオルギアデスは、カルスのほうがチャンスがあるのではないかと親戚に説得され、その結果、数カ月もしないうちに家族も作業所もカルスへ引っ越し、この制圧された町でささやかな生活を再開したのである。

今や新たにロシアの管轄下に入ったカルスは繁栄を取り戻したが、グルジェフもまた、一八七八年のやっとめぐってきた春を共有したのである。しかしこの町をあちこち歩きまわってみると、陰鬱で気むずかしそうな雰囲気に気づかぬわけにはいかなかった。この地方の歴史を振り返ると、東方からの侵入者たちはみなこのカルスの峡谷に入ってきたが、それにはかなりの困難が伴った。というのも、カルス・チャイ（河）の黒い奔流はソガンル山脈東端の支脈を貫いてこの峡谷に流れこむと、右に蛇行して、死火山のふもとをとりまくように円形の濠を形成していたからである。この自然の要害の頂上に、カルスの要塞が黒々とそびえ立っていた。ここは難攻不落の地で、歴史にその名をとどめている。この要塞は、残虐な包囲戦やあくどい裏切り、恐るべき虐殺や血塗られた降伏劇を何度も目にしてきた。セルジュク・トルコやモンゴル人や大ティムール――彼らはみなこの地にやってきた。一八七八年当時、ギリシア人地区は町の西側の暗い陰の中に横たわっており、グルジエフはこの陰の存在を常に感じていた。

一家はまもなく、自分たちの決断が正しかったかどうか疑問を抱きはじめたにちがいない。アレクサンドロポールの気候もかなり厳しかったが、標高二千メートル近くにあるカルスの気候は暴力的だった。まず雪が降り、それがぬかるみ、そしてほこりが立ち、次には雨が降った。寒暖は極端で、洪水と干魃が交代でやってきた。河は氾濫するかと思えば、やがて干上がり、河底はひび割れた。巨大な要塞には風が容赦なく吹きつけた。町の狭い通りは中世風でむさくるしく、女たちの主な仕事はテゼク、すなわち干した牛糞燃料を作ることで、家という家の壁には牛糞がへばりついていた。ギオルギアデスは普通の意味での家さえもっていなかった。ギリシア人地区では（これはバイラム・パシャやオルタ・カピ、ティムール・パシャといった荒れた郊外も同じだったが）、ほとんどの住居はでこぼこの山腹に掘られた単なる穴のようなもので、上部は土でふさいであり、この屋根につけたドアを通って出入りしていた。以前のアレクサンドロポールでもそうだったが、この地方では木材があまりとれず、輸送費も高かった。七人の扶養家族をかかえていたギオルギアデスは、相変わらず赤貧洗うがごとしであった。

ギオルギアデスと同じく将来に漠たる不安をかかえながらも発奮し、カルスで出直そうとしてここに移ってきた人は大勢いたが、それよりも、ただ歴史の嵐に巻きこまれてこの地に放り出された人のほうがはるかに多かった。トルコ人がいなくなると、さまざまな部族や分派が（定住を強制されたり、虐殺を逃れたり、あるいは宗教的自由を熱狂的に求めて）この無人の地に流れこみ、ひとつの大きな寄り合い所帯を形成した。馬車のきしむ音、やせさらばえた馬のいななき、疲れ果てた足をひきずる音——こうしてやってきた絶望した人々がカルスを混乱の極におとしいれた。モスクはクバン連隊の騎兵隊に徴用され、ミナレット（モスクの塔）は静まり返った。怒り狂った勤行時報係がミナレットに駆け登り、見慣れたむさくるしい通りを見おろすと、イスラーム教徒のかぶる赤い植木鉢を伏せたようなフェズ帽（トルコ帽）はほとんど見えなかった。かわりに、アストラハン帽や筒形の軍帽、歩兵のかぶる略式帽やヘルメット、正教の聖職者の位階を表す帽子、巨大なターバンや黄、黒、緑、白といった色とりどりのネッカチーフなどが通りを埋めていた。オスマン・トルコ帝国は後退し、カルスは、アイソール人、タタール人、クルド人、カラパパク人、ダゲスタン人、異端のドゥホボール派の人々、コーカサス地方の金髪のモロカン派の人々、遠いエストニアから来たルーテル派の人々、そして「悪魔崇拝者」と呼ばれていたイェジディー（ヤジーディー）の人々などであふれていた。

一一歳になっていたグルジェフは、この万華鏡のような民族の混合に驚喜した。カルパチア山脈からやってきた、過去を読み、未来を予言できるといわれていた半遊牧的なジプシーの部族についていき、五日間も家を空けたりして、ひどくなぐられたこともあった。「あの人たちは見るんだ、見ることができるんだ」[4]。彼はすでにいくつかの言語を操れた。読み書きはできなかったが強い性格の母からは（家庭内で、またアレクサンドロポール全体で使われていた）アルメニア語を学んだ。父はカッパドキア方言と、アシュクの歌う詩歌の共通言語であるチュルク語の初歩を教えてくれた。難を逃れてこの地に来ていた司祭が現代ギリシア語を教えるためにやとわれ、退屈した兵士たちは粗野なロシア語を教えてくれた。それに加えて彼はこのカルスで、トルコ語の東部方言を急速に習得していった。彼の知性は強靭だった。すでに読み、書き、計算ができたが、彼の驚くべき正式の教育は今やっと始まろうとしていた。

カルスのキリスト教系の学校はきわめて民族主義的であったが、どれも不満足なものだった。ギリシア系の学校は小さく、また政治的であった。ロシア人学校のカリキュラムはお粗末だったし、アルメニア人学校ときては、賛美歌と福音書と使徒行伝とナレクのグレゴリウスの『哀歌』しか教えないというありさまだった。子供にはできるだけの教育をと考えていたギオルギアデスは、すぐに息子をギリシア人の影響下から引き離し、ロシア人用の公立学校に入れた。まちがいだらけの知識を大声で単調にくり返すだけのこの学校にいただけであれば、この少年の好奇心や知的発育もすぐに窒息させられていたかもしれない。しかし、こうしたふさわしからぬ場所に入れられると同時に、アレクサンドロポールの聖歌隊で訓練を受ける機会も得た。おかげで何週間かのちにはカルスの陸軍付属大聖堂の聖歌隊のオーディションに合格し、そしてそこで地方主席司祭ボルシュの目にとまったのだ。グルジェフはこの出会いを終生感謝していた。

カルスのみならず、ロシアが併合したこの地方一帯のロシア正教会では、ボルシュ司祭より上位の者はいなかった。やせて背が高く、整った繊細な顔立ち。彼の容姿には誰もあらがえない強い霊的な権威がそなわっていたので、教会に関わる人たちの目にはその権威があたかも地上的な力をもっているかのように思えたことであろう。しかしこの司祭は謎であった。給与の大半は貧者に与え、召使いの使用は辞退し、豪華な士官用の住居に入るのは断って、大聖堂の門衛所の中の一部屋に住んでいた。この静かな孤独の中で彼はヴァイオリンを弾き、「主に栄光を」、「汝、万能の神よ」、あるいは「静かなる光」などの聖歌を作曲していた。兵士の一団とは交わらなかったが、真摯に助言を求めてくる者には、彼のお好みの分野である天文学や化学、あるいは古代アッシリア人などについて語った。

若きグルジェフの何かがボルシュ司祭の注意を引いた。それはおそらく声ではなく――それもすばらしいものではあったが――彼の眼だったのだろう。一八七八年の末、その眼がトラコーマを患ったとき、この司祭は予告もなくギオルギアデスの家に現れ、連れてきた二人の軍医が硫酸銅と金色の塗り薬で患者を治療したのである。幸運なことに、ギオルギアデスとボルシュ司祭はこの最初の出会いから意気投合し、以後定期的に会うことにした。というわけで、聖務のない夕方には、大聖堂の門衛所を出てギリシア人地区へ向かい、屋根のドアから中へ入る司祭のやせた姿が見受けられた。もし好奇心の強い者がこの雑草だらけの屋根を透かして家の中を見ることができたなら、カルス最高の霊的指導者がかんなくずの大きな山の上にゆったりと腰をかけ、片手間仕事をしている大工と、思いもかけないような話――消えたアトランティス大陸とか、お見合い結婚の利点、ギルガメシュの叙事詩、ノアの大洪水以前の大洪水、性的欲求を満たすのは成年に達してからにすることがいかに重要か、さらには、今神はどこにいるのか、といったテーマについて意見を交わしているのを目にしたことであろう。と同時に、二人の言葉を一語も聴きもらすまいと聞き入っている少年の姿も目に入ったであろう。

一八七九年の初め、グルジェフの将来について家族会議が開かれた。ギオルギアデスとその妻は彼が聖職者になるのを望んだ。ボルシュ司祭はもちろん賛成だったが、同時に医者になってほしいという望みも抱いていた。グルジェフ自身はといえば、徐々にこの地方にも入りつつあった新しい西欧のテクノロジーに興奮していたこともあって、なんらかの技術専門職につきたいと思っていた。ただしみんなの合意していることがひとつあった。明らかに非凡なこの少年がその潜在能力を開花させるには、今のどうしようもない学校をやめさせ、個人教授を受けさせなければならない、ということだった。そこで司祭自身がこの「小さなやんちゃ坊主」に数学、化学、天文学を教えることになった。他の諸科目は軍付きの輔祭に委任されたが、彼らはみな神学校の卒業生で、司祭職への昇進を望んでおり、ボルシュ司祭の口添えを冷静に計算していたのである。こうしてグルジェフは学校からは引き離されたが、友人との親しい付き合いは続けていた。毎晩彼らは、彼らのいわゆる「クラブ」に集まった。それは大聖堂の鐘楼の高いところにある八角形の木造テラスで、そこで彼らはタバコを吸い、ハルヴァ（甘菓子）を食べ、冗談を言い合い、授業の準備までしたのである。

グルジェフの教育は知性だけでなく足も鍛えた。解剖学と生理学の勉強に、五キロ離れたチャナック要塞にある陸軍付属病院に行っていたからである。それから大急ぎで町に引き返し、（皮肉にもカルス楽園と名づけられていた）みすぼらしい小さな公園を見おろす宿舎で歴史と地理を勉強した。そのあとで大聖堂の門衛所に行き、ボルシュ司祭とお茶を飲むのであった。こうしてグルジェフは猛烈に勉強を始めた。ギリシア語、アルメニア語、ロシア語に堪能だったので、先生たちの蔵書をむさぼるように読んでいった。知に対する情熱に圧倒された彼は、さまざまな問題を関連させようとしては難問にぶつかり、先生に質問した。しまいには軍の輔祭たちは首を横に振るしかなくなった。

こうした聖職者候補生の中で、ただ一人、グルジェフの深い探求心に共鳴する者がいた。ボガチェフスキー輔祭だった。自身若かった彼は、この生徒に特別な親近感を抱いた。彼は軍の消防隊の近くにある自分の宿舎に、小さなディスカッション・サークルを作っていた。そこに退屈しきった若い士官たちが集まり、ウォトカを飲み、タバコを吸いながら、夜遅くまで抽象的な議論を続けたが、隅に座っているグルジェフに気づく者はほとんどいなかった。しかし二人だけの実り多い時間もあった。そんなときボガチェフスキーはグルジェフの打ち明け話に耳を傾け、そして二つの相反する道徳という考えをくり返し説いた。ひとつは「客観的道徳」で、これは神が定めた絶対的、恒常的なもので、日々の生活の中で確認され、またすべての人間の良心の中に深く植えつけられたものだった。二つ目は「主観的道徳」。これは相対的で、カメレオンのように変わりやすく、文化に規定されており、検証もされていない馬鹿な押しつけや禁止をするという点で、邪悪なものであった。グルジェフもこれに同意したが、それも当然だった。というのも、彼はすでに父とボルシュ司祭の中に客観的道徳を、そしてカルスで日々目にする不快な文化の衝突の中に主観的道徳を認めていたからである。

こうした年月、グルジェフは精力的に自活していたが、カルスの大半の少年と同じように盗みも働いていた。タバコ入れからタバコを失敬し、大量の鉛や銅を軍の射撃演習場から盗み出した。彼は町の大人のインテリたちと交際があり、またいつの日にかティフリスの長輔祭の聖歌隊に入りたいという野望をもっていたので、汗水垂らして生活の資を得ている貧しい少年という印象を人に与えるのは耐えがたかった。しかし彼は能力と勇気にはこと欠かなかった。勉強のない週はいつでも郵便馬車に乗って六〇キロ離れたアレクサンドロポールに行き、叔父のギオルギー・メルクーロフのところに泊めてもらって、錠前や時計の修理、墓石作り、クッションの刺繍などの仕事に没頭した。

一五歳の頃、グルジェフは死と向き合うことになった。そしてしだいに、死の「オカルト的な」意味が明滅し、いざなっては消えていくあのトワイライト・ゾーンへと導かれていった。最初に一番上の妹が死んだ。この妹とは特別に親密だったので、ある夜ボガチェフスキーのグループが即席で降霊術の実験をしたとき、グルジェフはぜひとも彼女に再会したいと思った。魔訶不思議にもテーブル・ターニングが成功し、あの世からのメッセージはなかったものの、彼には、まったく不可思議な力が存在する証拠のように思われた。その後まもなく、アラガツ湖の狩猟で事故に遭い、危うく死ぬところだった。あとでわかったことだが、なんとこの不幸な出来事は、半分痴呆症の占い師で、エウング・アシュクでもあるマルディロスが予言していたのである。また別の機会には、アレクサンドロポールで、グルジェフの叔父のメルクーロフはじめそれぞれに信用できる人たちが、前の日に目にした奇妙な出来事を語ってくれた。亡くなった若いタタール人の警察官の死体に「悪霊」が入りこみ、生き返らせたというのである。グルジェフはこういったことに対して、病的に猜疑心が強いわけではなく、かといってすぐに信じるというわけでもなかった。(のちに彼はこう語った。「カルスの陸軍病院付属図書館にある神経病理学と心理学の本で、真剣に読まなかったものは一冊もない」[5]。逆に彼はこうした経験を通して、生きること、探求すること、そしていかなる代償を払ってでもいつかそれを理解することに、改めて意欲を燃やしたのである。

季節が移るにつれて、グルジェフは自分が二つのはっきり分かれた世界に住んでいると感じるようになった。一方の世界では、正統的科学、とりわけ人間の慣れ親しんできた原因―結果の法則がすべてを十分に説明してくれた。もう一方の世界では、それでは何も説明できなかった。もちろんこの第二の世界は、ほんの時折、しかもあやふやな形でしかその姿を現さなかった。しかしいったん現すや……その燃えるような瞬間を一目見るや、それまで長い間目にしてきた平凡な現実は動揺してしまうのだった。しかしこうした話を聴いても、グルジェフ少年は、これを奇蹟とする説に満足しようとはしなかった。彼自身、ジャジュール山への巡礼行で身体の麻痺した者がたちどころに治るのを目にしたが、これなど心身医学の用語でかなりの程度説明できるかもしれない。ひどい肺結核で苦しんでいるタタール人の女性が一晩で回復したという話も、もしほかに方法がなければ、同じやり方で説明できるであろう。(彼女を生き返らせた功績を町医者のレズニクに帰することはできない。はやばやと見捨てたのだから。しかしこの患者は、幻覚のなかで聖母マリアが教えてくれたという、ミルクと野バラの実の処方を信じたのである)

もっと驚いたのは、あるイェジディーの少年が、なんのことはない、地面に引かれた輪の中に閉じこめられ、そこから出ようと泣きながらもがいているのを見たときであった。グルジェフは無邪気にもアレクサンドロポールにいるロシア人のインテリたちに説明を求めたが、彼らの言うことがあまりに子供っぽく、まったく浅薄であるか単なる同語反復であることに大きなショックを受けた。彼は辛辣にこう言っている。「ヒステリーがヒステリーであることくらいとっくにわかっている。ぼくが知りたいのはそれ以上のことなんだ」[6]。けれども彼を困惑させた最大の事件は――そして、これこそいかなる心理学的な説明も受けつけないが――ある大修道院長の必死の雨乞いの祈りに応えるかのように、どしゃぶりの雨が降りはじめるのを目にしたことであろう。なんという常軌を逸した出来事であったことか。

こうした困惑する出来事が続いているさなかに、グルジェフは突然師を二人とも失うことになる。ボガチェフスキーは礼拝堂付きの司祭に任命されて、カスピ海の向こう側の地方に赴任するために永久にカルスを去っていった。そしてボルシュ司祭までも、病気療養のためにこの地を離れたのである。この頃グルジェフは酒を多少飲むようになり（どうやら聖歌隊長の影響らしいが）、そして偶然同じ頃、ウォトカを作っているリャウーゾフの一三歳の娘に熱狂的な恋をする。彼は娘にギターを弾いて聞かせ、彼女の刺繍用に凝ったデザインを考え出したりして、同じ学生であるピョートル・カルペンコと彼女の好意を求めて競い合った。

この思春期まっただなかの二人のライバルは、リャウーゾフの娘に寄せる恋心と同様の、いや、実はそれよりも激しい心底からの憎悪を互いに対して抱くようになった。大聖堂前の石段では意志と意志がぶつかりあい、悪意のある一瞥が拳を誘った。見るにたえない殴り合いが始まり、やがて正式の決闘ということになった。武器の選択がなんとも変わっていた。銃をもっていなかったグルジェフとカルペンコは、気が狂ったかのように、軍の射撃演習場の中で訓練中に横になり、どちらかが死ぬまで待つことにしたのである。そこでグルジェフは何時間も、うなりをあげて飛んでくる砲弾と飛び散る破片の中、古い炸裂でできた穴の中にうずくまっていたが、そのうちに、自分の体内に湧き起こるまったく新しい感覚に圧倒されるようになった。それまでに感じたことのないような自分に対する意識で、自分が存在しなくなることに対する「打ち消しがたいなまなましい恐怖」[7]と一体になった「自分全体を感じる感覚」[8]とでも呼ぶほかないものであった。

伝記的に見ると、飛び散る砲弾の破片の軌道およびスピードには、ある不可思議な運命が秘められていたようだ。無数の人々の生命、そして彼らのそれ以後の人生が、うなり、砕け散るこの金属片に左右されてきた。つまり、大砲の射程こそがすべてを決めるのだ。このときグルジェフは、この愚行からかすり傷ひとつ負わずに身を起こしたが、生命の価値は完全に違ったものになっていた。わずかに傷を負ったカルペンコが意識を取り戻し、彼を見てほほえんだときには、後悔と憐れみの念に打ちひしがれ、それ以後カルペンコが回復するまで、毎晩その枕元で過ごしたのである。

グルジェフの二人の指導者が去ったこともあり、一家はアレクサンドロポールへ帰ることを考えはじめていた。それに、あのカルペンコとの決闘騒ぎで、要塞の指揮官であったファジェーエフ将軍が脳卒中になったこともあって、グルジェフにはカルスにいる意味はまったくなくなった。そんなわけで一八八三年、彼はティフリスに移った。ティフリス、この騒々しいグルジアの首都、ロシア系コーカサス人の総督のいる都では、事は彼の予期したようには運ばなかった。父親はプーシキン通りのグルジア神学校に彼を入れたがったが、固陋な形式主義にしがみつくこの学校にグルジェフは興味を示さなかった。自分では長輔祭の聖歌隊に入ることを夢見ていたが、そのドアはなぜか彼には固く閉じられていた。ティフリス時代の初期に彼に開かれていた唯一のドアは鉄道の操車場だった。当時、トランスコーカサス鉄道会社の罐焚き（かまた）きの中で、彼ほどの変わり者はいなかったであろう。今や彼は一七歳で、あの射撃演習場での試練によって、超常現象に対する彼の疑問は、生命そのものをかけるほどに性急かつ激烈なものになっていた。科学的な説明にはすでに絶望していたグルジェフは、宗教に熱烈な目を向けるようになった。鉄道技師のヤロスレフと親交を結んだおかげで、好きな時間に働けるよう取り計らってもらえた。そこで彼は、三カ月休みをとってサナイン修道院のイェヴランピオス神父のもとで学んだり、あるいはアルメニアの聖なる都であるエチミアジンに歩いて巡礼に出かけたりした。しかし、彼の疑問に答えるようなものは何ひとつ見つからず、耳にすることさえなかった。

こんな袋小路に陥っていた頃、グルジェフは、彼と同様の探求心をもった同年輩の二人と重要な関係をもつようになった。サルキス・ポゴシャンとアブラム・イェロフである。ポゴシャンはアルメニア人、イェロフはアイソール人だった。エリヴァンの神学校で学び、エチミアジンの神学校を卒業していたポゴシャンは、自分の教区を得るには結婚しなくてはならなかったが、それにふさわしい心の準備ができていなかった。イェロフは本屋をやっていた。ポゴシャンはひよわそうだった。内なる火に燃える右眼はやや斜視で、聖職者風の口ひげを恥ずかしそうにはやしていた。イェロフは顔中真っ黒な毛でおおわれていた。もじゃもじゃの眉毛は濃いひげにつながり、ひげの海から鼻だけが飛び出していた。ずんぐりしたイェロフはしょっちゅうズボンを引っぱり上げていた。ポゴシャンの特徴はといえば、身体をいつも意識的に動かして実験をすることであった。リズミカルに手をたたいたり、足踏みしたり、いろいろな姿勢を試したりしていた。それと同じようなことをイェロフは頭でやっていた。算数の問題を解いたり、二〇以上の言語を勉強したりしていたのである。

強く結びついたこの三人の若者は、能力、探求心の強さ、抱いている目的、どの点をとっても卓越していた。しかし彼らが慣れ親しんでいたティフリスの町は道徳の殿堂ではなかった。地下世界で暗躍する怪しげな絨毯売りや起業家たち、のらくら生きている街頭詩人たちが寄り集まって作ったいかがわしいグループ、広場にある迷路のようなバザール、オルベリアニ王子の建てた硫黄のにおいの立ちこめる公衆浴場、生きるためなら残忍なこともやりかねない都市の最下層民や寄食者たち、平気で三重帳簿をつける商人、こういった連中の間をぬって、この若者たちはサメのように泳ぎまわったのである。「ユダヤ人を九人煮こんだらアルメニア人一人ができあがる。アルメニア人を九人煮こんだらアイソール人一人ができあがる」[9]。ポゴシャンは聖職者になるという希望を捨て、どういうわけか錠前職人になりたいと思うようになっていた。イェロフはなみはずれた文献学および言語学の知識をもっていたが、この知識は、これもなみはずれた商才と手をたずさえて広げられたものであった。

グルジェフはといえば、この二人をともに凌駕していた。ティフリス－カルス間に鉄道を引く際、その調査隊の監察官および通訳として同行した彼のおさめた大成功をしのぐものはなかった。鉄道がどの町や村を通るかをかぎつけた彼は、その地方地方の有力者に、わずかな金を出せばあなたの村にも鉄道がくるよう「取り計らってあげよう」ともちかけたのだ。ギオルギオス・ギオルギアデスがこの息子を見たら、あるいはボルシュ司祭やポガチェフスキーがこの弟子を見たなら、きっと眉をひそめたであろう。しかしティフリスはそんなところだった。この三人の若者が他の者と異なっていたのは、その抜けめなさではなく、彼らがいまだに騎士道的な精神をもっており、それを田舎の弱者にまで広げている点であった。

ティフリスでのこの修業時代、道徳的にかなり怪しいことをやったのも、もしかしたらグルジェフの人生の大きなパターンの一部なのかもしれない。少年時代、青年時代を通じて、彼の周囲は矛盾に満ちていたのではなかったか？　キリスト教とイスラームは対立し、西洋の「進歩」は東洋の伝統と、物質主義は宗教と、性的欲望は社会的な禁忌と、ユダヤ教徒、キリスト教徒、ムスリムの奉じる唯一神はアイソール人やイェジディーの信じる二元論と、人間が生きるために必要とするものは過酷な自然環境と、そして人間に本質的な友愛の精神は、相互破壊という邪悪なプロセスである戦争と――彼のまわりでは、こうしたものが常に対立していたのではなかったか？　そしてこうした対立こそがグルジェフの特徴を形作ったのだ。それが彼の内部に独特の心理的緊張を生んだのである。他者の苦しみに心を動かされはしたが、同時に自分が生き残るためには仮借ない手段をとった。ボルシュ司祭の賛美歌に出てくる「静かなる光」に導かれたいと強く願いはしたが、それでいて感情や欲望の激発に押し流されてしまうのであった。彼は真の実存的な問題の種子を体内に宿していたのだ。この問題に比べれば、肉体的な不快などなんでもなかったし、因習的な道徳も、これを前にしては空しく羽根をばたつかせるだけであった。今や視界は開けた――そこでは彼個人の幸せなど馬鹿げた些事にすぎず、また、現在、過去、未来にわたるすべての人類でさえ、広大な平原の塵にすぎなかった。

では、グルジェフの問題とは何であろう。彼が「超常現象」にとりつかれ、不可思議な出来事や力を探求したいと思ったというのはむろん本当である――が、事の真相にはほど遠い。彼の視野はきわめて風変わりなものであった。そして少なくとも三つの要因、すなわち超常現象に寄せる興味、社会の悲喜劇的な異常さ、そして父、ボルシュ司祭、ボガチェフスキーの高い期待、これらが彼の精神に影響を与えたために、彼は何ひとつ当然のものとして受け取ることができなくなったが、とりわけ人生という現象そのものがそうであった。それを彼はこう表現している。（ポゴシャンやイェロフにもそう話している）

この地上のさまざまな外形をした生物の、その生のプロセスがはらんでいる正確な意味を、そして中でもとりわけ、そうした視点から見た人間の生の目的を、明確に理解したいという「やむにやまれぬ欲求[10]」。

しかしなぜ、生をこれほど深く理解したいと思ったのか？　所詮グルジェフは一介の牧夫の息子で、面倒なことなどいっさい考えないで、狼を撃ったりシラミをつぶしたりするよう育てられた。もしかしたら、ある特殊な意味で、星回りが彼をこのような日常を超えた疑問に引き寄せたのかもしれない。ギオルギオス・ギオルギアデスは生涯星を見つめる人であった。父のこの性向を受け継いだグルジェフにとって、地球上の生命は一個の謎であり、想像力をいたく刺激したのであろう。

ある広大で有機的な大気圏が凝集し、われわれのつつましい惑星をとりまいた。そして、呼吸する生物がその気体の中を飛びまわり、液体の中を泳ぎまわり、地層の上に群棲するようになった。宇宙の中で、これと類似の現象がどこかに見られるだろうか。いや、地上でさえ、生命の誕生は新しい現象であった——もっとも人間の時間の感覚からいえば、思いもおよばぬほど昔のことではあるが。いつか、どこかで、おそらくは一〇億年ばかり前に、あらゆる生命の先駆者ともいうべき原型的な生命体が生じたのであろう。しかしどのように？　神の名において？　超自然的な干渉によって？　不活発な元素が偶然いい具合に発火し、燃焼して？　太陽からの放射物によって？　隕石か彗星がもたらした種子によって？　それとも宇宙からやってきた胞子のようなもので？　誰も知りはしない。では、いかなる洞察によって、科学、宗教、そしてアシュクたちが朗唱する創世神話を和解させることができるのであろう。ヒンドゥーの祈り、「おお生命よ、星々よりも古きものよ」は、いったいいかなる意味をもっているのだろうか。

そしてここでも、（創造に関するいかなる説明をも超えて）その意味が問題となる。生きた組織体がこれほどの広がりと多様性をもって展開した、その惑星的な意義は何なのだろう？　地球の無機的な地層と、さまざまなタイプと波動をもつ宇宙からの放射線との間におかれた、この測り知れないフィルターの目的は何なのだ？　またいかなるゴールをめざして、単純な生命体はついには意識をもつにいたったのだろう？　単細胞の繊毛虫から身を起こし、他の生物にはない複雑さと力を獲得したのは、なんのためだったのだろう？　これは、人間にはそれにふさわしい独自の——しかしまだ知られていない——役割があるためではないのか？　そして、もし実際なんらかの機能と目的とがあるとしたら、それを授けたのはいったい誰なのか？

こうした複雑な一筋縄ではいかない疑問こそが、グルジェフを砂漠へ、山へ、人里離れた修道院へと向かわせたのである。これらの疑問を解くために、彼はいかなる欠乏にも、また危険や他人のそしりや流浪の生活にも耐えられるほどに自らを鍛えあげた。彼と出会った無数の人々の生活に決定的な転機を与えたのも、さらには後年、死後彼を世界の舞台へと押し出したのも、すべてはこの疑問が出発点であった。しかし困難はすでに予見されていた。カルスの陸軍病院付属図書館もサナインの修道院もともに、生命の機能が担う意味については、等しく無知であることはすでにわかっていた。このような疑問自体が——答はむろんのことだが——白眼視されていたのである。西洋の科学はダーウィンの機械的な進化理論に喜々として降伏し、生命の目的などという考えは避けて通っている。組織化された宗教の方はこの問題により積極的に取り組んではいたものの、単に自分を利するような、つまり救済のみを強調するようなやり方でそうしていたのである。

若かったグルジェフはこのような状況に我慢がならず、現在手に入るものから答が見つかるのではないかという希望をすっかり捨てて、過去に全注意を集中した。過去にはたしかに彼と同じ疑問を抱いた人たちがいた。彼らは答を探し求め、ある者は見つけ、またその中のある者はその痕跡を残したのである。かくしてこの三人の若者は、ティフリスの「兵士バザール」や、アレクサンドル公園の西側の通りに並ぶ騒々しい本屋をくまなくあさっては、真理の痕跡を探し求めた。とりとめのない言葉が、あるいは互いに相容れそうもない強烈な主張や信念が、はるかなる過去からぼんやりと響いてきた。ギリシア・ローマの古代から、ビザンティン、中世、そしてルネサンスの世界から、広大な広がりをもつキリスト教の遺産やカバラの伝統、さらにはヒンドゥーや仏教の聖典からも、そのかぼそい声は聞こえてきたのである。

叡智の源に関するグルジェフの考えが重大な進展を見せたのは、まさにこの時期であった。地球上の有機的生命体のもつ究極の意味は、問うにはあまりに巨大な謎であるか——これは彼には受け入れがたいものだったが——、もしくはきわめて特殊なものか、どちらかであった。つまりそれは、聖杯であり、黄金の羊毛であり、賢者の石であった。ありきたりの知識をはるかに超越しているがために、普通の人々には近寄れないものだったのだ。もしこれについて語る者が知っていないとすれば、おそらく本当に知っている者は語りはしなかったであろう。修行僧やダルヴィーシュの閉鎖的な教団がまず疑いの余地なく存在しているであろうこと、宝物は隠しておきたいという人間の自然な性向、そしてアシュクがはるか古代から受け継いできた詩の伝統――こういったもののすべてが、隠された知識が代々口承によって秘儀的に伝えられてきたのではないかという仮説を支持するのである。途方もない考えであろうか？

たしかにそうだろう。しかし、宗教や神話、英雄伝説、おとぎ話などはみな、こうした傾向をもっている。歴史からも例を引くことができる。デルフォイやエレウシス、フィラエ島で執り行われた秘儀、シャルトル大聖堂の建造、錬金術師の活動などである。千年単位の時間区分で文化の誕生と再生を見たとき、殺戮や王殺し、種々の犯罪に満ち満ちた通俗的な歴史とは別の、もうひとつの歴史が見えてくるようだ。すなわち、霊的な教えを授ける種々のスクールや、探求者や学識をそなえた者たちの友愛団が、巨大な意味を担った彼らの箱船を、くり返し押し寄せる蛮行の潮に抗して世代から世代へと乗り継いできたことを記録する、もうひとつの歴史が……。ロマンティックな考えだろうか？　グルジェフはそうであることを知っていたが、だからといってそれが必ずしもまちがった考えであるとは思わなかった。この仮説全体を、できれば直接の接触を通して検証する必要があった。とはいえそういった人たちは、文献に書かれている不可思議な秘儀参入者のグループは、今いったいどこにいるのだろう。「ピタゴラス派」や「エッセネ派」、「サルムング教団」はどこにいるのか？

一八八六年、グルジェフが二〇歳のとき、彼は最初の決定的な手がかりにぶつかった。その頃読んでいた重要な鍵を秘めていそうな分厚いアルメニアの古文書は、この騒々しいティフリスで解読するにはあまりに難解だったので、グルジェフはポゴシャンだけを伴って、アルメニアのバグラト王朝の首都であった、さびれて人気のないアニにこれを運び、そこでゆっくり研究することにした。しかしここで運命が予定を狂わせた。この遺跡をいきあたりばったりに掘り返しているうちに、二人は劇的な発見をした。地下の通路や、崩れかかった修道院の小部屋、壁のくぼみ、そしてそこに古代アルメニアの羊皮紙の束が見つかったのだ。しかもその羊皮紙の一部には、曖昧ではあるが心躍らせる「サルムング教団」への言及が見られたのである。この古文書を解読してみると、教団はアイソール系のスクールで、紀元六世紀あるいは七世紀に、「ウルミエとクルディスタンの間[11]」に存在していたらしいことがわかった。グルジェフはただちに行動を起こした。「その地に行き、なんとしてでもスクールのあった場所を発見し、そしてそこに足を踏み入れようと決心した[12]」のである。

グルジェフの謎めいた性格に光を当てようとする数ある文献の中でも、これほど常軌を逸した文章はまたと見られまい。考えてもみよ。彼が探求に出かけようとしている地域は広大で、しかも話にならないほど曖昧なのだ。「サルムング教団」の存在自体きわめて疑わしいもので、仮にもし存在していたとしても、一二世紀間の歴史の残骸がその痕跡を消していることだろう。それをどうやって探り当てようというのか？ ここにあるのは、この探求者の若さと無経験、あふれでる強烈なエネルギー、そしてむこうみずな希望だけであった。おそらくそうであったろう。しかしグルジェフは決してナイーヴではなかった。もしかしたら彼が「サルムング教団」なるものの存在を「信じた」のは、それが馬鹿げていたればこそかもしれず、あるいは経験上、その不条理さが彼の探求に、幻視者のみに与えられる巨大なエネルギーを授けてくれたからかもしれない。このエネルギーこそ、熱烈な信念が理性のためらいを凌駕し、論理的な正当性が心の情熱によって骨抜きにされるときに必ず生じる、あの危険な流れなのである。これはあくまで推測だが、いずれにせよ、「サルムング教団の発見」は可能性の範囲を逸脱するものではなかった。彼のめざすあまりに大きな目的が、現実がたどる平凡で常識的な道筋そのものまで変えてしまったのであろう！

2 長き探求

［1887〜1911］

これ以後、二〇年以上にわたるグルジェフの経歴について、われわれはすべてを知っており、また同時に何も知らない。知ることができるのはすべて彼のおかげである。「何も知らない」というのは、彼自身が残したけたはずれの記録を追認できるような、あるいは逆に無効にするような、一片の証拠もないからである。また「すべてを知っている」といっても、それは単に、彼が書き残した実に奇妙な神話的生活の中に、自ら証しする真正さをわれわれが本能的に感じとるからにすぎない。

自伝である『注目すべき人々との出会い』の中で、グルジェフは、その青年時代を印象派風に物語っている。われわれの目の前にはトランスコーカサスや中央アジアの風景がパノラマのように展開し、さらに彼は、人間心理の内なる地図と、その中に入っていくためにたどるべき道をほのめかしさえする。本質的な意味を述べ伝えるレベルではそれもいいだろう。しかし、きわめて厳格な歴史的基準から判断すれば、この本はどうしようもないしろものだ。厳格な規律をもった伝記作家は、矛盾や省略に呆然とするだろう。日付は火にあぶられて飛び跳ね、踊りまわり、主人公の足跡は移動する砂丘の中に消え、そればかりか、ある印象的な寓話が終わったとたんに物語そのものが消え去ることもたびたび起こる。こんな調子が腹立たしいのは、なんといっても、この時期がグルジェフの生涯の中で中心的位置を占めているからである。それが始まったとき彼は二一歳で、終わったのは四二歳のときだった。燃えるような探求心をもった若者が、この時期の最後には、なみはずれた力と能力をそなえた成熟した男になっていたのである。

グルジェフに関して何が確実にいえるだろう。彼があちこち旅したこと——少なくともこれだけは彼の兄の家族が証言している。ここでいう旅とは、物見遊山ではなく、伝説となっているあの旅、すなわち、疲れ果て、一文無しになって、おまけにわけのわからない頑固な病気にかかって、ティフリスのドミトリの家に思い出したように帰ってくる、あの旅のことだ。グルジェフがいうには、こうした旅で彼は、ブハラのマラリア、バロチスタンの下痢、クルディスタンの壊血病、アシハバードのベディンカ、チベットの水腫などに悩まされた。そればかりか、三度も続けざまに銃弾で負傷している。どう見ても彼は、通常の人間が歩く道筋から逸脱しているとしか思えない。

グルジェフをこのような放浪に駆り立て、そして家庭生活が与える快適な満足を自らに禁じたのは、彼が抱く世界観であり、自分に課した目標であった。彼のいう「サルムング教団」は、ユーラシア大陸という巨大な干し草の中に埋められた輝く一本の針であり、地球上の有機生命体のもつ意味こそは失われた真理であった。その真理は、ちょうどエジプトの神オシリスの身体がばらばらにされたように、断片となって、太古の闇につつまれた多くの文化の中に深く埋められたのである。それらを探求し、収集して再びひとつに統合すること——グルジェフが自らの使命と定めたのはこれであった。そしてこの課題は急を要するものだった。すでに自信満々のヨーロッパの科学技術が、心もとない状況にあった鉄道路線にそってじわじわと東に浸透しつつあったからである。百年、いや、五〇年のうちに、何千年と続いてきた信仰や習慣、儀式などは、空虚な近代の波にあとかたもなく、しかも永久にのみこまれてしまうことだろう。グルジェフはこうした時代の徴を、たぐいまれな予知能力で読みとっていた。ファキールやヨーギ、スターレツやシャーマンなどは駆逐され、修道院やアシュラム、ダルウィーシュのテッケは廃墟になるか、せいぜい珍奇な遺跡として生き残るのが関の山であろう。チベットやアビシニアなどの神政国家は一掃されるだろう。一八八七年、グルジェフは伝統的な知識に満ちたこの大陸に呼び寄せられるのだが、それは今や、西洋から伸びてくる暗い影におおわれ、日没前の燃えあがるような残照の中に沈んでいた。

『注目すべき人々との出会い』は、聖職者、技術者、医者、王子といったグルジェフの友人たちを道連れとした内面への旅である。彼らは単に外面のみならず、その能力や自己規律、情熱といった点においても注目すべき人々であった。読者はまるで彼らをその目で見るかのように感じ、彼らの言葉は、静かで落ちついた会話の中で直接語りかけるかのように伝わってくる。

私は一人ではなかった。われわれの中には、あらゆる分野の専門家がいた。誰もが自分独自のテーマにそって研究していた。そしてみなが一堂に会したとき、各自が発見したものをもちよるのであった。[1]

この実態のつかみにくいグループの中で、グルジェフは指導的な役割を果たしていた。このグループは一八八九年にアレクサンドロポールで彼を中心に結成されたもので、一八九五年、正式に「真理の探求者」として組織される。その目的は、人間、習俗、文学、遺跡を研究し、実験、観察、および比較を行い、そして共通の目標に向かうためにできるかぎりの相互扶助をすることであった。時に彼はおどけて、自分たちを、「糞の中にまぎれこんだ真珠を探す者[2]」と呼ぶこともあった。

ポゴシャンとイェロフは初めからの参加者だった。ピョートル・カルペンコがまもなく加わったのにはいささか驚く。こうした初期の参加者の次には、顔見知りでない者がやってきた。とはいえ彼らも、批判的精神や、ほとんど無謀なまでに物事を問いつめる感覚など、本質的にグルジェフと共通性をもつ者たちで、彼の野心的な目標にもすぐに共鳴した。最終的には一五人ばかりの男と一人の女性が加わった。一人の女性はヴィトヴィツカヤで、考古学、天文学、工学、鉱山学、音楽、文献学に造詣が深かった。大半は若者で、若者特有の気質をもちよった。まだ未熟で、誤った観念も抱いていた。しかし、今ではかすかになった彼らの足跡をたどるとき、真の知識を手に入れるためにはいかなる努力も惜しまず、力を合わせて探求しようという尋常ならざる決意を彼らが抱いていたことに気づかぬ者はいないだろう。軽はずみな冒険主義に傾く性向は、窮乏や困難が押し寄せてくるといずれは熱が冷め、地に足を着けるようになる。もし彼らが真の理解を得たのだとしたら、それはシャンバラやらシャングリラやらを見つけることで一挙に手に入れたのではなく、心身をすり減らす長い探求の末に獲得したと考えるのが妥当だろう。

グルジェフはこの目標に完全に没頭した。父が彼の中に植えつけた禁欲主義の種子が、こぞって活動を始めた。彼のたどった道筋を確認することは不可能だが、砂漠や不毛な岩山を放浪し、「近づきがたい場所への旅」を敢行したことは疑いない。この共通の目標に対するグルジェフの貢献は、ある「何か」に関心を集中したことだが、その「何か」は、物理学でいえば振動と考えられるだろうし、音楽では音の高さと調性、人間に関していえば注意力、エネルギー、心的状態と解釈できるだろう。彼の視点からすれば、すべてのものは振動であった。この問題さえ完全に理解できれば、それが内包する結合原理は、超常現象と有機生命体のどちらをも等しく説明できる、息をのむような統合理論を生み出すかもしれなかった。グルジェフが美術、音楽、人間の動作や姿勢の研究に没頭し、聖俗を問わず伝統的な舞踏を修得し、また何にもまして、自らの内的、外的生活を観察することに心血を注いだのは、まさにこの「何か」を深く知るためだったのである。

転石苔を生ぜずという事実がここでひとつの基本的な問題を提起する。この探求の間、グルジェフの資金はいったいどこから出ていたのだろうか？　彼自身が皮肉っぽくほのめかしているように、ボルシェヴィキでも、なんらかの黒魔術の組織からでも、はたまた伝説的なグルジアの王子ムクランスキーからでもない。彼は父が望んだように聖職者にもならず、ボルシュ司祭が希望したように医者になることもなかった。実際、その驚くべき自伝の中には、カルスよりもティフリスのほうが濃い影を落としている。文中に見るグルジェフは海賊まがいの行為をやってのける企業家で、その頼むところは自分の明敏な機知と巨人のごときエネルギーのみであった。いかに大きなもの、いかに小さなものでも、彼の注意を引かないものはなかった。抜けめなく骨董や東洋の絨毯、中国の七宝焼などを取り引きし、ミシンやタイプライターを修理するかと思えば、石油や酢漬けのニシンを買い付けては売りさばき、さらには麻薬中毒患者や心身症の患者を催眠術で治療した。レストランを開いては経営を拡大し、それから売り払った。コルセットの改良もすれば、剣をのみこむ奇術師も演じ、スズメに色を塗って「アメリカン・カナリア」と称して売りさばいた。彼自身はこうしたことを、彼一流の慇懃さでこう言っている——

「私は商売人でもある」[3]。

実にグルジェフは商売人であった。実際、こうしたやり方で生き抜くことができる人間がいるとしたら、彼こそはそうであった。しかし、二〇年もの長きにわたって肉体と精神を御しつづけるのは大変なことで、しかもこうしたなんでも屋は、また別の、もっと陰鬱な伝説につつまれると、その姿はいっそうの現実味を帯びてくるのであった。たとえば長い間、インテリたちやロシアからの亡命者たちの間で、いや、家族や彼を信奉する者たちの間でさえ、グルジェフはその長い探求の折々に政治諜報員として働いたという噂が根強くはびこってきた。これを証明する公式の書類は何もない。散逸してしまったか、あるいはもしかしたら、モスクワかパリかニューデリーの忘れられた棚の上で、クモや走りまわるネズミのえじきになっているのかもしれない。もしそれが見つかれば、——そしてもし状況証拠がなんらかの意味をもつならば——グルジェフの実に興味深い側面を見せてくれるだろう。一八八七年にはアルメニアの自衛組織アルメナカン党の伝書使として働き、一八九〇年からはアルメニアの秘密結社ダシナク党の一員であり、一八九六年まではギリシアのスパルタクス団的な組織、エスニキ・エテリアの戦闘員になっていた。そして一八九八年から一九〇九年までの一〇年間はロシア皇帝の政治諜報員であった、ということが明らかになるかもしれない。

たしかにグルジェフ自身の残した記録は、これらの点については不明瞭である。否定するそぶりを見せながら、しかし曖昧にではあるが「暴力的な事件……からありとあらゆる恐るべきことが生じた」[4]と書き、またいやいやながら、「初めはイタリアで、次いでスイスで……さまざまな革命家たちと交わした会話」[5]を思い出し、さらには「ある政治的な目的で、ある政府に頼まれて遂行したいくつかの旅」[6]のことまで書いている。次のように書くとき、おそらく彼はもっとも誠実に語っているのだろう。

私の人生に特有の状況のために、私はいわゆる「もっとも聖なるもの」、すなわちほとんどすべての秘教組織、つまり、宗教的、哲学的、オカルト的、政治的、神秘的な組織、集会、党、組合等々、常人には近づけないものに接近する可能性を手に入れていた。[7]

そのような「状況」とは、もし秘密諜報員のものでないとしたらいかなるものだろう。三〇年後の一九二〇年、グルジェフがコンスタンティノープルに現れたとき、むろん誤ってだが、危険な政治諜報員としてイギリス情報部の監視下におかれたのである。

こうした本質的に異なる政治的諸運動にグルジェフが関わっていたことを認めるとしても、心情的にはどの程度関与していたのであろう。個人的な関わり合いはまったくなかった、と、彼の擁護派の大半は答えるだろう。一九世紀におけるギリシアとアルメニアのナショナリズムのきわめて錯綜した状況、さらにはロシアおよびオスマン帝国の帝国主義がくりひろげるオペラ的ともいえる殺戮など、地球上の有機生命体の意味を探求するこの男にはなんの興味も呼び覚まさなかった。ひとたび自分の目標を垣間見たグルジェフは、その時々の協力や同盟関係を無慈悲なまでに実利的に利用したのだ、と。「私にとっては、そこにたどり着く方法など、悪魔の背中に乗って行こうが、ヴラコフ司祭と手に手をとって行こうが、すべて同じことだった」[8]

根本的には、――と弁明は続く――彼は完全に非政治的人間だった。彼は国際人であった。世界の中にいたが、世界にとらわれてはいなかった。グルジェフ自身、この説をはっきりと支持している。

この時期、いつもあちこちに旅をし、内戦や革命といった激しく、活気に満ちた出来事が人々が共存している場で生じるところにはどこでも身をおこうとする私の性向も、実はこの……〔精神的〕目標から生まれたものなのである。[9]

この一節にひそんでいる力はどうだろう。

若き日のグルジェフの中には、どうやらまちがいなく、異常なまでの公平無私の精神の種子がひそんでいたようで、これが花開く後年、彼は人にはるかに抜きん出て、歴史的人物というより、歴史を超越する人物になるのである。しかし二八歳で早くもそうだったのだろうか？　たとえば一八九四年、アルメニア人にとっての悪の天才、かの呪われしアブデュルが、トルコ人歩兵と、煽動にのった荒らくれたクルド人騎兵を引き連れて、アルメニア国家を衰亡の縁に追いやることになるあの大虐殺を始めたとき、グルジェフの心中はいかなるものであっただろう。このとき二四の村々が、その住民ともども、ほんの数時間のうちに消滅してしまったのである。エルズルムの町の路上には、虐殺された八万のアルメニア人の血が流れ、さらには、アレクサンドロポールに住む彼の母や家族にも危機は迫った。こうしたことに直面したグルジェフの気持ちはいかばかりであっただろう。彼なら強い反応は示さなかっただろうと言ってしまえば、彼の根本的な人間性を否定することになる。たとえ強い感情を抱いても、そうした感情を行動に移すことはなかっただろうと考えるのは、この人間のもっとも中枢の部分を見誤ることになる。

両親の安全を確かめると、グルジェフは、まったく別の感情に突き動かされてクレタ島に向かった。彼は父の語ってくれた伝説を覚えていた。はるか昔、ノアの洪水の七千年も前、偉大な文明が「ハニンの島に栄えていた。……それはほぼ現在のギリシアの位置にあった[10]」。その島での複雑で膨大な仕事はすべて、「イマストゥン友愛団」という占星術とテレパシーに専念する賢者の一団によって執り行われていた。もし父のそらんじているその詩が口から口へと代々受け継がれ、何千年という時を生き延びてはるか離れたアルメニアの父にまで伝わっているのであれば、口承の伝統はその源泉ではもっと強く燃えつづけているのではなかろうか？　それは彼の疑問に光を当ててくれるのではなかろうか？　常識は希望の足を引っぱる。しかしこの詩の中にひそんでいるものは常識よりも強かったのである。

こうしてグルジェフは基本的には探求者としてクレタ島にやってきたのであるが、当時の状況の中では革命家として迎えられた。この山がちの島ではギリシア人の住民はトルコ人に支配され、住民の間には不満が鬱積していた。彼らの間を自由に動きまわる民族主義的秘密結社エスニキ・エテリアの活動家たちは、そうした不満をいやがうえにも煽りたて、この島を揺さぶっていた。クレタ人の中でも、スファキア地方に住む、ひげをたくわえたかぎ鼻の獰猛なパリカレス（ギリシア義勇軍兵士）にとって、革命は職業と宗教的な使命との中間にあるものだった。一八九六年二月、ギリシア人は再び立ち上がった。しかし、自由を強烈に主張すべく何度も予行演習した末のこの武装蜂起は徹底的に弾圧された。グルジェフは撃たれた。（彼が言うように「流れ弾」に当たったの

ではなく、この「黒いギリシア人」を撃つべき的としてねらった者に狙撃されたのである)

負傷したグルジェフはエルサレム、カイロを経てアレクサンドロポールまで帰り着いたようだが、その詳細は不明である。……少なくともエジプトはさまざまな思い出のあるなじみの場所だった。ポゴシャンとの最初の探検旅行が完全に失敗したのはまさにこの地であったし、ずっと以前の一八八七年、ケオプス(クフ)王のスフィンクスやピラミッドのツアー・ガイドでなんとか生活していた頃、彼の「年長の仲間であり、もっとも親しい友」[11]となるロシア人のユリ・ルボヴェドスキー王子と最初に出会ったのもこの地であった。この二人の生涯にわたる友情は、砂漠化以前のエジプトに対する共通の情熱からほとんど瞬時にして生まれた。「ああ! あの瞬間に経験したことは生涯忘れることはないだろう![12]」

いったいこの「砂漠化以前のエジプト」とは何を意味しているのだろう。歴史上、地理上のエジプトだろうか? それとも、旧石器人、新石器人が走りまわる、砂漠が押し寄せる以前の緑の楽園だろうか? それも不可能な解釈ではないだろう。しかしどんな場合でもそうだが、過不足はないが退屈で字義的な解釈はあざけりを受けるだけだ。グルジェフはエジプトをアトランティスと結びつけ、アトランティスを潜在意識と、そして潜在意識を人間のもっとも貴重な所有物である埋もれた良心と結びつけたのである。

ルボヴェドスキーはこうした問題に深く心を奪われていたが、そのきっかけは、何年も前にモスクワで彼のまだ若い妻が亡くなったことから生じる耐えがたい心の痛みであった。それ以来彼はすべてのエネルギーを、アフリカ、インド、アフガニスタン、セイロン、ペルシアを中心とする旅に注いできた。

王子は非常に裕福であったが、財産のすべてを「探求」に、つまり自分の疑問に対する答を見つけられそうに思えた場所へ特別な探検隊を送りこむことに注ぎこんでいた。彼は長い間ある修道院に住んでおり、共通の関心を抱く多くの人々と会っていた。[13]

深い学識をそなえたロシア貴族の一典型として、ルボヴェドスキーは独自の位置を占めている。しかし、ゲオルギー・イヴァノヴィッチ・グルジェフの先達およびもっとも親しい仲間としての彼には失望させられる。ルボヴェドスキーには存在感が稀薄で、彼の発するオーラは純粋な白光だ。彼の理想主義には一点のかげりもなく、その善良さ、愛、そして忍耐力は彼を聖なる煙幕でおおい隠してしまう。愛犬のフォックス・テリアのジャックまでもが非の打ちどころのない犬なのだ。グルジェフに関する文献の中には、ルボヴェドスキーの純粋な本質を蒸留し、抽出してくれそうな実に印象深い挿話がひとつあるのだが、おもしろいことにその文章は数十年後のもので、しかもグルジェフ自身を描写したものである。ここに何かの鍵がひそんでいないだろうか?

グルジェフが書いたルボヴェドスキーに関する章の中には、口当たりのいい果物の中に酸っぱくて黒い種が入っているように、「ソロヴィヨフ」なる者についての独立した章ともいえそうな話が挿入されている。ルボヴェドスキーが優しさと光の権化であるのに対し、ソロヴィヨフの方は絞首台に上る運命にある存在である。ルボヴェドスキーがほとんど実体を失いかけているのに対し、ソロヴィヨフの方は汗のにおいまでしてきそうだ。過酷な状況に翻弄され、あちこちさまよった彼は、嘘をつき、だまし、盗み、贋金まで作り、今では悲惨なアル中になっていた。一八九八年にグルジェフがブハラで偶然彼に出会ったこと自体にも独自のドラマがひそんでいるのであろうが、それよりはるかに興味を引くのは、両者に見られる奇妙な類似性である。その時期には、グルジェフ自身も極度の自己嫌悪に悩まされていた。自分が「底の底まで腐り、堕落しており[14]」、食い物とセックスと復讐にとらわれ、「自己愛、虚栄、自尊心、嫉妬その他の感情に身を任せている[15]」と感じていたのである。彼も奴隷であった——ただし酒ではなく、それまでに身につけてきた恐るべき催眠術とテレパシーの力との奴隷であったのだ。

われわれは彼らに催眠術をかけ、太いピンを胸に差しこんでも気づかないほど深く眠りこませた。こうして彼らを沈黙させると、二つの椅子の間に横たえて腹の上に大きな重しをおいた。[16]

当時のグルジェフの語り口には、たしかにぞっとするほど利己的なところがある。

この二人の男はまったく別々に禁欲の誓いを立てた。ソロヴィヨフは懇願する。「神よ、私をこんな生活に引きずりこんだこの毒を、二度と飲まずにおられるよう私を助け給え」。[17]グルジェフも決意する。「私の中のこの遺伝的要素を二度と満足させることなく、そしてわが悪徳のほとんどを充足させないことを常に覚えておくことを誓います」。[18]二人に見られる罪、改悛、救済という本質的なパターンは、ほとんど同一人物のものと思われるほどに接近している。

一八九五年頃にはすでにグルジェフは広く旅をしていた。メッカとメディナに変装して入りこみ、テーベにはルボヴェドスキーと一緒に行った。さらにアビシニア、スーダン、バビロンにはスクリドロフ教授なる人物とともに行っている。しかしなんといっても、一八九六年から一九〇〇年の間こそ、彼の英雄的な旅が集中してなされた時期であった。今や畏敬の念さえ抱かれるようになっていた「トルキスタンの虎」が、はるか地平線に可能性を遠望しながら、風に向かって身をかがめ、どこまでも進んでいく雄姿をわれわれは目にする。時にルボヴェドスキーや他の探求者たちと同行することもあれば、まったく一人で行動することもあった。

タブリーズ、トルキスタン、オレンブルク、スベルドロフスク、シベリア、ブハラ、メルヴ、カフィリスタン、ゴビ砂漠、チャルジョウ、パミール高原、さらに北インドへと続く彼の旅は、なんとか転びながらでも追うことができる。「ある場所ではシンボルを、別の場所では技術を、また別のところでは舞踏を修得した[19]」。彼のたどった秘密の道筋は、スヴェン・ヘディン、オーレル・スタイン卿、アルベルト・フォン・ル・コック、ポール・ペリオ、あるいは大谷光瑞師といった、われらが時代の偉大な冒険者たちの道とは交差しない。グルジェフは彼らと違って、その地の豊かな工芸品を略奪することはなく、公言どおり、太古の知識と価値基準の源泉へと一途に邁進したのである。

「サルムング修道院本部を発見し、そこに入りこんだ」というグルジェフの挑発的な言葉は、実質的には、字義的解釈しかできない者とアレゴリーを好む者とを振り分ける一種のリトマス試験紙である。字義的解釈の強みであり、また弱みでもあるのは、この修道院の場所が説得力をもって特定できないことである。グルジェフは目隠しをされてそこへ連れていかれたし、現在の地図は十分なものではない。おまけに、彼は永遠に秘密を守ることを誓っているのである。グルジェフはあらましこう語っている。一八九八年か一八九九年のある時、彼はソロヴィヨフとともに、馬、ロバ、それに四人のカラ・キルギス人のガイドを連れてブハラを発った。川や山をいくつも越え、一二日目の夕暮れに目的地に着いた。いうまでもないがブハラはシルクロード上の古都で、アフガニスタンのすぐ北に位置していたが、アフガニスタンは一八七三年、ロシアの宗主権のもとに降っていた。この地の苛酷な環境を考えるならば、サルムングの魔法の輪はここを中心とする直径八百キロを超えることはまずなかろう。さらにこの円の中で、北部と西部の地域は考慮の外におくことができるだろう。これらの地域はそれぞれキジルクム砂漠とカラクム砂漠とに縁を接しているからである。グルジェフは人をじらすような語り口で、ゼラフシャン河およびピャンジ（あるいはパンジ）河の渓谷に言及しているが、それは「サマルカンドへと続く黄金の道[20]」にそってまっすぐ東を指し示している。その南側、人を寄せつけぬ急峻な山々のどこかに、どこかに……

この重要な地点から、地理学者たちの果敢な解釈も、砂漠に消える河のように先細りになってくる。物事を寓意的に解釈する者たちは、深い峡谷にかかる危険なロープの橋を渡るエピソードから始まるこの修道院の話をすべからく象徴的に解釈するが、おそらくそのほうが如才ないというべきだろう。「危険な橋」の上の英雄は神話や民間伝承にしばしば現れるからである。西洋にはランスロットの剣の橋や、スカンディナヴィアの虹の架け橋であるビフロストがある。東洋には、ムスリムが地獄にかかる橋と考えるスィラートや、ゾロアスター教徒が最後の審判のときに渡る恐るべきチンワトの橋がある。人里離れ、山々に囲まれた秘密の霊場というのは、ちょうど「シャンバラ」のように、チベットやモンゴルの文化に深く浸透しているシンボルであり、西洋にもこの考えに引きつけられた多彩な人々がいた。ヘレナ・ブラヴァツキー、ルネ・ドーマル、アレクサンドラ・デヴィッド＝ニール、ミルチャ・エリアーデ、ルネ・ゲノン、ジェイムズ・ヒルトン、フェルディナンド・オセンドフスキー、ニコライ・レーリヒ、ジュゼッペ・トゥッチ、エマニュエル・スウェーデンボルグといったそうそうたる顔ぶれである。しかし、ますます意気ごんでいる象徴的解釈者にも注意を与えておこう。グルジェフの描く修道院には三つの主要な中庭があるが、これらは明らかに、人間のエクソテリック、メソテリック、エソテリックなサークルを象徴するものだ。さらに、この中庭にあるものはすべて、ある装置の象眼細工にいたるまで、象徴的な意味が与えられている。「黒檀はアフリカから、真珠層はインドから運ばれてきたのだから、これらでできたその装置はセム的な教えとアーリア的な教えとを統合したものであることを示唆している」[21]。つまるところ、象徴的解釈者にとっての「サルムング修道院」は、夢を生み出すものと同じ材料でできている。もちろん、どのような霊的な地形図の中にも必ず存在する、上質の預言的な夢ではあるが。

　サルムングの問題は簡単に笑ってすますことはできない。この場所は、グルジェフのもたらしたもっとも意味深長なもの、すなわち神聖舞踏とエニアグラム[★8]の起源として、彼の物語の中心に位置するからである。これに関連する多くの問題の中でもとりわけやっかいなのが、この名称そのものが歴史的にまったく同定できないことである。すでに一〇を超える曖昧で互いに折り合いのつかない説が、この気になる空白を埋めようと編み出されてきた。サルムングとサマルカンドは音声的にも地理的にも近い——何か関連はあるのだろうか？　ブハラが一〇世紀に、束の間ではあるが文化の絶頂期を迎え、芸術と学問の花が開き、医学原理の著者であるアヴィセンナをはじめとする芸術と学問の大家を輩出したのは、サーマーン朝時代であった。あるいは、古代ペルシア語の「サルマン」を、ゾロアスター教の伝統とその教えのエッセンスだと解釈したい向きもあるだろう。この解釈の難点は、この伝統を受け継ぐ者たち、とりわけブハラの首長たちは、一二一九年に襲来したチンギス・ハーン率いる黄金のモンゴル軍団*に席捲されて頭蓋骨の山となってしまったことである。侵入してきたモンゴル人の宗教は、「シャーマン」を長とする、構成こそはっきりしないがきわめて力強い自然魔術であったが、この「シャーマン」という言葉自体、歴史的に見ると、つづりがサルムングに非常に近いこともあった。ここまでくると、いかなる解釈をする者であろうと、グルジェフが約束して守らなかったあの言葉のかたわらに置き去りにされる——「この修道院の詳細については、それが何を表象し、そこで何がどのように行われたかも含めて、いつか特別な著書の中で述べることになるであろう[22]」。われわれが完全に途方に暮れるのは、まさに著者の思うつぼであろう。

二〇世紀が始まった時点でも、グルジェフの大目標のひとつはまだ達成されていなかった。要塞のようなチベットの山岳に分け入ることである。彼のような性格の人間が、閉鎖された国境を越えるという難題に挑戦せずにおれただろうか。タントラ、マントラ、ムドラーの行法が織り合わされ、「シヴァの神秘主義と魔術と……魔神崇拝が神祇官の手によって混ぜ合わされている[23]」この地が秘める力に、どうして彼があらがうことができただろ

訳注*———正しくは、チンギス・ハーンの孫バトゥ・ハーンの率いる軍団。

う。禁じられた都市ラサ、そしてデプン、セラ、ガンデンの僧院などに魅惑を感じないでいることができただろうか。こうした巨大で神聖な蟻塚の中では、転輪蔵が回され、ドラが打ち鳴らされ、想像を絶する霊的な白熱光と物質的な汚穢の中に、驚くべき数の古代の秘密が隠されていたのである。

グルジェフにはこうした魅力にあらがうことはできなかったし、また幸運なことにあらがう必要もなかった。というのも、彼の個人的な目的は、その政治的な任務と完全に一致していたからである。グルジェフは、「色とりどりに燦然と光り輝く、いわゆる〈勲章〉や〈軍服〉を身につけたお歴々[24]」とともにニコライ二世皇帝陛下に正式に紹介されたときのことを、実に辛辣な調子で書き残している。彼の書いたものには、まごうかたなき信憑性が宿っている。そこでわれわれは以下のように結論できそうだ。アフガニスタン、チトラル、およびカシミールの覇権をめぐって、汎ロシア主義的帝国主義者たちとインドを統治するイギリス人との間で休みなく争われていたあの「巨大なゲーム」の中で、数年にわたってグルジェフは、ロシア皇帝の手先として活動したのではないか、と。当時チベットに潜入する白人の諜報員なら誰でも、必要な額のルーブルとポーター、そして偽造の書類を与えられたからである。

使用できる言語、ギリシア系アルメニア人の顔立ちを考えると、グルジェフがチベットに潜入する可能性がもっとも高いのは、カスピ海沿岸から来た仏教徒、あるいはアストラハン地方から来たカルムイク人を装って、北西方面から入ることであったろう。そこで伝記作家は頭をひねって、一九〇一年の春、グルジェフがカラコルム峠を登ってチベットに入ったと考えるのが妥当であるとした。一年もしくはそれ以上チベット高地地方にいた彼は、「紅帽派*」のラマ僧に完全に傾倒していた。ここではチベット語や儀式、舞踏、医療、そして何より霊能的なテクニックを学んだ。さらにはチベットで妻をめとり、二人の子供をもうけたという噂を、ずっとあとになって彼自身が広めている。この家族の牧歌的な物語が仮に真実であったにせよ、ともかくそれは、一九〇二年、山岳部族の間でなんらかの闘争が始まったとき、もろくも打ち砕かれた。グルジェフは「また流れ弾に当たり」[25]、再び死を間近に見たのである。

今では名もわからない忠実な友人たちが、カラコルム峠を下ってなんとか彼をヤンギ・ヒサール（ヤンギサル）まで降ろしたが、ここは恐るべきタクラマカン砂漠の西の縁に位置するオアシスであった。ここで彼は生死の境をさまよう。「鋼のように強靭な」身体は、三人のヨーロッパ人と二人のチベット人の医者に親身に介抱されたおかげでついに回復した。このときの身体の衰弱、そしてまったくなじみのない環境におかれたことが、おそらくはこれに続く彼の神秘体験を誘発したのではなかろうか。そっけないまでに単刀直入な教義である「上がそうであるように、下もそうである」が、突如として彼の中でひらめき、それが恐るべき潜在的な力を秘めていると同時に、重い責任をも伴うものであることを暗示したのである。

彼も神であり、私も神である。宇宙の中の諸々の存在物に対して彼がいかなる可能性を有していようと、私も、私の下位に存在する世界に対して同じ可能性と不可能性を有している。彼は私をとりまく外部世界を含むすべての世界の神である。私も神であるが、それは私の内部世界の神であるにすぎない。[26]

この陶酔的な洞察は、これ以後のグルジェフの思考全体に浸透し、有機生命体に関する彼の疑問に光を投げかけ、生涯にわたる長い自己統治の闘いを強化することになるのである。

グルジェフが急いでもう一度チベットにもどらねばならなかったのは、その地の政治情勢がきわめて悪化して

訳注＊――チベット仏教のうち、一四世紀頃新たに興った宗派である「黄帽派」に対し、従来からあった宗派。シャーマニズム的要素の強い、チベット土着の宗教であるボン教の影響を強く受けている。

いたからだ。「三、四カ月の間無意識の状態が続いたのち、再びたえまない肉体的な緊張を強いられ、精神的な謀略に明け暮れる日々がもどってきた」[27]。外部世界はますますその回転を早めていた。一九〇三年七月五日には、フランシス・エドワード・ヤングハズバンド卿率いる小精鋭部隊がチベットとシッキムの国境を越えた。卿を突き動かしたのは、愛国心と、荒涼たる土地に対する深い神秘的な愛情、そして「あの利己的でこぎたない、好色なラマ僧どもをたたきつぶしたい」[28]という個人的な夢想であった。

チベットで彼らの侵入に抵抗した唯一のグループには歴史の光がほとんど当たっておらず、そのためはっきりとその存在がわかっているのは、彼らのたぐいまれな指導者で、ツァニット・ケンポであったアグワン・ドルジェフのみである。しかしどこか非常に深い陰の部分では、グルジェフに嫌疑がかかっていたにちがいない。一九〇四年に起こったラサの略奪は、彼の怒りよりも悲しみを誘った。作戦を誤った七百人のチベット人兵士たちは、グルにおいて、ヤングハズバンド軍のマキシム銃の掃射の前に一分半でなぎたおされてしまったのだ。この兵士たちは、先祖から受け継いだ広刃の刀と、トルコ石とサンゴの浮き彫り模様で実に美しく飾られてはいるが、あまりにお粗末な性能の火銃とともに、とりかえしのつかない犯罪の犠牲者として犯罪史の一ページにその名を残すであろう。グルジェフが強く抗議したのは、ある一人の人間を射殺したことに対してであった。（その人間とはある光明を得たラマ僧で、彼の突然の死によって、チベット・タントリズムの父であるパドマ・サンバヴァが八世紀に創始したユニークな秘儀伝授の伝統は、とりかえしがつかないまでに断ち切られてしまったのである）。彼はこの一見ささいに見える出来事が、その後の大きな不幸の遠因であると考えた。

こうした見方はまったくエリート主義的だと思われるかもしれないが、一九〇四年当時のグルジェフは、アルメニアとチベットがかかえる苦悩に深く心を痛めていた。彼には、人間は眠っており、戦争と情熱に翻弄されて意味も目的もなく苦しみ、まわりのあらゆるものを汚しているとしか思えなかった。しかしそれでも人間は、自己の本性の中にひそむ奇妙な欠陥ゆえに、壊れた機械に巧みにしがみつき、自分を裏切るパターンの奴隷となっているのであった。こうした状況を彼は「恐るべき現状[29]」として感知した。彼は戦争というおぞましいプロセスを、そしてその底にひそむヒステリーをなんとか理解しよう、いや、それと対決しようとさえしたのである。「私はなんとしてでも、人間の中にひそむ、すぐに暗示にかかる傾向、つまりそれがあるために実にたやすく〈集団催眠〉にかかってしまう強い暗示感応性を破壊する、なんらかの方法を見つけなければならない[30]」

以前には経験したことのないような「いわゆる〈同類に対する愛〉という衝動[31]」を感じたグルジェフは、目標を大きくした。これ以後、同類に対する強烈な共感が叡智を補い、心情が眼差しをやわらげ、理解から寛容な心が生まれるようになった。彼は皮肉な自己否定の精神でもって、自分の中に新たに生まれた「二つの頭をもつ探求心旺盛なうじ虫[32]」を茶化しているが、実は生まれたのは旺盛な探求心だけではなかった。彼の抱く奇妙な理想、すなわち「よきエゴイスト」になろうとする情熱も、これ以後燃えあがるのである。

一九〇四年にグルジェフは水腫にかかり、チベットの高地にいることができなくなったので、やむなく山を下り、苦労して故郷へたどり着いた。彼の両親はだいぶ前にカルスを離れ、アレクサンドロポールの昔の家に帰っていた。父は相変わらず落ちついていて、元気だったが、今や七〇を越えていた。母は何事にも落胆せず、妹たちは元気に成長していた。ただ、あの魅力的だったドミトリだけが家を離れ、ティフリスで悲惨な生活を送っていた。家族から見たグルジェフはさぞ奇妙な息子であり、奇妙な兄だったであろう。人に強い印象を与え、謎めいていて、いつも何かに駆り立てられているようで、傷つきやすかった。生活は安定せず、おそらくは結婚もしていなかった。放蕩息子が帰還したかのように、みな心配しながらもお祝いした。騒ぎがひとしきり終わると、彼は休息をとりながら、こまごましたことで気をまぎらわした。小さなバラ園で秋の日差しを浴びるのを想像したり、妹からもらったハーモニカで「満州の峰々」や「オジダニー・ワルツ」を吹いたりして過ごした。

彼は長い間何もしないでいることができない性格だったし、探求にはすでにはずみがついていた。催眠術には手を染めないと心に誓ってはいたが、人間を暗示感応性から解放するという目的のためにもう一度これを研究の対象とした。アレクサンドロポールでは「感覚を外面化する」[33]という興味深い実験を始めたが、そうしながらも、中央アジアのスーフィの修道院に入って、ダルヴィーシュがやっているメーケネス、つまり「他者の責任を取り除く行」[34*]の修練を夢見たりもした。ついに一九〇四年の真冬のある日、グルジエフは両親を抱擁し、別れを告げてから、再び旅に出た。ところが、詩的な公平さというべきか、あるいは理不尽な不運なのか、彼はたちまち、ツァーリの巨大な帝国全土と同じく、コーカサスの総督の支配地域でも煮えたぎっていた革命の集団狂気の犠牲となってしまった。チアトゥラ鉄道のトンネル近くで、「三度目の弾丸が、もちろん無意識のうちにだが、主としてコサックからなるいわゆるロシア軍と、グリア地方の人々……の中のある〈魔法使い〉によって放たれ、それが私の身体にぐさりと突き刺さったのだ」[35]

しかしこのときも、グルジエフはなんとか死をまぬがれた。一人の仲間が（うわべは「非常に弱そう」だったが、模範的な精神的強さと忠誠心を発揮して）彼を安全な場所へ運んだ。ドミトリのいるティフリスからはほんの一三〇キロしか離れていなかったが、諸々の事情があって、傷ついたグルジエフは東方へ運ばれた。まずアシハバードへ、それから彼の愛するヤンギ・ヒサールに落ちつき、そこで完全に回復するとタシケントに向かった。

一九〇五年には、すでにタシケントは地方の小都市ではなくなっていた。ウズベク人が築いた要塞をロシア人が奪って作ったこの町は、過去四〇年の間にロシア・トルキスタンの総督府として発展していた。政治諜報員であり、人間集団の暗示感応性を研究していたグルジエフは、一九〇五年から一九〇七年にかけて鉄道労働者を煽りたてた反政府ストライキやデモに強い興味を示したにちがいない。アリシャー・ナヴォイ図書館や、中央アジアのイスラーム法学者がもっている珍しい蔵書にも深い関心を抱いたであろう。しかしタシケントの真の魅力は、グルジェフの実験場であったという点にある。

一九〇八年は重大な分岐点となった。このときまでグルジェフは学ぶことに全精力を傾けていた。そして今やついに弟子をとることを考えるようになった。二〇年以上にわたって、彼は目をみはるほどさまざまな種類の能力、テクニック、そして思想を学び、修得していた。独特の行である神聖舞踏を学び、彼の存在全体が成長していた。そして、何にもまして、有機生命体および人間の生命に与えられた、疑う余地のない意味と重要性とを理解するにいたったのである。しかしその間に、かつての探求者たちはちりぢりになっていた。ポゴシャンとイェロフはそれぞれ自分の事業を始め、ソロヴィヨフはゴビ砂漠で、ピョートル・カルペンコはロシア中部で死んでいた。そしてユリ・ルボヴェドスキー王子はオルマン修道院に隠棲し、意識的にはすでに死んだも同然であった。探求者として残っていたのはグルジェフだけで、今や四〇代初めになった彼は、蓄積した知識を後生に伝え、そして人類が直面する「恐るべき現状」に彼らの目を開かせるというきわめて重大な責任を感じていた。

この企図に踏み出す第一歩はとりわけ風変わりなものだった。真理の断片を虚偽の形で教えはじめたのである。グルジェフが弟子を集めるためにとった方法は意図的に悪趣味なものであったが、これはこうした場合のひとつの前例となった。見え透いた自己戯画化をするかと思えば、挑発するような大ぼらを吹いてみたり、ともかく、彼を墓場まで、いや、その先まで追いかけたあの「山師」という形容語を自ら積極的に呼び招くがごときやり方であった。職業的催眠術師を自称する彼は、アルコール中毒や麻薬中毒、不正常な性生活などを治す治療師であり、さらには超自然科学を講ずる「教授」であり、「超常現象」を引き起こす「マエストロ」であると宣伝

訳注*――催眠術を指す。

したのである。こうしたことを行うには、タシケントは実におあつらえむきの場所だった。旧市街では阿片やハシーシの吸引は悲惨なほどに猖獗をきわめていたし、新市街ではウォトカが猛威をふるっていた。市場は「酔いどれバザール」と呼ばれ、インテリの大半は思想に酔っていた。革命前のロシアではどこでもそうであったが、この町でもオカルティズムや神智学、霊学に対する興味は非常に強く、新市街に住むこの地の生活にうんざりしたロシア人入植者たちは、あちこちでこの種のグループを作っては集まり、大公ニコライ・コンスタンティノヴィッチの宮殿では当世はやりの降霊術の会が開かれていた。

グルジェフはこのような集まりを決してバラ色の眼鏡を通して見てはいなかった。それどころか、そういったものは「精神病を完成させる研究会[36]」だと考えていた。彼はこういった集まりを、ただ社会に出るための格好の手段として利用したにすぎない。彼の態度を要約すれば、共感と無関心の共存という実に不可思議なものだったといえよう。彼は「苦しむ者たちに分けへだてなく良心的な救いの手を差し伸べた[37]」ので、肉体的、精神的に社会から落後した者たちから大いに感謝されはしたが、人間のタイプと心理の探求という真の目的は変わりはしなかった。「私はこうした場所で出会う、訓練され、自由に動きまわる〈モルモットたち〉が、目覚めているときにその心理をどのように表現するかを観察しつつ、研究を進めた。まるで運命が、私の実験のために彼らをあてがってくれたかのようだった[38]」。なんとも尊大な言葉だが、真実にはちがいない。この先グルジェフが教えを広めるのに成功するためには、ヨーロッパ化されたロシアの「モルモットたち」の心性や言葉づかい、タイプなどを知っておくことはきわめて重要だった。アジア人の間で何十年も過ごしたあとでは、感覚を一新し、声音を変えることは絶対の必須条件であった。

まちがいなくグルジェフのものと確認できるもっとも古い写真が撮られたのは、この奇妙な時期であった。この人を見よ！　彼は写真の中にすっくと立っている。まず強烈な印象を与えるのはその眼である。見る者を刺し貫いて吟味するかのような眼は、彼についての軽はずみな疑問自体にわれわれの注意を向けさせているようだ。このとらえどころのない表情の裏に、どれほど高電圧の危険な思想が隠されているのだろう。ヨーロッパ風のコートを着こみ、ピンと立ったカラーをつけ、ナポレオン然としたポーズをとっているなんともいえない不自然さはどうだろう。この小柄な身体のどこから、あの凝縮した力が、そう、ほとんど王者を思わせる、「ユダヤの王、大ソロモン王が言ったとされるツヴァルノハルノ[39]」という言葉で形容される高貴な霊感が放たれるのであろう。

ダゲレオタイプ（銀板写真法）で撮った古い写真がある。動きも話しもしないこの写真は、さまざまな好奇心をかきたてるが、決して満たしてはくれない。ここにいるのはまちがいなくあのグルジェフ、肉体的、精神的に病んだ人たちを治し、タシケントの心霊主義者たちの平安を乱しているあのグルジェフであり、自分の教えを広めるための資金を確保しようと、必死になって店やレストランや映画館を開き、油田や漁業に手を伸ばし、カシュガルからの牛の移動を手配し、貴重な絨毯や中国の七宝焼に投資しているグルジェフである。しかし皮肉なことに、写真が語ってくれそうなものは混乱をいっそう深めるだけだ。グルジェフ自身は、トルキスタンの三つの町で続けて最初のグループを結成し、そこから徐々にロシアに向かって、カニの横ばいのように進んでいったと言っているが、これにはあまり説得力がない。それに、中央アジアのある友愛団（おそらくはサルムング教団）から指令を受けていたばかりか、弟子の多くをその修道院に送りこんだとほのめかしているが、いささかまゆつばものと言わざるをえない。グルジェフがアジアで過ごしたこの最後の日々が、それ以前、以後と同じく多忙で、実り豊かなものであったことは疑いを容れないが、彼はまるで、正確さを求める歴史学者がいらだちを募らせるのをからかうかのように、ひどくおおげさでもったいぶった書き方をしている。たとえば、一九一一年九月一三日に彼がどこにいて、どのような状況におかれていたかを、誰が推測できるだろう？

この日、われらが主人公は、スーツケースを手に、ついにモスクワに着いたのだろうか？　その日は彼の四五歳の誕生日だったのだろうか？　そしてその時から彼は本当に教えはじめたのだろうか？　こうした仮説を立てたいのは、一九一一年九月一三日がグルジェフにとってきわめて重要な日で（あるいはきわめて不幸な日というべきか）、つまりその日に二度目の誓いを立て、これから二一年間、厳格な規律にもとづいた、しかし「完全に不自然な生活、つまり私の中に植えこまれたさまざまな性向と、いかなる意味においても絶対に妥協することのない生活[40]」を送ることを誓った日だからである。彼のこの言葉には、催眠術の放棄を新たに誓う以上の意気ごみが感じられる。すなわち、自分のカリスマ性、あるいはツヴァルノハルノを行使して一生の大業を台無しにしない、精神的クラゲを集団で追いかけるような当世風のカルトを作らない、短期的な成功に酔いしれて、ついには忘れ去られてしまうという愚をおかさない、という鉄のような決意が感じられるのである。そしてそのために、王者のような風貌も含めたすべてを意識的な演技で押し隠し、（「外面的には演技をするが、内面的には決して同一化しない」という格言にのっとって）実質的にはほとんど透明人間になろうとしたのである。ソロヴィヨフを使ってルボヴェドスキーの姿をおおい隠したり、厚顔無恥な趣向をこらして山師を演じたりしたのは、すべてこうした意図から出ているのだが、彼のこうした演技に対しては、しばしば強い非難があびせられることになる。

奇妙な乗客がモスクワの駅に到着する。現代のボーディサットヴァ（菩薩）が慈悲の手を広げて大都市に入ってくる。ひげをたくわえた預言者が激烈きわまりない緊急のメッセージをスーツケースに詰めてやってくる。友人と協力して集めた、さまざまに異なる貴重な糸を巧みに織りあげた絨毯を売り歩く、思想の絨毯商人が姿を現す。今やエンジンの蒸気のように、ついに神話の帳（とばり）は上がり、「他の人間とは違った生物であるかのように行動し、自己の役割と義務の重みを自らの存在の内に担い、しかも、なぜか知らないが彼に近寄りがたさを感じる群衆にはその存在さえ感知されない[41]」ゲオルギー・イヴァノヴィッチ・グルジェフの歴史に光が当てられるのである。

第II部:**思想の顕現**

思想の顕現

グルジェフがモスクワに足を踏み入れた瞬間から、あのパリでの胸が締めつけられるような最期の日々にいたるまで、彼の生活は自分の教えを伝えたいという情熱に完全に突き動かされていた。グルジェフをとりまくその後の状況が彼の生活の骨であるとすれば、彼の思想はその髄であった。それゆえ、いかに性急な伝記作家（あるいは文芸批評家）といえども、まずは問題となる彼の受けた啓示を解明しなければならないだろう。

いったいグルジェフの教えとは何だろうか？　このきわめて自然な疑問を押し進めていくと、明快な答が約束されているようにも思えるが、あまりに熱心に突きつめるとすべてが台無しになってしまう。時の流れが、ちょうど毒ニンジンのように、いわゆるお墨（すみ）つきを得た答を消し去ってしまい、またグルジェフ自身も、（そうしかけたことはあったが）一度もそのようなものを示さなかった。活性度の高い彼の思想は、それを受け取るときの状況や、その人のタイプ、状態、受容度や潜在能力にしたがってどんなものにもなる。しかしそんな中で、誰にとっても常に変わらぬ一点がある。息をのむほどの広がりをもつグルジェフの思想と行法は、あるひとつの思想、すなわち意識の進化という思想のまわりに、星座のようにきらめいているのである。

多くの注目に値する人々が、グルジェフの中に、彼らの特殊な渇きを癒してくれる力の源があるのを感じた。彼らが必要とするものは、偶然の要素をすべてはぎとればきわめて単純で、グルジェフの反応も単純だった。グルジェフを知れば、高度に洗練され、自己目的化した知的妙技で圧倒されるのではないか、というおそれは杞憂にすぎない。彼は、インテリの大半は知的な遊戯や知的マスターベーションにふけっていると見ていた。本質的に単純であるからといって、彼が甘酸っぱいシャーベットの香りのついた突飛な考えを売りさばいたり、みな善良で親切であるべし、などという実際の役に立たない助言を広めるために西洋に姿を現したと考えるのは正しくない。彼の思想には力強さと、形式と、そして内容がそなわっており、注意深さと不屈の熱意なしにこれに近づくことはできない。J・B・プリーストリーは控えめにこう警告している。「グルジェフのやったことを研究するためには、知的がらくたをあれこれひっくり返す必要はない[1]」

グルジェフの思想のるつぼを卓越したものにしているたぐいまれな諸要素は、二〇年という長年月をかけて収集されたものだ。こうして集めた諸要素を彼は火にかけ溶かして鋳型に入れ、その結果、独自の言語学、認識論、宇宙論、宇宙生成論、心理学、人間のタイプ論、意識の現象学、そして実践的な実存哲学を生み出した――その思想と技法の驚くべき広がりに、フィリップ・メレは心底感じ入ってこう述べた。「その力強さと知的正確さにおいて、これまでに出版されたグノーシス的、救済論的哲学のうちで、これに比肩できるものはまったくない[2]」

まったく未知の人間からこれほどの賛辞を送られるとは、グルジェフ自身驚いたことだろう。というのも、彼は自分のワークの全スペクトルを通常の言語で伝達できるとは思っていなかったからである。比喩的にいえば、赤外線の領域では言語は不必要だった。彼は痛烈にこう言い放っている。「私は雨が降れば歩道がぬれるということを教えているだけだ」。逆に、紫外線の領域では言語は無力である。これを定義づけていうならば、言語の彼方、活発に振動している沈黙の中にひそんでいる形而上学的本質は、これを表現するいかなる適切な言語も存在しない。意思疎通のさまざまな領域のうち、その中間帯は、残念ながらバベルの塔、すなわち「諸言語の混乱状態」が支配しており、そこではあらゆる意味は個々人の言語的、文化的な主観性によって悲劇的なまでに歪められているのである。

グルジェフは、ヤコブの天使との闘いさながら、自分の教えを正確に伝えるという問題と格闘した。そして、これもヤコブと同じく、種々さまざまな方法をとることを余儀なくされた。初めのうちは厳密で正確な、ほとんど砲金（ガンメタル）のような硬質な用語法を好んだ。しかし後年になると、信じられないくらい複雑で意味の不明瞭な言葉を使った。同時に彼は、言語を介さない意思伝達の能力も開発した。図表やシンボル、お金の使い方、アルコール、食事の準備、調理、そして食べることなどを通して教えたのである。音楽も使ったが、彼は自分の作曲法に、独自のネオ・プラトニズム的な考えを取り入れた。神聖舞踏[★13]も教授法のひとつだった。（ひとにぎりの本当に熱心な弟子たちは、姿勢、ジェスチャー、動作を使った彼の「普遍言語」を身体を通して解読することによって変容をとげたようである）。しかしなんといっても注目すべきは、形式的な方法はいっさい使わず、ただ彼の存在そのものが、「厳格で、慈愛あふれる注視」[3]によって、特殊な「注意の教義」ともいうべきものを伝えるときであった。

今では明らかだが、グルジェフの教えを瓶詰めにしたものは、この教えを正しく伝えることはできない。それにもまして、こうした瓶詰めは彼の教えの明瞭な特徴である変容の力をそなえていないが、これに驚いてはいけない。結局のところ、リチャード・リースの興奮した言葉が正しいとしたら、「グルジェフは弟子たちに、いかにして神の特質を生み出すかを教えようとしたと言っても、少しも誇張とはいえないだろう」[4]。

グルジェフは神を信じていた。彼といえどももちろん、（シュバイツァーやユング、シモーヌ・ヴェイユ、テイヤール・ド・シャルダン、ブーバー、ヤスパースと同じように）自らの信じるところを既成の文化になんとか合わせなくてはならなかったが、そうした文化は今日でも、このような信仰を当今はやりの神秘的なものに変えて、おしゃべりの種にしてしまうのである。グルジェフは年をとるにつれて挑戦的になっていった。教えの初期には――「現代の〈無宗教的〉な人間がいらだたしく抵抗する」[5]ように挑発する意図があったわけではないが――彼は陰鬱に「絶対」に言及した。しかし一〇年後には、深い畏敬の念をあらわにし、「われらが全能の、すべてを愛する共通なる父、一なる存在にして創造者である無限者」を高らかに賛美するようになる。こうした擬人化された神も、われわれの伝統的なステレオタイプ化された神とは一線を画すよう、慎重に表現されている。グルジェフはこうしたわれわれの神を、礼を失しないようにしつつも笑っていた。(「彼らは、かの有名な彼らの神を、ユダヤの老人そっくりに思い描いていた」[6]。彼の神概念には、それがいかに家父長的であろうと、洗練された神学の入りこむ余地が常に十分に残されていた。

神による創造と人間の堕落という崇高な神話は、人類のいわば幼児期から今日にまで伝えられているが、この幼児期に人類は、その無邪気さと自然に対する驚異の念ゆえに、裸の人間を宇宙の問題の中心に据え、巨大な意味を担う聖像として祭りあげたのである。グルジェフが、自らの手で創造した現代の神話をどの程度文字どおりに信じていたのか、にわかには断定しがたい。象徴的、詩的レベルにおいて、それは彼の深い洞察を投影している、と言うだけでおそらく十分なのではあるまいか。彼は原初の謎については、(自信に満ちた科学[★9]がこれについて沈黙を守るように)沈黙を守った。この謎とは、あらゆる解決不能な問題の根源、すなわち「あるもの」の奇蹟的な存在であった。彼は第一原因および宇宙を形成している物質について陽気に語った。しかし、ひとたび自らの劇的宇宙を展開する場が与えられるや、グルジェフはたぐいまれな、そして英雄的な意義をもつ一種の神秘劇をくりひろげていった。これが新たな啓示であるかどうかは峻厳なる歴史の審判を待つしかない。まちがいなく言えることは、現在とりわけ深くなっている暗闇の中で、彼が霊性のろうそくに多くの火をともしたということである。

グルジェフのいう「共通の永遠なる父」は天国にはいない。（「天国」「地獄」ともに、バビロンの有害な二元論が生み出したものと彼は考えていた）。同様に彼の神も、この現実界とかぼそい糸でつながれ、わずかに薬物やウィジャ[*]や聖餅[**]によって垣間見ることのできる天界や心霊界といった特殊な世界に属しているわけではない。彼の神は、広大ではあるが究極的には把握しうるこの物質的宇宙の「この上なく聖なる絶対太陽」にその座を占めているのである。

原初にはこの絶対太陽だけが無窮の空間に物質として存在していたが、その中にはすでに根源的な宇宙物質であるエテロクリルノが充満していた。この星雲状のエテロクリルノは安定した均衡状態にあったので、われらが共通の父は外部からの刺激をまったく必要とせずに、オートエゴクラット（「私はすべてを私の管理下におく」）と呼ばれる体制のもとで、彼の法則を内的に機能させることによってこの超太陽を維持していた。そんなわけで、われらが父はケルビムやセラフィムの歓喜に満ちた歌声につつまれて、永遠にこの状態の中で存在したことであろう……もし無慈悲なるヘローパスさえ存在しなければ。

ヘローパスとはグルジェフが「時」につけた名称である。彼のいう「時」とは、神の影もしくは分身、切り離せない共存在であり、公正かつ無慈悲で、あらゆる存在物の中に主観的・主体的にまぎれこみ、そうすることによってそれらを永遠に破壊してしまうものである。こうした見方にわれわれは、なじみ深いロックの「時とは恒久的な破壊である」や、キップリングの「たえず流れる河のように、時はその生成物をすべて運びさる」などの

訳注＊――心霊術で使われる占い用の仕掛板。小さな脚のついた板が、言葉やアルファベットの文字などのついた大きな板の上にのっていて、占い師や霊媒の指が軽く触れると、大きな板の上を動き、言葉や文字などに触れる。その言葉や文字によって占い師や霊媒が質問に答えたり、伝言を伝えたりする。

訳注＊＊――ローマ・カトリックの聖体祭儀で使われるような、パン種の入っていない薄い丸パン。

言葉を思い出すかもしれない。しかしグルジェフはこれに、時は聖なる存在で、神と同時に生まれたという重要な特性をつけ加えた。

時が引き起こす仮借ない影響、すなわちエントロピーを増大させる力の影響を受けて、実に緩慢ではあるが確実に彼の居住地である絶対太陽の容積が減少しはじめると、われらが共通なる父はすぐに緊急の対策を講じた。彼は聖なる意志をすべて注入して「言葉なる神」であるテオマートマロゴスを発し、これが巨大な弁証法的一撃でもってあらゆるところでエテロクリルノと反応を起こし（奇妙なことに、現代の天文学でいう「ビッグ・バン」を思い起こさせるが）、その結果われらがメガロコスモス、すなわちこの大宇宙が生まれたのである。それ以後、この聖なる生きた創造の過程は、共生もしくは相互維持の開かれたシステムによって推進されてきた。このシステムをグルジェフはトロゴオートエゴクラット（「自分自身を食べて自らを維持する」）と名づけた。すべてが緊密に関連しあっている巨大なエコシステムを通して、それぞれの序列の存在物は、他のグループの存在物の生存を保証するエネルギー、あるいは物質を生み出すのである。これが神が修正を加えた事物の全体像であり、時もこの計画には抵抗しようがなかった。

こうして神は勝った。……そして負けた。勝ったのは、自分自身と聖なる絶対太陽を恒久的にエントロピーから守る対策を講じたからであり、負けたのは、自身きわめてわずかな接触しかもてない宇宙を――その辺縁部ではなおさらそうだが――創造したからだ。かくして、歴史の曙以来、神が内に秘めているとされる全能の力の中には、きわめて微妙な矛盾が入りこんでいたのである。それが今や――世界が低次のものに下るにしたがって――神の力は急速に衰えを見せはじめた。神は、一度読むと容易に忘れがたいカフカの寓話『中国の万里の長城』に出てくる皇帝のようだ。この皇帝は禁断の都の最奥に位置する宮殿に引きこもったままで、遠隔の地に自らの意思を伝えるには絶望的なまでに無能である。彼はちょうど、自分でルールを決めておきながら、手元にハート二枚しか残らず、結局エースを打ち負かせないゲームの考案者のようだ。あるいは、理神論者がいうところの「不在地主」のようでもある。

それ以後、神の創造物はすべて必然的に、この新しく生み出されたダイナミックな均衡の中で、神自身の手で直接にではなく、二つの根源的な聖なる法則、すなわちトリアマジカムノ、すなわち三の法則と、ヘプタパラパーシノク、すなわち七の法則によって維持されることになった。三の法則は個々の独立した現象間の因果関係を司り、七の法則はそれらの現象が展開するプロセスの軌道を司るのである。

グルジェフの三の法則は、予想にたがわず、個々の現象は、宇宙から原子の世界にいたるまで、三つの力の相互反応から生じると述べる。第一の力、すなわち「聖なる肯定」は能動的で、第二の「聖なる否定」は受動的、第三の「聖なる中和」は両者を調和させる力である。彼の述べる「高次のものが低次のものと結合して中間のものを生み出す」[7]という公式は明瞭で、例も簡単に示すことができる。たとえば精子は卵子と結合して胎児を生む。(もしくは、性衝動が抑圧されると「昇華」ないしは「コンプレックス」が生じる)。師は弟子と関係を結び、教えを伝える。テオマートマロゴスはエテロクリルノを活性化してメガロコスモスを生む、などである。

この「聖なる弁証法」は明快ではあるが、三の法則の総体は単純なものと考えるべきではない。もし彼がこれとは別の、しかもこれとは相容れない形での三の法則を是認しなければ、グルジェフはグルジェフでなくなっていたであろう。この別の形では、第三の力は前二者の反応の結果ではなく、調停者、仲介者、あるいは結果を生み出す触媒である。この多少複雑なモデルも、別の、これまた明快な例を使えば理解できる。小麦粉と水は、火を仲介者として結合した場合にのみパンになる。原告と被告は裁判官の調停を得て初めて和解する。原子核と電子は電磁場の中でのみ結合して原子となる。この形での三の法則においては、第三の、すなわち中和的な力は、キリスト教徒にとっての聖霊と同じものであり、ダーウィン主義者にとっての時間であり、マルクス主義者にとっては、かつて歴史がそうであったものだ。つまり、これがあって初めてすべての物事は可能になるのである。

いずれの場合も、時と相互維持とがあるために、いかなる現象も独立して現われることはできない。「高次のものが低次のものと結合して中間のものを生み出し、その結果、先行する低次のものより高次で、かつそのあとに来る高次のものより低次のものになる」。かくして、個々の事象はただちにプロセスの中に組みこまれるが、そのプロセスはもうひとつの制約、七の法則の支配下にあるのだ。

七の法則を把握したり要約したりするのはきわめて困難で、グルジェフ自身きちんとした定式を残していない。あえて要約すれば次のようになるだろう。

完結に向かうプロセスは、ひとつの例外もなくすべて、七つのはっきりした局面をもっている。これらの局面を、上昇、あるいは下降する七つの音もしくは音高の連なりと考えると、振動数は、予期できる二箇所での（現在の未調律の長音階ホ－ニハロイトヘホにおいては、ミとファ、シとドの間で半音が欠けているが、ちょうどその箇所での）逸脱を伴って、不規則に増大もしくは減少せねばならない。

自然界には直線が存在しないこと、人間の努力はたいてい弱まっていくこと、ある目的をもって事を起こしても、時がたつうちにその目的からそれていくこと、山上の垂訓からスペインの異端審問までのぞっとするような変移――こうした現象はすべて七の法則にひそむ二つの不可避的な屈折から生じるものだ。しかし――とグルジェフはつけ加える――例外的に、あるプロセスあるいはオクターヴが、本来進むべき道を完全に維持することもある。ただしそれは、(偶然もしくは計画的に) ミとファ、シとドの間に外部から適切な「ショック」を入れ、両者の間隙を埋めることによってのみ可能となる。

グルジェフが提示する例の中で、驚きと論争を引き起こした最大のものは「創造の光」である。この根源的な下降オクターヴにおいては、ドは神ないしは絶対であり、シは宇宙、ラは太陽系、ソは太陽、ファはそれをとりまく惑星、ミは地球、そしてレは月である。明らかにグルジェフは、宇宙をソルフェージュ的に解読しているのだが(すなわち、ドミヌス=神、シデラ=星、ラクテア=銀河、ソーラー・システム=太陽系……レギナ・コエリス=天空の女王すなわち月、と続く)、これは実にすばらしい歴史的遊戯といえよう。創造の光は、宇宙の哲学的なモデルとしてはきわめて生産的なものだ。つまり、進展と退縮、決定論と自由意志、エントロピーと反エントロピー、苦悩と神の慈悲、などなどの和解させがたいものを、人間の力としては可能なかぎり和解に近づけているのである。

では、創造の光は振動の非連続性とどのように折り合うのだろう。ここで、はからずもわれわれは、人間の実存的な問題に突き当たるのである!

ドとシ (メガロコスモス) の間の断絶は、かくあれ! という威厳ある声、すなわち絶対の意志で架橋され、それ以後オクターヴは妨害されずに、ファ、つまりわれわれの惑星界まで下降する。しかしこの段階までくると、ファからミへ移行させるには神の力は非常に弱くなっている。それで、「この時点での〈インターヴァル〉を埋めるために……惑星からのさまざまな影響を受け取り、伝達するためにある特殊な装置が作られた。この装置こそ、地球上の有機生命体にほかならない[8]」。

グルジェフは、地球上の有機体が宇宙線の変換器ないしはフィルターであるというこの奇想天外な考えを、彼の胸で燃えつづけてきた疑問、すなわち「地球上のあらゆる形態をもつ生物の生命プロセスが、全体としていかなる意味をもっているか」[9]という疑問に対する答として提出する。現在の地球化学者で、さまざまな種を含む「生物圏」という概念に疑問をはさむ者はほとんどいないだろう。しかし、グルジェフが提出するこの考えの独創性は驚嘆に値する。突然の天候異変が恐るべき影響を与えるように、彼のヴィジョンもわれわれの抱くすべての人間的な夢を打ち砕く。有機生命体という誇り高く美しい装置は、実はそれ自身のために、それ自身を目的として存在したことはかつて一度もなく、宇宙のシステム維持という、思いもおよばぬような目的のためにのみ存在してきたのだから。

グルジェフの提出する宇宙の見取り図の中から人間中心主義が放逐されているとしたら、地球中心主義も同時に拒絶されている。われわれの地球にいたる創造の光は、無限にある創造の放射線の中のほんのひとつにすぎない。ニコラス・クザーヌスとジョルダーノ・ブルーノの考えをさらに広げつつ、グルジェフはわれわれが頑なに抱いている主観的な「真理」、つまり、ともかくわれわれ人間およびその人間が住む小さな地球は理屈ぬきに宇宙の中心であり、本質的に重要なものだという「真理」を、新たに抹殺しようとするのである。実際には、彼はわれらが惑星を愛し、敬意を払いはするが、この惑星を記述する言葉に手加減はない――「哀れなる〔太陽〕系の中の〈不快と恥辱〉の源」[10]、「全能の至聖絶対太陽からの直接の放射が届くはほとんど範囲外」[11]の、宇宙のシベリアともいうべき場所に位置する、くだらぬ、無価値で、奇妙なまでに「均衡を欠いた奇形的存在」と言い切るのである。

地球が「均衡を欠いている」という考えから、われわれはついに人間の堕落という神話に到達する。古代から伝わる伝説の多くが、われわれのはるかなる祖先を襲った恐るべき悲劇を記録に残している。グルジェフが伝える、苦さと甘さの入り交じったこの驚くべき神話は、彼の教えのどの側面よりも多くの嘲笑をあびせられることになる。彼にとってこの神話は明らかに、字義どおりであれ象徴的にであれ、きわめて重要な真理を宿しており、いかに悪意に満ちた批判や攻撃を受けようとも、これを広めることを義務と感じたのである。

昔々あるとき（「ある聖なる個人の誤った計算」[12]のおかげで、と彼は皮肉たっぷりにつけ加える）、コンドールという名の巨大なさまよえる彗星が、いまだ人間の住んでいない地球を直撃し、そのため「窒息するほどの臭気」[13]が生じると同時に、地球から二つの破片が飛び散って、地球を中心とする長円形の軌道を回りはじめた——これが月とアヌリオスである。この時ならぬ不自然な、帝王切開にも似た月の誕生は、全太陽系の機能にとって深刻な脅威となったために、われらが共通の父はただちに最高位の大天使サカキを派遣して、この事態を収拾しようとした。

この状況を見たサカキはこう結論を下した。すなわち、月とアヌリオスを安定させて通常の進化の経路にもどすには、両者に「聖なる振動〈アスコキン〉」を常に供給しつづけることが不可欠である、と。このアスコキンという貴重な振動あるいは物質は、主として生きた有機体が死んだときに発生するので、サカキは太陽の放射物を使って、地球上に形も大きさもさまざまな、寿命のある生物の種を植えつけることにした。かくしてこの惑星の表面では、こうした微小な生物が誕生し、呼吸し、食物をとり、排泄し、生殖をするようになった。これらの生物が死ぬと、残った肉体は惑星が消化してしまうが、アスコキンは一種のへその緒のようなものを通って月の食物となった。

長い年月がたった。そしてようやく、さまざまな種の中から真のテタートコスモス、すなわち思考、感覚、感情の三つをそなえた、そしてその体内で三の法則が枢要な働きをする生物が誕生した。……最初の人間である。この新たな種は、アスコキン供給の経済においてこれまでよりもはるかに有効な貢献をするばかりでなく、「客観理性」を獲得する潜在的な能力も秘めていた。世代が経過するうちに、男と女は自分たちのおかれている状況、つまり「彼らとはまったく関係のない外的状況に振りまわされる奴隷性[14]」をますます客観的に理解するようになってきた。しかしちょっと待て！——とサカキは懸念した——もしこうした下級な生物が、自分たちの努力や苦しみがまったく不毛なものであることを心底理解したら、やつらは集団自殺でもするのではないか？　もしそんなことが起これば、アスコキンの月への供給はいちじるしく妨げられ、危険な状態が生じるのではないか？……不測の事態を予測しようとする彼の陰鬱な分析は、ついに恐るべき不幸の種をまくにいたった——「器官クンダバファー」である。

人間の脊椎の基部にこうした意図で植えつけられたこの「邪悪なるクンダバファー」は、人間が現実を逆さまに知覚し、刺激を受けるたびに見境なく満足を覚えるよう強制した。このため、客観的理解へと向かう人間の進化は、ただちに停止してしまった。阿片中毒患者のように、いつも催眠術にかかった状態で白昼夢に浸りきって歩きまわり、ちょっとした暗示にもすぐに感応し、そしてその全エネルギーはエゴイズムと自己愛、虚栄と自尊に注ぎこまれるのであった。サカキの意図どおり、今や人間は盲目的に月の食物になっている——皮肉なことに、自分は目に入るものすべての帝王だと思いこむように運命づけられているのではあるが。

要するに、アスコキン製造工場を創造したのも、その結果人間をこのように腐敗させたのも、悪意や邪心ゆえではまったくなかった。月には「意識を進化」させ、創造の光のレ音を埋めるという重要な仕事があるが、そこにおいて、人間を含む有機生命体は単なる消耗品にすぎない。「月、この青白い顔の裏切り者、われらがすべての不幸の元凶」（ボウイス*の言葉）は宇宙論的にはなんら罪はなく、ただ純粋に幼児的な必要に迫られて、有機生命体の生命を吸い取っているにすぎない。サカキは人間に害を与えようとしたわけではない。事実、月が直面する危険が去り、器官クンダバファーが不必要になったとき、この器官はただちに人間から除去されたのである。

グルジェフが、人間の現状がはらむぞっとするほど皮肉な事態をずばりと指摘するのは、まさにこの時点である。現実を逆さまに見させるよう肉体に植えこまれた強制力は、こうして永久に消え去った。人間に与えられた途方もない潜在能力は回復された。人間は「複雑な多層性をそなえた一個の全体」となった。「意識的努力と意図的苦悩」を通してゆっくりと自己を客観理性のレベルへと引き上げ、ついには母なる神聖太陽と再合体して不死となる、そのような存在となったのだ。しかし、ああ！　愚行へと駆り立てる力はたしかに去りはしたが、その性向は結晶化して残ってしまったのだ。妄想、暗示感応性、不正行為に走る傾向、ありとあらゆる腐った感情、こういったものが人間の生の中に染みこんでしまっていた。慣習や言語、社会のしきたりや家族の絆にがんじがらめにされ、巨大な惰性の力に流されている――いかなる意図や目的から見ても、人間はいまだクンダバファーの奴隷だ。これこそが、かつての「恐るべき現状」であったし、今もまたそうなのである。

われらが呪われた種族がその後展開する物語は、グルジェフが生み出した驚嘆すべき傑作、いかなるジャンルにも分類できない『ベルゼバブの孫への話』の中で、きわめて大きな意味を与えられている。「『ベルゼバブ』に書かれていることは、すべて歴史的事実である」[15]と作者は豪語する。学問に対するこうした挑発的言辞は、『マハーバーラタ』、聖アウグスティヌスの『神の国』、ダンテの『神曲』、ミルトンの『楽園喪失』および『楽園回復』などを思い起こせば、まだ許せるかもしれない。これら時代を超えて屹立する歴史的・形而上学的作品は、現世のドラマが、人間の精神的進化に対してもつ意味という観点からのみ描かれているのだから。

訳注＊――ジョン・クーパー・ポウイス（一八七二～一九六三）。イギリスの小説家。『ウルフ・ソレント』『グラストンベリー・ロマンス』『ポーリアス』等で、人間という存在の神秘性を神話化した舞台の上で描いた。

グルジェフは自らの歴史劇を二元論的に表現する。闇と光を人格化した力の間の闘いとして、すなわち、「器官クンダバッファーの特質がもたらす帰結」と、モーゼ、仏陀、キリスト、ムハンマドその他の、われらが共通なる父から遣わされた使者として肉化した意識的影響力との間の闘いとして描いている。一見するとこの作品は、グルジェフが完全に人間的視点から描いているために、そして、その模範的な登場人物と邪悪な登場人物とが人類の歴史に与えた巨大な衝撃のゆえに、たとえばコントが描く貧血症気味の名前のない歴史とは何万光年も離れているように見える。ここでは、観客に特に人気のあるアイドルたち（ピタゴラス、アレクサンダー大王、レオナルド・ダ・ヴィンチ、フランツ・メスメル、トロツキー、レーニン）が、まったく無名の人物たちとごちゃまぜにされている。これら無名の登場人物が作者の創作なのか、それとも時が光を当てるのを待っている謎めいた存在なのか、いったい誰が知ろう。いずれにせよ、グルジェフは普通の意味での歴史家ではない。彼は現代のアシュクであり、その語りは古代の神話の、そして信じられないほど洗練された寓話の領域から、実にかすかに響いてくるのである。

寓話的構成の一例をあげてみよう。明らかにグルジェフは、キュヴィエ的な地質学的「天変地異論者」ではあるが、次のような大胆な命題をも提示する。すなわち、人類の精神史は、いや、個々人のそれさえも、母なる地球が続けざまにこうむってきた侮辱をひとつひとつ反復している、と。（ちなみにフロイトは、超心理学に関する第一二論文である「系統発生学的幻想」の中で、これと驚くほど似た考えを表明している）。単純な心理学用語を使っていえば、あの無鉄砲な彗星コンドールは、すべての生物が経験する最初の肉体的変動期である思春期を表している。同様に月は無意識の狂気的側面を表し、アヌリオスはこれを相殺して正気を促すかよわい力であり、アトランティスは、悲劇的にも主観的・因習的道徳に取り囲まれている良心の声を表している。

「歴史的」用語を使うならば、グルジェフはアトランティスを、人類の全般的堕落をまぬがれた唯一の例外とし、その短い黄金期が「恐るべき現状」に対するひとつの模範的解答を提供していると考えている、といえよう。アトランティスの学者ベルカルタッシがあらゆるグループ・ワークと自己観察の中心的人物として描かれており、彼の後継者であるマカリー・クロンベルンクジオンは、三の法則および、肉体が死んでしまう前に「意識的努力と意図的苦悩」を通してアスコキンを解放する特殊なテクニックを研究している。この研究から生じる大きな恩恵は、彼らのような独創的研究をする者やその弟子たちのみならず、人類全体、そして月にまでおよんだ。しかし突然、すべては再びもとの混沌に投げこまれてしまう。そのとき地球の重心は大きく移動し、そのため地球の不均衡が急にぶり返したのである。――そしてアトランティスは、はるかな海の底に消えてしまった。

グルジェフは動揺を引き起こす天才である。この黙示録的情景からわれわれをなだめつつ連れ出し、もっとなじみがあって落ちつける場所へ誘っておきながら、われわれが抱いている価値観を再吟味し、歴史的な既成概念を疑い、それどころか転倒させるよう厳しく命ずる。彼の手にかかると、古典ギリシアの哲学者たちは「退屈のあまり無を空へと注ぎこんでいる哀れな漁師ども[16]」となる。アレクサンダー大王は「この上なく虚栄心の強い」精神病者であり、うさんくさい催眠術師メスメルは「オーストリア・ハンガリー帝国の正直で謙虚な学者で、きわめて計画的になぶり殺しにされた[17]」。ジョン王は最高の英国君主であり、イスカリオテのユダは自己を犠牲に捧げた実行力のある聖者、「イエス・キリスト自らが秘儀を授けた献身的な愛弟子[18]」であった。

こうした奇妙で意表をつく見方、コントの「名前のない歴史」が悪意を秘めて復活してきたようなこの見方には、ほんのわずかの慰めもない。それどころか、グルジェフのアスコキン仮説がいったん深刻に受け止められるや、この説はたちまち人の心を混乱に突き落とす。なにしろこの仮説によれば、第一次大戦での戦死者は、何世紀も前に世界中で動物をいけにえに捧げるのをやめたことの帰結だし、あるいは月はひどく腹をすかしていたが、これからもまたすかすだろうということになるのだから！

　しかし幸いなことに、グルジェフの世界観および歴史認識は、決して希望を閉め出しはしない。それどころか、雲が暗く垂れこめているときにこそ、われらが共通の父は光の使者たちを遣わしてくださるのである。彼らのメッセージは蘇生の力を秘めたトランペットの音とともに響きわたる。――そしてクンダバファーは消滅する。それでも人間は月に奉仕するという運命からは逃れられない。しかし、それにもかかわらず、地球上の生物の中で人間だけが、太陽にも仕え、そして不死性に対する潜在能力を開花させる可能性を秘めているのである。

　天から遣わされ、受肉したすべての使者の中でも、グルジェフ神話の中でひときわ輝いているのはアシアタ・シーマッシュである。では、彼は誰をモデルにしているのだろう？　ゾロアスターか？　グルジェフ自身か？　それとも、今にも出現しようとしているメシアなのか？　あるいは、（描写されているように）紀元前一二一〇年頃バビロン近郊で生まれ、不当にも歴史から忘れさられた人物なのだろうか？　グルジェフによれば、彼こそはクンダバファーの有害な遺産をもっとも強く感じ、深く理解し、そして真正面から対決した人物であった。この遺産を引き継いだがために、愛は腐敗してエゴイズムとなり、希望はいつまでも事にとりかかろうとしない性癖へと堕落し、信仰は軽信へと退化したのである。しかし同時に、良心がもつ贖罪的な潜在能力、すなわち、人間の無意識の中に深く埋もれていたためにいまだ汚れも衰えもしていない良心の力を、鋭い洞察力で見抜いたのも彼であった。彼は自らの洞察を霊的に実践したが、そのおかげであの至福に満ちた一時期、アジアのすべての地域から、ナショナリズムもカースト制も、戦争そのものも消え去ったのである。神に愛された驚嘆すべき存在……しかしその教えは、彼の死後二世代もたたないうちにすっかり失われてしまったのだ。

　その科はレントロハムサニンなる人物に帰せられる。アシアタ・シーマッシュより若い同時代人であるレントロハムサニンは、裕福な商人と、堕胎をなりわいとするその妻の間に生まれた一人っ子で、「パパとママのかわいこちゃん」であった。甘やかされたおかげで良心を失い、愚にもつかない知識をろくに理解もせずに詰めこんでは、いばりくさって、名声ばかりを追い求めていた。この地上の王国にとりつかれた彼は、ユートピア的理性主義者で、ロシア（そしてフランス）革命がはらむ臭気を象徴的に代表していた。レントロの「レン」はレーニンから、「トロ」はトロツキーから、というわけだ。彼は破壊活動分子のアーキタイプで、伝統や、精神における実力本位主義を、いや、根本的には、彼が偶然そうなった人間という状態を蛇蠍（だかつ）のごとく嫌っていた。彼は無条件の自由を、安逸を、幸福、解放、平等、友愛を要求したのである。しかもただちに実現することを求めて、その要求を「百頭の野牛の皮から作った紙」に見事な調子で書き上げた。……こうしてレントロハムサニンがかきたて、煽動した集団狂気と争乱の奔流に、アシアタの貴重な遺産はすべてのみこまれてしまったのである。

さまざまな大陸に存在した社会を時代を追って詳細に吟味しながら、グルジェフは、そうした社会の形成にあたって三つの独立した力がたえず相互に影響しあっていることを指摘する。この三つの力の中でも、とびぬけた潜勢力を秘め、高貴で、それゆえたぐいまれなのは、彼が「影響C」と呼ぶものである。このようなさしさわりのない名称を使ったのは無用の疑惑を避けるためでもあろうか。しかし彼がこれによって、常軌を逸した、それゆえ議論を巻き起こすであろう何かを伝えようとしていることはまちがいない。すなわち、真に覚醒した人間の精髄、われらが共通なる父が遣わした使者たちの本質、秘儀伝授を行うスクールの真の姿、覚醒した師が弟子に直接伝えた教え、などである。この影響と対極にあり、表面的にはこれを圧倒しているのが、一般に見られる「影響A」である。これは社会が与える巨大で機械的な力で、「消化、義理の母、ジョン・トマス*、そして現な

訳注*―――男性器をさす隠語。

ま」[19]への永遠の執着に凝縮されている。最後に、この両者に居心地悪くはさまれているのが「影響B」で、これは意識的な起源から発しはするが、いつしか生の渦に巻きこまれ、宗教や科学、哲学や芸術といったものと多少とも機械的に妥協しているのである。

グルジェフに「伝統主義者」「平和主義者」「国際主義者」「家父長的」「前衛的エコロジスト」等々のレッテルをはるのは、おおざっぱには妥当だろうし、彼の考えが時代に先んじていたというのも当たっているだろう。が、そこでとどまっては、もっとも興味深い点を見逃すことになる。グルジェフは発見したことをそのまま語っているし、それに彼の観察は、そのラブレー的ともいうべき人生から直接引き出してきたものではあるが、彼の思想の多面性は、単に個人的な経験の幅広さを示唆するのみでなく、超越的な法則という垂直軸の存在をも指し示しているのである。

グルジェフが人間として疑いもなく感じたであろう怒りや憐れみ、慈愛といった感情も、永遠の相のもとで彼がたどり着いた仮借ない分析をやわらげることはできなかった。眠ったまま愚にもつかない錦の御旗を掲げたリーダーに率いられた、これまた眠りこんだ大衆は、くり返し溝に落ちるしか道はない。ヒルのような「権力者たち」は、自分たちに都合よくあれこれの法規をでっちあげては、従属する無数の大衆の血を吸いつづける。「当今の白熱した議論[20]」なるものはころころと変わるが、人間の理性の不安定さや、「激怒して相手をくそみそにけなす[21]」言葉は変わりはしない。同一レベルでの改変など無益なものだ。「いかなる進歩もありはしない。……現代文明なるものは、暴力と奴隷性、それに麗々しい言葉にその礎をおいているのだ[22]」。実際、クンダバファーがもたらすものは、霊的行為によってしか打ち消すことはできない。さもなくば、それはまったく消えないのである。

晩年のグルジェフを撮った写真がある。その顔、とりわけ眼のあたりは悲しみをたたえている。彼が、人類が戦争をやめることは実質的には不可能だと認識した平和主義者であったことも、この悲しみをやわらげはしなかった。この「相互破壊」は、彼の眼からすれば人類の最大の呪いであり、「全宇宙に存在するあらゆる恐怖の中でも、もっとも恐るべきもの[23]」であった。しかし根源的な霊的再生に失敗すれば、何ひとつ変えることはできない。あらゆるユートピアや国際連合、平和を誓う協定、軍縮会議、条約、連盟、力の均衡、いや、水平のレベルで行われるあらゆる政治的「解決」は、月が冷酷無情に要求するアスコキンを潤色した皮肉な表現にすぎない。

こうした宇宙的な視点に立つため、グルジェフとそのあとに従おうとする者たちは、根本的に非政治的になる。彼らは、カエサルのものはカエサルに、神のものは神に返すことに全力を捧げる。そして、敵意と痛みに満ちた不条理の支配する社会に対しては、計算ずくで従順な態度をとりつつ、その内部では、ユーモアの感覚と何にも巻きこまれない術(すべ)を会得していく。たとえば隣人には親切にし、互いに助け合う。そして静かに、しかし巧みに生きていく。そして、人類を集団狂気が襲い、生き残るために夜の闇の中で狼のように吠えはじめると、彼らは、生き残るための闘いに加えて、内的な冷静さを保つために別の闘いをする。「われわれには関係ない。戦争であろうがなかろうが同じことだ。われわれはいつも儲けているのだ[24]」。通常の生とは独立した、進化をめざす感覚は、彼らにとっては絶対的なものなのである。

最後の一点を一瞥しておけば、グルジェフの社会観の特異性は確認できる。おそらく誰にもまして彼こそは、現代のエコロジー運動およびホリスティック運動の哲学的な父といえるであろう[★7]。(どんなに控えめに言っても、彼はヘッケルやJ・C・スマッツ、アルベルト・シュヴァイツァーらが祀られているパンテオンに入る資格があるはずだ)。しかしグルジェフには相違点がある。たしかに彼は、他の形態をもつ生物に対してもっと強い感受性をもつよう説いたが、それは道徳的な基盤、あるいは美的、宗教的、いやそれどころか功利的な基盤にさえ立ったものではなく、むしろ——お気に召そうが召すまいが——相互維持という、逃れることのできない宇宙的な法則にのっとったものなのだ。グルジェフにとって問題の核心は、巨大なエコロジーの中で人間だけがもつ選択の自由である。もし人間が受動的に、刺激に対して反応するだけの生を送るならば、死んで肉体が消え去るとき、月にアスコキンを供給するだけで終わるだろう。しかし、もしより高い意識を獲得すべく（生産的に）精進するならば、生きている間にもアスコキンを生み出して放出できるようになるだろう。さらに、アスコキンとともに、別の二つの物質をも生み出すが、それこそは人間の体内に、死をも超えて生き延びる魂を誕生させる可能性を秘めているのである。実にぞっとする選択ではある——食うか、それとも食われるか。

以上、グルジェフの宇宙観を概観した。それは宇宙全体においては客観的希望に満ちているが、人類という局部的スケールにおいてはどうしようもなく陰鬱なものだ。ここでグルジェフのいう「万人」、つまり人間個々人の典型に目を向けると、同様の胸がしめつけられるようなアンビヴァレンスに、つまり潜在能力が裏切られたという感覚に出合う。

人間は希望に満ち、「本質」に満ちて生まれる。「本質」とは、その人間から切り離せない本質的な何かであり、自己である。揺りかごの中の小さな肉体ではなく、その存在がもって生まれた現実のものである。その人間の真の、消し去ることのできない、運命をも引き寄せる特異性である。実に神秘的だが、おそらくはまだ胎内にいる間に、あるいは誕生のときに、星や惑星によって定められ、誕生ののちは、真の経験を積むことによって成長し、成熟することを期待されているものだ。

しかし、ああ！「本質」はたちまち「人格」に押しとどめられ、ついにはとって代わられる。まるで蛇に巻きつかれて窒息するラオコーンのように。「人格」とは、われわれが誕生後に身につけるものだ。それは仮面

（ラテン語ではペルソナ）、あるいは社会的な虚飾である。これは「影響A」および「影響B」がわれわれの中で結晶化したもので、いつ、またどこであろうと、「教育」が行われれば広まるものなのである。われわれは無意識のうちに、両親や周囲にはびこるけちな独断家たちの「人格」をまねてそれを自分の「人格」にし、のちにはそれを子供たちに押しつける。といって、「人格」は必要不可欠なものであり、もっとも望ましいのは、ある人間が受け継ぐ言語、文化的遺産の重要な一部となることだ。最悪の場合、「人格」は、偏見や夢想、声の調子、身体のちょっとした動作、他人を出し抜こうとする策略、哀れなノイローゼなどがごたまぜになって、まったく恣意的に「本質」と癒着する。要するに「人格」とは、他人が作り出したものがわれわれの中で血肉となったものなのである。

さらに悪いことには、「本質」はひとつなのに「人格」はたくさんある。ヒステリーから生じる多重人格症は、ようやく近年、セグペンとクレックリーによる詳細な症例研究である『イヴの三つの顔』によって一般に知られるようになった。一九一六年に述べられたグルジェフのこの考えは、複数の「人格」間の分離をそれほど極端に強調してはいないものの、単なる奇妙な病気というレベルを超えて、普遍的に見られる人類の病として提示されている。すべての男女は、何百でないにせよ、何十という寄生虫的な自我に宿を提供しており、しかもそのそれぞれが、互いに目隠しされたまま好き放題をやっている、と彼は言う。軽蔑、耳に快い手紙、禁煙のサイン、のろのろ運転、女性の流し目──不思議なことだが、こういったものでわれわれはコロリと変化してしまうのだ。部下に対する「人格」と上司に対するそれは違い、同様に、母親や税務所員に対しても異なる「人格」をもっていて、それぞれが一時の間王権をふるうのである。ひとつの「人格」があちこちでできもしない約束をしてくると、別の「人格」がその尻拭いをする、といったあんばいだ。「いいよ。明日の朝会おう。楽しみにしてるよ」。こうした状況に絶望してユーモアのセンスを失った尻拭い役の「人格」は、仕事を引き受けすぎてしまって、ついには崖から身を投げることもある――こうして他の「人格」の安楽な住居をすべて破壊するのである。

要約しよう。

「個人性の砦」などといわれているものは、床屋の椅子のようにどこにでもあり、とりたてて価値のあるものではない。ほんのわずかの強い人間だけが、知的にではなく感情的にこのことを受けとめ、そこに暗示されているぞっとするような人間観を自分の問題とし、これを克服しようとするのである。

さらにやっかいなのは、こうした「人格」はすべて行動上の「規範」を共有していることで、グルジェフはその規範を（ヒエロニムス・ボッシュの「七つの大罪」に匹敵するほどの激しい調子で）悲劇的なまでに異常なものとして暴き出す。しかしその口調には、怒りというよりは悲しみがにじんでいる。グルジェフが、自分が描くおぞましい人間の姿は「その実人生を写真で撮ったように正確だ」[25]と結論するとき、彼の苦悩の重さまでが伝わってきそうである。

そうした状況の最大の原因は、人間が自らにそなわった神のごとき能力である注意力[★5]を責任をもって行使しないことにある、とグルジェフは言う。人間はこの能力に敬意も払わず、積極的に使いもせず、また管理もしない。それどころか、ほんのわずかに使える注意力さえ犬にくれてやる始末だ。となれば、人間の衰弱した注意力がまったく自律性をもたず、常にあれやこれやの「アイデンティファイケーション（自己同一化）」に身を任せ、それに翻弄されているとしても、なんら不思議はない。あるときは自己憐憫やいらだち、不安、反感、妬み、虚栄心、憎悪等々、ありとあらゆる「否定的な感情」が入り交じって完全に硬化するかと思えば、別のときは、気まぐれな夢想や「空想」、白昼夢や妄想にひたって軟化し、またあるときは、他の人間どもを自信満々に批判してみたり、またときには逆に、他人の批判を恐れてもだえ苦しんだり、無知を粉飾して知識があるように見せかけたり……そして常に変わらず、ひとりごとや他人とのおしゃべり、疲れきった脳の中をたえず飛びまわる気まぐれな連想に大量のエネルギーを注ぎこんでいるのである。

こうした無言の行為や態度はすべて、人間が本質的に機械であることを暴露している、とグルジェフは言う。この機械はすばらしく精巧にできた刺激反応装置で、「印象を食べては行為を排泄する」[26]。その特徴は自己認識と自発性を欠いていることで、「大自然」が精妙なものを粗悪なものから選別し、それをそれぞれの領域に適するように変えるために利用する宇宙的な変換器にすぎない。

グルジェフのこの詳細をきわめた青写真には、驚愕させると同時にぞっとさせるものがある。彼のいう人間「機械」は、三つの精製度の異なる燃料を同時に燃やしている——食料、空気、そして感覚的印象である。三つの燃料は混合して、五つの機能を統括する五つの独立した脳、あるいは「センター」を動かす。知性センターは思考を統括し、感情センターは感情を、動作センターは空間的に身体が学んだあらゆる外的動作を、本能センターは有機体が内在的にもっている機能(呼吸、消化、血液循環、等々)を、そして性センターは真正の性行動を、それぞれ統括する。

この人間機械あるいは「食料工場」全体の設計は見事である。しかし残念ながら、実際には何ひとつうまく働いていない。五つのセンターは監督されていないので相互連関がきわめて非効率的で、いつも互いに不快感を与えている。下位に位置する部分はさびつき、逆にある部分は過熱し、また別の部分は不思議なことにまったく使われないでいる。しょっちゅう故障し、おまけに予備の部品はほとんど手に入らない。このガタがきている奇妙な機械は、効率も悪ければ経費もひどくかかる。まもなく分解され、まだ使える部品はこれ以後の大量生産に再利用されるだろう。

では状況は絶望的なのか? あのイェジディーの輪のように閉じているのか? この機械的連関の牢獄から逃

れる術はないのか？　残念ながら、ないと言わざるをえない。といってもこれは、自分はすでに自由だと信じている根なし草の大衆の話で、幸いなことに全員がそうだというわけではない。きわめて少数ではあるが、自己の内部の奴隷状態を率直に認め、信じがたいほどの苦痛を伴いつつこれと対決し、解放のための長く、地に足のついた闘いをしようとする者にとっては、これは当てはまらない。心理学者にひとこと付言しておきたい。よくよく検討してみれば、グルジェフは、パヴロフとワトソンの唱えるてこでも動かぬ決定論ではなく、意識と自由意志が復権する道を準備している新行動主義を唱道していることがわかるだろう。

グルジェフの見取り図の中では、人間は地球上で独自の位置を占めるきわめて特殊な機械で、自分が生きていることを十分に感じ、知る能力をもつ存在である。仏陀やピタゴラス、キリスト、レオナルド・ダ・ヴィンチなどの中に、われわれはその生きた証を、かすかにではあるが本能的に感じとるかもしれない。もしかしたら、何人かの現代人の中にも……？

では、人間は機械であるという地点から出発しよう。ブルドーザーや劇場オルガンやコンピューターが機械であるのと同様に、人間という生物も異なる性格をもつ機械である。グルジェフはきわめて明確にこう言う。いかなる人間であれ、三つの主要なセンターのどれかが強力に支配しているので、どれが強いかによって実質的にその人間のタイプが決定できる、と。「人間第一番」の中では動作センターが強く、「人間第二番」では感情センターが、「人間第三番」では知性センターが強く働いている。人格は、この三つのカテゴリーがそれぞれもつ、手、心、および頭に対する生涯にわたる支配傾向を多少は隠すこともできるが、完全に抑圧することはできない。シェイクスピアのフォルスタッフ、オセロ、ハムレットに、あるいはドストエフスキーのドミトリ、アリョーシャ、イヴァンにそれぞれの典型を見出すことができよう。人間の生み出したあらゆる文化や宗教や哲学体系も、この三類型の視点から分類し、説明することができるかもしれない。

以上が（閉所恐怖症を引き起こすような要約だが）グルジェフの基本的な類型学である。おもしろいことにこれは、経験主義的な心理学者たち（一九二五年のクレッチマー、一九四〇年のシェルドン、さらに近年ではアイゼンクが論じている）の見方を反映しているようにも見える。しかし、である。類似は表面的なものにすぎない。まず何よりグルジェフは、心理学者たちが麗々しく「体質的身体類型学」と命名しているものを述べているわけではない。彼らがやっているように、平明な英語で身体の形や大きさを性格と結びつけたりしているのではないのだ。しかし彼の哲学的区分は重要である。多くの「体質的」類型学は人間をそれぞれのタイプに永遠に結びつける。ところがグルジェフは、タイプは進化しうると主張する。通俗的心理学者はわれわれを袋小路に置き去りにするが、グルジェフはわれわれを険しい霊的な道に導くのである。

彼はここでもきわめて伝統的な態度をとる。自己を完成させ、しがらみばかりの苦しい俗世から逃れ、不死へと向かう巡礼の道のりを歩きとおすという希望、この希望は、明らかに高次のタイプの導き、でなければ理想に依拠している。人間類型のこの万神殿を、グルジェフは彼独自の用語で明確にしているものの（すなわち、「人間第四番」＝均衡のとれた人間、「人間第五番」＝内的統合をとげた人間、「人間第六番」＝意識的人間、「人間第七番」＝完全な人間）、われわれの出発点としては選択の余地を与えていない。

はるかな古代から、進化を求める長い探求はさまざまな気質をそなえた少数の人間によって行われてきたが、人間第一、第二、第三番それぞれの要求に応えるよう、明瞭な特徴をもった三つの宗教的な「道」が切り開かれてきた。

1　ファキールの道

2　修道僧の道

3　ヨーギの道

「ファキール」は身体を鍛錬することを通して意志を獲得し、「修道僧」は感情に働きかけ、これを精妙なものにする。「ヨーギ」は知的な力を鍛えあげる。（ただし注意すべきは、グルジェフの分類は完全にその行法に従ったもので、文化的な類型化には依っていない。そのため、逆説的に聞こえるかもしれないが、バクティ・ヨーギは「修道僧の道」を歩み、禅僧は「ヨーギの道」をたどっている）

これら三つの古くから続く宗教的な道は、もし二つの恩恵がなければ、「影響Ａ」が容赦なく耳ざわりな声で言いたてるように、実に空虚な夢であっただろう。その恩恵とは、進化の道をすでに高次の段階にまで進んでいる者たちが差し出す共感に満ちた導きの手であり、いまひとつは、すべての人間に内在する二つの不思議な「恩寵の源」、すなわち（グルジェフの奇妙な命名によれば）「高次感情センター」および「高次思考センター」である。この恩恵のおかげで、これら三つの組織化され、いうなれば聖別された道は、今でも霊的進化を求める者にとって実りある貴重な道でありつづけている。しかしこれらの道はそれぞれ、莫大な前払いを要求する——行動の規制、禁欲、総じて通常の生活の完全な放棄である。これを遂行して初めて、その見返りとしてそれぞれの能力の発達が約束されるが、それがどれほど強力なものであろうと、均衡を失ったものであることを運命づけられている。これに関連してグルジェフはこう注意を与える。人間第四番の段階を経ずして人間第五番に達すれば、均衡を欠いた状態で結晶化するであろう、と。

グルジェフは自らの教えを、伝統的な道の中でもこれまであまり光を当てられてこなかった「第四の道」（もしくは「ずるい人間の道」[27]）の範疇に位置づけている。この道は「世俗の世界に対して死ぬ」ことを要求せず、身体、感情、知性を同時に、調和のとれた形で発達させることによって、均衡の喪失を避けるよう強く説いている。第四の道にある者は「日々の日課や茶飯事」に決して苦情を言わず、自分がおかれている通常の状態を、それがどのようなものであれ受け入れ、お金とセックスに対する自分の態度もまた、自分の「存在（ビーイング）」の段階を示す一時的な指標として、と同時に、戦いの場として受け入れるのだ。長い霊的進化の道を歩む者にとって、人生は場であるだけでなく導き手でもある。このことをピーター・ブルックは実に刺激的に言い表している。

> 聖人とは、市場でのやりとりやあさましさから可能なかぎり離れて引きこもり、聖なるものを生み出す余地を作るために、人間の経験の望ましくない部分を人工的に取り除く者であろうか？……グルジェフの人生と教えの総体は、それとは逆のことを述べている。……彼自身、その霊的探求の途上で、人生に強く、深く関わりながら常に動きつづけ、他の人間をもこの道に誘ったのである。[28]

ここで次のことを確認しておかなくてはならない。真の「第四の道」は――現在見られる無数のうんざりするようなまがいものは別として――「深みではあまりに深く、浅瀬ではあまりに流れが速い」[29]ために、宗教史家がこれを網にとらえて解剖することはできなかった。その系譜は今も闇につつまれている。グルジェフが述べている、アカルダンやヒーチトヴォリ、オルボグメックなどのさまざまな原型的なグループは、歴史的にはなんの意味もない。それでも古代人がわれわれと違っていたわけではない。「この世俗世界にあって、しかもそれにとらわれていない」均衡のとれた道に引きつけられた者がいたにちがいない。彼らはこの道独自の秘儀を受け、その有効性を確証し、そして次代に伝えていったことであろう――こう考えてもあながち誇大妄想とはいえないだろう。アマチュアの歴史家たちは、「第四の道」の共同体はあちこちに散らばって、モン・サン・ミシェルを築いた者たちやクリュニー修道院の中に、あるいはテンプル騎士団*や錬金術師、初期のクエーカー、ロシアのフリーメイソン、その他、演劇や音楽、工芸や絵画の闇につつまれた流派の中にまで広がっていった、と主張してきた。彼らは自らの直感に対して責任をとらねばならないだろう。しかしいずれにしても、ある特殊な質の注意力および問題意識が現在という瞬間に注がれているところでは、「第四の道」の影響があったと考えてよいかもしれない。

グルジェフは自らに課した誓いに従って生きたが、弟子には何ひとつ誓いを要求しなかった。彼らに求められたのは、「フィラデルフィアへの道」[30]の一歩一歩において真剣かつ自発的で、常に自分を試す姿勢をくずさないことであった。彼が何より強く求めたのは、批判的精神を養成することだった。盲信を禁じ、かわりに「理解」を奨励した。いや、「奨励」という言葉は弱すぎるだろう。理解（understanding）はグルジェフにとって最重要の価値をもつものであった。知識を肉化し、自己の内部で確認すること、知的自己満足を超えて、自分よりはるかに大きな存在の、文字どおり「下に立っている（standing under）」という畏怖に満ちた感覚を呼び覚ます、不可欠の行為だったのである。

今日の「グルジェフィアン」は、内的、外的な生活のさまざまな試練を通してなんとか理解に達しようと苦闘している。住みなれた黄金の宮殿を出たとき、老、病、死という苦悩しか見なかった若き日のシッダールタ王子のように、グルジェフィアンは自己の本性に分け入り、自分に授けられた秘密を探ろうと情熱を傾けている。すべてがそこにあって当然と考えるのはなんと馬鹿げたことだろう！　理解すべきことは数限りなく多い。世界創造と世界維持の大法則、時間の謎、地質学や先史時代史の深い、忘れられた意味、栄えては滅びていった一連の文明、おとぎ話や神話、伝説がかすかに暗示するもの、そして、現代世界に影響をおよぼしている公然たる、しかし仮面をかぶった力……課された課題は巨大である。しかし目的は、無駄口ばかりたたく中身のからっぽなパイに変身することではなく、聞きかじった知識で肥大し、それを自慢たらたら吐き出す人間になることでもない。真の意味での「知識人」になることこそ目的なのだ。そのためには、自分のタイプ、自分の主要な特徴、物事の全体図の中での自分の位置、こういったことが理解の織物の中に織りこまれなくてはならない。

「存在（ビーイング）」——グルジェフにとって決定的な重要性をもつこの言葉は、実際のところ何を表しているのだろうか？ ここでも必要なのは鋭い直感である。これの意味するところは、「存在の質」とでもいうもの、人間の中に結晶化しているもの、彼の全体積、あるいは彼を構成する原子の重量、彼が本当にそうであるところのもの、である。そして、グルジェフが偶像破壊的な力で主張するように、「二人の人間の存在（ビーイング）は、鉱物と動物の存在（ビーイング）が異なる以上に異なりうるのだ[31]」。本質に比較すると、存在（ビーイング）にはより大きな責任があり、もっとダイナミックで、意識的努力の表れだといえよう。人間という存在を割り算して出た商であり、またそれをすべて加算した和でもある。「そこに存在している」度合いなのである。「加算した和」および「存在の度合い」という解釈を足がかりにして、以下われわれは、グルジェフの説く意識のモデル、そして彼の教えの実質的・実存的な核心に迫っていくことにしよう。

意識はわれわれの生存の「主根」であり、あらゆる知識の土台、自己認識の基盤である——哲学がわれわれに教えてくれるおなじみの言葉だが、不思議なことにあまりありがたみを感じない。それはおそらく、西洋人の大半が抱いている独特の率直な見方のほうに興味を感じるからだろう。レウキッポスからクリフォード、ハクスレ

訳注＊———一一一八年頃エルサレムで十字軍戦士によって設立された修道騎士団だが、その後弾圧を受け、一三一二年に解散を命じられた。

ーからホドソンにいたる根強い唯物論者の異端的系譜が存在するのは、ある者にとっては悲しいことかもしれないが、彼らは意識を単なる「付帯現象」、脳の神経活動の偶発的な副産物にすぎないと考える。意識が段階をもっているということに関しては、ラッドの説がこれをもったいぶって否定しているが、インテリゲンチャの典型的態度といえよう。彼はこう言う。「夢も見ず、深く眠っているときのわれわれの状態とは対照的な、起きているときのわれわれの状態、これこそが意識である」。万歳！　この二元論的な無邪気さと、フッサールの現象学でいうゴビ砂漠のどちらを選ぶか――むずかしい選択ではある。

グルジェフの説く意識――彼の呼称でいうズースタット――のモデルは、二層をなす合計六つのレベルからできている。無意識（これは本能センターとほぼ同義だが）は、血液循環、呼吸、内分泌、消化、神経組織等々、身体の複雑きわまりない自動システムをほとんど奇蹟のように見事にとりしきっている。これを補充する形で下層を構成しているのが神秘的な潜在意識で、これだけでもひとつの主題になるが、グルジェフはこれを「客観的良心」の座としてくり返し称揚している。ズースタットの上層は次の四つのレベルからなる。

1　客観意識
2　自己意識
3　目覚めた意識
4　眠り

最も下と最も上のレベルに紙面を費やす必要はないだろう――もっともその理由は正反対だが。眠りには特に説明はいらないし、逆に「客観意識」はいかなる定義も超えているからである。（「影響C」となんらかの関わり

がある、とあえて言うこともできようが）

見逃してはならないのは、中間の二つのレベル、つまり2と3とを質的に区別することにこそ、グルジェフの進化論的心理学の鍵がひそんでいることである。3のレベルから始めよう。われわれが「目覚めた意識」と称しているものをグルジェフは手厳しく批判しているが、その眼目は以下のとおりである。人間の注意力はあまりに散漫で、あるいは罠にかかっていて、すぐに暗示にかかり、反応はまったく機械的で、「私は存在する」という感覚は極端に薄い。だから科学的に分類するなら、人間は軽い催眠状態にあるというのが適切であろう。われわれはみな眠っている。これは比喩ではなく、事実である。同時にこれは、人間社会の認識としては、歴史上のあまたのトロツキーたちやクロポトキンたちが頭に描いたいかなるものよりも、はるかに革命的かつ価値転倒的なものであろう。死や太陽のように、この考えは直視できないのである――世界中が恍惚状態にあるとは！

この恍惚状態からいかにしたら脱出できるのか。これこそが問題である。グルジェフはきわめて明確にゴールを指し示している。意識の第二レベルの獲得である。（彼はこれを「自己想起」と呼ぶのを好んだ）。この意識状態が多少なりとも人間の生を支配しないかぎり、いかに真剣に精神的進化を望もうと、それは一人よがりな空想もしくはノイローゼと選ぶところがない。しかし幸い、この意識状態とまったく無縁な人は一人もいない。誰でも、危険に遭遇したり、珍しい経験をしたり、強烈な感情やディレンマ、強いストレスを感じたりすると、自然に自己想起の状態が訪れる。すると、それまで経験したことはないが、それでも見過ごすことのない「私は今ここにいる」という強い印象をもたらし、記憶の中に特別な沈澱物を残すのである。突然われわれは目覚める！グルジェフが求めるのは、この意識の高みに徐々に自分を慣らしていくことである。「人は生まれるかもしれないが、生まれるためにはまず死なければならない。そして死ぬためには、まず目覚めなければならない[32]」

初めのうち、心身が目覚めていくこのプロセスは完全に凝集的なもののように見える。ちょうど、ちりぢりになっていたオシリスの身体が再び結合するように。この高次の結合のためには、人間の中の知性、感情、動作の三センターは、暫時その恐ろしく混沌とした自律性を犠牲にしなければならない。キリストは謎の約束をしている――「二人ないしは三人が私の名のもとに集まれば、〈私〉は彼らの真ん中にいるであろう」。こうして結合が起こる。しかし逆説的だが、自己想起のまっただなかで分離（グルジェフの言葉によればジャートクロム）が起こるのである。弱々しいながらもある程度統合した、あるいは個体化した自己は、慣れ親しんだ夢や同一化から鋭く分離する。両端がとがっている注意力の矢は、一方では実際の生に向き、もう一方ではその生を動かす未知の主人の方を向いているのである。

さて……言葉に対するグルジェフの絶望を、しばらくの間共有してみようか？

もしグルジェフが、シナイ山で神がモーゼに与えた石版と同様のものを残したとしたら、そこにはまちがいなく五つの「オブリゴルニアン努力」が、すなわち霊的進化を求める者が必ず守らねばならぬ戒めが、彫りこまれているだろう。

第一の努力――通常の生存において、人間の惑星体に必要なものをすべて手に入れるための努力。
第二の努力――存在（ビーイング）という意味における自己完成への本能的欲求を、たえずもちつづけようとする努力。
第三の努力――世界創造と世界維持の法則を深く知ろうとする意識的努力。
第四の努力――生存の初期から、自己の誕生と個体性に対する責務をできるかぎり早く果たし、そうすることによって、のちにわれらが共通なる父の悲しみをできるだけ軽減することに、進んで手を貸せるようになるための努力。

第五の努力——自分と同類のものも含めて、他の生物がもっともすみやかに自己完成を達成し、聖なる〈モートフォタイ〉の段階、すなわち自己—個体性の段階にいたるのをたえず援助する努力。[33]

この五つの戒めを守りの盾として、人間の救済への努力は、エゴイズムや習慣、嘘、おしゃべり、空想、否定的感情、催眠的な眠り等々の、「器官クンダバファーの特性が生み出すさまざまな問題[34]」に対する全身全霊を傾けた、生涯にわたる闘いへと変わっていくのである。それと同時に、これと足並みをそろえるように、より高次の注意力、現存性、統一性、存在（ビーイング）、そして理解を獲得する闘いも始まるのだ。

誰もがこれは立派な決意だと、これっぽっちの皮肉も交えずに思うだろう。しかし精神的な向上を求める気持ちは、それが単に「北へ向かうかわりに上へ向かう」くらいの計画だとしたら、何も生みはしないだろう。そんな決意は、空想的な上昇感覚、あるいは気持ちのいいロマンティックな絶望感にたやすく変わってしまう。クンダバファーは実に頑固で、そのため、自己を向上させようとする計画の核心には、油断のならないパラドックスがひそんでいるのだ。例をひとつあげるだけで十分だろう。理解と存在（ビーイング）はどちらも絶対的な重要性をもつものだが、この両者は、ニワトリと卵のように優先権を求めて争っている。人間の存在（ビーイング）はその理解能力を完全に支配している。ところが逆に、「理解のみが存在（ビーイング）を生み出すことができ、知識は存在（ビーイング）の中を通り過ぎるものにすぎない[35]」。これは矛盾ではないか？

この、そしてこれとよく似たたくさんのどうしようもない心理学的袋小路、まさにこのために師が不可欠なのだ。しばしば介入や邪魔という形をとる、師の慈悲深いショックがなければ、弟子の霊的進化のオクターヴは先に進むことができない。くり返し三の法則の慈悲を請い求めねばならない。この法則のもとで、なんともつかみどころのない師の「高次のもの」が弟子の「低次のもの」と混じり合い、そして中間のものを生み出すのである。もちろん代理人ではどうにもならない。たどる道は長く険しい。グルジェフは言う、「魂をもつ者は幸いなり。まったくもたない者もまた幸いなり。しかし魂の萌芽をもつ者には、禍(わざわい)と悲しみあれ[36]」と。自己の変容をめざして苦闘するのは弟子の仕事だが、それにふさわしい状況を作り出し、維持できるのは師のみである。グルジェフは意地悪くこうつけ加えている。「自分を靴に変えたい者には、いい革を売ってあげるよ[37]」

というわけで、グルジェフの思想は行法と、理論は実践と、分かちがたく結びついている。彼が生み出した「ふさわしい状況」の中には、彼独自のものがある——「グループ」である。

一人の人間では何もできず、何ひとつ得ることはできない。真の指導者をもつグループだけが何かをすることができる。……君は自分自身の状況を認識していない。君は牢獄にいるのだ。もし君が分別ある人間なら、君が望むことはそこから脱出することだけのはずだ。しかしどのようにして？　塀の下にトンネルを掘る必要があるが、一人ではできない。しかし、一〇人か二〇人いるとしよう。もし彼らが交替で働き、互いに助け合うならば、彼らはトンネルを完成させ、脱出することができる[38]。

存在(ビーイング)、統一性、現存性、目覚め——こういったものは、自分の直接体験によって試し、証明しないかぎり、いつ消えるかわからない口先だけの理想にすぎない。グループの中で、多様な刺激を与え合い内的なエクセサイズを行うことによって、ナルシシズムが薄れ、真のワークが花開くにふさわしい環境が準備されるのである。同じく重要なのは、ムーヴメンツや舞踏が、自己を知ろうとする弟子たちの探求心を、聖なるものへ奉仕しているという感覚と結びつけることである。舞踏教師の前で、いったい誰が嘘をつけるだろうか。

われわれは完全に一回りしてもとの場所にもどってきた。もしこの人間が、その教えを理解せずしては理解できないのであれば、その教えも、この人間を理解せずしては理解できない。グルジェフと彼が啓示するものとは、ほんのわずかも分離すべきではない。

グルジェフは師であった。……伝統的概念によれば、師の機能は教えを伝えることにとどまらず、知識そのものの体現者でもあった。そしてまさにそれゆえに、ただそこに現前するだけで弟子たちを目覚めさせ、その探求を助けることができるのである。[39]

かくして、われらの師の姿がぼんやりと立ち現れてくる――激烈で矛盾だらけの言葉を吐いてまわりの者をいらだたせる家父長、知恵ある者、山師的人物、状況の詩人、睾丸をぶらさげた聖者の姿が。

第III部:同盟者の記録保管所

1 オゼイ王子

［1911〜1914.11］

死の数週間前、グルジェフは自分の生涯の仕事をこう表現した――「今から言うことを心に留めておきなさい。ロシアで始まり、ロシアで終わる」[1]。この「ロシアで終わる」という言葉は多くの問題を提起している――今日では特にそうであろう。しかしその前に、そもそもなぜ彼がロシアで「始めた」かが、われわれの理解を試す試金石となる。

グルジェフの人生におけるこの時期は、今のわれわれからは地理的にも時間的にもはるかに隔たっているので、現時点から振り返れば多少の文化的疎隔感を抱かざるをえないだろう。しかしこの感じは必ずしもこうした距離感からばかりくるものではない。ロシアがかかえていた自己矛盾と独特の混沌状態、復古調の中世主義と急激なモダニズムとの思想的なせめぎあい、世に満ちる夢や狂気、催眠状態や予兆を待ち望む雰囲気、こうした風潮の中で「正常なもの」は荒れ狂う超現実主義の奔流にわけもなく押し流されてしまっていた。サンクト・ペテルブルクの直線状の道路網はヨーロッパの理性の網であり、ロシア人の無意識の内にひそむ荒野の狼をかろうじて抑えつけていた。

社会的な禁忌でこれほどがんじがらめになっている社会は西洋では見られなかった。一九〇五年の不発に終わった革命、そしてまやかしの「十月宣言」がどうにかこうにか発布されたにもかかわらず、世俗の人々はいまだに貴族、市民、農民の三つの階級に分かれていた。双頭の鷲をいただくロマノフ家は、二千人の相続権を有する皇族と、なんと二百万人におよぶ格下の貴族に寄生虫のように吸いつかれて衰え果てていた。倦怠感にむしばまれて今にも倒れそうな政権の中では、それでも相変わらずピョートル大帝時代の階級制がはばをきかせており、それが上着のボタンの数まで決めていたのである。

とはいえ、グルジエフがロシアに現れたときには、変革を求める声がもはや覆せないほどの力をもちはじめていた。すでに過去完了形と化していた社会秩序は、下からの無政府主義的な力によってますますおびやかされ、また一方では、そうした動きを超越するようなすばらしい一群の人々を生み出していた――ディアギレフ、ニジンスキー、スタニスラフスキー、ストラヴィンスキー、ブローク、官能主義者アルツィバーシェフ、オペラにおけるマエケナス的存在*マンコフ、皇帝の以前の愛人で、目前に近づいている大変動のマダム・デュ・バリー役を演じることになるプリマ・バレリーナ・アソールタのマティルド・クシェシンスカなど、そうそうたる顔ぶれであった。封建制の名残は漂っていたものの、この国は今や不似合いにも、むきだしの、しかもひどく陽気な資本主義に席捲されつつあった（しかもそれなりに大成功をおさめつつあった）。スタッコ仕上げの絢爛たる天井の下で、にわか億万長者になった綿花工場のオーナーとゴム工場のオーナーとが富を競い合った。街路には電車が走り、街灯がついた。貴族たちは白亜の宮殿で家系を自慢しあい、ディアボロ遊び**やアメリカのジグソー・パズルについてのフランス語のおしゃべりに興じて飽くことがなかった。その一方で、モスクワから汽車で一日も走れば、「褐色の民」と呼ばれる何百万という農民がわらぶきのあばらやに住み、木の皮から作ったパンを食べている姿が見られたのである。

サンクト・ペテルブルクの宮廷ヒエラルキーの頂上では、ロシア皇帝ニコライ二世が自己の権力に酔って浮わついた専制政治を行っていた。ドイツ人で人民には不人気な皇后アレクサンドラ・フョードロヴナに支えられ、王権の神聖を盲目的に信じていたために、かろうじてその地位に踏みとどまってはいたが、人々の不満は募る一方だった。一八六八年五月一八日、つまりヨブの祭日に生まれたニコライは不運につきまとわれていた。即位を祝う一八八六年五月[***]の式典も、戴冠記念の杯をもらおうと押し寄せた群衆のうち千二百人が圧死するという惨事で台無しになった。彼の帝国は地球の全大陸の六分の一を占め、北極圏からヒマラヤまで、バルト海からアラスカまで広がっていた。それでも彼はまだ拡大したいと望んでいた。ずっと以前グルジェフはリヴァディアでニコライに拝謁したことがあるが、そのとき皇帝は、満州、モンゴル、チベットを併合し、中国を属国にし、インドからイギリスを追い出して、モスクワを第三のローマにするという神秘的な空想にとりつかれていた。しかしこのあまりに巨大な野心は、日露戦争における壊滅的な敗戦を待つまでもなく棚上げにされた。今や国家の運営は、閣議の議長を務める有能なピョートル・アルカジエヴィッチ・ストルイピンの手にゆだねられた。しかしこの哀れなストルイピンはたえず皇室の干渉を受けた。皇帝は皇后の言うがままで、おまけに一九〇七年七月以降、彼女は完全にラスプーチンの影響下にあった。シベリアから来たこの博労の息子は、ほとんど一〇年近くにわたってヴィクトリア女王の孫娘を有頂天にしたが、彼女の方は明らかに彼の言葉の中に神意を読みとろうとしていた。

このロシア時代の初期のグルジェフは、(現在流布している「超現実主義的解釈」ではまったく説明がつかないが)決して本当の姿を見せず、しょっちゅう仮面を取り替えている神秘的な人物に見える。一九一一年九月一三日に立てた人工的生活を送るという誓いに従っていたことは明らかで、それゆえさまざまな役割を演じ分けていたのであろう。そして同時にそれは、たえず自己想起を促す刺激ともなっていた。

訳注*―――古代ローマの政治家で、ホラティウスやウェルギリウスなどの後援者。転じて、美術、音楽、文学などの後援者を指す。
訳注**―――ひもの両端を二本の棒に固定し、それで鼓形のこまを回したり投げ上げたりする遊び。
訳注***―――ニコライ二世の即位は一八九四年、戴冠式は一八九六年。著者の思い違いであろうと思われる。

演技をしていれば、私は常に自分を演出していなければならない。惰性に任せておくことはできないのだ。ただし自己演出できるのは、やはり自己演出できる別の人間がいる場合にかぎる。……「私」をもっていて、あらゆる局面で何が必要かを知っている人間だけが行為することができる。……真の役者であるためには真の人間でなくてはならない。[2]

昼間には、売春婦や馬券屋が出入りする裏通りのむさくるしいカフェで、汚いセルロイドのカラーをつけ、山高帽をかぶってお茶をすすっているグルジェフの姿が見られただろう。この役柄を見ると、ドミトリ・メレシコフスキーが生み出した忘れがたい宗教的人物、下劣なティフォンを思い浮かべずにはおれない。しかし、ドヴォルニクにおやすみを言って家に帰り、ひとたびそのドアを閉ざすや……彼は身体を洗い、短くて濃い黒いひげに櫛をあて、絹のドレス・ガウンを身にまとい、クリーム色のターバンを巻くと、「オゼイ王子」、あるいは「ムクランスキー王子[★26]の甥」[3]に変身する。夜遅くなると奇妙な人々が彼のところに出入りし、今では知る由もない用事をおおせつかっては出ていく。

このときまでにはグルジェフは三つの住居を手に入れていた。モスクワはボリシャヤ・ドミトロフスカにあるまずまずのフラット、もうひとつは首都サンクト・ペテルブルクのネフスキー大通りとプーシキン通りの角にあるフラット（ここはニコラエフスキー駅に近い便利な場所であった）、そして三つ目は、モスクワ近くの保養地にある大きな二階建てのダーチャ（別荘）である。そしてこの三つの間を「彼にしかわからないリズムに従って移動した」[4]。彼はタシケントから二つの貴重な品をもってきていた。珍しい絨毯と、これも珍しい中国の七宝焼である。これに加えて、彼はまたおびただしい数の彫刻をほどこしたパイプや水ぎせる、装飾用の短刀、ヤタガン（トルコの剣）、イコン、黒檀のテーブル、房飾りのついたクッション、さまざまな東洋の楽器、キリストや仏陀、モーゼ、ムハンマド、パドマ・サンバヴァの象牙製の小像等々、小型の民族学博物館を開けるほどの工芸品をもっていた。あれこれ試みながら、彼は理想的な環境を作り上げていった。床と壁は最良の絨毯でおおって最適な振動を発するようにし、天井は中国とベナレスから運んできた絹でおおった。採光は数学的に考え抜かれ、装飾品は実に巧妙に配置された。こうして舞台装置全体がひとつの客観芸術に仕上げられ、「見る者をその独特の雰囲気で驚嘆させた」[5]。

グルジェフはもう一人ではなかった。モスクワに到着し、サンクト・ペテルブルクを訪問しはじめてまもなく、ユリア・オスィポヴナ・オストロフスカと結婚したのだ。（彼女の父はオスィプ・オストロフスキ、母はマリー・フェデロフスカ・ミシヒだった）。これはどう見ても不釣合いな結婚だった。深い内面のことは別にしても、片や四五歳で片や二二歳、片やギリシア系アルメニア人で片やポーランド人、彼は裕福で彼女は貧しかった。しかしグルジェフは、若いユリアを「私のユニークで真剣な愛を注いだ妻」[6]と呼んでいつくしみ、ムーヴメンツの中心的踊り手に育てあげた。彼女の方も、戦争や革命、流浪の旅に耐え、ルツにも似た忠誠心をもってよく従った。

前の章で述べたチベットでの生活は推測の域を出ないので脇におくとして、グルジェフはこれまで孤独な放浪生活を続けてきた——その場その場のかりそめの関係は何度となく結んだことであろうが。彼のもつ個体性はいかなる基準からしても驚嘆すべきもので、それがゆえにユリアの目には、神秘的で並々ならぬ人物であるという印象を与えるオーラを帯びていた。ほとんど伝説的といっていい彼の自己統御力と、「ジョン・ジョーンズとメアリー・スミスはいかにして〈愛〉の陶酔を感じるにいたったか」[7]を延々と描写する文学的ジャンルに対する痛烈な軽蔑の念にもかかわらず、グルジェフはここで、普通の人間らしさという意外な側面を見せる。彼は単に無関心だったのだろうか？　何にも心を動かされなかったのだろうか？（彼の創造したガファーという人物の）けだるい幻滅を……そして希望が奇蹟的に復活するのを描くとき、彼は明らかに自分自身の経験を下敷きにしている。

彼の目にしたものすべてが彼を幻滅させた。これまで彼は、信頼し、尊敬できる女性に出会ったことがなかったが、彼の見るところ、妻にこそそうしたものを感じるべきであった。しだいに彼は、愛や魂の共感などに関する美しい言葉は、詩人の空想の産物にすぎないのではないか、そして女性はみな似たりよったりで、違うのはただ、美しさのタイプと、それに情熱の表し方だけであると考えるようになった。……ところが今、突然に、この不可思議な女性に対する自分でもよくわからない好奇心が頭をもたげはじめたのだ。彼女が他のすべての女性と本質的に違うなどということがありうるのだろうか？[8]

疑問は残る――単に磁極が物理的に引き合うということを超えたなんらかの内的な特質が、ユリア・オストロフスカを特別な存在にしたのであろうか？

グルジェフは一度だけ口をすべらせて、彼の若い妻は何世もの違う生を生きてきた「年老いた魂」だと言ったことがある。彼女の一種独特の美しさは、明らかにその内面の核から発するものであった。彼女の沈黙、権威ある物腰、無駄がなくなめらかな動作はすべてそれによるものだった。「彼女は急いだことはないが、それでいて信じられないようなスピードで仕事をしているのであった。……礼儀正しく、しかも何ものにも動じないという一種のオーラを身につけていた[9]」

グルジェフは自ら創作した大舞踏劇、「尼僧の秘儀参入」の主人公にユリアを据えた。彼の物語風の著作の中では、彼女はヒロインのアーキタイプ、たとえばヴィトヴィツカヤやゼイナブのモデルになっているように思われる。こうしてみると、彼女がもっていた特質に対するグルジェフの敬意には疑問の余地はないようだ。

歴史的に見ると、彼はいかなる人物を妻に選んだのだろう？　ユリア・オストロフスカの生涯の最初期は謎につつまれている。彼女が伯爵夫人であり、ロシア皇后の侍女であったことはすぐに判明する。「道徳的な堕落の縁に立っていた女性」[10]であったらしいこともまもなくわかってくる。彼女を知っていた何人かの人は、ユリアの眼の中に、（彼女が一番好きだったショパンのノクターンにあるような）何かを後悔するような不思議な影が宿っているのを見て取っている。グルジェフはなんらかの意味でユリアを「救った」のではないかと、誰もが直感的に感じるだろう。しかしそれは、いかなるレベルでの救済なのか？　たとえばガチョウの雄と雌を厳密に区別するように（これは今日の知的遊戯をこととする人間には腹立たしいことだろうが）、真の人間と「カッコつきの人間」[11]とを厳格に区別した彼のことであれば、なんら恩着せがましさを感じさせずにある種の精神的な救済を行ったであろうことが推察されよう。

女性の性質は男性の性質とはまったく異なっている。女性は大地に根ざしており、発展の次の段階――君なら天国への、とでも言うだろうか――に達するのは、男性と共にいる場合にかぎって可能なのだ。女性はすでにすべてを知っている。ただしその知識は彼女には無用のもので、いやそれどころか毒にさえなる――男性がそばにいなければ。……もし真の男性を見つけることができれば、女性は必要なワークをしなくても真の女性になることができるのだ。[12]

この見方には強い批判があびせられるかもしれないが、無理からぬことではある。しかしユリア自身は反対しないだろう。夫の弟子に加えられたことに感謝したのか、彼女は夫の姓を名乗ることさえ断っている。グルジェフの年譜の中では、彼女は常にただのマダム・オストロフスカなのだ。むしろグルジェフの方が、ユリアの特異さを強調し、彼女をたたえて、「グルジェフ氏の妻」という胸に迫る女性的な響きのピアノ曲を作曲しているのである。

もしユリア・オストロフスカが本当にアレクサンドラ・フョードロヴナの侍女で、あの奇妙な権力の中枢、すなわちツァールスコエ・セローの宮殿の、藤色で統一された皇后の居室に出入りが許されていたのであれば、伝記作家がピカレスク小説まがいの空想をたくましくしたとしても許されるのではないか。コリン・ウィルソンはこう言っている。「一九〇五年に皇帝に紹介されたのがもしラスプーチンではなくてグルジェフだったとしたら、おそらく彼は容易に、ロシアでもっとも権力のある、そしてもっとも嫌われる人間になっていたことであろう」[13]

ロシア正教の中の神秘的な流派は皇后を奇妙なまでに魅了したが、この流派には純粋な形態のものと不純なものとがあった。得体の知れない聖者、ロシア語でいうスターレツが広大な大地を放浪し、巡礼が聖地へと向かった。そして心の不眠症という恩寵を授かった者は、どこへ行っても常に「主イエス・キリスト、我に慈悲を垂れ給え」という内なる祈りを唱えつづけた。そうした中で、グレゴリー・エフィモヴィッチ・ラスプーチンは特異なケースである。彼は神を愛し、祈りに没頭するのを愛した。マディラ・ワインを愛し、サテュロス的な異常性欲者といっていいほど女性を愛した。まちがいなく彼は（想像できるだろうか）シベリアからエルサレムまで徒歩で往復しているのである！　その後、誰かの助言を受けてサンクト・ペテルブルクまで歩いていき――そして歴史の渦中に入っていった。

グルジェフをラスプーチンの場所にむりやり据えるために、この万華鏡をそうやすやすと揺り動かすわけにはいくまい。それに、いかにこの皇帝と皇后が暗示にかかりやすかったからといって、宮廷が、コンスタンティヌスス帝のキリスト教への改宗にも似て、グルジェフの思想に改宗したと考えるのは幻想でしかないだろう。とはいえ、この二人の人間が同じときにサンクト・ペテルブルクにいたと考えるとなんとも刺激的ではある。ニヒリズムの時代、いや、自殺クラブの時代とさえ呼びたい時代にあって、この二人はともに、生に対する猛々しいまでの信頼をもった「肯定者」であった。両者ともに、グルジェフ呼ぶところのハンブレッドゾイン、すなわち動物磁気に満ちあふれていた。グルジェフは自らの誓いで自制していたために、この力を主に弟子のため、そして後世のために使った。一方ラスプーチンは——決して下劣な目的のためばかりではなかったとはいえ——彼のハンブレッドゾインを俗悪な歴史の中に垂れ流し、そしてそれによって自滅するのである。

一九一一年九月一三日、以前からすでに明白であった伝記的な並行現象が驚くべき共時性という形で現出する。この日はグルジェフが「人工的」生活を始めた日であるとともに、ラスプーチンが、「死が彼を追いかけている。死が彼を捕まえようとしている！[14]」というストルイピンの運命を予言する言葉によって、アンシャン・レジームの没落を実質的に宣告した日でもあった。翌九月一四日の夕刻、リムスキー・コルサコフの『皇帝サルタンの伝説』が華やかに上演される場で、皇室を守る異例の警戒体制が敷かれた。というのも、オフラナ、つまり秘密警察の若き諜報員である眼鏡をかけた謹厳実直なユダヤ人、ドミトリ・ボグロフが、皇帝の暗殺計画を秘密裡にかぎつけていたからである。厳戒体制にもかかわらず、二度目の幕間のとき皇帝は奇妙な音を二度聞いた。「オペラ・グラスが誰かの頭に落ちたのかと思った[15]」とニコライはのちに回想している。しかし事態ははるかに深刻だった。皇室席の真下の席でピョートル・ストルイピンが胸から血を流し、苦痛に顔を歪めながら立ち上がり、皇帝を見上げると十字を切り、そして倒れた。ボグロフが撃ったのだ。

政治でも弁論でも百戦錬磨のグルジェフは、ストルイピンの死を聞くとただちに穏健なる中道派は崩れさったことを理解したにちがいない。右派では、古くからのファシスト的な勢力が今や鎖を解き放たれて沸き立っており、加えて、かびのはえた皇帝絶対主義、皇后の神経症、古い血統に属する者たちの尊大さと新興富裕勢力の貪欲さ、オフラナのやりたい放題、黒百人組のような王党派のギャングどもがユダヤ人をからかうサディズム、ズボンの前の穴に赤いカーネーションをさして議会の演壇に上がる代議士プリシケヴィッチの神経症的な露出癖、などなどがあった。一方左派では、居間にふんぞりかえった自由主義者やニヒリストたちが、自分たちが属する分派をさんざんにこきおろしていた。女流詩人ゼナイダ・ヒピアスはこう評している。「血を流すことはできない。不可能だ。しかしこの不可能なことを実現するためには、血を流さなければならない！」[16]。こうした「進歩的な」論理の立ちこめるもやを通して、ロシアのインテリたちは期待に胸を震わせながら、すべてがそこに向かって突進しつつある結末を垣間見たのであった。それはとりもなおさず、彼ら自身が属する階級の消滅を意味していた。マクシム・ゴーリキーは一九一一年一〇月にこう書いている。「はるか彼方にではあったが、やがてはわれわれをのみこんでしまうであろう波頭が逆まいているのが見えた」。アレクサンドル・ブロークはこう述懐する。「われわれの心の中では地震計の針はすでに動いていた」。もしこうした人たちがみなこの時代特有の動きを察知していたとすれば、グルジェフもその一人だった。この動きは、彼が始めたばかりの小さなグループの存続を約束してはいなかった。逆に、遅かれ早かれ「大変動」が起こり、彼らは離散すると予言していた。

一九一一年のこうした不気味な動きは、グルジェフの計画に対する一連の妨害の始まりだったのではなかろうか。というのも、彼が強力なカリスマ性、あるいはバラカ、あるいはハンブレッドゾイン（どれでもお好きなのをどうぞ）を発揮してかなりの数の弟子を「引きつけ」、その結果この時代の奔流をさらに強めたことはまずまちがいないからだ。この時期のグルジェフを見た人たちの声はほぼ一致している。「彼はけたはずれの人間だった！　どれくらいけたはずれだったか、君には想像もつかないだろう」[17]。それに、彼のまわりには知識を渇望している人間がたくさんいた。若者たちは期待と不安で胸を震わせていた。さまざまな流派の芸術的、思想的グループがあちこちにできていた。未来派、象徴派、アクメイズム*、自我未来派、キュビスト、キュビスト的未来派、「ダイヤのジャック」のグループ、「ロバの尻尾」の連中、「野良犬」の仲間**などなどである。審美家、哲学者、「ロマン的苦悩」の支持者たちはみな、判で押したように霊的、心理学的進化に興味をもっていた。そのうち真剣な研究を行っているのは一パーセントで、残りは「無を空の容器に注ぎこんでいる」[18]だけだったと言ってそうまちがいではなかろう。しかし一パーセントといえどもかなりの数だが、グルジェフはほとんど関わりをもとうとはしなかった。

グルジェフはなんらかの必要に迫られていたのではないか、あるいは怪しげな契約か何か（たとえば政治や宗教がらみの諜報員を追跡するような）に縛られていたのでは、いやそれどころか、彼自身危険な立場におかれていたのではないか。……いずれもなかなか魅力的な仮説ではある。警察がシャルル・ペギーの有名な言葉、「神秘は政治につながる」を支持していたのはまちがいないし、また別段驚くほどのことでもない。確固たる視点をもっている者で、いつ、どんな具合に大惨事が起こるかを予測できる者はいなかった。オソビー・コルプス・ジャンダルモフ、つまり特別憲兵隊は、一般人が開くいかなる集会にも強い疑惑の目を向けていた。しかし不公正と暴力の象徴である青い制服を着た憲兵たちは少なくとも見分けがついた。ところがオフラナ、あるいはファラオと呼ばれる秘密警察は見分けられなかった。その巨大な密偵と尋問者と諜報員の帝国は、語るもおぞましいシベリアの強制収容所や鉱山から、ペテロ・パヴロフスク要塞の中のぞっとするようなトルベツコイ監獄（グルジェフに言わせれば「フレンチ・シャンペンが飲めないところ」[19]）にいたるまで、あらゆるところに広がっていた。

こうした推測はあまりに人間的で、たちまちグルジェフ的長老たちの確固たるプラグマティズムに抑えこまれ

訳注*―――二〇世紀初頭のロシアに興った詩の改革運動。象徴派を否定し、明晰な表現による形式的な技法を唱えた。
訳注**―――「ダイヤのジャック」「ロバの尻尾」「野良犬」は、こうしたグループが集まったカフェ。

る。

最初私は……「オゼイ王子」の正体にひどく興味をそそられた。……いったい彼は何者だ？　どうしてこうも秘密めいているのか？……彼はトルコ人なのか、それともタタール人、テュートン人、いやチベット人か？　職業は鋳かけ屋か、服職人か、兵士か、それともただの浮浪人なのか？　世間から身を隠しているのは自分の意志からか、それとも強制されているのか、はたまた政治的、社会的、商業的、いやいや宗教的な理由からなのか？　しかしこうしたことはすべて、私が必要としているものを彼から得ることができ、しかも彼がそれを喜んで教える気があることさえわかれば、大したことではなかろう。[20]

後年、グルジェフの弟子たちの大半は必然的に、これとまったく同じ立場をとった。（今日でも「高貴なる非歴史性」は大はやりである）

グルジェフの前史（一八八七年から一九一一年にかけての「長き探求」）における一連の叙事詩的事件が、証拠を重視する伝記作家の手によって、ぎこちない形式ばった散文にはめこまれてきたことは否定すべくもない。「トルキスタンの虎」とか「G・I・グルジェフ」などの正確なイメージを形成するには、これからも困難を伴うだろう。もしグルジェフが属すこの両方の世界に橋を架け、なんらかの証言をしてくれる人物がいるとすれば、サンクト・ペテルブルク時代のグルジェフの初期の弟子であるレフ・ルヴォヴィッチをおいてほかにあるまい。

「ライオン」と呼ばれたルヴォヴィッチを、ジョン・バカンの小説から出てきたような人物だとして脇に押しやるのはいとも簡単である。ルヴォヴィッチ自身の証言によれば、彼は中央アジアへの遠征旅行で死んだ。しかし幸運なことにシャーマンの手で「よみがえった」。彼の体格と服装は典型的だった。ぴしっとした姿勢や磨きこんだブーツ、こぎれいな乗馬用の半ズボンなどから、彼が軍人であることは一目で見て取れた。濃い眉の下の青い眼はその統率力を物語っていたし、彼が笑うとみんなに伝染した。バカンの小説風のこまごました謎めいた特徴が、その容貌をいっそう複雑なものにしていた――どうして肩章やバッジや連隊を表すボタンをつけていないのだろう？　しかし……サンクト・ペテルブルクに群れていた信仰治療師や呪術医の一団の中で、「ライオン」ルヴォヴィッチの存在は「ふくろう」バドマイエフ（皇帝アレクサンドル三世が名づけ親になったブリヤート人の男）に劣らぬ歴史性をもっていた。

ルヴォヴィッチはたしかに存在していた。文学上の創作でも、「真理の探求者」の一典型を共感をこめて再生したものでもない。信頼するに足る目撃者たちが、ルヴォヴィッチがグルジェフと「人間を寄せつけない荒涼たる山岳地帯の言葉[21]」で話しているのを聞いている。彼の治療を受けた患者たちは、感謝をこめて彼の催眠術の力を証明している。歴史の彼方に広がる後背地は神秘的で果てしない。いったいいつ、どこで、レフ・ルヴォヴィッチはグルジェフの生に関わってくるのだろう？　推測はできない。彼はどこにも分類できそうにないが、行動力とグルジェフに対する深い尊敬の念から見て、この魔術師のもっとも精力的な弟子であったことはほぼまちがいないだろう。

モスクワでのグルジェフの最初の弟子は、有能な作曲家で、ロシア音楽協会の元会長であり、当時弱冠三一歳ながらマリア皇后音楽学校の校長としてラフマニノフの後継者を務めていたウラディーミル・ポールであった。[★16]このポールを通じてグルジェフは、彼自身の従兄弟で彫刻家のセルゲイ・ドミトリエヴィッチ・メルクーロフに接近することにした。するとこの従兄弟はオカルティズムやヒンドゥー哲学に対するディレッタント的な興味をあらわに示した。アレクサンドロポールのギオルギアデス家の隣に生まれたセルゲイは堂々たる人生を送っていた。最初の注文はナヒチェヴァン*の地方長官の姿からであり、またパリでロダンの「考える人」の除幕式があったとき、彼はロダンその人の隣に座を占めた。一九一〇年にトルストイが亡くなったとき、そのデス・マスクをとったのも彼であった。グルジェフはきわめて家父長的な人間で、長い年月を経たあとの親族とのこの邂逅は、彼にとってなんらかの意味をもっていたにちがいない。実際彼らの関係には、強い愛情とまではいかないにせよ、ある種の優しさが見受けられる。当時グルジェフは四五歳でセルゲイは三〇歳だったが、それ以前の経験の実質的な違いは非常に大きく、そのため彼らはある期間、師と弟子という関係で会っていた。（注目すべきは、グルジェフの著作には、親族である年輩の男と年少の男が知者と新改宗者という関係で頻繁に現れることで、その最たる例がベルゼバブとその孫のハセインであろう）

肉屋やパン屋、ろうそく職人たちは、本気で頼めばグルジェフが助けてくれるだろうと思っていた。しかし彼が内弟子たちを選び、扱うそのやり方は、その背後に巨大な計画が——絶対確実に実現するかどうかは別にして、とにかく気宇壮大な計画が——隠れていることを暗に示していた。ところがグルジェフの期待に反して、初めに選んだ「道具たち」の多くは彼の手を離れていった。レフ・ルヴォヴィッチは（他の多くの者と同じように）「ロシアの人心がひどく動揺していたこの時期に、なんの痕跡も残さず[22]」姿を消し、ポールはパリに逃れて、ちゃちなバレエや臨時の音楽の仕事にあたらその才能を費やしてしまう。一方セルゲイ・メルクーロフは——なんとも不思議なことに、モスクワにとどまり、レーニンとスターリンの巨大な彫像を造るのだが——モスクワのプーシキン美術館の館長になり、レーニン勲章を授けられることになる。もしこれらの相矛盾する話になんらかの意図がひそんでいるとしたら、実に巧みに隠されているといえよう。しかしグルジェフが思い描いていた大計画がいかなるものであるかは、彼のもっとも有名な弟子であるピョートル・デミャノヴィッチ・ウスペンスキーの場合を見ればもう少し明瞭になるかもしれない。

原則としてグルジェフは書物を副次的なものと考えていた。とりわけ当時の西洋人の手になる人間の精神に関する著書は実にお粗末なものだと見ていた。

あるとき彼はこう言った。「とにかく本を読んでみなさい——時に人間がいかなるナンセンスを書けるか、それを見るためだけにね。研究すべき本はただひとつ、これだけだ」と言うなり、彼は私の胸に一撃くらわした。その唯一の本とは「お前という本」だということに気づかせるためだった。要するに、「汝自身を知れ」ということなのだ。[23]

こうしたグルジェフが、一九一二年にウスペンスキーの新しい本、『ターシャム・オーガヌム』(これは、まだ足元がふらついてはいるが実に早熟な天才の手になる本で、アリストテレスの『オルガノン』とベイコンの『ノヴム・オルガヌム』の中で暗に示されている、人間の意識に対する束縛に挑戦したものである)の出版に関心を抱いたとは、彼らしからぬことではある。その本の主題は、彼にとって驚くほどなじみ深いものだった。まるでグルジェフが、乞食の姿に身をやつして故郷のイタケーに帰っていくいわば精神のオデュッセウスで、その途上で息子のテレマコスが出版した『オデュッセイア』を一部手渡された、そんな感じである。おまけにそこに記されている地理もほぼ正確であった! もちろん完全に正確だったわけではないが。

友人のイェロフがよく言っていたように、ある言語では地図は「コルマノウプカ」と呼ばれている。それ

訳注*——— 現在のアゼルバイジャン共和国の中の自治州。

は「智恵」という意味だが、この言語では智恵とはたとえばこのようなものだ。「二かける二は七・五から三ともう少し何かを引いたものに等しいことを知的に証明すること」[24]

とはいえ、ウスペンスキーの多少の不正確さとやや分別を失した推測は許されてしかるべきだろう。本全体が放つかすかな光と、その最後に次のような注目すべき言葉があるからだ。「生の意味はそれを永遠に探求することの中にこそある。そしてその探求の中でのみ真に新しいものを見出すことができるのだ」[25]。もし『ターシャム・オーガヌム』の著者の存在（ビーイング）をその知識と同レベルにまで引き上げることができるならば、もし、時間や次元、意識に関する彼の目覚ましい洞察がその性格を実際に変えることができるならば――なんという弟子、なんという福音伝道者になれるだろうか！　グルジェフは待った。待つ方法を心得ていた。一、二年の間、「ウスペンスキーの四次元」は、魅力的で才能もあった彼の愛人のアンナ・イリーニシナ・ブトコフスキーにほれこまれ、サンクト・ペテルブルクの知的サークルでもてはやされた。一九一三年の秋にはモスクワの新聞が、彼が特派員として東洋に派遣されることを報じた。

まもなくウスペンスキーのくっきりしたシルエットがグルジェフの視野に立ち現れた。歴史は神話との微妙なバランスの中で揺れている。歴史の機械的な見方や公正第一主義、その潔癖なまでに時間を追っていくやり方に縛られている伝記作家は、陳腐だが証明しうる事実を述べるにとどめざるをえない。一九一二年、あるいはその少しあと、グルジェフはかすかにではあるが、ウスペンスキーを（おそらくは他の数人とともに）将来弟子になる可能性がある人物と考えたようだ。神話的な解釈のほうがはるかにおもしろいが、信憑性は薄れる。神話のヴィジョンは因果関係を逆転させる。それは過去から現在と未来を推測するのではなく、逆に未来から過去と現在とを解釈する。つまり神話的未来は予知できるのだ。トーテムのようなウスペンスキーの姿はいまだ地平線上にあったが（彼がまちがった方角に旅していることは今や明白であった）、本質的には、夢遊病者特有の確信を抱いて、グルジェフの思想の至上の弁明者としての彼の唯一の運命に向かって進みつつあった。これをたとえるなら、聖ペテロというよりは使徒パウロというべきだろう。この運命をまっとうするには、聖ペテロは主を否定する回数が一回多くなるだろうからである。運命のリズムに対する尋常ならざる感受性に恵まれていたグルジェフは、すでにかなりの程度筋書きを読んでいた。奇矯に聞こえるかもしれないが、あの計画もこの筋書きの一部なのだ！　出来事の神話的な再演は、人間の未来の記憶と不可思議な形でつながっているのである。

さて、話を地上にもどすことにしよう。今やグルジェフはひとにぎりのロシア人の弟子をもち、さらにもう一人加わる可能性があった。西洋全体に自分の考えを広めようとする壮大な計画の始まりとしては、まずまずといえよう。そして一九一三年の冬、最初の外国人の弟子が現れる――しかも意味深いことにイギリス人であった。その人物、ポール・デュークスは二四歳の音楽を専攻する学生で、当時サンクト・ペテルブルクの音楽学校で学んでいた。彼のピアノ教師であったかの有名なアネット・エシポフは、「猫の手のような柔らかさと繊細さ[26]」を強調するテクニックと神智学への興味とを結合させていた。デュークスはすでにヘレナ・ブラヴァツキーの『秘密教義』と『ヴェールを脱いだイシス』を読んでいたし、ほかでもない、皇室の英語教師であったシドニー・ギブズその人から心霊学の手ほどきを受けていて、トゥーラの町の何も知らない農夫を相手に催眠術の練習をしていた――それでもグルジェフは彼を受け入れた。この「それでも」は重要である。というのも、二〇年にわたる伝統的な叡智の研究の結果、グルジェフは神智学のいう「思考の形」についての空想的な考察や、「自分の〈微細〉体に魅了されるあまりこの体を腐らせてしまったオカルト界の知的ペテン師たち[27]」を心底侮蔑するようになっていたからである。というわけで、デュークスが受け入れられたのは、彼が先入観のごった煮をためこんでいたにもかかわらず、鋭い感受性と知性、そして大胆さをもっていたからにほかならない。（そして、秘密諜報員

ST25としての彼がもっていたこの大胆さこそ、弱冠三〇歳にしてナイトに列せられた理由でもあった）

この若者が受け入れられる際の入門儀式は、まるでフリーメイソンのそれを思わせるものだった。レフ・ルヴォヴィッチが彼に秘密を守ることを誓わせ、深夜になって「オゼイ王子」のところに連れていった。しかしまっすぐにではない。まずニコラエフスキー駅近くのうすぎたない裏通りにある建物に連れていかれ、暗い通路をぐるぐると引きまわされ、フラットを隔てる壁のようなところにとりつけられたドアまでくる。それがあけられると、いきなりアラビアン・ナイトさながらの世界に引き入れられるのだ。そこではターバンを巻いたグルジェフが、頬骨が高く細い眼の、やぎひげをはやした男とチェスをしているのである。（たぶんみなから恐れられていたシャムザラン・バドマイエフだったのだろう）

対局を終えたグルジェフはデュークスをゲームに誘い、低い長椅子の彼の隣にあぐらを組んで座るよう身振りで指示した。デュークスはていねいに靴を脱いだが、ソックスに穴があいているのを見つけてひどく恥じ入った。それを見てオゼイ王子は言った。「君は換気の重要性を知っているんだね。新鮮な空気ほどいいものはない」[28]。デュークスを簡単に負かしてしまうと、グルジェフは「主の祈り」について話しはじめた。この祈りはもともと集中して行うべき呼吸のエクセサイズで、一息でこれを唱えるのだと言うと、目をみはらせるような実演をしてみせたのである。「低い豊かな音楽的低音、中央ハ音の下のト音くらいの音が、壁をおおう絨毯の間で乾いた純粋な音を響かせはじめた」[29]。グルジェフの上半身全体が震え、デュークスの内部に「柔らかな電流のようなもの」[30]を生み出した。

予期せぬ心身融合状態が生じたかのようである。「魂」と肉体、呼気と吸気は相互補完的なものであり、祈りは消化だけでなく、血液の質や循環とも関連していた。注意力（これは常にグルジェフの行法の支柱をなすものだ）を完全に活性化させ、三つの要素、すなわち言葉、音、呼吸に分割して向けなければならない。キリスト自身が弟子たちにこの方法を教えた。ひそかに、「誰もいない場所で[31]」、そして一人でやるようにと。その理由は、この行法は「ある人間がどのように呼吸するかということと密接に関わっており、そして二人としてまったく同じ呼吸をする者はいない[32]」からである。祈りの真の目的は嘆願や賛美ではなく、ロゴス、すなわち「あなたたちなら世界の主音とでも呼ぶだろうもの[33]」との調和のとれた関係に入ることである。「あらゆるオクターヴは他のすべてのオクターヴの別のレベルでの複製[34]」なのだから、人間はこの原初的な音を響かせることによって自己の存在（ビーイング）を発達させることができるのだ。

二、三年の間、デュークスは断続的にプーシキン通りの角のこの不思議なフラットに通った。そこで過ごす長く、名状しがたい夜の間、俗世間の存在を知らせるのは、ニコラエフスキー駅に入ってくる列車の物憂げな汽笛の音だけだった。その場を圧している力の源は「オゼイ王子」だった。自分が発する知的深遠さを、毒気を帯びた冗談や強いコーヒー、東洋風の歌やひどい飲み物（「私の特製飲料を飲んでごらん。……ウィスキーよりずっとうまいよ[35]」）で甘く味付けしながら、彼は若き弟子たちの注意を微妙な振動へと向けさせた。エジプト人やカルデア人、ヒンドゥーのバラモンたちに由来するとされるマントラに関する教えの断片が語られた。デュークスは至高なる存在に対する彼だけの祈りを作り、唱えるよう勧められた。彼はまた、やはりグルジェフの弟子で、近くのアレクサンドル・ネフスキー修道院に住む若い修道僧の詠唱を観察するよう勧められた。デュークス自身の記録にはこうある。

> 彼は中央ハ音の一オクターヴほど下のある音から始めた。その音は一フレーズ（楽句）ごとに半音ずつ上がっていき、同時に音量も大きくなっていった。すでに第五度音のところで、彼の声は強力な波となってアーチ形の天井に反響した。ついに彼の「詠唱」が最高潮に達すると、音は最後の審判の日に鳴りわたるラッ

パの響きにも似て、勝ち誇り、歓喜に酔って、威風堂々、周囲を圧したのだった……[36]

事実デュークスは、音が変ホ音に達したときにはもう忍耐の限界を超えていて、まるで薄暗がりから強い日光の中に出たときに感じる、突き刺すような眼の痛みにも似たものを感じていた。

裕福だったその晩年にポール・デュークス卿はヨーガに熱中したが、自分がいかに本質的なものをオゼイ王子の「秘教的キリスト教」に負っているかを率直に認めている。

福音は強烈なまでに個人的なものになった。それはいかなるドグマからも自由な生きたメッセージであり、「主の祈り」はその紋章で、たとえ話はその装飾画であった。「求めよ、さらば見出さん」は深淵から響いてくるラッパの音のようだった。[37]

この賛辞に加えてデュークスは、あの若い修道僧が祈りを唱えたとき、ロシアで二番目に大きい修道院の全僧侶がひざまずいて泣きはじめたと述べている。こうした記述を前にしたとき、伝記作家はついこんな疑問をもてあそびたくなる。つまり、グルジェフは自分の教えをキリスト教の言葉で明瞭に示そうと考えたことは一度もなかったのだろうか、と。

グルジェフがキリストその人に深い敬意を抱いていたことは否定すべくもない。彼はまた生涯にわたって、キリスト教の敬虔主義の諸派を統合しようともした。年若くしてエチミアジンとサナインの修道院を訪れたことは、のちの長い探査行の前触れであった。キリスト教の儀式の起源を探りにカッパドキアにおもむき、ヘシュカスタイ*の遺産を訪ねてアトス山へ、エッセネ派の跡を訪ねてエルサレムへ、そしてキリスト教グノーシス派の起源を求めてコプト派**の住むアビシニアへと、彼の探査行は続くことになる。グルジェフが達成した秘教的統合は生気に満ちたもので、もし仮にロシアに広まれば強い強壮剤の役割を果たしたであろう。既成の教会は、一方では無神論に、他方では熱狂的な分離運動におびやかされていたが、グルジェフこそが提供できた、まさにそのヴィジョンとバランス感覚とを欠いていた。ロシア正教徒からは二千万人のラスコーリニキ***が、こっけいなほどささいな典礼上の違いのために分離していった。たとえば正教徒は三本の指で十字を切り、ラスコーリニキは二本で切る。正教徒はイエスを Iisus と二つの"i"を使って表記するのに対し、ラスコーリニキの方はひとつの"i"を使う、といったあんばいである。無理からぬことであるが、民衆はこうした事態に激しく反発し、その結果ストラーンニク、つまり司祭の存在を容認しない派を擁護するにいたった。また一方では、陶酔的なメシアニズムを求める人々が分離してフリスティという鞭打苦行派****を形成し、あるいは異常なまでに熱狂的に霊性を求める人たちは、スコプツィと呼ばれる自らを去勢する一派として結集した。一九一三年におけるロシアのキリスト教は、その豊かな内容と強力な力にもかかわらず、精神的には完全に混乱していたのである。

一九一三年はまた、フッサールの『現象学』とフロイトの『トーテムとタブー』が出た年でもあった。このような時代にあって、グルジェフは、心理学にはもちろんのこと、非宗教的な形で表された真理に対しても鋭敏な感覚をもっている精神――たとえばウスペンスキーのような――を集める必要があった。事実、サンクト・ペテルブルクで次にグルジェフが弟子にしたのは、有名な「精神病医」であるレオニード・スジャーンヴァル博士で

訳注*――一四世紀にギリシアのアトス山の修道士たちが興した神秘的静寂主義の一派。
訳注**――エジプト起源の古代キリスト教会。大主教を首長とし、キリスト単性説を信じ、典礼にはコプト語を用いる。
訳注***――一七世紀にニコンの典礼改革に反対してロシア正教会から分離した古儀式派（分離派）の信徒。旧教徒、旧信者ともいう。
訳注****――中世ヨーロッパにおいて、世の罪を悔いるために自らの身体を鞭打ちながら町中を練り歩いた一派。

あった。

三八歳のこの医者は上品かつ真摯で、信頼するに足る人物だった。外見は科学者然としており、性格は沈着冷静で、慎重に自己を顕示するタイプの人間だった。酒やタバコを好んだが、度を越すことはなかった。肥満とまではいかなかったが、多少「太り気味」[38]であった。口ひげには香りのないワックスをぬりこんで、先を格好よくとがらせていた。くぼんだ眼窩にきれいな眼、スペード形の顎ひげはかすかに銀色に光って、その職業のもつ権威が生み出す自然な重みを彼に与えていた。サンクト・ペテルブルクの診察室で、あるいは出入りするクラブやフィンランドにある大きな電気マッサージ研究所で、ドクター・スジャーンヴァルに会うということは極端なまでに節度ある人間に会うことにほかならなかった。その節度たるやほとんど伝説的で、これを乱すことができるのは一人グルジエフだけであった。しかしひとたびそれが乱されると、この心理学者はまるで別の姿を現したが、その変化はほとんど説明不可能だった。

彼はまるでたった今夢想から覚めたかのような恍惚とした表情で、それでいて落ちつきのない神経質な身振りをくり返していたが、突如として、いつもの口調とはまるで違う雷のような大声でこう言った。「そう、私はゲオルギー・イヴァノヴィッチがキリスト、その人と同じ高みにあることを信じている！」[39]

これを聞いたグルジエフは突如、強い調子でこの医者の話をさえぎった。

グルジエフの主だった弟子たちの中でも、とりわけレオニード・スジャーンヴァルはベル・エポックの申し子であった。つまり彼は、できることなら、慣れ親しんだブルジョア的な生活が提供してくれる快適さを手放さないままで秘教の研究をやりたいと望むような、そしてブルジョア的な快適さ以外何ひとつ望まないような、そんな人間だった。ところが、恩寵によってドクター・スジャーンヴァルとその妻エリザベータ・グリゴリエヴナが巧みに誘いこまれたのは、老齢年金をもらいながら羽毛のベッドに寝そべる生活ではなく、急峻な山と荒れ狂う海を越え、いつまでも続く流浪の窮乏に耐える、そんな生活だったのである。それでも彼はグルジェフとの邂逅という恩寵を決して逃さなかった。

今や大事件が目前に迫りつつあった。一九一四年八月一日の土曜日、午後七時、ドイツのロシア大使であるフリートリヒ・フォン・プールタレス伯爵は、激情で混乱した頭をロシアの外務大臣セルゲイ・サザノフ閣下の執務室に運び、皇帝ヴィルヘルム二世の意向を伝えた。「わが皇帝陛下は、帝国の名において挑戦を受理され、これよりわが国はロシアと交戦状態にあるとみなす[40]」

翌朝早くから、銃を突き立てた兵士たちの長い列が、サンクト・ペテルブルクの街を蟻のように行進しはじめた。皇帝の肖像と双頭の鷲の旗を高くかかげた兵士たちは、歓喜に酔いしれているようだった。凝固した血の色をしたファサードをもつ冬宮の前には群衆が集まり、ひたすら待っていた。四時を過ぎた頃、広大な広場を見おろすバルコニーにニコライ二世が姿を現し、思いつめた表情で、アレクサンドル一世がナポレオンを打ち破ったときに述べた短い形式的な文を読みあげた。「私はここに、敵がただの一人でもわが祖国に残っている間は、決して休戦に応じないことをおごそかに誓う[41]」

群衆はひざまずいた。その見上げた顔には決意の表情があった。中世にもどったかのような深い敬虔さにつつまれた彼らは、カザン大聖堂という国家の聖域からただちにネフスキー大通りへと運び出された奇蹟をもたらすといわれる聖母マリアのイコンを、そして彼らの君主を見つめていた。彼らは「神よ、皇帝を守り給え」を歌うと、次に、まるで未来に待ち受けているものをぼんやりと予言でもするかのように、「主よ、民衆を守り、汝が授けた宝を祝福し給え」を歌った。けだるい八月の午後を、長く張りつめた沈黙が支配した。……と、それは歓呼のどよめきに変わっていった。皇帝は皇后にひそかにこうもらしたという。「ヴィルヘルムと私の間は完全に終わってしまったようだ[42]」

その日グルジェフがどこにいたのか、われわれには知る由もない。しかし彼がまったく無関心だったこと、戦争に対してまったく独自の見方をしていたことは知っている。

戦争とは何か？　それは惑星の影響の結果だ。天空のどこかで、二つか三つの惑星が近寄りすぎて緊張が生じたのだ。……この地上では人は殺し合いをはじめ、たぶん数年は続くだろう。……彼らには、自分たちはゲームのカードにすぎないことがわかっていないのだ。……ヴィルヘルム皇帝も将軍も大臣も会議も、いかなる重要性ももっていないし、また重要なことはできもしないということだけは理解しなくてはいけない[43]。

グルジェフはすでに国家の壊滅的な大変動がまちがいなく起こることを予期し、それに合わせて計画を立てていたが、今や現実のものとなった世界大戦に対処しなくてはならなくなった。個人的にはまずアレクサンドロポールの両親の安全が心配だった。彼がまだ小さかった頃、父は一度、神はカルスの近郊の「サルカムシにいる」という仮説を立て、諸国民が至福の天国へと昇っていけるようにそこに松の木で梯子を作ろうと考えたことがあった。今ではサルカムシにはトルコの陸軍大臣であるエンヴェル・パシャが陣取り、アルメニア人大虐殺の計画を立てつつあった。グルジェフばかりかメルクーロフも、募る不安を抱いて状況を見守っていた。

ヨーロッパ全体が激動を始めた。列強諸国は互いに牽制しあい、知略をつくした協定を結んでいたが、今や互いを深淵へと引きずりこみはじめた。国家の危急に際して皇帝のした最初の貢献は、サンクト・ペテルブルクを

「ペトログラード」と改名し、ウォトカの販売を禁止し、そして榴散弾にイースター・エッグの形をした宝石をのせたものをファベルジェに注文したことであった。このような状況下でグルジェフがとった行動もこれに劣らず奇怪なものだった。『魔術師たちの闘争』と名づけたオカルト的なバレエの創作に打ちこみはじめたのである。彼はすでに主要な登場人物を決めていた。主人公のガファーはハンサムで体格もよく、金持ちだった。美しいヒロインのゼイナブは、ガファーという蛾が飛びこんでいく炎であり、ルーソウラは太った狡猾な召使い頭、白魔術師はゼイナブの精神的な師、そしてその邪悪なライバルであり、ガファーが助力を乞う黒魔術師。この単純なアラビアン・ナイトそのままの設定で、グルジェフは弁証法的な一大活劇をやろうとしたのだが、もっと大事だったのは、これを演じる弟子たちに生きた教えを体験を通して与えることであった。

秋分の日も過ぎ、日がだんだん短くなっていった。モスクワとペトログラードの住民は進行中の「相互破壊」のプロセスから逆説的な恩恵を受けていた——生きているという感覚が研ぎすまされたのである。空気を、人々の会話を、新聞を満たしていた感情は巨大になり、大半の人をのみこんでいった。しかしそんな高揚感も、一通の電報、一枚の死傷者リストによって一挙に冷却した。肉親を奪われた者たちや途方に暮れている大多数の者たちは、自分たちが味わっている苦悩を、通常の社会・政治的な枠組みの中でなんとか納得しようとした。しかしわずかではあるが、そこここに、こうした状況に直面して、人間の生の意味と目的を問い直そうとする内省的な人間も現れた。短気な弁護士であったA・Y・ラフミリエヴィッチや、若い去勢牛のようなアレクサンドル・ニコラエヴィッチ・ペトロフらの顔はかろうじて垣間見える。その他の顔は判別できない。時が、無慈悲なヘローパスが、彼らをその苦しみともども押し流してしまったのだ。ゆっくりと、しかし確実に、グルジェフは（例によって内的、あるいは外的な状況を耐えがたく感じている者を選び出しながら）メルクーロフとポールを中心とするモスクワ・グループの基盤を固めていった。

戦争が勃発して三カ月後、インド亜大陸のロマンティックなイメージをいっぱいかかえて、ピョートル・ウスペンスキーがロシアに帰ってきた。彼はヨーギで哲学者でもあるオーロビンドに会い、月明かりの下でタージ・マハールを見てきた。さらにアディヤールでは白いラマの皮に座ってアニー・ベザントと話をしてきた。一九一四年一一月一三日の金曜日、『モスクワの声』紙をパラパラと見ていたウスペンスキーは偶然「劇場案内」欄に目をとめた。『魔術師たちの闘争』という新しいバレエのシナリオが紹介されていたが、どうやら舞台はインドで、作者はヒンドゥー教徒のようであった。彼はこれを切り抜いた。

このやや散文的な、しかし象徴的な行為こそ、グルジェフの思想の伝達という意味では実に画期的な時代の幕を切って落としたのである。

2 聖なる肯定

［1914.11〜1917.3］

ソロモン王が「水の上にパンを投げた*」という故事がある。いささか投げやりな気前のよさと長い目で見た利益を計算する抜けめなさとを、奇妙な形で結びつけているこの言葉は、革命前のグルジェフを描写するために作り出されたのかとさえ思われる。ただし彼は、一個や二個のパンではなく、パン屋全体を当時の思想潮流に投げこんだのではあるが。

巨大なグルジェフの作品群の最初のものである『真理のきらめき』は風変わりな文書である。一九一四年一一月に、グルジェフの示唆によってある無名の弟子が書いたこの文書は、一種の美文調で、ある一人の人間が『モスクワの声』紙で見た『魔術師たちの闘争』を切り抜き、その結果グルジェフに紹介されることになり、そしてこのグルジェフという人物、およびその教えから強烈な印象を受ける様子を描いている。この新参者がピョートル・ウスペンスキーであることは容易に想像できる。新聞を拾い読みする男、オカルティズムや哲学に興味をもち、インドやエジプトの放浪から幻滅して帰国した、等々、彼であることをほのめかす記述はあちこちにある。しかし不思議なことに、一九一四年にはウスペンスキーはグルジェフにはいっさい接触していなかった。
『真理のきらめき』が通常の状況のもとで書かれたのでないことはまちがいない。一九一四年から一五年にかけ

訳注*――――通常この言葉は、私利私欲を離れて慈悲に満ちた行為をすることを意味する。

ての冬はとりわけ厳しかった。はるか祖国を離れた前線では、聖水で祝福を受けて祖国ロシアを出てきた農夫出身の兵士たちが、銃剣だけで身を固めて戦線に立ち、ドイツ軍の機関銃や砲兵隊の餌食となって、最初の五カ月だけで四百万人が戦死した。グルジェフの弟子たちは、おいはぎや逃亡兵がうろついている道をくぐりぬけて、なんとかグループに合流しようとした。堕落しきった陸軍大臣ウラディーミル・スコムリノフ将軍は、この二五年間軍規も読んだことがなかったが、やってきたツェッペリンに度肝をぬかれてモスクワとペトログラードを灯火管制下においた。裕福な者だけが寒さをしのぐことができた。外交団さえもが、割当ての石炭がプリマ・バレリーナ・アソールタのマティルド・クシェシンスカに取られてしまったと苦情を言ったが、これは明らかに、彼女がアンドレイ・ウラディミロヴィッチ大公とベッドをともにしたときに要請したものであろう。

四月になって氷が溶けはじめた頃、ようやくウスペンスキーがモスクワに到着した。彼は成功の絶頂にあり、ペトログラードの巨大なアレクサンドロフスキー・ホールを満員にした講演「奇蹟を求めて」と、「死の問題」という演題をつけた神智学的な講演をここでもやるためにやってきたのである。グルジェフは迅速に行動した。ウスペンスキーと接触するよう命じられたウラディーミル・ポールとドミトリ・メルクーロフは、『魔術師たちの闘争』の作者がグルジェフであることを彼に告げ、グルジェフのもとに連れてこようとしたのである。

グルジェフの生涯には数多くの重要な結節点があるが、それらを公平に分類しようとするとひどいミスをおかす可能性がある。しかし次のことだけは言っていいだろう。すなわち、グルジェフ神話の中ではウスペンスキーとの出会いは特殊な位置を占めており、それはソクラテスとプラトンとの、あるいはシャムスッディーン・ティブリージーとジャラールッディーン・ルーミーとの出会いになぞらえることができるであろう。しかし当時の人たちがまったく逆の解釈をしたとしても不思議ではない。グルジェフは地方から出てきたばかりの無名人であるのに対し、ウスペンスキーは知識人グループでもてはやされている新進気鋭の作家であった。「上げ潮」に乗り、地位を確立したウスペンスキーは、控えめな気むずかしい態度でグルジェフとの会見に臨んだ。迷信や自己暗示、馬鹿げた考えをたっぷり聞かされるにちがいないと思っていたからだ。そのウスペンスキーがのちにグルジェフのことをこう述懐している。「最初に出会ったとき、彼という人間に対する見方、そして彼から何が得られるかについての見通しも、完全に変わってしまった[1]」

グルジェフは金に困ってはいなかった。だから、もし外見でウスペンスキーを幻惑しようと思えば、きらびやかに着飾って「オゼイ王子」として彼の前に現れるか、あるいはペトロフスキー公園のヤールやストリエルナといったモスクワの高級レストランで会うこともできたであろう。ところが彼が選んだのは、そこらの店のおじちゃんや馬券屋が出入りする裏通りのがさつなカフェで、しかも彼は山高帽をかぶってウスペンスキーを待っていた。しかし、こうして貧相ななりで姿を見せ、ひどいコーカサスなまりの最悪のロシア語を故意に話すことで、彼は会合の主導権を握ったのである。ウスペンスキーの慧眼は表層の下に隠れた真相をすかさず見抜き、グルジェフの中にひそむ異国性を頭の中で再構成していた。「インドの王侯かアラブの族長のような顔をした男[2]」を目の前にした彼は、山高帽を金ぴかのターバンかバーヌース*に見立てていたのである。

主導権の問題は二人の男が顔を見合わせるとすぐに決着した。ウスペンスキーはグルジェフが自分を掌に乗せてゆっくり重さを計り、そして下におろしたような気がした。誰の回想録にも、これに類する、一種の試練に遭っているといった記述が見られる。

> 彼に会うことは常に試練であった。彼の眼の前ではどんな態度も人工的に思われた。腰の低い態度も、逆

訳注*——おもにアラブ人が用いる、防砂、防熱用のフード付きマント。

に横柄な態度も、ともに最初から粉々に打ち砕かれ、あとに残るのは仮面をはぎ取られ、真の姿となった人間であった。[3]

ウスペンスキーが特別権威に弱いとか、たやすく他人の威光に打たれてしまう人間だなどと考える必要はさらさらない。髪を短く刈りこみ、テュートン人的な四角い頭が強靭な胴体にめりこむようにつながっているこの男は、エーリッヒ・フォン・シュトロハイムの代役にでもなれたであろう。挑みかかるような黒い眉の下には、青い突き刺すような眼差しが縁なしの鼻眼鏡を通して光っていた。いかにもがっしりした顎の線は頑固そうな性格を表していた。唇はのみで削ったように薄く、いつもへの字形に曲がっていて、そこに見られる学者然とした、てこでも動きそうにない潔癖さは、時として非難の意を表しているようにも見えた。しかしそれにもかかわらず、彼は会った者がみな敬意を抱かざるをえないようなタイプの人間で、「素朴で、物腰柔らかく、気さくで、しかも知的だった」。[4]

グルジェフはこの最初の会見をユーモラスに進めたが、かといって決していい加減にやったわけではない。彼は自分のやっていること、およびグループを秘教的と呼び、「いかなる記録にも載っていない」と言った。弟子は年に千ルーブル支払うべきことを強調し（「財布も証書も取るな、か！　それでは汽車の切符は買う必要がないのかね。ホテル代はどうなるのかね。ここにどれほどの虚偽と偽善があるかわかるだろう」[5]）、ウスペンスキーが最近の東洋への旅に触れると、完膚なきまでにやりこめた。

たしか君がインドへ行ったとき、新聞は君の旅の様子やその目的を書いたね。私は弟子たちに、君の本を読んで、その本から君がどのような人間であるか判断し、それをもとにして君が何を見つけられるか当てよという課題を与えた。だからわれわれは、君がそこへ向かっているときにはすでに、君が何を見つけるかわかっていたのだ。[6]

知識を渇望するウスペンスキーはその場を離れることができず、彼の中ではグルジェフに対する評価は刻々と高まっていった。何より彼の自然さ、内的な素朴さ、ユーモアの感覚、そして媚びるようなところがなく、聖人ぶったり奇蹟的な力をもっているそぶりを示さないところが気に入った。知的にも彼はウスペンスキーを失望させなかった。「彼の説明に私は、専門家の確かさ、事実の非常に鋭い分析、あるいは、はっきりつかんでこそいなかったけれどもすでにその存在を予感していたあるシステムの存在を感じた」[7]

カフェを出るとグルジェフは馬車を止め、レッド・ポンドの近くの学校の上手にあるがらんとしたフラットにウスペンスキーを連れていき、そこで自分の弟子に紹介した。三人の若い男と二人の教師風の女性であった。そこに行く前、グルジェフはウスペンスキーに、これから立派なフラットに行って教授や芸術家たちと会うと言っていたので、普通の人間なら、それがひどいはったりだったとわかった時点で腹を立てただろうが、グルジェフが探していたのは普通の人間ではなかった。小さい頃から、いわゆる「普通の」生活はどうしようもなく馬鹿げたことでいっぱいだと感じていたウスペンスキーは、こんなはったりや謎めいた行動をとる人間に会って明らかに刺激を受けた。誤解を恐れずにいえば、ウスペンスキーはグルジェフが詐欺師のように見えたからこそ彼を信用したといえるだろう。(結局のところ、信用できそうに思えるのはそうした詐欺師まがいの人たちの微妙な流儀であろう)。グルジェフ自身、あるときこう言っている。

人間の存在(ビーイング)、とりわけ現代人の存在(ビーイング)のもつ多くの性質ゆえに、真理は嘘という形でしか人々に届かない。

この形でしか、人は真理を受け入れることも消化吸収することもできないのだ。純粋な真理は消化できない食物なのだ。[8]

グルジェフの指示で、弟子の一人が『真理のきらめき』の一部を朗読しはじめた。この奇妙な状況の中で、見知らぬ者に囲まれ、クッションの上に慣れぬ姿勢でうずくまっているウスペンスキーには同情を禁じえない。

Ｇは終始注意深く聞いていた。彼は片足だけあぐらをかいてソファに座り、大きなカップでブラック・コーヒーを飲み、タバコを吸い、時々私を見た。私は彼の動作が気に入った。そこには何か猫のような優雅さと落ちつきがあって、黙っているときでさえ他の人と区別できる何かがあった。[9]

アホートニー・リャートの宿に帰る前に、ウスペンスキーは急いでグルジェフにもう一度会いたいと伝えた。こうして二人は翌日、同じカフェの同じテーブルで会った。その翌日も、そのまた翌日も……そしてついにグルジェフは彼を弟子として受け入れることを告げた。この決定的な週が終わると、ウスペンスキーは仕事のためにペトログラードに帰らなくてはならなかった。ニコラエフスキー駅から後援者のアンナ・イリニシナのところに駆けつけた彼は、大声で言った――「奇蹟を見つけました」。[10]

驚いたことに、この熱狂的な言葉でもって、グルジェフとウスペンスキーの関係は勢いを失ってしまう。続く半年の間、二人は会うことさえなかった。この間ウスペンスキーが小説、『悪魔との対話』と『発明者』の出版に没頭していたことをわれわれは知っている。ともに戦争に対する怒りに染まった小説である。グルジェフもまた、祝福された危機意識のおかげで、通常の人間的なグルジェフから巨大なカリスマ性をそなえたグルジェフにもどっていたが、これから見ても、彼もこの戦争に強い関心を抱いていたことがわかる。

一九一四年一一月二日、ロシアはトルコに対して宣戦を布告した。四〇年近く前にギオルギアデス一家をカルスに移住させた、いつ果てるともないあのコーカサスをめぐる紛争がまた始まったのである。もし他のことがこれまでどおりであれば、グルジェフは、ニコライ・ユデニッチ将軍とエンヴェル・パシャとの間に展開されつつあったつまらないこぜりあいを放っておくこともできただろう。しかし事態は変化していた。一九一五年の初め、多くの予想を裏切ってロシア軍が、軍需品補給基地であるサルカムシの終端駅を越えてトルコ東部に進撃したとき、退却するトルコ軍はアルメニア人の大虐殺を始めたのである。彼らは命令を暗号化するのさえ不要だと考えたらしい。国務大臣タラート・パシャはアレッポの長官にあからさまな電報を打った。

政府はトルコ国内に住む全アルメニア人を抹殺することを決めた。……女、子供、病人もいっさい区別せず、またいかなる方法を用いてもよく、良心の呵責など度外視して、彼らの存在を抹消せよ。[11]

永遠の相の下でこれを見たグルジェフが、世界大戦を惑星的なけいれんとして感じとったことはまちがいない。彼にとって、コーカサスでのこの大量虐殺も「犯罪史」の中の小さな脚注でしかなかった。とはいえ人間的なレベルでは彼も、前線のロシア側にいるアルメニア人の母や妹たちが無事であるかどうか、大いに心配した。この前線はいつ西に動くか東に動くかわからなかったからである。その意味で彼は、まちがいなく自分自身の戦争を闘っていたといえよう。それは彼の実存的な闘いだったのである。

一九一五年六月九日の朝、グルジェフはモスクワで暴動が荒れ狂っているのを知った。道徳は地に落ち、社会はゆっくりと、しかし確実に崩壊へと向かっていた。ロシア軍は八月と九月にたてつづけに大きな敗北を喫し、そのためニコライ・ニコラエヴィッチ大公は、ジャンヌ・ダルク的な存在であったサムソノフ将軍が自殺するのではないかという予感を抱いた。皇帝陛下自らヨーロッパの前線の指揮にあたることになり、モギリョフの大本営におもむいた。しかし彼はそこで全エネルギーをドミノ遊びに費やしたのである。血まみれの歩兵たちが集団墓地に投げこまれ、モスクワやペトログラードの工場では工員たちが栄養失調で倒れる中、威勢のよい日和見主義者たちが黄金の時を迎えていた。

> 誰もが血に染まった泥をはねあげて走っていた——銀行員、人民委員会の委員長、企業家、皇帝や大公付きのバレリーナ、正教会の高位聖職者、侍女、自由主義派の代議員、前線や後方にいる将軍、急進的弁護士、著名な官吏、皇室の無数の親族、中でもとりわけその姪たち。[12]

こうした状況はグルジェフにはなんの助けにもならなかった。戦時を利用して暴利をむさぼる者たちとはなんの関係もなかったし、彼のもっとも基本的なワークはいろいろな形で妨害を受けた。弟子たちのうち、将来有望だった若者の何人かは第一次動員で戦場に行った。そのうちの何人かは戦場で死に、ポールとメルクーロフは動員から逃れようとやっきになっていた。

グルジェフがモスクワで始めたいくつかの小グループは成長する運命にはなかったようだ。彼のワークが花開くのはペトログラードにおいてであった。一九一五年の秋にグルジェフがまいた種に、ウスペンスキーがていねいに水をやった。ペトログラードに着くとすぐに、グルジェフは新たな決意を告げた。見こみのありそうな人々を引きつけるために公開講演を行い、将来の発展の基盤となる真のエソテリックなグループを作り上げようとしたのである。

ただちにこれに応えて、ウスペンスキーの鼻眼鏡がキラリと光ったのをわれわれは目にする。この瞬間にそなえて長い準備を重ねてきたのだ。彼の方はたしかに「教授や芸術家」を知っていた。そればかりか、作家や編集者、政治家、警察官にまで知り合いがいたし、神智学者やトルストイ主義者、象徴主義者のサークルにも出入りしていた。暑い夏の夕暮れ、「野良犬」に通って酒を飲みながら、覚えきれないほどの数のインテリたちの信用を勝ち得た。こうして、『レオナルド・ダ・ヴィンチ』を書いてミラノの名誉市民になった著名な批評家のA・L・ヴォリンスキーや、『生の演劇』の著者のニコライ・エヴレイノフ、さらには王立地理学協会の会長まで知己になった。

こうした人たちを前にして、グルジェフはゴビ砂漠やタクラマカン砂漠の話をしたが、これがウスペンスキーに予期せぬ困難をもたらすことになった。

> グルジェフは権威に満ちて、そのテーマについて長い話をした。講演も終わりに近づいた頃、彼はある谷を発見したときのことを話したが、その谷は両側が切り立っていて近づくことができなかった。谷底にはダイヤモンドが光っていたが、その土地の人間は、それまで見たこともないような方法でこれを採取していた。彼らは肉を谷底に投げ、それから訓練したハゲタカを放ってこの肉をとらせ、そのとき口に入った土からダイヤモンドを取っていたのである。これを聞いた学識者たちは疑惑の眼差しをかわし、次々に席を立って出ていった。こうして講演会は大失敗に終わった。[13]

この出来事はひとつの典型を示している。グルジェフは、そのけたはずれのユーモアはともかくとしても、タロカードの手品師のような存在である。自分で作り上げた不安定な雰囲気から利益をくみあげる「状況主義者」[*]なのだ。人々が表面的な行動だけを見て彼を軽蔑するなら、それはそれでいい——彼はそうした人間を探しているのではないのだから。

ウスペンスキーは屈しなかった。師の予測できない反応に必死で自分の努力を合わせようとした。グルジェフがペトログラードに着くたびに、ウスペンスキーは講演の予約をきちょうめんに書きこんだ紙を手渡した。講演は、彼が話すのにふさわしい協会か、あるいはウスペンスキー自身が選んだ人たちを個人の家に集めて行われることになっていた。グルジェフは予定を急に変更したり取りやめたりしてさまざまな困難を作り出したが、それでも一一月の初めには、彼の話に定期的に参加する者の数は三〇人から四〇人に達していた。集会では常に変わらず二人の人間が最前列に座った。一人はグルジェフ個人に強烈な執着を示しているドクター・スジャーンヴァル、もう一人は、「すでにGのシステムの根本的な点のある部分は理解した」[14]と考えているウスペンスキー。

関心がこれだけ広がったのを見たグルジェフは、一九一六年の一月以来、ペトログラードに二週間に一度は来るようにした。時にはモスクワの上級の弟子も連れてきた。プーシキン通りにある彼のフラットの近くには手ごろなカフェがたくさんあったが、中でもフィリポフが有名だった。そこに彼は終日座り、次々にやってくる人たちと話した。その間ウスペンスキーは人垣の端に何時間も座り、(彼にとっては決してやさしいことではなかったが)なるべく目立たないようにしていた。ワルシャワ風コーヒーを飲みながらグルジェフの要求に常に神経を配り、何かあればすぐに動けるようにしていた。徐々に時は過ぎていき、グルジェフがモスクワに帰る列車の時間が迫った。やおら彼はウスペンスキーを呼び寄せるとこう言った。「今晩会合をもとうじゃないか。来たがっていた人たちに電話して、われわれはこれこれの場所にいると伝えなさい」[15]。ウスペンスキーの自制心は見上げたもので、怒りも興奮も見せずにこれに従った。住所録に眼を近づけると、鼻眼鏡を通して電話番号を調べ、電話をかけた。

ウスペンスキーにとってむしろ驚きだったのは、このフィリポフ時代のグルジェフが熱心な企業家だったことである。ペトログラードでは絨毯が高値で売れることを知ると、モスクワから来るときはいつでも、自分のコレクションの中から破棄してもよいものや、さらにはトルクチュカ**で買ったまずまずのものをもってきた。しかしグルジェフが絨毯を売る理由は金だけではなかった。絨毯は彼にとって、その見事な職人芸とそれが呼び覚ます連想とでそれ自体貴重なものであった。ペトログラードの新聞に継続的に広告を載せると、客がひっきりなしに訪れた。絨毯を売りながら、グルジェフは痛快な経験を仕入れていたのである。ある強欲な上流階級の婦人は、上質の絨毯を一〇枚ばかり必死で値切っていた。と、突然グルジェフは、部屋にある絨毯全部を彼女が言い張っている値の四分の一で売ろうともちかけた。一瞬あっけにとられた婦人は、われに返るとまた値切りはじめたのである。肩をすくめ、手を広げて、近東人特有の不可思議な笑みをもらすと、グルジェフは話をうやむやにしてしまった。翌日彼はモスクワに帰り、その婦人は一枚も買うことができなかった。

グルジェフの演技と、さまざまな客をあしらうそのあからさまな「意地悪さ」を報告するだけでは、その底にひそむものを見逃しかねない。つまり、心理的な緊張と計略という驚くべき基層をである。彼の全存在（ビーイング）は真剣な弟子を探すことに集中していた。しかし、逆説的だが、近づこうとする者に自ら手を貸すことはできなかった。なぜか？　意識の進化に向かう道が「やさしい」とは、彼にとっては語義矛盾だったからである。それは困難でなくてはならなかった。だからこそ彼は自らを、「下劣なティフォン」や「コーカサスの無知蒙昧な絨毯商人」、あるいはいんちき地理学者に仕立てあげねばならなかったのだ。

訳注＊――「状況主義」とは、行動は主に直接の事態に即応した形で起こされる、とする心理学の理論。
訳注＊＊――モスクワの市場のひとつ。

Gが「演技」をしているのだという感じは、特別に強いものであった。仲間うちではよく、われわれは彼を一度もわかったことがないし、これからもわからないだろうと話し合った。他の者なら誰でも、あれほどの「演技」は虚偽の印象を生み出したにちがいない。ところが彼が「演技」すると……力の印象を生み出し、時にはその印象があまりに強いこともあった。[16]

こうしたグルジェフの見え透いた演技は、しかし神秘的で謎につつまれていた。なぜかしらそれはいつも、無邪気なまでに自然で素直に見えたからである！

一九一六年二月はグルジェフの年譜の上でも特別な重要性をもつ月である。その膨大な教えの一端をペトログラードのグループで述べはじめたのである。理解の早い六人の弟子がグループの核になっていた。作家のウスペンスキー、精神科医スジャーンヴァル、数学者のアンドレイ・アンドレーヴィッチ・ザハロフ、音楽家のアンナ・ブトコフスキー、エンジニアのアントニー・チャルコフスキー、そして政府の役人ニコライ・Rである。

この六人の正体については、多くの安直な答の上に謎が影を落としているが、この場合は伝記的なフェアプレーを気取ってみても始まるまい。九〇年代になって書かれたアンナのとりとめのない回想録が、（橋梁専門のエンジニアで、稀有な「心の純粋さ」をもっていた）アントニーと、（感情的な年輩の寡夫で、「羽根をさかだてた鳥のようにいらいらしている」[17]）ニコライの面影を知る唯一の手がかりなのである。六人の中のただ一人の女性というアンナの立場も、彼女の人となりに格別の興味を抱かせる。彼女の自画像は自身に対してあまり公平ではないようだし、もしかしたら何か深いものを隠しているのかもしれない。親密な仲だったウスペンスキーと、何杯もコーヒーを飲み、菓子パンを食べ、神智学について話しながら長い時間を過ごすうちに、彼女は、力の絶頂にあり、またもっとも精力的な教育活動をまさに始めようとしていたグルジェフに引きつけられていった。「あなたこそ私が待ちこがれていた人です」[18]――グルジェフに会ったときの彼女の言葉である。明らかにアンナ・ブトコフスキーはヴィトヴィツカヤやマダム・オストロフスカとは別種の存在である。グルジェフが彼女を受け入れたのは休息のためであって、その価値を認めたからではない。ウスペンスキーを失い、グルジェフも本当には見出せないという残酷な運命が彼女を待ち受けているのだが、この若い女性は、ともすれば暗くなりがちなグルジェフ神話の中を、まるで「神の創り給いし美しくきらめくすべてのもの」から抜け出てきたかのように華やかに飛びまわるのであった。スジャーンヴァルとザハロフはいささか場違いな似た者同士だった。片や謹厳実直、極端に理性を重んじる医師、片や恥ずかしがりやの、口をへの字に結んだ独身男性、実存的な問題に苦しんでいて、それがまったく表現不能なものだからますます多弁になる、といったタイプだった。ウスペンスキーだけは超然としていた。「一見普通に見える彼らが、抽象的な永遠の問題を解決しようと寄り集まっている様子を見ると、びっくりなさるかもしれません」[19]と、アンナはこのグループの様子を曖昧に描写している。

一九一六年の二月から八月にかけて、この六人、そして彼らのまわりに徐々に形成されていったペトログラード・グループは、グルジェフの教えから強烈な衝撃を受ける。この二五週間の集中的な活動を通して、彼とその仲間が二五年という長い年月をかけて集めた思想や象徴的図表を徹底的に教えこんだのである。二五年と二五週という比率は極端ではあるが、当時の歴史的な背景を見るとある程度説明がつく。グルジェフが最終的にはその教えを広めようとしていたヨーロッパが、未曾有の大戦争で揺れに揺れ、恐るべき恐怖と甚大な被害を生み出していたばかりではない。今やロシアの地そのものが革命の予感に震えていたのである。こうした状況のただなかにあって、自分の教えを未来に伝えるという義務を一人で背負っている人間の姿を想像してみてほしい。もし事故か何かで、彼が自分の発見のエッセンスを伝える前に口を閉ざすことを余儀なくされていたとしたら、いったいどうなっていたことか。自己の内に認めた良心の呵責のみを原動力として、この恐るべき機械性の時代にあって、意識の唱道者、意識の仲介者として、この集団狂気の伝染に抵抗しうる抗体だけでも生み出そうと努力を続けるということがいかなることであったか、人間の堕落と荒廃がその最高潮に達していたときに、なおかつ人間の秘める高次の可能性を説きつづけることがいかなる苦難を伴ったか、想像してみるがいい。

一九一六年の八月までには、グルジェフをとりまく状況は一時的に好転した。伝達オクターヴの「ド」が大きく響いたのだ。ペトログラードのグループは三〇人を擁するまでになり、やっていることはまだ初歩的だったが、実質的に宇宙論的、心理学的な理論のすべてを伝授されていた。すなわち、三の法則、七の法則、創造の光、水素表、食物図、複数の宇宙に関する理論などである。ウスペンスキーはひそかに（そして実に見事に）ノートをとっていた。そうこうするうちにも、ロシア軍のシベリア師団が怒濤のような進軍を始め、エルズルム、ムーシュ、ビトリス、トラブゾンを次々と陥落させていった。コーカサスの前線は平穏で、家族に対するグルジェフの心配もひとまずおさまった。

それとは対照的に、グルジェフの自分および弟子に対する要求はますます激しくなっていった。歴史のギロチンがいつなんどき落ちてくるかわからなかったからである。「ここでは通常の努力には価値はない。超努力にのみ価値があるのだ」[20]。彼は毎晩グループを召集した。毎日彼らをどこに行くのか予測もつかない遠出に連れだした。ライムンドゥス・ルルスや聖杯に興味をもってやってきた新米たちは、ネヴァ河を何キロもさかのぼったところでシャシリク（串刺し肉）を焼けと命じられて仰天した。彼らの馬鹿さかげん、無能力、くだらない喧嘩騒ぎまで、グルジェフは生きた教えの材料に変えたのである。ワークはより実践的になっていった。グループ内でのやりとりもさらに親密になり、そして要求も大きくなっていった。「みな裸にならなければならない。ありのままの自分をさらけださねばならない」[21]

このような本質に働きかけるワークは、人格を研磨するか、ないしはそれをまったく無視するかのどちらかだった。これが劇的に表れたのがPなる弟子の場合である。高尚な欲求からかどうかは判断しかねるが、ともかく彼は明らかに、戦争、ロシアの運命、さらには人間の文明の運命といった問題に強迫観念的にとりつかれていた。しかしPは正確には何を求めていたのだろう？　グルジェフは一時的に「彼の人格を眠らせて」から、この質問を彼にした。

彼のかたわらのテーブルに飲みかけのお茶があった。彼は何か考えこむようにそれを長い間見つめていた。彼はまわりを二度見回してから、またお茶のカップを見、それから、われわれが目を見合わせるほど真剣な声と抑揚で言った。

「ラズベリー・ジャムが少しほしい」[22]

伝記作家として言うならば、この実験がPという無名の人物ではなく、もっと重要な人物に対して行われなかったのは残念である。たとえばウスペンスキーがその本質をあらわにされ、本当にやりたかったことが明らかにされていたら、実に有益だったろう。

意識の産婆役としてのグルジェフの示す温情は過酷きわまりなかった。一九一六年の夏も終わる頃、彼はもっとも近しい弟子たちにほとんど啓示的ともいえる危機的状況を経験させた。時にはグループ全体が弾を詰めたマスケット銃の銃口をのぞきこんでいるような気さえした。（「まったく、神秘家どもめ！　お前たちに一番ふさわしいのは監獄にぶちこむことだ」[23]）。また時には、繊細で鋭い一突きがある特定のエゴを刺し貫くこともあった。ドクター・スジャーンヴァルは自分のことを告白するのに恐ろしいほどの苦痛を覚えた。自分の本質的な部分をさらけだす率直さは、精神科医として彼がいつも患者に要求していたことなのに、自分はどうしてもできなかったのだ。ウスペンスキーの場合は特殊だった。彼も散々に挑発を受けたが（「いったい何をたわごと言っているんだ？……神はこういった輩からわれわれをお守りになっておられる」[24]、彼はそうした人格上の危機や強烈な経験を糧にして成長していった。自らに課した一連の断食、厳格な呼吸訓練、徹夜での祈り、こうした努力は驚くべき結末を迎えることになった。

けだるい八月のある日、夜一〇時のことだった。ウスペンスキーはフィンランドにあるマダム・マクシモヴィッチの別荘の堅い床の上にトルコ式に座っていた。彼の向かいには謎めいた笑みを浮かべたグルジェフが座り、両側にはザハロフとドクター・スジャーンヴァルが座っていた。グルジェフはある姿勢と動きをして見せ、少し話してからまた沈黙にもどった。「そのとき奇蹟が起こった」[25]。ウスペンスキーの心臓の近くのある不思議な場所で、グルジェフの声が振動するのを「聞いた」のだ。その声は感情をかきたてるような質問をしてきたので、ウスペンスキーは声を出してそれに答えた。「なぜ彼はあんなことを言ったんだね？　彼に何か聞いたかね？」[26]と、グルジェフは腹に何かありそうな様子で言った。しかしザハロフとスジャーンヴァルは――これは彼らの永遠の名誉といっていいが――この不可思議なだけでなく、触れれば壊れそうな雰囲気にいかなる暴力も加えなかった。三〇分の間というもの、グルジェフが座ったままタバコをくゆらせ、ますます緊張を高めたウスペンスキーが断続的に彼に「答える」間、彼らは集中力を持続していた。グルジェフが無言のうちに提示したテーマは、ウスペンスキーを動揺させるに十分だった。すなわち、彼がある条件を受け入れるか、さもなければワークを去らねばならない、というものであった。

このメッセージはわれわれを驚かすに足る。ピョートル・ウスペンスキーの中に、ただ最高の知性をそなえた弟子だけでなく、テレパシーによる交信さえできるレベルの人間を認めておきながら、その直後にグルジェフは彼の去就の問題をもちだしたのである。ここに見られるのは、王者然とした自信、抜けめない心理的な計算、そしていずれグルジェフがその必要性を認めることになる神話が生まれる土壌を用意する柔軟性である。ウスペンスキーにとって、この直前の経験は圧倒的なものであった。「私は森へ入っていった。そして、恐ろしく異常な想念や感情の力に完全にとらわれて長い間歩きまわった[27]」。しかし、すばらしいことが彼を待っていた。「ベッドに入ってしばらくすると、また体内に不思議な興奮が起こり、動悸は高まり、それから再びGの声を胸の中に聞いた。このときには、私はただ聞くだけでなく、心の中で答えたのである[28]」。さらにのちには、これに視覚が加わった——モスクワへ向かう列車の中で、ウスペンスキーははるか離れたグルジェフを見ながら話を交したのである。

いかにしてグルジェフはこんなことをやったのだろう？（またいかにして例のPをあのような状態に引きこんだのだろう？）。彼が、薬物や催眠術を含めて、いかなる外的な手段も使わなかったというウスペンスキーの証言は、理性を重んじる批評家の疑念を取り去るだろうが、実はグルジェフその人がすでに、「黒魔術」の一様態ともいえるものを秘めた狂気じみた解答を示しているのである——「赤魔術も緑魔術も黄魔術もない。……〈為すこと〉こそ魔術であり、そして〈為すこと〉には一種類しかない。……真のワーク、すなわち真の〈為すこと〉においては、人々を夢中にさせるようなものを生み出すことは許されない[29]」。ここでもわれわれは、ハンブレッドゾイン、つまり動物磁気についての怪しげで同語反復的な「説明」が与えられるのみである。

九月初め、グルジェフはまたペトログラードにもどってきたが、今回は存在に対する訓練を強調すると同時に、新たな最後通告をたずさえていた。

これから先は、この目的達成に有益な者とだけ一緒にワークをするつもりだ。そして自己と闘う、つまり機械性と闘うことを固く決意した者だけが私には有益なのだ[30]。

リテイニー通りにある家の一部屋で、彼は不安げな顔つきの弟子たちと一人一人面談し、結果的に三〇人ほとんど全員が残留して新たな努力を始めることに同意した。しかし師の目的が何であるかは告げられなかった。目の前の課題に取り組むので精いっぱいで、はるかな過去からはるかな未来へと続くワークの「長期的な」軌道を視野に入れる余裕など誰にもなかったからである。

それに第一、グルジェフ以外の誰が、差し迫っている離散の運命に喜んで立ち向かおうとしていただろうか。社会が根底から崩壊する予兆はすでに誰の目にも隠しおおせようがなくなっていたにもかかわらず、である。前線の状況は悲惨をきわめていた。国内では、内務大臣の地位は、本人の驚きをよそに、すでに狂気の兆候がはっきり現れていたアレクサンドル・プロトポポフの手にゆだねられた。一〇月になると、ペトログラードでの市民の争乱を鎮圧すべく、すでにずたずたになっていた法と秩序が軍隊を繰りだしたが、兵士たちは歴史上初めて市民に味方し、警官たちに銃を向けたのである。プロトポポフは辞職を迫られたが、彼は傲然とこう言い放った。「辞職？　とんでもない。副知事になることが私の生涯の夢だったが、今や大臣の地位にあるのですぞ！」[31]。こうしてコサック兵が送りこまれ、一五〇人の暴徒が軍法会議にかけられ、そして処刑された。こうした不吉な空気が国をおおっていた折りも折り、ピョートル・ウスペンスキーは召集を受け、工兵隊に配属されたのだ。

かくて、陰鬱で恐るべき戦争が、グルジェフのもっとも傑出した弟子を奪いさろうとその魔手を伸ばしてきた。いや、いったんは伸ばしたが、どうやら思い直したようだ。もしウスペンスキーがこの戦争で死んでいたら、喪服でも着たメランコリーがそのエピソードをおおいはするものの、基本的にはそれはこっけいなものになっていただろう。ロシア軍の内部では、下士官が佐官にほめられたときには、ただちに立ち上がって「喜んで闘います、閣下」と応えるのが義務とされていた。ウスペンスキーが一度でもこうした心にもないことを言ったかどうかは議論の余地があるが、彼の戦争への貢献は、その哲学への傾斜、強度の近視、およびトルストイ的平和主義によって大きく損なわれたことは否めない。一九一五年に彼はあるものを目にした。

私はリテイニー通りで、新しい白木の松葉杖を二階まで届くほど積んだ二台の巨大なトラックを見たのを思い出した。ある理由で、私はこのトラックに特別衝撃を受けた。まだ折れてもいない足のためのこの松葉杖の山には、人々が自分をだましつづけている事物すべてに対する特別皮肉な冷笑がこもっていた。[32]

ウスペンスキーには喜んで闘う気などなかった。それどころか、闘うことには頭から反対だったのだ。グルジェフのシステムを学ぶのに没頭していたのとは別に、彼は最近、トロイツカヤにある快適なアパートにマダム・ソフィー（ソフィヤ）・グリゴリエヴナ・マクシメンコを迎え入れたばかりだった。栗色の髪と尊大な眼差しの、ジュノーのような威厳をそなえた女性で、そこらへんの男など気圧されて、気つけ薬でもなければ耐えられないほどだった。かくしてしばらくの間、ウスペンスキーの人生は彼に十分な心理的苦痛を与えてくれるものとなった。ペトログラードの連隊司令部まで毎朝三キロを電車で通わねばならなくなったのだ。弱かった視力はますます弱くなり、軍の命令書さえ読むのが困難になってきたので、治療のための除隊を願い出た。

グルジェフはペトログラードの反乱やウスペンスキーの召集の約一週間前にモスクワに帰り、マダム・オストロフスカやメルクーロフ、それにモスクワ・グループとの生活を再開していた。しかし彼は、自分を必要とする弟子を必要としていた。これは基本的かつ永続的な問題だった。ロシアで教える時期は黄昏に近づいてはいたが、それでも強力な「磁力センター」をもった有望な弟子を探していた。ウスペンスキーが連れてきたのはとりわけ不幸なある人物だった。彼は話をやめることができなかった。軍用食糧としてタマネギを乾燥させるといった話を延々と続けたのだ。彼が帰ったのち、グルジェフは痛烈に言った。「彼は賢い人間と呼ばれている。だが彼は私がズボンを脱がせても気づかなかっただろう」[33]。他の参加者はもっと温かく迎えられた。「マダム・ウスペンスキー」の名で（これは便利なのでつけられた呼称であり、その後くり返し使われるうちに定着したものである）ソフィー・グリゴリエヴナが加わった。彼女は強烈な性格の持ち主で、その過去もやや特異だった。以前に二度結婚していたが、最初はまだ一六歳のときに学生と、二度目は鉱山技師とであった。この技師はなかなかの冒険家で、中央アジアを広く旅していたが、「真理の探求者」の一員であったピョートル・カルペンコの面影をそこに見るのはまちがいであろう。

この時期、グルジェフのもとに連れてこられた者の中でもっとも重要な人物を紹介したのは、はにかみやのザハロフであった。ツァールスコエ・セロー（ペトログラード南方二四キロにある、ロシア版ウィンザーとでもいったところ）の彼の友人の中に、華やかな帝国ライフル銃隊の予備軍士官であったトマス・アレクサンドロヴィッチ・ド・ハルトマンなる人物がいた。幸運に恵まれたトマスは、健康と、ワシ鼻の特徴ある顔、個人資産、音楽の高い才能、そして美貌と教養をかねそなえた貴族出身の妻であるオルガ・アルカジエヴナの愛情を手にしていた。しかし残念ながら、本書のコンテクストではこういった利点はほろ苦いものとなる。ド・ハルトマンは、愚かしい守備隊での兵役や、いつキエフの前線に送られるかわからないといったことを考えれば考えるほど、自分がますます本来進むべき道筋からはずれていってしまっているという思いにさいなまれた。愛国者であり、皇帝に個人的な恩義もあったけれど、彼が真の忠誠を感じていたのは普遍的なもの、すなわち芸術、音楽、そして人間の内に秘められた精神的な力であった。年若くして成功をおさめたが（たとえば彼のバレエ、『ピンクの花』は、フォーキン、カルサヴィナ、ニジンスキー、パヴロヴァというキャストを得てサンクト・ペテルブルクの王立オペラ座で初演され、皇帝ニコライ二世の臨席を賜った）、その思い出が亡霊のように彼のもとを訪れては、

「もうたくさんだ！」とつぶやくのであった。

音楽家としての生活を続ける間もずっと、トマス・ド・ハルトマンはグルジェフとの出会いを暗示するかのような言葉から霊感を得ていた――「行きなさい、目的地も知らないまま。もちきたりなさい、何であるかも知らないまま。道は遠く、誰にも知られていない。英雄は一人ではどうやってそこにたどり着くか知らない。彼は導き手を、高次の力の助けを探し出さねばならない[34]」。音楽はアントン・アレンスキーとセルゲイ・タニエフの薫陶を受け、アネット・エシポフからは神智学の手ほどきを、美術はヴァシリー・カンディンスキーほどの天才から教育を受け、あまつさえ皇帝陛下その人の喝采を受けた、この誇り高く、感受性の強い人間が、どこの馬の骨ともしれないコーカサス人に全面的に自己を譲り渡すなどということが想像できるだろうか。初対面の時、汚いカフス・ボタンを直しながら、「ふつうここにはもっと娼婦がいるんだがね[35]」などとうそぶいたコーカサス人に？　しかし、そのありえないことが起こったのである。

「下劣なティフォン」役のグルジェフの完璧な演技は、真の探求者を単なるのぞき趣味の輩から選別するための精神的なリトマス試験紙だった。興味をもって訪ねてくる者の中には、彼のつけた仮面にショックを受けて逃げ帰る者もいたし（誰が彼らを責められよう）、また中にはグルジェフの眼をのぞきこむだけの勇気をそなえた者もいて、彼らは一様にその眼の中に自分たちからはるかに隔たった存在を見るのであった。トマス・ド・ハルトマンもそうした一人だった。「グルジェフ氏の眼が異常なまでの深さと刺し貫くような威力をそなえていることはすぐに気がついた。……そんな眼は見たことがなかったし、そんな眼差しで見られたこともなかった[36]」。ド・ハルトマンとグルジェフとの間に、若き音楽家と「状況の詩人」との間に、すぐに共感が生じたことは、さまざまな証拠が証明している。グルジェフはひそかに喜んだにちがいない。というのも、彼の音楽的な創作の大きな部分がこの共感の上に成立することになるからである。

ド・ハルトマンがグルジェフの弟子になったのはとりわけ陰鬱な時期であった。一九一六年というみじめな年も冬至に近づく頃、破滅の気配がロシア全体をおおいはじめた。戦争の勝利を信じる者はもはや一人もおらず、言葉を信じる者もいなかった。一二月半ば、（常に戦争に反対していた）グリゴリー・ラスプーチンが背信者に暗殺されたが、それは信じがたく、また戦慄をもよおさせる一幕の人形芝居であった。ラスプーチン暗殺を画策し、その成功を祝った貴族階級は、それが何を意味することになるか気づきさえしていなかった。「彼を殺す弾丸が支配階級の心臓を撃ち抜くであろう」[37]という言葉をまったく理解しなかったのである。貴族たちは、立ちこめる巻きタバコの煙と極上のシャンペンのグラスを透かして、ロシアという国家の操舵室に立つ者は交代の必要があるとうすうす感じてはいたが、しかし船そのものが人民大衆の暗い海の中に永久に沈みこんでいくなどとは想像だにしなかった。グルジェフにはわかっていた。きたるべき洪水とノアの箱舟が必要なことを、そしてそんな時代には、自分の教えはその時代を生き抜くことによってしか保持できないことを、はっきり見て取っていたのである。

オルガ・アルカジエヴナ・ド・ハルトマンはまだ三〇歳になったばかりで、世間的な経験という点では驚くほどうぶだった。グルジェフが彼女に接近する（少なくとも最初は、彼女の夫および自分自身のためだったにせよ）際の優しさ、繊細さ、見事な機知はたしかに魅力的だったろう。夫がグルジェフと接触しはじめたことを告げると、彼女もどうしてもそれに加わりたくなった。そのチャンスは、一九一七年の二月半ば、グルジェフがペトログラードを最後に訪れたときにやってきた。彼女はウスペンスキーのアパートでのミーティングにためしに参加し、ドクター・スジャーンヴァルの話を聞いていた。「と、だしぬけに、まるで黒い豹のように、東洋風の容貌の男が……入ってきた[38]」。当時オルガはトマスを熱愛していたが、グルジェフが愛は精神的な発達の主要な妨げとなると言うのを聞いて震えあがってしまった。彼女を見つめながら、グルジェフはこう言った。

> どんな愛かが問題だ。……自己愛、身勝手な愛、一時的に引きつけられる愛、こういったものはみな妨害になる。その人間を縛りつけ、自由を拘束するからだ。しかし本物の愛なら、つまり互いを助けたいという愛なら、話は別だ。私は夫婦が一緒に私の考えに興味をもつのはいつでも歓迎する。互いに助け合えるからだ。[39]

オルガは目を上げることさえできなかった。しかし集会のあとでグルジェフを探しだし、なんとグルジェフと自分の夫が精神的発達の階段を昇るのを手助けしたいと申し出たのだ！　グルジェフはこの申し出を鼻であしらったりはせず、丁重にこう答えた。「よろしい、君は二段目から三段目へ、三段目から四段目へわれわれを押し上げることはできるだろう。しかしそこから先は無理だ。さらに先まで押し上げるためには、君自身が一、二段上がってこなくてはならない[40]」。この瞬間にオルガはグルジェフの弟子になり、全身全霊を傾けて彼の指示に従うようになった。

もっとも信用できる歴史的資料によれば、グルジェフは旧暦（ユリウス暦）の一九一七年二月二三日木曜日にペトログラードを離れたことになっているが、これは他の事件ともつじつまが合う。ニコライ二世はその前日にこの街を離れていた。翌金曜日には大暴動が発生した。土曜日にはコサック兵が、グルジェフのアパートの前のズナメンスカヤ広場で警察署長の首を切った。月曜日には海軍省が炎上し、ペトロ・パヴロフスク要塞の囚人はみな解放された。三月二日の木曜日にはついに、プスコフ近くの鉄道の待避線で、全ロシアの皇帝が厳粛に退位を表明したのである。

グルジェフはもちろんロマノフ王朝に対しては敵意も共感も感じていなかった。しかしペトログラードが自分の活動にふさわしい場所だとは感じていなかったので、去るのに躊躇はなかった。この首都のもつ圧制的でかつ幻想的な雰囲気、憂鬱な日没、のしかかるように広がる果てしない空、ネヴァ河の河岸にひっかかるように連なる凍った宮殿*――こういったものはすべて彼の人間性やユーモアとは対照的だった。ペトログラードでは（そしてペトログラードでのみ）グルジェフはグループ内で威厳に満ちた形式主義的体制をとったが、それは奇妙にもこの都市の雰囲気を思わせた。どの点から見ても、彼はここできわめて重要な思想上の支持を勝ち得たが、しかし彼とは正反対のドッペルゲンガー的人物が舞台のそでで待っていた。グルジェフがニコラエフスキー駅を離れてほんの二カ月後に、レーニンがフィンランド駅に到着した。この皮肉な共時的現象は避けることのできないものであった。グルジェフ独自の新マニ教的教えが光の側に勝利をもたらすという保証はどこにもなかった。それどころか、アシアタ・シーマッシュとレントロハムサニンがくりひろげる魔術師の闘争では、どうやら闇の側が勝利を制するようなのだ。

ペトログラードよ、さらば。アンシャン・レジームよ、さらば。駅の名前も、いや、首都の名前そのものも変えられるだろう。プロトポポフは射殺され、皇帝その人も射殺されることになるだろう。プリマ・バレリーナ・アソールタのマティルド・クシェシンスカは、震えるフォックス・テリアのジビを抱いたままつま先でくるりと一回転して暗闇へと消え、カザン大聖堂の奇蹟を起こす聖母のイコンは大聖堂から姿を消した。皇帝がファベルジェに注文したイースター・エッグや皇后の好きなマリー・コレリ**の小説は新しい内閣を困惑させた。真っ青になったオフラナ（秘密警察官）は通りから通りへ追われ、見つかれば容赦なく殺された。何百万という個人の生が終局へと向かって突進しはじめた。無数のネズミが盲滅法に肉切り包丁に向かって集結を始めたのである。

グルジェフがペトログラードを発つとき、彼にある不可思議な変貌が起こったことを多くの証言が伝えている。

Gはすっかり変貌していた！　窓の中にわれわれは、列車に乗りこんだ男とは別の人を見たのである。彼はわずか数秒の間にすっかり変わってしまったのだ。……プラットホームでの彼はみんなと同じ普通の人間だった。それが客車の中からは、風采や動作すべてになみはずれた貫禄をそなえた、全然違った種類の人間がわれわれを見つめていたのだ。まるで彼が急に見知らぬ王国の王子か統治者にでもなった……かのようだった。[41]

ドクター・スジャーンヴァル、ザハロフ、ド・ハルトマン夫妻、そして除隊していたウスペンスキー——呆然とたたずむこうした弟子たちの前で、グルジェフは客観的な希望を体現してみせたのだ。とはいえその希望は、きたるべき大破局が極限まで試すことになる希望であった。予鈴に続いて発車を知らせるベルが響いた。車輪をきしませながら長い列車は動きはじめ、まもなくこの街を永久に去っていった——あとに歴史だけを残して。

訳注＊——この宮殿は普通「冬宮」と呼ばれる。
訳注＊＊——イギリスの女流小説家。メロドラマで大衆の人気を得た。（一八五四〜一九二四）

3 安全の幻影

［1917.3〜1918.8］

グルジェフはモスクワでぐずぐずせずに、ただちに両親のもとに旅立った。アレクサンドロポールへの旅は長く退屈で、ひどく疲れるものだったが、この時間を利用して歴史を少し振り返ってみよう。グルジェフとマダム・オストロフスカがモスクワで列車に乗ったとき、皇帝はまだ王位に就いていたが、アレクサンドロポールで降りたときにはすでに退位していた。最初グルジェフは復活祭にはペトログラードに帰るつもりであった。（ウスペンスキーにそう告げた葉書は何週間も郵便局に止められていた）。この「無血革命」を象徴するかのような血みどろの闘争が目の前で始まっても、グルジェフはペトログラードへ帰る可能性が消えたとは考えていなかった。復活祭の次の週にウスペンスキーに宛てた電報でも、帰るのが五月に延びると告げているだけだった。しかし五月にはすでにロシア軍はあちこちに散らばり、崩壊しかかっていた。軍司令部にはもう皇帝陛下もおらず（いたときもドミノばかりしていたのではあるが）、兵士たちは戦争を遂行する最後の理由も失っていた。なぜかアルメニアとトルコの中間に駐屯していたシベリア師団の騎兵たちは、まだ士官たちへの反抗ののろしこそ上げてはいなかったが、自由になれるという酔わせるような考えに徐々に染まりつつあった。

グルジェフは今や五一歳になっていて、家族にはもう一三年間会っていなかった。ついにアレクサンドロポールに着いた。ギリシア人地区が、彼の生まれた家がそのままそこにあった。年老いた母は伝統的な黒い服を身につけ、顔には深いあきらめが溝を刻んでいた。しかし父の方はひげに白いものがちらほら交じっているだけだった。激しい肉体労働とたえまない詩の朗読、そしてラタキア・タバコをしょっちゅう吸うことが、このアシュクがすばらしく幸福な晩年を迎えるのに大きな助けになっていた。ギオルギオス・ギオルギアデスは禁欲主義と深い満足感で織りなされた織物であった。「パンが手に入り、そして夜、草原に座って星を見つめながら瞑想にふけることができる静けささえ保証されれば、どんなことでも折り合いをつける気構えができていた」[1]のである。

グルジェフの二人の妹も挨拶に出てきた。アンナ・イヴァノヴナ・アナスタシエフとソフィー（ソフィヤ）・イヴァノヴナ・カパナーゼである。弟のドミトリも、ティフリスの大主教マルティニアンの娘のアンナ・グリゴリエヴナと一緒にそこにいた。ドミトリは四〇代も後半になってようやく、やりたい放題やった独身生活を打ち切っていた。メルクーロフ家の人々もやってきて、セルゲイ・ドミトリエヴィッチの消息を聞きたがった。従兄弟や又従兄弟まで集まり、みんなで放浪者の帰還を祝った。甥や姪が彼の膝で笑いさざめいた。

この貴重な一、二カ月の間、グルジェフは家庭生活に溶けこんだ。父親の仕事を助け、彼の話を真剣に聴いた。「Gは時折ちょっと笑いはしたが、明らかに一瞬たりとも話の筋を聞きのがしてはいず、しかもその間じゅう質問したり意見をはさんだりして話を続けるのであった」[2]。ペトログラードのあとでは、のりと樹脂とラタキア・タバコの混じった甘い香りはなんと刺激的で、魔法のように記憶をかきたてたことだろう。この香りこそ彼の少年時代をつつんでいたもので、そこには（今日ではその痕跡さえ残っていないが）ボルシュ司祭の、かすかではあるが情愛に満ちた影がたゆたっていた。司祭に対する強い恩義の気持ちはこう表現されている。

ある日曜日……カルスの陸軍付属大聖堂の司祭や会衆は、近隣ではまったく見知らぬ一人の男が、大聖堂の敷地内にただひとつある打ち捨てられた墓の前で正式な葬儀を営んでくれと頼んできたと聞いて、非常に

驚いた。そして彼らは、この男が必死で涙をこらえているのを目にしたのである……[3]

六月初め、グルジェフはウスペンスキーに電報を打った——「もし休養したければ私のところへ来なさい」[4]。革命騒ぎに疲れ果てていたウスペンスキーは、グループ全体が亡命しなければならないという悲痛な結論に達していたので、この勧めにすぐに従った。ペトログラードからの列車の旅は五日もかかり、まさに無政府状態だったので、ウスペンスキーはぜひとも休息を必要としていた。ティフリスの駅のろくにものもないカフェで列車を待っている間に、三件の処刑を目にした。「最初の男は盗みのために銃殺され、二番目の男は最初の男とまちがわれて、三番目の男も二番目の男とまちがわれてそれぞれ銃殺された」[5]のである。こうした旅の末、ウスペンスキーがようやくアレクサンドロポールのグルジェフのもとにたどり着いたとき、グルジェフはドミトリのために発電機を据えつけていた。

どうしてグルジェフはウスペンスキーを呼び寄せたのだろう？　しかも、なぜ彼だけを？　また、なぜ六月という遅い時期になって？　教えるためでなかったのはたしかだ。ウスペンスキーの記録によれば、「Gが一人でいるところはほとんど見なかったし、めったに話しかけることもできなかった」[6]からである。ほんの時折、ひどく「けだるそうな」声で、ウスペンスキーの厳格な論理性を嘲笑うかのように、首尾一貫しない突飛な計画のごたまぜをだらだらと話しつづけるのだった。あるときはトランスコーカサスの山中に隠れ家があると言うかと思えば、「ペルシアに行くのもいい」[7]と言ってみたり、またあるときには、ペトログラードに帰って「ネフスキー大通りで行商人がヒマワリの種を売っているのをまた見たいものだ」[8]と言うのであった。

このようにいろいろ言ってはいたが、一方でグルジェフはグループと家族をどうするかということを早急に決める必要に迫られていた。冷酷無情な時は、いずれトルコ軍をアレクサンドロポールに襲いかからせるであろう

（しかしそれはいつのことなのか）。ギオルギアデス一家が移住する際の読みの深さと冷静さは、すでに証明済みであった。グルジェフは父親と相談を重ね、年老いたアシュクは思いに沈んだ様子でパイプを吸った。八三歳のギオルギオス・ギオルギアデスは「ほとんど学究的といっていいほど平穏な生活」[9]を、これまた適切にもアレクサンドロポールで送っていた。彼がこの町を離れる前に死ぬであろうことは、みな無言のうちに感じとっていた。

一九一七年七月初め、グルジェフは子供時代を過ごした家に別れを告げ、マダム・オストロフスカ、二人の親族、そしてピョートル・ウスペンスキーを伴って「ペトログラードへ」と向かった。父親の祝福を受けて家を出た彼は、なぜか、かせに巻いた絹を入れた大きな箱をもっていた。アレクサンドロポールからロストフへの鉄道路線は、犬の後ろ脚のように、ティフリスとバクーで大きく折れ曲がっていた。（まずコーカサス山脈にぶちあたり、今度はその南東端まで逆もどりするのである）。ティフリスで一行は偶然、以前ペトログラードのグループに来ていたS将軍に出会った。彼は——将軍というものは、強く求められれば時としてそうするものだが——政治的・戦略的な状況分析を一行に伝えた。翌日、バクーとデルベントの間の駅の待避線で待っていたとき、グルジェフは、敗戦の色濃いアルメニアの前線から騒々しい「同志たち」が列車に満載されて送り返されてくるのを見つめていた。「ひどく暑く、数百メートル先にはカスピ海が光り、まわりにあるものといっては、きらきら輝く光と遠くに見える二匹のラクダの輪郭くらいのものだった」[10]

ウスペンスキーは憂鬱そうに、状況は自分たちには不利で、こんな集団狂気のまっただなかで何かやるのは不可能だと言った。グルジェフの返事は意外なもので、彼がいかに「激しく、活気に満ちた出来事」を大事にしているか、そしてこの差し迫った離散をいかに長い目で見ているかを如実に反映していた。

ところが、それが可能なのは今だけだ。しかも事態はわれわれに完全に不利なわけではない。それはただひどく速く動いているだけだ。問題はそれだけだ。しかし五年待ってみなさい。そうすれば、今妨げになっているものがいかにわれわれに有益であったかが、おのずとわかるだろう。[11]

一行の乗った列車は残酷なほどゆっくりと内陸に向かっていった。ほこりっぽいモズドクの町で止まったとき、急にグルジェフは、彼と三人の仲間は近くの温泉保養地であるミネラリヌイエ・ヴォディにしばらくとどまり、ウスペンスキーだけが旅を続けるよう告げた。「モスクワとペトログラードの仲間に、私がここで新しいワークを始めるつもりでいることを伝えなさい。私と一緒にやりたい者は来てもよろしい。それにひとつ忠告しておくが、そこにはあまり長くいないように」[12]。そしてもうひとことつけ加えた。ドクター・スジャーンヴァルと妻のエリザベータは、もし彼らが望むならだが、政治状況が明瞭になるまでペトログラードに踏みとどまってもよい、と。

その後グルジェフが居を定めることにしたエッセントゥキは、エリブルス山の麓、ブグンティとエッセントゥキという二つの川が流れる渓谷にあった。パンテレイモン通りにある田舎家は、もし壁に耳があり、石に感性があったならば、一九一七年七月の雰囲気の急変をきっと記憶しているにちがいない。グルジェフがマダム・オストロフスカとこの家に入ったときには（真夏で、草むらではコオロギがないていた）、しばらく落ちつけるという期待からか、軽やかな雰囲気がそこをつつんでいた。ところが二週間後にウスペンスキーがペトログラードからもどってみると、雰囲気は一変していた。アンドレイ・ザハロフ、アレクサンドル・ペトロフ、そしてニコライ・Rの到着を知らせるドアのベルは、いささか疲れた、しかし情熱的にワークに身を投じる心意気を響かせた。到着する者一人一人が新たなドラマをつけ加えていった。誰一人として「正常な」精神状態にある者はいなかったが、そもそも田舎家では、正常なるものはそれほど高い評価は受けないものであった。七月の半ばまでには一三人の弟子が集まり、[*]パンテレイモン通りのこの田舎家は途方もない夢を紡ぎはじめた。

この期待を土台として、グルジェフはすべての弟子をごたまぜにして六週間の比類ない熱気の中に投げこんだ。


たとえ六年間でも、当時起こったこと、あの期間を満たしたあれだけの出来事には短すぎると思われた。

……全体的にいえば、エッセントゥキでの短期間の滞在中に、Gはわれわれにワーク全体の見取り図を示したといえよう。われわれは、すべての行法と考えの糸口、またそれらの間のつながり、関連性や方向などを知った。[13]

今日でもなお、このエッセントゥキでの「集中訓練期間」はわれわれの粗雑なリトマス試験紙に対する大いなる挑戦である。ホリスティックな共同生活の中で行われた実験のようである一方、どうにも真相が突き止められない霊的な秘儀のようにも思われるのだ。

しかしそこでの生活が苦難の連続だったわけではない。


Gは台所を監督し、自分でもよく夕食を作った。彼は実際すばらしい料理人で、たくさんの珍しい東洋料理を知っていた。われわれは毎日東洋風の夕食をとり、チベット料理やペルシア料理などを楽しんだ。[14]

訳注＊――――『奇蹟を求めて』では一二人とある。

　しかしそれと同時に、一定期間集中的な断食も行われたが、そのとき彼らは、日々が果てしなく長く感じられ、存在自体が無益であるという感情を味わいもした。夜には四時間、長くても五時間の睡眠しかとれなかった。家から出ることはまったく許されなかったが、時にはグルジェフ自ら、銀の柄のついた黒檀の杖を手に先頭に立って、キスロヴォーツクやジェレズノヴォーツク、ピャチゴルスク、ベシュタウといった場所に彼らを連れ出すこともあった。列車に乗っているときも、音楽が演奏されているエッセントゥキ公園を散歩しているときも、グルジェフは教えつづけた。ほんのささいな出来事も彼は見逃さず教えに利用し、あるいは人間のタイプの説明に使った。「今のが占星術だ。わかったかね？　君たちはみんな私が杖を落としたのを見たね。なのにそれを拾ったのは一人とはどういうわけだろう。一人ずつ話してもらおう」[15]

　ペトログラードで行われたのが理論の説明だったとすれば、エッセントゥキでは実践だった。たとえば、ここで初めてグルジェフはあの恐るべき「ストップ！」エクセサイズを行った。このかけ声の聞こえる範囲内にいた弟子はただちに動作を停止し、完全に凍りつかなければならなかった。こうして、心身を観察し、記録する機会を無情にも提供するのである。スパルタ式の「腕を横へ上げ！」的なエクセサイズを初めて行ったのもここであり、伝統的な行法を使って、弟子があらゆる行法を超越する至福の瞬間を経験する準備を整えたのもこの地であった。その伝統的行法とは、純粋な注意力という「血」を、動脈や『グレイの解剖学』には載っていない毛細血管を通してゆっくり導きながら、気と光に満たされた新たな「身体」を感じるまで続けるというものである。

　グルジェフの回想記によれば（ウスペンスキーもぼんやりとではあるがこれを裏付けている）、このエッセントゥキで行われた実験的訓練の情景の周辺に、別の気が漂っている。考古学者であり、「真理の探求者」の古参メンバーでもあったスクリドロフ教授である。もし彼が本当に一九一七年八月に姉を訪ねてピャチゴルスクにいたとするならば、そしてもし彼がグルジェフに会い、ベシュタウ山の南斜面をともに登ったとすれば、両者ともにこの出会いが強烈に胸を揺り動かす、そして意味深いものであると感じたにちがいない。グルジェフは五二歳、スクリドロフは七〇代に達しており、これ以後再び会うことはなかった。誰が彼らの足跡を追うのか？　彼らのように精力を傾け、頂上をめざして登ってゆこうとする者はいるのか？

はるか南には、雪をかぶったエリブルス山が壮麗な姿を見せた。……ずっと下の方には、ミネラリヌイエ・ヴォディの地域全体が見渡せた。……沈黙があたりをつつんでいた。山上には誰もおらず、登ってくる様子もなかった。[16]

ここに示されているアナロジーは――この解釈が正しいとすればだが――暗い。

その間にも、パンテレイモン通りでは、グルジェフの弟子たちが奮闘を続けていた。彼らの間に摩擦が生じ、やがて反感へと変わっていくのはほとんど避けがたかったし、またある意味では望ましくもあった。しかし八月後半になって突然、グルジェフはちょっとしたいさかいを口実に、順調に進んでいたこの実験を中止し、グループを解散し、ザハロフだけを連れて黒海沿岸へ行くと宣言した。なんと悪意のこもったストップ・エクセサイズではないか！　われわれがこの映画をここで止め、この重要なひとこまを研究するとすれば何が突き止められるだろう？　ウスペンスキーの唇からはいつもの尊大さが消え、一種の悲哀へと変わっていった。

私のGに対する信頼はこのときから揺らぎはじめた。何が問題だったのか、特に何が私の感情を刺激したのか、今となってははっきりさせるのはむずかしい。しかし、ともかくこのときから、Gその人と彼の思想とは分離しているという考えが私の中にわきあがってきたのはたしかである。[17]

こうした曖昧さの中、ウスペンスキーの残りの生涯に見られる七年周期の揺れが始まる。すなわち、これ以後彼は、グルジェフの全面的拒絶と、彼の思想を全面的に無断借用するという両極端を揺れ動くことになるのである。

トマスとオルガ・ド・ハルトマンは、よりによってワークが空中分解しようとしているこの時期にエッセントゥキに来るよう運命づけられていたようである。彼らは荷物を満載した二台の馬車に乗り、小間使いのマルフォーシャを連れて、善意にあふれてやってきたが、グルジェフの教育方針に関しては明らかに誤解をしているようだった。戸口のベルを鳴らすと、彼らはひどくむさくるしい男に迎え入れられた。「ロシア風にシャツの上にベルトを巻き、ぼろぼろのコートを着たこの男は、ひげもそらず、汗の臭いがぷんぷんして、まるで労働者のようだった。これがあの、いつも優雅でさっそうとしていたザハロフだとは、すぐにはわからなかった」[18]

オイル・ランプの揺れる火のもとでお茶をすすっているド・ハルトマン夫妻は、信じがたい気持ちを隠そうと必死にいずまいを正していた。この二月にニコラエフスキー駅で、二人は「まるで見知らぬ王国の王子か統治者」[19]のように変貌したグルジェフを見送った。そして今、恐るべき困難をくぐり抜けてやっとその「王国」に着いたのである。オルガはゴーリキーの『どん底』の一場面を思い出した。グルジェフは自分を見つめる彼らを見つめていた。明らかに彼は、大きな将来性をそなえた二人の若者が、まるであの「イェジディーの輪」に閉じこめられているかのように身動きできなくなっているのを見ていたのだが、やがて彼は無慈悲なまでの情熱をこめてこの内なる金縛りを打ち砕くことになる。

「集中訓練期間」は終わり、ワークの巨大なリズムはインターヴァルに入った。かくして、パンテレイモン通りの家で疲れ果てたメンバーのほとんど全員が骨休めを許されたが、グルジェフだけは——いかにも彼らしく——これからはずれていた。一番遅れてやってきた二人は、精神的飢餓感からこう聞かずにはおれなかった——「続けたほうがいいのではないでしょうか？」と。そんなわけで、一九一七年八月三〇日にグルジェフがエッセントゥキを発ち、列車で黒海沿岸のトゥアプセに向かったとき、マダム・オストロフスカとザハロフに加えてトマスとオルガ・ド・ハルトマンも連れていくことにした。ウスペンスキーも最初は彼らについていったが、そこで自らを制するかのように彼らと別れ、身辺を整理するためにペトログラードへ向かった。あれだけの膨大な「投資」をウスペンスキーにしたにもかかわらず、グルジェフは彼を引き留めようとはいっさいしなかった。それどころか、ウスペンスキーが身を引きやすいように、すでに成人していた彼の義理の娘であるレノーチカ・サヴィツキーの世話をするとまで約束したのである。

トゥアプセのこぎれいなホテルに落ちついたかと思うまもなく、グルジェフはさりげなく、これからペルシアに行くと告げたが、これにはド・ハルトマン夫妻も仰天してしまった。彼はこう言った。

私は道で石を砕く仕事を請け負った。……これはひどい仕事だ。君にはとてもできない。一日の仕事が終わると、女性は男たちの足を洗わなければならないが、たとえばザハロフの足はめちゃくちゃに臭い。レノーチカはできるだろうが、君の妻には無理だ。[20]

トゥアプセからペルシアまではまっすぐに飛んでも千キロはあるが、人夫には翼はない。ド・ハルトマン夫妻がもし精神的な基準のかわりに現世的な基準で判断していたとしたら、彼らはこの機会を逃したことであろう。もし行きたくなければそれなりの言い訳もできた。トマスは現役の士官であり、オルガは甘やかされた貴族の娘で、自分の力がどんなものかもわかっていなかった。しかし彼らには心からの忠誠心があったし、また情勢をはっきり見通す目がなかったことも手伝って、トマスは二週間の休暇をとり、オルガは石鹸をたくさんもって彼らに加わった。

次の日曜日、トゥアプセから山を少し登ったところにあるこぎたない宿で、奇妙な三人連れがグルジェフとザハロフに合流した。大きめの農夫の服を着たマダム・オストロフスカと、流行の服とハイヒールを身につけたオルガ、そして帝国ライフル銃隊の制服を着たトマスであった。彼らは急な坂を強烈な太陽に焼かれながら何時間も登った。マダム・オストロフスカはまだ元気だったが、ド・ハルトマン夫妻は死ぬほど疲れ、ものすごい睡魔が襲ってきた。それを見透かしたかのように、グルジェフは言った。「今夜はすばらしい。月も照っているし、このまま先を続けたほうがいいだろう？[21]」

このまま先を続けたほうがいいだろう？——これは、これから七日続くことになる秘儀参入の儀式、苦しみと慰めが交互にやってくる苦くて甘い経験の基調音をなす疑問文だった。トマスの脚の皮膚が軍服のズボンでこすれて破れたときも、一日中複雑な数を数えるエクセサイズをしながら、同時にザハロフと一緒に荷車を押せと言われたときも——このまま先を続けたほうがいいだろう？　オルガの足が腫れあがったときも、にわかづくりの厚紙のサンダルをはき、痛む足を引きずって歩いたときも、そしてそれも破れ、裸足でびっこをひきながら歩いたときも——このまま先を続けたほうがいいだろう？

すばらしい夜だった！　南の空だけは漆黒の闇だったが、星はこれまで見たこともないほど明るく輝いていた。コーカサスの狼やジャッカルが吠えていた。明日はどうなることか、見当もつかなかった。それでもわれわれは、それまでまったく知らなかった幸福を感じていた。[22]

探検隊は里程標をいくつも通り過ぎ、山中を半円を描きながら進んでいき、そしてついに着いた、黒海沿岸の小さな村、ウチ・デレ（三つの峡谷）に……彼らの「ペルシア」に。

この探査行のエネルギーは実際に石割りをするには足りなかったが、トマス・ド・ハルトマンは元気を取り戻して黒海沿岸に到着した。ところが皮肉にも彼は、天国を思わせるバラが咲き乱れ、古い糸杉と緑の苔におおわれたこのウチ・デレで腸チフスにかかってしまったのだ。若き作曲家は高熱にうなされ、幻覚症状が出て、もう少しでオルガをワインの瓶で殴り殺すところだった。彼をなだめられるのはグルジェフだけだった。「今彼は眠っている。……ここには体温計もないから病院に連れていかなければならない。あとになれば、これがほかの理由でも重要であることがわかるだろう[23]」

グルジェフはトマスを荷車に運び、わらのマットレスの上に横たえて、物干しのひもで縛った。そして三五キロ離れたソチの町まで運んでいった。通行人の中でも宗教心のあつい者たちは、青ざめた唇をした死体のような身体を見て花を投げた。彼は死んだのか？　回復するのか？　伝染病患者を扱う田舎の小さな病院で、オルガは一三日間というもの、昼も夜もこの恐ろしい疑問を胸に看病を続けた。最後の最後に注射した樟脳が、彼の消えかけていた脈拍をよみがえらせた。グルジェフが砂糖からこしらえ、薬だと言って与えた気休め薬を飲むと、彼も落ちつきを取り戻した。やってきた小間使のマルフォーシャが気をきかして、部屋中に散らばってトマスを激怒させていた作曲ノートをエプロンの中に集めた。グルジェフが入ってきてトマスの額に優しく手をおいた。……ようやく危機は去った。

トマスが回復することを確信したグルジェフは、妻と神秘的な力をもつ絹の箱の待つウチ・デレへ帰った。今や彼のまわりには全部で七人が集まってきていた。彼らは木を切って冬のたきぎを作り、野生の梨を集め、さらには周辺に住むレット人*の敵意にも耐えた。こうして田舎にひそんではいたが、明らかにグルジェフは国家の情勢にも気を配っていた。ドクター・スジャーンヴァルに宛てた強い命令口調の電報――「そこでできることはすべてやって、すぐにこちらに来なさい![24]」――は、ボルシェヴィキ革命の起こる二週間前に出された。一九一七年一〇月二六日、ついにレーニンが権力を握ると、グルジェフの背後で過去と現在を結ぶ橋がガラガラと崩れ落ちた。過去にもどる道はなかった。父の歌を録音した貴重なレコードは、もはやポリシャヤ・ドミトロフスカのアパートから取ってくることはできなくなった。絨毯、七宝焼、書類、本――すべては巨大な社会主義革命の波にのみこまれてしまった。それからまもなく、タマニ半島からバトゥーミにいたる黒海の沿岸全体に殺戮の嵐が吹き荒れた。白軍、赤軍に加えて、さまざまな愛国主義的非正規軍が入り乱れ、月桂樹やシャクナゲ、樫の木々の間で戦闘をくりひろげたのである。

ウチ・デレのグループにも危険が迫り、結束もゆるみはじめていた。到着したばかりのスジャーンヴァル夫妻は当然のことながらここでの状況がよくわからず、居心地が悪かった。ザハロフはどういうわけかグルジェフとの仲が気まずくなり、まもなく冬のペトログラードに去っていった。ウスペンスキーはそこから帰ってきたばかりだったが、師に対する彼の内部の革命は徐々に熱気を帯びていった。一〇月も終わりになると、ウチ・デレに孤立して食料さえ手に入らなくなるおそれが出てきて、グルジェフの窮状をいっそう強めた。彼はグループを二つに分け、ド・ハルトマン夫妻を含めた四人を内陸のエッセントゥキに向かわせ、彼自身は側近を引き連れて、黒海沿岸を用心深く北上していった。

一九一七年一一月三日にトゥアプセでソヴィエト政権が樹立するまでには、グルジェフはオルグニキの村に安全な場所を見つけていた。彼の借りた屋敷は一番近い家からでも一・五キロ離れており、海を見おろすところにあった。しかし猛烈な北東の風がみぞれを降らす雨雲を吹きよせ、空はいつも鉛色で、陰鬱そのものだった。グルジェフに付き従う者は今や五人に減っていた。スジャーンヴァル夫妻、ウスペンスキー夫妻、そしてマダム・オストロフスカで、それぞれが何かにひどくとりつかれていた。たとえばピョートル・ウスペンスキーは「水素表」が首尾一貫していないことにいらいらしていたし、マダム・スジャーンヴァルはといえば、どうして自分がこんな状況に巻きこまれたのかわけがわからないと始終こぼしていた。この一行の食料と馬のまぐさを調達するのに追われていたグルジェフは、今はウスペンスキーが発する種々の質問に答える時期ではないと感じていた。

それについてはサンクト・ペテルブルクでの講義ですでに話したことを覚えているかな。……さて、もし誰かがそれと同じ講義を今行っているとしたら、君は歩いてでもそこに行くかな？……考えてもみたまえ、四〇キロだよ、おまけに暗闇と雪や雨、風の中をだよ。[25]

「そんなものが何でしょう」とウスペンスキーは応える。「もちろんすぐにでも行きます[26]」（この言葉は不思議に予言的である。ウスペンスキーはこれ以後、観念のジグソー・パズルの完成を助けてくれる者なら誰にでも、実に鷹揚に支払うようになる。しかし今の彼は、そう言いながらもまだグルジェフと一緒に座っている）。とはいえ、トゥアプセへ実際に行くのはますます危険になっていた。オルグニキもやはり偽りの聖域であったのだ。歩兵軍団がやってくるという噂は初めはかすかだったが、今や切迫したものとなっていた。このまま続けたほうがいいのだろうか？

一九一七年のクリスマス頃、エッセントゥキにいたトマス・ド・ハルトマンがノックの音にドアをあけると、

訳注＊────バルト海東岸およびその近辺、特にラトビアに住む種族。

そこにグルジェフが立っていた。師が無事に帰ってき、しかも健康そうに見えたので彼はたいそう喜び、その夜は居間のソファに寝かせた。しかしエソテリックなワークが始まるという期待は見事に裏切られた。

われわれは毎日グルジェフ氏とエッセントゥキの中心まで散歩に出かけた。彼はヒマワリの種を買い、そのたびに私のてのひらいっぱいにくれた。そして口に入れては殻を通行人の面前で吐き散らした。哲学のての字も口にしなかった。[27]

殻はニコライ・エヴレイノフの足元にも散らばったにちがいない。彼は作家であり、著名な舞台監督であり、また以前はアンナ・ブトコフスキーの愛人でもあった。「エヴレイノフはグルジェフに近寄り、おじぎをして言った。『私は気むずかしくて尊大な人間です。しかし今、ゲオルギー・イヴァノヴィッチ、私はあなたの前に頭を垂れているのです』と」[28]。モスクワとペトログラードの芸術家やアヴァン・ギャルドのサークルで、エヴレイノフは無数の著名人に会っていたのだが、のちにグルジェフについてこう述べている。「彼はユニークな現象だった」

グルジェフはオルグニキから中核的な弟子を何人か連れてきていたが、このところはドクター・スジャーンヴァルと主に行動をともにし、この精神科医の傷ついた自尊心に純粋な注意を塗布していたわってやっていた。この誰も寄せつけないような緊密な関係は、ハルトマンの心を痛め、またウスペンスキーの顔には思いつめた様子をありありと刻みこんだ。「しわを寄せた眉の下からは深刻そうな眼がのぞき、唇は固く引き締め、注意深く自制した身振りとともに、これも自制した言葉が歯の間からもれてきた」

トマスは霊的な焦燥感に我を忘れて、グルジェフの周辺をうろついていたが、あるとき彼がグルジェフに言った言葉が、意図的に、しかもおもしろおかしく曲解されてしまった。「聞いたか、ドクター、彼は今晩われわれをクラブに招待してくれるそうだ。え？ 夕食に招いてくれるって？ 行こうじゃないか、ドクター。招待どうもありがとう」[29]

大変なことになった。トマス・ド・ハルトマンの個人財産はボルシェヴィキに押収されており、インフレのせいで夕食の料金は天文学的な額になっていた。グルジェフはウォトカとオードブルから始め、一番高い料理ばかりとっていった。四〇年近くもあとになって、トマスはこう述懐している。「今でも昨日のことのように覚えているが、彼は最後にオレンジを注文した。そのときにはもう、手持ちの五百ルーブルなんかでは全然足りないことがはっきりしていた」[30]。フェドー*の茶番劇の主人公のように、内心取り乱しながらもさりげなくウェイターにチップを渡して家に走らせ、オルガから金を受け取ってこさせた。代金は結局千ルーブルであった——その全額をグルジェフは翌朝トマスに手渡した。回想録の中で、トマスはこの経験を心理学的な贈り物として解釈している。

コーカサス、トランスコーカサス地方を通じて、かろうじて残っていた正気も底をつき、もはやなだめようもなくなった軍隊がうろつきまわり、「憤怒に満ちた罵詈雑言」[31]が空気を重くしていた。エッセントゥキのカフェの存在自体、貴重な、おそらくは束の間のオアシスであった。一月になってトルコ軍が東進を再開すると、グルジェフはすぐに家族をアレクサンドロポールから呼び寄せた。母、弟のドミトリとその妻のアンナ・グリゴリエヴナ、末の妹のソフィー・イヴァノヴナとフィアンセのカパナーゼ氏らがその中にいた。彼らが到着したとき、グルジェフが危惧していた最悪の事態が現実のものとなったことが判明した。父は容態が悪化してもう動かすこ

訳注*——フランスの劇作家。茶番劇を得意とした。（一八六二～一九二一）

とができず、看病のために中の妹のアンナ・イヴァノヴナ・アナスタシエフが残ったのである。失意に耐えつつグルジェフはエッセントゥキに足場を固めることにした。一九一八年二月、彼はウスペンスキーの署名入りの回状をモスクワとペトログラードのメンバー全員に出し、自分のところに来てワークに参加するよう呼びかけた。国を縦断してやってくるのは明らかに危険であったが、ザハロフを含む四〇人の熱心な弟子が師のもとに集まった。

ピャチゴルスクに本拠をおき、その地方の司法権を握るボルシェヴィキ政府をごまかすために、グループの「社会主義的」由来がでっちあげられた。

Gは言った。「たとえばソドルージェストヴォ*と〈ワークによって得られた〉と〈国際的〉という内容を全部入れてグループ名を作ってみなさい。どういう名称にしようと彼らにはわかりっこない。しかしとにかく、彼らはわれわれになんらかのレッテルをはらなければおさまらないのだ」[32]

というわけで、その場しのぎのために、どこかわけのわからないところで「国際理想主義者協会」なる名称がでっちあげられ、ペトロフが見事な装飾文字でこれを書き上げると、なかなか様になった。

三月初めには協会の二階建ての「家」は満杯になり、ここでワークの新たな段階が厳格な規律のもとに始まった。ここでも断食があり、内的なエクセサイズがあった。一週間かけてグルジェフは手と足の運動の初歩を教えた。と、突然、絶対的な沈黙が強いられ、弟子たちは身振り手振りで意思疎通をはからねばならなくなった。こうしたさまざまな実験の中でもひときわ目を引くのは、疑似心霊現象の実践的な研究であろう。すべてをなげうって真なるものの探求に乗りだした者にとって、偽の読心術や透視、まやかしのテレパシーなどを教えられるのは心外だったことだろう。エッセントゥキで彼らが過ごした不思議な時間は、「幻滅への参入」とでもいうべきもの、そして注意力、観察、記憶力、機知、演技の訓練などに捧げられた。

彼のマニフェストである『ベルゼバブ』の中で、グルジェフは自らを「舞踏教師」と呼んでいる。グルジェフが、チベットやアフガニスタン、カシュガル、中国領トルキスタンなどにぼんやりとした起源をもつ律動的な舞踏を初めて教えたのは、エッセントゥキでのこの二度目の「集中訓練期間」中である。彼は安物のギターを、若いシャンダロフスキーはガルネリのヴァイオリンを弾き、モスクワとペトログラードから来た舞踏経験のない者たちがこれに合わせて踊った。「聖なる体操」に力点がおかれることによって、一時的に弟子たちのヒエラルキーが変化した。マダム・オストロフスカのすばらしい能力は一夜にして彼女をトップの座に引き上げ、逆に、舞踏には気乗りがせず、おざなりにしかやらなかったウスペンスキーはどん底近くに落ちてしまった。

しかしウスペンスキーは大きなコルクのような浮力をそなえていた。グルジェフが弟子たちに、哲学や神秘学、オカルティズムに関する公開講演をやるよう求めたとき、ウスペンスキーの明晰な知性と威厳とが役に立った。『ターシャム・オーガヌム』の著者ともあろう者が、エッセントゥキの浮浪者たちに向かって話すのはいささか感情を傷つけられる経験であったろうが、彼はベストをつくした。そして彼のベストは驚嘆すべきものだった。聴衆のうちの何人かは未知のものを知ろうとして、またある者はお茶を飲むためにやってきた。陸軍学校の教師が毛むくじゃらのラスコーリニキの輔祭と手作りの甘いパンを分け合った。「砂糖を少し入れたお茶」がもっとも人気があったが、「サッカリン入りのひどく甘いお茶[33]」を選ぶこともできた。国際理想主義者協会の居間で日曜日に催されたこの奇妙な集まりが、(かつてアレクサンドロフスキー・ホールに集まった何千人という聴

訳注*―――共通の目的のための友人の集まり、の意。

衆の、彼を見上げる顔を思い出していたかもしれない）ウスペンスキーにどのような印象を与えたか、にわかには言いがたい。しかしグルジェフが次のゲスト・スピーカーとして、人々のよく知っている山師である「凶報をもたらすドクター・ブラック」を予告したときには、彼の自己賛美のささやかな花束もしおれてしまった。

一縷の望みというものがある。のちにウスペンスキーは当時のことをこう振り返っている。「私には理解できないことがたくさんあり、去らなくてはならないことがしだいにわかってきたのである[34]」。しかし、「なぜ」と自問しつづけるうちに、明白な理由に思えていたものにさえ神秘の帳が下りてきた。ひそかに逃亡を企てている彼自身にもよくわからないのだ。「Gの行動や方法がまちがっているとはこれっぽっちも思わなかった。……私は、それが自分に適していないということ以外、Gの方法に対する反論など何ひとつなかった[35]」

ウスペンスキーは何よりもまず職業的物書きであった。グルジェフに最初に会ったときに率直にそう述べている。きわめて真剣な思索的哲学者であり、小さなエリート的グループの中で知識を体系的に会得することを切望していた彼にとって、体操や実践的な行よりチョークと黒板のほうがはるかに意味があった。それに加えて、「聖なるもの」は彼の不可知論的な気質を逆なでした。――こうした要因は、なぜ彼が最終的にグルジェフとうまくいかなかったかをかなりの程度説明してくれる。少なくともそれらが原因であったことを否定はしにくい。しかし、である。このような「理由」は、この離別にそれほど心を動かされない者にとって、あるいは目的論的な見方になじめない知性にとっては、髪ひとすじほどの値打ちもない。そんなものは、オイディプスがコリントに帰らなかった「理由」と同断で、無益というよりは有害である。詩が命ずるもの、すなわち忍耐強く神話を再現せよという命令からわれわれの注意を引き離すばかりだ。

ウスペンスキーの離脱は国際理想主義者協会に波紋を広げたにちがいなく、おそらくはグルジェフを悲しませたであろう。しかしその悲嘆も、すぐにもっと巨大な災禍の中にのみこまれてしまう。一九一八年の七月半ば、グルジェフの全生涯の中でもっとも悲惨な出来事が起こった。

ある雨の朝、窓のところに座っていると……二台の奇妙な車が私の戸口で止まるのが見えた。車からは……黒っぽい物体が出てきた。……それは人の群れで、ぼろに身をつつみ、何もはいていない足は傷だらけで、眼だけが異様に光っていた。……全部で二八人……私の親戚だった。中には私の妹と、その六人の子供たちもいた。[36]

アンナ・イヴァノヴナ・アナスタシエフとその夫がとぎれとぎれに語る話から、グルジェフは悲惨な物語を聞き出した。二カ月前の一九一八年五月一五日の早朝、トルコ軍の工兵隊がアルパ・チャイの渓谷に舟橋をかけ、復讐と略奪に飢えた兵隊がアルメニアになだれこんだ。グルジェフの親族が大量虐殺の危険が迫っているのを知ったのは、トルコ軍がアレクサンドロポールを攻撃するわずか一時間前のパニックの最中だった。女たちは子供を抱きかかえ、恐怖にわれを忘れて逃げさった。八五歳のギオルギオス・ギオルギアデスは古いライフルに弾をこめ、戸口に座って運命を待ち受けた。まもなく彼は傷を負って死んだ。老人たちが近くに葬った。

グルジェフは終生父を尊敬し、愛した。しかしアレクサンドロポールを離れるよう説得することはできなかったし、そこに行って助けることもできなかった。伝統的な歌や伝承を記録したかけがえのないノートを略奪の手から守ることさえできなかったのだ。壮麗なる心理学的・宇宙論的ドラマである『ベルゼバブ』の中では、煉獄における悔悛を経験するのは、自己を発達させた人間がある失敗をおかし、そのために共通なる父である創造主を助けることができなくなったときのみであるとされている。また、グルジェフは天国と地獄という観念は鼻で笑っていたものの、「聖なる惑星パーガトリー」の存在は認めていた。そこには「鉱泉や淡水泉などの泉だけでも約一万あり、その清らかさと美しさは、われわれの宇宙のいかなる惑星の泉も比較にならない」[37]。グルジェフが父の死をどう感じ、その悲しみをどう乗り越えたかを推測しても時間の無駄であろう。しかし彼がその悲報を受け取ったミネラリヌイエ・ヴォディには、地上のどこよりも清らかな泉がたくさんあるのだ。

グルジェフがどれほど自分を責めたかはわからないが、その後も苦々しい反トルコ感情の気配すら見せてはいない。彼が父の墓石に彫ろうと思い描いていた墓碑銘からは、生きとし生けるものをつつみこむような深い共感の息吹が伝わってくる。

我は汝
汝は我
彼は我らのもの
我らは彼のもの
されば、すべてのものが
我らの隣人とならんことを[38]

強い憤りにもまどわされず、グルジェフはエネルギーを目の前の必要なことに振り向けた。母と妹たちをなぐさめ、避難してきた人々に食料と衣類を与え、弟子たちもありとあらゆる方法を駆使して助けた。彼が長い道のりを運んできたかせに巻いた絹も、ようやくここで日の目を見た。絹をかせからはずし、星形の固紙に苦労して巻きつけ、そして高値で売ったのである。紙も絹と同じくらい貴重だったが、グルジェフはあっけらかんと、ド・ハルトマンのまだ使っていない楽譜用の紙を徴収した。(作曲家のプロコフィエフもこの紙の競売に参加したという)。「けち老人」ドクター・スジャーンヴァルは会計に、かつては皇帝の庇護を受けていたド・ハルトマンは戸別訪問のセールスマンに任命された。

「じゃ、トマ、明日はキスロヴォーツクへ行ってこの絹を売ってきなさい」
「でも、ミスター・グルジェフ、キスロヴォーツクにはペトログラード時代の知り合いがたくさんいるんです。あそこでは売れません」
「だからこそいいんだよ。知り合いがたくさんいればそれだけ早く売れるだろう[39]」

エッセントゥキに八五人、ピャチゴルスクに六〇人(そのうちの半分はいくばくかの金をもっているが、残りは無一文)をかかえたグルジェフは、心理学的、あるいは企業家的な金策では足らず、再分配方式までとった。全員、個人財産を放棄する旨を宣誓させられたのである。グルジェフは念を押した。「死ぬときは財産をもっていくわけにはいかない。……しかしある何かはもっていける。もちろんそれを生み出したらの話だがね[40]」。オルガは初め、とてもこれに耐えられなかった。「私は自分の中で対立している感情に引き裂かれて死ぬほど苦しみ、一晩中泣いていました[41]」。朝になり、彼女は泣きはらした眼をしてグルジェフのところに行った。

彼はテーブルの前に座り、ほおづえをついていました。「どうしたんだね」と言われたので、私は、宝石をもってこいというあなたの指示どおりもってきたと言いました。彼はピクリとも動かず、部屋の隅のテーブルを指して言いました。「あそこにおきなさい」。私はそこに宝石箱をおき、部屋を出ました。
庭の門をくぐろうとしたとき、彼が私を呼ぶのが聞こえました。引き返すと、こう言いました。「ではもって帰りなさい……」

　グルジェフの人情とユーモア、そして人を試す術には際限がないようだ。しかし一九一八年の八月には、さすがの彼の幸運もついにつきたかに思われた。鉄のくちばしをもったロシアのさまざまな軍隊と政権とが、ハゲタカのようにエッセントゥキをついばみはじめたのだ。夏の夜空に銃声と叫び声、そして悪罵が響きわたった。

「朝起きたとき、その日はどの政府が支配しているのかわからなかったり、通りに出て初めて、どちらの側に立っていると言えば安全かがわかるという日もあった」[42]。白軍、赤軍、緑軍、何に対してにせよ心にもない忠誠を口にすることは、それ自体きわめて危険であった。へたをすると、若い弟子たちが強制徴用され、互いに撃ち合うという羽目に陥る可能性さえあったのである。老いも若きも苦しんでいた。金は底をついていた。食料もなかった。彼らの未来は危険で残酷で、しかも短いように思われた。

　神の化身としてのグルジェフ、霊的な力の守護者としてのグルジェフは、今や八方ふさがりの状態にあった。時計は刻々と時を刻み、いまわしい笑みを浮かべた運命の女神は、今にもあらゆるものを押し流してしまいそうであった。グルジェフの手はテーブルの上で宙づりになり……今解決策を見つけなければ、先の見通しはまったくなかった。

4 コーカサスのルリハコベ

［1918.8～1919.1］

グルジェフが銃を手に入れたのにはやや困惑する。彼が眼を細め、人間に照準を合わせているところを想像するのは馬鹿げている。彼は人を殺すのを憎悪していた。この黒い物体そのものは異常なものではあるが、その許可証は神話にふさわしいかもしれない。

銃の保持者、市民グルジェフは、銃をどこにでも携行する権利を有する。

口径　……　　製造番号　……

署名と印章をもってここに証明する。

書記

　シャンダロフスキー

兵士および労働者の

代表議長

　ルーカージェ

発行地　エッセントゥキ[1]

発行日　……

エッセントゥキの兵士および労働者の代表評議会は、「オゼイ王子」の処刑には喝采を送ったであろうが、市民グルジェフは毛色の違った鳥であった。もし彼らが銃をもったグルジェフを信用できないとしたら、いったい誰を信用できただろう。彼の一派はみな「国際共産主義者」であり、全員が個人財産の放棄を宣誓していた。それに彼の被保護者であり、これに署名もしているP・V・シャンダロフスキー（彼のプルードンとフーリエについての講演は大評判となった）は、ボルシェヴィキ政権の出入国管理局で働くことを申し出、今ではそこの人民委員になっている人物でもあったからである。市民グルジェフは汚い爪をした男で、ヒマワリの種を吐きちらし、手で鼻をかむ……それ以上何を知る必要があろう？

しかしこの市民権は、それほど長く行使されることはなかった。グルジェフは大胆にも、近衛士官や医者、エンジニア、音楽家、教師、その他の「人民の敵」からなるグループを、まだ動ける余地があるうちに救出しようと決心した。コーカサス山脈を越えて、安全の幻影がかすかに残っていそうなソチへ連れていくことにしたのである。

この決定は困難を伴っていた。父の死後、グルジェフは一族の「大黒柱」になっていた。それは伝統的に、母、弟、二人の妹、義理の弟たち、そして多数の甥と姪の安全に責任をもつべき存在であった。家族会議の声はもはや彼の耳には届かなかった。誰が誰に向かって、行け、あるいはとどまれと命じたか、推測しても仕方のないことだ。グルジェフが家族の安全のためにいかなる方策を講じ、どれほど手を汚したか、すべては謎につつまれている。しかし推測の帳を取り払うと、むきだしの事実が残る。家族は全員エッセントゥキに残り、グルジェフは出発したという事実が。

グルジェフの一族はこの地にとどまり、ミネラルヌイエ・ヴォディに望みをつないだが、実はグルジェフの弟子の八割もここに残ったのである。よく知っている悪魔のほうが、未知の悪魔よりましだと思った者もいるし、目前に迫っているボルシェヴィキの恐怖政治を予知できなかった者たちは、羽根ぶとんにくるまったままこの危機が去るのを夢見ていた。トマス・ド・ハルトマンも最初は反対した。「ミスター・グルジェフ、あなたのなさることやわれわれに対する要求はすべてわれわれのため、われわれの発達のためだということはよくわかっています。しかし妻は今あまりに疲れていて……」[2]。もしトマスがもう少し長くエッセントゥキにとどまっていたら、実際彼と妻は長い休息がとれたことだろう。他の近衛士官とともに彼も自分の墓穴を掘らされ、銃殺されて、生きていようが死んでいようが穴に放りこまれて土をかけられていたことだろう。グルジェフは出発を強要した。そして、ここでも彼は正しかった。

疲労を取るためのグルジェフの処方箋は、二〇キロほど小石を詰めたリュックを背負って庭を歩きまわるという禁欲的なものだったが、オルガ・ド・ハルトマンには実によくきいたようだ。ドクター・スジャーンヴァルは体調を崩していたが、三〇キロを背負うことができた。グルジェフが容赦なくとらせたこのような処置法は、体調を回復させるだけでなく、意志も鍛え、結果的には、恐れおののいている想像力を駆り立て、山を越えて自由へと向かわせたのである。ギオルギオス・ギオルギアデスがはるか以前に彼の長男に言って聞かせたように、「ひとたび背負えば、その荷は世界で一番軽いものだ」[3]。しかし……どうしたらこのよく訓練した中核的な弟子たちを出発させられるだろう？　必要な通行許可証が手に入るだろう？

グルジェフを批判するような事例ばかり集めている批評家でも、たいていは彼が、新聞に載せる話をでっちあげたり、インタヴューを前もって打ち合わせておくというやり方をとった最初の人間であることは見逃しているようだ。一九一八年七月下旬、ソヴィエトの地方政府がおかれていたピャチゴルスクの新聞が、ある驚くような記事を載せた。それは、エッセントゥキのG・I・グルジェフなる市民が、科学的な野外調査の準備をしていると告げていた。二一人からなる一行は、インドゥク山の周囲を流れるあちこちの河から砂金を採取すると同時に、それと並行して、コーカサス山脈の高い峠に数多く見られる青銅期時代および鉄器時代のドルメン*の考古学的調査を行うことになっている。大いに有望だ、というのだ。政治的に信頼できるかどうかという疑問はまったく出されなかった。「調査隊は、内戦の戦火がおよばないはるかな荒地に入っていく予定である。したがって、この科学的任務および調査が妨害されるおそれはない[4]」

なんと厚かましくも、グルジェフはソヴィエト政府に食料の調達を要請した。権力側は例の新聞記事を読んでおり、おまけにシャンダロフスキーが特別の嘆願をしたこともあって、寛容にこれに応じた。物資は欠乏していたにもかかわらず、つるはしやシャベル、なべ、防水シート、士官用の大きなテント二張り、斧二一丁を送ってくれた。

ウスペンスキーは、彼特有の厳格な論理でグループから離れるという考えを煮詰めていたが、この調査隊が出発できるよう裏でさまざまな手助けをした。「砂金を洗い出す」ためにアルコールをもっていったらどうかとグルジェフに助言したのはほかならぬ彼であった。今やエッセントゥキでは、アルコールは砂金ほどの価値があったが、グルジェフの要求は受け入れられ、大きな二樽のアルコールが与えられた。何十リットルものこの薬剤は「コレラ用医薬品[5]」と書かれた容器に入れられた。同じ薬剤を、焼いたタマネギとパンで濾過して性質を変えたものには、「マラリア用医薬品[6]」というラベルがはられたが、こちらは、疲れた足を休めながら夕陽に見入る楽しいひとときのよき「医薬品」になりそうだった。アルコールに加えて、グルジェフは消防夫が使う黒と赤の大きなベルトを要求し、これも認められた。

ロシアをおおいつくした混沌の中では、ボルシェヴィキたちが右手で与えたものを左手で奪い取ったとしても、なんら驚くにはあたらない。この時期のもうひとつの見せ場は、グルジェフがエッセントゥキの路上で、栗毛の愛馬ラスティの腹を、馬がおびえて暴れるまでロープで打ちつづけていた場面であろう。その直後に赤軍の兵士がやってきて何頭かの馬を徴用していった。「ミスター・グルジェフは庭のベンチに座ったまま、黙ってその様子を見ていた。しかしわれわれの生活は馬なしには成り立たなかったのである」。数時間後に兵士が馬を返しにきた。役に立たないというのだ。一頭は兵士が乗ろうとすると後ろ脚で立ち上がってしまい、もう一頭は兵士の腹をかんだのだという。連れもどされた馬に優しく「語りかけながら」、グルジェフは馬をなだめた。おそらく彼の声の振動が、強い後悔の念を伝えたのであろう。

インフレがますますひどくなっていたので、グルジェフは資金を高価な品物に変えた。そのうちのいくつかは自分でもち、一部は弟子に分け与え、また一部はドミトリのところに残した。(ドミトリはそれを地下室の薪の束の下に隠したが、あまり賢い隠し場所とはいえなかった)。グルジェフの母はこの混乱に気が動転していたが、彼はかつてある大公妃から買い取ったとりわけ高価なブローチを預けた。

ゆっくりと、しかし着実に、彼はばらばらの糸をよりあわせていった。ライフル一丁、ラバ二頭、荷車二台、そして小型のロバを購入し、マーシカという名をつけた。弟子の男たちには暗闇の中で山道を歩く方法を教え、女性たちには北極星があるから迷う心配はないと言い聞かせた。彼はこの旅の危険性を強調し、「ワークを通しての自己完成をめざす国際友愛団トルキスタン懲罰部門」なるものをほのめかしながら、旅の間の絶対服従を命じた。彼はボルシェヴィキ政府よりもはるかに役者が上で、(鉄道は完全に混乱し、あちこちで止まり、さらには犯罪の場となっていたが)八方手をつくして馬車を二台調達し、ようやく出発にこぎつけた。最後の点検をしていたとき、グルジェフは「人民委員」シャンダロフスキーに、彼ら全員にボルシェヴィキのパスポートを発行し、そして一行に合流するよう命じた。

訳注＊―――二個以上の自然石を間隔をおいて立て、そのうえに平石をのせた太古の遺物。目的については諸説がある。

一九一八年八月六日、一行はエッセントゥキを出発した。この瞬間の彼らの冷静さ、そしてそれがグルジェフの年譜の中で占める意義は否定できない……が、ここでも想像が事実に混入して実にオペラ的な舞台が現出する。まばゆい衣装、軍服、黒いブルカ*などを身につけた、さまざまな民族の見物人や通行人からなるなんとも名状しがたいコーラスが、驚きに何やらつぶやきながら突如左右に分かれると、その真ん中に市民グルジェフが、奇妙なアストラハン帽と消防士のベルトをつけて現れる。後ろには荷車、動物、そして「科学者」からなるごたまぜの一隊を従えている。「科学者」のうち七人は男、五人は女、二人は子供である。大人たちは自由に動いているものの、その動きは、ぶらさがったやかんや三脚、狩猟用のナイフやフライパンやマラリアの薬で制限されている。男たちは新しいピカピカの手斧をもてあそび、女たちはわざと無作法にヒマワリの種を吐き散らしている。駅に着く。所持品はすべて荷をほどかれ、がたがたの貨物用車両に詰めこまれる。舞台の上は大騒ぎ、登場人物は大見栄をきり、投げつけるような言葉が飛び交い、はからずもどたばた喜劇が現出する。砂糖はどこだ？なんとかラバを動かしてくれ。焼けつくような八月の太陽が舞台に照りつけ、エッセントゥキの音楽隊が――なんとものんきに内戦のことを忘れて――元気いっぱい吹奏楽を響かせている。

グルジェフは、まるで精神科医がナイフを手にした精神病患者をなだめるかのように、この場面をとりしきった。一九一八年をおおっているぞっとするような「ドグマ」に関わるのではなく、むしろそれから離れることによって、グルジェフは自らの実存の活性化を証明しようとしていた。列車が出発する前のひととき、エッセントゥキ公園を散歩しているグルジェフは、そこにいる誰よりも歴史に真正面から対決していた。それでも彼は心ある人間であった。……そんな彼は、忍耐強い母のほほえみに、そしてウスペンスキーの鼻眼鏡の最後の意味深長なきらめきにも反応したにちがいない。地面に血が流れるのを見るのに、大した想像力はいらなかった。（すでに捕虜になる運命が決しているラドコ・ドミトリエフ将軍が近づいてきて、悲しげにこう言った。「もう少し若かったら、私も連れていってくれと頼むのだが」[8]。緊張と悲哀に満ちた一時間が過ぎ、グルジェフと一四人の「科学者」は列車に乗りこんだ。マーシカがいななき、エンジンがうなりをあげた。やがて列車はゆっくりと動きはじめ、エッセントゥキの音楽隊の奏でる音楽は、物憂い夏の空気の中に永遠に消えていった。

グルジェフと一四人の仲間たちは、その午後と夜、そして翌水曜日の午前中ずっと、この貨物列車に揺られて過ごしたが、まるでトロイの木馬さながらに狭く、暑く、きゅうくつだった。列車の平均時速はなんと六キロだったが、これは内戦時のコーカサスの貨物列車としてはいいほうだった。ついにグルジェフがその扉をあけたとき、彼は自分がエッセントゥキの西一六〇キロのアルマヴィルに着いていることを知った。

木曜日になるまで、列車が目的地のマイコプに向かう軌道に入れる可能性はほとんどなかった。それでグルジェフはド・ハルトマン夫妻に、トマスの未婚のおばを訪ねてもよいと許可を与えたが、これはグルジェフの音楽の後継者を失う可能性を秘めていた。というのも、その午後遅く二人が駅に帰ってきたとき（まるで『カヴァレリア・ルスティカーナ』から出てきた者のようだったが）、列車はどこにもいなかった。元近衛士官とその美しい妻は、へたな変装こそしていたが上流階級の言葉は隠しようもなかった。だから、もしシャンダロフスキーが、人民委員がやっている食料品店から砂糖を二袋ばかり巻き上げようと店に向かう途中で彼らを見つけていなければ、二人はいずれボルシェヴィキの見回り兵に捕まっていたであろう。さいわいグルジェフと残りの「科学者たち」は本線から三キロ離れた側線に入っており、陽が沈む頃に三人は彼らに合流した。

翌日マイコプで機関車がガタガタ揺れるなり止まってしまい、数分後には運転手も消えてしまった。グルジェフはこの地方のソヴィエトに使者を送り、調査隊の許可証を見せて旅の続行を要請した。使者には、年齢、威

訳注＊――――ムスリムの女性が着る全身をおおう衣服。

厳、それに独特のフィンランド語なまりを買われてドクター・スジャーンヴァルが選ばれたが、役所からなかなか帰ってこなかった。帰ってきた彼はぶるぶる震えていた。町は戦闘中のコサック兵と赤軍に完全にとりまかれ、のみならず、緑軍近衛隊と称する新たに独立した分派が手当たりしだいに鉄道を爆破していたのだ。打つ手はなかった。

町から三キロ離れた、ベラヤ河（白い河）にそった森のほとりに打ち捨てられた農場があり、干し草の詰まった納屋その他の建物があった。調査隊はここに避難し、これさいわいとばかり耕作を始めた。マイコプをめぐる三週間の攻防のさなか、グルジェフはこうして牧歌的な生活を楽しんでいたわけで、これほど人をくった話もあるまい。この農場にも戦闘の前線が何度か近づいてはきたが、ついに見つかることはなかった。悲劇の影が軍隊特有の正確さでここにも伸びてきたが、不思議なことにやがては退いていくのであった。ロバのマシーカが大きな樫の木の下で静かに草を食べているところに、まったく別の劇団に属する役者が現れた。スジャーンヴァル夫妻はここで、仏教徒の衣服を着てインドからフィンランドへ行く途中の同郷人に出会った。ダルマ（法）の権威で、トマトの酢づけも得意な男だった。トマス・ド・ハルトマンもここでかつての同僚の近衛士官に会った。彼はしばらく前からストラーンニク（巡礼）の放浪生活に入っていて、ぼろぼろのズボンは膝までしかなく、かつては優美だったふくらはぎも傷だらけになっていた。

男と女は別々のグループになってベラヤ河に毎日泳ぎに行った。河には飛びこみ台もあって、真っ裸のグルジェフ氏がそこに立ったところを想像するのもあながち荒唐無稽ではないだろう。「遠くでは銃声が聞こえ、時には近くまで弾が飛んできた。弾は河の向こう岸の山肌に当たり、そこから石が落ちてきた。しかし気にかける者はいなかった。」

残虐のかぎりをつくす――ボルシェヴィキではなく――白軍が、この牧歌的な小休止の幕を引いた。ヘイマン

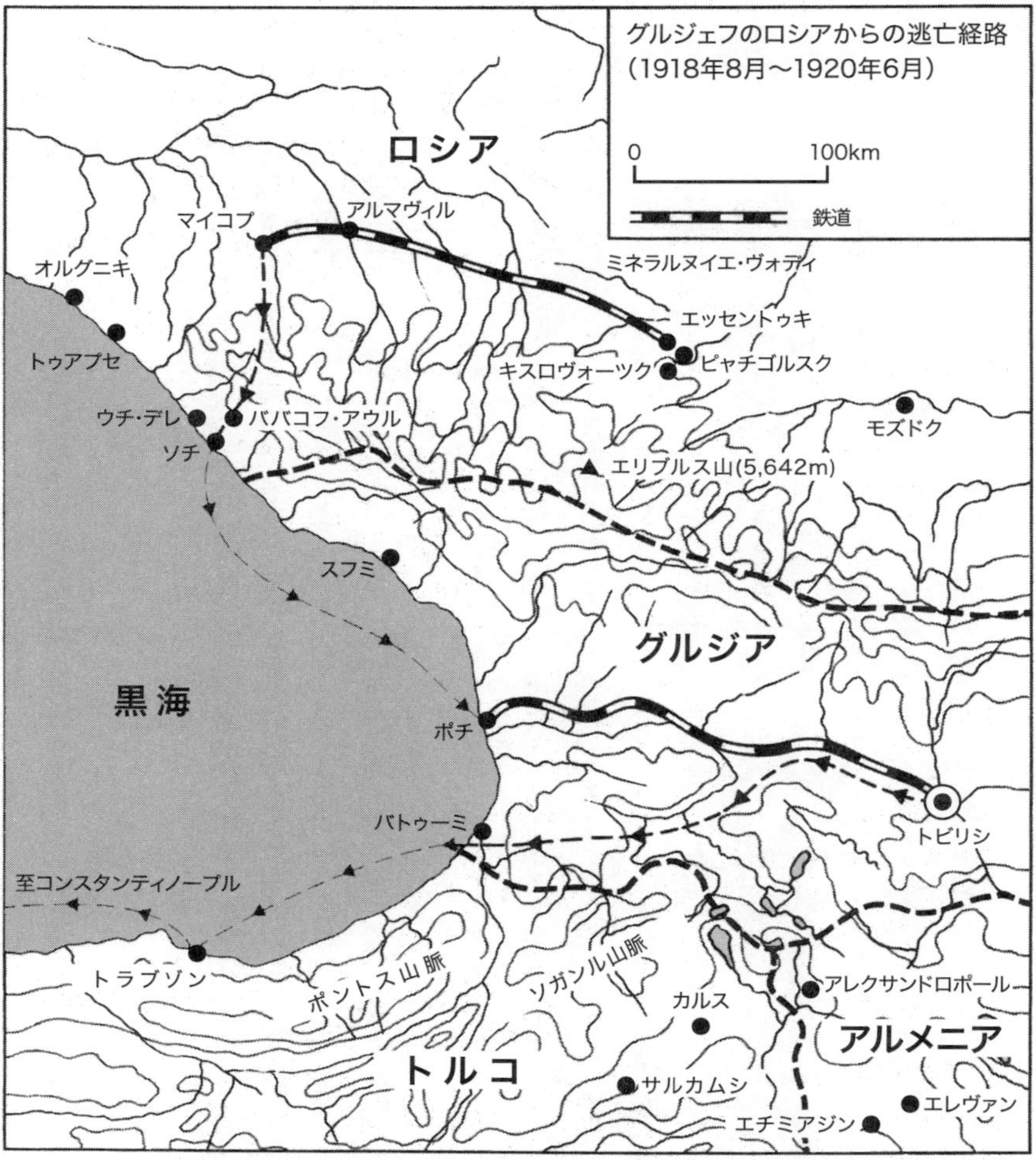
グルジェフのロシアからの逃亡経路
（1918年8月～1920年6月）
0
100km
鉄道
ロシア
アルマヴィル
マイコプ
オルグニキ
トゥアプセ
ミネラルヌイエ・ヴォディ
エッセントゥキ
ピャチゴルスク
キスロヴォーツク
モズドク
ウチ・デレ
ババコフ・アウル
ソチ
エリブルス山(5,642m)
スフミ
グルジア
黒海
ポチ
バトゥーミ
トビリシ
至コンスタンティノープル
トラブゾン
ポントス山脈
ソガンル山脈
カルス
アレクサンドロポール
アルメニア
トルコ
サルカムシ
エレヴァン
エチミアジン

将軍はマイコフを「解放する」とただちに軍法会議を召集し、絞首台を据えつけた。「見てみろ」とフィンランドの仏教徒が震えながら言った。「やつらはあっちでもこっちでも人々の首を吊っている」。[10] 一九一七年に軍務に服していたトマス・ド・ハルトマンでさえ、このときの光景は見るに耐えなかった。「二台の荷車にカンバスのおおいがかかっていたが、その下には、戦闘で死んだ人々の死体が乱雑に積み上げられているのが容易に推察できた」。[11] 彼はヒマワリの種を食べながら道ばたに立っていたが、種はあっというまに口の中でからからになってしまった。無感覚になった手に血をかよわせようとして、自分がベルトのついた汚れたシャツを身につけているのに気がついたとき、初めて彼は、実は自分も、ボルシェヴィキの粛清が荒れ狂っているさなかにボルシェヴィキを装ってマイコプに入ったことを思い出した。

トマスが急いで引き返すと、もっと気のきいた服を身につけたレオニード・スジャーンヴァルはすでにダヴィドヴィッチ・ナシンスキー将軍の副官の執務室に行っており、そこで、グルジェフが政治的にはずっと保守的であったこと、だから調査隊は白ロシアへの通行許可証をもらう権利があることを力説していた。予期に反して彼は疑惑の目で見られ、要請は簡単には受け入れられなかったが、そこにサンクト・ペテルブルクからある司令長官が現れ（こんな山奥では彼の素姓もあやふやだったのでよけい好都合だったが）、ドクター・スジャーンヴァルを個人的に確認し、れっきとした人物であると認めてくれたおかげで、問題はあっというまに解決した。紙が極度に不足していたための歴史の皮肉とでもいうべきか、「市民グルジェフ」が銃を携帯することを認めるボルシェヴィキの許可証がさっと裏返され、そこに許可を確認する文言が加えられたのである。

このグルジェフなる人物は、裏面に記載されている番号の銃の携帯を許可される。
署名と印章をもってここに証明する。

デニキン将軍代理
ヘイマン将軍

発行地　マイコプ
発行日　……

軍務長官
ダヴィドヴィッチ・ナシンスキー将軍

グルジェフはこれをありがたく頂戴した。グルジェフはこの司令長官を、この地方の神智学協会の主要メンバーとともに農場に招待し、お茶を振る舞った。しかし彼らが慇懃なあいさつを交わし、樫の木の下で自家製のチョコレート・ビスケットを食べている間にも、ボルシェヴィキ軍は逆襲の準備を整えつつあった。三日後に実行に移されたこの逆襲は実に徹底したもので、ブルジョア的遺物を完膚なきまでに破壊しつくし、マイコプの神智学協会の歴史も途切れることになる。

いかにもグルジェフらしく、一行は町の支配勢力が変わる一日前に出発し、権力側に言っていたようにトゥアプセには行かず、ベラヤ河をさかのぼっていった。一行は夜明けに出発した。真っ赤な朝日が刈り入れの終わったトウモロコシ畑をおおう薄もやを暖めていた。馬やロバは全力で引っぱり、荷車はきしみ、子供たちは大喜びで騒ぎ、大人たちは真剣で、油断なく見張っていた。トマス・ド・ハルトマンはテントの重い柱を足の上に落とし、ベラヤ河を渡るときには斧をなくした。まもなく一行は、並行して走る二つの浅い塹壕を通り過ぎた。先日まで兵士たちがにらみあっていたところだった。しかしすべての塹壕から兵士が去っていたわけではなかった。

「内戦鎮圧にあたる軍事活動がおよばない僻地」にたどり着く前に、グルジェフの調査隊は五度、ボルシェヴィキと白軍に制止されたのである。

グルジェフは彼らに共感を示し、この内戦においては完全に中立である旨を確言したが、これはまったくの真実だった。彼はそこで「私と仲間は超自然的なものに守られている[12]」と言ったが、これは比喩的なレベルでは正当な発言だったといえよう。しかしグルジェフが、両陣営とも彼らのことを「完全に中立だと考えていた[13]」と主張するのは事実に反する。それにまた、そしらぬ顔で「私は何ひとつ隠さず、言い逃れもせずにこの混乱の中を動きまわっている[14]」と言ったのも、あまりに見事な嘘なので賛嘆の念を禁じえないほどである。

どちらの陣営もグルジェフのことを中立だなどとは考えていなかったし、考えるつもりもなかった。両方とも自分の側についていると考えていたのだ。二種類の書類と人格をそなえたグルジェフは、状況を見抜き、それに自分を合わせる天才であった。相手によって肩をそびやかす程度を微妙に変え、言葉づかいや発音を選び、常に「ほほえみという言語」を巧みに使った。しかしそれでも、髪を振り乱した偵察兵や歩哨と思いがけず出くわし、しかもそれが赤軍か白軍かわからないときはかなり危険であった。マダム・スジャーンヴァルなどはよくあわてまちがったパスポートを出そうとしたし、子供の正直な言葉も命取りになる可能性があった。しかしエッセントゥキで行った疑似「思考伝達」の訓練はまったくの無駄ではなかった。演奏者が指揮棒に注意を集中するように、「科学者たち」はリーダーから目を離さなかった。グルジェフが右の口ひげをつまめばみんな白軍用の書類を出し、古い体制を支持するような言動をとった。もし左の口ひげであればボルシェヴィキ用の書類を出し、じっとしていた。近代史の中でも、一九一七年から一九二一年にかけてのコーカサスおよびトランスコーカサスでの紛争ほど激烈かつ複雑なものは少ないであろう。しかし時代は気まぐれである。民族的集団狂気と高揚した激情、ユートピアの夢とおぞましい殺戮、こうしたものが徐々に沈澱してその上に忘却の砂が降りつもったとき、おそらくその砂丘から、ワックスをつけた二つのグルジェフの口ひげが不可思議にも突き出していることであろう。

一行が五度目に、つまり最後に兵士たちに尋問されたとき、「そのコサック兵たちは邪魔したことをわびながら去っていった[15]」。その後は、グルジェフと弟子たちはすばらしい夏の終わりを楽しみながらゆっくりと旅していった。あちこちで破壊されたコサックの村から煙が立ちのぼっていた。古代のうっそうたる森が村々を取り囲んでおり、そこで彼らは甘い野生の梨や「コーヒー」用のドングリを集めた。しかしクミチュキだかハミシュキだかの村で道は終わり、苦難がやってきた。彼らは荷車を捨て、荷物を肩にかついで「果てしなく続く山を登りはじめた[16]」。

その夜は見張りを立て、高い斜面に打ち捨てられた小屋の近くまで行って火をたいた。グルジェフは言った（いささか時期尚早であったのだが）。「さて、ここはもう安全だ。もう人間に心配する必要はない。あとは野生の動物だけだ[17]」。ところが、暗闇の中をトマス・ド・ハルトマンと一緒にクミチュキの村まで下り、マダム・オストロフスカはじめ一行を連れて上がろうとしたとき、グルジェフは興奮した農夫に危うく撃たれそうになった。皮肉なことに、この農夫はボルシェヴィキがうろつきまわっているのだと勘違いしたのである。

グルジェフがトランスコーカサスで行ったこの踏査行をパロディにして茶化すほど簡単なことはないかもしれない。勇敢な女性たちは毒蛇やサソリがうようよする草地に膝まで脚を埋めて歩き、朝食には前の晩のたき火の灰で温めた芋を食べた。彼らには多すぎる二〇ものきらめく斧、砂糖のかたまりの巧みな分配、悪知恵と勇気をそなえたやんちゃなロバのマーシカ――グルジェフは（彼の銃で、であれば話としておもしろいのだが）折り重なるようにそびえる高峰を指し、三〇キロを超える運命を詰めたリュックを背負って急な勾配を登っていった。

こうした一見とりとめのない行動は、いわば「聖職者の裏切り」とでも呼ぶべきものなのだろうか？ それともこのときの経験は、ここに描いたものとまったくかけはなれたものではなかったにせよ……本質的に異なるものだったのだろうか？　歴史的に見れば、ベラヤ河畔、台地に広がる湿地帯、ルガナキーの緑の草原などの実際の地勢は、この旅がたどった心理的な過程に比べるとはるかに単純明快である。この旅の参加者が遭遇した山と谷は、地理上のものばかりではなかった。ロバのマーシカがしでかしたいたずらも大したことではなかった。参加者個々人の性格を明らかにすること——もつれあった忠誠心を解きほぐすという痛みを伴う作業、存在さえ気づかれていなかった個々人の中の徳の発見、精妙なものを粗悪なものから情け容赦なく分離すること——ここにこそこの旅の、外的にばかりでなく内的にも危険なこの旅の隠れたドラマと存在理由があったのではないか。

グルジェフが病気になったこともある。おいはぎが一行に忍び寄り、ド・ハルトマン夫妻に銃を突きつけてめぼしいものを取っていったこともある。馬は沼地に足をとられ、危うく溺れそうになった。また別のときには（これも同様にひどい話だが）、まちがって野生の毒キノコを入れたために、スープが台無しになってしまった。これ以外にも大小さまざまな危機があった。放浪している修行僧やシルケシア人の遊牧民が探検隊の青い筋の入ったテントのまわりに出没し、いろんな噂とともにコーカサスの白チーズをくれては去っていった。グルジェフはこう書いている。「ひとつだけつけ加えよう。この旅の全行程でもっとも印象的だったのは、クミチュキと……海の間に広がる一帯の、群を抜く美しさである。ここは実際、〈地上の楽園〉という格調高い名をつけるにふさわしいところだ。インテリゲンチャはコーカサスの他の地方にこの名を冠することが多い[18]が」

毎晩グルジェフは小さなガラス製の石油ランプを取り出して組み立て、石で作ったオーヴンでおいしいパンを焼いた。彼は弟子たちをほめたり勇気づけたりしながら、実例を通して教えた。夜明けになると慎重に石油ランプを分解しておさめ、気むずかしい動物に荷を積むのを監督し、そして疲れ果てている弟子たちを、地面をおおうほどに生い茂るキョウチクトウやツツジの茂みをかきわけて先導した。モンブランより八百メートル以上高いエリブルス山の頂上から北西に望遠鏡を向けて目を凝らせば、黒い蟻の群れが必死によじ登っている姿が目に入っただろう。また夜になれば、巨大な底しれぬ闇を針で突いたような炎を目にすることができたであろう。一九一八年の八月から九月にかけて、グルジェフおよびその一行の動きをとりまいていたのは、実にこのようなイメージであった。

山の西側にある最初の村、ババコフ・アウルに着いたときはどしゃぶりだった。グルジェフは先に一人で村に入り、ある親切なポーランド人のエンジニアの家に部屋をいくつか借り、みんなは大喜びでそこに落ちついた。グルジェフは五二歳だった。一日か二日疲れで寝こんだとしても、あるいは一週間くらいゆっくりしたとしてもとがめる者はいまい。しかしまるで逆だった！　近くの森にめったに人の行かないドルメンがあると聞いて興奮し、さっそく翌朝には何人かの弟子と地元のハンターを連れて出かけていった。元気よく山腹を登ると、まもなく一枚岩でできた二メートルを超える巨石構築物に出くわし、その上は重い岩で厳重にふたをされていた。

中には何があるのだろう？　「至聖なるもの」を突き止めようとするグルジェフの飽くなき衝動がこれほど単純な挑戦を受けたことはなかった。この箱型構築物の南東の側面には完全な円形の穴があいていたが、入るには小さすぎたのだ――少なくともグルジェフには。だが、今や骨と皮になってはいたが団結心だけは旺盛なオルガ・ド・ハルトマンは、たしなみも忘れ、下着姿になってこの直径三〇センチあまりの穴に身を沈めていった。オルガ・アルカジエヴナの人生はある意味で奇妙なものだった。彼女の母方の曾祖父は皇帝ヴィルヘルム一世だった。きらびやかな舞踏会で踊り、王子はじめ皇室の人たちがその手にキスをした。育ちの良さと財産のある者だけがもつことができるものをすべて手にしていた。ピアノを演奏し、ドイツ歌曲を歌い、五つの言語を話した。高潔で大きな才能をもち、皇帝の庇護を受けていた夫と同様、彼女も魅力的な人間だった。夫はグルジェフに従い、彼女はその夫に従った。そして彼女はここにいた。コーカサスのドルメンの中に。これはいかなる理性的説明も超えたことだった。

しかしその中には、彼女の頑張りに報いるような人工物、あるいは神秘的な意味をもっていそうな文字など何もなかった。彼女はやっとの思いで這い出した。しかしグルジェフはこのドルメンを計測し、計算で得た一本の線の上に木の枝を並べながら処女林の中へ入っていった。そしてある地点に来ると生い茂った下草をかきわけ、二つ目の古いドルメンを掘り出したのである。これには弟子も地元のハンターも仰天してしまった。さらには三つ目も見つけた。この先史時代の遺跡からは急で危険な下りが続いた。ド・ハルトマン夫妻はどうやって下りたらいいか聞いた。ハンターたちはしかつめらしく「尻ですべるのさ」と言ったが、これはグルジェフをいたく喜ばせた。

ババコフからはずっと下りだった。エッセントゥキから来た調査隊は急坂を転がるように下っていった。身体のあちこちが痛み、保存食は底をつき、苦痛はその極に達し、「マラリア用医薬品」も全部なくなった。そしてついに、夜も遅くなって、一行はやっとソチの灯が黒海に照り映えているのを目にしたのである。彼らは背筋を伸ばして町に入り、最高級のホテルに部屋をとると、風呂に入り、正装して夕食に向かった。グルジェフはオルガ・ド・ハルトマンに『ラクメ』の〈鐘の歌〉★24を歌いなさい[19]」と言った。彼女はぎこちなく立ち上がり、ピアノのところへ行くと、コロラトゥーラ・ソプラノ*のような音域は出せなかったものの、「若いインドの娘はどこに行くの？」を歌った。レストラン中が聴き入った。グルジェフ（かつて『モスクワの声』紙上に広告を載せてこの稀に見るドラマの幕を上げた「あるヒンドゥー教徒」）は、静かにブラック・コーヒーを飲みながら彼女を見ていた。

これは彼ら一行が共有した最後の親密な時であった。ゆっくりと熟していくソチの秋、友好的なシルケシア人に囲まれたグルジェフのグループは、しかし皮肉なことに、苦労して達成したあの団結力を失い、事実上分裂しかけていたのである。なぜか？　グルジェフの資金がつきたからか？　あるいは彼の忍耐力が切れたのか？　彼はたしかに書いてはいる。「われらが〈ゴルゴタへの道〉の途上で……あるメンバーが……われわれが視野においている高い目的にはまったくそぐわない態度を示した」[20]と。たしかなことは、グルジェフにとって大半のメンバーよりも大切であったザハロフとペトロフの離脱は、追放とか背信行為といった言葉で説明できるものではないということである。彼らは去ったから去った、としか言いようがない。グルジェフは言っている。「もしひとつのことが変わりうるなら、すべてのことが変わりうる」[21]。誠実さと高度の知性をそなえたこの二人は、離脱の苦しみをやわらげる口実を作り出していた。職務上の義務がある。母もいる。ミネラルヌイエ・ヴォディには義勇兵が結集して、この地方を解放しようとしている。それに、グルジェフはまもなくそこにもどって、形を整えた上で教えを再開するのではないか？　こうした神話を作り上げながら、彼らは自らの志気を鼓舞し、ついには破滅へと下っていったのである。

グルジェフにとってもこれは不思議な時期だった。彼のとりまき連は日毎に減っていった。彼らはマイコプへ、エッセントゥキへ、さらにはキエフへと列車で去っていった。グルジェフとマダム・オストロフスカは不如意のまま彼の従兄弟の家に寄寓していたが、この従兄弟は肺結核の末期にあり、世界を吹き飛ばすほど咳こんでは血を吐いていた。この哀れな従兄弟はドクター・スジャーンヴァルに看てもらっていたが、ついにオルガ・ド・ハルトマンの腕の中で死んでしまった。

ペトログラードから来た核となるわずかなメンバーはいまだに変わらぬ忠誠を表明していたが、グルジェフの方は毎晩シルケシア人の士官クラブへ行ってヴィントをやっていた。こんなことをするには彼なりのわけがあっ

訳注＊――トリルなどの華麗な技巧を駆使するソプラノ歌手。

た。まばゆいシャンデリアの下でグルジア人の火のような心意気に触れると、わんさといる上流階級や資産家の亡命者たちの気持ちもなごんで口も財布の紐もゆるむ。そこへグルジエフは毎晩出かけていっては、緑の賭博台からルーブルを巻き上げるだけでなく、彼とその一行がどうしても必要としていたさまざまな軍事的ゴシップもどっさり仕入れてくるのであった。

　クラブの中は暖かかった。しかし戸外では、時がたつにつれて、この四〇年で一番の寒さがコーカサス全体をおおいはじめていた。人間の力を超えたこの悪意は、飢えた無知な軍隊の残虐行為と将軍たちの犯罪的な虚栄心を厳しく叱責し、許すことはなかった。アントン・デニキンと彼を支える義勇兵、それに彼らを助けるコサック兵たちは、たしかに一時的には北部でボルシェヴィキの肝をつぶしはしたが、今ではグルジア人の南部への侵入を強く非難する電報を打ってきていた。ソチにいるダシナク党やその他多くの影響力のあるアルメニア人は、デニキンを煽動して武力でソチを「解放」しようとしていた。しかし緑軍近衛隊は彼に敵対する決意を固めていた。また一大紛争がもちあがりそうだった。

　しかし、ここでもまたグルジエフは惨劇の一歩先を見ていた。そしてこの一歩はきわめて重大だった。一九一九年一月半ば、グルジエフは弟子たちに、荷物をまとめ、船の汽笛が聞こえしだいすぐに桟橋に行くよう告げた。こうして男女二人ずつ、計六人の新時代の使者たちが、ソチの桟橋をよろめきながら船へと乗り移った。グルジエフとマダム・オストロフスカ、スジャーンヴァル夫妻、そしてトマスとオルガ・ド・ハルトマンである。彼らが乗りこんだこの悲惨な箱舟は、トゥアプセから来たへどを吐く避難民で超満員で、ノミやシラミがうようよしていた。船は燃料が底をつく危険をおかし、強く吹きつける逆風をついて南下した。彼ら一行はデッキにかたまっていた。雨でずぶぬれになったが、誰もひとことも言わなかった。言ったところでどうなろう。そしてついに二日目の午後、彼らは小さなポチの港に着き、下船した。桟橋に立っている野生の椰子は霜にやられ、白い水晶の花が咲いているかのように不吉に輝いていた。

ポチの駅はごったがえしていた。すべてが混乱し、げっそりするほど不潔で、トランスコーカサス風のつららの下がった精神病院とでもいった風情であった。こんなところで列車の時刻を聞くなど馬鹿げた行為に思われた。誰が見ても希望はなさそうだった。それでもグルジェフは「ほほえみの言語[22]」と鉄道労働者特有の言葉を駆使して、空いた客車で一晩泊まる許可をとりつけてきた。その夜、われらが主人公はどんな突飛な夢に苦しめられたのだろう（彼は四〇度近い高熱に苦しんでいた）。もう帰ってはこない、若き日に駆けた丘から鳴り響く寺院の鐘の音を聞いたのだろうか？　それともラクダの鈴の流れるような銀色の音を？　あるいは「ヴラコフ司祭と腕を組んで歩く」夢を見てうんざりしていたのだろうか？　それとも、あの耐えがたいルボヴェドスキー王子の祝福をもう一度受けて、それに耐えていたのだろうか？　長い間連絡もせずに放っておいたさまざまな女たちが、髪を振り乱し、「それぞれの情熱を身体で表しながら」彼につめよっていたのであろうか？　それとも長年彼に仕えてきた賢い老犬フィロスが、幻のチョウセンアザミと死んだスズメで列車をいっぱいにする夢を見たのだろうか？

ともかく、この非情なまでに醒めた一月の早朝、グルジェフが目覚めたとき、将来に対するかんばしい見通しなどまったくないことに気づいたのはたしかである。財布は軽く、ひげはそらず、彼の力も家族もちりぢりになっていた。ワークも、将来のさまざまな計画も、彼が保護している五人の途方に暮れた者たちを「地獄の真ん中から端っこまで[23]」引っぱってくるうちに消えてしまった。二年前、ペトログラードの駅のプラットフォームで光輝く変貌を見せたグルジェフは神ともみまごうばかりだった。今日ポチの駅のプラットフォームに立つ彼は、残酷な運命に追いつめられた普通の人間のように見えた。もしグルジェフが大半の人間よりも高い存在（ビーイング）をもっていたとするなら、その苦しみも相応して大きかったはずだが、そのことで彼を憐れむなどまったくの見当違いである。腹をすかせ、ぼろぼろのコートをまとってトビリシ行きの列車に腰をおろしたグルジエフは、この苦しみを咀嚼していた。グルジエフがもっている「私」の感覚はあまりに強く確固たるものだったので、彼の内部で音を立てているかのように思われた。

5 メンシェヴィキに囲まれて

［1919.1〜1920.5］

事態が変われば変わるほど彼らは変わらなかった。ティフリスは一九一七年にはグルジアの愛国主義の波の中でトビリシと改名されたが、厳しい寒さで人気もまばらな通りの多くにはグルジェフの思い出がまとわりついていた。この町の丘には、かつて若き日のグルジェフが火夫として汗を流した鉄道操車場があった。ここで彼は、汽笛係として働いていたカラペットと一緒に「俺たちゃ飲み過ぎやしない」を歌ったものだった。ここにはまた、そういったものに眉をひそめるかのように、黒ずんだ神学校が建っていた。アレクサンドル公園に面したところには遊歩道があり、何十年も前には、ボゴシャンやイェロフと連れだって本屋から本屋へと歩きまわり、知識を貪欲に吸収したものだった。彼らはこの町で自分の機知だけを頼りにずぶとく生き抜いてきた。その間、それぞれに異なる精神的な道を求めて奮闘していたが、その奮闘はやがて遠からず彼らを「はるか彼方の」土地へと導くことになった。そして今グルジェフは帰ってきた。一人で。存在（ビーイング）を深め、財布を空っぽにして。

グルジェフはすぐに従兄弟のトゥラジェフ一家のところに転がりこんだ。まだ高熱に苦しんではいたが、「すぐにもこの町を東奔西走し、いかなる犠牲を払ってでもこのどん底状態から抜け出さなければ[1]」という衝動に駆り立てられた。彼の足は自然にティフリスの旧市街（ロシア人地区の東にある狭い地域）に向かった。ここにあるタタール人のバザールはほとんど変わっていなかった。年をとらないかのようなヴェールをつけた女たちが、鉄格子の入った高い窓から、ネズミが走りまわる迷路のような道を見おろしていた。チャイハナは昔と同じ香り高いお茶を出し、古くからあるキャラヴァンサライはラクダに乗った商人たちにいつもながらの宿を提供していた。一九一八年一二月に、この地での駐屯を命じられてバトゥーミの英軍連隊から派遣された小さな部隊の士官たちは、箱型のブラウニー・カメラ*を首から下げてほっつき歩いていたが、うつろな近代主義の侵入を警告しているのは彼らのそんな姿だけだった。しかしこの近代主義はやがて遠からず、古きよきティフリスを忘却の彼方へと連れ去っていくのである。

とはいえ、バザールの絨毯商人たちにとってこれはいい時期だった。どんな怪しげな絨毯でも、コンスタンティノープルへ出荷できたのである。コンスタンティノープルでは、連合軍配下の、ろくに鑑識眼もない若い士官たちが貪欲に買いあさるせいで、またとないインチキ市場ができあがっていた。一九一九年のトビリシでは、おそらくグルジェフほど絨毯のことをよく知っている者はいなかったであろう。織り方、その起源、シンボリズム、様式、修繕技術、市場での価値、どれをとってもそうであったが、とりわけ人間の暗示感応性の法則については彼以上に理解している者はいなかった。ドミトリの友人や、彼の義父である大主教マルティニアンの友人たちは、愚かにも危険をおかしてこれに投資した。グルジェフは安い絨毯を買いこんでは高く売った。忠実でよく働く見習いの職人を何人か雇い、いい絨毯を探し、洗い、修繕する方法を教えこんだ。マダム・オストロフスカと一緒に、彼はますますこの仕事に没頭していった。そして三週間のうちには「全員が十分食べていけるだけでなく、かなりの金があまる[2]」ほどになっていた。

エッセントゥキを離れるという苦渋に満ちた決断が正しかったことが、すばらしいスピードで証明されていった。ここグルジア以外では、トランスコーカサス全土を荒廃した陰鬱な雰囲気が支配していたが、グルジアのメンシェヴィキたちが押し進める社会民主主義的な共和国は実に寛容で、雪に埋もれた季節はずれの最初のクロッカスをなだめすかしながら萌え出させ、グルジェフが待ち望む春の到来を準備していた。ドクター・スジャーンヴァルは仲間の亡命者たちの苦悩や精神的な危機の中に、小規模ながら新しいワークの実践の可能性を見出していた。（その本拠はクラ河の西南岸にあるロシア人地区におくつもりだった）。トマス・ド・ハルトマンは旧友の作曲家、ニコライ・ニコラエヴィッチ・チェレプニンにばったり出会った。チェレプニンはハルトマンに上級音楽学校の作曲法の教授の地位を与えてくれた。こうして、目をぱちくりしている間にハルトマンは二千人の学生をかかえ、町の文化の中央に身をおくことになった。オルガはトビリシのオペラ座で行われた祝祭オペラで『カルメン』のミカエラ役を演じるよう要請された。このオペラ座はパリのオペラ・コミック座ほどの大きさがあった。

一九一九年二月に鳴り物入りで行われた『カルメン』の初演は、オルガにとっては試練であると同時に勝利でもあった。

第四幕に入ったとき、ホールの後方の席に黒い点が見えた。こんな場所に黒い帽子をかぶってくる人などいないことは知っていたので、それがミスター・グルジェフであることはすぐにわかった。……彼は公演前にこう言っていた。「もし心配ならよく見なさい。私はそこにいるから。ほかの誰のことも考えないで、ただ歌いなさい」。ミカエラの祈りはわれながらすばらしい出来だった。私はひざまずき、感情をこめ、ピアニッシモで、高いハ音をいつまでも鳴り響かせていた。[3]

しかし幸福感につつまれたこの若い独唱者は、見かけとは裏腹に危険な状態に陥りつつあった。弱音は吐かな

訳注＊——コダック社製の廉価カメラ。

かったが、ソチで死の床についていたグルジェフの従兄弟を看病して以来ずっと具合が悪く、日に日に弱っていった。もしかしたら結核にかかっているのでは――とは思いもよらなかった。専門医が呼ばれ、診断の結果肺の病気であることがわかった。医者はオーストリアの山中のサナトリウムへ行くことを勧めた。そこに行けば希望があるが、さもないと――彼は首を振った。グルジェフは別の意見をもっていた。ベーコン！　オルガは毎朝ベーコンを食べなければならない。それに、いくら寒くても外のベランダで寝なくてはならない。また食事の前には、彼自身が特別に作った赤ワインをグラスに一杯飲むこと――というのである。彼女はそれに従った。三週間後に同じ医者が呼ばれて彼女を診察したとき、「彼は『私の言いつけどおりサナトリウムに行ってよかったですね。もう肺には結核の痕跡もありませんよ』と言ったものだった[4]」。

『カルメン』のリハーサルが進み、すばらしい舞台や照明が据えつけられていた頃、グルジェフはこのオペラの制作者が、リルケやカンディンスキーとも親交のあったアレクサンドル・グスタフ・ザルツマンであることを知った。一八七四年一月二五日にティフリスで生まれたザルツマンは、この地での生活を楽しんではいたが、実際は世界市民とでもいうべき人間だった。芸術家であり、発明家であり、山林監視官であり、「それ以前はダルヴィーシュであり、ベネディクト会の修道士であり、柔術の師範であり、治療師であり、舞台デザイナーであり、……ともかく驚くべき人間だった[5]」。ザルツマンの一族はバルト海沿岸の出身で、彼の顔には、北方人特有のメランコリーが、決して溶けない永久凍土層の氷のようにしみこんでいた。しかしそれとは対照的に、彼の活力あふれるポスター風の絵は（その象徴性が人の心をとらえる点ではヒエロニムス・ボッシュを思わせた）楽観主義とユーモアにあふれていた。彼がかつてサンスクリットや中国の書道、均整に関する根本原理、あるいは黄金数*を研究したことは、彼の感性が高度に洗練されていることを示していた――しかし、「彼は芸術的に洗練されてはいたが、そこには何か野性的で荒々しいものがあった。……ひげのそり方も実に単純だった。乾いたかみそりでひげをそぎおとすのであった。これさえ彼にとっては譲歩だったのだ……」[6]。

グルジェフとザルツマン夫妻が（ド・ハルトマン夫妻の骨折りで）初めて対面したのは、一九一九年の復活祭だった。実に興味深い対話が行われた。グルジェフはトマスにこう言った。「彼は実にすばらしい男だ。彼女の方は——知的だ」[7]

ジャンヌ・マティニョン・ザルツマンの知性は、精神のみならず肉体にも宿っていた。一九一一年、当時二二歳の美しいジャンヌは、エミール・ジャック＝ダルクローズのリトミック学院で舞踏を学んでいるときにアレクサンドルと出会い、ヘレラウで結婚した。動きやリズムに対する情熱的な関心は、困難な旅行や、世界大戦やロシア革命によって引き起こされた緊急事態にもひるむことはなかった。その関心はすばらしい夫を得ていっそう深まったが、同時にどうしようもない欠乏感に悩まされてもいた。……こういったことすべてが、グルジェフとの出会いにうってつけの条件を準備していた。ザルツマン夫妻は二人とも、洗練された文化に属する強い個性をもった人間であった——ウスペンスキーにまさるとも劣らなかった——が、このトビリシでグルジェフは彼らの生活の真ん中を横断していき、強烈な力で彼らを自分の軌道に引きこんだのである。

ジャンヌ・ザルツマンが前評判の高かったリトミックの公演に向けて練習に励んでいた頃、偶然エッセントゥキでグルジェフが神聖舞踏を教えていることを聞き、無鉄砲にも自分の教えていた全クラスを彼の手にゆだねてしまった。ギリシア服を身につけた若い女性ばかりのジャンヌの教え子たちは、今や続発するショックに身をさらすことになった。

訳注＊——メトン周期（二三五朔望月の周期。ほぼ一九年にあたる）の何年目にあたるかを示す数。復活祭の計算に便利な素材となるので教会暦に採用された。中世教会暦にこれを金文字で表記したのでこの名がある。

ミスター・グルジェフは生徒たちにあいさつし、五分か一〇分の間じろじろ見つめていた。……と突然、整列、右へならえ、左へならえ、と軍隊調で命令を始めた。それから彼の前に一列に並ばせると、こう言った。「〈神聖舞踏〉を始める前に、君たちはまず回転を学ばなければならない[8]」

グルジェフが音楽学校の作曲法教授のトマス・ド・ハルトマンをクラスのピアニストとして連れてきたときには、彼女らは驚きながらも喜んだ。しかしトマスに（彼が市庁舎で行うピアノのデヴュー・コンサートのわずか三〇分前に）六つの「義務的」舞踏のひとつをやってみせろと命じたときには、彼女らも目をむいた。その舞踏は「両手に全体重を乗せたまま、足をきわめて強力かつすばやく動かす[9]」というものであった。そのうえグルジェフは、まるでわざといざこざを引き起こしでもするかのように、理想に燃えたこの若いアマチュアたちに少額の金を要求したが、そのときには彼女たちはほとんど反乱寸前であった。ところがジャンヌ・ザルツマンは「彼女の全権威とグルジェフ氏のワークに対する信頼とをもって、なんとか教え子たちを説き伏せてこの新しい〈エクセサイズ〉を続けさせたのである[10]」。

一九一九年の復活祭の直後、思いがけずドミトリがトビリシに現れ、待望久しかったエッセントゥキのニュースをもたらした。グルジェフの母と妹は、凍りつくような寒さと飢え、そして腸チフスの蔓延する冬に苦しめられてはいたが、なんとか生きながらえていた。彼らはグルジェフを「心に抱いて」頑張っていたが、危険な旅をしてまで彼のところに行くことは躊躇していた。グルジェフの絨毯のコレクションは略奪されてしまっていたが、取り返された品のいくつかは公共の遺失物保管所に留めおかれ、請求者を待っていた。ウスペンスキーは「エッセントゥキ・ソヴィエトの図書館員」と偽って、このボルシェヴィキの支配地でうまく生き延びていた。そして今では自分のグループを作って、グルジェフの思想を教えはじめていた。

グルジェフは思いをめぐらせた。誰かが彼の妹とウスペンスキーへの手紙をもってエッセントゥキへ行き、同時に残っている貴重品を取ってこなければならないと考えた。男をあの地へ送りこむなど狂気の沙汰だとドミトリは言い張った。たちまち白軍ないしは赤軍に捕まってしまうと言うのだ。オルガは述懐する。「ミスター・グルジェフが私に行けと言ったとき、私は恐怖におののきました。……彼は何枚かの金貨と、どうしても必要になったときに使う特殊な錠剤の入った奇妙な小箱をくれました」[11]。必要がなかったときにはその箱は返すようにとのことだった。グルジェフの意図は明らかだ。こうした状況に対処する能力をもっとも欠いた弟子を渦中に投げこみ、生き延びる術を身をもって学ばせること。貴族階級出身のオルガは一人で道を歩いたことさえなかったのだ。こうした冷静な計算があったことはもちろんだが、危険を伴うのもたしかであった。

いつ果てるともしれない次の一週間、グルジェフは内に秘めた心配とトマス・ド・ハルトマンの眼差しに耐えた──そして、ついに元気いっぱいのオルガが帰ってきた。列車と船を乗り継ぎ、バトゥーミからノヴォロシースクを経由し、あらゆる可能な手段を講じてエッセントゥキまでの旅をやりとげたのだ。アストラハン・コート、一家所有の値をつけられないほど貴重な八枚のペルシアの細密画、そしてグルジェフのアンティークの絨毯二枚がおみやげだった。見も知らぬ者が話しかけてきても彼女はそつなく切り抜けた。いかなる障害にも負けなかった。官僚の悪意も、大きな黒いひげをはやした汚い老人が近寄ってきたときも、海の嵐にも打ち勝ったのだ。(「あの錠剤は船が沈んだときにだけ使おうと思っていました」[12])。グルジェフが弟子たちを鍛えあげるそのやり方は、彼らを試し、逆説的だが繊細にすることによって堅固にし、たえず移動させて、長い、気を滅入らせるような苦難を彼と分かち合わせる、というものだったが、この方法は驚くべき力を彼らに与えた。

一九一九年六月二二日の日曜日、ジャンヌ・マティニョン・ザルツマンはトビリシのオペラ座で初めてのムーヴメンツの公演を行った。グルジェフはどうしていたのだろう? たしかに彼はジャンヌに大きな試練を与えた。しかしそのために彼は神聖舞踏の評価を落とす危険をおかしたのではないか？　この公演には好意的な評価も与えられはした。しかしそうはいっても、グルジェフが探し求め、ついに見出し、そして統合した叡智は、そして彼が自ら選別した弟子にモスクワ、ペトログラード、およびエッセントゥキで伝授した叡智は、結局エソテリックなものであった。「弟子たちにだけ語られる事柄がある」[13]のである。

とはいえ、切符売り場でなにげなく差し出される一枚の入場券は、聖域への入場を許す許可証のようであった。グルジェフが、人を寄せつけぬ地にひっそりと立つ修道院からこのオペラ座まで、いかに想像を絶する道を歩んできたか、それを感覚的につかむためには、深く思いをめぐらせなくてはならない。未来を確実にするためには、十分な数のよい弟子を集めることが不可欠だった。この要求を満たすために、彼は自らの教えを世俗化するか、あるいは単なる排他的な徒党に堕するか、その両者の間に張られた細いロープの上を渡らざるをえなくなった。呼ばれた者は多いが、選ばれた者は少ない。グルジェフの教えの本質的な部分は、世俗化の波にさらされながらその中を巧みに泳いだ。その教えは、鍵をかけ、暗号を使い、禁止条項を課すことによってでもなければ、社会的な仮面によって人目を遠ざけることで守られたのでもない。むしろそれは、精神的なものに対する人々の許容量によって逆説的に、すなわち秘儀的に守られたのである。

トマス・ド・ハルトマンは新たな課題を出された。神聖舞踏のピアノ伴奏者になるためには東洋音楽の特徴をマスターする必要があった。グルジェフはハルトマンに、アルメニアの民族音楽研究家であり、この民族が生んだ天才であるコミタス・ヴァルダペットに対する関心をもたせようとした。まもなくハルトマンはトビリシの音楽学校の演台をつかんでこう語りかけた。「私はこれから、今はコンスタンティノープルにいるコミタス・ヴァルダペットについて話したい。現在彼の精神状態はきわめて悪く、金も精神的援助も、家庭も友人もなく、すべてを失って、ただアルメニア人の大虐殺を呪っているのです」[14]。ほんの三カ月前までトマスはコミタスのことなど聞いたこともなかったのに、グルジェフの影響を受けた彼は、この場の演題としてそれしか思いつかなかったのだ。

一九一九年七月の初め、オルガがコンサート用のレパートリーとしてアルメニアの歌曲を勇んで取り入れたとき、グルジェフはド・ハルトマン夫妻をアルメニアへの文化訪問に送りだした。エレヴァンに着いた彼らは、コミタスの最大の業績は古いネウマ*を解読したことか、それともアルメニアの古い民族的なメロディーを和声および対位法を使って探り当てたことかと論じ合っていた。夜にはベッドのまわりに「灯油をまいて魔法の輪を描き」[15]、シラミや害虫を入れないようにした。昼にはコンサート会場に歩いていきながら、小麦の非効率的な配給のありさまを目の当たりにして心を痛めた。「家を失い、飢えた人々は死体のように座りこみ、ただ死を待っていた」[16]。滞在の最後の夜、ド・ハルトマン夫妻は大主教サルパザン・ホーレンから、ザンガ河を見おろす彼の家に招待された。

夜がふけると、南方の暖かい大気の中で満月が輝き、アララト山はもやにつつまれた。忘れられない光景だった。この光景に唱和するかのように演奏されたのは、本物の東洋の音楽……「間隙」を伴った違った種類の「バヤティ」だった[17]。

グルジェフの意図したとおり、トビリシに帰ってきたトマスは美や残虐性、そして彼の師が受け継いだアルメニアの遺産の特徴である太古からのメランコリーに染まっていた。それらをすべて音楽で表現しようと意気ごん

訳注*――――中世の聖歌等の記譜に用いられた旋律の動きや音の高低を表す記号。今日ではローマ・カトリック教会の典礼書の中で、グレゴリオ聖歌を記譜する場合にのみ使われる。

でいたのである。

七月の終わりに、グルジェフは弟子たちを連れて山間のリゾート地のボルジョミに移り（ここには国民劇場の団員たちも避暑に来ていた）、オルガに対する情け容赦ない教育を続けた。彼の古いコートはすりきれて色あせていたが、新しいものは手に入らなかった。そこでオルガになんとかできないか、裏返して使うことはできないかともちかけた。しかしどうやればいいのだろう？ 縫い目にそって白い糸で印をつけ、縫い糸を取ってコートをほどき、アイロンで古い縫い目を消し、次に新しい縫い目にアイロンを当て、それから白い糸にそって縫い合わせる――実に初歩的なことだった！ ところが、これまで一度も針など手にしたことがないオルガはぞっとした。やってみて、師のコートを台無しにしてしまったらどうしよう？ ユリア・オストロフスカならできるのではないか？ できるだろう――しかし、だからこそやるべきではなかったのだ。オルガはとりかかった。ピリピリしながら小さなアイロンを原始的なストーヴで熱し、苦労して仕事を進めた。しかし決意は固かったので、比喩的にいえば、進める過程で彼女自身の裏と表がひっくり返ったのである。この種の心理的大回転はまさにグルジェフが主要な目的とするところであった。古い自分を支えるような抽象的概念は与えられなかった。「グルジェフは黒板に図表を描いて教えるということはしなかった。彼の教授法はそんな心地よさからはほど遠いものだった。彼は生身のわれわれから経験を切り取り、それを使って教えるのであった[18]」

ボルジョミから帰ったグルジェフ一行がトビリシにうまく落ちついたかどうかには、やや疑問がある。彼はこの都市のさまざまな舞台で演じる自分の役割には満足していた。ドミトリの家の暖炉の前では大家族の長、タタール人のバザールでは成功した商人、上流階級が出入りするクラブのタバコの煙が充満する談話室では、ひそかな影響力をもった文化的黒幕、キャバレー・キメリオンでは陽気な飲み仲間……トビリシ詩人クラブが経営していたこの地下のいかがわしいキャバレーでは、弾むような黒人のラグタイム・シンガーたちが、リディア・ジョンソンの飛び跳ねる脚を見て興奮しているシルケシア人の客たちに、お決まりの自堕落な歌をわめきたてていた。ここでグルジェフは、酔っぱらったとりまき連に混じって「白痴の楽しみ」*を味わっていた。とりまき連の中には、モダニズムの画家であるソリン・スジェイキンとセルゲイ・スジェイキン、詩人のロバキジェやパオロ・ヤシヴィーリがいた。たしかにトビリシは快適なインターヴァルだった——それも、無期限に引き延ばして楽しみたいという誘惑にかられるインターヴァルであった。

しかし……キメリオンの緑のラシャ張りのドアの内側では、ジプシーのヴァイオリンや賢ぶった馬鹿話をするインテリたちのおしゃべりはしだいに影をひそめ、もっと差し迫った話題に道を譲りつつあった。グルジアの大変動と未来に対する不安はトビリシ市民を心の底から揺さぶり、生の意味を問い直すことを迫った。インフレはとどまるところを知らず、凶作が予想された。迫りつつある危機と物資の欠乏の予感は、生の意味に答を与えてくれる本物の思想に対する急激な飢餓感をもたらした。生の意味はどこに行ってしまったのか？　こうした実存的な飢餓感をグルジェフは必然的なものと考えたが、彼自身がこの疑問に答える運命にあったのである。

まるで過去のごたごたを忘れたかのように、グルジェフはすぐさま以前の弟子に手紙を出し、新たな企画に参加するよう誘った。しかしこれに応じる者はいなかった。ペトロフは今ではロストフの国民学校の校長になっていたし、ザハロフはエカチェリノダールの義勇軍の宣伝部隊にどうしようもなく巻きこまれていた。それぞれに来れない理由があった。ウスペンスキーだけが信念に基づいてこの申し出を断った。(彼の自己正当化のかすかな拠り所は、自分自身のグループを指導したいというはっきりした希望であった)。いや、もしグルジェフがこ

訳注＊———「白痴（イディオット）」はグルジェフ独自の用語で、彼によれば人間はすべて何らかの種類の「白痴」であり、自らの「白痴」性とそのタイプを認識することはきわめて重要であるとして、特に後年、パリのグループでは、「白痴の晩餐会」を頻繁に開いて、それを知る一助とした。このあたりの経緯は、ジョン・ベネットとエリザベス・ベネットの共著『パリの白痴たち』に詳しい。

の最新の計画に助力を求めるのであれば、彼はもっと思いがけない方面を探るべきであった。ボルシェヴィキが「市民グルジェフ」の科学的調査を許可し、資材を提供してくれてから、すでに一年がたっていた。メンシェヴィキ政府は、啓蒙的な思想や国家統合、技術革新、そして前衛的なものに強い支持を表明していたし、また一種崇高なまでの愛国心によって、トビリシをなんとか「世界の文化的中心地」[19]に仕立てあげようとしていた。このメンシェヴィキ政府なら、ボルシェヴィキと同じくらい扱いやすいかもしれなかった。

彼らを思いどおりに動かすためには、なんといってもまず、この時代に合った組織という仮面をつけておく必要があった。表層の下にひそむグルジェフ自身が体現していたリアリティは決して変わることはなかったし、弟子の中核となる者たち——献身的なユリア・オストロフスカ、真剣な弟子であるドクター・スジャーンヴァルやド・ハルトマン夫妻、そしてザルツマン夫妻——の誠実さも同様であった。一九一九年九月、グルジェフは彼らを太陽が照りつけるハルトマン家のベランダ——グルジェフの指示に従ってオルガがベーコンとワインの食事療法を行ったベランダ——に集め、トビリシに永久的なセンターを設置する旨を極秘に告げた。「この組織になんという名称をつけるかね?」[20]——グルジェフがやや大げさに聞いた。弟子たちは黙りこんだ。どんな名称をつけても（言葉では表現しようのないその精神的な本質を言葉で暗示しようとすれば）戯画になることはまちがいなかった。ぎこちない沈黙が続いた。最終的に選ばれた名称は、大衆の反応を挑発する稲妻のようなものになりそうだった。人々を引きつけるかもしれないし、強い反発を引き起こすかもしれなかった。突然の成功をもたらすかもしれないが、逆に迫害を受ける可能性もあった。いずれにせよ、ある運命を引き寄せることは必定だった。「歯磨きのチューブをしぼるように、ついにわれわれは〈調和的〉という言葉をしぼりだした」[21]

十日後、教育人民委員（文部大臣）である同志、G・ラスキンヴァイリの机の上に、「人間の調和的発達のための学院」の設立者であり、学院長であるG・I・グルジェフなる人物から一枚の嘆願書が出された。人間の意志、記憶力、注意力、聴覚、思考、感情、本能を発達させる先進的な心身相関システムをグルジアの人々に薦めたい、という内容のものであった。このシステムは、

　ボンベイ、アレクサンドリア、カブール、ニューヨーク、シカゴ、クリスチャニア、ストックホルム、モスクワ、エッセントゥキなどの大きな都市で、また真に国際的なあらゆる集まり、家庭、厳しい活動を続けている宗教団体などにおいてすでに実施されています。[22]

　このうたい文句は馬鹿げている。理知的な頭脳に警鐘を鳴らすためにでっちあげた大ぼらのようでもある。どうしてグルジェフはこういつも中傷を受けるようなことばかりするのだろう。「オゼイ王子」とか「あるヒンドゥー教徒」などと名乗ったりするのだろう。なぜ「山師」というレッテルをはられるようなことをするのだろう。深遠かつ微妙このうえない真理を、どうしてとてつもない嘘という形で示すのであろう。グルジェフのユーモアのセンスが高度に、いや極度に発達していたことはまちがいない。それに彼は限界状況をひどく好んだ。現実と超現実を分かつ線には長さはあるが幅はない。さまざまな挑戦を受けながらも、グルジェフが酷評も受けずにこうした状況をくぐり抜けたのは、まさにこの線にそってであった。シルケシア人は、酒と女に対してと同じくらい詩にも敬意を表する国民性をもっており、これが奇妙にもグルジェフと波長が合ったのである。ラスキシヴィリ大臣にはさほど奇矯なところはなかったが（少なくとも、当地の副検察官がやっていたような、カフェのテーブルに飛び乗ってこっけいな流行歌を歌うというようなまねはしなかった）、すぐにトビリシの市長に、「国民全体の利益になるこのような重要な組織にふさわしい」[23]建物を、グルジェフ氏が独占的に使用できるように供与せよと命じた。

一九一九年当時、トビリシ市内では、住宅および公的機関が使用できる建物は極端に不足していた。（オルベリアニ王子ほどの人が、自分の宮殿内の数あるトイレのひとつを使用するのでさえ、不便をこらえて列に並ばなければならなかった。市長は自らの決定権のなさにはがゆい思いをしていた。彼は負けてはならなかった。負けることは許されなかったので、全力でもちこたえる気であった。しかし事態は徐々に悪化していった。グルジェフは小さなホールを借り、騒々しい音を立てるピアノを買い与えてトマス・ド・ハルトマンを困惑させた。「いいピアノなら誰でも弾ける」[24]というのが彼の言い分であった。そして昼夜ぶっとおしで教えはじめた。

学院開設一週間で、開いた特別クラスはすべて……満員となり、定員の二、三倍の欠員待ちまで出た。……どの点から見ても不十分な現在の施設を使い、忍耐の限界まで試されるような状況下で、「自己修練」は初めて生命を得たのである。[25]

オベリンスキー王女からアベル・セアマン・チェコヴィッチにいたるまで、あらゆる種類の人々がやってきた。その中の二人、外交官夫人のエリザベータ・ガルムニアンと「オルギヴァンナ」は才能ある舞踏家だった。

有望そうな弟子たちを前にしたグルジェフは、お決まりの質問をした。君たちがこれまで送ってきたお仕着せの生活は本当に耐えがたいものだったのか？　君たちは真の欲求をもっているのか？（オルギヴァンナの正式の名前である）オルガ・イオヴォノヴナ・ラジヴィッチ・ミラノフ・ヒンツェンベルクとの対話は典型的なものであった。

G　君は何を望んでいるのか？

O　不死です。

G　今は何をしているのかね？

O　家と召使いの管理をしています。

G　自分で家事労働をしているのかね？　料理や子供の世話は？

O　召使いにやらせています。

G　君は何もしないで、それで不死を得たいと望んでいるんだね！　不死は望めば得られるというものではない。特殊な労働によってのみ獲得できるのだ。働き、努力しなければならない。どうすればいいか教えよう。まず召使いをすべて解雇し、家事を全部自分でやることから始めなさい。[26]

モンテネグロの貴族の出身ではあったが、オルギヴァンナは生来奉仕的な性格をもっていたようだ。落ちついた眼をした少女は、生まれ故郷の町ツェチニエの通りを、盲目の父親の手を引いて裁判所に通った。父はそこの裁判長をしていた。ロシアとトルコで個人教授を受け（「彼女は絵を描き、彫刻をし、料理も舞踏も演技も歌もできた」[27]）、十代で早くも母になるという体験をし、ロシア人の建築士ウラデマール・ヒンツェンベルクとの結婚の失敗に自責の念にかられて……かくして、今や弱冠二一歳で芸術の中に一種の慰めを見出すようになっていた。――オルギヴァンナはグルジェフに会い、彼の厳しい条件を受け入れ、その柳のような美しい身体を神聖舞踏に捧げたのであった。彼女もリリ・ガルムニアンもちょうどいい時期にやってきた。師はまさに、彼のもっとも注目すべきバレエを始めようとしていたのである。

『魔術師たちの闘争』★11はバレエというよりはレヴューと呼ぶほうが近かった。

その重要な場面には「黒魔術師」と「白魔術師」のスクールが登場し、そこで行われている修練や、その二つのスクール間の闘争が演じられた。内容は、ある東方の町を舞台にした恋愛物語――それ自体、おそらくなんらかの寓話的な意味をもっているのであろう――で、その中に神聖舞踏やダルウィーシュの舞踏、あるいは東方のさまざまな民族舞踊が織りこまれていた。[28]

テーマは基本的にマニ教的なものである。自己認識の一手段であるため、同一人物が白魔術師の弟子の純潔な踊りと、それとはまったく対照的な黒魔術師の弟子の踊りを踊らなければならなかった。

続く激動の四年間、グルジェフの活動はこの非現実的なバレエを中心に展開される。参加する者にとっては生きた実存的な教えであり、無数の内的エクセサイズが盛りこまれていた。想像を絶する緊張を生み出してはゆるませるよう、何度も手が加えられた。トマス・ド・ハルトマンの音楽とアレクサンドル・ザルツマンの舞台技術、ユリア・オストロフスカとジャンヌ・ザルツマン、リリ・ガルムニアン、そしてオルギヴァンナの舞踏が見事に融合した芸術であった。シナリオが書かれ、印象的な場面が挿入され、ソロおよび集団での舞踏が振り付けられ、何度も練習がくり返された。小道具や舞台の背景の垂れ幕が作製され、衣装のデザインが決まり、作られた。……しかし『魔術師たちの闘争』は一度も上演されることはなかった。初演はいつまでも未定のまま宙ぶらりんになっていた。周囲の者をさんざんじらしたあげく、チェシャー猫の顔からにやにや笑いが消えるように消えてしまった。いや、実は一九一九年にも上演が実現直前までいったことはあった。しかしそんなとき、グルジェフが出てきて重要な舞台道具を斧でたたき壊してしまうのであった。「どうしてそんなに驚くんだね。やることをやったからにはもう必要ない。もうごみ箱に捨ててもいいんだ[29]」。当然ながら弟子たちは彼の行動の意味をなんとか理解しようと努めた。しかしすでに一九一五年、グルジェフはちゃんと警告していた。「もし普通の舞台で私のバレエを上演しても、観客にはその意味はまったくわからないだろう[30]」

バレエの準備がもたつきながら進められている間にも、全般的な状況は確実に悪化していった。じめじめして陰鬱な秋がやってきた。穀物は予想どおり凶作だった。日用品はますます欠乏し、高騰していった。「分割不能な偉大なるロシア」のスローガンを掲げた勇敢なロシア王党派の将軍アントン・イヴァノヴィッチ・デニキンはなかなかの慧眼をそなえており、この時期をとらえてグルジアを（それが自分の側についていることを十分に認識しないまま）封鎖することにした。「ふさわしい施設」をもちたいという学院の夢は、この時点でどうしようもないぬかるみにはまりこんでしまった。もはやこれまでと判断したグルジェフは、ワークを中断すると告げた。この宣言がどの程度文字どおりのものか、あるいは戦略的なものであったかは判断に苦しむところだが、それが与えた衝撃的な影響は疑問の余地がない。数日後、当局は学院にクラ河対岸のかなり大きな二階家を割りあてた。アレクサンドル・ザルツマンがこうした決定を促す役割を果たした。グルジアの首都トビリシの諷刺雑誌『悪魔の鞭』に、当局を批判する辛辣な諷刺漫画を載せることに成功したのである。グルジェフとそのとりまき連がトビリシの中央広場であるエリヴァン広場の真ん中で、古いストーヴを囲んで寄り集まり、大喜びしているという漫画で、「彼らはようやく引っ越せた[31]」という説明文が添えられていた。奇妙なことだが、モスクワとサンクト・ペテルブルクではあれほど闇につつまれていた人物が、ここでは一種の有名人になっていたのである。

一九一九年一二月初めのグルジェフの足取りはかなり容易にたどれる。ロンドンから来た若いジャーナリストと行動をともにしたからである。このジャーナリスト、カール・ベックホーファー＝ロバーツは（よくまちがえて名前にウムラウト符号がつけられるが）かなりの言語的才能をもっており、かつてはロシアや日本、北アフリカやインドでこれといった目的もなく放浪生活を送っていたが、今やトビリシのキメリオンに、P・G・ウッドハウスの小説に出てくる亡命者さながらに姿を現したのである。やや太り気味で赤ら顔、おどけた態度を抑えきれないベックホーファーは、ある新聞の編集者の紹介状一、二通、コンウェイ・スチュアートの万年筆、そして厚い面の皮以外はほとんど手ぶらで、この交戦地帯にやってきたのである。しかし彼の財布には「ゲオルギー・イヴァノヴィッチ・グルジェフなる不思議な人物[32]」への重要な紹介状がしまわれていた。彼はこの人物をただちに認知した。

彼は人の眼を射るような容貌の持ち主だった。背は低く、肌は浅黒く、その眼は鋭く、賢明そうな光をたたえていた。どんな人間でも彼としばらく一緒にいると、その人格が発する力に圧倒されずにはおれなかった。……彼があらゆる方面における高度の知性をそなえていることは疑いようがなかった[33]。

グルジェフは温和そのもので、この若い新参者に「普通の訪問者には見ることができないようなティフリスの側面」を見せるのに時間も労力もいとわなかった。「二人に一人は頭に包帯を巻くか眼帯をしている[34]」ような男たちが歩くいかがわしい通りをグルジェフは彼を連れて無事に通り抜け、ある地下のレストランで薬味のきいた東洋の料理をご馳走した。「そのレストランの窓からはクラ河の濁流が見おろせた[35]」。ついで硫黄の臭いの立ちこめた温泉に連れていき、快いピンク色になるまでゆであげた。ゆでだこになってあえいでいる彼を、グルジェフは屈強な手足をもつひげもじゃのペルシア人の手に渡した。それから彼をドクター・スジャーンヴァル、ド・ハルトマン夫妻、ザルツマン夫妻に紹介した。さらには『魔術師たちの闘争』のリハーサルまで見せたのである。

このベックホーファーの語るエピソードについては、思いをめぐらせばめぐらすほど多くのことを考えさせられる。「高度な思想」にはすべて頑固に抵抗する彼は、少数派異教徒集団とでもいうべきグルジェフ一行とは、いうなれば哲学的には直角に交差したようである。当たりは柔らかいが虚ろな笑みを浮かべ、複雑な状況に直面すると山高帽をちょいともち上げ、その状況がはらむ内的な意味にはそっぽを向いてしまうのであった。そうした彼が、「白痴の気晴らし」をともにする実に楽しい仲間であったり、「自由に歩きまわるモルモット」としては第一級であったりすることにいかなる価値があったにせよ、それは所詮グルジェフの気前のよさとは釣り合わないものであった。ベックホーファーがたずさえてきた不思議な紹介状に、ジャーナリズムの世界での彼の古い知己であったP・D・ウスペンスキーのサインがあったのではないかと想像するのはなかなか刺激的ではある。グルジェフはウスペンスキーとザハロフ（二人は、今では完全に包囲されているロストフの絶望的な状況の中で共同生活をしていた）のよしみでベックホーファーに調子を合わせてもてなしたのであろう。それはともかく、ベックホーファーが一二月半ばにグルジェフのもとを離れてまっすぐに向かったのがロストフであったことはまちがいない。「私はごったがえす駅の雑踏をかいくぐり、タクシーで街に入った。そして数分後には友人ウスペンスキー氏のドアをノックしていた[36]」

ウスペンスキーがアルコールとオレンジの皮でなんとかでっちあげた強烈な「ウォトカ」ですっかり舌が回るようになったベックホーファーは、グルジェフに関してあることないことを話しつづけた。

もし彼が本当にどこかへ行きたいと思えば、たとえそれがチベットの神秘につつまれた僧院であったとしても——彼が言うには、イエスが学んだのはインドの影響を受けたそうした僧院のひとつであった！——彼を止められる者は誰もいないだろう。[37]

グルジェフが急に、彼の「システム」の背後に広がる闇の中に消え去ってしまうという考えは、それがいかに非現実的なものであったにせよきわめて刺激的であったから、ウスペンスキーならずともそうした考えには目をつむりたくなったであろう。アンドレイ・ザハロフはウスペンスキーよりは当初の熱意を失っていなかったので、師のもとに行こうとできるだけの努力をした。しかし数週間前にかかった天然痘のために、ノヴォロシースクのひどいあばら屋で、一人わびしくこの世を去ったのである。

一九一九年のクリスマス、トビリシの状況はほとんど良くなってはいなかった。グルジェフが家具もない寒い部屋でド・ハルトマン夫妻やザルツマン夫妻に作ってやる夕食は、おかゆと蜂蜜、それに乾燥果物だけで、新たな年も現実的な希望をもたらしてはくれそうにはなく、目に入るのはさらなる危険と不確実な未来だけであった。「人間の調和的発達のための学院」は相変わらずその曖昧な役割を演じつづけてはいたが、全体的な雰囲気はますます具体性を欠いていった。「ミスター・グルジェフは『魔術師たちの闘争』を国民劇場で上演すると告げたが……まるで冗談のように聞こえた。何しろ衣装を作る材料もなかったのだから[38]」

一九二〇年の三月も終わる頃には、グルジェフが学院を解体しつつあることは誰の目にも明らかになってきた。学院を支持してくれていたグルジアのメンシェヴィキ政府そのものの余命が、もはやいくばくもないことを見て取った上でのことであった。コーカサスの北部では反革命勢力はあちこちで粉砕され、敗残兵は「筆舌につくしがたい恐怖と絶望の中、黒海へと追い散らされた[39]」。

それぞれ陰鬱な物語をかかえ、陰鬱な顔をした亡命者の新たな波がトビリシを襲った。ベックホーファー＝ロバーツは、ノヴォロシースクでのザハロフの死と、ウスペンスキーがオデッサ経由でうまく逃亡できたというニュースをもって、この混乱を巧みにすり抜けて舞いもどってきた。（ウスペンスキーの紹介を受けた）フランク・S・ピンダー少佐[★18]が眼の下に黒いくまを作り、「ジョニー・ウォーカー卿の心の慰め[40]」を一本下げてグルジェフの戸口に立ったのは、ちょうどこの頃のことである。

少佐はやがてグルジェフの重要な弟子の一人になるのだが、彼らが交わした最初の会話をアカシャ年代記から再現できればすばらしいだろう。ピンダーは弁舌は立ったが、単純明快な物言いをすることができなかった。含みのある格言や古典からの引用、科学の定式、シェイクスピアや聖書からの引用、アフォリズム、だじゃれや瀆神的な言葉などのごった煮、それが彼の話し方だった。グルジェフと同じく彼も数カ国語に通じていた。ロシア語とトルコ語は流暢に話し、フランス語、ドイツ語、ラテン語、古代および現代ギリシア語もまずまず使えたし、ヘブライ語とサンスクリットにも興味をもっていた。デニキン将軍率いる義勇軍へのイギリスの経済使節団——彼らはこの義勇軍を「ソーチーホール通りのハギスそのもの*[41]」と揶揄していた——の団長を務めていたピンダー少佐は、ウスペンスキーがエカチェリノダールで職につけるよう取り計らい、自腹を切って彼の給料を払っていた。実質的にウスペンスキーとその一家の生計を支えていたといっていいだろう。一九二〇年一月八日にはロストフがボルシェヴィキの手に落ちたが、少佐がいかにしてこの混乱をくぐり抜け、トビリシにたどり着いたのかについて、彼は口を閉ざすことを選んだ。彼は未来を望見し、多くを望めないことを見抜いた。ピンダーがグルジェフになしうる最良のアドヴァイスは、通行路が安全なうちに脱出しろというものであった。

「ロシアで始まり、ロシアで終わる[42]」——グルジェフのこの謎の言葉が何を意味しているにせよ、少なくとも一九二〇年のこの苦難の時期を念頭においていることはたしかだろう。無数の絆と思い出が彼をロシアにつなぎとめていた。今にも倒れそうなこの帝国で彼は生まれ、若き日の理想像であった「ルボヴェドスキー王子」はロシアの王子であった。彼の母と弟のドミトリはロシアの地に残らねばならなかった。今やグルジアは裏をかかれて包囲され、レーニンやトロツキー、そしてムスタファ・ケマルはその爪を研ぎすましていた。そんな中、遂行すべき重い使命を帯びたグルジェフは、今この瞬間をとらえなければならなかった。「私はティフリスでの活動を

訳注*———羊か子牛の心臓や肝臓を細かくきざんで脂肪やオートミールと一緒に調味し、胃袋に入れて煮こんだスコットランド料理。

すべて停止するだけでなく、それまで私をロシアに縛りつけていたすべてのものを破棄し、国境を越えて移住しようと決意した」[43]

しかしどこへ？　理屈では東のトルキスタン方面へでも、バトゥーミからコンスタンティノープル経由で西へ進み、ヨーロッパへ行くことも可能だった。しかし実際には選択の余地はなかった。四月二七日、ソヴィエト第一一軍団がカスピ海に臨む港バクーに猛攻をしかけ、アゼルバイジャン政府の要員全員を銃殺刑に処したとき、東へのルートは実質的に封鎖されてしまった。残る道は西へ、ボスポラス海峡を渡るあのおぞましい検疫船に乗って西へ逃げる道だけだった。それならそれでよかろう。少なくともコンスタンティノープルでは頼もしい友人たちがグルジエフを待っていてくれた。ウスペンスキーは三月にそこに着いていたし、サバヘッディン王子は、翳りゆく帝国の栄光をしのばせるクル・チェシュメの宮殿から、スルタンの甥として怪しげな力を行使していた。

モスクワ芸術座の全スタッフが参加して行われたトマス・ド・ハルトマンのお別れコンサートは、グルジエフのトビリシでの最後のお目見えの忘れがたい舞台を演出した。

> ホールには無数の小さな鏡で装飾されたしなやかな柱が林立し……われわれの友人はみな長いろうそくを手にしていた。ろうそくの火が鏡に映るさまは実に見事であった。ピアノにはすばらしいペルシアの織物がかけられ、ペルシアの花をからませた巨大なろうそくが楽譜を照らしていた。会場には椅子のかわりに、ペルシアの敷物でおおったベンチがおかれていた。[44]

グルジア政府の瓦解は急速に進み、そのためグルジエフは学院の財産を「二束三文で」売らざるをえなかった。その売り上げで二〇枚の珍しい高価な絨毯を買い、それを仲間に分配した。トビリシから黒海沿岸のバトゥーミに行くのはまだ可能で、それには容易な道と困難な道があった。容易な方は一年前にオルガがとったルートで、列車で一二時間かかった。グルジェフは困難な道を選んだ。数日後、彼と、総勢三〇人の彼を信頼する者たちは、五月下旬のむせかえる熱気の中、バトゥーミへの道を進んでいった。荷物を積んだ四頭の馬、中でも一頭は、浸食と怠慢によって道に刻まれた溝の前で立ち往生した。馬が嫌いなマダム・エリザベータ・グリゴリエヴナ・スジャーンヴァルは、ここでもまた、いかなる策略で自分がこんなひどい状況に追いこまれたのかいぶかっていたが、それを見抜いていたグルジェフは、彼女にとりわけいたずら好きな馬を与えておいた。彼は励ましの言葉をかけつづけたが、行程は遅々として進まなかった。

しかしついに一行は、美しくはあるが蚊がうようよしているバトゥーミの町に降りていった。そのとき悲劇が起こった。港の門のところで、通称「グルジア特別派遣隊」――有毒の蝶が群れているようなけばけばしい制服がその性格を端的に物語っていた――の隊員が、グルジェフの貴重な絨毯を押収してしまったのである。しかしこの亡命者の一団は、なんとかコンスタンティノープルまでの三等船室を確保するだけの金をかき集めた。港を出ていく船から振り返ったとき、彼らの目に入ってきた光景は劇的であった。町の白いミナレットの背後に幾重にも緑の山が連なり、その山の向こうには、荒々しい峰々が紫色に輝きわたっていた。

しかしこのとき、グルジェフが東を見ていたのか西を見つめていたのか、確言できる者がいるだろうか？

6 魔術師たちの闘争

［1920.6.7〜1921.8.13］

グルジェフが来るという噂は、彼の到着よりも先にコンスタンティノープルに届いていた。バザールやチャイハナでは、不思議な力をもった放浪の男がやってくるという噂があちこちでささやかれた。この男は「ムスリムに言わせればイスラームの改宗者であり[1]、キリスト教徒からすれば怪しげなネストリウス派の一員」であり、いずれにせよ、「一二〇におよぶ諸科学」に通暁した真のババであった。しかし別の場所では別の説が行き渡っていた。ハルビエにある古いトルコ陸軍学校に本部をおくジョージ・ミルン将軍の部隊では、ギルバート風の喜歌劇的な混乱があり、グルジェフはボルシェヴィキの、あるいはロシア白軍の、いや、ことによるとダシナク党が派遣した諜報員ではないか――いずれにしても危険な訪問者であるとの観測がもっぱらであった。こうした憶測が飛び交う中、その噂の人物は、悪名高い検疫船で裸にされ、身体検査と燻蒸消毒を受けたのち、一九二〇年六月七日に上陸した。上陸後、ヨーロッパ人地区であるペラにケーブルカーで行き、ミートパイとオレンジジュースを買った。

ギリシア料理店の窓から、グルジェフはこの街のすばらしく劇的なスカイラインの上にひときわそびえるスレイマニエ・モスクを見上げた。舞台設定はなじみ深いものだったが、役者は混乱するほど増えていた。トルコは第一次世界大戦で敗戦国のひとつとなり、フランシェ＝デペレー将軍は手綱もつけずに白馬にまたがり、連合軍の先頭に立ってコンスタンティノープルへ入城した。威厳はあるが夢遊病者的なトルコ人の愚かな振る舞いは、別種の軽率なまでの愚かさの陰に隠れてしまった。グルジェフはこの愚かさを皮肉たっぷりに嘲笑ったが、『タイムズ』紙でさえこれには遺憾の意を表明した。

今や瀕死のコンスタンティノープルは連合軍の医者の手に引き渡されたが、これは心躍る光景というわけにはいかなかった。イギリス人、フランス人、イタリア人、ギリシア人の寄り合い所帯である高等弁務官の一行——うち何人かは提督、何人かは民間人だが、みな強大な力をもった文民顧問を従えていた——は……誰一人としてどこから手をつけてよいのか、またどこまでやればよいのかわからなかった。この一団に二人の司令長官が加わった。一人はフランス人、一人はイギリス人で、前者はトルコのヨーロッパ側では絶大な力をもっているとされていたが、その影響力はイギリス軍の力を借りて初めて行使できる体のものであった。一方のイギリス長官はといえば、ボスポラス海峡をまたいでそびえ立ってはいたが、自分の足は右足だけで、左足はフランシェ゠デペレー将軍の言いなりというていたらくであった。パレスチナからのアレンビー将軍の攻勢、それにトルコ政府の残党の風味をこれに加えれば、この地のごった煮の状況を少しはつかめるのではあるまいか……[2]

グルジェフはトビリシを逃れて心底ほっとしたが、コンスタンティノープルで初めて仰ぐ朝日の暖かさは偽善的なものであった。事態は混乱をきわめていた。燃料はほとんど底をつき、交通網はズタズタに寸断されていた。警察は汚辱にまみれ、通貨は下落し、人々の道徳は地に落ちていた。夜毎金角湾から立ちのぼる瘴気にあおられたスペイン風邪が、小便臭い通りや、シルケジ周辺の今にも倒れそうなあばら家の間をすばやく通り抜けながら猛威をふるい、この街の廃棄物に埋もれた墓地をさらに満杯にするのであった。市民たちは旧支配者からも新支配者からも、いかなる補償も期待していなかった。はるか離れたアンカラでは、ガリポリ（ゲリボル）戦役の英雄ムスタファ・ケマル・パシャが革命を計画していたが、その成り行きがどうなるかは誰にもわからなかった。王宮の怪しげな迷路の奥深く、ユルドゥズ・キョシュキュの三重の壁の向こうでは、オスマン家の最後のスルタンで闇の神と呼ばれたヴァフデッディンがリューマチに悩まされ、けちな精神から生じる不安をかこって鬱々としていた。彼の骨ばった頭や垂れ下がった肩、とがった黄色い鼻が、この陛下に年金暮らしのハゲタカといった容貌を与えていた。「なんという破局だ！」――彼は半分べそをかきながら大臣のダーマード・フェリード・パシャに言った。これには大臣も心を動かされた。

コンスタンティノープル周辺でペラほど気を滅入らせる場所はなかった。道は狭く、建物はみすぼらしかった。市電のきしみが耳を聾し、うんざりするような石畳が続く町が、不吉な丘の上に立つ黒い塔の下に広がっていた。グルジェフがなぜこんなところに居を定めたのかいぶかる向きもあるだろう。伝統的に外国人、異教徒、故国喪失者が住みつく場所であったこの土地が、半アルメニア系の亡命者で、父親をトルコ人に殺された者にとって魅力的に映ったことは疑いない。しかしそれが真の理由であったかどうか。伝記からはもれてしまった友人たちに会いやすい場所だったからかもしれない。四〇年前、まだ若い盛りのグルジェフは「ありとあらゆるダルヴィーシュのナンセンス」[3]にとりつかれてペラを歩きまわり、ガラタ橋から観光客が投げるコインを拾いに海にもぐったものだった。ずっと後年、「真理の探求者」の一員として彼はルボヴェドスキー王子のすばらしい家に滞在したが、その家はロシア大使館や、メヴレヴィー、リファーイー、カーディリーの各ダルヴィーシュのテッケ（祈りの家）からほど遠からぬところにあった。この一九二〇年の夏、彼はあちこち奔走してクムバラジュ通りにアパートを借りた。

グルジェフがこの地での生活を軌道に乗せたスピードはすばらしいもので、それは、彼のとぼしい資金をあてにして群がってくる人々の数を考えると実に驚異的であった。彼は小さなダイヤモンド二個と絨毯二枚をこっそりもちこむことに成功していた。(ドクター・スジャーンヴァルがフィンランド大使の重要書類などを入れた箱に忍ばせてバトゥーミ経由で運んだのである)。これが彼の全財産であった。グルジェフについてこの地に来た者たちは性格的にばらばらだった。核となる者たちはまちがいなく生まれながらにして「どんな環境でも生き延びられる者たち」で、グループ全体の資金獲得のためには喜んで何でもやる意気ごみであった。しかし意志がそれほど堅固でない者たちは今では半寄生虫的存在で、ものほしげなカカシのような顔をして彼の前に立っていた。こうした連中にはどう応えてやったらいいのか?

皮肉屋なら、グルジェフのトビリシからコンスタンティノープルへの移住は、本質的にはキメリオンからカフェ「黒バラ」へ場所を移しただけのことではないかと言うかもしれない。この有名なカフェには、ペラに住むロシア白軍が夜になると集まってきた。ここで寄せ集めの皇帝陛下の将校団および帝国陸軍士官が、糊のきいたテーブルクロスを雪の大平原に見立て、塩入れやコショウ入れを前後に動かしながら破滅へと向かう作戦を練ったのである。

昼間、グルジェフがこのカフェを「仕事場」にしている間、さまざまな客が訪ねてきて何杯もレモン・ティーを飲んでは、熱気とペラ特有の無関心と倦怠とをなんとか追い払おうとしていた。自称伯爵夫人、ギリシア人の女山師、黒い眼のアルメニア人の娼婦、こういった連中が、しなやかではあるが信用できない一群の女性陣を構成していた。実をいうと、「黒バラ」の顧客全員が異性間の恋愛やジプシーの奏でるヴァイオリン、あるいはレモン・ティーに満足しているわけではなかった。しかし彼らの多くは「効果絶大なる特殊な方法、すなわち現在では〈アルコール中毒〉とか〈コカイン中毒〉〈モルヒネ中毒〉〈ニコチン中毒〉〈オナニー中毒〉〈坊主主義〉〈アテネ主義〉、その他すべて〈中毒〉や〈主義〉で終わる名称で呼ばれている」[4]方法に頼ることができた。もし彼らがそういった方法にのめりこんで、どうなろうと気にかけなくなってしまえば、友人や親族がやっきになって世話をやいた。グルジェフは、「医師、催眠術師、種々の悪癖の治療師」としての疑う余地のない能力を使って彼らにそっとささやきかけるだけで、生まれは高貴だが今では道徳的にすっかり落ちぶれている連中や、飲酒や放蕩をやめる前の「ソロヴィヨフたち」を自分のテーブルに連れてきて金をまきあげることができた。

グルジェフはそうした治療にハンヴレッドゥイン、つまり動物磁気を使ったのではないかと言ってみても、それは事実を言葉で神秘めかしているにすぎない。彼は治療した――それだけのことだ。患者に対する彼の共感は、純粋な人類愛というにはやや物足りないかもしれない。彼が金のために治療したのは必要に迫られていたからだ。職業として治療するのは楽しみとはほど遠いことである。彼のところにやってくる魅力に乏しい患者たちはぐちをこぼし、「ヨーロッパの有名な精神科医に診てもらったばかりのようにイライラしていた」。人間の堕落を治療するために「黒バラ」でグルジェフが採った療法には、超現実主義と茶番という楽しいソースが添えられていた。そして治療のついでに、かなりうまみのある商談をまとめあげた。現物は見ないまま、膨大な量のシロチョウザメのキャビアを委託販売することに成功したのだ。かと思えば、息子をレスリングのチャンピオンにしようとやっきになっているトルコのパシャと馬鹿げた関係を結んだり、あるギリシア人から、イギリス海軍にずいぶん前から接収されている船の所有権を半分譲渡されたりもした。全体として見ると、グルジェフは「金という永遠の問題、アメリカにおじさんがいない者にとっては苦痛の種であるこの問題」に実に見事に対処した。まもなく彼はこの問題から自由になり、もっと深い関心について話せるようになった。

グルジェフのウスペンスキーとの再会は心を揺さぶるものであった。エッセントゥキ以来あまりに多くのことが起こった。寒さや飢え、腸チフス、コレラ、いや、銃弾に苦しめられた日々でさえ遠く過ぎ去っていた。ザハロフはすでになく、それどころか、彼らが知っていたロシア自体がバラバラに瓦解し、インテリや王室関係者は、ピカレスク小説まがいの訓戒譚の登場人物として呼び出されていたのである。ウスペンスキーはもはや取り返しのつかないほどに失われた古い秩序について思いをめぐらせていた。実際この問題は終生彼につきまとうことになる。

この三年間のうちに、大地は私の足元で崩れ去っていた。これは想像を絶する時期で、もう後戻りはできなかった。この時期に私は、場所や人との関係において、通常われわれが時に対して感じるのと同じ感覚を経験したのである。私があとにした場所のどれひとつとして、もう一度帰れるところはなかった。別れてきた人の誰一人として、今となってはその近況が聞ける人はいなかった。[6]

この社会的大変動をウスペンスキーは心から悲しんでいたが、個人的には革命の精神から明らかに影響を受けていた。彼はエッセントゥキでグルジェフのもとを去ったのではなかったのか？　ペトロフとザハロフを遠ざけようとしたのではなかったのか？　トビリシに設立された学院への援助を断ったのではなかったのか？　それに、委任あるいは許可なしに自分のグループを発足させたのではなかったのか？　彼は「グルジェフに会えてとても喜んだ」[7]——しかしその喜びはいささか複雑なものであっただろう。（ロマノフの王位を主張する大公キリルが、復活し、蘇生した皇帝と対面したときに感じるであろう気持ちに似たものではなかっただろうか）「黒バラ」でグルジェフの前に座り、彼の「鋭い、しかし慈愛に満ちた眼差し」[8]に接していると、ウスペンスキーは心が溶けるのを感じた。エソテリシズムを継承するためであれば、過去のごたごたはすべて水に流せるような気さえした。ペトログラードのときのように、またグルジェフとワークをすることができるように思えた。独立を捨てて、コンスタンティノープルの自分の弟子をすべてグルジェフに引き渡すべきではないかとも思われた。ウスペンスキーは三月にこの地に来て以来、のんびりしていたわけではなかった。得意な数学やあまり得意ではない英語を教えながら、自分とマダム・ウスペンスキー、そして彼女の親族を養っていたのである。マルマラ海に浮かぶプリンキポ島に借りた一部屋の仮住まいは多くの者から羨望の眼差しで見られた。ウスペンスキーはここから毎日フェリーでペラに渡り、そこで急速に複数の新しいグループを作っていった。こうしたグループの周辺部はどうしようもなく混乱していた（「ミーティングはまるで悪魔の巣窟のようで、みなが一度にわめきちらすのであった……」[9]）が、そうした中から真剣な中核になる者が生まれ、彼らはＹＭＣＡのロシア自軍版とでもいえるルースキー・マヤークの事務所の二階で会合をもつようになった。この二、三〇人からなる中核グループをグルジェフは引き受けたのだが、その中にはニーチェ主義者のボリス・フェラポントフもいた。

二、三カ月の間、グルジェフとウスペンスキーの関係は奇蹟的に回復した。グルジェフはよくプリンキポ島に渡ってソフィー・グリゴリエヴナ・ウスペンスキーやその娘のレノーチカ・サヴィツキーとお茶を飲み、レノーチカの赤ん坊のレオニダスを膝の上であやした。グルジェフとウスペンスキーはまるで精神的に腕を組んでいるかのように、グランド・バザール、カパル・チャルシュをさまよい、あるときはクムバラジュ通りの家で丸一昼夜ぶっとおしで一緒に仕事をした。

特にある夜、『魔術師たちの闘争』のためのダルヴィーシュの詩を「翻訳」したときのことが記憶に残っている。そのとき私は、芸術家であり詩人であるＧを、とりわけ後者を見たのだが、彼は実に巧妙にそれを自分の内に隠していた。この翻訳は、Ｇがペルシアの詩を思い出し、時には小さな声を出してくり返し、それから私のためにロシア語に直すという形で進められた。一五分後、そう、私が完全にその形やシンボルや思想に没頭していたとき、彼は言った——「さあ、それでもって一行作ってごらん[10]」。

こうして（奇妙に抽象的な）二二行を創作し、疲れ果ててコーヒーを飲むかつての師と弟子は、しばらくの間なごやかに和解したかのように思われた。

二人は何度かダルウィーシュを訪ねた。コンスタンティノープルには二五八の支部があったが、グルジェフは自分のバレエとの関係で、あるひとつのエリート流派に注目していた。メヴレヴィー、もしくは「旋回」ダルウィーシュで、この派はそれ自体、トルコの文化や王朝の歴史の中で常に強力な酵母の役割を果たしてきた。毎週木曜日の夕方になると、グルジェフはウスペンスキーを誘い、ユクセック・カルドゥルム通りの奥にあるガラタハーネ・テッケまで歩いていき、メヴレヴィーのムカーベレ、すなわち旋回儀式を見た。いつもと変わらず知的に物事を見るウスペンスキーはこの儀式の形式に注目し、これを生きたオーラリ*、あるいは惑星運動のモデルと考えた。一方グルジェフは、知的にもたしかに多くのことを明らかにしてはくれたが、むしろウスペンスキーがこの経験を全体として感じるように促した。

トルコの古典音楽の巨大な作品群も、メヴレヴィーの儀式に使われる六六の曲には力強さでも繊細さの点でもおよばなかった。これらの聖なる音楽が感情に与える衝撃は直接的なもので、霊智を探求する者なら誰でも、蘆(あし)笛から流れるこの力強い音楽を解釈しそこなう者はいないだろう。

蘆笛の音を聴け。それは不満をもらしている。
それは別れの嘆きを歌っている。

訳注*――――惑星、衛星などの運動や位置を明らかにするための一種の太陽系儀。

「人間が私を蘆原から引き離して以来、
私の嘆きの声は男たち女たちを涙に誘ってきた……
母胎から引き離されたままでいる者は誰でも
かつての融合の状態にもどりたいと願っている」

ウスペンスキーも解釈をまちがえることはなかった。ただし彼は「美」や「魅惑」といったものには頑な態度を崩さず、味も香りもない体系を好んだ。「私は感じない。私は知るのだ」[11]

まもなくグルジェフはド・ハルトマン夫妻もメヴレヴィーの儀式に連れていくようになったが、そうなると蘆笛の呼び声もたしかに「男たち女たちを涙に誘った」であろうと想像できる。しかしグルジェフのここでの目論見は、単に彼らを感情にひたらせることではなかった。トマスを連れていったのは、トマスがメヴレヴィーやコミタスの音楽から東洋的な様式を肌で感じとり、それまでの音楽的経験と能力のすべてを傾注してこれを利用し、『魔術師たちの闘争』の音楽を作曲させるためであった。恩返しという観念はトマスにはなじみ深いものだった。「音楽はいつも私にとっては新訳聖書の中の〈タラント金貨〉のようなものでした。神から与えられ、たえず努力してそれをよりよいものにするという、そういった存在だったのです」[12]。こうして、グルジェフの存在(ビーイング)とド・ハルトマンの感受性と技術が結合した結果、一連の実にユニークな音楽★[12]が生まれ出ることになる――「チベッタン・マスクス」「尼僧の堕落」「聖なる肯定、聖なる否定、聖なる調和」「リトル・チベッタン」「ホー・ヤー」「大いなる祈り」などである。

エッセントゥキと同じように、ここでもワークは常に注意力の強化に向けられていた。あるとき私は、いつものように楽譜を見ながらピアノを弾いていた。そこへミスター・グルジェフが来て一枚の紙を手渡したが、そこには高音部の装飾音だけが書いてあった。とたんに私は両手で全パートを演奏することができなくなった。彼はマダム・ド・ザルツマンに低音部を弾くように言い、私に高音部だけを弾かせたが、するとダルウィーシュの舞踏音楽になった。ムーヴメンツに加わる者が多くなればなるほどそのムーヴメンツは高揚し、美しいものになった。ダルウィーシュの全教団に特有の魔術的な力があふれんばかりであった。[13]

一九二〇年九月までにはグルジェフのコンスタンティノープルでの生活もほぼ落ちつき、「人間の調和的発達のための学院」も活動を再開した。トビリシでのさまざまな困難を乗り越えてコンスタンティノープルにやってきたグルジェフは、(今回はラスキシヴィリ大臣のような切り札はなかったが) ガラタ塔にほど近いアブドゥルラティーフ・イエメネジ通り一三番地にウサギ小屋ほどの家を借りた。旋回ダルウィーシュの儀式が行われるメヴレヴィー・ハーネスィから二〇メートルのところにあったという以外、これといって特徴のない場所だった。「心優しく穏やかなアブデュル、レース・スカーフ・スリッパ製造者」を記念するこの通りは、古びた木造の家々がひしめきあう山峡(やまかい)のようで、暗く、悪臭が立ちこめていた。両側に迫る家々の壁はまるで記念するアブデュルを嘲笑っているかのようだった。グルジェフは掲示板を立て、学院の設立趣意書をはりだしたが、その内容は見る者の好奇心をそそる (と同時に気を悪くさせる) ようなものであった。

木曜と日曜の夜にはグルジェフ自身が、聴衆に応じてロシア語、ギリシア語、トルコ語、アルメニア語で講義をした。現代科学の本質的な欠陥は何か? グルジェフは指摘した。魂は永遠のものか? 意志は自由か? グルジェフは説明した。彼の話し方は独特であった。カントやフロイト、あるいは当時新たに流行していたアインシュタインに鋭く言及はするものの、同時に未来予知や「毒の科学」などを論じることによって意図的にこれらをおとしめるというやり方だった。グルジェフの話は、表面的には催眠術や磁気、ファキール、魔術、奇術、聖なる芸術、「感情過多」に関するとりとめのない論評のように聞こえたが、その底には巨大な思想が脈打っていた。しかし彼はどれほど真剣にそれを自分の話に反映させようとしていたのだろう？　彼の声は「感情を十分に表現する抑揚[14]」を欠いていたのだろうか？　彼の黒い眼にはいつもの鬱積した感情が見られなかったのだろうか？　むろんはっきりしたことは言えない。しかしペトログラードやトビリシと比べると、コンスタンティノープルでは学院の活動が休止していたことは否めない。

にもかかわらず、古くからの弟子たちに守られて、グルジェフはワークを強化していった。彼らが住んでいる一三番地の三軒となり、ラビたちの住んでいる大きな館に、彼は神聖舞踏のできる簡素なホールを借り、白と黒というかにもこの舞踏にふさわしいタイルの上で『魔術師たちの闘争』に手を加えていった。このバレエのシナリオを読むと、イエメネジ通りで行われたリハーサルの様子が伝わってくる。白魔術師の王座のような椅子の上にはエニアグラムが掲げられ、そのエニアグラムの内側の六角形の力の動線に呼応するように、六列のダンサーが互いに交差しつつ動いた。秩序と純粋さがその場を支配していた。これに参加する者は自らの人間性を、超越するのではなく、光り輝く注意力で満たさなければならなかった。時にグルジェフ自身、猫のようにしなやかにダンサーの間を動いたり、旋回などの動作を示すことがあったが（そうしたとき、彼はまるで巨大な惑星が沈むようにひざまずいた）、その聖像のような静謐さを通して自分の内的、外的動きを注視し、命令を発するのであった。

白魔術師の弟子たちとまったく対照的に、調和を乱す動きをするのが黒魔術師の弟子たちで、彼らは気取って歩きまわり、敵意やあざけりをあらわにして極端な動きをした。「鎖につながれた弟子たちは身をよじり、けいれん的な動きをした。動いているうちに弱っていき、倒れる者もいた。……踊りが進むにつれ……動きはますます激しく、狂暴になっていった[15]」。「黒魔術師の踊り」は今日まったく伝わっていないが、こうした描写から感じられるのは、リビドーがむきだしに表現されたときのような不快さである。リハーサル中もグルジェフは、弟子たちに喧嘩をふっかけたりわざとごたごたを生み出したりして、こうした準備が本質的にはらんでいる「否定性」を明るみに出そうとした。「そうしたときの彼の言葉づかいは、さすがのレーニンでさえ赤面するようなものであった[16]」。こうしたマニ教的二元論の見地からすれば、ひとつの重要な疑問が浮かび上がってくる。この「舞踏教師」自身は白魔術師なのか、それとも黒魔術師なのか!? グルジェフのシナリオが示している道徳的立場からすれば、彼が白魔術師の側にいることは明らかであろう。しかしピョートル・ウスペンスキーは全面的には納得していない。

ミスター・グルジェフは実に驚くべき人間だ。彼のもっている可能性はわれわれのような人間のそれよりはるかに大きい。しかし彼といえどもまちがった方向に進むことがある。私の見るところ、彼は今危機を通過しつつあり、その結果がどうなるかは誰にも予見できない。人間の大半は複数の「私」をもっている。しかしこうした「私」が互いに闘っても大した害をおよぼさない。みな弱いからだ。しかしミスター・グルジェフは二つの「私」しかもっていない。ひとつはとても善良、もうひとつはひどく邪悪だ。最終的には善良な「私」が勝つと私は信じている。しかし今のところ、彼に近づくのはきわめて危険だ[17]。

一九二〇年一〇月、学院が正式に開校したとき、ウスペンスキーはプリンキポ島に引きこもった。彼自身は神聖舞踏にはいっさい加わらなかったが、彼がグルジェフと踊る苦悩に満ちた躊躇のワルツはこれから先も続くことになる。

ラビの館は、すぐ近くのタクシム広場やペラ大通りを毎日通り過ぎる無数の人々にもその存在をまったく気づかれなかったが、その淀んだような雰囲気の中でグルジェフは奇妙な実験を続けていった。「白」と「黒」の舞踏の実演はまったく同じ一部の弟子に任された。グルジェフは彼らの内部深くにひそんでいる「聖なる肯定」と「聖なる否定」の要素を交互に意識させた。自己パロディのようなメロドラマ、パントマイム的な動き、暗い洞窟、煮えたつ大釜、五芒星、ヒキガエルやコウモリの剥製――こうしたものすべてが、意味深く、鍛えあげられた道徳をおおい隠していた。グルジェフにとって、社会を支配している道徳は歴史が作り上げた段ボール製の舞台道具にすぎなかった。永遠で正統的な「倫理のドラマ」は意識と良心を中心に展開した。白魔術師が唱える最後の祈りでは、道徳の全力点は目覚めにおかれている。「創造者なる主よ、そして主を援助するすべてのものよ、われらが常に自己を想起していられるよう、そして意図せざる行動をとらぬことができるよう助け給え。悪は意図せざる行動を通してのみ発現するからである[18]」

コンスタンティノープルにいる亡命者で、単なる抽象概念としての悪の発現であるような者はいなかった。一九一五年以来、コーカサスおよびトランスコーカサス全体は犯罪の歴史の泥に首まで埋もれていた。欲望とナショナリズム、そして歪んだ理想主義が入り乱れて、何百万という人間に悲劇をもたらした。人間のどうしようもない愚かさがグルジェフの家族を引き裂いてしまった。彼の父、ギオルギオス・ギオルギアデスは一九一八年にトルコ軍に射殺され、アレクサンドロポールの彼の小さなバラ園のそばに葬られた。老いた母と末の妹のソフィー・イヴァノヴナ・カパナーゼは、ボルシェヴィキの支配するエッセントゥキでひどい物資の欠乏の中に閉じこめられ、弟のドミトリはメンシェヴィキが制圧しているトビリシで不安な状態におかれていた。中の妹のアンナ・イヴァノヴナ・アナスタシエフと息子のヴァレンティン、そして四人の娘だけが、一九二〇年の六月にアララ山の近くの人里離れたバイタールの村に移っていたので無事だった。（この地はアルメニア共和国に返還された父祖の土地であった)。ところが一一月の最初の週に、トルコ国民軍を率いる将軍カーズィム・カラベキル・パシャは東へ進軍してサリカミシ、カルス、アレクサンドロポールをおとしいれ、その余勢をかってバイタールを攻撃し、グルジェフの妹とその夫、そして娘全員を殺害したのである。息子のヴァレンティンだけがかろうじて生き延び、村民四百人のうちわずか三〇人の生存者の一人となったのであった。

この悲惨な知らせがいつ頃グルジェフのもとに届いたのか推測しようもないが、当時の電報だけが戦争に対する彼の強い嫌悪感を物語っている。「いったい彼らは、今やっている自分たちの行為が、全宇宙に存在しうる恐怖の中でもっともおぞましいものであることに気がつかないのだろうか?[19]」

この血なまぐさい戦場から何百キロも離れたペラには、すでにこれ以前にも十分な数の犠牲者がいた。一九二〇年一一月一六日、グルジェフが風呂桶のように小さなフェリーでカドゥキョイに渡ったとき、彼はボスポラス海峡が船で埋めつくされているのを目にした。ピョートル・ニコラエヴィッチ・ウランゲリ男爵がクリミアの戦場から連れだした、壊滅寸前の南ロシア軍の敗残兵を乗せた一二六隻の船であった。これら一四万五六九三人の新たな亡命者は、コンスタンティノープルの冷たい大理石の海岸にあふれかえったが、彼らの大半は肉体的にも精神的にも疲れ果てていた。おまけに一文なしであることにグルジェフはまもなく気づいた。

私のところにやってきたある若い女性は、肩がはずれ、身体中傷だらけだった。腕の傷の手当てをしている間に彼女が話したところによれば、夫にひどく殴られたのだという。それは、夫が彼女をかなりの額であるユダヤ系のスペイン人に売り渡そうとするのを彼女が拒んだからだった。ヴィクトロフ医師とマクシモヴィッチ医師の手を借りてなんとか彼女の肩をもとにもどすと、彼女は帰っていった。[20]

よきサマリア人グルジェフ、名もない「ソロヴィヨフたち」や「ヴィトヴィツカヤたち」を無私の心で助けるグルジェフ——こうしたイメージが、厳格なプロの「医師・催眠術師」グルジェフの像を確実に蚕食しつつあった。神の意志は眠っている人間には届くことができない。しかしグルジェフは彼らの痛みをやわらげ、希望を与えることはできた。妹の死という衝撃を受けたこのペラで、彼はどこよりも強く人間の内的、外的な混沌に苦しめられたにちがいない。人間のおかれた荒廃した状況の根本には惑星の影響があると固く信じてはいたが、それでも彼はこう苦々しくつけ加えざるをえなかった——支配者や「権力者」たちはようやく、「見て、見て、この子はやっとパパとママが見分けられるようになったんだよ！[21]」といったレベルに達したのだ、と。

一九二一年一月初めのある水曜日も夜遅くなって、グルジェフはクル・チェシュメ宮殿に夕食に招かれた。招いたのはメフメット・サバヘッディン王子★[22]であった。彼はまるで「権力を握る」ことを考えた上で自分の血統を選んだかのような人物で、その血管には（「アルコールによってしか汚されていない」）貴族中の貴族の血が流れていた——スルタン・マフムート二世の曾孫で、スルタン・アブデュル・メジト一世の孫、「呪われし王」アブデュル・ハミト二世と現在の傀儡（かいらい）スルタン、ヴァフデッティンの甥であった。コンスタンティノープルにたくさんいるグルジェフの知り合いや「自由に歩きまわるモルモット」の中でも、容貌、性質、家柄の点で、メフメット・サバヘッディンほどなみはずれた者はいなかった。ボスポラス海峡を見おろすその居室に漂うかげりゆく帝国の栄光の中で物思いにふけるとき、トルコ帽にフロックコートを身につけ、カメラの前でポーズをとるとき、小柄でやせた、まるでカモメのような身体つきのサバヘッディンは、「この地上で生きるにはあまりに繊細で洗練されすぎているという印象を与えた[22]」。彼は一種独特の、人をぞくぞくさせるような霊性をそなえていた、もしくはそなえていると思われていた。ムスリムとしての教育を受けたが、仏教に引きつけられた。その彼がよく恥ずかしそうにヨーロッパ人に、「イエス・キリストに想いをひそめるときにしか本当の満足は得られない[23]」

と打ち明けていた。……しかしたとえそれで満足を得られたとしても、その満足は必ずしも彼が望んでいた方向で見出されたのではなかった。

グルジェフと同様、サバヘッディンも何かが呼ぶのを感じていた――しかしその呼び声は違った方向からやってきた。ごく若い頃から彼は生の意味を探求してきた。「そしてついに、エドモン・ドゥモランの『アングロ・サクソンの優秀性は何に由来するのか』を手にしたとき、彼は導きの手を求める自分の祈りが聞き届けられたと感じた」。サバヘッディンはすぐに革命的な政治という真っ暗なプールの中に飛びこんでいった。そして「個人の独創性を重んじ、行政権を分散させる会」を創設した。その後二〇年の間、血なまぐさい失望を味わいながらも、祖国に仕えたい、できれば改革をめざすスルタン、もしくは総理大臣として祖国のために働きたいという考えを抱きつづけてきたのであった。トルコ人特有の妖精のような軽い足取りで、彼は政党の全体集会から支部集会へ、コンスタンティノープルからジュネーヴへ、ベルリン、パリ、アテネへと動きまわった。一九〇八年には父の骨をパリからもち帰り、エユップに埋葬した。さまざまな協力関係を結んだり、殺し屋を雇ったりもした。一九一三年にはひそかにトルコを抜け出したが、その留守中に、総理大臣マフムート・シェヴケットの暗殺を企てたかどで死刑を宣告された。憎らしいほどの「個人の権力」を駆使したにもかかわらず、「王のすべての馬、すべてのとりまきをもってしても、コンスタンティノープルにサバーフ・ウッディーン王子を擁立することはできなかった」[24]。よく光る彼の眼には涙があふれ、流暢なフランス語でよくこうもらしていた――「私にとって聖母マリアは、神の子イエスと同じく生きた現実なのです[25]」。

グルジェフがサバヘッディンに招かれた水曜日の夜、招待客はほかにもいた。陸軍大尉ジョン・ゴドルフィン・ベネット（二二歳）とその愛人のウィニフレッド・アリーズ・ボーモン（四七歳）の席が用意されていたのである。この席上で、実に珍しい偶然の一致、意識されぬ皮肉、双方の無知という現象が見られた。陸軍情報部

B局長として、若き大尉ベネットは「きわめて危険なロシアの諜報員ジョージ・グルジェフ」[26]を監視していたはずなのに、どうやら彼だということに気づかなかったようである。グルジェフの方は、陸軍司令部のベネットの机の上にある、ニューデリーから送られてきたグルジェフに関する（彼に対して敵対的な）詳細がもられた書類のことなど知る由もなかった。それにもちろん、最近ボーモン夫人が、マチカにある自宅の居間をピョートル・ウスペンスキーの午後の集会のために貸したことも知らなかった。一方ベネットとボーモン夫人も、ウスペンスキーがグルジェフと関係をもっているとは夢にも思わなかった。一方の王子も、どうしたらスルタンになれるかわからずに困惑していた。こうした独特の緊張状態の中、グルジェフの振る舞いは実に印象的であった。後年ベネットは回想している。「私が自分を理解している以上に誰かに理解されたという、あのとき味わった感情は、それ以前には感じたことがないものだった」[27]

グルジェフは社交生活まで常にある目的のために行っていたのだとしても、なぜそれだけの時間をサバヘッディンに割いたのだろう？　神智学的なたわごとを聞くためではなかったはずだ。資金提供をあてにしていたわけでもあるまい。王子は文無し同然だったのだから。政治的な援助を求めていたのでもなかろう。王子は完全に過去の人であり、アンカラからもオスマン帝国政府からも同様に無視されていたのだから。彼の家で供される晩餐は、そのチェケス・タヴック（クルミ・ソース添えのチキン）のすばらしさで有名だったが、その料理にかけてはグルジェフのほうが上だった。……いや、その理由は明白だ。遠からぬ将来にヨーロッパへ移住することを真剣に考えていたグルジェフは、イギリス、フランス、ドイツなどについての情報を、実際そこに住んだことのある知的な人間から聞きだそうとしていたのであろう。

事実グルジェフはジャック＝ダルクローズ[★21]から手紙を受け取ったばかりで、それには、ドレスデン近くの彼のラ・メトード・リトミックの国際センターに来てそこを拠点にワークをしないかという誘いが書かれていた。

ヘレラウの、高い柱がそびえ、ユニークな照明設備をそなえた劇場の巨大な舞台で『魔術師たちの闘争』を上演できるのではないかという思いは、グルジェフに強く訴えたであろう。グルジェフがこのような親切な招待を受けたのは、大戦前の文化的連帯意識によるところが大きいと思われる。

この時期、やせて背の高いザルツマンの皮肉っぽい姿が劇場の廊下で見られることもあった。彼は太って背の低いダルクローズの横を大股に歩いていたが、ダルクローズの方は原稿の束を腕にかかえて小走りにクラスへ向かっているところだった。[28]

ダルクローズは一九一五年にひそかにジュネーヴを脱出してザクセンにやってきたが、大戦後のその地の状況に深く心を痛めた。対照的にグルジェフは、ドイツでこれから先に起こるであろう「激烈な出来事」の見通しにもひるむ様子はなく、それどころかむちゃくちゃなインフレさえ自分たちには有利だと考えたのである。というわけで、グルジェフがすぐにこの誘いに乗らなかったのはその意志がなかったからではなく、それに必要な資金と、ブルガリア、セルビア、ギリシア、ハンガリー、チェコスロヴァキア、そしてドイツへ入るためのビザが手に入らなかったからである。彼は時が来るのを待たねばならなかった。

グルジェフの「基本的なリズム」はついに伝記上の解きがたい謎として残るだろうが、エッセントゥキおよびトビリシ時代から推測すると、彼はどうも晩春から初夏にかけてテンポを落とすようである。それもあってか、夏に向かう太陽が強くなるにつれて、徐々に、しかし確実に、コンスタンティノープルの学院は霧のように消えたという噂が広まった。常に気まぐれな一般大衆の関心は弱まり、やがて消えていった。アルフォンス・パケ、ボリス・ムラヴィヨフ、J・G・ベネットとウィニフレッド・ボーモンといったヨーロッパからのディレッタントたちは、単なる観察者としてイエメネジ通りに一度だけ訪ねてきた。ウスペンスキーは距離を保ったままだった。オルガ・ド・ハルトマンは病気になり、マダム・スジャーンヴァルの不満は募っていた。それ以外のロシアから来た中核となる弟子たちは、グルジェフのためならいつでも火の輪をくぐる用意ができていたが、肝心の彼が一向にその機会を与えようとしなかった。神経をいらだたせる暑い風が、糞の臭いとともに、無関心な鳩のさえずりや、これも無関心な市電のきしむ音、あるいはイギリス兵のぞっとするほど下劣な「K―K―K―ケイティ」という流行歌の替え歌を運んできた。街に残るビザンティウムの遺跡が、何をしても結局は無駄だという感覚、歴史の皮肉とでもいった感覚をいっそう強めた。一九二一年五月半ば、グルジェフはペラの学院を閉じ、「キティラ島*に向かって船出した」。

コンスタンティノープルから数キロ離れたプリンキポの島には、ブーゲンビリアの花に群がる宝石のようなトンボがたくさんいた。波止場で陽気な黄色の馬車をやとったグルジェフとマダム・オストロフスカは、急な坂の小さな町を抜け、ネッカチーフをまいて農耕にいそしんでいる人たちのそばを通り抜けて、甘い香りのする松林の中に入っていった。そこにマルマラ海を見おろすパシャの別荘が建っていた。この楽園的な舞台の上で、グルジェフとウスペンスキーはマダム・ウスペンスキーの忠誠を勝ち取るための激しい闘いをくりひろげるのである。

その二、三日前、ピョートル・ウスペンスキーはトルコでの仕事に幕を引きはじめていた。一九二一年五月一四日、思いがけない電報が彼のもとに届いた――「キチョ『たーしゃむ・おーがぬむ』ニイタクカンドウ　にゅーよーくカろんどんニテオアイシタシ　ヒヨウハスベテマカサレタシ」[29]。発信人はロザミア卿夫人メアリー・リリアンであった。新聞王の妻であった彼女は（「その高い世俗的地位と巨大な富を生の潤滑油として使っていた」[30]が）、精神の冒険の新参者ではなかった。今や突如として貴族からの援助の申し出を受けて力を得たウスペンスキーは、手続き上のアドヴァイスをベネット大尉に仰ぎ、ロンドン行きの必要書類を整えるべく奔走しはじめた。イギリス大使館はただちに彼自身とマダム・ウスペンスキー、レノーチカ・サヴィツキーとその夫に四つの貴重なビザを発給してくれた。……しかし四つのビザはすべて使われることになるのだろうか？

事実はこうだった。グルジェフへのヘレラウからの招待とウスペンスキーへのロンドンからの招待は、ソフィー・グリゴリエヴナをめぐる葛藤をいよいよ加速することになった。この奇妙な偶然の一致は考察してみる価値があるだろう。いささか劇的にいうならば、『魔術師たちの闘争』は美しいゼイナブの魂をめぐる争いであった。しかしソフィー・グリゴリエヴナは、美しさの点でも純潔という点でもゼイナブには比べられない。それにグルジェフとウスペンスキーの配役はむずかしい。対決している魔術師だとすれば、どちらも白魔術師ということになるのだろうか？　ある著名な評論家はそう考えている。

> グルジェフは薄く色のついた白であった。彼は生のさまざまな色をもてあそぶのをやめようとはしなかった。馬鹿者たちが彼に非難の声をあげるのはそのためである。哲学者であったウスペンスキーは、自分が見つけた白の中にとどまろうとした……[31]

しかしグルジェフはバレエのリハーサルのときにはいつも黒を着ていたし、ずっと以前、クレタ島では「黒いギリシア人」で通っていた。それにアシハバードでは、「やあ！　黒い悪魔！」と呼びかけられたら即座に返事をしていた。ウスペンスキーは、一九二〇年代前半のグルジェフは白魔術師と黒魔術師とを交互に演じ分けてい

訳注＊――――ギリシア、ペロポネソス半島南方の島。アフロディテはこの近くで誕生したとされ、昔ここにはアフロディテの神殿があった。

たと見ていたが、こうした見方はウスペンスキーの弟子たちの間では異端の説であった。にもかかわらず、この見方には通説をくつがえすような、あるいは忘れられた真実を呼び覚ますような響きがある。

グルジェフは最後の瞬間までウスペンスキーに扉を開いておいた。しかしピョートル・デミャノヴィッチは頑なであった。「まず第一にドイツでワークができるとは信じられなかったし、第二に、私がGと一緒にワークができるとは考えられなかった」[32]。ウスペンスキーは心中に秘密の計画を固めつつあった。グルジェフの弟子としてではなく、「よく似た精神をもつ者」としてロンドンに行き、そこでワークに関する思想をすべてまとめたものを『古代の教えの断片』と題して出版しようと考えていたのだ。どうやら『ターシャム・オーガヌム』の著者は、これ以上グルジェフの陰で生きることに耐えられなくなったようだ。もしウスペンスキーがなんとか耐えたとしても、今度はマダム・ウスペンスキーがそれには我慢できなかったであろう。

ウスペンスキーの精神はなみはずれた明晰さをそなえていた。もし彼が三カ月の間プリンキポ島で妻と理をつくして話し合っていなかったならば、おそらく彼女を連れていったであろう。しかしソフィー・グリゴリエヴナは、理論の明晰さこそ欠くが、大きな受胎の可能性をもつ砦に立てこもり、夫の優勢な論理による包囲攻撃を退けたのである。

私はゲオルギー・イヴァノヴィッチを理解しているという振りをしようなどとは思いません。私にとって彼は未知の存在です。私にわかっているのは、彼は私の師であり、だから彼について判断を下す権利は私にはないこと、そして必ずしも彼を理解する必要はないということです。真のゲオルギー・イヴァノヴィッチを知っている人は一人もいません。彼は私たちすべての目から自分の姿を隠しているからです。だから彼を知ろうとしても無駄です。私は彼に関する議論にはいっさい加わりません。[33]

一九二一年八月のある日、ついにウスペンスキーはロンドンに発つが、そのとき彼は一人だった。マダム・ウスペンスキーとその家族はグルジェフのもとに残ることを選んだのである。

ほとんど時を同じくしてグルジェフのドイツへのビザが発給された。かろうじて間に合ったのだ！　ペラでは「ホンブルグ帽*への熱狂は冷め[34]」、日毎にトルコ帽の数が増えていった。さまざまな兆候から見てトルコ人の陰悪な外国人嫌いが再燃しつつあることがわかった。「若いトルコ人の知ったかぶりの議論が悪臭を放ちはじめたので、私は……まだ肌が無傷のうちに、仲間をみな引き連れてできるだけ早くここを脱出することにした[35]」。グルジェフは必要な資金をすばやく調達した。一年前、ギリシア人のアルコール中毒患者を治療した支払いとして一隻の船を手に入れていたが、これに対する軍の管轄権をなんとか解除させ、そして高値で売ることに成功した。事態に不満を募らせていたマダム・スジャーンヴァルから非常に高価なイヤリングを借り受け、これを質に入れた。そしてトマス・ド・ハルトマンにもわずかな金を無心した。彼は一緒に行かない者たちのことも忘れてはおらず、彼らが住む家をカドゥキョイに用意してやった。（しかし残念ながら彼らは歴史の穴からもれてしまい、これ以後彼らについて耳にすることはない）。……これ以上グルジェフを引き止めるものは何もなかった。東洋の楽園の閉鎖時間が迫っていた。

一九二一年八月一三日の土曜日、グルジェフは仲間をシルケジ駅に集めた。煮えたつように暑いプラットホームで、彼は物売りから熊の肉を一袋買った。「トマ、ありがとう。君のおかげで旅行用の肉を買うことができたよ……[36]」。それから彼は入念にそのにおいをかぐなり、ポイと捨ててしまった。群衆のざわめきの中で静まり返

訳注*――山の中央がへこみ、つばの両側が反り返った中折れ帽の一種。この帽子の最初の製造所があったドイツの町の名にちなむ。

ってはいたが、「人間の調和的発達のための学院」は再び活動を開始したのだ。汽笛が鳴り、車輪が回りはじめた。ボルトで扉を締められた貨物車に乗った一人の魔術師は――彼が白魔術師か黒魔術師かは歴史が決めてくれるだろう――こうして西に向かって進みはじめたのである。

7 グルジェフ氏、列車を乗り換える

［1921.8〜1922.9］

サルムング教団の僧院と西側の大都市を結ぶ列車は、時刻表もあてにならず、基本的な設備さえないこともしばしばだった。グルジェフとマダム・オストロフスカは貨物列車の中で何時間も足を組んで座ったり横になったりして過ごしたが、ようやく二日目の夕刻、列車はソフィアの引きこみ線に入って停車した。グルジェフの命令で一行は近くの山の斜面を登り、森の中で夜を明かした。降るような星の下での最後のキャンプであった。スジャーンヴァル夫妻を除く（彼らは自分たちの資産を現金化するためにフィンランド経由で西に向かっていた）グルジェフの中核的な弟子たちは、焚火を囲んで質素な食事をとった。さらに一日、タバコをふかしながら貨物列車に揺られ、骨の髄まで疲れてセルビアの首都についた彼らを待っていたのは、鉄道警察官のどなり声だった。「ロシア人、出て行け。ベオグラードに入ることは禁じられている。どこかよそへ行け」[1]。ところが、リリ・ガルムニアンが前もって連絡しておいたおかげで、ロシア領事が援助の手を差し伸べてくれた。グルジェフ一行はホテルに連れていかれ、翌朝には古ぼけたドイツ製のバスに乗せられた。

戦争と革命で荒廃しきった国々の複雑な状況の中を、彼がいかなる確信をもってくぐり抜けていったか、その感触を伝えるのは不可能である。[2]

ブダペストで数日間自由な時間があった。魅力的な博物館や世界的に有名なウィーナー・カフェがあったが、グルジェフは針とボビンを買うのに奔走した。再び列車に乗りこんだ一行は、チェコスロヴァキアとドイツをゆっくりと横断し、ついに八月二二日、どなり声とタバコと煮キャベツの強いにおいでベルリンに着いたことを知った。

グルジェフがたどり着いたドイツは、平和な時代がつきつける重い負担のもとであえいでいた。帝国主義的な戦争に費やした金に加えて、ヴェルサイユ条約によって課された賠償金がこの国の経済を破綻に追いこんでいた。インフレはグルジェフが着いたときにはすでに壊滅的な打撃を与えていたが、それ以後も「ジェリコのラッパがいや増しに高まるように[3]」昂進していった。彼が滞在している間にも社会組織はガタガタと崩壊し、人道は踏みにじられた。つましい生活をしている人たちや年金生活者ら社会的弱者は完全にたたきのめされる一方、怪しげな事業を始める者たちや抵当権を巧みに操って資産を増やそうとする者、そして不動産所有者の一群は大喜びで、ほとんど価値のなくなった紙幣で昔の負債を支払った。

絶望とニヒリズム、そして性的放縦が都市をおおいつくしていた。「スエトニウス*の時代のローマでさえ、ベルリンの倒錯的な舞踏会のらんちき騒ぎは知らなかったであろう[4]」。社会的地位を失った労働者の群れはその日その日をなんとか生き延び、アヴァン・ギャルドの芸術家たちは極端な非理性主義に染まっていた。「あらゆる領域から理解可能な要素は追放された。音楽からはメロディーが、肖像画からはモデルとの類似性が、そして言語からは理解可能な表現が[5]」

これはいったい誰の責任なのか？　マルクス主義者の「赤い国際同盟」か？　それともカトリックの「黒い国際同盟」か？　はたまたユダヤ人の「黄色い国際同盟」か？　身代わり山羊がいたるところに現れ、万能の解決策もたくさん出てきた。まるでペギーの「神秘は政治につながる」という名言を確証するかのように、今や復活してきたオカルティストの群れが社会をさまざまに分析し、問題解決への秘策を授けてくれた。サバヘッディン王子とも知り合いのルドルフ・シュタイナーは、『社会三分節化論』(明らかにサンティーヴ・ダルヴェードルの思想に影響を受けた本である) の中で彼の解決策を力強く提示した。国家社会主義ドイツ労働者党（ナチス）は、呪われた星のもとに、ミュンヘンの大ホテル、フィーア・ヤーレスツァイテン内にある疑似神秘主義結社、トゥーレ協会の一室で旗揚げされた。グルジェフの鋭敏な感覚はこれらをかぎわけ、こうしたものとはいっさい関わりをもたなかった。

グルジェフはかの有名な「ニヒト（ノー）」以外はドイツ語を知らなかったこともあって、用心深く、しかし権威をもって行動した。彼の生活に必要不可欠なものの一覧表（アパート、ムーヴメンツ練習用のホール、そして活気のあるカフェ）はトビリシで書き上げられ、ペラで確認され、このベルリンでもただちに調達された。ロシア人の親切な旧友の家に世話になっていたグルジェフは、シュマルゲンドルフというしゃれた地区に大きなホールを借り、ベルリン一の目抜き通りクールフュルステンダムにあるお気に入りのロマーニッシェ・カフェに通った。

一九二一年一一月二四日、グルジェフはヨーロッパでの最初の講演を行った。アレクサンドル・ザルツマンが劇場関係の知り合いの中から著名人をたくさん招いたことを知ったこの舞踏教師は、人間の奴隷状態とそこからの解放というテーマを心身相関的な側面からきわめて刺激的に論じた。

あなた方が日常的にとっている姿勢はある役を演じるのには向いている——たとえば召使いだ。しかしあな

訳注＊———ローマの歴史家、伝記作者。（六九〜一四〇）

た方は同時に伯爵夫人も演じなくてはならない。伯爵夫人はまったく違った姿勢をとる。いい演劇学校に行けば、ざっと二百ばかりの姿勢を教えてくれるだろう。伯爵夫人の特徴を出す姿勢は一四番、六八番、一〇一番、一四二番……といった具合にだ。[6]

講演者自身、この上なく見事に秘教の師の姿勢をとることができたが、「伯爵夫人の姿勢の権威」としてのグルジェフは、予期せぬ姿勢を聴衆の前に見せた。彼がこの役割を演じた際のモデルは誰なのか、いささか好奇心をくすぐられる。

一番可能性が高いのはオルガ・ド・ハルトマンであろう。彼女は伯爵夫人ではなかったが、その家系は「ロシアでも最良のもの」であるという主張は（実際彼女は後年そう主張するようになるのだが）、ほぼ真実といえよう。姉のニーナはペーター・フォン・ネトルホルスト男爵と結婚し、妹のゾーイはクルーゲ・フォン・クルーゲナウ男爵と結婚していた。母方の祖父のコンスタンティン・ヴォルフェルトは皇帝ヴィルヘルム一世がポーランド人の愛人ラヅニスカとの間にもうけた子だが、ただしこれは貴賤相婚の子であるため、身分も財産も相続できなかった。ホーエンツォレルン家、ハプスブルク・ロレーヌ家、そしてロマノフ家という偉大な家系を没落させた共通の災禍が、パリと同じくベルリンにも多くの伯爵や小公子を吹き寄せ、厚い沈澱物となってたまっていた。グルジェフは通常、社会のこの階層には受け入れられなかったが、それはド・ハルトマン夫妻の努力が足りなかったからではなかった。

ド・ハルトマン夫妻の友人、ファルフィッツ伯爵とガーリン王女がグルジェフに見事な装飾入りのカードを寄こし、ドレスデン近くの居城での晩餐会に臨席を賜りたいと言ってきた。ともに招かれたトマスもオルガも、何をしでかすかわからない師がその席で「恐るべきティフォン」の役を演じるのではないかと考えると、身震いした。駅に着いた一行を、深紅の制服を着た四人の御者が操る由緒ありそうな六頭立ての馬車が迎えにきたとき、二人の不安は高まったが、それが頂点に達したのは、豪華きわまる晩餐が始まってそれぞれの椅子の後ろに執事がついたときであった。ああ！　もしミスター・グルジェフがわざと大きなゲップをしたり、熊肉の値段に不平を言ったり、「この馬鹿者どもはどうして私の後ろに立っているのかね？」[7]などと言ったりしたらどうしよう！　しかし幸いそんな茶番は起こらなかった。「われわれは儀式ばった応対を受けたが、ミスター・グルジェフはまるで宮廷育ちのように振る舞った。伯爵とガーリン王女は彼に魅了されたが、とりわけ王女はそうだった[8]」。とはいえ、グルジェフが求めていたのはこのような関係ではなかった。彼にとって意味のある貴族は存在（ビーイング）における貴族だけだったのだ。

マダム・ド・ハルトマンの重要性はますます大きくなっていった。今や彼女はロマーニッシェ・カフェで毎日グルジェフとお茶を飲むようになっていた。五つのヨーロッパ系言語を話せる彼女は、静かに、しかし威厳をもって師の通訳兼秘書の役についた。五五歳のグルジェフがオルガから苦労して英語を習っている図は、きわめて稀な種類の教師の姿を垣間見せてくれる。大きな目標に向かって進む彼は、自分の弟子の生徒にさえなったのである。

この大きな目標に同一化し、喜んで献身する気でいた彼の弟子たちは、時に師が見せる、ころころと方向を変える日和見主義に敏感だった。

ベルリンに着いたとき、ミスター・グルジェフ自身もそこで何が起こるか、われわれの努力をどの方向に向けるべきかわかっていなかったことはまずまちがいない。彼は次の段階に進むべき時が熟するのを常に待っていた。[9]

グルジェフは学院にふさわしい場所を求めてドイツ中を精力的に旅した。ミュンヘンの近くで小さなグループを作ったというやや曖昧な説もあるが、正確にいつ、どこでかということになると——「ああ、あそこにかの有名なビスマルクのペットの猫がいる」。[10]

冬が来た。凍りついたヴァンス湖を渡る狂暴なプロイセンの風が氷上ヨットをものすごいスピードで押し流す頃、グルジェフはザルツマン夫妻とベルリンを発ち、ヘレラウを下見に行った。ドレスデンを出ていく市電の窓から南の方を見ると、厚い雪におおわれたエルツゲビルゲ山をはじめとするいわゆるザクセン・スイスの山々が目に入った。ヘレラウのおつにすました小さな家々はきれいに雪化粧し、イバラの垣根には人間との知恵比べに負けたスズメが、餌を投げてくれる人を憂鬱そうな顔で待っていた。グルジェフの関心の中心は柱廊で飾られた教育施設だった。その建物は、恐ろしく品のないギリシア・チュートン折衷様式の霊廟がヴィクトリア朝風のクリスマス・カードにまぎれこんだかのような場違いなしろものだった。その押しつけがましい古典主義は、一種狂信的な理想主義の危険性に対する警鐘を鳴らしているかのようだった。ところが、実に彼らしいことだが、グルジェフはこの建物に惚れこんでしまったようである。

惚れこむことと所有することとは必ずしも一致しない。一九一五年にジャック゠ダルクローズがジュネーヴに帰っていったとき、施設の所有権は、最初これをダルクローズに寄付したヴォルフとハラルトのドールン兄弟の手にもどっていた。この博愛精神旺盛な兄弟は、オーストラリア人の女医ノイシュテッテルなる人物の気持ちをなだめようとして、つい最近この建物を、彼女とその友人の建築家カール・ベーア、およびスコットランドの先鋭的な教育者であるA・S・ニールが協力して設立した有限会社に、五年間の約束で貸したばかりであった。この会社は建物をさらに三箇所に又貸ししていた。ひとつはニールの外国人学校、ひとつはベーアの高等学校、いまひとつは美貌のヴァレリー・クラティーナで、のんきにも法律的なことはまったく頭にない彼女は、ここで四〇人ばかりの妙齢の女性に、引き続きラ・メトード・リトミックを教えていた。このような状況のもと、アレクサンドル・ザルツマンを伴ったグルジェフは雪を踏みしめてハラルト・ドールンに会いに行き、施設を、小さな備品まで含めてすべて「人間の調和的発達のための学院」に早い時期に譲渡してもらう約束をとりつけたのであった。

ヴォルフと同じくハラルトも、人にものを与えること、助けることに強迫的なまでにとりつかれた人間だった。彼はかぼそい声で、すでにこれを借りているベーア、ニール、およびクラティーナの権利はどうなるのかと聞いた。グルジェフは答えた。「彼らのことは気にしなくてけっこうです。私の仕事のほうがはるかに重要ですから」[11]。グルジェフの態度に納得したのか、それともダルクローズからのきわめて重要な手紙に動かされたのか、ともかくドールンはこれに同意した。こうして施設の所有者は変わることになった。この驚くべき決定はニールに一番大きな打撃を与えたが、彼は個人的な問題にかかずらっていた。（リトミックを習っているあるロシア人女性が彼を情熱的に抱きしめて「ニール、愛しているわ」と言ったとき、彼はこれを拒まなかったが、彼女はすぐにこうつけ加えた。「手紙で夫にあなたのことを書いたら、すぐこちらに来てあなたを撃ち殺すって言うの」[12]。ノイシュテッテル女史が強い態度で割って入って――彼女はもともとニールに目をつけていて、結局は彼と結婚することになる――この施設の一件をドレスデンの法廷で争うようニールを説得した。こうなると、いつもながら人を喜ばせることしか頭にないドールンは立場を一変した。きたるべき厳しい法廷闘争にそなえてグルジェフが法律問題の相談相手としたのは、弟子の中でも最悪の者、すなわちA・Y・ラフミリエヴィッチであった。彼は戦前のサンクト・ペテルブルクの法曹界の大立者で、「愛想が悪く、いつもぐちばかりこぼし、よくないことが起きるぞとふれまわっては、あらゆることに不満をもらしていた」[13]。

　グルジェフを本当に引きつけたのは不動産屋が薦めるヘレラウではなく、思想家のいるヘレラウであった。図書館や日光浴や大ホールではなく、その香り、ヨーロッパの文化人の注目を引くに足るその名前であった。なんとも皮肉なのは、バーナード・ショーやニジンスキー、スタニスラフスキーらを魅了したヘレラウは、いろいろな意味で「前衛運動」の神殿であったことだ。グルジェフは進歩など幻想だと主張していた。ヘレラウは過度の自由を楽しむ芸術家が遊びまわる幼稚園だったが、グルジェフは伝統の継承者にして唱道者であった。夏になるとヘレラウの樺の林でキャンプし、儀式の火をたく（浅はかな理想主義者の）ワンダーフォーゲルたちはズボンもはいていなかった。グルジェフの弟子たちははいていた。こうした対比をくどくど論じる必要はあるまい。しかし、もしグルジェフがこの一九二二年に本当にヘレラウを「手に入れて」いたとすれば、インテリたちがむさぼっている夢から彼らを呼び覚ますおたけびをあげることもできたであろうに！

　しかしそうはならなかった。一九二二年が明ける頃、グルジェフの注意は突如としてロンドンに向けられた。彼は常々、ヤングハズバンド大佐がチベットでやったことを代々のアングロ・サクソン人全体に広げて考える傾向があったが、今や少なくとも部分的には、イギリスの卵はすばらしいことを認めたのである。マダム・ウスペンスキーが夫からの手紙を見せたとき、グルジェフも、イギリスのその道の専門家がウスペンスキーに高い評価を与えたことを否定することはできなかった。しかし残念なことに、きわめて真剣な、ドイツでのそれをはるかに上回る関心をもつ人々が出会ったのは、硬くて無味乾燥なウスペンスキーの体系だけであった。神聖舞踏は教えられず、理論が実践の上におかれた。しかもそれだけではなかった。ウスペンスキーの言葉のはしばしからは、かつての師からの離反の気持ちが読みとれた。ウスペンスキーはその記憶の黒板から一九一五年と一九一六年を都合よく消し去り、そのかわりに「彼が師の教えを発展させて生み出した統合、および研究と実践の方法」をそこにチョークで書き上げた。グルジェフからの恩恵に関して明らかにささいな嘘をついている場合を別にしても、彼はグルジェフに関する真実に手加減を加えた最初の人といえるだろう。

それでも真実は広まった。常にグルジェフの忠実な弟子であったピンダーは、きわめて率直な性格分析をしたためた手紙を友人に出しているし、ベックホーファー＝ロバーツはそのタイムリーで生きのいい著書『デニキンのロシアとコーカサス』の中で、グルジェフを魔術師と、そしてウスペンスキーを時代に翻弄された悲喜劇的な犠牲者として描いている。ウスペンスキーの弟子たちは徐々に真のヒエラルキーに注意を向けはじめた。彼らのアンテナは敏感だった。彼らは自分たちだけで集まるようになり、グループの財政についても気を配りはじめた。そしてベルリンと手紙の交換を始めた。これに気がついたウスペンスキーがこの都合の悪い行為をやめさせるはるか以前に、事態は彼の手のおよばないところまで進んでいた。二月初めにウスペンスキーは弟子たちを集め、胸のポケットからメモを取り出して鼻先に近づけると、感情のない声で、ジョージ・イヴァノヴィッチ・グルジェフがまもなくロンドンに来ると告げた。彼の心中は察するにあまりある。エッセントゥキとコンスタンティノープルでさんざん悩まされた問題が、グルジェフとともに船に乗ってやってくるのだ！　実をいうと、「問題はグルジェフより先に着いていた[14]」のである。

グルジェフがいかに迎えられたかは、伝記上の深い霧、ロンドン特有のあの濃霧におおわれている。そのためわれわれは、シャーロック・ホームズさながら、登場人物や当時の状況から推測せざるをえない。「証拠のない事件」というのは好奇心をそそるものである。グルジェフはロザミア卿夫人のディナー・テーブルに招かれたのであろうか？（ウスペンスキーが到着したとき、彼はこの席に呼ばれ、「黄金製の皿らしきものの横におかれた金のナイフとフォークで[15]」食事をし、ワインを供された）。あるいはグウェンダワー通り五五ａにある彼の弟子のアパートを訪ねたのだろうか？（多くの回想録は、ウスペンスキーがその戸口に立ち、ドアにはめこまれたステンド・グラスの色で朱に染まっていたと記しているが、そのドアがグルジェフを迎えたとはどこにも書いてない)。こうしたことは歴史につきものの曖昧さということで説明がつくのだろうか？　それともグルジェフ歓迎の熱気は完全に冷めきってしまったのだろうか？　次のことだけは確実に言えそうである。すなわち、ウスペンスキーの強い「なわばり意識」、それにワークの「一手販売権」への強い渇望が、かつての師からもっと学びたいという欲求を凌いだのだ。四四歳にして彼は、グルジェフが「啓蒙された白痴（エンライトゥンド・イディオット）」と呼んだものになった、と言っては言い過ぎであろうか。

一九二二年二月一三日、グルジェフはウェスト・ケンジントンにいた。ウォリック・ガーデンズ三八番地の神智学協会会館は、賃貸料が安く、グヴェンダワー通りからほんの五分のところにあり、おまけに入口は黒いサンザシの木で隠されていて、ウスペンスキーのミーティングの場所としては理想的だった。中の様子も気に入った。もっともグルジェフの血を沸かせるようなものにはほど遠かったが。

> 部屋の内装は気の滅入るような紫がかった灰色でした。窓には紫っぽいカーテンがかかり、二つあるマントルピースの上には、真鍮製の灰皿と、真珠層をあしらった葉で装飾された枝のついた壺がおいてありました。講演者の椅子の前にはオレンジ色のクロスのかかった小さなテーブルがあり、……そしてまわりは灰色の壁。このおぞましい色はなんの色？　象？　いいえ。溶滓の山？　いいえ。雨にぬれたスレートの屋根？　違います。それは紫がかった灰色の土の色、悪夢の中でしか見たことがないような土の色でした。[16]

その月曜日、小さくて座り心地の悪い六〇ばかりの椅子には、ロンドンの知的エリートの一部が、神秘の帳につつまれたウスペンスキーの師の話を聞くために座っていた。フーポウ鳥の隠そうにも隠しきれぬ願望に反して、いらいらしながらスィームルグ鳥に拝謁するのを待っている「鳥たちの会議[★25]」そのままの情景だった。

これだけの著名人を前にして話すのはグルジェフにとっても初めてだった。出席者の中には、『デイリー・ヘラルド』の前編集長ローランド・ケニー、『ニュー・ステイツマン』の編集長クリフォード・シャープ、『ニュー・エイジ』の編集長アルフレッド・リチャード・オラージュらがいた。「サイコシンセシス」の分野からはJ・A・M・オルコック博士とメアリー・ベル博士、それに二人のユングの仲間、モーリス・ニコル博士とジェイムズ・カラザーズ・ヤング博士も参加していた。最前列にはロザミア卿夫人、★19 霊学好きで感情の抑制のきかないメアリー・リリアンが座っていた。彼女はロザミア子爵の夫人であり、ノースクリフ卿の義理の妹であったが、この二人の男はイギリスの新聞の大半をその傘下においていた。カーゾン卿の庇護を受けている聡明な若者エリック・グレアム・フォーブズ・アダムは、精いっぱい気取った言葉でラルフ・フィリップソンとやりあっていた。このフィリップソンは「汚いものがあるところには金もある」を座右の銘にして大富豪にのし上がった男だった。彼らはみな、その性格的弱さにもかかわらず、実に真剣な気持ちでここに来ていた。時がたつうちにみな黙りこんでしまい、そのため時計の音がよけい大きく響いた。ついに四人の者が壇上に上った。ウスペンスキー、ピンダー、オルガ・ド・ハルトマン……そしてグルジェフその人であった。

それ以前からグルジェフの容貌についてはさまざまに書きたてられていたが、読者を煽りたてるようなその書き方は実に馬鹿げていた。(「彼の頭はまるでゴーゴリの小説から抜け出してきたタタール人のようにそりあげられ、その中には……われわれの考えもおよばぬような力がひそんでいた[17]」)。とはいえ、彼の異様な態度と眼光はたしかにウォリック・ガーデンズ三八番地のその夜を圧していた。青白い顔をした美貌のオルガ・ド・ハルトマンは師のロシア語を通訳したが、彼の声の温かさや音色までは、歯擦音の強い彼女のさえずるような英語にはほとんど移せなかった。しかし問題は、オルガが彼の思想をうまく通訳できたかどうかである。グルジェフ自身は、英語はけばけばしい世俗的な言語で、「オーストラリアの冷凍肉とかインドの問題[18]」を論ずるにはぴったりだと思っていた。

　ともかく彼は話しはじめた。「人間は複数の存在である……」この複数の自己という彼の思想は、すでに弟子たちがあちこちで話していることは彼も知っていた。しかし伝えねばならないのはその真実性、それが個々人にとっていかに身近で実存的な問題であるかということだった。「あなた方は機械だ」――オルガは辛辣に直訳した。「あなた方の欲求とは無関係に、外的な状況があなた方の行動を支配している。自分の行動をコントロールできる人は一人もいないと言っているわけではない。あなた方はできない。なぜかというと、あなた方は分裂しているからだ[19]」。このとき、グルジェフの眼はウスペンスキーをちらりと見やらなかっただろうか？　エッセントゥキ以来揺れつづけているウスペンスキーは、こうした分裂を具現しているように思われたからである。

　壇上でのグルジェフの話が一〇分も続くと、グルジェフがロンドンに定住するのではないかということがウスペンスキーおよび彼の弟子たちの火急の問題として立ち現れてきた。もっともウスペンスキーと弟子たちの観点はまるで逆であったが。彼らはなんとかグルジェフの話を解読しようとしたが、はっきりしたことは何ひとつわからなかった。

　ロンドンでは気候が合わないために私は元気がなく、いらいらしたり機嫌が悪いことが多かった。インドではあんなに調子がよかったのに。そこで私の理性は、インドに帰っていらいらした感情を追い払うよう私に命じた。ところが仕事は、熱帯よりはロンドンでのほうがずっとよくできることに気がついたのだ[20]。

これは何を意味しているのであろう。イギリスでもっとも聡明な知性の持ち主が、この部屋の紫っぽい壁にもたれかかって話を聴いている。（この壁紙についた整髪用のマカッサル油のしみは、一〇年後にも頭痛の種だった）。壇上のグルジェフの話はいよいよ終わりに近づいた。

あなた方は師を見つけなければならない。しかし自分が何をしたいかは、一人でも見つけることができる。あなたが本当にやりたいことを心の中で探しなさい。もしそれを探す能力があれば、何をすべきかがわかるだろう。よく考え、そして前進しなさい。[21]

少なくともオラージュだけはすでにこの探求を終え、やりたいことを見つけていた。「グルジェフがウスペンスキーのグループを最初に訪れたときから、私にはグルジェフこそが師だということがわかっていた」[22]

この断定はきわめて重要である。ウスペンスキーが弟子の引き渡しのバトンをうっかり落としたその瞬間、新しくやってきた熱意に満ちた手がそれを拾い上げたのである。アルフレッド・リチャード・オラージュはなみはずれた人間で、グルジェフの思想を広める上で決定的に重要な役割を演ずるよう運命づけられていた。彼はこの役に最適な能力を豊かにそなえていた――カリスマ性、知的力量、人を引きつける「オーラ」、そして議論における魔術的な卓越性。カーシター通り三八番地にある小さくて散らかった事務所から、オラージュはすでに一九〇七年以来、イギリス人の生活および文壇にその影響力をふるってきた。週刊文芸批評誌『ニュー・エイジ』の所有者であり革新的な編集長であった彼は、文化および政治に関する全国的な議論の場で指導的な位置を占めてきた。あらゆる著名人を知己にもち、裏話もすべて知っていた。政治に関する文献も文壇における政治も知悉しており、哲学的な、あるいは芸術上の「主義」がもつ表向きの顔と、薄汚い裏の顔をどちらも知り抜いていた。チャンセリー・レインにあるＡＢＣセルフサービス・カフェに腰をおろし、ブラック・コーヒーとスモモの皿を前にして考えこんでいるオラージュを見ると、一九二〇年代の価値観や種々の問題、その無気力で安定した状態に満足している人間に見えたかもしれない。……しかしそうではなかった。

少年時代のオラージュは背が高く、浅黒く、ハンサムだったが、五〇歳になり、腹が出て肩が丸くなった今でもその魅力は消えていなかった。「彼の眼は緑がかった茶色で、生き生きとしていて挑戦的だった。そして興奮したときには赤いきらめきを発するかのようだった[23]」。スモモを前にした彼の想像力はヒバリのように舞い上がり、特に敬愛したソクラテスをはじめとして、プラトン、パタンジャリ、トマス・アクィナス、ヘルメス主義者たちに見られる古代の叡智にまでおよんだ。長年誠実に自己開発に努めてきたものの、希望と現実との間の溝は広がる一方だった。マントラも唱えてみた——「太陽よりも明るきもの、雪よりも白きもの、空気よりも希薄なもの、そは自己なり、我が心に住まう精神なり。我はその自己、自己は我なり[24]」。結婚は失敗し、愛人のベアトリス・ヘイスティングズも去っていった。そして彼が唱道してきた多くの理想的な大義も、実際には「精神病院や性病病院の患者、あるいはさまざまな醜い出来事[25]」を生み出すばかりだった。しかし彼はあきらめなかった。

有名な預言者や哲学者が授かった知識の裏には秘密の知識があると彼は確信していた。その知識を手に入れ、そしてそれがもたらす知的および精神的な力を獲得するためには、いかなる犠牲、いかなる努力もいとわなかった。たとえそれが卑しい、あるいは退屈な、あるいは難解なものであったとしても。[26]

ウォリック・ガーデンズのグルジェフのところに来たとき、オラージュは二つの必要不可欠な鍵を手にしていた。すなわち真剣な欲求と、今の生活は耐えがたいという感覚である。

独自の役割を演ずることを運命づけられていたとはいえ、オラージュはやはり、グルジェフが最初に訪ねてきて以来ロンドンのグループをつつんでいた熱狂的関心に乗せられていた。この熱狂はすべてを変えてしまった。

そしてウスペンスキーおよび彼の庇護者たち、そしてグルジェフまでをも苦境におとしいれた。グルジェフはまだドイツの可能性も捨ててはおらず、ドレスデンでの裁判にも巻きこまれていた。「王様にならずには気のすまない男」ウスペンスキーは突如として王位をおびやかされる羽目に陥った。弟子の中には無邪気にも二人の師につこうとする者もいたが、ウスペンスキーと彼の師との間に曖昧で不可解な緊張があることを見逃すほど馬鹿な者は一人もいなかった。すべては不気味なもやにつつまれていた。

グルジェフの二度目の、そして結局は最後になったロンドン訪問は三月であった。これに面と向き合ったウスペンスキーは、慇懃無礼な調子で、彼と率直で荒っぽいやりとりをしたが、結果はやや意外な展開を見せた。グルジェフは、「誰かの家系について話すのにふさわしい言葉[27]」と彼が感じていたロシア語で語りかけながら、この著名な弟子を叱責したのである。

グルジェフがどう言ったか、正確な言葉は残っていないが、(フランク・ピンダーのおかげで)その内容は知ることができる。それは次のようなものだった。ウスペンスキーの理論把握能力はすぐれてはいるが、彼がエカチェリノダール、ロストフ、コンスタンティノープル、そして現在ロンドンで作っているグループは正式に許可したものではなく、また本来進むべき道からそれたものである。神智学的、哲学的概念をふくらませるのはウスペンスキーの自由だが、グルジェフの教えをあらゆる側面から伝達するには、彼はその権利を委任されてもいないし、資格を与えられてもいない。彼がグルジェフと直接接していたのは全部でほんの三年ばかりだし、音楽のことは何も知らず、神聖舞踏に対しては無関心な嘲笑をあびせるばかりだった。それより何より、彼には「システム」がもつ荒涼たる思想的風土から弟子を保護するのに不可欠な人間的温かさが欠けている。これに加えて、ウスペンスキー自身の発展という問題が話題に上った。もしウスペンスキーが今でもグルジェフのワークを、人格においてだけでなく本質においても理解したいと思っているのなら、彼も妻のソフィーのように、自ら教えるのは先に延ばして、もう一度弟子として真剣に学ぶべきだ。……なんとも辛辣な助言で、その口調は実に苦々しかったので、ウスペンスキーもとうていこれを受け入れることはできなかった。

かくして、三月一五日の水曜日、聴衆の強い期待を受けてウォリック・ガーデンズの壇上に上がった二人はすでに赤の他人であった。オラージュはやや安易にこう質問した（これは彼の年来の根本的な疑問であった）――存在（ビーイング）を根底的に変容させるにはどうしたらいいのか、と。このあと行われたグルジェフの講義「本質と人格」の中で、彼が暗号めかした形でウスペンスキーを非難していたと考えても、そう的外れとはいえまい。

正常な人間というのは例外的な存在だ。大半の人間は子供の本質しかもっていない。成長した人間の中の本質が子供のものだというのは自然ではない。それがために、その人間は内心臆病で、不安でいっぱいなのだ。どうしてこうなのか、それは彼が、自分はそうである振りをしている人間ではないことを内心知っており、そのくせなぜそうなのかは理解できないからである。[28]

このあたりでウスペンスキーが口をはさみ、通訳があまりうまくないと言った。これに対してグルジェフは、「ピンダーが通訳をしているのだ、君ではない」[29]と一蹴し、彼を挑発するかのように公的な演壇で個人的な批判を続けた。その死の日までウスペンスキーは、「グルジェフから自分の弟子の前で攻撃されたことを忘れることはできなかった」[30]。聴衆の一人がその場をなだめるように質問した。「本質が意識的になればどうなるのですか」と。「すべてはもっと生き生きとしてくる」[31]とグルジェフは簡潔に答え、ピンダーとともに席を立って足早に出ていった。ドイツへの帰途、グルジェフは言った――「これから彼らは師を選ばねばならない」。[32]

主だった者のほとんどはグルジェフを選び、ウスペンスキーはくやしい思いをした。次は、グルジェフをイギリスに連れてきて定住させる方法が焦眉の問題となった。ここでもロザミア卿夫人が、セント・ジョンズ・ウッドのサーカス通りにあるすばらしい仕事場を提供してくれた。ラルフ・フィリップソンが資金提供を申し出、オラージュは宣伝を約束した。ウスペンスキーは、もし学院がロンドンに移ってくれば、パリかアメリカに移住することを陰鬱な気持ちで決意した。グルジェフを支援する人々を心配させ、逆にウスペンスキーに一条の希望を与える障害が二つあった。一、グルジェフ自身、イギリスに定住することに本当に同意するだろうか？　二、内務省が彼の入国を許すだろうか？

皮肉なことに、ウスペンスキーのグループの強力なメンバーが力を合わせて、グルジェフのビザの問題を解決すべく奔走した。ハーリー通り八六番地にタクシーが止まり、ディケンズ創作にかかるピックウィック氏ばりの人物、ドクター・モーリス・ニコルが降り立った。友人であり同僚であるケネス・ウォーカーを大急ぎで説得するためであった。「二〇分後に内務大臣と話をする約束をとりつけたんだ。君も陳情に加わってくれないか」。ドクター・ウォーカーは医学の分野でめきめき頭角を現し、ほどなく王立医科大学の教授になるはずの人物であったが、すぐにニコルの熱気に共鳴した。

三〇分後には、私はうんざりした顔つきの内務大臣を前にして、グルジェフ氏（私にとっては名前だけの存在だったが）に入国許可を出すことがイギリスの医学界にとっていかに重要であるかを説いていた。[33]

内務大臣のエドワード・ショートは頭の切れる人物ではなかった。何事にもすぐに退屈した。（ちなみにこれは、一九二九年、彼が映画検閲委員会の委員長に任命されて以来、恒常的な状態になった）。あくびをし、曖昧な態度をとりつづけた。二、三質問し、調査することを約束した。

今日われわれは、後世の光を当てて見られるという特権的地位にありながらも、なおこの出来事の内情を知ることはむずかしい。ロザミア子爵夫人の援助と内務大臣じきじきの口添えがグルジエフを特別な存在にしたことは疑いない。白系ロシア人に対する割当制限も、ボルシェヴィズムという細菌の侵入に対する広範な不安も、VIPの入国を拒否する十分な理由にはならなかった。グルジエフに関するやっかいな書類はホワイトホール（ロンドンの官庁街）の怪しげな迷路をあちこち回され、お決まりの外務省にたどり着いた。ここではエリック・グレアム・フォーブス・アダムが花形で、ローランド・ケニーは政治情報局で働いていた。外務省からの返事では、このビザ申請者はボルシェヴィキではなく、それどころかボルシェヴィズムを逃れてきたとのことであった。（同時にこのレポートは、レーニンおよびトロツキーは危険で極悪の煽動者であるとしていた）

残念なことにグループの中には、インド局で重要な位置を占める者がいなかった。このインド局には、「グルジエフ」はチベットにおけるイギリスの利害の不倶戴天の敵だという古いステレオタイプが残っており、ニューデリーからミルン将軍に急送された重要書類がそれをさらに強めていた。ロザミア家の気分を害したい者はむろん一人もいなかった。しかし、かといってどうできるだろう？　官僚から官僚へとたらいまわしされたこの案件は、結局エドワード・ショートの机の上に舞いもどってきた。しかしこの大臣の前には、グルジエフが「イギリスの医学界の改善」[34]に対してなすであろう現実の、あるいは空想上の貢献よりも、もっと早急に処理すべき問題が山積していたのである。

申請者自身はベルリンに帰っていた。未来は予測がつかず、弟子たちは地理的にばらばらになり、グルジエフの注意もバレエのリハーサル、法廷闘争、そして第三の設立趣意書の草稿書きにと、多岐に分散していた。自分の位置を早く確定したいというグルジエフの意向を考えるならば、この設立趣意書の調子と内容は破天荒なものであった。「人間の調和的発達のための学院」の学院長は、その巨大な心理学的、生態学的明察にもかかわらず、いささか正気を失っているという印象を意図的に作り出していた。一方、たとえばドクター・ケネス・マクファーレン・ウォーカーは、すでにかなりのものになっていた医学上の名声を、このどこの馬の骨とも知れない人間に賭けていたのである。

　学院の中心となる部門にはもっとも近代的な装置や道具がそなえつけられていたが、もしこれを、「計量物理学的」、「分析化学的」、「実験心理学的」実験器具を一箇所に集めたものとみなすならば、歴史上最大のコレクションであろう……[35]

　設立趣意書を同時に英語、ドイツ語、フランス語で出したこと自体、一九二二年の春から初夏にかけてのグルジェフをとりまく状況を示唆しているようだ。ドイツのインフレは超現実的なレベルに達し、彼の法廷費用だけでも何兆マルクにもなりそうだった。ラフミリエヴィッチは物悲しげな満足の表情を浮かべてニュースをもってきたが、それによれば、ハラルト・ドールンがグルジェフに催眠術をかけられたという説得力のある主張をしているということであった。結末はいかなることになるのやら。

　その結末は六月にやってきた。ドールンが勝ち、グルジェフは敗訴した。ドレスデンの裁判所は判決を言い渡したのち、ただちに扉を閉ざした。これとは対照的に狡猾な、しかし同様に決定的だったのは、ロンドンのエドワード・ショートの戦略である。「グループに対する入国許可は拒否されたが、グルジェフ個人がイギリスに入国することは許可されるであろうと公表された」[36]。この見事なひとことでロザミア家の怒りはまぬがれたが、グルジェフの方は実質的に入国拒否されたも同じだった。彼がロシアからの献身的な弟子たちを見捨てるとは考えられなかったからだ。グルジェフが三度目に出した入国許可申請も拒否された（そしてその決定に対して申し立てをした）ことを暗示する証拠は確実なものではない。ともあれグルジェフは見るからに安堵した。うんざりするような料理、気持ちをいらだたせる気候、感覚を鈍麻させる島国根性、こうしたものを予感するにつけ、ロンドンに対する熱意は徐々に失せていったことであろう。とはいえ、ベルリンのせわしないニヒリズムもヘレラウのどうしようもない偏狭性も、ともに彼には合わないものだった。ドイツでの時間は、コンスタンティノープルとよく似て、一種の中断状態であったことがはっきりしてきた。新しい弟子は集まらず、資金は底をつき、ドイツ人の世界観は破滅的な愚かさにとりつかれているように思われた。

阿呆よ、くずよ
汝は我が喜び。
馬鹿よ、のろまよ
汝は我が歓喜。[37]

では、どこに行ってどうすればよいのか？

神話では、グルジェフは列車でフランスに、「世界の文化の首都」パリに向かったということになっている。目的論的因果律が彼に拒否できない申し出をしたのだ、と。……生粋の漁師が川岸からそっと獲物に近づき、光の屈折にだまされずに見事モリで魚の胸を射ぬくように、神話の中のグルジェフも、ドイツやイギリスに目を向けているときにも、実は初めからフランスに目的地を定めていたのだ、と。歴史上のグルジェフももちろんのこと、うまい口実をもっていた。イギリスへの途上で目にしたフランスの国土は美しく、フランス経済はドイツとは対照的にすばらしく健全だった。それにフランスは地理的に中央に位置しているので、「地球上のすべての民族と国民が行き交う上で[38]」理想的な場所であった。しかしこの国境を突破するにはどうすればよいのか？

一九二二年のグルジェフの公的な立場は故国を追われた単なる亡命者で、彼のもっているナンセン・パスポート[★27]も限られた有効性しかもっていなかった。ある想像力豊かな著名な作家はこう書いている。「戦争中に、インドおよび小アジアでフランスのために働いた功績により、彼は首相ポアンカレ[★28]の庇護を受け、首相は彼がフランスで生活することに対して個人的に許可を与えた[39]」。形而上学的、政治的なたわごとはさておいて事実だけを述べると、ゲオルギー・イヴァノヴィッチ・グルジェフは革命記念日の七月一四日、二、三〇人の弟子を従えてパリに入った。所持金は一〇万フラン、それにミシンとたくさんの材料、たとえばブダペストで購入した糸や針、ボビン、ハサミ、指抜き一箱などをもっていた。こうして彼の革命に必要なささやかな備品がすべてそろったのである。

先に入国していたアレクサンドル・ザルツマンはガール・ド・レスト（パリ東駅）でグルジェフを出迎えた。トマス・ド・ハルトマンはただちに仮の住居を、オルガは大きな田舎家を探すよう命じられた。トマスはすぐにミロメニ街に理想的な場所を見つけた。居間、バスルーム、電話、独立した入口をそなえた住居である。彼は勇んでグルジェフに知らせた。

彼はまったく無関心な様子で聞いていたが、急に「ガス・ストーヴはついているかね？」と尋ねた。私はそんなことまで注意していなかった。しかし、なんというけすかない人だ、と思った。私の努力に感謝するどころか、そんなささいなことを聞くなんて。[40]

その場所に落ちつくと、グルジェフは非公式だが重要な集まりを開いた。オテル・ソルフェリーノにウスペンスキーとラルフ・フィリップソンが、オテル・ウェストミンスターにロザミア卿夫人が滞在していたという事実からも、その議題は推測できよう。もしウスペンスキーがロンドンで独立して活動する自由が保証されるならば、フランスのグルジェフを援助するためにかなりの金がイギリスから送られるだろう、ということになった。

運命がグルジェフをフランスに、ウスペンスキーをイギリスに連れてきたとは、なんとも皮肉である。グルジェフのユーモア、良識、そしてエクセントリックなところはきわめてイギリス的であるのに対し、ウスペンスキーの論理性と形式ばったところはいかにもフランス的である。グルジェフの最初のイギリス人の弟子であるポール・デュークスは、フランス人より二五年も早い一九一三年に彼のもとに行っているし、その後もイギリス人は大挙してドーヴァー海峡を渡っているのに、フランス人は道一本渡ろうとはしなかった。フランスのインテリはグルジェフとその弟子を「馬鹿げた煽動的な神智学の徒」と呼んでいつもあざけっていたのに、イギリス人の多くは多大の犠牲を払って彼のもとに来たのである。ドクター・モーリス・ニコルは父親の遺言によりかなりの財産を相続することになっていたが、そこからかなりの金を前借りしてグルジェフに渡した。フィリップソン夫人は高価な真珠のネックレスを寄付した（これはのちにグルジェフから返還された）。ドクター・ジェイムズ・カラザーズ・ヤングは「サイコシンセシス」の研究を始めんと意気ごんでいたが、ハーリー通りでのもうかる仕事をやめてパリに渡り、度肝を抜かれるような環境の中に転がりこんでいった。

トビリシでと同じくこのパリでも、「舞踏教師」はジャック＝ダルクローズのリトミックがこの地で人気があるのをすばやく利用した。ヴォージラール街のダルクローズの学院は夏期休暇で閉鎖されていた。そこでグルジェフは抜けめなく、イギリス人の弟子で、パリのオペラ座の振り付け師をしていたジェスミン・ハワースの口添えで、ここを午前一〇時から午後一時まで借りることに成功した。ジェイムズ・ヤングはある八月の朝ここに現れ、『魔術師たちの闘争』の準備が猛烈な勢いで進められているのを目にした。

グルジェフは実に見事な手つきで布地を切り、弟子たちはそれを縫い、手描きや型紙を使ってその上に模様を描いていた。バックルやベルトには金属の飾りがつけられ、……舞踏用のパンプスやロシア風のブーツなども即興的に作られた。……こうした仕事は熱狂的に進められ、練習も含めると一日一三時間から一四時間がこれにあてられた。ここでの基調音は「困難を克服せよ――努力せよ――働け」というものであった。[41]

ハンサムで活力にあふれ、外向的で、瀆神的なまでに陽気なドクター・ヤングではあったが、どうやら自分は何が起こるかわからないところにやってきたらしいことに気がついた。そこにいるのは彼の社会的、職業的な経歴とはなんのつながりもない人たちで、「アルメニア人、ポーランド人、グルジア人、シリア人……ロシア人の男爵とその夫人、のちにパリでタクシー運転手として大成功した、自称皇帝の親衛隊の元士官[42]」たちだった。サヴィル・ロウ仕立てのスーツを脱ぎ、「分厚くて赤いひも飾りと房飾りのついた白いチュニック、そしてトルコ風ないしは東洋風のものすごくでかいズボン[43]」を身につけたドクターは、グルジェフあるいは彼のスタローツァ（秘書）であるミロノフ氏のもとで「オブリガトリーズ」をはじめとする神聖舞踏を習いはじめた。「第一九番」を練習しているとき、彼は自分が「カノーヴァ*作のパオリーナ・ボルゲーゼの彫像のような寝そべった姿勢に」いきなり投げこまれたかのように感じた。その後、足を組んで壁に向かって座り、荒い呼吸をしていると、古い四人の弟子がそれぞれ燃えるような赤、深緑、群青、そして淡いピンクの衣装をつけ、バッハの弦楽四重奏に合わせて踊り、歌っているのが目に入ってきた。調和的発達の理論に関してヤングがこの学院に何を期待していた

訳注*――イタリアの彫刻家。（一七五七～一八二二）

のかは明瞭ではないが、グルジェフがそれに関して曖昧な言葉づかいをしなかったことだけはたしかである。

君たちはみんな奇形だ。……偏った発達をしている人間は、ある圏内ではたくさんの欲求をもっている。ところがそうした欲求は満たすこともできなければ、放棄することもできない。人生はみじめなものになる。こうした不毛な、欲求不満の状態を指す言葉として、オナニズム以上にぴったりの言葉はないだろう。[44]

困難や疑問はたくさんあったが、グルジェフその人の謎を解き明かすという決意がかろうじてジェイムズ・ヤングを支えていた。「彼は無視するにはあまりに大きな人物で、一心理学者がその一生に一度出会うかどうかという傑出した人間だった。私は、なんとかこの人間の謎を読み解こうと心に誓った」[45]

この長く忘れられていた夏の経験を共有した人の大半は、それぞれが経験したこと、とりわけ頭にカッと血がのぼったときの経験について自分なりの見方をもっているだろう。多くの者はミッシェランジュ（ミケランジェロ）街の家で厳しい条件のもとに共同生活を送り、毎日オートゥイユから市電に乗ってヴォージラール街まで労働にやってきていた。ここにはアンナ・イリニシナ・ブトコフスキーが再びちらりと顔を見せる。テキサスのヒューストンから来たローズ・メアリー・シンシア・リラードは、二二歳のダルクローズ信奉者で有能なピアニストであったが、グルジェフの最初のアメリカ人の弟子となった。エセル・マーストン★17（ユダヤ系ドイツ人とユダヤ系ポルトガル人の混血としてはグルジェフの最初の弟子で、その意味で実に貴重な存在である）はイギリスのオールド・ミスの典型としてわれわれの興味を引く。「背が高く、年齢不詳、骨ばった身体の上には、あまり手入れをしていない白髪まじりの赤毛の頭がのっていた」[46]。恥ずかしそうに彼女は、グルジェフが自分をモルモットとして使ってくれるよう懇請した。

彼とマドレーヌ大通りのベンチに座っていたときのことをよく覚えている。彼は完全に沈黙を守り、試されていることがわかっていた私も同様に沈黙していた。その場の空気はピンと張りつめていた。おそらく彼は、私を弟子にするかどうか、秤にかけていたのであろう。三〇分ばかりそうして座っていたのち、彼は立ち上がり、言った――「来なさい[47]」。

グルジェフのこの沈黙は、内なる陽気さをつつみ隠していた。この高揚感は、ミス・マーストンの独特の個性や八月のパリの物憂さ、母親や家族への懸念にもおびやかされないものだった。彼は教師であった。深遠なる教えをたずさえていた。その教えを西洋に植えつけたいという欲求を義務と感じており、しかもその欲求はきわめて強く、抑えがたいもので、近代が提供しうるいかなるものもこれを癒すことはできなかった。数年の欲求不満を経験した今、グルジェフはドイツ―フランス国境だけでなく、失敗と成功を分かつあの気むずかしい境界線をも突破したかのようである。彼はすべての役者に意識的なドラマを演じることを命じた。そしてそれにふさわしい舞台を要求した。その舞台を探す役を彼はオルガ・ド・ハルトマンに振り当てたが、見事な配役だったといえよう。趣味のよさ、機知、強い意志のほかに、彼女は氷のような尊大さをもっており、それを前にすれば、いかに横柄な不動産屋もまるで甘ったるいプディングのようなものだった。オルガは見つかるまで、しゃにむに探した。

プリウーレ・デ・バス・ロージュが未来に立ちこめる薄もやの中から初めて浮上してきたのは、一九二二年の八月中旬のことだった。オルガは神の配慮とでもいうべき幸運を報告した。そこはパリからも近く、ほんの六〇キロ離れたアヴォンの村にあった。大きさも十分で、三階建ての母屋とたくさんの付随する建物は、ゆうに百人を収容できた。労働をする土地もあった。この「城」の近くに四五エーカー（約一八万平方メートル）におよぶ松林があり、フォンテーヌブローの森に隣接する壁の内側には、さらに二百エーカー（約八一万平方メートル）の土地があった。雰囲気も申し分なく、フランス第一帝政時代風の凝った装飾の鏡や、樫材で上張りされた壁、ガラス張りの「オランジュリー（温室）」、二基の噴水、息をのむばかりに美しいライムの並木道、もともとはアンドレ・ド・ルノートル*が造園した庭、そして敬虔さと醜聞が入り交じった歴史。オルガの生き生きした描写はグルジェフの好みを満足させた。千里眼に近いとさえ思われる知覚をそなえた彼は、物件を見もしないで、事を運ぶよう指示した。

例のごとく長々とした交渉が始まった。この交渉は、グルジェフにはまるで、現代の天気予報が誇る厳密さにのっとって行われているかのように思われた。「雪になるか雨になるか、またはその他何かになるでしょう」[48]というわけだ。結局、家具その他いっさいこみで年六万五千フランで借り、契約の切れるときに七〇万フランで買い取る選択権をつける、ということで落ちついた。プリウーレのオーナーであるマダム・ラボリは、夫を二人――ピアニストのパッハマンと、フェルナン・ギュスターヴ・ガストン・ラボリ（ドレフュス事件の際の被告側弁護士であった）を亡くしており、当然のことながら彼らの形見の品を手放すまいとした。タペストリー、絨毯、高価な古い絵画などである。こういったものを監視もつけずにフォンテーヌブローにおいておくことは彼女の流儀に反していた。この予期せぬ要因ゆえに、ほんの一瞬、西洋のエソテリシズムの未来をマダム・ラボリの庭師の影がおおったのである。彼女は、諸事全般の面倒を見させるために庭師をおいていくと言い張ったが、これはグルジェフにはなんとしても受け入れがたいことであった。オルガは何がなんでも彼女を説得しなくてはならなくなった。

ミスター・グルジェフはこう言いました。「彼女と話すときには、たとえどんな取るに足らない話題でも、庭師は出ていかなくてはならないということを心に念じつつ話しなさい。きっと彼女はそれに同意するだろう」。私はこれをミスター・グルジェフから与えられた課題と考え、そのとおりにやってみた。すると驚いたことに、三〇分ばかり話したのち、彼女はこう言うのだった。「わかりました、庭師は引き取らせます。あなた方が家のものは何ひとつ傷つけないことを信じましょう」。私はその話題はひとことも口にしなかったのに！[49]

かくして、グルジェフの基盤は確固たるものになった。細かい点を周到に詰める前に、彼はショック軍団とでも呼べそうなものを送りこんだ。マダム・ウスペンスキーのボルシチで元気をつけた軍団は、プリウーレのあちこちの小道の草を抜き、オランジュリーのガラスを水で洗い流し、橋頭堡を固めることに努めた。九月三〇日に正式の契約が結ばれた。その翌日、サルムング教団出身のこの男はついにフォンテーヌブローに到着した。彼の雇った四輪馬車はゆっくりと橋を渡ってアヴォンの村に入り、ヴァルヴァン通りを下っていった。秋の柔らかい日差しの中、彼は立ち現れてくるプリウーレの輪郭を初めて目にした。それからスレートぶきのマンサール屋根についている七つの窓に目をやり、前庭に水しぶきを上げる噴水を見やった。いかなる感慨を抱いて、ゲオルギー・イヴァノヴィッチ・グルジェフはプリウーレに入っていったことだろう。「キツネにはねぐらがあり、空の鳥には巣がある。しかし人間の子には枕するところがない」[50]。彼はついに本当に落ちつける家を見つけたのだろうか？　一九二二年一〇月一日の日曜日、鉄の門が開き、彼の後ろで閉じられた。……彼はこう告白している

訳注＊――――フランスの建築家、造園家。（一六一三〜一七〇〇）

――「その日から、私にはまったく未知のヨーロッパという状況の中で、わが人生における狂乱の時代が始まったのである[51]」。

8
ハイダ・ヨーガ

［1922.10.1〜1923.1.13］

タバコをくわえたグルジェフは、シャトー・ド・プリウーレの内外を「景観を楽しみながら」歩きまわり、彼によくなついたフォックステリアの（身体は大きいが頭部は小さく、とびぬけて頭のいい）フィロスが、この洗礼式を喜ぶかのように飛び跳ねていた。マダム・ラボリはこの建物を長い間放っておいたらしく、恐ろしく汚れていて、これにはさすがのグルジェフもびっくりした。書庫のジャコバン様式をまねた本棚には本は一冊もなく、七〇数人が使えるバスルームはひとつしかなかった。しかし二階はまだかつての優雅さを保っていて、グルジェフはこれを「リッツ」と命名し、上がって左側の最初の部屋を自分の部屋にした。階下にある気晴らしにもってこいのビリヤード台は、すぐにも使われるのを待っていた。グルジェフはキュー（玉突き棒）に一八九八年のブハラ以来触れていなかった。

グルジェフは回想する――「シャトー・ド・プリウーレの門をくぐったとき、昔からいる門番の背後から、〈重大な問題氏〉にあいさつをされたような気がした」[1]。今や重要な問題はすべて彼の肩にかかっていた。やるべきことは山ほどあった。弟子たちに助言を与え、教え、建物を建て、講義をし、学院を運営し、リハーサルをし、振り付けし、作曲し……そして請求書を全部支払わなければならなかったのだ。それにロシア人とイギリス人のグループをうまく融合させなくてはならなかった。彼らは、経験、期待、文化的背景、どれひとつとってみてもまったく似たところがなく、誤解や衝突が起こるのは目に見えていた。彼が英語もフランス語も話せないのが事をよけいむずかしくしていた。「私はこれまでになくヨーロッパの言語を知る必要性を痛感した。ところが、それを学ぶ時間は一分もなかったのだ」[2]

この最初のあわただしい時期のグルジェフの活動は、日々の生活に必要なものを整えることが中心だったが、同時に舞台の設定にも意が用いられた。グルジェフにとってこれは、少年時代と現在を、すなわちアレクサンドロポールとフォンテーヌブローを結びつけるという感動的な仕事であった。「イギリス風」の食堂のマントルピースの上には誇らかに父親の写真を飾った。年とった父の射抜くような眼差しを浴びると、ボルシェヴィキに握られたロシアから一刻も早く母と弟のドミトリ、そして妹のソフィー・カパナーゼを救い出さねばという義務感にかられるのだった。

グルジェフのあの突拍子もない設立趣意書の神秘の帳を上げると、プリウーレが彼の実験室であり、その教えを広める宣伝基地、そしてようやく緒についたばかりの布教の培養器であったことがわかる。それはホリスティックな共同生活の急進的な実験室であり、同時に注意力と意識を強化する、他に例を見ないスクールであった。それはけたはずれの場所だった。グルジェフが首尾一貫していないという非難は、薄い氷の上をつま先で歩くようないささか危ういものである。(彼はありとあらゆる形で弟子と関わったが、そこには首尾一貫した良識とも呼べるものが流れていて、時により状況により、また弟子のタイプやそのときの内的な状態などによってさまざまな教え方をした。とはいえ、ペトログラード時代のグルジェフはきわめて明瞭に、また力をこめて、この「プリウーレ」のような人工的な環境を拒否していたのも事実である。

第四の道は、砂漠への隠遁も生計の道を放棄することも要求しない。……それどころか、人が第四の道を始めるときにおかれている状況、いうなればワークが彼を見出したときの状況が、少なくともワークの最初期には、最良のものだ。……つまりその状況は、その人自身なのだ。……生活から生み出された状況以外はすべて、人間にとっては人工的なもので、そんな人工的な状態のもとでは、ワークは彼の存在（ビーイング）の全側面に同時に触れることはできないだろう。[3]

今や、状況は明らかにこの言葉とは違っていた。たしかにグルジェフは「アヴォンの修道院長」にこそならなかったが、彼がなんら想像力の助けを借りずに作り上げた環境は、そこの日常生活を反映していた。社会から自らを切り離して閉じこもり、独自の熱気を帯びた場となっていたのである。

「せきたてるヨーガ」、ハイダ・ヨーガ——かつてグルジェフは自分の教えを皮肉っぽくこう呼んだことがある。ベックホーファー＝ロバーツの手になる事実を装った回想録でも、フォンテーヌブローのグルジェフは常にせきたてる人物として描かれている。「スコーリー！　クィーカー！　クィーカー！　（早く！　もっともっと早く！）」——下手なロシア語と英語で彼は命じた。「よく働いた。気分よくなった。頭よくはたらくようになった。実にけっこう！」[4]

学院で飼育している豚がトマト畑に入りこんでいるのを見つけたある弟子は、これを追い出そうと、「非常にゆっくり、自己同一化と筋肉の緊張を避けるよう注意しながら」[5]豚に近づいていった。そこへグルジェフが現れ、「彼をどなりつけると、百メートルも飛ぶかと思われる勢いで豚の方に駆けていった」[6]。意気がなえてくる弟子たちの尻をグルジェフはくり返したたき、厳しい命令を出した。「その半分の時間でやりなさい」[7]。ちょうど『魔術師たちの闘争』の上演がくり返し「迫って」きて「最後の」ひとふんばりを要求したのと同じように、グルジェフは常に新たな目標を定め、超努力を要求する新たな舞台を設定するのだった。困難は予想されたが、彼は一九二三年一月一三日のロシアの正月に、彼のワークが求めているものとその力を示す強力な証拠を提示するため、プリウーレを一般に開放することにした。時間は三カ月しかなく、時計は刻々と時を刻んだ。時との競争が始まったのだ。

準備を始めて二週間もたたない頃、グルジェフは（オラージュの要請で）ニュージーランドの作家キャサリン・マンスフィールドを学院に受け入れた。彼女の気持ちは真剣だった。霊的な才能に恵まれていたキャサリンは、（偶然）名声の頂点に立っていた――と同時に、肺結核で死に瀕していた。息をきらし、腰は曲がり、彼女の身体はめちゃめちゃになっていた。ストリキニーネやヨウ素の注射、X線照射といった性急で実験的な治療に、彼女は疲れ果てていた。実際こうした治療は容態を悪化させただけだった。「私はもうこんな医学的治療は信じません」[8]と彼女は告白した。パリで彼女を診察したドクター・ヤングは一〇月一五日にグルジェフに警告していた――キャサリンの余命はあと……三カ月くらいでしょう。この予言的な言葉とともに、「恐るべき現状」が突如としてその牙をむきだした。死は常に生にぴったり寄り添っている。一月一三日に向けてのグルジェフの猛烈な準備は、この若い女性の死に向かう旅と一歩一歩、道をともにしていたのである。キャサリン自身にとって霊魂の不死が最後の希望となった。彼女自身、霊魂の不死の可能性を手軽に認めたわけでも、また手軽に否定したわけでもなかった。しかし今や彼女は一縷の望みにしがみついた。「かつてないほどに私は、自分の内に、死も打ち壊せない生命を生み出すことが可能だと感じるようになってきました」[9]。運命はかくもメロドラマ的な台本を手渡してきたのだ。時計の針は回り、時との競争は続いた。

ロザミア卿夫人メアリー・リリアンも最初からこの準備に加わり、異国から飛んできた蝶のように陽気に芝生を横切ってグルジェフにブラック・コーヒーを運んできた。彼はといえば、ありがとうを連発しながら、この爵位をもつ庇護者に愛想よく見せかけの敬意を払い、かと思えば、昼食に「うちの池でとれた特別の鱒[10]」をご馳走して感謝感激させたりしたが、実はニシンであった。グルジェフは人を魅了する驚くべき力をそなえていたが、それを利用してこの社会的に稀な「標本」を網にかけようとか、陳列しようとかしたことはなかった。ある人などは、グルジェフは彼女を追い払ったとさえほのめかしている。プリウーレの「リッツ」に一、二泊したのち、ピカデリー通りのリッツ・ホテルの方になじみが深いこの子爵夫人は、ひらひらと飛びさっていった。明らかに「映画館で霊的慰めを見出すために！」[11]。キャサリンのような実存的な関わり方ではなかったとはいえ、彼女はきわめて親切にできるかぎりの援助を与え、おかげでグルジェフの一生の中にささやかな位置を占めることができたのである。

グルジェフがロザミア卿夫人をくいものにしなかったのは、彼の慢性的な金欠状態と彼女のありあまる富を考えると、いよいよもって注目すべきことのように思われる。グルジェフの詳しい貸借対照表は、時の彼方、三重帳簿の迷路の中に消えてしまった。しかし彼のかかえる基本的な問題はきわめて明瞭である。多くの建物の修理と維持、巨額のローンの返済、プリウーレを完全に買い取るための資金集め、それにロシアから連れてきた無一文の人々の世話である。それに加えて、台所用品、作業所や庭の道具、馬、ラバ、牛、豚、羊、山羊、ウサギ、ガチョウ、ニワトリ、さらに七〇数人分の寝具と毛布を買う必要があった。それにもちろん、毎日弟子たちを食べさせなくてはならなかった。しかも最初のうちはわざと椀飯(おおばん)ぶるまいをしたのである。こうした英雄的行為が彼の財布にかけてくる圧力は察するにあまりあるが、それでもこの学院長はこうした非常な骨折りを自らに課しつづけた。

巨大な圧力を受けたグルジェフは、いってみれば二つの一〇月を同時に送らねばならなかった。神から授かった時間は文字どおりすべて働き、フォンテーヌブローとパリの間を何度も往復した。パリでは、モンマルトルのあるいかがわしい通りでビジネスを始めたが、それは「私の全存在を揺さぶるような内的経験をたえず引き起こし、それゆえ極度の緊張を強いるものであった」[12]。つまり彼は、なかなか雰囲気のいいレストランを続けざまに二つ買い取り、内部を乱雑に飾りつけると、その装飾にふさわしいロシアからの亡命者に売り飛ばした。また医師・催眠術師として、ここでもアルコール中毒患者や麻薬中毒患者、性倒錯者らを扱った。さらには中東専門のコンサルタントとして、アゼルバイジャンの油田の株やオプション（売買選択権）を操作してぼろもうけをした。

次のことは言っておく価値があるだろう。この時期、私は毎晩モンマルトルで過ごしたが、外部から見えるこうした生活は、多くの者に……ゴシップに十分な材料を提供した。人々の中には、こうした毎晩のお祭り騒ぎを妬む者もいれば、そのことで私を弾劾する者もいた。私はといえば、あんなお祭り騒ぎは不倶戴天の敵にだってやらせたくはない。[13]

プリウーレにもどると、学院長はほんのわずかの時間を見つけては牛小屋の二階に入り、休息と思索にあてた。脇には犬のフィロスが寝そべり、下ではラバのドラルフィットがわらに埋もれていた。

グルジェフは初歩的なフランス語をマスターしようと苦闘していた。彼の右腕のオルガ・ド・ハルトマンといえども毎晩モンマルトルを引っぱりまわすわけにはいかず、それにいずれにせよ、彼女はそういった場にふさわしからぬ応接間用のフランス語しか使えなかった。

フランスでの最初の二年間に……話したことが正しく通訳されていないと感じたときに浪費した神経的なエネルギーの量は、どう見積もっても、ニューヨークの証券取引所の見習いブローカーたち百人が浪費するエネルギーに十分匹敵したであろう。[14]

これほど大きな努力、これほど要求の多い時代は、必然的にそれ相応の代価を要求した。グルジェフが疲れ果ててプリウーレに帰ってくると、弟子たちはみなおとなしく、あるいは落ちつきなく彼の講義を待っているのであった。そうしたあるとき彼が見せた反応は、辛辣かつ簡潔な表現の模範ともいうべきものだろう――「忍耐は意志の母だ。母がいなかったら、君たちはどうやって生まれるのかね？[15]」。

ある不可解な雰囲気がプリウーレの歴史をおおっていた――まるで白魔術師と黒魔術師がそこを支配していたかのように。おそらくその両者が、勢力は不均衡ながら実際に支配していたのであろう。ベックホーファー＝ロバーツはこの館のあちこちでひづめや角のサインを見つけた。クリフォード・シャープは基本的にはグルジェフに共感を抱いていたが、それでも彼が「ほとんど悪魔的ともいえる巧みさで[16]」人心を操っていると述べている。週末の訪問者であったジョン・ゴドルフィン・ベネット大尉も同様の観察を残している――「精神に異常をきたす者もいた。自殺まで起こった。多くの者は絶望して去っていった[17]」。周辺の人物の観察はそれだけのものにすぎない。しかしグルジェフその人までこう言っているのである――「この家には何か邪悪なところがある。しかしそれは必要なものだ[18]」。ニシンを出されたロザミア卿夫人は実に幸運だった。賓客の多くは、歓迎されていない印として焼いた羊の眼を供された。ドクター・ヤングはひどいパラノイアの患者を連れてきた。スープ用に動物を屠殺する役目は血液恐怖症の男に与えられた。一方キャサリン・マンスフィールドは日一日と、まわりの者にメメント・モリ（死を忘るるなかれ）を思い出させる存在になっていった。

バランスをとるためにここで急いでつけ加えておかなくてはならないのは、二つの「並行するプリウーレ」のことである。第一はグルジェフのよく発達した（独自の発達を見せた、と言いたいところだが）ユーモア感覚の証人としてのプリウーレ。第二は、連続ホームコメディやダダイズム的「ハプニング」がしょっちゅう起こる田合の舞台としてのプリウーレ、トマト畑と「神秘的な」豚のいるプリウーレ、イギリスの上流階級の女性がティースプーンで木の根を掘りながらチベット語の動詞を暗記しているプリウーレ、犬のフィロスや「牛の世話をさせる訓練[19]」を拒否した猿のいるプリウーレ、ミス・マーストンとラフミリエヴィッチに風変わりな災難が降りかかったプリウーレ、サワー・クリームと粉末シナモンの奇妙な食事のプリウーレ、屈託のない子供たちの笑い声が変なときに聞こえてくるプリウーレ――これこそ、キャサリン・マンスフィールドが手紙の中でその姿を不朽にとどめたプリウーレであった。

> 犬が吠えて床に寝そべり、暖炉のブラシをくわえて振りまわしていた。若い女性が草の束をもって入ってきて、オルガ・イオヴァノヴナに手渡した。ミスター・グルジェフがつかつかと入ってきて、刻んだキャベツをひとつかみ取り、口に入れた。……窯の上には二〇以上の鍋が並んでいた。そこはあまりに生命とユーモアとやすらぎに満ちていたので、ほかのどこにも行きたいとは思わなかった。[20]

これに加えて「第三のプリウーレ」が存在していたが、これはわれわれの通常の認識の範囲にはおさまりきらない。しかしこれこそがグルジェフにとって、そして究極的には歴史にとって、はるかに重要なものだった。それは神聖舞踏の場、真の変容の実験が行われるところであり、誤りをおかしやすい人間が、「スピードと緊張、熱意と希望が煮えたぎっている雰囲気の中で[21]」自己の限界を超越せんと果敢に闘いをいどみ、破れてはまた闘う――そして時に勝利する――そんな場所だった。グルジェフが与えた試練の場、「個々の人間を構成しているものを煮立て、根本的な要素にまで還元するようデザインされたるつぼ[22]」であった。

一〇月二七日、グルジェフは男たちに命じてトルコ風呂用の穴を掘らせはじめた。彼は毛穴を通した呼吸の重要性をはっきりと認識しており、この風呂で清められていない者のにおいを、「苦痛ではあるが」かぎわけることができると言った。「ある人間がどの共同体に属しているか言い当てるのはわけもないことだし、それどころかにおいで個々の人間を区別することさえできる[23]」。彼は森の端に自然の洞窟を発見していた。しかし家の中ではもう二つ部屋を作り、床にセメントを張り、電気、水道、排水口を引き、見えないところにボイラーを設置しなくてはならず、これも大変な仕事だった。すべてをものすごいスピードでやらねばならなかった。土は「白っぽいピンク色の小石が交じった砂のよう[24]」で、掘るのは容易だったが、不安定な屋根を巨大な梁(はり)で支えるには不向きだった。グルジェフは古い水槽を利用してボイラーを作ることを思いつき、レンガ積みの作業の大半を一人でやったのである。

オラージュの到着に関しては残酷かつ見事な記述が残っている。「オラージュが『不思議の国のアリス』をポケットにプリウーレに到着したとき、魔法のウサギ穴に消えていくどころか、その穴を掘る仕事が待っていた[25]」。グルジェフはオラージュを大事に扱ってもおかしくはなかった。なんといってもオラージュは五〇歳になっていたのだし、それにすでに特別の役割を振り当てる心づもりをしていたからだ。ところがグルジェフは彼にスパルタ的な「僧侶の回廊」にある部屋を割り当て、タバコを禁じ、そして仕事の奔流の中に投げこんだのであった。オラージュ自身の文章には胸に迫るものがある。

プリウーレでの最初の数週間は実に苦痛だった。穴を掘るよう命じられたが、何年も運動などしたことがなかった私の肉体は悲鳴をあげ、穴蔵のような部屋に帰ると本当に声をあげて泣いたものだ。誰も、グルジェフさえも来てはくれなかった。私は自問せざるをえなかった——「生活のすべてをなげうって手に入れたかったのがこれだろうか? 以前はとにかく何かはもっていた。今私は何をもっているのだろう?」。絶望のどん底に突き落とされ、もうこれ以上は続けられないと感じたそのとき、私はいままで以上の努力をすることを決意したのだ……[26]

ドクター・ニコルは、ハーリー通りから妻と幼い娘、それに乳母のネリーを連れ、途中パリの動物園で山羊のミルクを仕入れて、一一月四日にやってきた。ただちに彼は台所に回され、次の週には四時半に起きてボイラーに火を入れ、何百枚という油で汚れた皿を洗剤も湯も使わずに洗うよう命じられた。ドクター・ジェイムズ・カラザーズ・ヤングは頑健な身体をしていたが、他の例にもれず、「極度の疲労を経験したが、それはおそらく……一九一七年の冬にイギリス兵がフランドルの塹壕で長期間の戦闘の末に経験した疲労さえも上回ったのではなかろうか[27]」。こうしたニュースは、精神分析学の世界のいかなる経路を通ってか、ウィーンの肘掛け椅子に座っていたフロイトの耳に届き、これを聞いた彼は軽くこう言った――「ああ、ユング派の連中に何が起こったかわかったかね[28]」。

こうした騒然とした状況の中、グルジェフはキャサリン・マンスフィールドに気配りを示し、特に彼女に同情を寄せている二人の女性をつけてやった。「未知の力を豊かにもっていた[29]」若いリトアニアの女性、アデール・カフィアン、それに才能豊かなオルギヴァンナである。彼は二人に言った――「できるかぎりのことをしてあげなさい[30]」。グルジェフはキャサリンを家族の一員として優しく迎え、多くの者をうらやましがらせた。彼女に割り当てた課題は軽いものだった。「食べ、庭を散歩し、花をつみ、十分に休養しなさい[31]」。そして単純な日課を指示した。「何も考えず、何も書かず……ただ休養しなさい。もう一度あなたの身体で生きなさい[32]」。思いがけずキャサリンが、学院にいる四頭の奇妙な名前の牛（イクイヴォクェテカ、ブリジット、ミターシャ、バルダオフィム）に好意を示したのに気づくと、グルジェフは牛小屋の二階のお気に入りの場所を明け渡し、このゲストのために快適な休息所にするようアレクサンドル・ザルツマンに命じた。民間伝承では牛の息は肺病にいいとされていたが、人々はとりわけこの治療法を重んじているわけでも信用しているわけでもなかった。グルジェフは、ある個人の寿命を延ばすことが人類に対するその人間の義務と呼応しているとは考えていなかったし、またそう考えることもできなかったが、その基本的な信念を曲げて、彼はキャサリンに深い思いやりを示したのである。

「二重の一〇月」は筆舌につくしがたいほどあわただしかったが、ようやくグルジェフはモンマルトルでのごたごたから一時的に解放され、プリウーレで神聖舞踏の指導にあたれるようになった。これに続く期間は創造力にあふれていた。あの長い探求の期間に人里離れた僧院で得た霊感をもとにして、一〇を超える主要なムーヴメンツを生み出したのもこの時期だった。一一月七日までには、アララト山の近くの僧院で教示された「ビッグ・セブン」あるいは「ビッグ・グループ」として知られるムーヴメンツを五〇人の弟子に教えた。伴奏のアイソールのメロディーは魅惑的で、これを演奏したトマス・ド・ハルトマンは、それまでティフリスやコンスタンティノープル、ベルリンでずっとどうしようもない楽器に耐えてきたが、ここでやっとベヒシュタインのコンサート用グランド・ピアノを弾くことができたのである。

六列に並んだ舞踏者は、グルジェフがもたらした九つの角をもつシンボル、エニアグラムに秘められた数学的パターンに従って位置を変えた。高い背もたれの椅子に座ったキャサリン・マンスフィールドは、この新奇な「複雑に変化していく舞踏」をなんとか知的に理解しようと、ほとんど舞踏者同様の真剣さでこれに参加していた。その夜、彼女はイギリスにこう書き送った――「彼らは今、古代アッシリアから伝わるすばらしいグループ・ダンスを練習しています。それを描写しようにも言葉がありません。それを見た人間は、自分の全存在が一時的に変化してしまったように感じるのです」[33]。

グルジェフがこのかよわく繊細な女性、もしかしたら著名な文化人として彼のワークを広める使者になったかもしれない。この女性に対して、とりわけ心を痛めたことは想像にかたくない。しかし結局彼女は使者にはならなかった。逆に、痛ましいことではあるが、まもなく訪れる彼女の死によって、グルジェフと学院はインテリたちの激しい非難の的になったのである。すでに秋は過ぎ、冬になろうとしていた。サロンの暖炉では薪が甘いにおいを出してはじけ、まばゆい火の粉が煙突を上り、永久に消えていった。

ちなみに、グルジェフは常々男性優位主義を公言してはばからなかったが（「彼が女性について話すのを聞くと、キリスト教徒というより、まるで狂信的な一夫多妻主義のムスリムの言葉のように聞こえた」[34]）、有能で、もっともかわいがった舞踏者が実質的に全員女性であったというのはなんとも興味深い事実である。しかも明らかに女性のために彼が創作した舞踏――「ワルツ」「失恋」「祈り」「聖なるガチョウ」など――はすばらしく優美で柔らかく、女性の本質を見事にとらえている。グルジェフが女性特有の運命と考えていたものの本質は、もしかしたら「尼僧の秘儀参入」（これは『真理の探求者』と名づけられた神秘劇の断片である）と呼ばれるタブロー・ダンスにもっともよく表れているかもしれない。新参者の役のオルギヴァンナが半円形のダンサーの真ん中に連れてこられ、ここで彼女は世界と肉体と悪魔を放棄する。秘儀参入の段階を次々に経て、最後には一人になってひざまずき、頭を垂れ、腕を胸の前で交差させる。その彼女に（マダム・オストロフスカ演じる）尼僧の長が祝福を与えるのである。この疑似宗教的な儀式の中に秘められているのは、心理学的な象形文字ともいうべきものだ。キャサリン・マンスフィールドはこれの解読に成功している。

あるムーヴメンツは約七分かかり、一人の女性の一生が描かれています。そしてその中にはすべてがあるのです。何ひとつもれてはいません。女性の一生について、いかなる本や詩よりも多くのことを教えてくれます。ここにはフローベールの『汚れない心』やマーリヤ王女さえ入れる広さがあります。……神秘的です。[35]

一一月一〇日、（最初からグルジェフが温かく招待していたのに腰を上げようとしなかった）ピョートル・ウスペンスキーがついにプリウーレに到着し、非常に「おもしろそうな生き生きとしたワークが進行している[36]」のを目にする。実際そこは大騒動だった。「大攪乱者」の役を担ったグルジェフは、突如全員の居室の配置変えを命じた。オラージュとヤングは三階のスパルタ的な「僧侶の回廊」の一室を共有していたが、彼らはもっといい部屋に移った。キャサリンは違った。

移る前の部屋は広くて立派でした。今度の部屋は小さくてとても質素です。オルガ・イオヴァノヴナと私は部屋の整理をし、彼女は黄色の舞踏用ストッキングを火の前につるして乾かしました。それから私たちはベッドに腰をおろし、まるで貧乏のどん底にいる二人の少女のように感じたものです。[37]

もっとひどいことになったのはエセル・マーストンだった。「私に割り当てられたのはほんとに小さな部屋だったが、ともかく一人用だった。ところが誰かがある偏執狂の女性と同室して面倒を見なくてはならなくなり、その役が私に回ってきた――それ以来おかしな人はいつも私のところに回されるようになった！[38]」。一週間というもの、プリウーレはハチの巣をつついたような騒ぎが続いた。そこに見られる超現実主義的要素は、ウスペンスキーの深刻な予言を確証するばかりだった――「私は、一九一八年にエッセントゥキで見たように、ここの組織自体の中に多くの破壊的要素が含まれ、それはいずれ崩壊せざるをえないことを見過ごすことはできなかったのである[39]」。

ウスペンスキーが付記している、プリウーレには「きわめて雑多な人たち[40]」が集まっているという言葉も、あながら公正を欠いたものではない。グルジェフに忠誠を誓っている一群の強力な人たちを除けば、ロシアからついてきた人々は革命後の暗闇の中で夢うつつのままスープを口に運んでいるにすぎなかった。彼らは「何か超意識的なものが急に現れるのを辛抱強く待っている神秘的なミコーバーのよう」[*41]だった。これとよく似たイギリス人の一団も同様にウスペンスキーの批判の的になったかもしれない。彼らの中には高い望みを抱く者もいたが、公務員や、王立海軍婦人部あるいはVAD（篤志従軍看護婦団）勤務、さらには神智学協会会員などといった彼らの経歴は、必ずしもフォンテーヌブロー向きとはいえなかった。一部の者など変人すれすれだった。アルフレッド・トレヴァー・バーカーという熱心な神智学徒（のちに『A・P・シネットへのマハトマの手紙』を編纂する）は奇妙な癖をもっていた。ミス・マーストンはといえば、かがんでお茶をつぐとき決まって「おもちゃの鉄砲のような小さくて鋭い音の」おならをした。寛大な目で見ていたグルジェフは、これは「きわめて繊細で洗練された現象なので、みな用心していなくてはならず、これに気づくだけでも高度の感受性を要求される」と言って珍重した。

他人の弱点を見つけるのは実に簡単だ。しかしグルジェフは強い調子で、自分のことを棚に上げて他人を批判する者にその愚を指摘する。

新しい人が荷物をもって到着すると、彼はただちに服を脱がされる。すると彼の悪い側面も内に隠された「美」もあらわになる。君たちの中でこの現象を知らない者が、ここには馬鹿者や怠け者やのろま、ひとことでいえば人間のくずしか集まっていないという印象を受けるのは、まさにこのためだ。……もしこの男が馬鹿者なら、彼は自分が馬鹿であることに気がつかないだろうし……自分も服を脱いでいることを忘れているだろう。……そして、これまでの人生と同様にここでも仮面はつけていられると想像するだろう。ところがここの門をくぐるとき、門番がその仮面を取ってしまう。ここでは彼は裸になり、誰でも彼がどんな人間か明瞭に見て取ることができるのだ。[42]

どうやらわれわれは、ウスペンスキーが自分を特権的な例外として扱っていると結論づけざるをえないようである。

裸になること（これは彼の世代にとっては実に気恥ずかしいことであった）はまもなく、心理的にばかりか肉体的にも要求されるようになった。キャサリン・マンスフィールドは一一月二五日にトルコ風呂が完成したときの様子を書き残している。

これで七種類の風呂に入れるようになりました。絨毯がかけてある小さな休憩室もあり、そこはアヴォンというよりはまるでブハラでした。進行状況を見守っていた者にとって、その手際のよさは奇蹟的で、すべてはミスター・グルジェフの采配によるものでした。[43]

ボイラーには土曜日だけ火が入れられ、女性は午後に、男性は夕方に入浴した。グルジェフは刃向かう者とてないフォンテーヌブローの「王」であったが、みなと一緒に風呂に入り、なごやかな雰囲気の中で、「現在の人間を行動に駆り立てる四つの源……〈義理の母〉〈消化〉〈ジョン・トマス（男性器の俗称）〉、そして〈現なま〉という名称で存在している源[44]」について話すのを好んだ――「みな裸になって入ると、たいていは三〇分ばかり

訳注＊――ディケンズの『デヴィッド・コパーフィールド』の登場人物。先見の明には欠けるが、うちつづく不運にもめげず、今に好運がやってくるだろうと信じつづける楽天家。

そこで過ごした。男たちはタバコを吸いながら話をしたが、グルジェフは何か物語を作るようせきたてた。……それもたいていは下品な、いかがわしい話を要求した」。

並んだ木のベンチに集まった彼の宮廷は奇妙なものだった。ドクター・スジャーンヴァルはフィンランドの温泉治療施設の長老的存在だったが、彼の顔はジェイムズ・ヤングには「いかめしい山羊しか似たものが見つからなかった」[45]。アレクサンドル・ザルツマンの目には、ヤングは猿、オラージュは象、トマス・ド・ハルトマンはオオハシ[*]、ピンダーはカバのように見えた。ザルツマン自身はといえば、「怒りっぽくて無愛想……げっそりやつれて老けて見え、白髪交じりの髪を額の上で切りそろえた荒っぽい労働者」[46]として戯画化された。五五歳にしてグルジェフは「必要な四肢全部」[47]を手に入れ、背骨はまるで天に向かってそそり立つかのようにぴんと伸ばし、「頭は生まれたばかりの赤ん坊のようにつるつるだった」[48]……(ウスペンスキーは明らかにこの入浴に加わらなかったようで、まもなくロンドンの自分のグループに帰っていった)。

一一月の終わりには、突如夏が帰ってきたかのような天気がしばらく続いた。筋肉の精神性がもつオクターヴの中にはさまった黄金のインターヴァルだった。作業所と炉は今ではスムーズに動いていた。道や溝はきれいに清掃され、トルコ風呂は正式のボイラーこそなかったがちゃんと機能していた。キャサリン・マンスフィールドは突然、牛小屋の上の休息所は彼女が獲得した勝利であると考えるようになった。

とにかくすばらしい場所です。牛小屋の二階にある手すりのない回廊まで、細くて急な階段が続いています。その狭い回廊にはペルシア絨毯をかけたソファがあります(ソファは二つだけです)。でも白壁と天井は、ミスター・ザルツマンが黄色と赤と青のペルシア風の模様で実に見事に装飾してくれました。花や小鳥、蝶、枝を広げた木が描かれ、枝の上にはさまざまな動物が、カバまでいます。でも……すべては本物の芸術——小さな傑作です。すべてはこの上なく陽気で単純、見る者に夏草とミルクのにおいのする花を思い出させてくれるのです。[49]

やわらいでいるときのグルジェフは弟子たちが働きすぎるのを案じた。「ニコル、われわれ老人はコーヒーを飲みにいこう」[50]「トマス、落ち葉を燃やしにいこうか」[51]「なあオラージュ、もう十分掘ったようだね。カフェに行ってコーヒーでも飲もう」[52]。イギリス人の一部の者たちは、ここに来た当初からひとつの疑問に悩まされた——「どうしてミスター・グルジェフはこれほど肉体労働に力点をおくのだろう？　一時的なものか、それとも永久に続くのか？」[53]。満足のいく回答は一度も与えられなかったが、今や彼らの胸は再び希望でときめきはじめた。

ああ！——そのほんの数日後に、彼らは、鋼鉄製の大梁とボルトを満載した二台の大型トラックが到着するのを見た。グルジェフによれば、これはフランス空軍から購入した飛行船をおさめる格納庫の枠組みだった。飛行船の格納庫！　もしプリウーレの超現実主義が、このときほんの一瞬荒唐無稽な夢を容認したのだとしたら、それはたちまち過ぎ去ってしまった。この金属の山はこの上なく重要な役割をもっていた。立ち上げれば、学院の新しいスタディ・ハウス、メゾン・デチュードの骨格となるはずであった。おまけに、どうしても一月までに完成させなくてはならなかったのだ。

プリウーレの寄せ集めの労働力が見せた熱意は、全体的にその無邪気さと呼応していた。特にミス・マーストンは予期せぬ危険を恐れなかった。「いつものように先頭に立ちたかった私は、手助けをしようと前に出たところ、急にミスター・グルジェフから膝をひどく蹴られ、おかげですんでのところで大梁の下敷きにならずにすん

訳注＊——南米産オオハシ科オオハシ属の大きなくちばしの鳥の総称。

だのでした[54]」。グルジェフは真に実践向きの性格をもつ者を彼の副官に選んだ。ザルツマン、ピンダー、チェコヴィッチ、ジェイムズ・ヤング、そしてマダム・オストロフスカである。大半の弟子にとっては、こんな鉄のジグソー・パズルよりゴルディオスの結び目*のほうがまだ意味がはっきりしていた。しかしグルジェフは大梁ひとつに一〇人を割り当て、この材料を建設予定地にきちんと積み上げさせたのである。

三百人収容の建物をわずか一カ月あまりで、それもちゃんと身体の動く男三〇人ばかりで建設し、内部を仕上げるという計画はどう考えても馬鹿げていた。しかしグルジェフはそれを成し遂げたのだ。スタディ・ハウスの建設はプリウーレの英雄的な時期を代表する偉業であった。六週間にわたるハイダ・ヨーガは六年間にも感じられた。土を掘り、運び、土地を平らにし、突き固め、ローラーでならし、木を切り、釘を打ちこみ、タールを塗り、塗装する――こうした作業が規律のとれた熱狂の中で進められた。この六週間、努力は指数関数的に増大し、(多くの者には)グルジェフが「大蓄積器」と呼ぶ不思議なエネルギーの貯蔵庫が突如として開くのが感じられた。この経験は、人間がもつ想像もつかない可能性の生きた例証となったのである。

仕事は昼から凍りつくような夜にかけてぶっとおしで続けられた。トマス・ド・ハルトマンはこう回想する――「ちゃんとした道具は何もなかったので、ほとんど素手で仕事をした。……そのあとでピアノを弾くと、まるで針の上をたたいているかのように感じられた[55]」。ジェイムズ・ヤングも自分の中で、医学で「スナップ・フィンガー」と呼ばれている現象が生じていると診断した。身体は大きいが身なりはだらしないチェコヴィッチは、高い梁の上で危険な仕事をしているとき、疲労の極に達して眠りこんでしまった！

これには誰も気づかなかった。ところが、グルジェフは入ってくるや一目でこの状況を見抜き、彼ら全員に身振りで完全に静止するよう伝えた。それから猫のような身軽さで構造用の骨組みに登り、それに沿ってチェコヴィッチのところまで行ってしっかり抱きかかえた。われわれは口うるさい女のように彼のところへ行き、下におろすとベッドに寝かせ、また仕事にもどった。チェコヴィッチはそれから四八時間も眠ったのである。[56]

かわいそうなミス・マーストンは毎朝五時に起きて牛のミルクをしぼっていたので、目をあけていることができなかった。これもグルジェフは目ざとく見つけた。

彼は言った――「こら、眠るな！　ブラック・コーヒーを飲んできなさい」。このままでは下に落ちてしまうと感じた私は台所に行き、大きなカップにいっぱいブラック・コーヒーを飲み、それからスタディ・ハウスに帰ったが、すぐにまた眠りこんでしまった。[57]

メゾン・デチュード建設の挿話は本質的には建設の話ではなく、人間の挑戦が勝利をおさめた話である。とはいえ、あの夢遊病者チェコヴィッチほどに胸を打つ「超努力」の象徴はないし、意識の探求に対するこれ以上に皮肉な挿話もまたないだろう。

日ごとにねじは少しずつ巻かれていった。働き手たちがみな朝食と昼食をとる「ロシア風」食堂では、グルジェフは徐々にスパルタ的な食事に切り替えていき、特に男たちの気分がすさんできた。その影響をもろにかぶったのはここでも（台所の係が回ってきていた）ミス・マーストンだった。「あるイギリス人に給仕していたとき、

訳注＊――――フリュギアの王ゴルディオスが作った結び目で、この結び目を解く者はアジアを支配するという予言がなされていたが、アレクサンドロス大王はこれを剣で両断することで予言を成就した。

その皿に載せた肉の大きさを見た彼は——たしかにそれはクラウン銀貨の半分くらいしかなかったのですが——皿をもち上げるといきなり私の頭に投げつけてきたのです[58]」

しかしこの学院では、救いのない欠乏状態が永遠に続くことは決してなかった。グルジェフが「リッツ大食堂」で催す土曜日の晩餐会は一大イベントだった。彼の豪勢なテーブルのまわりには、（仕事場でと同じく）国籍や信仰には関係なくさまざまな人が集められた。「ここにはロシア人もイギリス人もユダヤ教徒もキリスト教徒もいない。真に存在できるようになるという同じ目標をもつ者がいるだけだ[59]」。アルコールはたしかに役に立った。しかしグルジェフは無目的にこれを用いはしなかった。グルジアの伝統から彼は、聖体拝領の儀式を模した饗宴を採り入れた。彼自身がタマダ（神にもっとも近い者）としてテーブルの上座に座り、その左手には彼が選んだトゥルンバス（祝宴長）が座り、カルヴァドスやスリヴォヴィッツ*での一連の乾杯の音頭をとった。この形式はあまりに古く不動のものだったので、グルジェフは変えたいという気持ちを抑えることができなかった（し、最終的には抑えなかった）。

トゥルンバスという言葉は、トルコ＝タタール語では「消防隊長」と解釈できるが、この祝宴長は、意識探求という巨大な企図の一部としての陶酔の火を、消すというよりはかきたてていた。グルジェフ自身はあまり飲まなかった。アルコールが入ると弟子たちの性質は「顕わ」になり、そのため彼はいつもよりすばやく彼らを「見る」ことができた。そんなわけでこうした晩餐会は、腹に食物をしこたま詰めこむ機会というよりは、ハイダ・ヨーガの破格の一形態と見るほうがいいだろう。一九二二年一二月一六日、プリウーレ全体が火につつまれそうになったとき、「せきたてるヨーガ」もトゥルンバスのもとの意味も同様に、皮肉なリアリズムの様相を帯びた。

先日の夜、火事が発生しました。ぼや程度ではありません。きれいな部屋が二つ燃え落ち、全焼の危険性も迫ってきました。「ヴォド、ヴォド（水）」という叫び声、走りまわって水差しや洗面器で水を運ぶ人たち。ミスター・グルジェフはハンマーを手に壁をたたき壊していました。それこそまさに正しい処置でした。[60]

一九一八年のエッセントゥキで、不可思議にもグルジェフに赤と黒の消防士のベルトを供与してくれたボルシェヴィキは、今から振り返ると予知能力をもっていたかとさえ思われる。（さらに、なんという偶然の一致か、ドルナッハにあるルドルフ・シュタイナーのゲーテアヌムもほんの二週間後に全焼したのである）

プリウーレは救われた。それと同時に、スタディ・ハウスの建設も重要な段階を迎えた。長さ三〇メートル、幅一二メートルの重い鋼鉄の枠組みを支えていた中央の柱が取り除かれたのだ。グルジェフは暗い顔で見つめていた――「この柱が除去されれば、建物は立っているか倒れるかのどちらかだ[61]」。それは立っていた！　しかし、回廊、舞台、手すり、窓、ボックス席、照明、装飾、さらには噴水まで含めた盛りだくさんの内部作業はそっくり残っていた。しかも時間はもう一カ月もなかったのだ！　ザルツマンに目をやると、グルジェフはこう言った――「全員を仕事に投入しなさい[62]」。

総動員をかけたにもかかわらず状況は相変わらずきわどいままで、おまけにグルジェフが多大の時間とエネルギーを要求する別の仕事をもちこんできたものだから、事態はいっそうひどくなった。（「われわれはここで盛大にクリスマスを祝うことになった。ミスター・グルジェフはそれこそ金に糸目をつけずに準備した[63]」。なんと奇妙なクリスマス、なんと奇妙な新年だろう！

訳注＊――――バルカン諸国で飲まれる、無色でやや苦味のあるプラム・ブランデー。

グルジェフに関する、まじめではあるが無味乾燥で学術的な「正統的」歴史記述は、時がもつ詩的真実をややもすると見失いがちだし、また見失うことによって損なわれているように思われる。その真実とは、二つの劇的な道筋が合流し、高次の力の庇護のもとに結合することである。十分に人間的なグルジェフは、壮大な怒りともいうべきものに突き動かされて、スタディ・ハウスの完成に向かって昼夜を分かたず働いた。その間にも、不可視で精妙、霊魂を肉体から引き離す死が忍び寄り、悠々と状況を見おろしていた。キャサリン・マンスフィールドは、自らの人生という短編の最後の文章を咳の中からつむぎだし、避けることのできない最後のピリオドに近づきつつあった。その彼女が今や着実に、「愛によって変容し、愛の中に絶対なる確信を抱く」[64]人間になりつつあったのである。一月初旬の刺すような寒さの中、スタディ・ハウス完成への努力は、四八時間の不眠不休という「超努力」に向かっていやましに高まり、「ついに最後の釘が……夕方の七時に打ちこまれたのである」[65]。

キャサリン・マンスフィールドは一九二三年一月九日、突然に死んだ。最後まで威厳も勇気も、ワークへの関心も失われることはなかった。グルジェフは彼女の中に繊細この上ない感受性を見、彼女は彼の中に真の人間、「カッコつきでない」[66]人間を見ていた。キャサリンがおびただしく喀血し、ドクター・ヤングの手に抱きかかえられたときも、グルジェフは部屋に入らなかった。その少し前、彼はサロンで彼女が最後の注意を振り向けて「尼僧の秘儀参入」を見ているのを目にした。

もし私が、踊っているあのグループの中にほんのわずかの場所でも占めることができれば、腕を胸の前で交差させてマダムOの前に座ることさえできれば、私は美しい音楽を聴くことができたでしょう。マダムOのすばらしい腕が祈りの中で私の上に差し伸べられるのが感じられたでしょう。私の心は感謝の気持ちで満ちあふれたことでしょう。[67]

グルジェフの頭の中ではキャサリン・マンスフィールドはそれほど高い位置を占めてはいなかった。彼女は学院の組織の中でも一定の場所を占めず、スタディ・ハウス建設でも、トマス・ド・ハルトマンとの作曲においても、またオラージュやジャンヌ・ザルツマンとの間で深まってゆく個人的なつながりにおいてもなんら重要な役は演じなかった。どうして彼女にできただろう。それでも、グルジェフの神聖舞踏の印象に「深くつつまれて」死んでいった者があるとすれば、それはたしかにキャサリン・マンスフィールドである。グルジェフは彼女のことを忘れなかった。その死のわずか一カ月前、彼は友人としてのキャサリンに言及している。そして現在、グルジェフは彼女のそばに葬られている。

一九二三年一月一二日、グルジェフは、アヴォンの新教徒墓地へとゆっくり向かうキャサリンの葬儀の列に加わっていた。不死こそ彼女に約束しなかったが、このときのグルジェフの思いは、葬儀の列の安っぽい飾りや、黒いたてがみをこれみよがしになびかせている高価な黒馬など、こうした悲しみにつきもののこまごましたものよりも、キャサリンの深い洞察にはるかに親近感を感じていたであろう。その洞察とは、「私を閉じこめるのは棺ではなく、私の身体なのです[68]」というものであった。墓地に着くと、グルジェフは会衆に紙にくるんだコーディアを配った。レーズンとコーンと蜂蜜を混ぜたもので、衰退、萌芽、再生を象徴するものだった。

グルジェフはこの出来事の重みをずっしりと感じはしたが、甘ったるい感傷は彼の流儀ではなかった。暗闇と死の力を、それに対抗する輝く閃光で驚かせようと、彼は葬儀のあったその夜にスタディ・ハウスの竣工を祝った。キャサリンの夫をはじめとするロンドンからの会衆は、困惑しながらも、マダム・オストロフスカとマダム・ウスペンスキーが準備したこの予期せぬ祝賀の席に連なった。

これまでこんなにおいしい料理を食べたことはなかった。……世界中の料理があった。……スープ、スパイスのきいた肉料理、魚、色とりどりの野菜、すばらしいサラダ（そのジュースをグラスで飲んだ）、プディングやパイ、ありとあらゆる果物、東洋風の一口料理、かぐわしいハーブ、生のタマネギとセロリ。[69]

われわれにはグルジェフの心は読めないし、顔の表情さえうかがうことはできない。スタディ・ハウスの中の、絹のドレープで仕切られた一角に引っこんでしまったからだ。遊牧民の巨大なテントを思わせるこの新しいスタディ・ハウスの中で、彼はいったい何を考えていたのだろう。目も彩な東洋の絨毯が土壁をおおい、突き固められた床を柔らかくしていた。（キャサリン・マンスフィールドは人生最後の手紙の中でこう書いている――「私の頭は絨毯とペルシアとサマルカンド、そしてバロチスタンの小さな敷物のことでいっぱいです」[70]。壁には客用にクッションつきのベンチが据えつけられ、その後ろの長方形の窓にはステンド・グラスを模した見事な絵がザルツマンの手で描かれていた。玄関の両側におかれた二つの水槽には色とりどりの金魚が泳ぎ、六角形の噴水に当てられたさまざまな色の照明が微妙な雰囲気を生み出し、その噴水の水は彫刻された石の水盤に落ちてはさざめき、かすかにバラの香りが漂っていた。

エニアグラムが掲げられた舞台の上に、衣装をつけた舞踏者が静かに集まり、「厄僧の秘儀参入」および、テルシュザスのスバリ僧院からもたらされた「死せるダーヴィッシュに捧げる儀式」が演じられようとしていた。グランド・ピアノを前にしたトマス・ド・ハルトマンは、師からの最後の合図を待っていた。

主照明が消され、スタディ・ハウスが赤いランプと照明された噴水からのわずかな光の中に浮かび上がると、ミスター・グルジェフは……「エッセントゥキの祈り」を弾くよう合図した。弟子たちは私の妻の指揮でメロディーをハミングした。これは実に忘れがたい印象を私の中に残した。[71]

その場をおおっていたのは、成就の感覚、確固たる内的ワークのために創られた聖なる場所という雰囲気であった。……しかしグルジェフに関するかぎり、ここで感じられた平和は嵐の前の静けさにすぎなかったのである。

9 虎に乗る

［1923.1.13～1924.7.7］

「虎に乗ると――降りるのがむずかしい」。詮索好きな報道陣という黄色い猛獣にまたがったゲオルギー・イヴァノヴィッチ・グルジェフは、そこから降りたげな様子を見せるかと思えば、そのまま乗っていたそうなそぶりも見せた。キャサリン・マンスフィールドの死のニュースが広まると、ありとあらゆる報道記者や特派員、それに文学的のぞき趣味の輩が、話の種に事欠かぬこのニュースに魅せられて、プリウーレに大挙して押し寄せた。不思議なロシア人、東洋風異国趣味のほのかな香り、そして名声の頂点でこの世を去った美貌の若き天才等々……。グルジェフはこうした「よだれを垂らして押し寄せる子供っぽい報道陣[1]」とのこぜりあいにそうとう悩まされたようで、二〇年たったあとでも、彼の家にやってくる報道陣をまるでネズミのように追い払った。しかし、なぜそんなに激しく反応したのだろう。一九二三年春の新聞報道は、内容的にも正確で、また驚くほど好意的でもあった。彼の自分を責める気持ちが外に向かって噴出した、などということがありうるだろうか？　あるいは、電話が鳴り、タイプライターがカタカタいうたびに、「ほとんど畏怖の念を覚えるほどの静けさにつつまれた[2]」サルムングの修道院を哀愁の念をもって思い出していたのだろうか？　われわれには知る由もない。しかしともかく、修道院にもどる道がないことだけははっきりしていた。これ以後グルジェフは、彼が痛烈にも「浮浪者」と呼んだ現代のインテリたちの文化的「上流社会」と荒っぽいやりとりをすることになる。

彼が中傷を受けることは、いってみれば保証つきだった。キャサリン・マンスフィールドがプリウーレに来る前に、ウィンダム・ルイスは早くも嘲笑をあびせていた――「有名なニュージーランドの物語作家が、レヴァント人の精神的サメの牙にかかっている」[3]。ヴィヴィアン・エリオットも、ロザミア卿夫人が「ラ・プリウーレという精神病院に入り、裸になってキャサリン・マンスフィールドと宗教的なダンスを踊っている」[4]と書いた。キャサリンの残された夫、ジョン・ミドルトン・マリは、「顕現せるプリンセス、汚れなき幼児」[5]の姿のキャサリンをまぶたの裏に描きつつ、彼女が「グルジェフの精神的いかさまにひっかかり、ついには死にいたった」[6]ことを声高に嘆いていた。グルジェフ自身、（計量物理学的、分析化学的、実験心理学的手法への言及、さらに水療法、光線療法、電気療法、磁気療法、心理療法、食事療法、聖人崇敬療法などへの大風呂敷的言及などの）蛇の皮からとった油とでもいったものを、プレウーレの設立趣意書から除外することはできなかった。一般大衆の目には、「濃い紫のタフタのドレスに小さな花を飾り、とても魅力的だった」[7]キャサリン・マンスフィールドの面影は、牛小屋の上の回廊に永遠に横たわり、その美しい眼差しをとがめるようにグルジェフに注いでいる姿として刻印されていた。凡人の目から見れば、学院のフランスでのデビューは大失敗であった。

グルジェフは実際どれほどこの失敗を気にしていたのであろう？　全体的にいえば、辛辣この上ない個人的中傷もまったく気にならなかったようだ。「馬鹿が私を馬鹿と呼んでも、私の内部は影響を受けなかった」[8]。おもしろいことに、グルジェフが以前とっていたポーズ（金にうるさい絨毯商人、下劣なティフォン、あるいは「あるヒンドゥー教徒」）は、カランダリー・ダルウィーシュの一典型に酷似している。このダルウィーシュの一派は、ひそかに「心の静寂を深め」[9]ながら、他人からの非難は神の恩寵に対する必要な補完物と考えて、これを熱心に自ら招こうとするのである[★6]。とはいえ、グルジェフがキャサリン・マンスフィールドに示した単純な親切に対する代価はきわめて大きいもので、彼もこれが学院に対して与える影響についてはそうとう深刻に心配したようだ。

良くも悪くも、グルジェフは今や世間から曖昧ではあるが熱い注目を浴びている。いわば時の人であり、二月一七日の土曜日には一二人もの人々から質問を受け、これを煙にまいている。その中でもっとも著名な人物は、ロンドンのインスティテュート・フランセーズのドニ・ソラ教授で、プリウーレのまずまずの昼食は楽しんだものの、ここの主人と話ができなかったことを残念がっている。

突然ドアがあいた。大きな、力感にあふれた男が勢いよく入ってきた。……彼の頭はきれいにそりあげられていた。その表情は習性となった獰猛さをたたえていたが、このときには、……腕に小羊をかかえていたせいか、優しさが交じっていた。……彼はわれわれには一瞥もくれずに大股で部屋を横切ると、別のドアから出ていった。[10]

グルジェフが獰猛だとのソラの印象は、その午後にはいっそう強まった。ロシア風呂のボイラーにいつものように火が入れられ、……ところが折悪しく破裂してしまったときのことだ。

亀裂が走り、そこから燃え盛る炎が上がっているのが見えた。誰もどうしていいかわからなかった。そこへグルジェフが来た。熱すぎて炉に近寄るのは不可能だった。そこでグルジェフはセメントで亀裂を塞ごうとした。ねらいはよかった。彼は亀裂の一番上からセメントの塊を転がしていったが、それが焼けた炉に当たって奇妙な音を立てた。彼はコートにボタンをかけておらず、ひらひらして作業の邪魔になったので脱いだ。……セメントをこねる彼はまるで奴隷のように見えた。[11]

こうしたことを目にすると、たいていのことには動じなくなっている百戦錬磨のジャーナリストでさえ、一種邪悪な、悪鬼に魅入られたような、なんともいえない危険を感じるようになり、スタディ・ハウスで夕方行われるパフォーマンスを見る彼らは、ソラの皮肉をこめたいらだちに心から共感しているようだった。

『デイリー・メイル』の記者は怖れおののいていたが、無理からぬことであった。立ちこめる香り、色とりどりの照明、分厚い絨毯の上での奇妙なダンス——東洋のロマン主義がついに地上に顕現したのだ。この記者を安心させようと、私はボルドー大学の教授であると名乗り、ついで、この連中はみな狂っていると言ってやった。彼はしばらく考えていたが、非常に安心したようで、自信がよみがえってくるのが見て取れた。[12]

グルジェフへの個人的なインタヴューを許されたソラは、懐疑心と恐怖心を抱いてその場に臨んだ——ところがその両方ともすっかり消えてしまったのだ。「グルジェフは驚くほど丁重であった。いかさま師であるという印象はこれっぽっちも受けなかった。……彼の獰猛さは力強さへと変化したように思われた[13]」。グルジェフがどの程度の懐柔策を使ったのかは議論のあるところだろうが、ともかく彼はメディアの最初の攻撃を見事にかわしたのである。

グルジェフは学院を一般に公開したことをひどく後悔した、というのは仮説の域を出ないが、報道陣が退去するや、彼がただちに学院の体制を引き締めたことは疑いない。一九二三年の四旬節*は「変容を促す」一連の断食によって記憶される。弟子たちは恐怖心を抱かず、自発的に参加することになっていた。まず浣腸が行われ、そ

訳注＊———断食と改悛をすることを通してキリストの受難を想起し、復活祭の準備をする期間。聖灰水曜日に始まり、復活祭までの主日（日曜日）を除く四〇日間。

れからオレンジあるいはプロストクヴァーシャ、すなわちロシア風サワー・ミルクだけの食事がしばらく続き、次に完全な断食が一四日間続いた。（無限に続くかに思われる日々、肉体労働をしても夢の中でしているような日々、天上的な美に満ちた日々、ハブール・チュブール入りのウサギのシチューがたえず目の前に現れては苦しめる日々）。そして最終日の前日には濃いブイヨンが出され、最終日は極上のビーフステーキでしめくくられた。学院にいる「寄せ集めの連中[14]」、「人間のくず」たちが示した自己規律とグルジェフへの忠誠心は実に純粋であることが証明された。ラフミリエヴィッチだけは木の上にこっそり食料を隠しておいたが、断食が始まる直前になってグルジェフは残酷にもこう言った――「ラフミリエヴィッチは断食をしなくてもよろしい。彼はもう十分に知っている[15]」。

一九二三年五月、グルジェフはその後やみつきになる自動車との関係をもちはじめた。この激しい情熱は、結果的に彼を死の一歩手前まで連れていくことになる。弟子たちはみな、グルジェフは普通の人間のように運転を習う必要はないだろうと考えていた。「彼は、いうなれば霊感によって運転できるだろう[16]」というわけだ。事実、巨大なシトロエンが運ばれてきたとき、グルジェフは完全に独習をすませたという態度でこれに乗った。ところが、心配そうな弟子たちが見つめる中、「ギアの歯がこぼれるようなぞっとするような音[17]」が聞こえてきたのである。しかし数日中にはグルジェフはこの新しいおもちゃで遊べるようになり、国道を疾走していた――ただし、もし一九二三年に運転免許の試験が存在していたら不合格になっていたのはまちがいない。

彼はまるで狂気のように疾駆し、合図も出さずに車の列に割って入ってはまた飛び出した。時には突然、彼の車がほとんど入る余地がないような車線に割りこみ……間一髪のところですべりこむのであった。……信号で止まったときも、たとえ前に一、二台いようと、青信号になると一番先に飛び出すのは決まって彼であった。……バスやトラックを追い抜くときは死ぬ思いがした。[18]

この自動車はプリウーレで頻繁に修理されたが、担当したのは若いバーナード・メッツで、彼の夢見心地のアマチュアリズムが危険をいっそう増大させた。

その夜、グルジェフはパリに行かなければならなかった。車がガレージから出てきたとき、ヘッドライトが交換してないのを見た彼はメッツをどなりつけ、パリまでずっとバンパーの上に座ってライトを照らせと言った。メッツはおとなしくフェンダーの上に座ったが、そのうちグルジェフは彼を見下すように脇に押しやり、お気に入りの言葉を吐いた――「白痴！[19]」。

グルジェフの（あえていうなれば）車キチガイ症候群は、弟子たちの間に激しい不安を引き起こした。

ひとかどの者はみな、車で、あるいは鉄道で、一九二三年のかぐわしい黄金のパリにやってきたようだ。ちょっと思いつくだけでもなかなかの顔ぶれだ。ジェイムズ・ジョイス、ガートルード・スタイン、ピカソ、ストラヴィンスキー、プーランク、イサドラ・ダンカン、コクトー、ヘミングウェイ、マン・レイ、ツァラ、そしてフェルナン・レジェ。グルジェフもかなりの間その地にあったが、その間ずっとクリーム色のターバンを巻いているかのようにヨーロッパの主流から一線を画し、孤高を保っていた。実際彼がインテリやアヴァンギャルド、それに文化的上流階級のいわば劇団に対して抱いていた見解は、いくつかの四文字言葉*で表現できるものだった。

訳注＊――――使用をタブー視されている卑猥な言葉。アルファベット四文字の単語が多いことからこう呼ばれる。

オラージュが何人か有望そうな者を、グルジェフが新しく手に入れたコマンダン・マルシャン街九番地のアパルトマンに連れてきたが、はかばかしい結果は生まれなかった。そうした際、グルジェフのまわりの者たちが見せた尊大で気取った態度はエズラ・パウンドの言葉に集約されている。

グルジェフはペルシア風のスープを作ったが、どぎつい黄色のこのスープは上品とはほど遠かった。まあ、ボルシチが色のついたレンブラントだとすれば、ピエトロ・デッラ・フランチェスカ風とでもいうか。もし彼がレパートリーの中にもっとこの手のものをもっていたら――むろん彼がそう望めばの話だが――悪くても一人くらいは改宗させられたかもしれないのに。[20]

グルジェフには「浮浪者」を改宗させる気はさらさらなかったが、オラージュのエネルギーと熱意、そして影響力にはますます感心するようになった。

プリウーレにもどると、グルジェフは疲れを知らない弟子たちを駆り立てて、フォンテーヌブローの処女林の伐採を命じた。明らかに学院の中央ホールの設備に使うためであった。照りつける太陽の下、頑強な木の根に斧を振りおろす弟子たちは、汗みどろになって仕事に打ちこむことによって、グルジェフのいう「恒久的なもの」に対するたえまない要求に応えたのであった。しかしドクター・ニコルには彼はこう言っていた――「まもなくすべては変わるだろう。全員がちりぢりになるだろう。今は恒久的なものは何も生み出せないのだ」。[21]グルジェフ風プディングの味は食べてみればわかるのではなく、料理してみてこそわかるのであった。にわか伐採師たちの苦闘は続いた。「あれは本当にきつい仕事だった。……それでも、新しい建物の礎石ひとつおかれることはなかった。そのかわり、この豊饒でない土地からコーンや豆が豊かに芽を吹いたのだ[22]」

毎週土曜日にはグルジェフはスタディ・ハウスで種々の催しを公開し、音楽や神聖舞踏、「ストップ！」エクセサイズ、それに疑似オカルト現象を装った注意力や記憶力の妙技を披露した。

夕闇が迫ってくると森の木々の香りが漂ってきた、あの夏のたそがれどきは忘れられない。今でも、人々が入っていくときに鳴るスタディ・ハウスの入口のベルの音が聞こえるようだ。彼らは長い花壇のそばを通って、噴水を照らしだす光の色がリズミカルに変わり、ホタルが乱舞する中をスタディ・ハウスへと向かうのであった。[23]

招かれたアヴォンとフォンテーヌブローの有力者たちは、ニンニクの臭いを吐き散らしながら追従的な感謝の意を表明したが、その底には深いシニシズムが隠れていた。彼らは学院を町の資産と見なしてはいたが、腹の底では「精神病院[24]」だと考えていたのである。種々雑多な国際的芸術家たちがやってきた。パリのオペラ座の有名なダンサーであったドリス・Xは一度訪ねてきて泊まっていった。ディアギレフも上演中の「レ・ノース」の合間を見つけてやってきて、神聖舞踏に強い感銘を受け、彼のバレエ・リュスの演し物の中に入れたいと考えた。シンクレア・ルイスはペリシテ人*を弁護してこう言う。

ダンスの中には東洋の寺院で行われる神聖な儀式を模倣したものもあったし、筋肉の高度なコントロール

訳注＊――教養や美的洗練を欠き、あるいはそういったものに無関心で、平凡な考えや趣味に満足している者という意味で軽蔑的に使われる。

を要求する見事な演技もあった。……しかしここは住むには地獄のような場所であろう。……彼らは肉体を鍛える「錬成場」を自分たちの手で作り上げた。……それはキャバレーとハーレムを混ぜたようなところだった。[25]

もしかしたらプリウーレの誰かがルイスをうるさがらせたのかもしれない。ロシアからグルジェフについてきた一群の弟子たちは忠誠心に燃えていたが、イギリス人の集団の中には時々奇妙な渡り鳥が混じって群れを混乱させることがあった。ウェッジウッド「僧正」というのがいたが、これは神智学リベラル・カトリック教会の指導者だった（同性愛行為の嫌疑を受け、警察に追われていた）。フィンチ夫人というのは、息子がエヴェレストの登山家だったが、牛のしっぽに青いリボンを結び、よく一緒に庭を散歩していた。

こうしたやっかいなケースの中でおそらく一番ひどかったのは、ドクター・ヤングが連れてきたパラノイア患者の女性であった。グルジェフはこの問題に音楽で決着をつけようとした。ハーモニウムを演奏していた彼は、「突然ある音階をくり返し弾きはじめた。その女性は最初はもじもじしていたが、そのうち突然立ち上がると、叫びながら部屋から走って出ていった。そして、まもなくプリウーレを去っていった」[26]。しかもさらに不幸なことが続いた。ドクター・ヤング自身が、ここに一年滞在して得られるものはすべて得たと感じ、「満足至極で」[27]プリウーレをあとにしたのである。グルジェフは残念な気持ちを隠さなかった。彼はヤングのエネルギーと知性、それに実際的な態度を評価していた。この屈強なレアティーズの退場で、ローゼンクランツとギルデンスターン*のペアもいよいよ我慢できなくなった。一九二三年八月二一日、グルジェフは厳格な声でこう宣言した――「一部の者たちは、ここにいる意味がまったくなくなってきた」[28]。（翌日J・G・ベネットは、プリウーレでの三三日の滞在ののちここを去り、これ以後二五年間グルジェフを見ることはなかった）

棚卸しをする時期であった。ドクター・スジャーンヴァルにかわって財政を担当していたオルガ・ド・ハルトマンは、財政状態を調べてグルジェフに報告したが、彼も非常事態であることは率直に認めた――「私の頭脳活動はいやましに高まったので、もはや大脳にはこれを行う余地はほとんどなくなっていた[29]」。貸借対照表は残酷なほど明瞭に状態を物語っていた。「もし三カ月以内に少なくとも数百万フランを〈かなり上回る〉額を手にしないと、私は煙突を昇っていって……永遠に帰ってこないだろう[30]」

プリウーレとパリを全速力で往復しながら、グルジェフは必死で打開策を模索した。ある秋の夜も遅く、フォンテーヌブローの森を抜ける街灯もないとりわけ危険な道で、彼は瀕死の重傷を負った。「時計を見ると一一時一五分だった。私は大きなヘッドライトをつけてアクセルを踏みこんだ。……そのとき以来何も覚えていない……[31]」。それから一二時間もあとになって、彼は一キロほど先で意識を取り戻した。「まわりには森が広がり、太陽が燦々と輝いていた。乾草を満載した馬車が自動車の前に止まり、御者が私の窓のところに立って鞭で窓をたたいていた[32]」。運命の予言的な警告を受けてはいたが、グルジェフは人生のアクセルを踏みつづけ、決してスピードをゆるめようとはしなかった。もしくは、ゆるめることができなかった。

明白なことは、この学院長は五七歳のこのとき死ぬほど疲れていたということである。休息が必要であった。完全な休息が……しかし、だからこそ彼は働いた！　ムーヴメンツの練習はさらに激しさを加えた。パリでの公演を考えていたのである。そしてニューヨークでも。講演会も行う予定だった。フィラデルフィアにも行き、カーネギー・ホールでも公演を予定していた。誰もが休養して当然であった。……それでも、夜毎スタディ・ハウスでは激しいリハーサルが行われ、この「疲れきった男」は舞踏者たちに、高揚感と特権意識、試練と奉仕の感

訳注*――三人ともシェイクスピアの『ハムレット』の登場人物。

覚——それに、すべてが危機に瀕しているという感覚とを注入して鼓舞したのだ。

ソチの賭博台で見せたグルジェフの恐るべき強運がここでよみがえってきた。鉄面皮ぶりをいかんなく発揮して、しこたま賭けたのである。彼はパリでの成功にすべてを賭けた。ここでの文化的な催しから得られる名声はニューヨークでの活動に再投資される予定だった。そしてそこでの成功は彼の健康と富を完全に回復させるであろう。一二月初旬、オラージュとドクター・スジャーンヴァルは、グルジェフの「来るべき善きものの前触れ」としてニューヨークへ渡る準備をした。こうしてグルジェフとその一行は、後戻りのできない航海へ乗り出そうとしていたのである。しかしその前にパリでの神聖舞踏の公演を成功させねばならなかった——大失敗に終わる可能性もあったが。ビザの申請は遅れ、まだ発給されていなかった。グルジェフもマダム・オストロフスカも（他のロシア人やリトアニア人、アルメニア人やポーランド人のうるさい一団と同じく）正式な書類は何ももっていなかったので、難民用の「ナンセン・パスポート」だけが頼りだった。すべてはきわめて刺激的で、そして綱渡りだった。

「G・I・グルジェフが主宰する〈人間の調和的発達のための学院〉のデモンストレーション」はシャンゼリゼ劇場で行われることになった。ドレス・リハーサルは一九二三年一二月一三日、初演は一二月一六日、最後のマチネはクリスマスの日である。グルジェフは環境のよさ、巨大な舞台、そしてディレクターのジャック・エベルト（アレクサンドル・ザルツマンの友人）と気が合ったことなどがあって、ぬかりなくこの場所を選んだのだ。この月の初め、『エコー・デ・シャンゼリゼ』紙に載せた四ページにわたる広告は、「トリック、半トリック、そして正真正銘の現象が、古代東洋の儀式にのっとって行われる[33]」ことを告げていた。また『フィガロ』紙は大衆の天真爛漫な無知をいいことに、いいかげんな半真実をでっちあげ、読者にこう伝えていた——「グルジェフ教授はパリではあまり知られていないが、世界中で名声を博している人物である[34]」。

ドレス・リハーサルの前夜、プリウーレのスタディ・ハウスからは山羊の皮やクッション、絨毯、それに三つの噴水までが荷車で運び出され、劇場に運びこまれた。「劇場のロビーは東洋の宮殿になった。聴衆にはさまざまな東洋のご馳走が出され、噴水には水のかわりにシャンペンが満たされた」[35]。『魔術師たちの闘争』の衣装を意味ありげにつけた案内人たちが、第一日目の聴衆をロビーで厳粛に迎え、香りのついたワインを差し出した。(聴衆の中には、聖ミカエル聖ジョージ騎士団の一員であったエリック・グレアム・フォーブズ・アダムがターバンを巻いて立っていたが、彼は外交官としての経歴を危険にさらしてこの場に来ていた)。その間、オーケストラ・ボックスでは、トマス・ド・ハルトマンが苦しんでいた。彼はプリウーレの料理係としての仕事もこなしつつ、今日の曲目を指揮しなければならなかったのだ。この三日間ほとんど眠っていなかった。彼が指揮するのは三五人であったが、本当は百人は必要だった。人数の少なさを補うためにトランペットを導入すれば、それでなくても少ない弦楽器をのみこんでしまうだろう。ニコライ・チェレプニンとエミール・ジャック＝ダルクローズは鑑定するような目つきで一階前方の特別席に座っていた。グルジェフは？　——彼は合唱隊のところにいて、調号*に珍しいフラットがついた曲の低音部をどうつけ加えるかを指示していた。……幕はゆっくりと上がっていった。

神聖舞踏がひとつ終わるごとに拍手が鳴り響いたが、これはグルジェフをひどくいらだたせるとともに、あからさまに非慣習的なこの催しを目にした観衆が、なんとかこれを自分たちの慣習の枠にはめこもうとしていることを表していた。批評家も一般大衆も同じく、何か言葉に表せないきわめて珍しいものを目にしているという印象をもった。「チベットのサリーのソーハート僧院で行われた死せるダーヴィッシュの葬儀は、筆舌につくしが

訳注＊———譜表の初めや複縦線のあとにおく、調を指示する記号。

たいほどの悲しみと荘厳さに満ちていた」[36]

グルジェフ自身はもちろん舞台裏にいて、弟子たちの努力に全神経を集中していた。幕が下りたとき、ある不運な女性は命じられていた「ストップ！」の姿勢を早く解いてしまった。

> ミスター・グルジェフは彼女をこっぴどく叱りつけた。「ストップ」は観衆や幕とはなんの関係もなく……それはワークであって、師が告げるまでは終えてはいけない、たとえ劇場内で火災が発生しても続けねばならない、と言うのであった。[37]

この時点でグルジェフの注意を乱すものがあったとしたら、それは彼の家族の国外退去であっただろう——それが実際に起こったのだ。パリでの仕事に忙殺されていた彼は、弟子にマルセイユの波止場まで家族を迎えにいかせ、パリに連れて帰らせた。五年前、赤と黒の消防士のベルトと銃を身につけたグルジェフは、銃弾の痕も生々しいエッセントゥキの駅で詐欺師・科学者として家族に別れを告げたが、今、毛皮のコートを着た興行主として、リヨン駅で家族を温かく迎えたのである！

妹のソフィー・イヴァノヴナもその夫のゲオルギリボヴィッチ・カパナーゼもほとんど変わっていなかったが、喪服をつけたグルジェフの母は老齢と慢性的な肝臓病に苦しんでいる様子がありありと見て取れ、彼を驚かせた。彼らはともにフォンテーヌブローに向かった。学院の敷地内にある小さくて魅力的な建物、ル・パラドゥはオランジュリーの近くにあり、プリウーレの建物そのものからは楓の木々でさえぎられていた。家族は（プリウーレの最上階を占めていたスジャーンヴァル夫妻とザルツマン夫妻に助けられて）ここに落ちついたが、彼らには信じられないほど快適な場所であった。

シャンゼリゼ劇場での興行がすべて終わったのち、トマス・ド・ハルトマンは「首尾はどうでしたか？」[38]と聞いたが、グルジェフはほほえむだけだった。この公演が演奏者や舞踏者にとって重要な経験となり、ニューヨークの舞台であがらないためのよい訓練になったことは疑いない。また報道陣の反応も全体に良好だった。では一般聴衆は……それはまた別の話だった。フランス人の心理はこの公演が発した稀な振動を霊的な呼びかけとはとらず、むしろ知的な刺激と考えた。グルジェフのもとに来る者は一人もいなかった。

パリでのデモンストレーションは……大きな反響を呼んだ。観衆は……目にしたものの独創性に興奮する者と、逆に極端な規律に縛られた訓練にすぎないと考えて反感を覚える者とに二分された。今やグルジェフは大きな関心の的になった。……しかしこうした外向きの成功とはうらはらに、奇妙な噂が蔓延していた。[39]

（こうした噂――たとえば、グルジェフはその性的な眼差しを新しい弟子のドリス・Xに向けた、といった類の噂――は実際奇妙なものではあったが、しかしどうやらそれだけが、以後の一五年間、フランス人の心性に刻印を押したように見える。ロシア人やイギリス人、アメリカ人が競って彼の思想を理解し、彼に仕えようとしていたのとは対照的である）

しかしともかく文化的にはニューヨークへの道は開けた。ところがグルジェフのこうした散財は、彼の財布を絶望的な状況に追いこんでいたのである。

出発直前になって、私は自分がおかれている超ユニークな悲喜劇的状況に気がついた。出発の準備はすべて整っているのに、私は出航できなかった。……こうした状況は、出航のほんの三日前になってその壮麗な姿を現したのであった。[40]

窮地にあったグルジェフに差し伸べられた天恵のような援助は、まったく予期せぬところ、彼の母からもたらされた。「私からこの重荷を取ってくれないかね」とこの文無しの老婆は言った。「もう歩くのにはもう疲れたよ」。[41]首に巻きつけていた小さな皮の袋から箱を取り出すとグルジェフに渡した。彼はわけがわからないままこれをあけた。「中に入っているものを見たとき、私は飛び上がって踊りだしそうになった」。[42]それはかつて大公妃のものであった、ダイヤモンドをちりばめた大きなブローチで、エッセントゥキで彼の母にこっそり預けられたものだった。パリの宝石商はただちに一二万五千フランを払うと言ったが、これはグルジェフがニューヨークで売れると思っていた額よりかなり低かったので、これを担保に入れてとりあえず必要な額だけを借りることにした。

頑丈で数カ国語を話せるが舞踏は得意でないフランク・ピンダーにプリウーレを任せると、グルジェフは船出していった。一月最初の週、蒸気船パリ号はニューヨークに向けて出航し、途中、未曾有の嵐に遭遇した。特別室の大きな鏡にはひびが入り、船酔いした乗客は水で薄めたオレンジ・ジュースしか飲めなくなった。そしてこれは一九二四年にグルジェフを待っている悪夢の前触れのようでもあった。ともかくこうして、大公妃のブローチと三六人の弟子、途方もない思想、そして最低限必要なナンセン・パスポートを手にしたグルジェフは航海を続けた。ボルドーできびきび動くはしけが彼を船に運んだ瞬間から、フランスへの再入国の権利さえも危うくなった。しかしそんなときでも、彼はこう言っていた――「こんなときは、よく食べ、よく寝、そしてムラー・ナスレッディン物語のような内容とスタイルをもった本だけ読みなさい」。[43]

しかしグルジェフにはロータスの実*を食う者の役は向いていなかった。一九二四年一月一三日、彼はシャンゼリゼ劇場でやったのとそっくり同じ演目を船上で演じさせ、乗客や乗組員を楽しませた。トマス・ド・ハルトマンは、ひどい揺れにもかかわらず「ストップ！」が行われたときのことを回想している――「船は激しく揺れ、ひどいときは舞台上のピアノまで端から端までゆっくり移動し、それにつれて椅子に座っている私も移動したのである」[44]。

翌朝、自由の女神を目にしたグルジェフは、船上からパスポートを投げ捨てた（と伝説はいう）。残っている写真によれば、報道陣を無視し、悠々と渡し板を渡って下船するグルジェフはまるで皇帝のようで、黒いアストラハン帽をもち上げて、アメリカと、桃にクリームをかけて食べるそこの住人、「〈フォックストロット〉を踊るようにドルを追いかける、〈クリスチャン・サイエンス〉なるものの信奉者」[45]に皮肉なあいさつを送っているかのようであった。オラージュとニューヨークの彼の仲間はなんとかうまく話をつけてこの異例のＶＩＰを無事通関させ、興奮と混乱の中、アンソニア・ホテルの宮殿のようなスイートルームに落ちつかせた。このホテルは七三番街とブロードウェイの角にあって、外見はみすぼらしいが大きなエドワード朝風のホテルで、バロック調のトルコ風呂で有名だった。

グルジェフが上陸したアメリカは、カルヴィン・クーリッジとヘンリー・フォードとアルフォンス・カポネのアメリカであり、「トーキー映画」とガーシュインの「ラプソディー・イン・ブルー」のアメリカであった。ジャズと禁酒法、電化の波、精神分析、そしてグルジェフの大嫌いなフォックストロットのアメリカであり、要するに、奇妙な無邪気さが奇妙な堕落の上にのほほんと座っている、そんな忘れられたアメリカであった。グルジェフが痛快きわまりないと思った「明らかな不条理」は保守的なドクター・スジャーンヴァルにはショックだっ

訳注＊――ギリシア伝説で、その実を食べるとすべてを忘れ、夢見心地になれるとされた想像上の食べ物。

たようで、そのため彼はものの役に立たなくなってしまった。反対にオラージュはここでのバプテスマのヨハネ役を心から楽しんでおり、おかげでグルジェフは、チェルシーやグリニッジ・ヴィレッジのアトリエや物書きの集まりに渦巻いていた救世主に寄せるような熱い期待に応えることができたのである。「グルジェフがやってくる！　ウスペンスキーが見つけたマスターだ。グルジェフは信頼できる」[46]

四四番街のイェール・クラブの近くにあるサンワイズ・ターン書店――「思想を売りさばき、自由な精神の者たちが集まる場所」[47]――で、まもなくグルジェフはあのけたはずれの設立趣意書を配り、アンソニア・ホテルでの食事に人々を招待した。上陸の翌日の夜に開かれた夕食会に招かれた人の中には、舞踏家のロゼッタ・オニール、作家のウィリアム・シーブルック、それに女流作家で『ニューヨーカー』紙の建築批評家でもあったミュリエル・ドレイパー（「わが最初のアメリカの友人」[48]）らがいた。ホストの力に深い印象を受けた彼らは明け方まで飲みながら話した。ミュリエルは、マンハッタンのマレイ・ヒルにある彼女の「はげた金箔とすりきれたレースで飾られたサロン」[49]をグルジェフが自由に使ってよいと約束してくれた。ロゼッタはアッパー・マディソン・アヴェニューの彼女のダンス・スタジオを貸してくれ、シーブルックは慎重にこう書いた――「グルジェフはパーラーでゲームの審判をしていたわけではない。熱意を煽っていたのだ」[50]

アメリカでの顔見せデモンストレーションは一月一三日の水曜日に行われることになったが、ここでもまるで天恵のようにすばらしい場所が見つかった。（演奏旅行中のモスクワ芸術座とトマス・ド・ハルトマンとのコネで実現したのであった）。それなのになぜかグルジェフはこの切り札を使わず、レズリー・ホールを会場に選んだ。レズリー・ホールというのは、弟子たちが宿泊している茶色の石造りの建物にほど近い西八三番街二六〇番地にある、なんとも表現しかねるしろものであった。ピアノが会場となる二階に運び上げられ、トマス・ド・ハルトマンが指揮する楽器演奏者は五人に減らされ（ヴァイオリン、チェロ、コントラバス、クラリネット、そして打楽器)、彼は無念な思いをした。入場券はすべて無料で配られ、幕は八時に開くことになった。しかし幕は開かなかった。シーブルック、クリストファー・モーリー、ウォルター・ダムロシュ(オペラ『シラノ・ド・ベルジュラック』の作曲家)、さまざまな大学の教授や報道関係者、それに『ニューヨーク・タイムズ』や『コリアーズ』『ブックマン』などの編集長らを含む観衆は、無関心を装ってはいるが非常に緊張した雰囲気の中で待ちつづけた。やがてチャールズ・スタンリー・ノットというサンワイズ・ターン書店の助手をしていた若いイギリス人が、思いきって舞台裏をのぞきに行ってみた。

舞台の裏ではオラージュが小さな女の子の手をとってブランコをしてやりながら……その子の両親と話していた。彼らがその場を去ると、オラージュは私にあの男は私服警官だと言い、ダンスが「エロティック」でないかどうか確かめにきたのだと言った。[51]

礼服にきちんと身をかため、エジプトタバコの煙でそれにふさわしいオーラをまとったグルジェフは、その様子を冷笑的な目で眺めていた。九時になってオラージュがステージに現れ、巧みな弁舌で前口上を述べた。(注意深く聞いている耳には、彼の声を透かして聞こえるグルジェフの「自己想起せよ、白痴ども!」[52]という声も届いた)。それから、「タキシードを着た僧侶」[53]然としたトマス・ド・ハルトマンがピアノについた。幕が上がった。上がりきるまでの長い印象的な時間、観衆は、グルジェフが鍛えあげ、寄り集まって静まり返っている、微動だにしない舞踏者の一団に対面したのである。

たっぷり四時間続くプログラムが始まった。アジア的な民族舞踊やリズミックな踊り、六つの「オブリガトリーズ」、「聖なるガチョウ」「ワルツ」「失恋」「ビッグ・セヴン」「キャメル(ラクダ)・ダーヴィッシュ」「トレンブリング（震える）・ダーヴィッシュ」「ホー・ヤー・ダーヴィッシュ」「ピュティア」「大いなる祈り」「厄僧の秘儀参入」……何かありえないもの――まるでアジアからではなく、他の惑星から来たもの――を見ているような感覚が観衆を襲った。鋭い直感をそなえた者たちは舞踏の「古典的な」仮面の裏に豊かな内容が隠されているのを見て取った。しかし精神の精妙さに欠ける者たちは、明らかにイサドラ・ダンカン風の表現主義的舞踏を期待していたのであろう、リプリーの「信じようが信じまいが」という常套句にすがりついた。シーブルックはこう述べている。

何より私を驚かせ、興奮させたのは、驚くほど見事な、まるで人間ではなく機械のような、ほとんど信じがたいほどの……弟子たちの従順さであった。……それはまるで、クリストフの兵士たち*が、ハイチの急峻な山腹に立つ砦の狭い胸壁の上を足並みを乱すことなく行進しているようであった。[54]

とりわけ「ストップ！」エクセサイズは、サーカスの曲芸のように観衆の目には映った。

一人のダンサーなど、グルジエフの命令一下、実に困難な姿勢で凍りついてしまったが、その彼をグルジエフは押したのである。ダンサーはその凍りついた姿勢のまま、明らかに自分ではいかなる操作も加えずに倒れて転がり、その場にじっとしていた。[55]

グルジエフが「物事を考慮する際の時間尺度」が広大であることは、こうしたことを見ればますます明らかになる。彼は数日単位ではなく、一〇年、いや世紀の単位で計画を立てていたのだ。パリとニューヨークで豚の前に真珠をばらまいたのも、計算の上でのことだった。とはいえ彼は苦難を味わった。一部の陣営からあがった不適切で野卑な反応に苦慮したのである。「左翼」（通常彼らはヨーギよりは人民委員のほうを好むものだが）の反発は曖昧であったが、下品な大衆新聞の「よだれを垂らした若いレポーターたち」は激昂していた。『アメリカン・ウィークリー』の見出しはこうだった。「〈ドクター〉グルジェフと、彼が教える人生の魔術的秘密――豚にえさをやり、一晩中馬鹿げた踊りを踊り、その他奇矯なことをすることで超人になる法[56]」。そしてプリウーレでの陶酔的な夜をでっちあげた――「『踊れ！』と彼はカーテンの後ろから叫んだ。『魂の命ずるままに踊れ！　自由に向かって踊りまくれ！[57]』」。頭脳の弱い、すぐなんでも信じてしまう読者は、こうした話と噂をごちゃまぜにした。ある者はスタンリー・ノットにこう言った――「ミスター・グルジェフはキャサリン・マンスフィールドとフォンテーヌブローの森に住んでいて、自分たちのことを〈森の恋人たち〉って呼んでいるんだってね[58]」。

一週間後の一九二四年二月二日、グルジェフは批評家に応えて、それまでもっとも実り多いパフォーマンスを行った。ニューヨークのインテリの間では、グリニッジ・ヴィレッジのグランド・ストリートにある小さなネイバーフッド・プレイハウスは特別な名声を勝ち得ていた。「前衛的な」芝居や、プロコフィエフからヒンドゥーのラーガ**まで演奏する幅広い音楽のレパートリーが高い評価を受けていたのである。ここの常連の中には、ウォルドー・フランクを中心とする影響力はあるが自己陶酔的な文学仲間がおり、そのほかにも、ハーバート・クロウリーと『ニュー・リパブリック』誌のまわりに群がる作家や評論家たち、それに、マーガレット・アンダーソンとジェイン・ヒープが編集する超前衛的な雑誌『リトル・レヴュー』をとりまくレズビアンの一群がい

訳注*――アフリカ出身の奴隷であったが、ハイチのフランスからの独立運動を指揮し、のちハイチ国王となり、アンリ一世と称した。（一七六七～一八二〇）

訳注**――伝統的なメロディー、リズム、装飾音をもつインド音楽の旋律定型。

た。……こうした一団を、妥協を許さぬ伝統の守護者であり仲介者であるグルジェフはとりこにしたのである。

その土曜日の夜の公演には、招待された者だけが入場を許された。しかしグルジェフは自ら寒い劇場の外に立ち、余分の入場券を手当たりしだいに配っていた。「無職で寄食者、アル中でホモセクシュアル」[59]の詩人ハート・クレインは、酔っぱらっていたが入場を許された。メーテルリンクの前の伴侶であったジョルジェット・ルブランは金髪のかつらをつけて座っていた。トゥーマー、ヒープ、マンソンの三人は（彼らがこの夜のネイバーフッド・プレイハウスでの最大の収穫であることは時が証明するのであるが）、一見したところ、グルジェフがリクルートする相手としては組み合わせが悪く、いかにも不似合いだった。

ジーン・トゥーマー[★20]は背が高く、人を引きつける磁力があり、浅黒くてハンサムだったが、社会的には謎の人物だった。ルイジアナ州の前知事の孫であったが、にもかかわらず世界のもたざる者たちのために大きな声をあげた。その血統は実に入り組んでいたが（ユダヤ人、ウェールズ人、インド人、オランダ人、ドイツ人、フランス人の血が混ざり合っていた）、彼が書いたベストセラー、『鞭』は、逆説的にも、彼を黒人文学ルネサンスの権化に祭りあげた。ジェイン・ヒープは多くの辛苦を乗り越えてきていた。イギリス人とラップ人という比較的単純な家系の出身だったが、精神病院の閉所恐怖症と幻覚とで織りなされたような雰囲気の中で育った。（父親がそこの管理人だったのである）。青春期も多難だった。自分が「完全なレズビアン」[60]であることに気づき、またかなり若くしてひどい糖尿病になった。三年前の二月には『リトル・レヴュー』にジョイスの『ユリシーズ』を連載したかどで起訴され、マーガレット・アンダーソンとともに法廷に立った。——そしてこれらすべてを乗り越えた彼女は、今や大きな力を獲得していた。

ゴーラム・マンソンは批評家であった。

パフォーマンスは別にして、舞台上でのグルジェフ自身の身体言語がジーン・トゥーマーに説得力をもって語りかけてきた。

私はこの男の動きを見た。一つの単位として動いていた。彼は完全に一個の統合体だった。頭のてっぺんから後頭部、首の後ろから背中へ、そして足にいたるまで一本の注目すべき線が通っていた。集中した線とでも呼べばいいのか。それは調和と統合、すべてがしっかりと織りなされた力を暗示していた……[61]

舞踏を見たマンソンは電気に触れたような刺激を受けた。「その後何時間も眠れなかったが、それほど覚醒効果は強かった」[62]。ジェイン・ヒープは完全に打ちのめされ、東一一番通りの自分のスタジオ兼アパートにグルジェフを招いて講義をしてもらった。トゥーマーも強い影響を受け、ロシア語風に話すようになったほどであった。以後三人ともに、程度の差こそあれ、自らの回心の内にひそむ誠意を証明することになる。

この一夜が「思考する」ニューヨークに与えた衝撃は注目に値する。「その春ずっと、そして夏の間も、グルジェフにまつわる疑問――彼は新しいピタゴラスか、はたまた山師か――がインテリたちの集まりの話題をさらった」[63]。グルジェフの物腰がさっぱり柔らかくならなかったことから察するに、彼はそんなことなど歯牙にもかけていなかったようだ。二月一三日から三月一六日にかけて行った講演では、彼は自信たっぷりに、芸術、役者、本質と人格、言葉なる神、子供の教育、寿命を延ばす方法などについて話した。ニューヨークのカフェ社交界の超一流の人たち――セオドア・ドライサー、ルウェリン・ポウイス、マーガレット・アンダーソン、レベッカ・ウェスト、カール・ジグロッサー、ジョン・オハラ・コズグレイヴ、ウォルドー・フランク、マーガレット・ナウムバーグ、ゾーナ・ゲイル、グロリア・スワンソンら――と面識を得た彼は、時間を守ることや演台でのマナーにますます挑発の度を加えていった。

ミーティングは九時からの予定だったが、グルジエフは一〇時近くなるまで現れなかった。グレイのスーツを着、スリッパをはいた彼は隣の部屋から入ってきたが、手には大きな焼き芋をもっていた。全員悪寒を覚えたかのように黙りこんでしまった[64]。

相談をもちかけてくる者を扱う彼のやり方も、もの柔らかなところはまったくなかった。ある者にはこう言った――「あなたはいつも落ちつきなく動く癖がある。だからみんな、あなたのことをまぬけだと思うんだ……」[65]。

ネイバーフッド・プレイハウスでのこの幸先よい成功ののち、グルジエフはうきうきとニューヨークを闊歩した。ユダヤ人のいい肉屋を見つけたり、新聞記者に財布をプレゼントしてその目を丸くさせたりもした。あちこちの宝石商を煙に巻いたかと思えば、ミュリエル・ドレイパーの息子のポールがバスにひかれて負傷したときには回復させる手助けもした。そして、今では伝説となっている彼の「カフェ事務所」を五番街と五六番通りの角にあるチャイルズに開いた。

ここではある好意的な犯罪組織のおかげで、彼の好きな儀式的乾杯も禁酒法を気にせずに行えたのである。

ニューヨークのレストランでは、さまざまなアルコール飲料、たとえば「アラク」「ドゥーシュ」「スコッチ・ウィスキー」「ベネディクティン」「ウォトカ」「グラン・マニエ」、その他多くの飲料が――これらはすべてその大陸の少し沖合いにある「古いはしけ」と呼ばれるものの上で造られているのだが――どんな商標のものでも好きなだけ飲めた。……薬指を突き立てた右手で口を半分おおってお望みの飲料の名前を言えば、たちどころにその飲料がテーブルに運ばれてくるというわけだ。ただしレモネードか、あるいは有名な

「フランスのヴィシー水」のびんに入ってだがな。[66]

表向きは休息のためということでアメリカにやってきたこの男は、夕方はリハーサルや講義、夜は親しい者たちの集まりでの話と、ほとんど寝る間もなかったようだ。彼のキャラヴァン隊の（レノックス劇場、ニッカーボッカー劇場、ウェブスター・ホール、アスター・ホテル、セント・マークス・イン・ザ・バワリー教会［聖マルコ農園教会］などをめぐる）霧の中の旅路は、この大都市の文化のメッカにおいてクライマックスを迎えた。

三月三日の月曜日、グルジェフはニューヨークでの最後の公演をカーネギー・ホールで挙行したが、彼が入場料を取ったのはこれが最初で最後であった。四台のピアノとフル・オーケストラを使うという壮大な計画は、直前になって音楽家組合とトラブルを引き起こし、ここでもいつものようにトマス・ド・ハルトマンが一人で解決にあたることになった。ゾーナ・ゲイルの精力的な宣伝活動のおかげで、この有名なホールは超満員となった。高価な最前列の席だけが空席だったが、グルジェフが合図すると、後ろにいた人々は喜んでそこに座った。サルムング修道院からカーネギー・ホールへのグルジェフの旅路は、自らを鼓舞しつつたどってきたものである——が、（カーテンの間からのぞき見していたオルガが、観客にかなりのばらつきがあるのを見てあえてそう言ったように）、この進軍では必然的に質よりも量を重視してはこなかったであろうか？　グルジェフは鋭く反論した。

どうして君にそんなことが判断できるのかね？　今日眠っているように見える人間が、二〇年後には自分の内部で何かが目覚めるのを感じるかもしれない。逆に、今熱心そうに見える者が一〇日後にはすっかり忘れているかもしれない。われわれはすべてのものに機会を与えなくてはならない。結果は関知するところではないのだ。[67]

グルジェフがアメリカに来た本質的な目的は弟子の獲得にあったが、資金獲得もそのひとつで、彼は自分の「貪欲」を吹聴して回った。

私はこの「ドルがなる国」に勇んでやってきた。この地で、実に見事な手つきでドルをまき、そして刈り取る人々が発散する振動に満たされた空気を呼吸していると、私も純血の狩猟犬のように、立派な獲物のにおいを追跡するようになってきた。[68]

デモンストレーションを無料で公開し、個人的な講義もすべて無料で行ったので、彼の懐には一セントも入らず、おまけにニューヨークという物価の高い都市で四六人の弟子をかかえていたために、資金は確実に減っていった。持参した大公妃のブローチは抜けめなくかなりの高額で売り払ったが、その収入もすぐに消えていった。一九二四年の三月半ば、グルジェフは残念な様子で弟子たちに、各自の生活を自分でやりくりするよう告げた。トマス・ド・ハルトマンは職業安定所へ行った。「私は音楽の仕事を探したが、大きな需要があるのはコックだけだった[69]」。この憂鬱なとき、予期せぬ助けがイリノイからやってきた。

著名なバレエ・ダンサーで、ディアギレフに頼まれて『火の鳥』や『謝肉祭』でも踊ったことのあるアドルフ・ボルムが、シカゴの彼のスタジオに招きたいとグルジェフに申し出てきたのである。これをありがたく受けたグルジェフは、弟子たちとともにまずフィラデルフィアとボストンに向かった。(「道はさまざまだが、すべては〈フィラデルフィア〉に到達しなければならない——それこそがあらゆる宗教の基本的な目的なのだ[70]」)。ボストンではパフォーマンスはジャドソン・ホールで行われ、ハーヴァード大学の教員や学生が観衆となったこの会はまずまずの成功であった。しかしアカデミアの大物が一匹、オラージュの網から逃れてしまった。(「クーマラスワミは自分の仕事の中で完全に眠りこんでいて、はるか昔に死んだ者たちの世界以外にはまったく注意を払わなかった[71]」)

ホボーケンの旅行会社でシカゴまでの一番安い切符を手に入れると、グルジェフは一行を引き連れて急行した。三月二五日、彼はボルムに会ったが、どうやら冷笑的な態度をとったようだ。「このシカゴのミスターはひどく愛想がよく、面倒見のいい人間だった。名前は〈ミスター・ベリーボタン(へそ)〉といった[72]」。ボルムがグルジェフのためにいささか勘違いをして催してくれた「ペッティング・パーティ」はまったくの失敗だった。

話の最中に、彼ら流にいえばこのアメリカの「うら若き淑女」は突然、まったくいかなる理由もなしにわしの首をなではじめた。
わしはすぐに、なんと親切な女性だろうと思った。彼女はたぶんわしの首に「ノミ」を見つけて、かゆみをやわらげようとそこをさすってくれていると思ったのだ[73]。

翌日の晩には、グルジェフはフランス領事館のもっと洗練された雰囲気の中にいたが、そこで彼は外交官たちに、指導を受けないで勝手にやる呼吸訓練の危険性を指摘した。

ヨーロッパ中が呼吸法狂いになっている。ここ四、五年、私はこうした方法で呼吸機能を完全にだめにしてしまった人々を治療してかなりの金をかせいだ。これについての本も大量に書かれている。……その著者たちには大いに感謝している……[74]

グルジェフお抱えのスター・ダンサー――ユリア、オルギヴァンナ、エリザベータ、ジャンヌ――がようやくシカゴに到着したが、それは領事館から特別の許可を受けた試演会のわずか二時間前であった。あるべきではない拍手が鳴り響き、翌晩のもっと格式の高い会場では、さらに高く鳴りわたり、ゆっくりとおさまって、ついにはすべてをのみつくす歴史の沈黙の中に消えていった。「舞踏教師」は二度と公開パフォーマンスを行おうとはしなかった。

グルジェフはシカゴに来て、そこを見、そして征服した。彼はニューヨークの支持者たちのもとへ帰った。そこではミュリエル・ドレイパーやゴーラム・マンソン、エリザベス・デルザ、ジェイン・ヒープとマーガレット・アンダーソン、ゾーナ・ゲイル（オラージュはいうまでもない）らが彼のかわりに積極的に活動を続けていた。四月八日の火曜日、彼は「人間の調和的発達のための学院」のニューヨーク支部を開設した。グルジェフはロシア・レストランで祝賀会を開き、その夜は四九番通りのアパートで弟子たちと話して過ごした。このとき、彼の資産についてのやや礼を失するかと思われる質問に答えて、自分の半生を驚くほど率直に熱をこめて語った――それは、人生が要求するものすべてを意識の探求のために犠牲に捧げた半生であった。東の空が白みはじめ、散らばったコーヒー・カップやワイン・グラスを朝日がうっすらと染めた。「ミスター・グルジェフは深い物思いに沈むかのように長い間黙りこんでいた。突然彼の顔に疲れが見えた。彼の眼はわれわれ一人一人の上に注がれた」[75]

ドクター・スジャーンヴァルやユリア・オストロフスカをはじめとするプリウーレからの一行の大半は、蒸気船ワシントン号でフランスに帰ったが、グルジェフは、異国の浜辺に打ち上げられて動きのとれなくなった風変わりな玉石のように、ニューヨークに残った。援助を申し出てくれる人たちともまったく会わず、一人で二部屋のアパートに閉じこもり、「豆と画鋲を混ぜたものを食べて」[76]暮らした。一九二四年六月、オラージュの一連の講演とマダム・ガルムニアンのムーヴメンツのクラスが資金を調達してくれた。こうしてようやく彼は、オルガ・ド・ハルトマンが泣く泣く質に入れた指輪を買い戻すことができ、それから彼のニューヨーク「大使」を探しはじめた。オラージュは「自分にはその大役を見事に果たす能力があると熱っぽく説いた」[77]。それと時を同じくしてベックホーファー＝ロバーツのプリウーレ滞在記が『センチュリー』誌に載った。――こうしたことをすべて見た上で、ようやくグルジェフはシェルブールへの一等船室の客となった。アメリカ人の大きな一団が同乗していた。八〇人は下らない新たな弟子が、夏のあいだフォンテーヌブローで働きたいと申し出てきたのだった。旅行中ずっとグルジェフは彼らと親しく言葉を交わした。「彼と話をしたあとはいつも喜びと希望がわきあがってきた。本当に特別な時だった」[78]

パリではピンダー大佐がグルジェフを出迎え、いろいろなニュースを伝えたが、どれもとりわけいいものではなかった。あまりありがたくないのぞき趣味の一団がプリウーレを訪れてきたが、その中には、そこは「人々がうんざりするような曲芸をやっている、腐った、まがいものの、自意識過剰の場所だ」[79]と考えたD・H・ロレンスや、グルジェフは「第一級の人物で……高いレベルの秘儀に通じた人間」[80]と考えた「獣666」、すなわちアレスター・クロウリーらがいた。ピョートル・ウスペンスキーも、グルジェフの口から直接アメリカの話を聞くために、近いうちにプリウーレを訪ねるつもりでいた。しかしここで思わぬ障害が現れた。ピンダーがおずおずと語ったところによると、去る一月、グルジェフがすでにアメリカへ発ったあとであることを確かめた上で、ウスペンスキーは正式にグルジェフとの関係を断ち、自分の影響力がおよぶイギリスの弟子たち（モーリス・ニコルとJ・G・ベネット）に、グルジェフと連絡をとることはおろか、その名前も口にしてはならないと命じたのである！　これに付随したことを二つばかり――パリのコマンダン・マルシャン街九番地のアパルトマンの契約が六月末（実は明日）に切れることになっており、またフランク・ピンダーはプリウーレ滞在に疲れてきて、ここを離れるのを楽しみにしていた。

こうしたことがわかった以上、グルジェフがウスペンスキーにわざわざ会おうとしたとは考えにくいのだが、彼は現にそうしたのである。「私たちはウスペンスキーがどんな様子でいるかとても興味があった。グルジェフの左側に座った彼はまるで少年のように振る舞い、われにもなく笑い、言うつもりのないことまで言い、アルマニャックのおかげで顔を真っ赤にしていた」[81]

グルジェフはフォンテーヌブローとパリでの生活のリズムをただちに立て直した。作曲やムーヴメンツの指導を再開し、そして再び、房飾りのついたパラソルと緑陰の下、グラン・トテル＝カフェ・ド・ラ・ペのテラスに腰をおろして、（彼独特の超歴史的な視点から）移りゆく世界を眺めやった。

隅の方に座ってひとかどの紳士づらしている背の高いやつは、近くにだんなと一緒に座っている女性に色目を使っている。……彼だって本物の「ヴェローンク人」そっくりではないか？　そして犬のようにしっぽを足の間に巻いて給仕をしてまわっているウェイターども……こいつらはあの「アスクラフイ奴隷」そのものではないか？……そしてすべてはまったく変わっていない。……叫び声、大騒ぎ、笑い声、ののしり声……バビロン、クールカライ、いやそれどころか、彼らの最初の文化の中心地サムリオスの情景とまったく同じだ。[82]

グルジェフの心中は穏やかだったのだろうか？　それとも、完全なる沈黙の中で時機の到来を待っていたエソテリック・ワークをついに公衆の面前に提示したことで、それこそあの「叫び声、大騒ぎ、笑い声、ののしり声」のまっただなかに放りこんだことで、行く末を案じていたのだろうか？　彼はアルマニャックを一口すった。悪臭を放つ土地にまいた種から、もしかしたら智恵の木がはえ、数百年後には見事な緑の枝を広げるかもしれない。それは時が語るであろう。とりあえず今のところグルジェフは、パリとフォンテーヌブローを結ぶ幹線道路と、ヴェルサイユとショワジー・ル・ロアを結ぶN一六八号線との交差地点で、ある約束をしていた――ネメーシス*と会う約束を。

訳注＊――人間の思い上がった不遜な行為に対する神の怒りと罰を擬人化した女神。

10 死と作家

［1924.7.8〜1928.4.23］

グルジェフが送ってきたような種類の人生では、その句読点の打ち方が、不測の要素を含む生存様式のリズムに大きな影響を与える。前半生を彩っていた巨大な感嘆符（重い病気や銃弾に「貫かれた」事件）は、一九二四年までには比較的穏当な出来事を区切る柔らかい読点に変わっていた。ところが、七月八日火曜日の午後四時半、酷暑の中である事件が起こる。それはグルジェフの人生に最終的なピリオドを打つかのように思われた――そして実質的にはそうなった。しかも多くの人々が彼が受けたこの打撃の巻き添えをくったのだ。その結果、彼は布教の戦略を根本的に変更せざるをえなくなった。大きな希望が音を立てて崩れる中、彼の仕事は終末を迎えた。……そして再出発した。

事故の報告はきわめてわかりやすいものだった。時速九〇キロで走行していた大型のシトロエンが大木に「激突、大破」[1]した。アクセルはねじ曲がり、ハンドルは折れ、ラジエーターはつぶれ、エンジンは台座から引きちぎられていた。その車の唯一の乗員であったミスター・グルジェフは幸運にも車からうまく投げ出され、血に染まった草の上に意識不明で横たわっていた。彼の身体は「強くたたきつけられ、内臓にひどい損傷が見られ」、数カ月というもの、その身体は四肢の断片の寄せ集め、「きれいなベッドの上に転がる生きた肉の破片」[2]とでもいったものに見えた。

散文的な説明はいくらでもできるだろう。グルジェフは過労だった、運転があまりにひどすぎた、その前にしストラン、シェ・シモニアンでアルメニア料理を食いすぎた、あるいは単に暑すぎた、等々。どれも一応筋は通っている。しかしあの火曜日を顕微鏡的な目でたどり直してみると、それまで見えていなかった小さな疑問が視野に入ってくる。なぜあの日はいつもと違ってグルジェフは秘書のオルガ・ド・ハルトマンに自分の代理を命じたのか？　なぜあの日にかぎって彼女にフォンテーヌブローに汽車で帰るようあれほど強く命じたのか？　なぜ修理工に、ナット、ボルト、ライト、とりわけハンドルをあれほど念入りにチェックさせたのか？　なぜ……？

これから起こる事件の「記憶」、その神話が述べるところに関する詳しい知識は——ある気質の者にとっては——グルジェフの行動を説明するかもしれない。しかし残念ながら、こうした見方をすれば、彼の事前の入念なチェックそのものが神話の一部に組みこまれてしまう。つまり彼は木をよけるのではなく、それに突っこんでいった、ということになるのだ。では彼は、事故のように見せかけながらわざと激突したのか？　この思いがけない仮説は、驚くなかれ、今日かなりの支持を得ている。さてさて……たしかにグルジェフは慣習の仮借ない敵で、常々「もし今日が昨日と同じなら、明日も今日のようになるだろう」[3]と言っていた。とはいえ、彼ほどの能力をそなえた人間が、輝かしい明日を手に入れるために、これほど危険で苦難に満ちた今日を代価として支払わねばならないという見方は、のみこむのがやや困難である。

それではグルジェフは悪意と復讐心に満ちた力の犠牲者だったのだろうか？　ある悪意に満ちた非存在物からの宇宙的な妨害を受けたのか、それとも神智学がいうところの「暗い兄弟」からわけのわからない邪魔をされたのか？（ウスペンスキーはこれについて考えれば考えるほど、後者の見方に傾いていったようだ。「私はこわい。……恐ろしいことだ。……ゲオルゲイヴァニッチの学院は……偶然の法則……から逃れるために設立されたのではなかったのか。……彼自身十分な発達をとげていなかったのか？——実に実に恐ろしいことだ[4]」）。しかし結局のところ、こうした反語疑問に答えることは不可能だということがわかってくる——『真理のきらめき』をおおっていた、あのとりつかれたような気分にならないかぎりは。

私の人生は、普通の視点からは理解できないようなさまざまな事件によって導かれてきた。つまり、人間の内的な生活に影響を与え、その方向と目的に根本的な変更を迫ってまったく新しい生き方に導くような、そんな事件にである。[5]

幸い自転車で警邏中の警官に発見され、グルジェフはすぐに救急車でフォンテーヌブローの病院に運ばれた。当直のマーティー医師には彼が即死しなかったのが不思議だった。打撲、無数の裂傷、失血、こうしたものは大したことではなかった。命に関わるかもしれなかったのは脳の損傷と深刻な脳震盪であった。脈が止まりかけ、荒い息をし、ミイラのように全身に包帯を巻かれたグルジェフを見たオルガ・ド・ハルトマンは感情の高ぶりを抑えられなかった。

彼がいなければ生命の力は止まってしまうこと、彼が死ねば生あるものはすべて死んでしまうこと、私はこれを痛いほどに感じました。彼の生涯をかけた仕事はすべて終わりになると感じたのです。その考えがあまりに恐ろしかったために、同時にまったく別の考えが湧いてきて、私は自分にこう言い聞かせました――「もし神がおられるなら、そんなことは起こりえない。もし神がおられるなら、ミスター・グルジェフは生き延びる。だから彼は死なない」と。[6]

七月九日の水曜日、グルジェフは彼の主治医であるアレクシンスキー医師とシロティン医師の手にゆだねられ、プリウーレに運ばれた。担架に乗せられ、注意深く二階の自室に運び上げられるとき、彼がかぼそい声でつぶやくのが聞こえた——「たくさんの人、たくさんの人」[7]。ドクター・スジャーンヴァルは、助かる可能性はきわめて低いことを家族に伝えなければと思った。ゲオルゲイヴァニッチは沈みつつあった。

しかしゲオルゲイヴァニッチは沈みはしなかった。五日間、彼は二つの世界の間をおおう薄明の中をさまよった。妻のマダム・オストロフスカ（彼女自身、癌の初期段階にあった）、妹のソフィー・イヴァノヴナが献身的に看護にあたった。濡れた布で唇を湿らし、酸素吸入が頻繁に行われた。マーティー医師はモルヒネを処方したが、グルジェフは無言のうちにこれを拒絶した。学院全体は静まり返り、彼の回復を願う必死の祈りが聞かれた。「毎晩、二、三人のロシア人がグルジェフの部屋のドアの前にひざまずいていました」[8]

オルガ・ド・ハルトマンは勇を鼓してプリウーレの運営にあたった。しかしプリウーレは見る影もないほど沈みこんでいた。

沈黙が支配していた。……みな息をひそめて話した。鐘楼の鐘はもはや鳴らず、スタディ・ハウスではムーヴメンツも音楽もなかった。みな、全身全霊をあげてグルジェフの回復を祈っていた。……まるで大きな機械の中心軸が折れ、ただ惰性で動いているようなものだった。われわれの生活を動かしていた推進力が失われてしまったのだ。[9]

六日目の終わりにグルジェフは眼を開き、マダム・オストロフスカにここはどこかと聞いた。記憶はなく、眼はほとんど見えず、激痛に襲われたが、そんな中でグルジェフは、「残念なことには、すっかりめちゃめちゃになった私の肉体に、意識が、しかも以前の属性をすべてそなえて、完全な形でもどってきた」[10]ことを知って大きなショックを受ける。

グルジェフが活動できなくなったために、学院の財政は急に破綻に瀕する。ロンドンで快適な状況にあったウスペンスキーは事態を静観していた。グルジェフの核となる弟子たちは完全にお手上げ状態となり、誇りの最後の一片まで捨ててしまった。かつてはカンディンスキーの仲間であったアレクサンドル・ザルツマンはモンマルトルのカフェの壁画を描き、ニコライ二世皇帝から音楽上の庇護を受けていたトマス・ド・ハルトマンは「トマス・クロス」の偽名で映画音楽を作曲した。モンテネグロの主席判事の娘であったオルガ・イオヴァノヴナ・ラゾヴィッチ・ミラノフは女性用トイレの受付になった。

多くの人が「リッツ回廊」にあるグルジェフの部屋に見舞いに訪れたが、彼らの善意あふれる気遣いも、彼には「やってきては、ヴァンパイアのように私の生き血を吸い取り、去っていった[11]」ように思われた。彼は医師の助言を公然と無視し、まもなく力をふりしぼって起きあがった。八月には彼が、ユリア・オストロフスカとオルガ・ド・ハルトマンに支えられ、痛々しく足を引きずりながら庭を散歩している姿が見られた。包帯で完全につつまれた頭の上にいつもの黒いアストラハン帽をかぶるという、ほとんど人間とは思えないような格好であった。まもなく一人で歩けるようにはなったが、マーガレット・アンダーソンの一二歳の甥のフリッツ・ピータースを従えていた。ピータースはグルジェフが転んで溝に落ちないよう、いつも椅子をもち歩いていた。グルジェフはサングラスをかけ、傷を隠すと同時にきつい日光をさえぎっていた。

彼はまた、燃焼と煙に対する説明のつかない欲求にとりつかれた。「彼は真剣そのものの口調で次から次へとタバコを求めた。どうしても必要だと言うのである[12]」。さらに、大きな木を切り倒して焚火を燃やせと命じた。「彼の要求に応じるためには、森の木を半分切りつくさなければならないほどだった[13]」。黙りこくり、黒いコートにくるまったグルジェフは、はじける木や立ちのぼる青い煙を何時間も見つめていた。彼は何を見ていたのだろうう？　エネルギーの状態の変化か？　遊牧民たちの輝くテントか？　それとも、何度でも灰の中からよみがえってくる意識に対する根強い希望か？……徐々に徐々に、グルジェフの視覚と健康、そして記憶がもどってきた。

弟子たちは、グルジェフのこの事故が引き起こした動揺からほとんど立ち直るまもない八月二六日の火曜日、彼の方針の変化を知って再び大きな打撃を受けた。

> 私は非常に具合が悪かった。しかしありがたいことに今はだいぶよくなった。……死んでも少しもおかしくなかったが、偶然生き延びたのだ。……私はここでの生活に終止符を打ち……学院を閉鎖することにした。私は死んだ。……私の内部は空っぽだった。……私は自分のために生きたいと思った。以前の生活を続けたいとは思わなかった。私の新しい信条は——すべてを自分のために、だった。今日から学院はなんの意味ももたなくなる。[14]

学院はなんの意味ももたなくなる！　そんなことがありうるだろうか？——ドクター・スジャーンヴァル、ド・ハルトマン夫妻、ザルツマン夫妻、彼らは、これほど長く仕えたあげく、魔法の輪からあっけなく追放されるのだろうか？　グルジェフに頼りっきりの哀れなロシア人たちは自分で生活の資をかせがねばならないのだろうか？　エセル・マーストンは忠誠を捧げる相手をどこかほかに探さねばならないのだろうか？　ジーン・トゥーマー、マーガレット・アンダーソン、キャロル・ロビンソン、ジェシー・ドワイト、スタンリー・ノットらアメリカからやってきたばかりの者たちは、希望を胸にこれから努力を始めようという矢先に帰国しなければならないのだろうか？　これですべては終わりなのだろうか？　今後グルジェフは教えを伝える気はないのだろうか？……言葉で表せないほど深い憂愁がプリウーレをおおいつくした。

もし弟子たちが「尼僧の秘儀参入」を思い出せたなら、グルジェフの教えはいまだに生きつづけていたであろう。しかし残念なことに――

動きやステップはひとつとして記録されていなかった。グルジェフがすべて記憶していたからである。そのため「尼僧の秘儀参入」を再現しようとしたとき……できないことに気づいてわれわれは困惑した。自分の動きは思い出せたが、全体のつながりが思い出せなかったのである。[15]

この舞踏教師は世界に客観芸術の作品を与えた。……しかし世界は、これをどこかにおき忘れてしまったのだ。ここから恐るべき推測が生まれる。グルジェフがいなくなり、彼の教え全体も同様に忘れ去られたら、どうなるのだろう？　あるいは（こちらのほうがもっと悪いが）、彼の思想を模倣する者たちが「シャヘルマッハー・ワークショップ小屋」を開設してそれを勝手に改悪し、「多くの不幸な純真なる人々の中から〈精神病院入院候補者〉を育てはじめ[16]」たら、いったいどうなるのだろう？　グルジェフも今や五八歳、死を思い出させるものに取り囲まれていた。肝臓病は遠からず彼の母の命を奪うことになるし、妻のユリアも重い病にかかっていた。彼自身も、恩寵により、間一髪のところで死をまぬがれたのであった。松の木の巨大な焚火を見つめるグルジェフは、そのゆらめく炎のパターンの中に、崩れ去った希望がゆっくりと新たな決意に変わっていくのを見ていたのであろう。

私が健康で強壮だったときに、人々に説き明かした有益なる真理を彼らの生活に実践的に導入することに成功しなかった以上、私はいかなる犠牲を払ってでも、最低限その理論だけでも死ぬまでになんとか彼らに伝えなくてはならない。[17]

いかなる犠牲を払ってでも——しかしどうやって？

一九二四年九月にグルジェフが彼の「寄生虫たち」に命じた退去は、しかしかなりいい加減なものだった。最初は彼の家族と彼を看護している者のほかはすべて出ていった。しかし数日もすると、ロシアからの古い弟子たちの大半が忍び足でもどってきた。続いて数人のイギリス人、ミス・マーストン、ミス・ゴードン、ミス・アレクサンダー、バーナード・メッツ、それから八人のアメリカ人——こうして、結局全体の約三分の一が退去命令を無視して帰ってきた。核となる弟子たちのうち、永久に去っていったのは二人だけだった。一人はニューヨークへ向かったオルギヴァンナ、もう一人はロンドンに行くと言ったマダム・ウスペンスキーだった。とはいえ二人とも予定どおりにはいかなかった。オルギヴァンナはシカゴに行き、一一月三〇日にそこでフランク・ロイド・ライトの心をつかみ、まったく新しい生活に入っていった。ソフィー・ウスペンスキーはグルジェフとの間をドーヴァー海峡でさえぎられるのを嫌い、アスニエールに落ちついた。

学院所有のシトロエンを売り払うという考えは、どこから見ても正当なものに思われた。ところがグルジェフは乗ると言い張った。しかしその一回目の試みは、機転のきくオルガ・ド・ハルトマンがこっそりアクセルのワイヤを切断しておいたので成功しなかった。だがまもなくグルジェフの気まぐれは完全に復活し、フランスとスイスをめぐる彼の奇想天外な自動車旅行が再開された。「とりつかれたように運転する」[18]彼の癖は相変わらずで、それもとりわけ山道の運転を好んだ。はるか眼下の村の墓地を見おろしていたアレクサンドル・ザルツマンは、こうした旅行の特典をこう書き残している——「グルジェフと旅をともにすることは通常の経験ではない」[19]ことは一人の例外もなく同意していた、と。

固唾をのんでグルジェフに同行している者の中に、アルフレッド・リチャード・オラージュの猫背の姿があった。一〇月に短期の予定で帰ってきていたのである。事故前のグルジェフはアメリカに大きな希望を抱き、一九二四年の冬にはまたニューヨークに行くつもりでいた。事故のあとではそれは無理な相談だった。それでオラージュの一時帰国ということになった。彼は新聞の切り抜きの束をかかえてプリウーレにもどり、しばらく滞在したのち、アメリカでワークを監督指導する事実上の権限を受け取って帰っていった。しかしなぜオラージュにこれほどの大役が任されたのだろう。彼はまだグルジェフのもとに来て二年足らずであったし、神聖舞踏をよく知っているという彼の口癖もまったく口先だけのものだった。また、議論の余地のない彼の強み――インテリとの関係、文学への造詣の深さ、すばらしいレトリックの能力、観念操作の巧みさ――にしても、それはワークの核心に迫るのに有利というよりは、その宣伝に役立つというほうが事実に近かった。

もしかしたらこの事実ゆえに、つまり（グルジェフの辛辣な言葉によれば）「なかなか容姿端麗で、もちろんおわかりのことと思うが、これはとりわけあなた方アメリカ人とさまざまなやりとりをするには非常に重要なことであった」[20]ので、オラージュはニューヨークに居心地よく落ちつき、多くの人に好かれたのかもしれない。忠実で見栄えがよく、雄弁な地方総督、おそらくこれがグルジェフが一時的に必要としたものであったのだろう。だからこそオラージュに与えた権限もそれほど明確なものではなかったのであろう。（かつてウスペンスキーに与えた権限は見事なまでに不明瞭だった。つまりウスペンスキーが無断で就いた教師役を追認したものにすぎなかった）。ひとつはっきり言えることは、オラージュの任命はずっと大きなジグソー・パズルの一部にすぎないということだ。

一九二四年の暮れには、ほとんど気まぐれともいえそうな十把ひとからげの権限委任が行われた。アンティーク絨毯、七宝焼、中国陶器などを扱うグルジェフのビジネスが、ある「秘密のパートナー」に委託され、それと同時に機転のきかないエセル・マーストンがプリウーレの監督に任命されたのである。あらゆる面でグルジェフは関係を断ち切っていった。傷ついたエネルギーをなるべくもらさないようにし、引きこもって前進の準備をしようとした。……しかし、どこに向かって？

「私の話を口述筆記してくれないかね。眠たいかな？」[21]——この単刀直入な言葉で、グルジェフは「人が近づけぬ場所」への最後の旅へ乗り出した。エネルギーの「大蓄積器」を起動させることには慣れていた彼ではあったが、それでも無事目的地に着けるかどうか危ぶまれた。五八歳になり、健康は衰え、物質的問題に振りまわされていた彼は、一大決心をする——「非常に多くの人から寺院舞踏の優秀な教師であると見なされているこの私が、今日から職業作家になったのです」[22]。今や彼の眼はヒマラヤの高峰のような客観芸術の作品に焦点を絞った。きたるべき世代に真の秘儀的知識を伝えようとしたのである。

この新進作家は、「コカイン常習者」「三人の兄弟」「無意識の殺人」「証券取引所の手相術」などの習作を書きまくった。思いどおりにはいかなかったが、それでも忍耐強く書きつづけた。そして一九二四年一二月一六日の火曜日、パリのペレール大通り四七番地のアパルトマンで書きはじめたものは、それまでのものとは一変していた。

世界が創造されてから二三三年後のことであった。といってもこれは客観的時間測定によるもので、ここ地球では、キリスト生誕後一九二一年ということになろう。宇宙を貫いて「空間横断」連絡船カルナックが飛んでいた。……その宇宙船には、ベルゼバブが親族や側近とともに乗っていた。[23]

かくしてグルジェフの傑作、『ベルゼバブの孫への話』が誕生した。彼はこの瞬間、「自分の思考の奔流におぼれそうになる恐怖[24]」を覚えたかもしれない。彼の筆からは、真理の探求者たちが長年かかって積み上げた知識と、彼自身の深遠なる洞察が未来に向かって流れ出ることになった。

注意をかき乱す七つの害悪──カフェ・ド・ラ・ペやフォンテーヌブローのカフェ・アンリ四世での馬鹿げたおしゃべりや、わざわざ自分で作り出したかのような路上での車の故障──にも禁欲的に耐えつつ、彼は書きつづけた。

こうした故障が起こるとみんなはひどくいらだったが、一人ミスター・グルジェフだけは別で……道端にゆったりと腰をおろし……時折ひとりごとを言い、鉛筆の先をなめながら、猛烈な勢いでノートに何か書きまくっていた[25]。

ブラック・コーヒーとカイザリア産のバストゥーマ、それにシャトー・ド・ラルサングル・アルマニャックを燃料にしたグルジェフのこの新たな仕事は、まもなく「〈熱狂を軽々しく扱わない〉とでもいうべき様相[26]」を帯びはじめた。宇宙旅行という物語構成は最初からうまくいった。それは彼の社会および歴史に対する批判に「地球外」の視点を提供してくれ、それにまた、この物語の鍵となる、星雲界という外なる宇宙と人間の心理という内なる宇宙の照応を、劇的に提示することを可能にしたのである。彼が名づけ親となった「ベルゼバブ」の描写は見事である。人間の本来の姿を示す独創的、英雄的なアーキタイプで、自分の内部に神のきらめきが宿っていることを感謝とともに認識し、意識的努力と意図的苦悩を通して、宇宙における人間のあるべき場に到達しようと努める者として描かれている。……ただしひとつ欠点があった。最初の草稿が翻訳され、意見を聞くためにオラージュに送られたが、一九二五年三月に送り返されてきたとき、まったく読解不能とのコメントがつけられていたのである。

『ベルゼバブ』は疑いもなく傑作である。しかしその野蛮なまでの統語法、錯綜した出来事、限りない脱線、同義語の執拗なまでの反復、凝った擬声語、解読不能に近い物語の層状構造、耳ざわりな助言――こうした点において、この作品に比肩するものを近代文学中に見出すことはできない。「新しい世界」を具体化する先駆的な作品として、明らかにグルジェフのこの最初の本は、彼以前のいかなる文学とも、そして彼が侮蔑的に呼んだ「お上品な文学用語[27]」とも完全なる断絶を示している。しかしそれにしても、なんという賭博師だろう！　彼の戦略といえば、出版というこれまで経験したことのない問題をあっさり飛び越し、無名の作家の手になる解読不能の作品が成功することを無邪気にも前提にしているのである。

もしかしたら、グルジェフが最初の草稿を母語であるアルメニア語で書いたということになんらかの意味があるのかもしれない。プリウーレの庭で執筆していると、「二羽の孔雀と猫と犬を連れて、忘れがたいあの老母がゆっくりとやってくる光景[28]」を目にした。彼女は死にかけていた。夫も孫の大半も虐殺され、長男は自動車事故で瀕死の重傷を負っていた。そして今、物質的欠乏にあえいだ長い人生も、異国の地で痛々しい終わりを迎えようとしていた。母親が日中はいつも変わらずユリア・オストロフスカ（彼女の癌の症状はさらに進行していた）と一緒にいるのを見ると、グルジェフの心は痛んだ。彼は「よい息子」だっただろうか？　彼は自らの「奇妙に設計された人生」の枠組みの中で、できるかぎりのことをしたが、それでも強烈な使命感がいつも邪魔をした。グルジェフの放浪時代は二五年続いた。一九一八年八月、彼は自分の使命に対する義務感から母をエッセントゥキに残して去っていった。そして彼女がようやくフランスにたどり着いたと思ったのも束の間、アメリカへ旅立っていった。孝行が足りなかったという感情は、妹のソフィー・イヴァノヴナや弟のドミトリ（妻のアストラ・グリゴリエヴナと一緒に最近やってきた）と分かち合うにはあまりに大きかったであろう。一九二五年のプリウーレの庭にいるグルジェフは恐ろしいまでに孤独で、苦い杯を飲み干さねばならないことを痛いほど意識していた。

グルジェフの母親、マダム・ギオルギアデスは一九二五年六月下旬に死去した。彼女は禁欲的な寡黙のうちに生き、そして死んでいったが、彼女をのせた霊柩車はフェルトの靴をはいた馬に静かに引かれる運命にはなかった。それどころかグルジェフはスタディ・ハウスで、夏の雷鳴がとどろく中、盛大な葬儀を営んだ。そして謎めいた、と同時にすばらしい墓石を彫らせた。

ここに眠るは
その死によって
『アヘン常習者』なる著書を
書くことを促された
ある男の母[29]

名もない家に生まれたこの貧しい老婦人の葬儀には、何人かの著名人が列席していた。中でも特に目を引いたのは、聖ミカエル聖ジョージ騎士団のメンバーであるエリック・グレアム・フォーブス・アダムであった。（アダムはコンスタンティノープルでの外交官の仕事に就くためにプリウーレを去ったが、一九二五年七月七日、任地で自殺し、人々を驚かせ、また不思議がらせた）

七月二九日以来、グルジェフはトマス・ド・ハルトマンとともに集中的に作曲にあたるようになった。彼は時間的にも活力的にも学院運営にたずさわることは無理だったので、その責任はますますロシア人の中核的な弟子たちとニューヨークから来た熱心な弟子たちの肩にかかるようになった。グルジェフのいわゆる「君たち、少なくとも今のところは無条件で尊敬を受けているドル持ちたちよ！[30]」を動かし、その援助を引き出すにあたって、オラージュは才覚と繊細さを具現した存在だった（彼はしばしば千ドルの小切手をプリウーレに送ってきた）が、こうした彼の忠誠心あふれる風景の向こうに、女性の手ほどの小さな影が姿を現していた。その手の持ち主は、サンワイズ・ターン書店の共同経営者であったジェシー・リチャーズ・ドワイトで、なかなかの家柄の出身であった。「背が高く、金髪で、年齢は（オラージュの）半分にも満たない、意志の強い人間で、コネティカットで代々牧師と学者を出している家系の出であったが、その彼女がオラージュに一目惚れしてしまったのだ[31]」

もと編集長であったこの男は、それまでずっと女性からの好意を受けることになれていた（「彼の前に出ると女性は、『キャンディダ』*の中でマーチバンクス言うところの〈気取った不平〉をこぼしたくなるようだ[32]」）が、今回は彼の方がのぼせあがった。グルジェフは事の初めからこの情熱的な関係に眉をひそめ、当初の目的からはずれる脱線行為であると見ていた。オラージュはグルジェフのいう「超白痴（スーパー・イディオット）」であったが、ジェシーは正反対――「その分際にまったくそぐわないほど過度に甘やかされた若いアメリカ人[33]」――で、「のたうちまわる白痴（スクァーミング・イディオット）」のカテゴリーに入った。

フリッツ・ピーターズ（グルジェフは若い彼を一種の召使いにしていた）は、オラージュとジェシーがその夏にプリウーレを訪れたときに起こった、のちのち有名になる騒動を目にした。

グルジェフはベッドの脇に立っていたが、私には抑えようのない怒りにとらわれているように見えた。彼

訳注*――アイルランド出身の劇作家、バーナード・ショー作の喜劇。

はオラージュを叱っていたのだが、オラージュは窓を背にし、青ざめてはいるが落ちついた様子で立っていた。私は二人の間を通ってテーブルに盆をおいた。そうしながらも、私はグルジェフの怒りの声に皮をはがれるような思いであった。……オラージュは背が高かったが、窓にもたれかかって背中を丸め、打ちのめされているように見えた。グルジェフは背の高い人間ではなかったが、そのときは巨大に見えた――まるで怒りの権化のようだった。……突然声が止まり、ほんの一瞬の間に彼の人格は一変してしまった。私ににっこりほほえみかけ、信じられないほど穏やかで平静に見えた。私に出ていくよう合図すると、またその前と同じように激烈に非難しはじめた。これは一瞬の出来事だったので、オラージュ氏がこのリズムの変化に気づいたとは思えない。[34]

おそらくこの騒動は、金の問題か、あるいはよくある著者と編集者の間に見られる意見の相違に由来するものだろう。ことによると、グルジェフが仕掛けた花火の導火線に火をつけたのはジェシーかもしれない。彼女は事あるごとにグルジェフに曖昧な態度を見せつけていたが、それは尊大さと紙一重であった。

この三角関係に対するオラージュの分析は、鋭くはあるが自己弁護的だった。彼はこう結論づけた――グルジェフは「私のことを……課題を遂行するために他の惑星から彼とともに地球に送りこまれた者と見ていたようだ。しかし私は地球上の人間と恋に落ち、それが彼の目的の邪魔になったのだ[35]」。一〇月三日、オラージュはジェシーとニューヨークに向けて出航したが、その心中では「課題」と「地球上の人間」とが彼のエネルギーを獲得せんと競い合っていた。

一九二六年初頭、突如グルジェフに思いがけない話が舞いこんだ。ニューメキシコのタオスにある小さな芸術家の共同体と関係がもてるかもしれず、さらには、そこでの居心地よい生活の可能性さえもほのめかす話だった。タオスの精神的支柱であり、D・H・ロレンスとも親交のあったメイベル・ドッジ・ルーハンはこの二年間、ワークに対するディレッタント的な関心を温めてきていた。彼女の達した結論はといえば、自分の強い精神的および性的欲求は、グルジェフがタオスに、精力的でハンサムなジーン・トゥーマーを長とする学院の正式な支部を設立して初めて満たすことができる、というものであった。彼女はグルジェフ本人宛に手紙を書き、返事を待った。

プリウーレへの郵便物はすべて、経験的な原則にのっとって厳格に検査されていた。金の入っていない手紙は、グルジェフの指示に従って「家の中にその〈アストラル的なにおい〉も残らぬほどに焼却[36]」された。適切と考えられるものはグレード別に分けられた。ゼロがひとつついた小切手ないしは現金が入っているものは、手紙は燃やして金は子供たちに渡し、お菓子かおもちゃを買わせる。ゼロが二つついていればオルガ・ド・ハルトマンがこれを寄付と見なして食費に回す。もし三つ以上ついていれば、グルジェフにその手紙の件を報告する。事故以来受け取った何百、いや何千という手紙の中で、グルジェフが読んだのは一四通、実際に返事を書いたのは六通で、その中の一通がメイベル・ルーハンへのものだった。この女性は一万五千ドルと、彼女の農場を提供してきたのである。

ジーン・トゥーマーからグルジェフに送られてきた補足的な手紙は注意を促していた。ルーハンはたしかにある種の力をそなえてはいるが、彼女の心はすでに四人の夫によって温められてきた。トゥーマーは諌めるように書いている――「私は彼女が、あなたの方法に従いたいという今抱いている考えに忠実であることを願いますが、しかしやはり、彼女がこれから先もその意を曲げないだろうと確信することはできません[37]」。そう言うトゥーマーその人でさえ、グルジェフはなかなか思い出せなかったのだ。そんな人間に彼の思想や行法を教える許可を与えるなど論外だった。(両者のそれまでの関係はきわめてかぎられていた。一九二四年の夏、トゥーマーはグルジェフが回復期にあったとき四カ月プリウーレに滞在したが、グルジェフはとても接触できるような状態ではなかった。というわけで、一九二六年二月一日、グルジェフはメイベルに感謝と謝罪の言葉の詰まった手紙を書き送った――ただし、タオスは自分の計画にはまったくそぐわないことと、この話が彼個人の「神々の黄昏」の時期に演じられたくだらない一幕劇であることなどは書き加えなかった。

当時グルジェフの心を占めていた最大の関心事は妻の病気であった。ユリア・オストロフスカの以前はしなやかだった身体は、今や腰が曲がり、硬直してしまっていた。かつては最高位の尼僧を踊っていた彼女も、今では杖に寄りかかってテラスをよろよろと歩いていた。グルジェフはその光景を見るに忍びなかった。「その光景を見るたびに私の中には反抗したい気持ちが湧き起こり、障害物の前でひるんでいる馬のように、心臓がどきどきしてくるのだった」[38]。彼は自分にのしかかってくる道徳的責任を耐えがたく感じた。事故でエネルギーをこれほど失っていなかったならば、（心から信じていたように）彼女に「エネルギーを与え」、治療することもできたであろうに。それどころか逆に、「彼が負傷している間、彼女は自分のことも顧みずつきっきりで看病したために、この恐るべき病気は急激に進行してしまった」[39]のである。

グルジェフはその頃になって、いやいやながらも通常のX線療法を施すことを許可したが、それはただユリアの癌を転移させただけで、最後の希望をも打ち砕いてしまった。結末は今や耐えがたいまでに明らかになったが、それでもグルジェフは最後まであきらめようとしなかった。

一九二六年二月初旬、マダム・オストロフスカの命はあと二週間と宣告された。しかしグルジェフは、人間の通常の経験では計りがたいほど壮絶な決意で彼女の看護にあたった。その動機も（フリッツ・ピータースに打ち明けたところによれば）、同情とか苦痛の緩和とかいった考えうるものをはるかに超えていた。

> もし彼女が一人だったら、もうずっと前に死んでいた。私、彼女を生かした、私の力を使って生き延びさせた。とてもむずかしいこと。でもとても大事なこと――彼女の人生で一番大事なこのときに。彼女はたくさんの生を生きてきた、とても古い魂。今別の世界に昇っていく可能性もっている。でも病気になってむずかしくなった。彼女一人でそれをやるの不可能になった。もしあと何カ月か生きることできれば、この生にもどってきてまた生きなくてもいい。[40]

幸か不幸かユリアは二週間では死ななかった。二カ月たっても生きていた。しかし春になる頃には耐えがたい痛みが襲うようになり、病床についた。

学院をつつむ思慮深さと良識は、ここしばらくの間この不思議な病室に集中しているように思われた。そのカーテンの向こうでは、サルムング修道院の価値観が奇矯な形で翻訳されていた。グルジェフは弟子全員に自転車を買い与え、そこら中を乗りまわせと命じた。「彼の抱いていた理由がいかなるものであれ……結果は実に華々しいものになった。何日間も、いや多くの者は何週間も、敷地中を乗りまわしてベルを鳴らし、ぶつかり合っては、大声をあげたり笑ったりしていた」

日を浴びたテラスのテーブルでは、最近グルジェフが雇ったドイツ人のタイピストが、『ベルゼバブ』をタイプしては「勝ち誇ったように虚空を見つめていた」[41]。その原稿が一行進むにつれて、マダム・オストロフスカに残された時間も短くなっていくのであった。

夏が来ても病状は快方に向かわなかった。プリウーレの台所では、彼女の食事はすべてグルジェフの慎重な指示のもとで調理された。どうしようもなく喉が詰まるときは、まず彼の手の中で五分間温めた水をコップ一杯飲ませると、食事が喉を通るようになった。苦痛がひどくなった最後の期間には、特別に選んだ肉から手でしぼった血まで飲ませた。……何日も、何週間も、グルジェフとユリアは二人きりで過ごした。この最後の期間に二人の間でどのようなやりとりがあったのかは知る由もないが、この謎は（少なくともグルジェフに関する文献の中では）、「伯爵夫人」オストロフスカなる者の正体から始まって、彼女の死のてんまつにいたる一連の謎の中に吸収されてしまった。しかし少なくとも、彼がもっていたある種の名状しがたい精妙なエネルギー、その存在や性質、それが伝達可能であったこと、そしてその影響などについては疑う余地はないだろう。そしてこの点にこれ以上深入りすることは、礼をわきまえぬでしゃばった行為になろう……

トマス・ド・ハルトマンは時々リッツ回廊の美しい部屋に、この病に伏せっている女性を訪ね、古いアップライト・ピアノで彼女の夫の作品だけでなく、同国人のショパンの曲も演奏してやった。時がたつにつれて希望は消えていき、ついにユリアはポーランド人の司祭を呼ぶよう頼んだ。司祭が入ってきたときの彼女の喜びようは大変なものだった。それからまもなくして昏睡状態に陥り、長かった試練は終幕を迎えた。グルジェフの妻、マダム・オストロフスカは、一九二六年六月二六日土曜日の朝三時半、ちょうど小鳥たちがさえずりはじめる頃、プリウーレで死亡した。享年三七であった。

「すぐにドクター・シャーンヴァ〔ママ〕ルを呼びに行け。マダム・オストロフスカが死んだ。伝えたほうがいい」[42]。こうフリッツ・ピータースに告げたグルジェフはいつもの彼ではなく、「無表情で青ざめ、疲れ果てていた」。ユリアが亡くなったとき、そばにいたのは彼一人だった。自室にもどったものの（そこは老犬フィロスが守っていた）、ひとことも発せず、何も口にしようとしなかった。グルジェフがその日をどうもちこたえたのか、推測はむずかしい。しかし彼が死というものを、すべてを一挙に断ち切る出来事ではなく、長い時間をかけて徐々に進んでいく分離のプロセスだと見ていたことを考えあわせると、ユリアに対する彼の努力が彼女の死とともに終わるはずもなかった。彼が閉じこもっている間、オルガ・ド・ハルトマンが必要な手続きを進めた。アヴォンの市長でクーランジュの男爵、クリスチャン・ダレイラックに報告し、ユリアの遺体をスタディ・ハウスの即席の棺台に移し、そして至急パリのロシア正教の大主教に連絡をとった。

一般的にいって、こうした肉親に先立たれる悲しみにはしばしば、どたばた喜劇的要素が偶然割りこんでくるものである。しかしここではそんな偶然は起こらないだろう、と読者は思われるかもしれない。グルジェフの「まさに死の問題こそは、すでに確立している個々の生活を超越する普遍的問題なのだ[43]」という考えは、慣習的なものとは明らかに一線を画していた。明け方、ついに彼は徹夜を続けた部屋から姿を現し、いきなり弟のドミトリに男性用のトルコ風呂のボイラーに火を入れるように言った。若いピータースが少し遅れて急いで入っていくと、驚いたことにみんなまだ下着をつけたままそこに立っていた。グルジェフはすぐに脱ぐよう命じた。その場にいた大主教は憤慨してしまった。

私がそこに着いてからも口論は一五分ばかり続いた。グルジェフはそれを大いに楽しんでいるようだった。……しかし大主教は頑としてこれを聞き入れず、それで誰かが……ムスリムがつける腰布を取りにいかされた……[44]

こうして宗教論争は落着したが、しかしそんなものは無駄であったことがすぐに判明した。トルコ風呂に入ると、グルジェフは徐々に腰布を取りはじめ、大主教を除く全員がこれに続いた。今や風呂の中は笑いといかめしさが奇妙に同居する場となった。卑猥な冗談が飛び交うかと思えば、儀式による浄化に関するしかつめらしい議論が交わされた。こうしたことが、なんとマダム・オストロフスカの葬儀の直前に行われたのである。この逆説的な雰囲気は夜がふけても続いた。サロンでなんとも時宜を得ない大晩餐会が開かれると、「大主教は陽気で行儀のいい大酒飲みであることがわかったのである」[45]。

翌朝、アヴォンの墓地に向かう葬送の列の先頭に立つグルジエフは厳粛そのものだった。「悲しげな様子は微塵も見せず、涙もなく、ただ、いかにも動くのが大儀といったような、いつにない重さが彼をつつんでいた」[46]。彼は珍しく帽子をかぶらず、見る者に強い印象を与える見事にそりあげた頭を見せていた。（それは「耳からはるか高くそびえ、前頭部と後頭部のちょうど真ん中でいちばん高くなっていた」[47]。ピョートル・ウスペンスキーは昔のよしみで参列していたが、かつての師との間にはほとんど言葉は交わされなかった。グルジエフは続けざまに二人のもっとも近しい者を失った。呆然として見えるのも無理からぬことだった。「彼は黙りこくって内部に閉じこもり……まるでその身体だけが参列者と一緒に歩いているといった感じだった」[48]

二人に先立たれたことでグルジエフの執筆への意欲はさらに高まりはしたが、プリウーレでの彼の生活には無数の雑事が入りこみ、時間とエネルギーを容赦なく奪い取っていった。……エリアが亡くなった今、マダム・スジャーンヴァルは積年の恨みを一挙に吐き出した。グルジエフとはいっさい話そうとせず、聞いてくれる者には誰でも「グルジエフがいかに信用がおけないか、いや、いかに邪悪な人間であるかをやっきになって証明しようとした」[49]。いわく、彼はロシア革命をめちゃくちゃに「煽りたてた」。夫のレオニードを彼女から奪った。バトゥーミへの山道で彼女をひどい駄馬に乗らせた。彼女の一番上等のイヤリングをコンスタンティノープルで質に入れたまま返さなかった。さらにいわく、なんといっても一番残酷だったのは、彼の妻の苦しみをなんの理由もなく引き延ばしたことだ、等々。

グルジエフはドクター・スジャーンヴァルのためにも事態の改善を図らねばと思った。フリッツ・ピータースを呼ぶと、彼女の突飛な行為を遺憾に思うと言ったが、それでもエリザベータ・スジャーンヴァルの好意をもう一度勝ち取るつもりだと明言した。

それから彼は私に、もう誰かが半分がた食べたような、すでに封の切ってある箱に入ったチョコレート・バーを渡し、彼女にもっていくように言った。そして彼女に、彼がどう感じているか、いかに彼女の友情をありがたく思っているか、そしてこのチョコレートは彼女への敬意の印だと伝えるよう命じた。[50]

マダム・スジャーンヴァルが毒のある侮蔑的な態度をとるのは目に見えていたが、長い間彼女の手を離れていたイヤリングが銀紙につつまれ箱に入っているのを見つけたとき、その態度はがらりと変わってしまった。あっけにとられるフリッツ・ピータースの目の前で、

彼女はわっと泣きだし、私を抱きしめると、ほとんど狂乱状態に陥った。……化粧を直し、そのイヤリングをつけると、これこそ彼がいかにすばらしい人間であるかの確たる証拠だと言い、彼はきっと約束を守るとずっと信じていたと言うのであった。

実際このためにグルジェフはひどく骨を折った。五年もの間このイヤリングの行方を探しまわり（あるトルコ人の高利貸しがもっていた）、とてつもない金を払って買いもどしたのであった。

マダム・スジャーンヴァルの怒りがおさまり、平和がもどってきたのも束の間、こんどは招かれざる客の訪問で一騒動もちあがった。「獣の王」「大いなる獣」「邪悪の王者」と呼ばれたアレスター・クロウリーである。債権者の手を逃れ、また新しい債権者を見つけようと、パリとチュニスの間を行ったり来たりしていた彼は、フォンテーヌブローのホテル、オー・カドラン・ブルーからプリウーレにやってきた。どうやって彼が入場を許され

たかは謎である。以前彼に会ったことがあるグルジェフィアン（オラージュ、ピンダー、スタンリー・ノット）なら決して許可はしなかったであろう。ノットはそのときの不快な気持ちをこう述べている。

驚いたことに彼はそこに現れ……しかもサロンでお茶まで出されていた。子供たちがそこで遊んでいたが、彼はある男の子に声をかけ、自分の息子を悪魔にしようと指導していると言った。グルジェフは立ち上がってその子に何か言うと、もうその子はクロウリーには気を留めなかった。[51]

『易経』の神託では、「大いなる獣」に「忍耐強く、ねばり強く、謙虚で、慎み深く、友好的で、慈愛深く、繊細、そして感謝の気持ちに満ちている」[52]よう助言しているが、むろんそう簡単なことではない。魚のような眼、両性具有者のようなぶよぶよした顔、常軌を逸した服装、奇怪な指輪、そして「甘い、かすかに吐き気を催すような体臭」[53]――クロウリーはたしかに害悪をまきちらす客であった。ただちに彼は客という称号を剝奪され、グルジェフの一喝とともに追い出される――「お前の内部は汚れている！　二度と私の家に足を踏み入れるな」[54]

グルジェフは再び執筆の力を取り戻し、オラージュとジェイン・ヒープがその編集に惜しみない助力をしたにもかかわらず、『ベルゼバブ』の運命は一九二六年の秋が過ぎ、冬になっても明らかにならなかった。グルジェフは時に完成間近と感じて、新たに購入したフィアットを全速力で駆ってディジョンに行き、印刷の準備をすべきだと思うこともあった。かと思えば、まだ書きはじめたばかりだという思いにとらわれることもあった。彼の気まぐれな分析によれば、ひとつはっきりしているのは、学院経営は非常に金がかかるということであった。この資金調達といういやな仕事は、主としてオラージュと彼のニューヨークのグループに任された。「グルジェフは金に関しては実に突拍子もなかった。……私はいつも、一回でいいから彼に百万ドル渡して、一カ月かそこらですっからかんになるまで使いきるかどうか見ることができればと願っていたが、それができないのが残念だった」[55]。グルジェフの資金の出所がどこであれ、また彼の財布への要求がどこからのものであれ、彼個人は決して浪費家ではなかった。一九二七年四月一六日、（自転車購入の費用にも満たない金がなかったために）彼はペレール大通り四七番地のアパルトマンを手放さざるをえなくなった。その二週間後の五月一日、グルジェフはトマス・ド・ハルトマンと最後の作曲をした。

一九二七年の夏は、いつも気前のいいアメリカの弟子やのぞき趣味の者たちが大挙してやってきて彼を悩ませた。ジーン・トゥーマーは『ベルゼバブ』の出版に熱意を燃やしていた。ゴーラム・マンソンとエリザベス・デルザ、カール・ジグロッサー、メルヴィル・ケイン、スカイラー・ジャクソン、エドウィン・ウルフ、見事にからみ合ったレズビアン四人組――マーガレット・アンダーソン、ジョルジェット・ルブラン、ジェイン・ヒープ、ソリータ・ソラーノ、それにペイソン・ルーミスとリンカン・カースティン（彼は神学生の服を好んで着たので、グルジェフは皮肉たっぷりに「ちび神父」とあだ名をつけた）、そして二度目の妻アルマを連れたウォルドー・フランク……ほかにも十数人はいただろうか。グルジェフの逆説はここでも辛辣だった――「あいつらは風呂に入りすぎる。アメリカ人はみな不潔だ」。

グルジェフはその「演技」で、自分の計画に不必要な人間はすべて排除する意図を明らかにした。特に追い出したかったのは、どうやらウォルドー・フランクだったようだ。（彼は書斎派神秘家の著名な詩人で、アンドレ・ジッド、ジュール・ロマン、オルテガ・イ・ガゼット、ウナムーノらとも親交があった）。ソリータ・ソラーノはここに来る前にジェイン・ヒープから突拍子もない希望を吹きこまれていたので（「あそこには何十人じゃなくって何万人もいるのよ」）、失望は防ぎようがなかった。「その数を聞いて心が躍った。私は半神のような、聖者の姿をした超人に会えるのを期待していた。眼が異様に大きくて鋭い以外、これといって特別なところがない〈風変わりな〉色の浅黒い男に会いたかったのではない[56]」

プリウーレに来ていたこうしたのぞき屋たちの中で、グルジェフに「疑わしきは罰せず」的な態度をとる者がいたら、彼はそういった者をモンマルトルのレストランに呼んでこっぴどくやっつけた。彼のお気に入りのこのレストラン、（「マダム・ザリガニ」と呼んでいた）レクリヴィスは多くの秘教見物客たちの帰国の港となった。ソリータ・ソラーノは回想している――「彼は私を隣に座らせ、二時間も下手な英語で何かつぶやいていた。私は彼の言葉も着ているスーツもテーブル・マナーも全部嫌になってきた。彼が嫌いであることがはっきりしてきたのだ[57]」。グルジェフからいつもチョコレートやペパーミント菓子をもらって愛想がいいレクリヴィスのウェイターたちは、予期せぬ場面や愁嘆場にもなれっこになっていた。ウォルドー・フランクは拳を振り上げてどなった――「地獄へ行け、この悪魔！　二度と俺の前に姿を現すな[58]」。グルジェフはいっこう頓着せず、ウェイターに聞いた――「この怒ってる男、何言ってる？　私、わからない[59]」。

その秋はグルジェフの目には落ちついた色をたたえていた、というのはいささか正確さを欠いている。オラージュとの関係にもジェシー・ドワイトの姿が徐々に大きな影を落としつつあった。（二人は九月二四日にニューヨークで結婚していた）。その影はグルジェフの創作力にも影響を与えた。あの力強い、人をとりこにするような音楽はもう作れなくなっていた。実のところ、彼は死ぬほど疲れ、体調も崩していたのだ。

かつては友人たちに「鋼のような」といわれてきたわが肉体の機能も徐々に衰え、たえまない酷使のために、今では比較的まともに機能するものすらないという有様だ[60]。

まもなく自分も、アヴォンの墓地の母と妻のそばに横たわることになると感じていた。それがいつになるかは

「自己意志をもつ大天使ガブリエル」次第ではあったが、いずれにせよ「私に残された時間は一年か二年、長くて三年であろう[61]」。死を恐れていたわけではないが、自分のワークが未完のまま終わってしまうと考えるとぞっとした。グルジェフは解決策を探りはじめた。

危機は一〇月半ばにやってきた。三年もの間、昼夜を分かたず『ベルゼバブ』の執筆に打ちこみ、けたはずれの第一草稿を仕上げ、一九二八年の出版を考えていた。――と、突如、これがもっともふさわしい言語で書かれていないことに気づいたのである。この問題は前から意識してはいた（「意識的な人間に向かって書くのはたやすいが、馬鹿者どもに書くのは本当にむずかしい[62]」）……が、解決策は見つからないままだった。あまりに俗に流れる言葉とあまりに不可解な言葉の間に延びる微妙きわまりない道を、この新米物書きは慎重にたどっていった。難解で重要な概念をむきだしで提示してしまったあとで、何度あわててつつみ直したことだろう。長期にわたって彼の編集者を務めたオラージュとジェイン・ヒープが、彼に、骨は深いところに埋めるつもりかと聞くと、「犬そのものを深いところに埋めなさい[63]」という答が返ってきた。この著書の目的は多岐にわたっていた。啓示の本であると同時にミステリー小説、田園的な素朴さに満ちていると同時にヘーゲル的難解さをそなえ、労働者の集会で朗読できるくらい平明であると同時に、ほとんど極限に近い注意力と思考力を要求するほどに深遠であること――要するに、グルジェフは不可能を可能にしようとしていたのだ。今や明らかになったことは――さらに何年かかるかは神のみぞ知るだが――いかに犠牲が大きかろうとも、すべてを一から書き直さねばならないということであった。この陰鬱な事実が明らかになったとき、「私の前に燦然と光を放ちつつ立ち現れたのは、まさに私の健康という問題であった[64]」。

進退きわまったという感覚がグルジェフを襲ったのは、一九二七年一一月六日のことであった。モンマルトルのあるオールナイト・カフェに座っていた彼は、「〈陰鬱な〉考えに疲れ果て[65]」、絶望的になっていた。しかし彼が捕われていたこの罠は本物の罠だったのか、それとも「イェジディーの輪」にすぎなかったのか？　いつものように彼はこの窮状を考察し、打開策を講じようとしたが、この努力は――生涯たった一度だけ――彼を自殺という考えに導いた。「もしこの打開策を見つけることができなかった場合には、今年の最後の日の夜、時間を計りながら私のこれまでの書き物すべてを破棄しはじめ、ちょうど真夜中に最後のページを破り捨て、それと同時に私自身の生存を破壊しようと決意したのだ[66]」。この恐るべき考えを胸に抱いていた間にも、これに対抗する声が彼の内で高らかに鳴り響いた――「私は存在したい。……いや、私はまだまだ生きつづける！　それ以上に、私の存在は、私個人のエゴイズムにとってのみならず、全人類に共通する幸福にとっても必要なのである。……私はまだ存在しつづけたい。……私はいまだに存在している！[67]」。グルジェフの生命力は驚嘆すべきものであった。（自殺まで考えたあの陰鬱なまさにその夜に、オラージュに狭心症の養生法を懇切に書き送っているというのは、なんとも印象的である）

八方塞がりの著者が最初の突破口を見つけたのは一二月も末になってからであった。ある田舎のカフェでアルマニャックを飲んだあと、彼はとりあえず三つの目標を設定することに成功した。すべてを新たなやり方で書き直すこと、人間の精神についてのいっそう深い理解をこの著作に盛りこむこと、そして健康を回復すること、以上の三つである。クリスマスの頃、彼は自分の執筆能力と意識的苦悩との間に因果関係があることを突き止め、元気づけられた。すなわち、奇妙なことではあるが、母と妻の苦しみに感情移入している間が、質的にも量的にももっとも生産的だったのである。ということは、もし彼がこうした苦悩を自分で生み出し、保持できるならば、「労働能力」を目標に見合うレベルにまで高めることができるということだ。

こうして、運命の一九二七年の大晦日の日までには、自殺という考えは遠のいていた。以前と同じ苦しみが、しかし形を変えることによって、祝福された挑戦すべき課題となったのである――いかに書き直すか？　そしていかにして必要な苦悩を生み出すか？　という形で。この双子の問題を解決するにあたって、ゲオルギー・イヴァノヴィッチはカレンダーから二重の意味で象徴的な日を選び出した。彼自身の「聖名祝日」であり、ユリア・オストロフスカの誕生日、すなわち「古い暦でいうところの四月二三日、つまり……勝利者聖ゲオルギウス（ジョージ）の日で、その日は……学院が設立されてこの方ずっと、〈戴冠記念日〉ともいうべき日であった[68]」。彼は以前よりも執筆時間を減らし、さまざまな思いにふけった。アジアから助言も求め、そしてその日が来るのを待った。

不吉な前兆のまつわる新年が明けたかと思うまもなく、オラージュの忠誠心が二つに分裂したことが明らかになった。一九二八年一月中旬、この新婚夫婦はプリウーレに姿を現し、大西洋のスコールをもってきた。もしミス・ドワイトが、オラージュがグルジェフに払う敬意にいらいらしていたとすれば、今やオラージュ夫人となった彼女は、夫のグルジェフへの従属を耐えがたく感じていた。ありとあらゆる女性的な手段を使って、彼女は反対の意を表明し、夫は自分の所有物であることを主張した。夫妻のプリウーレ滞在は短く、時に気まずいものであった。事実、二月になって彼らがニューヨークに向かって発つ際、黒魔術師グルジェフの顕現という、やや出所は疑わしいにせよ、きわめて稀な出来事が起こったのである。彼はバシリスク*のような眼光でジェシーを釘づけにした。彼女は動くことも、呼吸さえもできなかった。気を失うかとも思われた。すると、はるか遠くからグルジェフの声が聞こえてくるような気がした。「もしお前が私の〈超白痴（スーパー・イディオット）〉を引き留めて私のもとに帰さないなら、お前は煮えたぎる油の中に放りこまれるだろう[69]」……もしかしたら、超伝記的な地獄の中には、若いジェシーがバターを塗られてゆっくりあぶられるイメージを許容する場所があるのかもしれない。いずれにせよ、

訳注＊――――アフリカの砂漠に棲み、その息や眼光で人を殺したといわれる、ギリシア神話の伝説的動物。

アルフレッド・リチャード・オラージュは二度とプリウーレに帰ることはなかった。

聖ゲオルギウスの日の前日までには、グルジェフは『ベルゼバブ』の問題を半分がた解決していた。「古くからの友人の一人の見識ある助言」[70]が記された不思議な手紙にも助けられ、いかなる語彙を使い、どう改めたらよいかについて、彼はこれまでになく明瞭な認識に達していた。これだけでも彼は大喜びだった。グルジェフが執筆上の危機に陥っていたとき、口述筆記の役を務めていたオルガ・ド・ハルトマンほど彼に同情し、その力の減退に敏感だった者はいなかった。グルジェフに呼ばれ、期待に胸をふくらませて駆けつけた彼女を待っていたのは、思いもよらぬアンチクライマックスだった。何カ月も沈黙を守っていたグルジェフがオルガに打ち明けたのは、なんとフランスでは英国産の燻製ニシンが手に入らないので困っているというぐちだった。自分の聖名祝日の夕食にはぜひこれが食べたいというのだ。

オルガはキツネにつままれたようで言葉もなかった。しかしすぐに気を取り直すとロンドンに電話をし、最上の燻製ニシンの大箱をひとつ注文し、大至急パリ経由でプリウーレに送るよう手配した。こうした彼女の無邪気な熱意は、彼を支える無数の行為の典型的な一例で、グルジェフの求める意図的苦悩とはまったく一致しないものであった。これを目にした彼は、きらめく洞察の炎で、見失っていた鍵を見つけたのである。

> 私は再び自室に閉じこもり、適切な内的状態を生み出してから、この件に関しては初めての厳かな誓いを立てたのである。……すなわち将来、私の世話をあれこれ焼くことで私の生活をあまりに快適なものにしている者たちを、いろいろとそれらしい口実をでっちあげて、全員私の視野から追い払うことにしたのだ。[71]

つまりこういうことだった。彼は自分の著作のために、自分の弟子の中の精華ともいうべき者たちを追放しなければならなかったのだ。彼の円卓は消滅した。……聖ゲオルギウスの日の晩餐の席で、ラフミリエヴィッチは燻製ニシンの上に予言的なウォトカのグラスを差し上げ、グルジェフを見ながら感情にうわずった声で言った――「神があなたに高邁なる孤独に耐える力と男らしさを授けられんことを」[72]。これこそまさにグルジェフが必要としているものであった。

11 飛び散るドングリ

［1928.4.24〜1931 summer］

金に対する欲求よりもはるかに中毒しやすく腐敗しているのは、弟子を求める欲求だろう。精神的な能力に恵まれた人間ほどたやすく魂の守銭奴になるものだ。このような人間は人を自由にしながら、同時に拘束する。この点に関しては、グルジェフは告発の対象からはずれるだろう。彼が聖ゲオルギウスの日に立てた誓いの中には、一作家の自由を求めるやむにやまれぬ欲求以上のものがあった。そこには、犠牲の精神と懐の深さが見られる。彼は弟子たちに、自由に学院を離れて自らの運命を切り開け、それが自分におよぼす影響を人生の逆まく波のまっただなかで受け止め、考察してみよ、と説きつづけたのである。

すでに一九二八年の春までには、グルジェフをとりまいていた者たちの圧倒的多数がいなくなっていた。グルジェフの前史に登場した愛敬たっぷりの二人組、レフ・レヴォヴィッチとポール・デュークスは完全に視野から消えていた。モスクワ時代初期の熱心な弟子たちは今では副業にたずさわっていた――ウラディーミル・ポールは音楽の「残兵」としてパリで活動しており、従兄弟のメルクーロフはモスクワ彫刻界期待の星だった。（レーニン政権から資格認定証をうまく手に入れた彼は、御影石の巨大な彫像「指導者の死」を制作中であった[1]）。「ペトログラード六人組」の中では、アントニー・チャルコフスキーとニコライ・Rがあの「ロシアの激動期」に姿を消し、アンナ・ブトコフスキーは平凡な家庭に落ちついていた。ピョートル・ウスペンスキーはロンドンでグループを組織し、アンドレイ・ザハロフはノヴォロシースクの無名墓地に横たわっていた。一人レオニード・スジャーンヴァルだけが歴史の検証に耐えていた。トランスコーカサスの山々をよじ登った者たち——ペトロフ、ズーコフ、シャンダロフスキー——は北に向かい、そのまま忘却の彼方に消えていった。フランク・ピンダーは一九二四年にプリウーレから急に飛び出していき、美貌のオルギヴァンナは西に向かい、ミス・マーストンはインドのアシュラムへと去っていった。そしてJ・G・ベネット大佐はアテネの牢獄にぶちこまれていた。★15

一九二八年の社会的、政治的状況はミルク・スープのように穏やかだった。革命も大変動も起こる気配はなかった。そこでグルジェフは、歴史上の「激しく、活気に満ちた事件」の助けを借りずにさらに弟子を追放するために、「もっともらしい」理由をでっちあげなくてはならなかった。彼の巨視的な戦略からすれば、かなり多様な方法が可能だった——おだてたり侮辱したり、バラを贈ったりトゲで刺したり、等々。彼がいかにしてマーガレット・アンダーソンとジョルジェット・ルブランを追い出したのか、記録は何も残っていない。しかし彼が誓いを立てたあの日から一カ月以内に、彼女たちは恒例となっていた学院訪問をやめてしまった。グルジェフの目にはこの二人は必ずしもいい弟子ではなかった。それは二人がレズビアンだからではなく、二人とも「啓蒙さ(エンライトゥン)れた白痴(ド・イディオット)」だったからである。つまり気質的に、自分はすでに理解していると頭から信じこんでいたために、それが真の理解を妨げていたのだ。こうした肥大した自我がプリウーレの風土になじむことはおよそ不可能であった。歌も踊りもできる女優であったジョルジェット・ルブランは、その最盛期にはほとんど憎々しいまでに完璧であった。ジャン・コクトーは彼特有の遠まわしな言い方で彼女をこう評している——「叙情的な聖者のモデル——頭も手もなく、魂の力だけを原動力として群衆の間を動きまわるあの奇妙で偉大な人間たちの一人、彼女はサモトラケのニケのごとく不変である[2]」。

マーガレット・アンダーソンの方はどうだろう。彼女の人生は、高次の意識を求める苦闘というよりは、熱狂的な刺激を通して「技巧をこらした古風な高揚状態[3]」を生み出すことに捧げられたものだった。彼女があれほど熱狂的にグルジェフ的な変容を求めたことは、彼女の話を少々割り引きして聞いてみるとのみこみやすいかもしれない。グルジェフがこの二人の女性を変えてしまったこと、これは認めねばなるまい。彼は二人が守っていた理想主義の砦を攻略し、それから、彼の人生を正確かつ情熱的に見守る証人という、いささか曖昧な役割へと優しく導いていったのである。彼の実践的なやり方から損失をこうむった者はいなかった。

しかし、グルジェフがこうしてマーガレット・アンダーソンとジョルジェット・ルブランから自由の身になったと思うまもなく、二人の強力な友人、ジェイン・ヒープがニューヨークからやってきた。プリウーレでワークに打ちこみたいという真摯な希望を抱いて。しかしグルジェフはこれを拒否した。彼女の巨大なエネルギーと編集能力にグルジェフが誘惑を感じなかったかどうか、誰にもたしかなことは言えない。かわりに彼は、花売り娘や黒人、アラブ人、制服を着た門衛、あばたづらの客引き、シャンソン歌手、スリ、走りまわるボーイ、売春婦、酔っぱらい等々がたむろするモンマルトルのアパルトマンに彼女を「配置」し、英語を話す作家や芸術家たちの集まる自己陶酔的なカフェ社交界に出入りできるようにした。そこに集まる者たちのうぬぼれた表情は、マン・レイやベルニス・アボットが撮った写真にはっきり見て取ることができる。さらに彼女は（あえてつけ加えれば）、その独特の趣味ゆえに、友人で作家のジューナ・バーンズが編纂した『女性名士録』に載る栄誉を受けた女性たちの一員にもなったのである。

ワークにおける経験は比較的浅かったにもかかわらず、グルジェフはジェイン・ヒープに彼の思想について講義をする権限を与え、彼女の知人たちをアパルトマンに招いて週一回講義をさせた。その間に彼は執筆に専念できるというわけだ。すると皮肉なことが起こった。一年前にグルジェフの言葉やスーツやテーブルマナーに拒否反応を示した女性を、ジェインはたちまち「引きつけた」のだ。いうまでもなくソリータ・ソラーノである。（『女性名士録』には好色なジャーナリスト、「タック*」として載っている）ソリータは、ほとんど一夜のうちに隠れグルジェフィアンになり、「完全に意識的で、高次に発達した人間」[4]になろうとの目的を抱いたが、これがいかに真剣なものであったかは、のちの感動的なエピソードが語ることになるだろう。

一九二八年の初夏、グルジェフはマダム・ソフィー・グリゴリエヴナ・ウスペンスキーに注意を向けた。この人物は、何人かの評者が不当にも彼女を押しこんだ、クリュタイムネストラ**とビートン夫人を混ぜ合わせたようなステレオタイプよりはるかに複雑かつ微妙であった。驚嘆すべきエネルギーをもち、尊大で激情家、比べる者のないボルシチ作りの名手としての彼女が、青白い顔をした、評価を定めかねる精神的短気者、ピョートル・ウスペンスキーとぎこちなくつなぎ合わされていたのである。

一九二四年以来、パリからほんの五キロのところにあるアスニエールに居を定めていたマダム・ウスペンスキーは、ペレール大通り四七番地のアパルトマンやレストラン・レクリヴィスやカフェ・ド・ラ・ペのグルジェフのテーブルにもまったくなじみがないわけではなかった。彼女やボリス・フェラポントフの口から、グルジェフは自分の教えが高度に論理的な衣装をまとってロンドンに広まっていることや、ウェスト・ケンジントンのグウェンダワー通り五五a番地のフラットをおおっている奇妙な精神について聞いていた。ウスペンスキーは自らの意志で孤立を選び、今ではますますその憂鬱を深めていたが、そんな中である脅迫観念が彼の想像力にとりついていた。(これはその後もやむことはなかった)。それはなんらかの「高次の源泉」と接触せねばならないというもので、その源泉を時に彼は天上界に求め、またあるときは神話的アジアに求めた。「いつも全身を黒につつみ、濃い栗色の髪ときらりと光る眼をした威厳に満ちた」[5]マダム・ウスペンスキーは、イギリスに刺激的な影響を与

訳注*――――ロビン・フッドの仲間で、陽気で喧嘩好きな修道士。
訳注**――――アガメムノンの妻で、オレステス、エレクトラ、イフィゲネイアの母。夫の留守中にアイギストスと通じ、トロイから帰った夫を共謀して殺害したが、のちオレステスによって情夫もろとも殺された。

えることを期待されていたのかもしれない。ワークの実践的な側面を再び活性化し、『ベルゼバブ』の一部でも伝えてほしいという期待が……皮肉なことに、ソフィー・グリゴリエヴナの忠誠心を感じたからこそ、グルジェフは急いで彼女をロンドンに送りこんだのである。

グルジェフの誓いはまったく秘密であったために、ソフィー・ウスペンスキーは自分のことを追放者ではなく力のある放浪者だと考えていた。ところが、彼女の乗った列車が駅を出るか出ないかのうちに、グルジェフはこれとは別の使命を与えてザルツマン夫妻をドイツに送ったのである。フランクフルトには、クエーカーでホイットマンばりの自然派詩人であるアルフォンス・パケが、妻と多くの娘に囲まれて（それに善良で上品な人たちと親密に交際しながら）住んでいた。パケとアレクサンドル・ザルツマンは二〇年前にミュンヘンのリルケとカンディンスキーを中心とするサークルで交友があり、その後も一九二〇年にパケが、当時コンスタンティノープルにあった学院に足を踏み入れたときに旧交を温めていた。グルジェフの当初の意図はドイツに小規模なグループを作ることであったが、その背後には明らかにもうひとつの意図、すなわちアレクサンドル・ザルツマンに彼個人の生活圏を作らせようという目論見があった。しかしこのフランクフルト訪問も、さらにはその後の同地訪問も、はかばかしい結果を生まなかった。ジャンヌはまもなくプリウーレに呼びもどされ、アレクサンドルもお気に入りのカフェに帰っていった。そこで彼はビールとカルヴァドス*を混ぜた酒を、しばしば節度を越えて飲んでいた。

グルジェフを取り囲む星雲の中で、アレクサンドルの風変わりな星はいまだに輝いてはいた――ただこれまでよりその鮮明さは薄れてはいたが。彼はいつも体調がすぐれず、五四歳というその年よりずっと老けて見えた。全体として物事は、彼が当初予期していたようには進まなかった。ウスペンスキーの知性主義、トマス・ド・ハルトマンの音楽的才能、ジャンヌ・ザルツマンの舞踏能力、これらはすべてグルジェフの力によって見事に開花した。ところがアレクサンドルの芸術家としての才能は、どうやらそれ以前に限界に近づいていたようだ。キャサリン・マンスフィールドのために牛小屋の二階を改装したこと、あるいは英語によるグルジェフのアフォリズムを暗号化するために生み出した装飾文字[★4]などは、彼の本領を発揮する水準にはほど遠いものだった。彼が目にする世界や学院、あるいはふるさとに目をやるときでさえ、彼の辛辣なユーモアのネタには事欠かなかった。彼の純粋な忠誠心の中には、師以外のすべてのものに向けられたあざけるような眼差しの入りこむ余地があったのである。

グルジェフを批判する者がいなかったわけではない。一九二八年までには、彼に対する敵意はインテリたちの間で燃えあがっていた。キャサリン・マンスフィールドの死後、彼女に対する熱狂はややヒステリックに広がり、当然のことながら彼らの憎悪は身代わり山羊を要求した。フランスの合理主義者たちはグルジェフに山師の烙印を押し、カトリックの護教論者たち（フランソワ・モーリヤックもその一人だが）は母なる教会をいたずらに刺激する者だと決めつけた。しかし反グルジェフ陣営の中でも——その知性と一貫した態度ゆえに——もっとも影響力の強かったのは、パリのサン・ルイ街五一番地からその勢力をふるっていたオカルティスト、ルネ＝ジャン＝マリア＝ジョゼフ・ゲノンであった。

グルジェフとゲノンほど極端に対照的な性格を、いや作家を並べて考察すれば、頭脳は沸騰するだろう。ゲノンの繊細な文体は静かな池の水面のようになめらかだ。しかしその水面の下で鋭い歯をしたカワカマスが泳ぎまわっているように、彼の霊的パラノイアは、反伝統的、反秘儀的と彼が見なすものにはことごとく牙をむいた。そして独自の視点に立つゲノンは、近代の精神復興運動はみな実質的にそうであると決めつけたのである。グル

訳注＊——ノルマンディー産のリンゴ酒。

ジェフは彼にあまりに近く、あまりに実践的で、そして存在（ビーイング）に満ちあふれていたために、ゲノンの格別の呪詛を受けることになったのだ。

ギリシア系のこの男は単なる山師などではない。しかし、だからこそこいつは危険なのだ。……真実をいえば……グルジェフは自分のところに来る者たちを心的にがっちりと把握し、その力たるや実に驚くべきもので、これから逃れるだけの力量をもつ者などほとんどいないのだ。[6]

心的把捉とはなんたる皮肉……まさにこのとき、グルジェフは最古参の弟子たち全員を追放することで心を悩ませていたというのに！

ゲノンの霊的能力はすばらしく、またラビ的ともいえる浩瀚（こうかん）な博識を誇ってはいたが、それでもやはり彼は理論家で、しかも個人的な盲点をもった理論家だった。「古文書」の研究者としてスタートしたゲノンは誇り高いと同時に謙虚で、あるスウェーデン人画家の秘儀を受けてアフリカのダルヴィーシュの一教団に参入を許されたことを、謙虚にではあるが誇りに思っていた。そして著作で成功をおさめるにつれて——実際かなりの成功をおさめるのだが——、彼はますますこれ見よがしに謙虚になっていった。率直にいえば、謙虚さの仮面をつけた彼の高慢さはどう見てもいきすぎと思われることもあった。（たとえば、繊細な、しかし山羊のような顔に自嘲的なほほえみを浮かべて、「ルネ・ゲノンは存在しません」[7]などと言うときである）。この夏も終わろうとする頃、青白い顔の男がサン・ジェルマン大通りのアレクサンドル・ザルツマンのテーブルにやってきた。そしてグルジェフのことを悪しざまに罵りはじめた。ザルツマンは困惑した振りをした。畏れ多くもかの高名なルネ・ゲノン氏に話しかけてもいいのだろうか、と。「ルネ・ゲノンは存在しません」とこの亡霊のような男はくり返した。

ザルツマンはたちまち哀れになってこう聞いた――「ルネ・ゲノンは存在しないのですか？ それは残念」。これ以後ゲノンはザルツマンを避けるようになる。まるで『ベルゼバブ』での話のように、「ザルツマニーノ」という太陽系があって、きわめて有毒なシアン酸ガスでおおわれているかのように。

グルジェフは『ベルゼバブ』の書き直しを迅速に進めていったが、以前に明らかになった本質的な矛盾を完全に解決したかどうかは議論のあるところだろう。彼は一度ならずそう感じ、また一度ならず「最後の一行」を口述した。この最後の一行を書き終えたオルガ・ド・ハルトマンは感情の高ぶりを抑えきれず、グルジェフのほうが慰めなければならなかった――「まだまだ書く本はあるんだから落ちついて」[8]。しかし新しい本を書きはじめる前に、いや、その構想を練りはじめる前に、グルジェフは一息ついた。

丸々一カ月休養をとって、むしろ積極的に何も書かないようにし、そして極限まで疲れ果てたこの有機体に刺激を与えるために、まだ残っている一五本の「最上・最高の天上的神酒」、すなわち現在地球では「古いカルヴァドス」と呼ばれているものを、ゆ・っ・く・り・と飲もうと思う[9]。

カルヴァドスの香気の中、この「黒いギリシア人」の前に懐かしい青年時代がよみがえってきた。父、ボルシュ司祭、ルボヴェドスキー王子、スクリドロフ教授、斜視でひよわだが、燃えるような意志をもったポゴシャン――なんという男たち。そしてヴィトヴィツカヤ――なんという女性！ すべては去っていった。かけがえのない多くの恩師や友人が、アレクサンドロポールやカルス、サマラ、オルマン修道院の墓地に、あるいはタクラマカン砂漠に眠っているのだ。

グルジェフは今や六二歳になっていた。彼以外の誰が、これら生気あふれる意味深かった数々の生を、迫りくる歴史の忘却から救うことができるだろう。彼らが見せた能力を、その自己抑制力を、そして共感を、誰が記念することができるだろう。グルジェフが「自伝」に着手した裏にはこうした情熱があったことはまちがいない。そこにはキャサリン・マンスフィールドのあの作家特有の断定がこだましている——「あなた方は死んではいない。……すべては記憶されている。私はあなた方に敬意を表する。私は自分を空しくする。そしてあなた方がもっていた美と才能が私を通して再生し、もう一度輝きわたる媒体となるであろう」[10]。

かくて仕事が始まった。すでに若くはないグルジェフは、彼の血肉ともいうべき弟子たちの追放劇のさなかにも忙しく筆を走らせ、かつての仲間であった真理の探求者たちを最後の待ち合わせの場所に呼び集めたのだ。こうして書きはじめられた『注目すべき人々との出会い』は、『ベルゼバブ』の恐るべき批判の刃が何世紀にもわたって降り積もってきたがらくたをなぎはらった大地の上に、新世界の礎石をおくという使命をもっていた。

一九二八年の秋、イギリス人を心から嫌っていたマダム・ウスペンスキーがロンドンからフランスに帰ってきた。そこで彼女が（他の人たちと同様）目にしたのは、ますますとらえどころがなくなっている——そして執筆に没頭している——グルジェフであった。資金調達と出版のことを念頭においていた彼は、イギリスとウスペンスキーよりもアメリカとオラージュに目を向けるようになっていた。かくして、年が明けるとすぐに、グルジェフはエネルギーをふりしぼって延び延びになっていたアメリカ再訪を決行することにした。トマスとオルガ・ド・ハルトマンだけがこの旅に同行することになった。蒸気船パリ号の人となった夫妻は、自分たちが「自己満足を粉々に打ち砕く達人」と同行していることを知った。グルジェフは初日から、誘われたのは自分たちだけだという彼らの特権意識をくすぐるどころか、トマスに、プリウーレを出て自分で音楽の道を切り開けという命令を突きつけて彼を仰天させた。自由の女神へと向かって無情に煙を吐きつづけるパリ号の船上で、こうしてド・ハルトマン夫妻は自由の恐るべき幻影と格闘することになった。

一九二九年一月二三日、グルジェフが厳寒のニューヨークの波止場に降り立ったとき、アルフレッド・リチャード・オラージュも自分が奇妙な立場にいると感じていた。五年にわたる厳しい監視のもとでの執事役、熱狂的に活動を続ける彼のグループ、そして妻のジェシーは出産をひかえていた。自ら司会者をもって任じてきた彼は失望はしていなかった。ミュリエル・ドレイパーのサロンで、チャイルズ・レストランで、そして七番街とセントラル・パーク・サウス通りの角のグルジェフのアパートで立て続けに豪勢な歓迎会が開かれた。アル・ジョルソン劇場の玄関をおおう大きな庇を見おろすこのアパートは、シューバート劇場会社から家具付きで借りたもので、「絨毯やドレープのカーテン、壁の装飾などは、何年か前にシューバート劇場で大失敗に終わった芝居で残った大道具、小道具を寄せ集めたようであった[11]」。しかし、このような道化芝居的舞台を得たグルジェフは大満悦であった。「Gはこれまでになく彼らしかった――ということはつまり、これまでにもっとも始末におえなかった。しかしたしかにニューヨークは刺激を必要としていたのだ……[12]」

グルジェフがそこで発した振動は奇妙にもなじみ深いものだった。活力と洞察に満ちてはいたが、彼は同時に、金に執着しているという印象を自己パロディすれすれのところにまで押し進めていった。アメリカでの彼の弟子は実質的に全員なんらかの「権力者」であること、またカルヴィン・クーリッジ政権が、この国始まって以来の平和時の好況をやがてやってくる破局へと向かって突き動かしていたことにも意を強くしたグルジェフは、最初の三週間で一万ドル集めるよう楽しげに要求した。同時に彼はオルガに、ほとんど処理不可能なほどの量の事務的作業を押しつけ、そのため彼女は精神の破綻の一歩手前までいった。――「もうこのまますべてを投げ出して逃げ出そうかと何度思ったかしれません[13]」

オラージュやトゥーマーの疑惑を増長させようとひそかにたくらんでいるのではないか、ジェシーの憎悪をかきたてているのではないか、オルガを追いこんで逃げ出すよう仕向けているのではないか、ニューヨークのグループを熱狂と反抗心とのはざまで揺れ動かそうとしているのではないか――グルジェフの行動を見ていると、こうでも考えないかぎり説明がつかなくなる。四月五日、彼はフランスに向けて出航した。ずっしり重くなった財布と、かつての誓願の達成に近づいたという確信を抱いて。ド・ハルトマン夫妻は落ちこんで船室に座っていた。一方、波止場で見送ったオラージュはうれしくてたまらなかった。「ああ、これでまた自由になれる！」[14]

船上社交会、抜群に強いドル、「パリのアメリカ人」現象等々の黄金時代は終わりを告げつつあった。しかしこれを予感していた者は、もしいたとしても多くはないし、終末がやってくるなどと想像する者は一人もいなかった。パリに花咲いた文化という機械装置は十分に油がさされていて、かの永久運動をほぼ完全に模したかと思われるほどであった。ところが、グルジェフが帰国してまもなく、これら祖国喪失者たちの共同幻想であった「天才みなここに集まる」的な感覚にも、『リトル・レヴュー』の原因不明の廃刊によって影がさしてきた。この雑誌は彼らの多くが寄稿し、その大多数が読んでいた、いわば彼らの精神的支柱のような存在であった。中でももっとも読者の不安をかきたてたのは、ジェイン・ヒープが書いた編集長の告別の辞であった。

私は『リトル・レヴュー』を廃刊にすることに決めました。……われわれは一九もの国々で生まれた二三もの新しい芸術運動にその表現の場を提供しました（今ではすべて消滅しましたが）。……自己表現はまだ十分ではなく、実験も、特別な瞬間や事例の記録も十分ではありません。あらゆる芸術は信念を失い、その誕生の原動力や本来の機能とも関係を断ってしまったのです。……芸術に対する強迫観念を放棄し、希望のない倦怠感と『リトル・レヴュー』を捨て去ること、そして人間にもっとふさわしい作業に着手すること、これは知的冒険などをはるかに超えることなのです。[15]

一九二九年にジェイン・ヒープがやったことが何であるにせよ、グルジェフはこれを、煽りたてこそしなかったが寛容な目で見ていた。彼の手はまちがいなく人間のもので、この手が、彼女がベルシャザルばり*に文学者を招いて催した果てしなく続く宴に突然現れ、壁に「メネ・メネ・テケル・ウパルシン**」と書いたのである。つまり彼の手は、高名で影響力のある者たち（ジェイムズ・ジョイス、アーネスト・ヘミングウェイ、オルダス・ハクスリー、ガートルード・スタイン、ウィンダム・ルイス、バートランド・ラッセル）の信条を、グルジェフの信奉者たち（マーガレット・アンダーソン、アルフレッド・オラージュ、ジョルジェット・ルブラン、ゴーラム・マンソン、ソリータ・ソラーノ）の信条ばかりか、ほとんど精神病院行き一歩手前のエルザことフォン・フライターク＝ローリングホーフェン男爵夫人が信じていることともごちゃ混ぜにしようという気まぐれな手だったのだ。彼のブラック・ユーモアも独特で、ジャン・コクトーが自ら公言した「愛の創造」という野心と、（一五歳の）フリッツ・ピータースの「ミスター・Gの方法でワークを続けたい[16]」という希望とをいっしょくたにしてしまうのであった。コクトーの誠実さに関しては誰も保証はできないが、フリッツがグルジェフの方法を是認したことは半ば真実である。このところフリッツは、プリウーレを出て、母のロイスと義理の父のいるシカゴに帰ることを切望していた。彼がとどまっていたのは、彼の法的な保護者であるジェイン・ヒープがそれに強硬に反対していたからである。

こうした一連の出来事について考えれば考えるほど、ますます好奇心をそそられる。マーガレット・アンダー

訳注*――バビロンの王ナボニドスの息子で、その共同摂政。聖書ではネブカドネザルの息子でバビロンの王とされる。彼が酒宴を開いていると突然手が現れ、彼の運命を示す文字を壁に書いたという。ダニエルはこれをベルシャザルとその王国の崩壊を予言するものと解読した。『旧約聖書』、「ダニエル書」第五章参照。

訳注**――「数えられ、数えられ、量られ、分けられた」の意。

ソンが創刊し、ジェイン・ヒープが舵取りをした『リトル・レヴュー』という格好の媒体を使えば、グルジェフは何年にもわたって、危険な爆発物である自らの思想をお上品な文学世界に密輸することもできたはずである。しかし今や彼は、この雑誌の廃刊に同意し、それによって彼の文化面での闘士であったジェイン・ヒープとの関係をとりかえしのつかぬものにしてしまったのである。

この夏も早く、マダム・ウスペンスキーはまたしてもロンドンに行くよう命じられた。それよりもっと重要なことは、プリウーレを出るよう命じるグルジェフの厳しい視線にずっと耐えていたド・ハルトマン夫妻が、ついにそこを出て外の世界に入っていったことである。ヌイーイ近郊のクールブヴォアに居心地のいい家を見つけ、めまいを覚えながらもとにかくそこに落ちついたオルガ・アルカジエヴナは、この新しい状況を把握することすらおぼつかなかった。「私は悲しみにうちひしがれ、神経がピリピリしていました。ミスター・ド・ハルトマンは生まれつき私よりもはるかに繊細で個人主義的でしたから、この状況に耐えられず、精神病になる一歩手前にいました」[17]。ではグルジェフは？　彼の心中は推し量る由もない。しかし考えてもみたまえ――三百曲を越える作曲をともにし、自分とトマス・ド・ハルトマンの感受性がいかに互いを必要としているかを確認し、エッセントゥキからの逃避行ではほとんど腕を取り合って山を越え、そしてトマスが腸チフスにかかったとき彼の命を救ったのは、ほかならぬグルジェフその人であったのだ……

一九二九年六月、ルイーズ・ゲフェルトなる女性がプリウーレの門に現れ、「強く押せ！」と書いてあるベルを鳴らした。彼女はフリッツ・ピータースに招き入れられ、「僧侶の回廊」の、ドアの上にどくろと×印の骨が描いてある部屋をあてがわれた。ゲフェルトは二九歳、カトリック教徒で、美術史家としてかなりの教育を受けていた。ここに来たのは、在ニューヨークのスイス大使であるロベルト・F・J・シュヴァルツェンバッハに『ベルゼバブ』のドイツ語訳者として適任ではないかとの推薦を受けたためであった。（彼女自身スイス人であったが、ドイツ人のステレオタイプにあまりにぴったり当てはまったので、グルジェフは彼女に「ソーセージ」と命名した)。こうして始まろうとしている『ベルゼバブ』の翻訳は記念碑的な大仕事であったが、グルジェフはさらに、彼女を秘書に任命して古くからの弟子たちをびっくりさせた。彼は「ソーセージ」にこう確約した――「今私を助けておけば、いずれはドイツ半分が君のものになるよ」。そしてグルジェフによれば、去っていったド・ハルトマン夫妻は弁解の余地のないほどしゃくにさわる存在であった――「彼女は無礼だ、夫も同じだ」。

いうまでもないが、これは完全な作り話だ。何カ月もの間オルガ・ド・ハルトマンは注意深く、クールブヴォアにいるほとんど麻痺状態の夫と師の両方に気を配りつづけ、定期的に学院を訪ねていた。彼女が姿を現すたびにグルジェフは、プリウーレ全体が震えあがるほど容赦なくどなりつけ、「ソーセージ」も自分の前任者はとんでもない人物だったのだと思いこむほどであった。……ドクター・スジャーンヴァルが優しく「ソーセージ」を脇に引き寄せてつぶやいた――「ひとこと言っておきたいんだがね。なんと言ったらいいだろう。ミスター・グルジェフはこれまで誰もやったことがないあることを試しているんだ。つまり、その、ある人間をある星のもとに、別の星雲界の中で再生させようとしているんだ。こんなこと、普通なら絶対に不可能だがね」。

しかし、こうして挑発してなんとかオルガを追い払おうという試みも、逆に彼女の「忠誠心」を強くするだけであるのを見て取ったグルジェフは、いよいよ黒魔術師の役を演じて、どうにも許しがたい場面をでっちあげねばなるまいと感じた。突然ヌイーイ近くの彼女の家に姿を現したグルジェフは、抵抗するオルガの両親アルカディーおよびオルガ・コンスタンティノヴナ・シューマッハーに向かってプリウーレに帰ってこいと命じ、暗い声でこうつけ加えた――「もし一週間のうちに帰ってこなければこの部屋に棺がおかれることになろう。その中にはお前たちの娘が入っているだろう」[18]。このグルジェフ特有の挑発的振る舞いは単なる言いがかりだと感じたオルガは、取り乱さなかった。

その間にも、「ソーセージ」の仕事は信じられないほど着々と進み、一九二九年の秋には『ベルゼバブ』の「第一の書」は見事なドイツ語に移し換えられ、フランクフルトとベルリンで出版されて、アルフォンス・パケが厳選した読者の喝采を浴びる手はずはすべて整っていた。このドイツへの列車の旅に、意地悪の名手グルジェフは新旧二人の女性秘書を同行させたが、そのときの雰囲気はオルガには耐えがたい記憶となって残った。冬が深まるにつれ、グルジェフはますます彼女の平静さをかき乱すような要求をするようになり、ついには「ミスターGは私にはとてもできないようなことをやるよう要求[19]」するという苦しい状況にまで追いこんだ。こうした圧迫はベルリンへ向かう一等車の中で始まり、ある夜遅く彼女がプリウーレを訪ねたときにも再び加えられた。もし「それ」をしなかったら彼女の夫に何か悪いことが起こるだろう……とグルジェフは言った。しかしこのときもオルガは度を失わなかった。

オルガ・ド・ハルトマンのこうした長くも複雑な奉仕に比べれば、フリッツ・ピータースの（部屋を片づけ、際限なく消費されるブラック・コーヒーをたえず用意しておく、などの）師の動物的快適さを満たす貢献など取るに足らないように思われるだろう。しかしその彼も「追放」の対象になる資格ありとされたのだ。グルジェフは夏の終わり頃、ジェインに反対されつづけていたピータースのプリウーレ脱出運動に突如加担した。「グルジェフの決定の影響は……絶大だった。ジェインは降参し、プリウーレにやってくると、切符やパスポート、書類一式にいたるまで、すべて準備はできていると言ったのだ[20]」

少年召使いは一九二九年九月に君主のもとを去った。両者ともに感慨があった。ピータースは一九二四年、脳震盪を起こし、半分盲目になっているグルジェフの手を引き、グルジェフの方は細心の注意を払いつつピータースに重要な真理を開示したのである。「では行くことにしたのか？[21]」――グルジェフの反語疑問にも悲しみと皮肉がこもっていた。……フリッツも返事ができなかった。「私はうなずくのがやっとだった。彼は私の身体に腕をまわすと、かがみこんで頬にキスをした。そしてこう言った――『悲しんではいけない。いつかお前は帰ってくるだろう。よく覚えておきなさい。人生では何が起きるかわからないのだ[22]』

一九二九年一〇月末、ウォール街で歴史的な大暴落が起き、かくしてグルジェフがアメリカからの援助を気楽にあてにできる時代は終わりを告げた。ドルの力に満ちたかつてのニューヨークの雰囲気はもうどこにもなかった。スタンリー・ノットは当時の危なっかしい状況をこう記している。

店には客はなく、通りにも人っ子一人いなかった。どこもかしこも薄汚なかった。スープとパンを求める長い列ができた。食料さえ買う金がない二百万の人々が、家族を飢えから救うために毎日慈善的な施しを受けたのだ。まるでこの国全体を、恐ろしい戦争か飢饉、あるいは疫病が通り過ぎたかのようだった[23]。

グルジェフはすぐにこの地に引き寄せられた――自分の目で見るために、オラージュと対決するために、そして『ベルゼバブ』を出版するために。

一九三〇年二月、三度目のアメリカ訪問に出発する前夜、ゲオルギー・イヴァノヴィッチ・グルジェフは個人的な書類を焼き捨てた。一〇分ばかりの間に、パスポートやメモ、証明書や手紙など、『注目すべき人々との出会い』に見られる著者の自画像に光を当ててくれる（あるいはもしかしたら覆す）かもしれない資料は永久に失われた。先が太くて付け根が細いグルジェフの指が、自分の秘密をひとつひとつ火の中に投じるのをその場で見ていたのはオルガ一人であった。こうした書類をしまってある小箱の鍵をもっていたのもオルガだけだったが、中をこっそり見ようなどとは一度として思わなかった。（いかに多くの歴史家がくやしい思いをしていることだろう）。「うれしいことに、君は好奇心というあのおぞましい特性をそなえていないようだ[24]」とグルジェフは言った。

翌日の早朝、グルジェフはマルシャン街の新しいアパルトマンにこの忠実な弟子を呼んだ。その長く、苦しく、そして浮き沈みの激しい（九四歳まで続く）人生の最後の日にいたるまで、オルガはそこでの最後の会話が「すばらしい」ものであったと、そして駅での別離が悪夢のようであったとくり返し語った。この九カ月というもの、彼女は稀にみる誠実さをもって夫と師という二人の主人に仕えてきた。そして今、彼女は選択を迫られていた。事は悪魔的なまでに簡単明瞭であった。その場の状況と「抵抗の法則」を頼りに、グルジェフは自らの誓いに矛盾することを要求した――オルガにトマスを連れてニューヨークの彼のところに来いというのである。もちろんそんなことはできなかった。トマスはそんなことに耐えられる状態ではなかったのである。グルジェフとオルガは肩を並べ、重苦しく口を閉じたままプラットフォームを歩いた。食堂車のステップに足をかけたまま、グルジェフは彼女を見おろし、再度要求した。見上げる彼女は断った。

それでもミスター・グルジェフは、冷たい、氷のような口調でこう言いました――「一週間以内に来なさい。来なければ、二度と私に会うことはないだろう」。私は答えました――「よくそんな無理なことを。できないことはよくおわかりではないですか」。彼は同じ調子でくり返した――「ではもう会うこともないだろう」。私は雷に打たれたような気がしましたが、私の内部の声が言うままをくり返しました――「では……もうお会いすることはないでしょう」。

列車は動きはじめました。ミスター・グルジェフは不動のまま私を見つめていました。私は彼の顔から目を離しませんでした。これで永久に……[25]

帰宅して床についたオルガは、四日間起き上がることができなかった。

グルジェフが自分で演出したこのオルガ追放劇でどれほど悲しんだか、この情け容赦のない計略をどれほど後悔したかはともかくとして、彼は時を移さず、ニューヨークに打撃を与える戦略に再着手した。蒸気船ブレーメン号から発せられた海底電報は、まずまずユニークなもの（「モシアイガツカイハタサレテイナイナラバ、フロトパーティヲジュンビセヨ。マゴ、オヨビケタハズレニユニークナソボヨリ」[26]）もあれば、正気の沙汰とは思えないもの（「ブレーメンゴウハ、センキロノゲンメツト、ヒャッキロノセツナテキコウフク、ソシテジュッポンドノホウフクヲモタラス。ジゴクノシシャヨリ」[27]）まであった。二月一五日、船が着岸したとき、ものすごい寒さに足を踏み、指に息を吹きかける歓迎の群衆の中にオラージュの姿はなかった。グルジェフが違法のメロンを二五個も（「これペルシア産の特別メロン」[28]と言って）むりやり通関させようと頑張っていた間も埠頭の熱狂は続いていたが、オラージュはその光景を見ることもなく、グレイト・ノーザン・ホテルで彼を迎えることもなかった。

どうやらオラージュは自分を完全に無視するつもりだなと感じはしたが、それはグルジェフの望むところだった。滞在中、彼は巧妙にオラージュの中に、だまされてきたという感覚、秘儀を受ける資格があるのに意地悪く引き延ばされているといった感じ等々の反感を沈澱させていったのである。彼がどの程度成功したかは、オラージュからの手紙に明らかである。

私はニューヨークでグルジェフにこう言ってやりました――私の忍耐も限界にきた。新たな秘儀が授けられないのなら、私はプリウーレに対しては死んだも同然である……と。正直なところ私は、グルジェフが私に、スジャーンヴァルやハルトマンら、彼に従うためにすべてをなげうち、忠誠をつくしてきた者たちに対して行った仕打ち以上のことをしてきたことに絶望していたのです。[29]

「誰に会っても、その人間のもっとも弱いところを突け[30]」というグルジェフの決意は、オラージュの文学上の人間関係をずたずたに引き裂いた。未刊の『ベルゼバブ』の著者とアルフレッド・クノップとの会合が周到に準備され、両者は会ったが、グルジェフがこう吠えたとき、会合はふっとんでしまった――「まず家を掃除する、あなたの家、それから私の本出してもいい！[31]」。「けたはずれにユニークな祖母」は一九三〇年四月にフランスに向けて船出したが、その頃にはオラージュの忠誠心はこれまで以上に薄れていたし、それはかりでなく、こんな驚くべき声さえ聞かれるようになった――「グルジェフのシステムを理解する上での最大の障害はグルジェフ自身だ[32]」。

一九三〇年の夏にはマダム・ウスペンスキーは再び期待を担ってイギリスに送られたが、秋には誰がなんと言おうとフランスにもどってきた。その頃にはプリウーレもずいぶんさみしくなっていた。アレクサンドル・ザルツマンは学院から静かに消えていた。彼の鋭いウィット、温かい人間性、男っぽさ、そしてその経験のあまりの幅の広さ、どれをとっても余人をもってこれに代えることはできなかった。長い間グルジアを離れて気が滅入っているときも、グルジェフはよく「アレクサンドル・ザルツマンの話を聞いて、身体をよじって笑ったものだった[33]」。中核となる弟子たちが次々にいなくなるのはグルジェフにとって嬉しくもありつらくもあったが、（個人的な理由からも）ザルツマンの場合はとりわけ感無量であった。

ザルツマンが実際どのように学院を去ったかは謎のヴェールにつつまれている。「僧侶の回廊」で、ある戸口の上部に「死を忘れるな」という文字を描いていたと思ったら、次の瞬間には消えていたのである。ある寓話がヒントになるかもしれない。それは、彼はグルジェフの教えによって変身して学院を去ったのではないかと示唆していようだ。「その夜私は列車でパリに行った。そしてブラザー・ペトルスの名で修道院に入った。そこを出てからはソゴル神父と名乗り、その後はずっとその偽名を使ってきた[34]」。彼はかつてないほどに習慣性の奴隷となった。「私は、人々が人生などと劇的に呼んでいる猿の檻の中のようなこの大騒ぎに、どうしても自分を合わせることができなかった[35]」。昼間は室内装飾家兼アンティーク・ディーラーの顔をもつが、夜になるとサン・ジェルマン大通りのお決まりのカフェに居座るという、ろうそくの両端に火をつけたような日々を送った。食事はほとんどとらず、昔ながらのビールとカルヴァドスを混ぜたものを飲むといった生活は、彼の肺結核をいよいよ進行させていった。

しかしアレクサンドル・ザルツマンにはひとつ、グルジェフ神話に対する輝かしい貢献がある。ワークに参加した最初のフランス人となったルネ・ドーマルを彼の磁力で引き寄せたことである。ドーマルにとってのザルツマンはソロヴィヨフにとってのグルジェフだ、というのはいささか単純化しすぎであろう。しかし両者が更正していく過程は比較考察に値しよう。ドーマルがザルツマンのもとにやってきたのは一九三〇年も遅くなってからだった。精神の領域におけるドーマルの探求は健全というにはあまりに猛烈なものだった。アルコールやハシーシ、四塩化炭素などを使った神秘的領域での実験で、彼はこの世のものとも思えぬエクスタシーを体験し、あげくの果てに自殺まで図っていた。なんでもとことんまでやらないと気がすまないこの若者の性行は、天才的な知性によって裏打ちされていた。すでに前衛的な詩を発表し、サンスクリットに熟達し、『ル・グラン・ジュー』誌（詩、哲学、秘教の大融合をもくろんだ雑誌であったが、実際にはダダやシュールレアリスムに関する正体不明の論争誌になっていた）を共同で出版していた。二二歳にしてルネ・ドーマルは大きな成功をおさめはしたが、その一方でひどい疲労感と無力感、それに偏頭痛や薬物中毒にも悩まされていた。

真の師のもとで長年経験を積んできたおかげで、アレクサンドル・ザルツマンはドーマルを薬物中毒から救い出し、聖なるものに向かう別の道を指し示してやることができた。彼はこの若者を、ネルヴァルやランボーなどから受ける極度に繊細な文学的影響力から引き離し、グルジェフに目を向けさせた。ドーマルは興奮して書いている――「（彼は）私に希望と人生の目的を取り戻させてくれた。あれほど夢見ていた隠された教えは実際この世に存在し、そして――もし私にその資格があればだが――いつかは私のものになるかもしれないのだ」[36]。著作に没頭していたグルジェフは、ドーマルには大して注意を払わなかった。前衛詩人やその作品が彼になんの関心も呼び覚まさなかったことは、『注目すべき人々との出会い』に見られる辛辣きわまりないパロディから明らかである。

緑のバラ
紫のミモザ
神々しきは彼女の姿態
まるで宙ぶらりんの記憶のよう[37]

明らかに彼は超現実的に生きるほうを好んだようだ。四度目のアメリカ行きはそのことを明白に物語っている。

一九三〇年一一月一三日にグルジェフがアメリカに着いたとき、アルフレッド・リチャード・オラージュは休暇でイギリスに帰っていたが、その間に欠席裁判が行われ、有罪が宣告されることになる。その夜ニューヨークのグループ全員がカーネギー・ホールの六一スタジオに集まり、グルジェフの秘書による『ベルゼバブ』の朗読を聞いた。彼らが特権意識と自己満足で興奮するのも無理はなかったが、突如グルジェフが割って入ってそれを打ち砕いてしまった。

先ほど、私の著書の「第一シリーズ」の最終章が朗読されているとき、私は隅に座って、退屈のあまりみなさんの表情を観察していたのですが、あるときにはある人の、次にはまた別の人の額に、「精神病院行き候補生」という刻印をはっきりと見たような気がしたのです。[38]

もしグルジェフのアメリカ人の弟子たちが本当に「精神病院行き候補生」であったならば、もし彼らのわざとらしい態度から、「一般に〈クシカの黄熱マラリア〉と呼ばれているものにかかったときのようなひどい悪寒[39]」をグルジェフが感じたとしたら、もし彼らの中で「自己観察」のテクニックがどうしようもない固定観念に堕してしまっているとしたら、もし彼らが神聖舞踏のことを完全に誤解しているとしたら、そしてもし彼らが「地方地図」や「ボート」「大地図」「目的地」*など（プリウーレとはまったく無縁の概念）について、博識を見せびらかすだけの議論の迷宮に入りこんでいるとしたら――それはすべて、ミスター・オラージュの与えた空想をそそる快い刺激にこそ責任があったのである。

さらに悪いことが待っていた。一二月一日の運命的な講義で、グルジェフは、すでに十分困惑していたオラージュのグループを心理的手榴弾で粉々に吹き飛ばしてしまったのだ。ルイーズ・ゲフェルトがドイツ語なまりの英語で、あとあとまで悪評をひきずることになる「誓約書」を読み上げた。三六時間以内にこれに署名しなければワークから追放されるというのである。

訳注*――――オラージュがグルジェフの思想を教えるために使った特別の用語。

私は、十分深く考え抜いた結果、誰の影響も受けず、自分の自由意志で、署名をもって以下のことを誓約いたします。グルジェフ氏、もしくは彼の公式の代理人の指示がないかぎり、グルジェフ氏の思想の信奉者で構成され、「オラージュ・グループ」という名で現在まで続いている以前のグループのメンバーとは、口頭であれ書面であれ、その他いかなる形でも関係をもつことはなく、それと同時に、グルジェフ氏もしくは彼の代理人の特別な許可がないかぎり、オラージュ氏その人とも、いかなる関係ももちません。[40]

希望と忠誠心の板ばさみになった彼らニューヨーカーたちは深刻なジレンマに陥った。署名する者、拒否する者、態度を曖昧にする者の三者に分かれた。狂乱した電報が、ライ*の近くにあるオラージュの古い石造りの農家に次々に舞いこんだ。彼はすぐさま蒸気船ワシントン号でニューヨークに向かった。一二月一〇日に着くと、彼はただちにグルジェフに面会を求めた。ありがたいことにグルジェフはすぐに応諾の返事をくれたが、それにはひとつ条件がついていた――「私が要求した誓約書に、ミスター・オラージュ、君自身も署名すること」。[41]

もしグルジェフが、彼の「超白痴（スーパー・イディオット）」がこれを拒否すると読んでいたとするなら、彼はこの男を見損なっていたことになる。グルジェフの激しい執筆に見事に耐えてきた万年筆を取り上げたオラージュは、いささかの躊躇もなく自らの追放を宣誓したのであった。この一大事件は西五九番街二〇四のアパートメントQにいたグルジェフのもとに伝えられた。彼はちょうど料理をしているところだった。

私は突然……何も考えずに、ショウガをひとつまみ入れるかわりに、台所にあった粉トウガラシを全部左手で鍋の中に放りこんでしまった。……それから自室にかけこんでソファに倒れこみ、クッション――余談だが、これは半分が蛾に食われていた——に顔を埋めてすすり泣き、苦い涙を流したのだ。[42]

グルジェフが泣いたのはオラージュの堂々たる態度に感激したからか、あるいはオラージュを失ったためか、はたまた彼の追放に失敗したからなのか、確言できる者はいないだろう。自ら生み出した痛みをオラージュから残酷にも投げ返されたと考えれば、彼の涙も説明がつくかもしれない。

忠実なるドクター・スジャーンヴァルは大きなスコッチの瓶をもっていってグルジェフの精神の均衡を回復したが、これは、この事件に続いてニューヨークで起こった混乱の処方箋を書くよりはよほど簡単だった。アメリカ東海岸のエソテリシズムの中心で生じたこの混乱は、今や懐疑家や知的のぞき屋の大きなサークルにもひそかに広がり、さらにはメディアの注意まで引くにいたった。かくしてグルジェフの策略は、ささやかではあるが公的な関心の的となった——いったい彼は何をもくろんでいるのだ？『ニューヨーク・ヘラルド・トリビューン』がこの問題に投げかけた光は満足のいくものではなかった——「グルジェフ氏は〈羊の毛を刈りに〉アメリカに来たと語ったが、その意味を明らかにすることは拒否した」。

一月には、著名な行動主義心理学者ジョン・ワトソン教授自ら、「超インテリのカテゴリーに分類さるべき知性をもつ[43]」友人や同僚を連れてグルジェフに会いに来た。不安定な鉄製の椅子、山羊のシチューをことこと煮ている鍋、酒の空き瓶が林立するグランド・ピアノ——こうした雰囲気は彼らの神経を逆なでした。「私は本を書いている」——ぼろぼろの赤褐色のソファに座ったグルジェフは陰鬱に言った。「しかしここに読める者がいるかな？[44]」。その後、朗読が始まったが、それは翌朝の三時に彼が「もういい」と小声で言うまで続いた。朗読が

訳注＊———イングランド南東岸の町。

止むと、糊のきいたシャツに赤いリボンをつけたある年輩の紳士がわっと泣きだし、会は終わった。グルジェフはうそぶいた――「アメリカで〈インテリゲンチャ〉と呼ばれている輩を見たかね。あんな空っぽの連中がインテリゲンチャと呼ばれているとは、想像もつかん。存在感などかけらもない[45]」。

一九三一年三月一四日に書かれたオラージュの自己抑制的な手紙の文面の下には、深く傷ついた心が垣間見える――「グルジェフは昨夜遅く出航した、どうしようもなく分断され、敵対しあっているグループをあとに残して[46]」。二人は二度と会うことはなかった。（そしてオラージュも七月三日、永久にアメリカをあとにした）。こうした自らの妨害行為に対するグルジェフの自己弁明は、なんとさらに多くの人を追放することをほのめかしていた。カフェ・ド・ラ・ペでグルジェフに説明を求めたC・S・ノットはどんな説明をされても驚かないつもりであった、ただひとつ、グルジェフが実際に言ったことを除いては。

彼は私が話し終わるまで静かに聞いていたが、急にあざけるようなほほえみを浮かべてこう言った。
「実験用のネズミが必要だった」
「なんですって」と私は聞き返した。
「実験用のネズミが必要だった[47]」

こうしたネズミや「自由に歩きまわるモルモット」はいまだにグルジェフの手に入った――もっとも昔からいた「王様ネズミ」はあらかたいなくなってしまったけれど。新しくて高価な見本は今でもあちこちからひげを突き出していたが、グルジェフはたいていはそれに火をつけて焦がしていた。この点でソーントン・ワイルダーのケースはおもしろい。『サン・ルイス・レイの橋』の作者であるこの有名人にフォンテーヌブローで会ったとき、グルジェフは愛想よく言った——『私も白痴。みんな白痴。私は白痴二一型』。人差し指を上に向け、力をこめてこう言った——『私〈独自の白痴(ユニーク・イディオット)〉』——そう言って身をよじって笑うのだった[48]」。

毛を刈られまいとがっちりガードを固めていたワイルダーが目にしたのは、金に弱いグルジェフであった。「グルジェフは私のにおいをくんくんかいだ。『うん、におうぞ。彼は金をもっていると見た[49]』」。一再ならずワイルダーはグルジェフの中にダダ的な歪んだ鏡を見た。

歌を歌ってあげよう。……私がパリやベルリンで歌えば二百ドルはする。つまり君に二百ドルあげようというわけだ。……私の本も読ませてあげよう。出版されれば五千ドルの値がつくはずだ。だから君に五千ドルあげることになるのだ[50]。

こうしてワイルダーをさんざん辟易(へきえき)させたグルジェフは、ようやくプリウーレの門番役の弟子を呼び寄せ、ワイルダーをホテルまで送るよう命じた。そしてこの金持ちにこう念を押した——「彼が君をホテルに送る。君、彼に金払わない。私払う——金を見せるだけだがね[51]」。財布から高額の紙幣を取り出すと、彼はそれをものほしげな弟子の目の前でゆっくりと動かした。

グルジェフが実際金を必要としていたことは——ニューヨークで混乱を引き起こしてからはこれまでにもまして切実に——否定できない。裕福なロンドンのグループの財布の紐を握っていたピョートル・ウスペンスキーの機嫌をとれば、財政的援助が得られたかもしれない。しかしグルジェフはそんなことはおくびにも出さなかった。それどころか、その夏ウスペンスキーが突然プリウーレを訪ねてきたとき、その門は彼に対して閉じられていたのである。一九一五年のモスクワ、「目抜き通りではないがうるさい通りの小さなカフェ」で始まった強力だが不安定なこの関係は、フォンテーヌブローのカフェ・アンリ四世で終焉を迎えた。

二人の男の最後の会談がどんなものであったかは知ることはできない。それゆえわれわれの想像力は読唇術的なものになる。グルジェフがウスペンスキーのとりわけ痛いところを強く突いたことは想像にかたくない。というのも、老齢に近づくにつれて、「狂った」、傲岸不遜な、いや、「犯罪的」でさえあるグルジェフは、ウスペンスキーの自己弁護の重要な要因になっていたからである。ウスペンスキーは耳を傾ける者には誰彼かまわずこう言っていた。グルジェフが「高次の源泉との接触に失敗した」ことは、ロシア革命を上回る惨事であった、と。グルジェフがどう感じていたかはいっそう不透明だ。彼はこう言っていた――「ウスペンスキーは話をしたりウォトカを一緒に飲むにはいい相手だ。しかし弱い人間だ」[52]。弱いか強いかはともかく、ウスペンスキーの最終的な離反はワークを二極分解してしまい、その結果、続く数十年間、非常に貴重な、しかし痛みを伴う活力をワークに吹きこむことになる。

カフェ・アンリ四世でのこの決定的な決裂の余波で、ソフィー・グリゴリエヴナ・ウスペンスキーはロンドン郊外セブン・オークスの「ザ・デル」に居を定めることになった。そして今回は彼女は帰らなかった。グルジェフは六五歳になっていた。深遠ではあるが出版できそうにもない彼の著書は、タイプ原稿やガリ版刷りの束になってまわりに散乱していた。彼のアフォリズムはスタディ・ハウスの壁からはげ落ち、「ここはこの白い壁面からは、耐えがたいほど陰鬱な空気が、けばけばしい青やくすんだ赤色となって放射しているようだった」[53]。重い枝を垂れた楓の並木の下の、草が伸び放題の小道には、かつての希望の亡霊がさまよっていた。プリウーレは崩壊寸前で、学院長は、信じがたいほどの内的な力とラブレー的な人のよさにもかかわらず、その顔に一抹のわびしさをたたえるようになった。

私たちはプリウーレの正門の明かりの下でグルジェフに別れを告げた。……彼は身をひるがえし、庭を突っきって歩いていった。……手は背中の後ろで組んで……私には彼が世界で一番孤独な人間のように見えた。[54]

かつて、トマス・ド・ハルトマンとの共同の作曲も終盤にさしかかる頃、グルジェフは『まるで困難な時代が過ぎ去ったようだ』という曲を作った。しかし困難な時代は過ぎ去ってはいなかった。……実は始まったばかりだったのだ。

12 聖なる否定

［1931 summer～1935.5.6］

もし人間の存在（ビーイング）がその人間の人生を決定するなら（グルジエフはそう言うのだが）、それは同時に、その人間の豊かな時代、貧しい時代にも責任があることになる。もしグルジエフが内的統一を獲得していたとしても（彼はそう言っていた）、それにもかかわらず彼は襲いかかる苦難に、時には立ち向かい、時には受け入れ、時には自分から悪化させるという実に一貫性のない対応をしていた。この章で扱う四年間の彼をおおっているのは、敗北した人間と不屈の人間という、奇妙な二重のイメージである。「彼は太りはじめ、服装も乱れがちになった。時の流れは彼の黒くて長かった、サーカスの団長のようなひげを灰色に変えていた。それでも彼はまごうかたなき著名人で、その眼は、昔ながらの傲慢そうな、不屈の光を放っていた」[1]。こうした二重の印象を与えて人々を困惑させたせいで、「真の」グルジエフを確立しようとする努力は水泡に帰すのが常であった。しかしそれと同時に、（ジーン・トゥーマーも苦々しく言っているように）彼のイメージの一方はもう一方の鏡像でもあった。「どんな事実にもそれに対立する事実があり、どんな理由にもそれと対立する理由がある。どんな〈悪い〉行いにも〈善い〉行いの要素があり、こんちくしょうと思わせることの中にも聖なるものがひそんでいるのである」[2]

「人間の調和的発達のための学院」の創設期からのメンバー五人のうち、プリウーレに残っているのは二人だけになっていた。レオニード・スジャーンヴァルとジャンヌ・ザルツマンである。その下にいるのが三人の若いアメリカ人、短期間滞在している二人のドイツ人、鬱屈したイギリス人女性エリザベス・ゴードン、ざっとこれだけだった。グルジェフが扶養する家族は今でもル・パラドゥにいた。マダム・スジャーンヴァルとラフミリエヴィッチはいつも声をそろえて不平をもらしていた。……グルジェフ・ワークはこうして一見縮小したように見えるが、実はこれは、その拡大の必然的な結果なのであった。彼がプリウーレから追放した人々も、ワークから追放されたわけではなかったのである。むしろ逆だった。一九三一年の秋、若いアメリカの翻訳家であるペイソン・ルーミスがパリを引き揚げる旨を告げると、グルジェフは喜んで同意した。「けっこうだ。ただしお前にエクセサイズを与えよう」[3]。しかしルーミスが予期に反してこの指導を拒否すると、グルジェフは大きな黒い拳銃を振りまわして彼をびっくりさせた。そして優しく言った――「これをもっていきなさい。自殺したくなるだろうからね」[4]。

グルジェフの振る舞いが劇的であることは否定すべくもないが、彼の場合、興業主と役者が分かちがたく一体となっており、観衆の方もいやおうなしにドラマに引きこまれていくのであった。一九三一年の冬、グルジェフは短期間ではあるが臆面もなくアメリカに舞いもどり、五度目のパフォーマンスを行ったが、回数はずっと減っていた。下手な役者（作家のゴーラム・マンソン、俳優のエドウィン・ウルフ、詩人のスカイラー・ジャクソン）が舞台の上を神経質そうに跳ねまわった。しかしオラージュのいないニューヨークは、ニジンスキーのいない『牧神の午後』のようなものだった。

この時代のあるひとつの晩餐会が歴史にその足跡をとどめているが（それは『ニューヨーク・ワールド』の前編集長であったジョン・オハラ・コズグレイヴが主催したものであった）、そこでグルジェフはナーディル・カーンなる人物の相手役を務めた。この人物は「アフメド・アブドゥッラー」なる筆名で次から次へと本を出していたが、社交の場ではどうも自慢する癖があった。しかし彼は伝記的に実に興味深い人物である。一九〇三年、ヤングハズバンド大佐率いるラサ遠征隊の一士官として、二二歳のカーン大尉は、絶大な影響力を誇っていたラマ・アグワン・ドルジェフと対決した。——つまり、もし通説に従うとすれば、ゲオルギー・イヴァノヴィッチ・グルジェフと対決したのである。そして今、コズグレイヴの盛大な晩餐のテーブルのグルジェフの真向かいに座った「アフメド・アブドゥッラー」は、のちに有名になる、しかし誤解を招きやすい舌たらずの言葉を書き残した——「私は彼がラマ・ドルジェフであることを確信した。[★3] 私がそう言うと彼はウィンクした。われわれはタジク語で話をした」[5]（大変な議論を呼び起こすウィンクもあるものだ）。タジク語でどんな会話がなされたのか、今となっては知る由もないが、ナーディル・カーンの賞賛の言葉は残っている——「私はかなり賢明な人間だ。しかしグルジェフが忘れたことぐらいでも知っていればと思う」[6]。

こうした事件もありはしたが、グルジェフはニューヨークに長くはとどまらなかった。今回、ワークのスポットライトは、ジーン・トゥーマー（彼は去年の「宣誓書」騒ぎの影響はほとんどこうむっていなかった）のグループが熱心に活動しているシカゴに再び当てられた。ここでのグループは「陰鬱でユーモアのない、全身全霊を投入したような雰囲気の中で」[7]活動していたが、同時に、オラージュがやった仕事を完成すべくグルジェフが帰ってくるのではないかという期待も抱いていた。オラージュ自身そうした希望をもっていたのだ。「私の願いは……私がもう一人のモーゼのように媒体となって彼らをヨルダンの地に導き、ヨシュアであるグルジェフの手に引き渡すことであった」[8]。シカゴにみなぎっていたグルジェフの到来を待ち望む気持ちがどの程度真剣なものであったかは、まもなくグルジェフ自身が試すことになる。そして必然的に、彼らの財政的スタミナがどれほどのものであるのかも。

ジーン・トゥーマー個人の熱意は疑問の余地はないが、もしかしたらその熱意が彼の能力、そして常識をも上回っていたかもしれない。前年の夏、ゾーナ・ゲイルの同意を得た彼は、ウィスコンシン州ポーテッジで性急にもプリウーレ流の実験を行い、公衆から悪意に満ちた目を向けられていた。『サンフランシスコ・ステイト・ジャーナル』の特派員の報告によれば、「彼らはちょうどリスそっくりに木によじ登っていた」[9]。グルジェフはこれを軽く受け流した。まるで温和さと懐の深さを体現しているかのようであった。トゥーマーのグループの（「プリウーレでの生活は完全に無差別の〈自由〉、すなわち〈放縦〉だと勝手に思いこんだことからくる」[10]）根本的な誤解にもうまく対処した。しかし今回は長くはとどまらず、必要な金を集めると、アストラハン帽を差し上げて彼らに別れを告げ、ニューヨークにも長居せずに、一九三二年一月一六日、ブレーメン号でフランスに向けて発った。

こうして一時的に財布をいっぱいにしたグルジェフは、再びカフェ・ド・ラ・ペで執筆に専念した。ここを愛用したのは、「かつて彼がシベリア横断の旅をしたときの古いセピア色の思い出がここで感じとれるからだった」[11]という説明は、このカフェにいささか酷かもしれない。しかしともかくここが何十年もの間グルジェフのパリでの「司令部」となったのだ。すでにジェイン・ヒープの特別グループのメンバーとして活動していたキャサリン・ヒュームが、初めてこのカフェでグルジェフを目にしたのは一九三二年二月のことだった。「東洋風に片足だけあぐらをかいた彼は遠くから私を見つめたが、その風貌は肩幅の広いブッダのようで、ものすごい力を放射しており、そのため彼と私の間にいる人たちはまるでみな死んでいるかのようだった」[12]

素性も曖昧なミス・ヒュームをあっさり受け入れたグルジェフは（「ジープ？　ミーズ・ジープ」[13]と彼は低い声で言った）、すぐさま彼女をプリウーレに連れていった。彼は黒いセダンに乗り、彼女はパッカードでそのあとをついていったが、道中は危険でもあり牧歌的でもあった。カエルのいる池に車を止めると、グルジェフは言った——「ここで休憩する。カエル聞く」[14]。プリウーレとそこでの一夜はキャサリンの記憶に長く残った——「それは夢のような、とてつもなく不思議な経験で、まるでお化け屋敷にまぎれこんだかのようでした」[15]。キャサリン・ヒュームがカフェ・ド・ラ・ペで、グルジェフの小さな丸い大理石のテーブルにいつまでも漂っているオルガ・ド・ハルトマンの「亡霊」に気づかなかったとしても、プリウーレではそう鈍感ではなかった。そこで彼女はキャサリン・マンスフィールドの存在を感じ、空っぽのスタディ・ハウスの中で亡霊たちが踊っているのをおぼろげながらも直感し、もう長く演奏されていないグルジェフの音楽をかすかに聞いたのである。

日を追うごとに「人間の調和的発達のための学院」はその終局に向かって歩を速めていった。一九三二年の春にプリウーレを訪れたスタンリー・ノットはその状況にショックを受けた。「庭は荒れ放題、オランジュリー（温室）は朽ち果て……高価な絨毯は……ネズミに食い荒らされていた」[16]。グルジェフの裕福さを象徴する個人的な所有物（カラクール帽や、握りに金をかぶせた杖など）はどこかに消えていた。グルジェフはパリまでノットとジャンヌ・ザルツマンを乗せて猛烈にとばしたが、それでも憂鬱にとりつかれているように見えた。

> 彼は上等そうに見せかけた既製の茶色のスーツを着、帽子をかぶっていた。カフェで休んだときも、彼は話しもせず、冗談も言わずに黙りこくり、返事をするのも一言か二言だった。私たちは……彼がいかに苦しんでいるかを感じとることができた。……人間は大きければ大きいほど担う荷物も重い。強ければ強いだけその苦悩も大きいのだ[17]。

自分の意志で実質的に仲間のほとんどを失ったグルジェフは、絶望的にプリウーレと対峙していた。彼はひどく負債をかかえており、しかも彼のビジネスからの収入もアメリカからのわずかな献金も、プリウーレの出費にはとうてい足りなかった。年輩の弁護士であるラフミリエヴィッチは、プリウーレの住人の中でその財政に貢献している数少ない一人であった。今では彼は家から家へとがらくたを売り歩き、あるいは道路工夫として働いていた。最初の抵当を守るために第二の抵当を確保する必要に迫られたグルジェフは、パリのある銀行家をプリウーレに招いてご馳走した。……しかしスタンリー・ノットの記述は不吉な予感に満ちている。

夕食のあと、グルジェフは彼とスジャーンヴァル、それに私を誘ってオランジュリーの裏手の土手に上がった。そこにはペルシアの絨毯が敷かれ、クッションがおいてあった。われわれは暑い日差しの中に座ってコーヒーを飲んだが、その間中グルジェフはプリウーレがいかに価値があるかを説いていた。それからわれわれは敷地内を歩きまわったが、そのうち銀行家の顔が蒼白になった。彼はいとまを請い、パリに帰って相談してから返事をすると約束した。私が彼を門まで送っていく途中、彼はつぶやいていた――「不可能だ、不可能だ！」。[18]

なんとかもちこたえていたラクダの背中は、ほんの一筋のわらをおいただけでもろくも崩れた。この地方のある石炭商人はグルジェフに二百フランの貸しがあったのだが、その請求書を負債取立業者に売ってしまったのだ。業者はグルジェフに激しく支払いを迫ったが、彼はそらとぼけてこれを拒否した。これに刺激された他の抵当権者たちも色めきたって抵当物件を流してしまった。……一九三二年四月三〇日、夕食の席でグルジェフは突如衝撃的なニュースを伝えた――これが「最後の土曜日、最後のアルマニャック」[19]になるだろう、と。すでに差し押さえられていたナイフとフォークをもつ人々の顔は、それぞれの内部の反応を如実に反映していた。エリザベス・ゴードンは頭から信じようとしなかった。エリザベータ・ガルムニアンは宿命だとあきらめているようで、バーナード・メッツは皮肉っぽい笑みを浮かべていた。しかし翌日、食堂が正式に閉鎖されると、一人の若いアメリカ人がいきりたち、グルジェフを「告訴する、いや傷つけてやる」[20]とまでいきまいた。続く週は大変な混乱だった。さまざまな噂が飛び交い、熱のこもった忘れがたい会話やパリへのあわただしい旅が続いた。「落ちつきなさい」[21]とジャンヌ・ザルツマンはルイーズ・ゴフェルトに言った。

五月七日のグルジェフは、かつてないほど円熟した完全なホストぶりを発揮した。ただここでもまた、これが最後の土曜日、最後のアルマニャックになるのをくやしがった。パパ・スヴェチニコフと常に忠実だったドクター・スジャーンヴァルの音頭で、「白痴のための乾杯」のグラスが上げられた。月曜日の夕食後、みなは美しいサロンに集まり、アシュクであった父の写真が飾ってある暖炉の前で、グルジェフは長い間ハーモニウムを演奏した。「何か私にできることがありますか?」[22]と「ソーセージ」は力ない声で聞いた。「金だ、金だけだ」とグルジェフは答えた。「今すぐ一〇万フランいる」[23]。しかしそんな財布をもっている者はいなかった。そしてついに一九三二年五月一日、憂鬱な沈黙がシャトー・ド・プリウーレをおおった。「人間の調和的発達のための学院」はもはや存在していなかった。

グルジェフの希望がどん底に落ちたのがいつであるか、誰にも確言はできないが、まずこのあたりであると見てまちがいあるまい。この何カ月、いや何年というもの、プリウーレの閉鎖はグルジェフの目の前にぶらさがっていた。彼自身の孤立主義がそれに拍車をかけた。しかしいざ現実のものになってみると、それは強烈な衝撃であった。いつも不平ばかり言っていたフラミリエヴィッチとマダム・スジャーンヴァルがいよいよ視野から消えてみると、皮肉にもグルジェフは喪失感を味わった。最古参であったレオニード・スジャーンヴァルが失意のうちにノルマンディーに引きこもったことは、グルジェフの痛いところを突く疑問の声となった。そしてジャンヌ・ザルツマンがまもなく去っていくことを予感すると、グルジェフは落胆した。しかし彼は自らこの関係を断固たる態度で断ち切った。個人的な所有物や、トランクいっぱいに詰まったかけがえのない彼の音楽をすべて運命の手にゆだねて、彼はパリへ去っていった。……ジャンヌ・ザルツマンの機敏な措置がなければ、こうしたものはすべて失われてしまっていただろう。

グラン・トテルの裏側の狭苦しい部屋の中で、グルジェフは古い希望のがれきの山に直面し、そして未来の希望がいかに実現困難であるかをかみしめていた。彼は六六歳になっていたが、休むことはできなかった。八月、突然グルジェフはロンドンに電報を打ち、「親愛なるアングロ・アメリカン・デリカテッセンたち」に一日だけ彼のところに来るよう要請して、みなを驚かせた。しかしオラージュは、あの強制された、もはや「オラージュ」とはなんの関わりももたないという誓約に激怒しながらも忠誠を守り、こう書き送った——「かつてはあなたの命令で海でも渡りました。今ではドーヴァー海峡でも渡りません」[24]。ではなぜグルジェフはこんなことをしたのだろう。おそらくそれは文学上の援助を求める必死の願いが思わず表れたものであろう。彼は『ベルゼバブ』と『注目すべき人々との出会い』を完結させる第三の著作の構想を練っていた。『生は〈私が存在し〉て初めて真実となる』という奇妙な題名をつけられることになる本である。しかしすぐに何かを出版したいという気持ちが彼の内部で煮えたぎっていた。一九三二年九月一三日の火曜日、カフェ・ド・ラ・ペに座ったグルジェフは恐るべきスピードである小冊子を書き上げた。『来るべき善きものの前触れ——現代人への最初の呼びかけ』である。

グルジェフが生前に発表した唯一の著作であるこの本をつつむ謎は熱い議論を呼び起こしたが、その文学的な質にまでおよぶ議論はほとんどない。この謎は底知れず深い、というのが大方の一致した意見である。半分自伝、半分論文であるこの作品は、構造的にはごたまぜで、恐ろしくまずい文体はほとんど「見事」でさえある。

この小冊子は驚くべきしろものである。いたるところに、著者はもはや正気ではないという証拠が見て取れる。……文体も実に奇妙で、ほとんど正気の沙汰とは思えない。同じことは主題そのものにもいえる。『前触れ』を読むことは、ちょうど石畳の上を荷車で行くようなものだ。……最初のセンテンスには、なんと二八四語が詰まっているのである。[25]

どうしてこんなことをしたのだろう？　さらに弟子を追放するためか？　お上品な文学を茶化すためか？　ウスペンスキーにショックを与えるためか？　人々から非難を招くためか？……あるいはただ、溺れる者はわらをもつかむの心境で、プリウーレ救済の援助を求めるためだったのか？

彼の約束した「来るべき善きもの」とは、つまるところあの壮大な『ベルゼバブ』にほかならない（「完成してすでに印刷に回っている」[26]という記述は虚偽であるが）。ところが、もし地上に『ベルゼバブ』の名誉を汚し、その出版を妨害するものがあったとすれば、そしてグルジェフの文学的評価の棺に釘を打ちこむものがあったとすれば、それはほかでもない、この皮肉なタイトルを冠した『来るべき善きものの前触れ』であったのだ。予想通り出版社を見つけることに失敗したグルジェフは、これを私家版として印刷し、あちこちに散らばる弟子たちに売りさばいた。

妨害という点では、グルジェフの六度目のアメリカ訪問も『前触れ』に劣らなかった――あるいはそれ以上であっただろう。一九三二年の末に到着すると、彼はただちにシカゴに向かった。彼は肥満していて扱いにくく、金に弱い様子を露骨に見せた（あるいは周到な演技だったのかもしれない）。彼はみんなにほしくもないあめを配ったが、その箱には気むずかしそうな顔をした「ミスター・グルジェフ」を描いた「切手」がはってあった。

彼はフリッツ・ピータースにこう言った――「君が見る人間は全員、君自身も含めて、みなくずだ。……君はこれを知らねばならん。もしこうしたくず人間の中に何かいいものを見つけたら……君もいい気持ちになるだろう」。[27]ジーン・トゥーマーは、かつてのイメージを失ったグルジェフが自分の弟子たちに与える影響を、困惑した表情で見守っていた。「グルジェフは果てしなく金を要求するためだけに自分の力を行使している――そう思いこんだ彼らは怒り、彼を嫌悪した[28]」

グルジェフはどこに行っても破壊的だった。ニューヨークでの文学関係者が集まったある晩餐会で、彼はふてぶてしい態度でクロード・ブラグドンを待っていたが、ブラグドンの方はある著名な女性の小説家と近づきになろうと一所懸命だった。

グルジェフは彼女の眼を見据え、そして明らかにある特殊な呼吸をしはじめた。……しばらくすると私は友人が顔面蒼白になるのを見た。ほとんど気を失いそうに見えた。……あとで彼女はこっそり言った――「あの男は異常な力をもっています。私を奇妙な眼で見たと思ったら、もうほとんどすぐに、まるで私の性の中枢が射ぬかれたような感じがしたのです[29]」。

一九三三年の二月末にグルジェフがフランスに帰る頃には、ジーン・トゥーマーは完全に醒めていた。「「私の目には彼はまるで変わってしまったように見えた。しかも悪い方に。彼のワークは死んだと感じた。……一九二四年以来全身全霊を捧げてきたワークが茶化され、あざけられたのだ[30]」

グルジェフが三月七日にフォンテーヌブローのグラン・カフェで書いた『前触れ』に対する「補足的通知」は、もしそんなものがありうればだが、本文そのものよりもっと奇妙奇天烈なしろものだった。グルジェフが予言するには、最近の決定的に重要な社会・政治的な変化のおかげで『前触れ』は「きわめて好調な売れ行きを示すであろう[31]」。決定的に重要な社会・政治的な事件とは、一月三〇日のヒトラーの首相就任、および二月二七日の国会議事堂炎上であったが、たしかにこの二つの事件はこの後も長い影を投げかけることになる。しかし責任ある伝記作家としては、これと『前触れ』の売れ行きとの間にいかなる関係を読みとったらいいのだろう。グルジェフの言うことはますます突飛になっていった。一九三三年の聖ゲオルギウスの日（つまりあの誓いから五年目の日）には新しいスタディ・ハウスの礎石をおごそかに据えるのだと言った。そしてその横には前代未聞の実験所――「磁気アストラル研究所」「思考ハンブレッドゥイン研究所」「メンタローテルノの翼研究所」――をおき、スタディ・ハウスをその「光り輝くキーボード」、そして「レトロ・リバウンディング・エコレイジング・オルガン」にするのだといきまいた。……大西洋の向こうで、ジーン・トゥーマーがグルジェフに対するどうしようもない絶望感を表明したのも無理はなかった――「彼は自分が作り上げたものを自らの手でたたき壊しているように見える。……彼の人生は破滅に向かいつつある。彼はまわりにいる人々を次々に追い払ってきたのだ」。[32]

聖ゲオルギウスの日（四月二三日）にはしかし、グルジェフの最大の物質面での懸念は、新しい礎石を据えることよりも、むしろプリウーレの崩壊を食い止めることにあった。彼の人生が底を打ったこの時期に、突如友人のアレクサンドル・ザルツマンがフォンテーヌブローのホテルに姿を現し、窓を閉めきった部屋で痛々しく咳こんでいた。彼は「恐ろしくやせ衰え、その顔は幽霊のように青ざめていた。実際彼は、彼自身がかつての友人ゴルテル嬢につけたあだ名である〈死神〉にそっくりだった」。[33] 現在知られるかぎりでは最後になったこのグルジェフとアレクサンドル・ザルツマンの接触は、謎につつまれている。（そのため危険なまでにさまざまな憶測がなされている）。グルジェフはハルヴァその他の菓子をアレクサンドルに届けさせ、そこで彼もなんとかベッドから起き出してカフェ・アンリ四世に出向き、どちらにとっても感無量のこの再会が実現した。われわれにわかるのは、グルジェフのザルツマンに対するいつに変わらぬ温かさと、客観芸術の観点からいえば彼は「現存する最大の画家」だという確信だけである。……それ以外については、歴史は沈黙を守っている。

なんという残酷な皮肉であろうか、延び延びになっていた『前触れ』の出版はプリウーレの正式な売却と時を同じくすることになったのだ。ガタガタの七〇台の自転車をはじめすべての付属物こみで、二〇万フランという考えられないような安値でフランスの製造会社M・Lに売られたのである。グルジェフの不運な小冊子の方は、「一九三三年八月二六日、フランスのアンジェ、カルネ街四〇番地のウェスト出版社で無事印刷された[34]」。かくして「人間の調和的発達のための学院」の院長は、ユニークなスタディ・ハウスのあった司令部を失うと同時に、妻と母が死んだ家を失い、かわりに、これから先ずっと彼の評価を脅かすことになる八七ページの小冊子を手に入れたのであった。過去一〇年間の苦闘が生み出したのはこの奇妙な果実ひとつで、その果実である『前触れ』は、グルジェフらしく、「実に変わった紙――スエードのようで、それでいて鳥肌が立つような感触の紙に印刷され[35]」、価格も買い手次第で八フランから一〇八フランまでの幅がもたせてあった。百部がウスペンスキーに送られたが、彼は（グルジェフが梅毒にかかって狂ったのだと考えて）全部焼いてしまった。グルジェフ自身もフランスに長くとどまりすぎたのではないかと思うようになった。彼はザルツマンが連れてきた有望な弟子のルネ・ドーマルと若い花嫁のヴェラをジャンヌ・ザルツマンの手にゆだね、彼自身の家族にも適当な住居を与えた。……しかしある秋の朝、謎めいたその姿はお決まりのカフェ・ド・ラ・ペにはなかった。ムッシュー・グルジェフはどこかに消えてしまったのである。

強い外国語なまりの風変わりな男がニューヨークのヘンリー・ハドソン・ホテルにチェックインし、安物の黒いスーツケースをあえぎながら運び上げていた。彼は一人で、疲れきっているように見えた。グルジェフの今回のアメリカ入国は随行団を従えた鳴り物入りの訪問ではなく、はっきりした予定もなかった。それどころか、手土産といえば不名誉な失敗しかなかったが、にもかかわらず人を引きつける巨大な力は失ってはいなかった。多少羽根を焦がした蛾の群れ（ミュリエル・ドレイパー、ジーン・トゥーマー、ゴーラム・マンソン、リンカン・カースティン、エドウィン・ウルフ、スカイラー・ジャクソン、ニック・パットナム、ポール・アンダーソン）

が舞いもどってきたのが何よりの証拠である。しかしいったい、グルジェフ自身は彼らが関心を新たにして帰ってきたのをどれほど喜んでいたのだろうか。教師役に疲れ果てている兆候が見て取れたからである。「精神的指導者」を自称する者で、アメリカの報道陣にこれほど魅力と霊妙さを欠いたイメージを与えた者もまずいないだろう。到着後数日のうちにグルジェフが開いた夕食会には、一五人の着飾ったニューヨーカーが招かれたが、その圧倒的多数を新聞記者や特派員が占めていた。一時間ほどは彼も貧しくて謙虚なホスト役に徹し、客を丁重にもてなしていた――が、やがて、人間がいかに退化して「純粋なくず」になってしまったかを見て取った。

彼はすばらしく着飾った美しい女性に話しかけ、その髪型や衣装、香水などをほめ、そしてこう言った。……なぜ彼女がこれほど念入りにめかしこむかというと、それは彼女が強い性的欲求（彼流にいえば「性交への欲望」）をもっているからだ。……なぜそんなに強いかというと、彼女はこれも特別に強い想像力をもっていて、はやくも自分がいろいろな性行為をしているところを……「たとえば君たちが英語で〈シックスティ・ナイン〉と呼んだりするやつを、頭に描いているからだ[36]」。

アルマニャックと四文字言葉がちりばめられた会話に煽られ、その場の雰囲気に染まった客たちの間では、ほどなくカップルができあがり、程度はさまざまだがそれぞれが服を脱いでくつろぎはじめた。ちょうどそのとき、グルジェフはだしぬけに、

馬鹿でかい声で彼らに言った――君たちはもう十分に、私が観察してきたアメリカの堕落を証明してくれ

た。もうこれ以上見せてくれる必要はない。……それに君たちはこのレッスンに授業料を払わなくてはならない……小切手でも現金でもけっこうだ……[37]

驚くなかれ、彼はこれで数千ドルを集めたのである！

かくしてニューヨークはグルジェフを再び優しく受け入れはじめた。あちこちのチャイルズ・レストランのウィンドウ越しに、パンケーキを食べ、コーヒーにレモンをしぼっている彼の姿が見かけられた。ここで彼は弟子たちの相談にのり、精神的、肉体的に問題のある患者を診た。彼と話したジーン・トゥーマーはますます不安にかられ、こう自問せずにはおれなかった——「彼はいったい何者なんだ？　彼の目的は？　私には何を期待しているのだろう？　世界の人々には？　私は単なる道具にすぎないのか？……彼は最高のエゴイストなのか？　それとも誰かが言っているように、狂っているのだろうか？[38]」。

一九三四年の春、ジーン・トゥーマーはおずおずと彼の意向を告げた——裕福なマージョリー・コンテントと結婚し、実質的にワークを離れるつもりである、と。するとグルジェフは的はずれな返事をした——彼自身も明日フランスに帰るつもりである、ついては二百ドル都合してもらえるとありがたい、と。それどころか彼はさらに三百ドル要求するのだが、それでもその存在の重さがトゥーマーを圧倒し、彼の疑問をすべて蹴ちらしてしまうのである。

狂ってる？　彼はすばらしい能力を完全にそなえている。堕落して生活が乱れている？　とんでもない。暗闇や一人ぽっちがこわいって？　馬鹿げている。彼がいかなる経験をしてきたとしても、彼の中に見て取れるものは、どの点から見ても明らかな進歩なのだ。[39]

五月、かくして再びグルジェフに引きつけられたトゥーマーは、彼を説得してシカゴに向かわせた。

駅での別れという舞台では、グルジェフという役者に並ぶ者はなかった。ペトログラードで見せた高貴な聖者への「変身」はエッセントゥキのごろつき「科学者」と好一対をなし、パリでのギリシア悲劇ばりのオルガ・ド・ハルトマンとの別れは、ここニューヨークのグランド・セントラル・ステーションでくりひろげられたプラック・コメディと完全な対照をなしていた。七つのスーツケースと多数のとりまきを従え、出発一〇分前にプラットフォームに到着したグルジェフは、同行するフリッツ・ピータースにこの夜行特急の出発を遅らせるよう命じた。しかしこの若者の努力も空しく、結局は動きはじめた列車にむりやり押しこまれたのであった。

うわべだけは丁重なこの扱いに大声で悪態をつきながら、一二両編成の寝台車でうとうとしていた客たちの怒りをものともせず、彼は大きな音を立てて自分の予約席へ歩いていった。その夜はフリッツには（そしてほかの乗客にも）果てしなく長く感じられた。夜の間じゅうグルジェフは寝返りをうち、うめき声をあげ、たえまなく水やタバコを要求した。朝食の席ではメニューの料理にはまったく食指を動かさず、ウェイターや食堂車のマネージャーと「長い会話をし……彼の消化の機能について詳しく話し、非常に特別なケアが必要なので、ついてはヨーグルトその他の（当時としては）珍しい食べ物を出せないかと交渉し[40]」て彼らをいらだたせた。

フリッツ・ピータースは、この列車の旅の思い出を永遠に刻印した。

私の人生でも、こんな日は経験したことがなかった。グルジェフはたえまなくタバコを吸い、他の乗客から苦情を言われようがポーターから脅かされようが平気の平左だった。酒も痛飲し、たまに平和なひとときがやってくるといろんな食料を出してきたが、その大半がものすごい臭いのする種々のチーズだった。[41]

目的地に着いたとき、フリッツ・ピータースは精神分裂に陥る一歩手前だったが、グルジェフの方は朝のヒナギクのように生き生きとしていた。

到着の直前までこらえにこらえていたフリッツ・ピータースの怒りは着くやいなや爆発し、迎えの人たちをあわてさせたが、無理もないことであったろう。いずれにせよ、彼の激しい非難もグルジェフには痛くもかゆくもなく、またグルジェフ自身もシカゴのノース・サイドのインテリのサークルにはほとんど衝撃らしきものを与えなかった。実のところ、彼の真の関心はフリッツ・ピータースにはもちろん、ジーン・トゥーマーにもなかった。最近の軽率な行動を自己批判した彼は、早くシカゴを離れようとした――「変わらなければならない。われわれは特別な場所に行く[42]」。

一九三四年六月、グルジェフはかつての美しい弟子オルギヴァンナ、そして彼女の新しいアメリカ人の夫で天才的建築家であるフランク・ロイド・ライト[★23]と、ウィスコンシン州スプリング・グリーンの「タリエシン」で会った。一〇年前に師のもとを去ってはいたが、オルギヴァンナの忠誠心は微動だにしていなかった。気を滅入らせるさまざまな禁止命令、逮捕令状や陰謀容疑の捜査令状、不法入国、捨てられ、愛情から見放され、道徳的に堕落し、誘惑され、そして姦通――こうした涙の谷間を通り抜ける間も、グルジェフの教えはオルギヴァンナの核に根をおろして彼女を支えてきた。彼女とライトは、それぞれ以前の結婚を清算するというつらい経験を経てついに結ばれたのだ。グルジェフの方法にヒントを得た彼女は、ライトとともに「タリエシン・フェローシップ」を設立し、ウィスコンシン河の近くに広がる千エーカー（約四平方キロメートル）の土地に建築家養成のための寄宿学校を開いていた。彼女はまた、その簡潔ではあるが感動的な『キャサリン・マンスフィールド最期の日々』の中でグルジェフを強力に擁護している。ここですぐに浮かぶ疑問は、この出会いで彼はいったいどちらの「グルジェフ」を検証にさらしたのだろう、そして辛辣で意志が強く、はっきりした意見の持ち主であるライトがこれにどう反応したのだろう、ということである。

グルジェフのタリエシン滞在の記録はわずかしか残っていないが、それを読むと疑問はますますふくらむ。非常に深い学識の持ち主であるというふれこみのもと、彼は台所につかつかと入りこんでシェフの役割をかっさらったようだ。

彼は調理役の者たちに、一番年をとっていて肉が硬そうなニワトリをもってくるよう言った。……スパイスやコショウやハーブが入った小さな袋をたくさんポケットから取り出すと、時折鍋にひとつまみ、ふたつまみ投げこみ、ついにはすばらしい料理を仕上げたのだ。[43]

ライトの若い弟子たちは、この謎めいた客を喜んで受け入れた。のちにピアニストになったエドガー・タフェルはこう言っている――「あとあとまで一番よく覚えていたのは彼の音楽でも哲学でもなく、彼が教えてくれたザワークラウトの作り方だった」[44]。しかしこうした平面的な記述では、グルジェフが現代アメリカのもっとも偉大な建築家に与えた真の衝撃を伝えることはできまい。

フランク・ロイド・ライト――青いベレー帽をかぶり、オペラ歌手のようなマントをまとったこの男は多くの賛辞を受けるに値する。彼から承認を得ることは、非常に名誉なことだった。その彼から、グルジェフはナイアガラの滝のように降り注ぐ賞賛を引き出したのだ。彼の目に映ったグルジェフは「真の預言者を造ったのと同じ材質で造られていた」[45]。またグルジェフは真の意味での建設者であり、同時に「有機的人間」(ライトの最高の誉め言葉)であった。彼はアウグスティヌスや老子、イエスに似ていた――

この驚くべき人間のやってきたことを見ると……われわれは初めて、他の哲学者とはまったく違った哲学者に出会う。この男は……生涯苦闘を重ねながら、東洋の古代の叡智を西洋の思考法にもわかるように紹介したのみならず、この叡智を「ワーク」という形でわれわれに与えてくれたのである。[46]

プリウーレの刻印はすでにオルギヴァンナによってタリエシンの地に押されていたが、それが今確認されたのだ。グルジェフの「動作・感情・思考の各センター」はライトの「手・心・頭」となり、そしてグルジェフの「超努力」はライトの「疲れには疲れを積み重ねよ」という言葉となって再び浮上してきたのである。……ただ欠けていたのは、人を惑わせる超現実的な（たとえば七〇台の自転車を購入するといったような）要素だけであった。

「山猫のような黄色いきらめき[47]」を発するオルギヴァンナの眼は、彼女が満足し、ほっとした様子を伝えていた。たしかに彼女の夫のグルジェフ受容は強い絆で結ばれた師弟関係の様相を帯びてきた。しかしそこには幸福な了解が、すなわちライトは建築に、グルジェフは哲学に、という了解があった。もしグルジェフがタリエシンでの居心地のよい滞在を引き延ばし、このまま一種隠者の役を演じていたいという誘惑にかられたとしても、彼はそれを拒否した。それでも彼は「輝く額」を意味するタリエシンを、アメリカの受容しうる顔として愛し、敬意の念を抱きつづけた——まるでそこは、アメリカに存在しはするがアメリカの一部ではないかのように。「プリウーレの極西部版」を作りたいという彼の思いはかつてはまったく現実離れしているようだったが、ここにきて多少の現実味を帯びてきた。

サルムング修道院からの使者がニューメキシコ州アルバカーキの北一九〇キロのところにあるタオスに落ちつ

き、その弟子の大半がヒスパニック系アメリカ人、およびホピ、ナヴァホ、アパッチ、コマンチらのインディアンで占められているという図はいささか想像しにくい。しかし現にグルジェフは、一九三四年の燃えるような夏、タリエシンから緊急の手紙をメイベル・ドッジ・ルーハンに書き送り、ニューメキシコの牧場を提供してくれるよう頼んだ。これはもともと一九二六年一月に彼女が申し出たもので、そのとき彼はこれを辞退していた。しかしメイベルも今や五五歳になり、ジーン・トゥーマーへの熱情も冷め、おまけに友人のD・H・ロレンスが彼女のグルジェフに対する信頼を突き崩そうとやっきになったことなどを考えあわせると、八月一八日の手紙であの申し出はもうご破算にしたと言ってきたとしてもそれほど驚くにはあたるまい。……さらば、グルジェフ！というわけだ。

九月末、グレイト・ノーザン・ホテルに再び姿を現したグルジェフは、またしてもメディアの攻勢に対処せねばならなくなった。三流の彫刻家で作家でもあるロム・ランドーがグルジェフのいる二一七号室を訪ねてきたのである。ランドーはニュースのネタに飢え、聞きかじりのセンセーショナルな話をしこたまためこみ、そして致命的に自信過剰だった（「私は〈テレパシー的な〉暗示には簡単にはかからない。……これまで一人の医者も催眠術師も私に催眠術をかけるのに成功したことがない」[48]）。グルジェフは彼にげんなりするほどの丁重さで接した。「私、君にすばらしいタバコあげる」と強く勧めた。「本物のタバコ、極上品、極上品、極上品。これがいやなら、ほかのやつ……トルコ産、ロシア産。どっちがほしい？……どうぞどうぞ、とってもいいタバコ、禁煙タバコってやつをあげよう」[49]。ランドーはなんとかもちこたえていたが、彼の懐疑的な性格をもってしてもグルジェフの「放射物」から身を守ることはできなかった。

私は下半身から力が抜けていくのをはっきりと感じた。へそから流れ出る感じなのである。……二、三〇秒もすると……胃が神経過敏になってピリピリ痛みだし、恐怖さえ覚えるようになった。……もしそのとき立ち上がろうとしたら、きっと足がなえて床に倒れていたことだろう。[50]

ちなみに、グルジェフがランドーに与えた『前触れ』は最後に残った中の一部だったにちがいない。その数週間前から彼は自分の著書を断罪していたのだ。思い返せば、この本の存在理由は、放射線写真法、テレパシー、「テレプシ」、白魔術と黒魔術などに暗示的に言及していることを除けばきわめて曖昧なものであった——そう確信したグルジェフは、これを出版しないことに決めたのである。「『来るべき善きものの前触れ』と題された本をもしまだ読んでいなければ、幸運に感謝し、決してこれを手にしてはならない[51]」。しかしランドーの場合、この禁止は来るのが遅すぎた。「黒魔術師」グルジェフはランドーのジャーナリストとしての燃え立つような期待を十分に満たしてやったのだ。

一九三四年一一月六日の月曜日は、グルジェフにとって始めよければ終わりよしとはいかなかった。早く起きた彼はコロンバス・サークルのチャイルズ・レストランに行き、『生は〈私が存在し〉て初めて真実となる』の「序章」を書きはじめた。「この朝私は、まるで何カ月も馬小屋に閉じこめられたあとで急に自由にされた〈血気盛んな馬〉のような感じがした[52]」。きっかり七年前のその日を考えると、なんという劇的で幸せな変化であろう。七年前のその日、彼は著書についての「憂鬱な考えの渦に巻きこまれて眠れない[53]」まま、ついには自殺まで考えたのであった。しかしこの朝は執筆も順調に進んだ。一一時に、翻訳の問題で「自発的」苦悩と「意図的」苦悩の違いを説明したことから、言語に関する一大議論がもちあがった。そのさなかにグルジェフは電話に呼び出され、オラージュが心臓発作で昨夜亡くなったと告げられたのである。

その後二カ月間、彼は一語も書かなかった。彼がこの「超白痴（スーパー・イディオット）」の死に対していかなる個人的な悲哀の念を感じたかはともかく、それが非常に気になって執筆に集中できなかったことはたしかである。彼のところにやってくる者はそろいもそろって同じせりふを口にした――「オラージュ氏が亡くなったことに衷心よりお悔やみを申し上げます[54]」。オラージュの亡霊がさまようのが目に見えるニューヨークでは気を散らさずに仕事をするのは不可能だと感じたグルジェフは、なんとか活路を見出すべく、まずワシントンへ、ついでボストン、シカゴ、そして南部へと赴いた。しかしどうしようもなかった。どこへ行こうと善意の者たちの一群が待ちかまえていて、彼に近づいてきては「〈お悔やみの言葉〉のリストの中から、丸暗記していた言葉を〈一気に吐き出した[55]〉」のであった。こうした機械的にくり返される空虚な言葉にはなんの意味もないばかりか、馬鹿げてもいた。「これら南部諸州から、かの有名な〈悔やみの言葉〉を述べにきた者たちの中には、オラージュ氏に会ったことがないばかりか、その存在さえ聞いたことがない者までいた[56]」からである。一九三五年一月になってようやくグルジェフはニューヨークにこっそりと帰り、執筆と医師・催眠術師という二重の生活を再開することができたのである。

一九三五年の春、グルジェフのアメリカでの最後の数週間は、一種のロールシャッハ・テストとして考察できるだろう。つまりそれは、この期間のつかみどころのない行動よりもむしろ、それを行った者について多くのことを明らかにするようだ。この期間の彼の行動の動機、緊張、そして偶然の一致などを考えあわせると、いささか驚くべき推測が可能となる。四月九日、グルジェフは『生は〈私が存在し〉て初めて真実となる』の「プロローグ」を書き上げ、そして独立した章の感のある「人間の外なる世界と内なる世界」を書きはじめた。彼は上機嫌のようだった――自分に課した執筆もほぼやり遂げ、健康も回復し、「人間が共通してもっている精神に関する問題[57]」の研究も満足のいく形で進んでいた。さらに彼はレオニード・スジャーンヴァルから、プリウーレが再び市場に出回っていることを知らされた。アメリカ人の弟子であるニック・パットナムとポール・アンダーソンは財政的援助をしてくれる人間を探してかけずりまわっていた。しかしそんな折り、四月一四日の日曜日に、グルジェフはたまたまロシア移民のための新聞『ルースキー・ゴーラス』を手にした。そしてなぜか、あの不思議な、「ロシアで始まり、ロシアで終わる」[58]という言葉が思い起こされ、また希望がよみがえってきたのである。『ルースキー・ゴーラス』の何がグルジェフをこれほど引きつけたのかといえば、それは「老年の問題」と題されたひとつの記事であった。しかしまたどうして？　文体は稚拙で、現代のソヴィエト科学が人間の寿命の研究において果たした功績をたたえる説得力に欠ける魅力のない文章は、どう見てもグルジェフ的スケールには似合わない。それでは、いかなる隠された理由で彼はこの記事全部を（執筆者を明記した上で）「人間の外なる世界と内なる世界」に入れようと考えたのか？　ある暗号化された警告を含むひとつの文章が全体を解く鍵となる、ということは考えられないだろうか？　このとりたててどうということもない文章の中に、突然次のような陰鬱な言葉が出てくるのだ――「死は、疑いなく、大急ぎで人間にやってくる」[59]。二週間が過ぎた。ポール・アンダーソンから電話があり、ある著名な政治家がグルジェフを財政的に援助することに真剣な関心を示していると言ってきた。

その政治家、ニューメキシコ州サンタフェ選出の共和党の上院議員、ブロンソン・マリー・カティングの中に、恩寵がアメリカ的な理想と本質すべてを凝縮したかのようであった。ハーヴァード出身で、ブル・ムース（オオシカ）運動*の指導者の一人であり、またニッカーボッカー・クラブのメンバーで、監督教会派の一員でもあったカティングは、かつて内務長官のポストを辞退しており、四六歳にして将来の大統領候補と見なされていた。グルジェフはどうもこうしたタイプの人間にめぐりあう運命にあったようだ。「アメリカ人はまだ内面が閉

訳注＊――――セオドア・ローズベルトが中心となって進めた改革運動で、「進歩党」を結成し、オオシカをシンボルとした。

じていないから他の民族よりも受容性が残っている。素朴で馬鹿かもしれないが、まだリアルだ[60]」。自らを激励しつつ、彼はこの天から送られた庇護者に会いにワシントンに向かった。しかしカティングが予想外に長くサンタフェにとどまるというちょっとしたズレに、グルジェフは珍しくしびれを切らし、おまけにそれを弁解までした――「私によからぬ思いを抱いている敵がどんどん増えている[61]」。ホテルでじりじりしながら数日を過ごしたグルジェフは、アンダーソンにロシア大使館に行き、ロシアにもどってそこで教えを再開できるかどうか確かめてこいと命じて仰天させた。

ロシアにもどる?! フランスのドミトリとソフィー・イヴァノヴナはどうなるのだ? ジャンヌ・ザルツマンは? へたな仮装をしたレーニン攻撃を含む『ベルゼバブ』の出版は? カティングの援助を得てプリウーレを買いもどそうという計画は? そしてそもそもグルジェフの西洋への布教はどうなるのだ? ついでにいえば、当時のロシアの状況はとりわけひどいものだった。一九三四年一二月に起こったセルゲイ・キーロフの暗殺は、スターリン[★30]の大粛正をその頂点とする恐怖政治の幕を切って落とした。そしてその奔流は一千万人の人命をのみこむことになる。こうした中、グルジェフにロシア行きを考えさせたのにはよほどの理由がありそうだ――たとえば彼の師に急速に死が近づきつつあったとか。この難解なロールシャッハ・カードには、どんな主観的な解釈をしても最後にはどうしても不確定性のほうが強くなる。しかしひとつだけ考慮すべき事実がある。一九三四年、あの注目すべき人間、ラマ・アグワン・ドルジェフはブリヤート＝モンゴルからレニングラードに亡命した。歓迎されないこの八一歳の老人に、死はまちがいなく迫っていたであろう。

モスクワからの返事を待っているグルジェフのもとへ、カティングは電報でワシントン到着の確実な日時を知らせてきた。退役軍人支給金に関する議決のために五月六日に着くというのである。占いは大吉と出そうだった。グレゴリオ暦、すなわち現在の暦でいう五月六日は、旧暦すなわちユリウス暦では四月二三日にあたるが、この日はグルジェフにとって聖なる日で、必ず何か大きな行事を行ってきた。かくしてこの決定的会談はプリウーレの「戴冠式の日」となるはずで、勝利者聖ゲオルギウスの日、そしてユリア・オストロフスカの誕生日とも重なっていた。ところが、占いははずれた。一九三五年五月六日、すなわちグルジェフがその七年前、「私の世話をあれこれ焼くことで私の生活をあまりに快適なものにしている者たちを、全員私の視野から追い払う[62]」という誓いを立てたちょうどその日に、悲劇が起こったのだ。

カティングをアルバカーキからワシントンに運ぶ双発のスカイ・チーフ三二三号機は、午前二時五六分にカンザス・シティに着陸して燃料を補給する予定であった。しかしひどい濃霧に手を焼いた機はカークスヴィルの緊急着陸地へ進路をとり、夜明け直前、ミズーリ州アトランタ近くの牧場に激突した。死者の中には、膨大な電話代請求書と母親の写真で身元が判明したブロンソン・カティングその人も含まれていた。（切断され、つぶれた彼の遺体を引きずり出したリンウッド・バトラーはこう証言している――「彼には何が起こったのかまったくわからなかったと思われます[63]」）

五月六日、ワシントンでグルジェフが起床して支度を整える頃には、上院議員会館には星条旗の半旗がかかげられ、さまざまな政治家が弔辞を述べていた。ボラー上院議員はなんと言っていいかわからないと言い、ハイラム・ジョンソン議員はブロンソンは自分にとって息子のようなものだったと述べ、ローズベルト大統領までが、「旧友をこんなに早く亡くしたことを聞き、深い悲しみに沈んでいる[64]」と述べた。たしかに彼が、そしてみんなが悲しんでいたことはまちがいないが、（カティングの母親を除けば）グルジェフほどその死を嘆いた者はいなかったであろう。そして追い打ちをかけるように、その数日後にロシア大使館から暗い知らせが届いた――「ソヴィエト連邦への帰還は、割り当てられた仕事を受け入れるという条件が満たされれば許可される。ただし何かを教えることは許されない[65]」。

　このどん底の時期に職業作家グルジェフは姿を消した。「人間の外なる世界と内なる世界」は中断され、その結果、サルムング教団、および彼のエソテリシズムの核ともいうべき、人間の身体、精神、魂の隠された欲求とその可能性に関する真理を開示するという、これまで何度もされてきた約束も反古になってしまったのである。彼の物語は凍結し、その骨組みも崩壊した。グルジェフは消えてしまったのである。

13 治癒の諸様式

［1935.5.7〜1939.9.2］

五月から九月までといえばかなり長い時間だが、一九三五年のこの期間、グルジェフは消えてしまった。ドイツに行ったのだろうか？　それともレニングラードか？　いや、中央アジアまで行ってしまったのか？　これらはすべてグルジェフ関係の文献が想像をたくましくしているものであって、パスポートの日付とは一致しない。ひとつはっきりしているのは、九月のある朝、カフェ・ド・ラ・ペのウェイターが、テラスに並んでいるパラソルの下のお気に入りのテーブルにグルジェフが座っているのを見つけたことである。「ムッシュー・ボンボン」は帰ってきたのだ。

グルジェフの弟のドミトリ、レオニード・スジャーンヴァル、ジャンヌ・ザルツマン（今ではジャンヌ・ド・ザルツマンと変えていた）[★29]、ジェイン・ヒープ、ラフミリエヴィッチまでが急いで彼に最新の情報を与えた。彼の旧友のアレクサンドル・グスタフ・ザルツマンは、一九三四年三月三日、ついにジュネーヴの近くのレイシンで亡くなった。わずかな慰めはパリに新たな弟子たちが集まっていたことだ。彼らは二つの対照的なグループに分かれていた。数の上では圧倒しているジェイン・ヒープのレズビアンのグループはモンパルナスに本拠をおき、ジャンヌ・ド・ザルツマンの指導のもとでようやく形をとりつつあったフランス人のグループは一〇キロ離れたセーヴルで集まっていた。「セーヴル」という名は縁起が悪かった。（一九二〇年八月のセーヴル条約がカーズィム・カラベキル・パシャの怒りに火をつけ、それがきっかけとなって、グルジェフの妹やその家族を巻きこむ大虐殺が始まったからである)。しかしこのセーヴルのグループには、全身全霊をワークに打ちこんでいるルネ・ドーマルと妻のヴェラ、東洋学者のフィリップ・ラヴァスティーヌと彼の若い妻の「ブシック」(ジャンヌ・ド・ザルツマンの娘)らが集まり、フランス人の間のグルジェフに対する敵意の壁に穴をあけはじめていた。

イギリスからのニュースは悪かった。ロム・ランドーの精神の遍歴の記録である『神はわが冒険』がアイヴァー・ニコルソン・アンド・ワトソンから出版された。この本が、ワークおよびその何人かの指導者のことをこれまでになくあからさまに描くことで大きな反響を呼び、ベストセラーになっていたのだ。ランドーはこう書いていた――「私はこれまで、人々が眠りという幻影を克服し、高次の意識を獲得するのを助けるのに、この人物ほど直接的かつ論理的に人々に働きかけている者を見たことがなかった[1]」。しかしこの賛辞が捧げられていたのは、誰あろう、ウスペンスキーその人であった！　そのウスペンスキーの師についてはランドーは別の意見をもっていた。彼の教えは混乱していて、「その人格は、たしかに力強いものではあったが、私にはなんの感銘も与えなかった。つまり私は、ジョージ・イヴァノヴィッチ・グルジェフなる人物の中に、人間の調和的発達を認めることができなかったのである[2]」。自尊心を傷つけられたランドーの恨みは深く、この本のあちこちで煮えたぎっている。――グルジェフが催眠術で彼に圧力をかけたこと、グルジェフの『前触れ』というとんでもない本のこと、ブラグドンの友人の小説家を「テレパシー的にレイプ」したこと、そして「ドルジェフ」として政治的な謀略をめぐらしたこと、等々。……この趣味の悪い、ばかばかしい話を寄せ集めた本は、グルジェフの生前に出版された彼に対するもっとも激しい批判本であった。それでもその影響力は大きく、そのために多くの人がグルジェフとその教えに対して心を閉ざすことになった。

寄宿する者たちや学院、それに執筆の圧力から解放されたグルジェフは、一九二四年以来もっとも近づきやすくなっていた。ジェイン・ヒープにとって彼と親しくなる絶好の時が来たように思えた――が、それも幻影であった。彼女は一九三五年一〇月一八日にロンドンに移住するが、このパラドックスは、両者のどちらかが相手に愛想をつかしたということではとうてい説明できない。彼女とグルジェフの関係は長く、強いものだった。（何年もの間彼女は、『ベルゼバブ』の中の「公平無私なる思考活動から必然的に生じた結果」という章を声を出して読むことを許可されていた唯一の人間だった）。ではなぜなのか？　ウスペンスキー、あるいはランドーの本がこの謎を解く鍵なのだろうか？　われわれにはなんとも言えない。しかしともかく、イギリスに着いたジェインは謙虚にもウスペンスキーのグループのひとつに入会を申しこんだ。ウスペンスキーはこれを拒否した――矯正しようのないレズビアンだからというのがその理由であった。

ウスペンスキーに公正を期すために言っておくと、「このようなタイプ」に対する拒絶はグルジェフの思想を忠実に反映したものなのである。

性に関して完全に正常な者だけがワークにおいて何かをなしとげる可能性をもっている。あらゆる種類の「独創性」、奇妙な趣味、奇妙な欲求、あるいは逆に恐怖心……こうしたものは最初から壊さなければならない。現代の生活と教育は恐るべき数の性的異常者を生み出してきた。こうした人間はワークにおいてはいかなる可能性もない。[3]

グルジェフのこの規則は同性愛にも当てはまるのだろうか？　これについてのもっとも重要な証人の一人であるフリッツ・ピータースは、いかなる疑問の余地も残していない――「彼は同性愛に関しては清教徒的、いや狂信的ですらあり、これを激しく弾劾した。……同性愛者として生涯を送れば、袋小路に行き当たらざるをえないと感じていたのだ」[4]。しかし（ここでも理論と実践がぶつかりあい）、グルジェフが援助の手を差し伸べたのはセーヴルのグループではなく、モンパルナスのグループだった。

ジェイン・ヒープはそれ以前に、理由も明らかにしないまま彼女のグループを解散していたが、メンバーは特に助言を受けなくても自然にグルジェフの指導を求めに行った。一番すばやく行動したのはキャサリン・ヒュームで、サン・ラザール駅でジェイン・ヒープを見送ったその足でカフェ・ド・ラ・ペに行き、グルジェフを捜し当てた。そしてその金曜日の午後には、グラン・トテルの狭いグルジェフの部屋で『ベルゼバブ』を朗読していたのである。「私は今読んでいる本の著者が向かいのソファに座り……私に耳を傾けているのを痛いほど感じていた。その集中力はものすごく、まるでわれわれの間にある空気中の酸素をすべて燃焼させてしまうほどだった」[5]。その夜、彼女とルイーズ・デイヴィドソン、それにソリータ・ソラーノは、ブラスリー・エクセルシオールで師と夕食をともにした。

真っ赤にゆであがって湯気を立てている「川エビ」を盛った大皿がテーブルにおかれると、グルジェフは「オィー、オィー」と声をあげた。彼は六つのグラスにアルマニャックをついだ。……四つは私たちに、二つはそれぞれ店主とウェイターに[6]。

事態はすばらしいスピードで進展していった。

グルジェフの最初のパリ・グループは、この三人の冒険心あふれるアメリカのオールド・ミスによってスタートした。一九三五年一〇月二一日、彼女らはオテル・ナポレオン・ボナパルト——小さなホテルで、設備はお粗末だったが昔の雰囲気は濃厚に残していた——の六号室に集められた。ボナパルト街三六番地に位置し、エコール・デ・ボザール（美術学校）やカフェ・デ・ドゥー・マゴ、カフェ・ド・フロールにも近く、サン・ジェルマン・デ・プレ教会やブラスリー・リップに行くにも便利なこのホテルは、文学のそうそうたる顔ぶれに宿を提供してきた。ジューナ・バーンズは失意の日々をここで泣き暮らし、スコット・フィッツジェラルドは「マーガレット、助けてくれ」と叫びながらホールでごろ寝し、健脚のヘミングウェイは「もろい骨と卓抜な頭をもった羽根のように軽いジェイムズ・ジョイスを背負って」[7]その階段を駆け上った。ソリータ・ソラーノは五階の一六号室に移り住み、一五号室には彼女のパートナーで「ジュネ」の通称をもつコラムニストのジャネット・フラナーが入っていた。この一五号室は、かつてジェイン・ヒープとマーガレット・アンダーソンが校正用の緑のインクをシーツの上にこぼしながら『リトル・レヴュー』の最終号を用意した部屋でもあった。六号室にはキャサリン・ヒュームが入ったが、ここはジャン・コクトーがアヘン中毒から「回復」して出るまでいた部屋だった。そして今そこには、「台座の上に座ったブッダのように、古ぼけたソファを専有し、そばにミネラル・ウォーターと灰皿をおいた」[8]グルジェフが座っていた。一九三五年の一一月と一二月、この「教授」はきわめて頻繁に、しかしまったく予期せぬときにオテル・ボナパルトに現れるので、ハゲ頭のマネージャーのM・ルイは「警告用のベルをすばやく三度鳴らして彼の到着を知らせることに同意した」[9]。

ここ数年、どちらかといえば無気力であったグルジェフは、ここにきて再びガルガンチュア的な教師役にもどった。彼はまず三人の、どう見ても彼の弟子にはふさわしくないような女性たちにそれぞれの「内なる動物」を振りあてた。ソリータはカナリア、ルイーズは陸に上がったイワシ、そしてキャサリンはワニである。(「ワニの肉は嫌いだ。食べない。でもワニは好き。先に送り出して敵をのみこませる、とても役に立つ」[10])。そして突然「すべての〈普通の白痴（オーディナリー・イディオット）〉の健康を祝して！」のかけ声とともに、彼女らは「イディオティズムの科学」の中に突き落とされた。これは二一の「白痴（イディオット）」もしくはアーキタイプからなるタイプ分類学とでもいえるものだが、グルジェフは決まり文句やアドリブのせりふをつけ、シャトー・ド・ラルサングル・アルマニャックの杯を何杯も重ねてこれを祝うのであった。「カナリア」「イワシ」「ワニ」はそれぞれ熱心に、これら二一の白痴の順序とその意味を探っていった。オーディナリー（普通の）、スーパー（超）、アーチ（主要な）、ホープレス（どうしようもない）、コンパッショネット（思いやりのある）、スクァーミング（もだえ苦しむ）、スクェア（謹厳実直な）、ラウンド（率直な）、ジグザグ（首尾一貫しない）、エンライトゥンド（啓蒙された）……と続き、最高位の二一番、ユニーク（独自の）・イディオット、すなわち神にいたるのである。この三人の女性が周囲を見回しながら大胆にこう推測したとしても不思議はない――「私たちは予測不可能なものの常連客になった」[11]。

一九三五年のクリスマス、グルジェフはグラン・トテルから、パリのかつての城壁の内側にあるラビー街のアパルトマンに移った。そこはカフェ・ド・ラ・ペよりも（アレクサンドル・ネフスキー大聖堂の横の）サル・プレイエルの方に近く、そのことからもグルジェフが職業作家から「舞踏教師」に舞いもどったことが確認できるだろう。オテル・ナポレオン・ボナパルトに住む三匹の動物がラビー街で目にしたのは、スリッパとだぶだぶのズボンをはき、房飾りのついた赤いフェズ帽をかぶった東洋人グルジェフであった。彼は精神的な導き手の一典型であると同時に、コックであり、家長でもあった。

何かやるときは、全身全霊を打ちこみなさい。一度にひとつのことだけ。今私はここに座って食べている。私にとっては、世界の中にこの食べ物とテーブルしか存在していない。私は全注意を傾けて食べる。君たちも同じようにしなくてはならない――何をやるにもだ。……一度にひとつのことをやることができれば……それは人間の、つまりカッコつきでない人間の財産になる。[12]

大きな晩餐を用意するときには、グルジェフはロシア人で彼の副官的存在であるガボの助けを借りたが、臨時の秘書役を務めているエリザベス・ゴードンにぶつぶつ文句を言われた。彼女の抑圧された感情は、時に「突然の激怒となって[13]」噴出したのである。

一九三六年一月初め、グルジェフは「ロープ」なるグループを結成した。メンバーはミス・ゴードン、ソリータ・ソラーノ、キャサリン・ヒューム、それにキャサリンのアメリカ人の友人で売れっ子の服飾デザイナーである「ウェンディ」であった。グルジェフの意図をわれわれはどう解釈すべきなのだろう。これまでの彼の経験は偏りのない幅広いものであったが、この四人の中年レズビアンだけの閉じられたサークルの中で行うワークに新奇さを感じたのであろうか？　もしかしたらそれと同時に、白魔術師としての彼がその本質である慈悲（フリッツ・ピータースはかつてこれを「際限のない愛」と呼んだ）を見せ、また黒魔術師としての彼が、さまざまな種類の「訓練を経たのちに自由にされたモルモット[14]」を使って好きなように実験を行ったのではあるまいか？　こうした曖昧さは認めた上でぜひ言っておかねばならないのは、「ロープ」という言葉はキャサリン・ヒュームのもので、グルジェフのものではないということだ。その意味するところは実に他愛ないものであった。

私たちは彼の指導のもとに旅に、「内面への旅」に出ようとしている。それは高い山に登るようなもので、全員安全のためにロープでつながれていなくてはならない。各自がロープで結ばれた他の人間のことを常に考え、みんなは一人のために、一人はみんなのために、の精神で行かなくてはならないのである。[15]

われわれの知るかぎりでは、グルジェフの七〇歳の誕生日は一九三六年一月一三日のはずである。しかし彼は七〇歳には見えないし、七〇歳のような行動もとらなかった。ひげに交じった白いものは彼の振る舞いや活発さとは不釣合いだった。「ロープ」と集中的に活動を続けるかたわら、彼はさまざまな事業にも手を伸ばし、同時に、関節炎やアルコール中毒、鬱病などに悩む怪しげな患者たちの診察も行った。あるわけのわからない仕事でひと山当てると、彼は即金で新車を買った。しかしその裏では、ファウストがメフィストフェレスとやったような裏取引を勝利者聖ゲオルギウスとの間で行ったのであろう。「でも彼はとても高くつく聖者だ。金には興味がないし、ろうそくみたいな品物も受け取らない。彼がほしがるのは苦悩、つまり内面世界のものなのだ[16]」。しかしともかく、聖ゲオルギウスはただちに車を配達してくれた。グルジェフはアクセルをいっぱいに踏みこみ、あの髪の毛の逆立つような小旅行へと出かけたのであった。ドイツへ、ベルギーやオランダへ、ヴィシー、リヴィエラ、ジュネーヴ、ノルマンディーへのこうした旅を、グルジェフは頭の切り替えに必要不可欠なものと考えていた。

一九三六年の五月頃には「ロープ」は毎日ラビー街で集まっていた。スタンリー・ノットは入会を切望したが、あっけなく断られた。異性愛者は受け入れません、というわけだ。グルジェフの今後の方針についての報告が関係する各グループに回され、その結果六月には、まずまずの資格をもつ三人が新たに加入した。ジョルジェット・ルブラン、マーガレット・アンダーソン、そして二人より年長の「召使い」モニーク（「おとぎ話の乳母のような、絵本の中にしかいないような人で、その性質は本当に穏やかだった[17]」）であった。ジョルジェットには昔の面影はほとんどなかった。六七歳になっていた彼女は、長年にわたって三つの大病を患らい、肉体的にはすっかり衰えていたが、奇妙なことに精神的には高揚していた。「死と闘っているとき、こう考えました――『もし生き延びることができるなら、前よりもっと遠くまで行こうと誓おう。……この大病にかかる前と同じ状態で病から回復する権利を自分に認めまい』と[18]」

グルジェフは彼女に単なる譲歩以上のことをした。勇気づけ、意を注ぎ、好きなだけ相談にのったのである。ジョルジェットは彼のアパルトマンで彼の未完の著作をむさぼるように読んだ。数週間たつうちに彼女の苦痛はやわらぎはじめた。「この寒い七月に、私は肉体的には春の中にいた。ダイナモのように体内に力がみなぎるのを感じた[19]」

ジョルジェットがいなければ、マーガレット・アンダーソンはこのパリで一週間も耐えられなかったであろう。彼女が書き残したものは、孤独の叫び声をあげている。

> 七月半ば、パリの街を歩く私は、自動車が吐き出す有毒な排気ガスでのどが焼けるようで、街の喧噪は耳を聾し、怒りでめまいがし、心臓は激しく鼓動を打った。私の眼は人々が見るのと同じものを見ようとしたが、どうしようもなく遠くの丘に向けられるのだった。[20]

七月も終わりに近づき、遅い夏がようやくやってくると、グルジェフは慈悲を垂れ、三カ月の休暇を宣言した。彼は、多少人数が増えた弟子たち（マーガレット、モニーク、ジョルジェットが入って以来、彼女らを「クナハトシュミット一座」という皮肉なあだ名で呼んでいた）を招待してお別れの大晩餐会を開いた。特別の輸入米をレーズンとアプリコットを入れて蒸したもの、小羊のロースト、クリームをかけたイチゴ、シリアの甘い菓子とラトヴィアのチョコレートというご馳走であった。「ここで食べる食物は記憶の中だけにとどめておきなさい。別の食物を……忘れずにもっていきなさい[21]」

こうして一時期アメリカ人が彼のもとを離れたために、わずかとはいえフランス人と接触する最初の機会が生じた。さまざまに矛盾する記述の中で、彼のルネ・ドーマルとの最初の出会いの様子はかすんでいるが、おそらく一九三六年の夏、ジュネーヴでのことであったろう。ジャンヌ・ド・ザルツマンのグループがセーヴルのひどい暑さを逃れ、毎年この地に来ていたことはまちがいない。そしてこれも疑いを容れないが、一九三六年のこの時期には、(すでにザルツマン夫妻の助力で変化していた)ルネの哲学は、実践性という新たな性格を帯びるにいたっていた。

ついに私はともに働くことのできる人間に出会った。その人は生涯をあの問題の解明に捧げ、他の人間がその解決法を見出す手助けをする能力をそなえていた。それはすべての瞬間に行われる努力であり、それを通して人間は(肉体、本能、感情、知性を含む)自己の全存在を経験し、実現するのである……[22]

何年も前のモスクワで、ウスペンスキーとの間で起こったのと同じことがここでも起こった。グルジェフの強烈な個体性が文化的な力関係を逆転させたのだ。フランスの文化的な価値観の中では、彼はなんといっても、特にこれといって人に誇るものもない一人の老人にすぎず、一方ドーマルは二八歳という若さの盛り、おまけにその詩集『運命への反抗』はヴァレリー、ジロドゥー、ジッドの推奨でジャック・ドゥーセ賞を受けたばかりであった。しかし弟子としてのルネは恐ろしく真剣で、逆に身体はひどく虚弱だったので、ジャンヌ・ド・ザルツマンは彼に、健康を回復させるか、さもなければワークを離れるよう勧告した。……彼はどちらにも従わなかった。

グルジェフは、この夏はセーヴルのグループとはあまり長く過ごさなかった。心理学的な理由ばかりでなく、どこか田舎に本拠地をおこうと候補地を探していたからである。一番よさそうなのはマルヌ河に面したシャトーで、年間一万二千フランだから借りられない額ではなかった。ところが残念なことに彼には、アメリカの弟子たちが「現なま」とか「銭」とか呼んでいるものが十分になかったのである。最終的に彼は、前よりもっとサル・プレイエルにほど近いところに居を定めた。コロネル・レナール街六番地のアパルトマンである。

ガボと、「われらが敬愛する、親愛なるミス・ゴードン」[23]――がっしりして帽子をかぶった、イギリスの信頼性の高さを象徴するような人物——がラビー街からの引っ越しの責任者になった。一九三六年八月のこの時点では、グルジェフの所有物は多くはなかった。このアパルトマンが、モスクワのボリシャヤ・ドミトロフスカのアパートよりはるかに奇矯なグルジェフ神話の詰まった舞台となるのはもっと先のことである。不動産屋の言葉によれば、ここはエトワール（現シャルル・ドゴール・エトワール）広場に近く、食堂とラウンジ、寝室二つ、台所、食料貯蔵室、それにまずまずの設備をそなえた「コンパクトな」一階のアパルトマンであった。これといった特徴のない通りにある、他と区別のつかない建物は、プリウーレの大君主が居を構える場所としては実につつましく、いや、奇異な感じさえした。グルジェフ自身こう言っている——「ここは便利ではない。もっとちゃんとした場所をもつ必要がある」[24]。

一〇月終わり、グルジェフは強力な女性軍団を再び召集した。みな生き生きとして帰ってきたが、ジョルジェット・ルブランだけは別だった。彼女は長い夏の間じゅう、ものすごい高揚感と絶望との間を行ったり来たりしていたのだ。小さな赤い彼女の日記帳の一九三六年一一月二日のところには、彼女の中で渦巻いていた嵐が、束の間のものであるにせよいかに強力であったかが記されている。

今日は強い感情を感じた。グルジェフのアパルトマンに着くと、彼自身がドアをあけてくれた。私はすぐに言った——「完全によくなりました。身体がよみがえったようです」。小さなサロンの明かりが彼の全身を照らしていた。彼は光を避けようともせず、少し下がって壁にもたれた。そのとき初めて彼は私に真の姿を見せてくれた。……まるで彼の仮面が引き裂かれ、隠しておかざるをえなかった顔があらわになったかのようだった。その顔には、全世界を抱擁するような慈悲が刻みこまれていた。その場に釘づけになった私は、全身の力をふりしぼって彼を見た。するとあまりに深い、そしてあまりに悲しい感謝の念がわきあがってきた。そのため彼が私を落ちつかせなければならないほどだった。忘れられない表情で彼は言った――

「神が私を助けてくださったのだ[25]」。

ジョルジェット、マーガレット、モニークには特別の心遣いを示し、また彼女らの経験が長いことは認めていたにもかかわらず、彼は現在のワークの最深奥部に彼女らが立ち入ることは許さなかった。つまり「クナハトシュミット一座」には属させるが「ロープ」は入れなかったのだ。マーガレット・アンダーソンを排除したことはある意味でやっかいを引き起こすことになった。彼女は何度もグルジェフとぶつかり、彼に対して敵意を抱くようになり、まるで濃い口紅をぬったラフミリエヴィッチといった格好でグルジェフのテーブルに陰鬱な影を投げるようになった。

> 魂を発育させるためには、私たちは燃えるアパルトマンで燃える食事をしなくてはならないのか？　燃える道を歩かなければならないのか？……そう、これが高次の生活なのだ！……もし正真正銘の神経衰弱を生み出す生活があるとすれば、それはまさに、今私が送っているこの生活、苦闘の連続でどうにも手に負えず、もがき、のたうちまわり、あげくの果てに私の人格を麻痺させる生活、おもしろくもなければ霊感を得ることもないこの日々こそがそうであった[26]。

マーガレット・アンダーソンの鈍感さ、感情の起伏の激しさ、それにばかばかしいほどの横柄さ、こういったものをグルジェフは、彼の超人的な忍耐力にさらに磨きをかけるための砥石にしたのである。

「ロープ」は『ベルゼバブ』を長々と読みつづけたが、それに加えてさらに内的注意力を高める課題が与えられた。一一月には彼女たちの努力に敬意を表するかのように、グルジェフは一人一人に黒い数珠を渡し、それを使って行う特殊な感覚の訓練を教えた。

トルコやギリシア、アラビア、アルメニアなどでは、男たちがこうした数珠を手に日がな喫茶店に座っているのが見られるだろう。君たちの目にはなまけ者にしか見えないだろうが、彼らがこの数珠でやっていることは、君たちには想像もつかないような内的力を生み出すのだ。[27]

グルジェフの内的な力を証明するもっとも有力なものはその沈黙であり、圧倒的存在感であったが、行動においても巨大な力をそなえていたことを示す証拠はいくらでもある。右手をひどく化膿させて苦しんでいたにもかかわらず、彼は一九三六年のクリスマスを一大イベントにした。キリスト降誕を祝うと同時に引っ越し祝いも兼ねたのである。大人や騒々しい子供を含む五〇人の招待客を「コンパクトな」彼のアパルトマンに招き入れただけですでに十分彼らしかったが、さらに、すばらしい飾りつけをしたクリスマス・ツリーがおいてあるラウンジに全員をぎゅうぎゅうに押しこんだのである。こうして身体が近づきあうと、予期せぬ関係もできあがったにちがいない。スクルージのようなラフミリエヴィッチは、もう長く忘れていたタイニー・ティム*と旧交を温めたのだろうか？　人を寄せつけないドクター・スジャーンヴァルは七人のレズビアンに囲まれてどうしたのであろう？　すばらしいご馳走が出た。……そして現金……プレゼントが渡された。「みんながイコン（聖像）、下着、おもちゃや香水を箱から取り出しては頭上にかざし、そして大事そうにそっともとの箱にもどした。興奮の中で

訳注＊――――「スクルージ」「タイニー・ティム」ともに、ディケンズの作品の登場人物。

感謝の言葉がロシア語で飛び交った――スパシーボ、ゲオルギヴァニッチ！　スパシーボ、スパシーボ！」[28]

高級デパート「エディアール」で買い物をするのが好きなくせに「財布はいつもぺちゃんこ」[29]のこのホストが、いかにしてこんなお祝いができたのかは推測するほかないが、この集まりには、ジョルジェットが直感したように、すべての者に施しをするといった趣があった。彼女が真夜中頃にそこを出ようとすると、ロシア人のメイドがこう言った――「一時から夜明けまで貧しい人たちがやってくるんです」。

グルジェフの言葉を借りれば、一九三六年はごみ箱のようなものだった。「また豚のような年が終わった。これだけやれば休息する資格があるというものだ。そうだろう、ミス・ゴードン？」[30]。一九三七年の春（前代未聞の残酷なゲルニカへの爆撃は、豚のような時代の本格的な幕開けとなった）、グルジェフは車に食料と乗客を乗せると、南へ、ヴィシーやカンヌ、モンテカルロやアルプス南部地方へしばしば旅に出た。彼自身はリヴィエラにこの上なく見事に溶けこんだが、赤く日焼けしたそこの連中は徹底的に「料理」してやりたいと夢想した。

この連中に色を塗り、儀式をした上で海に投げこんでしまえ。古い車のように色を塗って新しく見せろ。それでも彼らはせいぜい海に投げこむだけの価値しかない。しかしもちろん儀式をしてからだ。……盛大な儀式だ。[31]

グルジェフのセダンで行くこの英雄的ともいえる遠出（同伴の栄誉は弟のドミトリとミス・ゴードンに与えられることが多かった）から帰ってくると、乗客はみな、ぬいぐるみの人形のようになっていた。ヴィシーを訪ねたときもそうだった。「グルジェフは急ブレーキを踏んでホテルの前で停車した。すると後ろの座席に積み上げていたミモザの花がドミトリの顔に落ちかかり、まるでデス・マスクのようになった。『私は死んだ！』と彼はうめいた」[32]。ドミトリは車に酔っていただけだったが、彼のこの言葉は予言となった。ほんの四カ月後に彼は棺の中に横たわることになるのである。

一九三七年五月四日、キャサリン・ヒュームとウェンディはアメリカに向けて出航した。彼女たちはグルジェフがすぐあとに続いてくるだろうと考えていたが、ドミトリの病——例によって癌であった——が篤くなったために、彼はその後の数カ月その看病に忙殺され、予定も変更せざるをえなくなった。ユリア・オストロフスカのときに何もできなかったのは、彼自身があの自動車事故から回復していなかったからであった。しかし今の彼はどんな健康人にも負けないくらい強健だった。が、しかし、癌ほど強くはなかった。勝利者聖ゲオルギウスは、彼の好意に対する支払いを取り立てることにかけてはきわめて厳格だった。八月、グルジェフのニューヨーク到着を待ちかまえていたキャサリン・ヒュームとウェンディのもとに、遅れたお詫びとドミトリ死去のニュースが届いた。彼女らはこのときも例のごとき大げさな言葉で電報を返した——「あなたの弟は私たちの弟です」[33]。……実際、ドミトリはグルジェフの弟だったのだろうか？　たしかに血はつながっていたし、ずっと仲もよかった。しかし、ギオルギオス・ギオルギアデスのこの二人の息子は、スケールにおいても性向においてもまったく異なっていた。ドミトリ・イヴァノヴィッチ・グルジェフはティフリスで最初の映画館を経営したこともあったが、今では彼のような存在にふさわしい領域に行ってしまった。しかし彼がその生涯に精神の領域で修練した形跡はまったくない。では彼は「犬のように朽ち果てた」のだろうか？　単に「消え去った」のだろうか？　それとも何か計り知れない恩寵が優しく彼を受け止めたのであろうか？

ドミトリの人生がいかなるものであったにせよ、彼の突然の死はメメント・モリ（死を忘れるな！）の役割を果たし、さらに集中したワークへの刺激となった。一九三七年一〇月二〇日、マーガレット・アンダーソンとジョルジェット・ルブランがグルジェフのもとにやってきて、自分たちはすでに一五年もの間グルジェフのサークルにいるが、今度こそ本当にワークを始めたいと懇願した——「私たちはこれまでずっとパラソルの下を歩いていたのです」[34]。グルジェフは非常に厳しい一連のワークを彼女らに与えた。その厳しさにジョルジェットは思わずこうもらした——「私は恐ろしくなった——私の内部で生が海のように高まってきたのだ」[35]。……しかし現実はそれほど感動的ではなかった。「ロープ」と「クナハトシュミット一座」の最盛期は、実は始まる前にすでに終わっていたのだ。ミス・ゴードンはじめみんな年をとり、キャサリン・ヒュームは仕事の都合で、これから先七年間は年に三週間しかパリに来れそうになかった。ウェンディにいたってはアメリカから帰ってこず、いつとはなしにワークから姿を消してしまった。そして一九三八年の早春、生まれ変わったグルジェフィアン、マーガレット・アンダーソンとジョルジェット・ルブランも、新たな洞察という遺産を手にノルマンディーに引きこもってしまったのである。

その午後、木々や河の間から燈台が姿を現した。海は満潮で、鳥はさえずり、花は咲き乱れていた。……燈台の中で、私はもう一度ニワトリの図柄の皿や、バラの描いてあるひびの入った皿に目をやった。……森からさわやかな風が吹いてきた。私は腰をおろした。すべては同じだった。しかし私は違った。……恩寵が私に下り、身体のすみずみにまでそれを感じた[36]。

レズビアン相手のグルジェフの一風変わった実験はここに終わりを告げたが、その中から二人の印象的な人物の姿が浮かび上がってくる。ジェイン・ヒープとソリータ・ソラーノである。

ソリータ・ソラーノがグルジェフの秘書になった一九三七年、彼女は四九歳だったが、その後も彼女独特のオペラ的な美貌にはいささかのかげりもなかった。短い髪をきれいに切りそろえているところは、すぐにキャサリン・マンスフィールドを思い出させた。ソリータが青い眼であるところが唯一の違いだった。オルガ・ド・ハルトマンはグルジェフの秘書としての仕事に、感動的なほど能率的に、しかし少々奇妙な朴訥さであたった。ところがこのミス・ソラーノは逆だった。彼女は骨の髄まで女優であり、レポーターで演劇批評家だった。四冊の小説も発表していたし、二つの三角関係――ひとつはジャネット・フラナーとナンシー・クナードとの、そしてもうひとつはフラナーとアーネスト・ヘミングウェイとの間のもの――にも関わっていた。『女性名士録』には「タック」として載っていたし、ミシガン州のグロス・ポイントからトルコのコンスタンティノープルにまでおよぶ経験の広さを自負する彼女は、「誕生から死までの宝物を納めてある知識の宝庫の守護者」[37]と自称していた。

その自信と能力にもかかわらず、彼女は一人の同時代人に対して、自分はその靴のひもを解くにも値しないと感じていた。それはジャンヌ・ド・ザルツマンで、神聖舞踏、音楽、そしてロシア語における能力だけとっても並ぶ者のない位置を占めていた。しかしこの点を別にしても、ジャンヌが「理解しはじめた」ことこそ、彼のワークが伝達可能であることを示す生きた証であるとグルジェフの目には映っていた。一九一九年以来、人生の激しい嵐をくぐり抜けて合法則的結果を生み出すにいたったその内的な探求の姿勢は、彼にこう言わしめた――「彼女は大したものだ」。新たな段階に向かって準備をしていたジャンヌはセーヴルのグループを徐々に縮小し、その一方で、『憂鬱の至福』の著者であるリュック・ディートリッヒのような著名人に触手を伸ばしつつあった。彼女の巨大な自信を支えていたのはその辛辣きわまりない批判精神だった。一九三九年一月二九日、彼女は自信満々の若者ディートリッヒをワークの仲間の面前で罵倒した。

話はうまいが、やることはまるでだめです。収支計算書をきちんと作ってあなたの中の古い人間を殺さなくてはなりません。あなたはすべてを言葉で片づけ、だめにしているのです。……あなた自身、あなたの秘密、あなたの母親や友人、そしてあなたの女性。……そしていつも嘘をついている。あなたの嘘にはもううんざりしています。……あなたが差し出すものにはなんの価値もない。ただたくさんもっているから、もういらなくなったから手放す、それだけのことです。あなたは糞便を人にやっているのです。[38]

活力にあふれた四九歳のジャンヌ・ド・ザルツマンは、グルジェフの実質的な代理人として頭角を現してきた。その頃ドクター・レオニード・スジャーンヴァル――その上に教会が建てられる運命を担っていなかったあの穏健なペテロ的人物――は、一九三八年四月、生前と同じくひっそりと、ランスの近くでその生涯を終えた。

一九三九年三月初旬、グルジェフはリータ・ソラーノを伴い、パリ号に乗って最後から二番目になるアメリカ訪問を行った。しかし詳細な分析が必要なのは、彼のアメリカ訪問よりもその帰国である。毎日新聞売りが「大ニュース、大ニュース」と叫んでいたとおり、ヨーロッパは急激に相互破壊に向かって突き進んでいった。グルジェフが帰国してまもなく、ベルリンのアメリカ大使は呼びもどされた。その一週間後にはヒトラーはポーランドとの相互不可侵条約を踏みにじった。こうした一連の事件は不吉な行方を暗示していた。グルジェフはすでにスタンリー・ノットに警告していた――「恐るべき事件が巨大なスケールで起こりつつある。実際に戦争が始まったら〈何もかもごちゃまぜになる〉だろう」[39]。アメリカ人の弟子の中でも影響力のある者たち、五年間にわたってグルジェフを支えつづけ、その言葉ひとつひとつを大事にしてきた者たちが、彼にニュージャージーにとどまって戦争を避けるよう懇請したのもうなずける。なぜ彼はこれを拒否したのだろう？　フランスに重要な信奉者の一団を作るという、長い間実現されなかった目的を達成するためか、あるいは「激しく、活気に満ちた出来事」に対する彼の根深い関心のゆえか？……この疑問を解く鍵は、若い弟子たちが「よい生活」について聞いたときの彼の答の中にひそんでいよう。田舎に隠棲し、丸太小屋を建てて庭仕事をすることに意味があるのか、という質問に、グルジェフはずばりと答えた――「そう、それいい生活。犬にとって。人間にとって、ノー。食べ、眠り、夢の中で生活する。どうしてそんなものが人間の生活といえよう[40]」。

ウェリントン・ホテルの小さなスイートの中、「調理禁止」の注意書きの下で、彼はいつもながらの香り高いご馳走を振る舞った。コーヒー・メーカーがバスルームでぽこぽこ音を立て、シチューの鍋は湯気を吹き、スープ皿は本棚に並べられ、ラムの大きな塊がこれみよがしに非常階段につるされた。シャトー・ド・ラルサングル・アルマニャックは手に入らず、アメリカの「バーボン・ウィスキー」が大嫌いなグルジェフは独自の飲み物をこしらえた。「三度蒸留したアルコールに、ライチの種と焼いたレモンの皮を入れてよく振り……できあがったものは恐るべきしろもので、あまりに強いのでテーブルのニスが全部はげてしまった[41]」。グルジェフがこう言ったとき、ニューヨークのグループの自己想起の努力に新たな側面が加わった――「決して自己を失うな、酔っぱらったときもだ。彼は酔っぱらうかもしれない。しかし彼の〈私〉は絶対に酔っぱらってはならない[42]」。

一九三九年五月一九日、グルジェフはソリータ・ソラーノとノルマンディー号に乗りフランスに向かったが、彼のこの訪問が旧交を温める以外にどんな成果をあげたのか、すぐには答が出てこない。タグ・ボートが離れた巨大な客船はしばらく出航をためらっているように見えたが、やがて波を切りはじめた。昨晩の歓送会の余韻さめやらぬニューヨーク・グループは、船が視界から消えるまでその姿を一心に追っていた。ワークの箱舟が迫りつつある洪水にどう対処するのか、どれほど険しいアララト山にたどり着くのか、誰にもわからなかった。

フランスでグルジェフを待っていたのはジャンヌ・ド・ザルツマンの陰鬱で長々とした話だった。ジョルジェット・ルブランはまたマーガレット・アンダーソンとパリにもどっていたが、癌にかかっていた。ルネ・ドーマルもレントゲン検査の結果、両方の肺が完全に結核に冒されていることがわかった。おまけにイギリスでは、かつては活力にあふれていたマダム・ソフィー・ウスペンスキーが「不全麻痺にかかり、悲嘆に暮れて」病床についていた。彼女を助けられるのはグルジェフをおいていないと直感したイギリス人は、スタンリー・ノットを通じてその旨をグルジェフに伝えてきた。「彼は沈痛な面もちで聞いていたが、しばらく考えてからこう言った――『できれば行こう。しかし彼女も頑張らなければならない』[43]」

この知らせを聞いてウスペンスキーは何かを恐れただろうか？　ロンドン郊外のヴァージニア・ウォーターに堂々たる拠点「リン・プレイス」を構え、千人の弟子をかかえ、物質的には安泰で、文化的にはシックな存在、そしてそうそうたる側近に支えられた彼は、こうしたことにはびくともしそうになかった。少なくとも表面上は。しかし彼個人はそれほど楽観的な人間ではなかった。「高次の源泉」に接触し、その決定的な神秘体験から新たな洞察を得ることに失敗しつづけたあげく、ノスタルジアと飲酒という命をむしばむ行為に慰めを見出していた。ウスペンスキーはこれまで二度、グルジェフが突然やってきて弟子をそっくりさらっていくのを目にした。今回彼はマジノ線*の後ろに引きこもって事前工作を行った。まず「歴史心理学会」の中心メンバーを召集しなければならぬ。まず防空壕を完成させねばならぬ。まずメヴレヴィー・ダルウィーシュの衣鉢を継ぐ人物に連絡せねばならぬ。まず……いや、実はどうしていいかわからなかった！　ウスペンスキーがグルジェフをリン・プレイスに迎えるのをなんとか妨害しようとした裏工作には、アドルフ・ヒトラーの暴走を食い止めようとする各国のあわてふためいた裏外交を思わせるものがある。

七月が来た。……しかしウスペンスキーのこの創意に満ちた妨害作戦は、グルジェフの訪問を一日延ばしに延ばしていた。八月が来た。……それとともに戦争恐怖症もやってきた。別れと慰めの季節だった。「私は長年にわたってお前たちに十分与えてきたではないか[44]」とグルジェフが吠えた。マーガレット・アンダーソン、ジョルジェット・ルブラン、モニークは、かろうじて必要なもの――冬服、石鹸、ろうそく、ヨードチンキ、歯磨き粉、アスピリン、拳銃二丁、それにラフマニノフのピアノ・コンチェルト第二番――を車に詰めてオルジュヴァルの村に逃れた。八月二七日の夜遅く、ジャンヌ・ド・ザルツマンは手遅れにならないうちにリュック・ディートリッヒがグルジェフに会う手はずを整えた。(しかしこの若者は、もう四八時間眠っていないと言って抵抗した)。パリはある噂で揺れていた。ガス・マスクが配給された。ネヴィル・チェンバレンはヒトラーに最後通告を突きつけた――いかなることがあろうとも、イギリスはポーランドの側に立つであろう、と。こうした情勢の緊迫の中、ウスペンスキーはもはや言い逃れの最後のひとつまで使いつくしたようである。かくしてグルジェフがリン・プレイスに橋頭堡を築く条件はそろった。事態は緊迫の度を加えていた。一九三九年九月一日、ドイツの戦車がポーランドに侵攻したとき、運命と歴史はグルジェフのイギリス行きが「絶対禁止」であることを確認した。パリでは、はるかに厳しい試練と苦難が彼を待ちかまえていた。

訳注＊――――第二次世界大戦前の数年間にフランスが独仏国境に築いた要塞線。当時の陸軍大臣アンドレ・マジノにちなむ。

14　戦争だ

［1939.9.3〜1945.8.14］

第二次世界大戦が終わる頃には、いわゆる「グルジェフ国」の地図は完全に塗り変えられていた。フランスのグルジェフィアンたちは先輩にあたるイギリスやアメリカの弟子たちより優勢であったが、決してその優越感を表には出さず、それどころか実に注意深く謙虚に振る舞っていた。にもかかわらず、彼らの勝利はかのナポレオンでさえも羨んだことであろう。この時期の初めに有望な新人として登場したフランス人の一群は団結力のある強力なグループに成長し、グルジェフの教えのこの黄金期に自由にグルジェフに会えたことも幸いして、ワークの衣鉢は彼らに伝えられたのである。これはなんとも奇妙な光景だった。ガリア人特有の気質は一七年もの長きにわたってワークに冷笑をあびせてきた。今、戦時ゆえに高まってきた聖なるものに対する全般的な関心も、ようやくフランスの知識人のそれ相応の注目を集めるようになってはきたが、セーヌ左岸*ではやはり完全に常軌を逸したものと受け止められていた。「人々は絶望してノストラダムスやサン・ゴドフロア、サン・トディールらの予言に飛びついた。これからも常にそうであるように、絶望的な事実の前に理性が揺らぎはじめると、非理性的なものが権力を握るのである[1]」。グルジェフのフランス人の弟子たちが幸運であったことはまちがいない。しかしこの幸運は彼らにふさわしいものだったのか？——これはまったく別の問題であろう。

一九三九年九月に始まったまがいものの戦争は、深い不安と予期せぬ茶番を引き起こした。ガール・ド・レストに集められた若いフランスの召集兵たちは、鉄のヘルメットをかぶり、きれいな下着を身につけ、不安げな目をした肉親に見送られて見たこともない北方の戦場へと送られていった。PTTラジオからはショパンのワルツやエチュード、プレリュードやマズルカがひっきりなしに流れていた。市民たちは政府が支給する、大人用のサイズしかないガスマスクを我先にと奪い合った。多くの人には大きすぎたが、グルジェフには(もちろん彼はそんなものにはこれっぽっちの注意も払わなかったが)小さすぎたであろう。こうした超現実的な時代の初期、グルジェフの関心の中心は明らかに個々の弟子たちが陥っていた苦境であった。ソフィー・ウスペンスキーにはたくさんの贈り物をし、キャサリン・マンスフィールドの命を奪った病にむしばまれていたルネ・ドーマルの看病に心を砕いた。

しかし彼がもっとも懸念したのはジョルジェット・ルブランだった。九月一二日、ドクター・ティエリ・ド・マルテルはヴェルサンジュトリクス街のクリニックで彼女の腕の癌を切除し、二週間後には彼女はオテル・ナポレオン・ボナパルトで術後の身を休めていた。マネージャーのムシュー・ルイは彼女を元気づけようとした――「もしドイツ軍がパリに入ってきたらどうします、マダム? このホテルまできたら? 私は彼らをドアのところで止めて、こう言ってやります。『皆様方、私は家におります』[2]」。しかしジョルジェットが絶望したのは戦争の別の局面を見たからだった。

手術のあとしばらくは、地上的レベルでのことですが、ひどく、本当にひどく落胆しました。きっとわかってくださるでしょう。しかししばらくすると第二の段階がやってきました――それはもっと精神的な性格のものではありましたが、同時にもっと絶望的でもありました。なぜといって、その段階はこうささやいて

訳注*――パリ大学を中心とするカルチェ・ラタンを指す。アカデミックでリベラルな雰囲気を特徴とする。

いたからです——「私はグルジェフを失ってしまった。もう学ぶのは不可能だ。私の時は終わってしまった。あらゆる奇蹟は消えてしまった」と。[3]

九月末にはジョルジェットはマーガレット・アンダーソンとパリを離れ、田舎に静かな場所を見つけた。グルジェフには二度と会うことはなかった。

何カ月も戦争は膠着状態だったが、グルジェフはじっと待った。その間も彼は徐々に食料を調達し、やがて食料貯蔵室はいっぱいになった。砂糖、塩、小麦粉、レーズン、サルタナ、ナツメヤシ、アカスグリなどの乾燥果物、エンドウ豆、インゲン豆、さまざまなスパイス……こうしたものがぎっしり詰まった天井まで届く棚は、その重みできしんだ。田舎へ行けば（まだガソリンは手に入った）、ハム、ベーコン、山羊のチーズなどが手に入った。マドレーヌ寺院の裏の彼のお気に入りの百貨店、エディアールでは、かなり値ははるが、まだ珍しいものを売っていた。キャヴィア、スミルナ産のハルヴァや乾燥イチジク、グアヴァ・ジャム、トルコの甘い菓子、砂糖づけの果物、チョコレート、ペパーミント・ボール、砂糖をまぶしたアーモンド、それにウォトカやカルヴァドス、ラルサングル・アルマニャック、ゴロワーズ・タバコのカートン等が彼の食料貯蔵室に所狭しと運びこまれた。天井からはタマネギやアカトウガラシ、乾燥ウナギ、燻製チョウザメ、細いソーセージ、ラクダというふれこみの肉などがいっぱいつるされた。「食料品店がどんな奇蹟を演じたのか、どれほどの金と、秘教的料理に対する想像力がこれほどのものをここに集めたのか？[4]」

一九三九年、一九四〇年の空襲警報は、ほとんどすべて空警報に終わったが、厳重な灯火管制はグルジェフの気まぐれと奇妙に調和していた。その間、彼はアパルトマンのブラインドとシャッターを閉め切ったが、それは戦争のためではなく自分の生活のためだった。同時に彼は室内を東洋のスパイスの香りで満たし、外の暗闇を尻目にこうこうと明かりをつけていた。コロネル・レナール街六番地では、もはや昼と夜、東洋と西洋の区別はなかった。

ジャンヌ・ド・ザルツマン率いるフランス人グループの中核的な人たちは、オテル・ナポレオンに近いデュ・フール街五四番地のフィリップ・ラヴァスティーヌの家で集まっていた。ここにはアンリとアンリエッタのトラコル夫妻、マルト・ド・ゲニュロン、ポーリーヌ・ド・ダンピエール、ベルナール・ルメートルらのそうそうたる顔ぶれがそろっていた。グルジェフはルネ・ドーマルには特別に会見を許していたが、それは彼がグループの先輩だからというより、むしろ彼のせっぱつまった必要からであった。この若き詩人は医学の診断が加えた打撃を驚くべき勇敢さで受け止めると、ただちに、フランス人としては最初のグルジェフの教えに対する信条告白の書を書きはじめた。『類推の山——象徴的に正統な非ユークリッド的冒険登山小説』である。短い生涯の残りの時間を、ドーマルは残酷なまでの苦しみと、そして何よりも時間と闘いながらこの課題を遂行したのである。当時を支配していた知的雰囲気の中にありながら、彼が、実名こそあえて出していないが、アレクサンドル・ザルツマンに賛辞を捧げていることは明瞭に読みとれる。

一九四〇年五月一〇日、ヒトラーはオランダ、ベルギーに侵攻し、マジノ線に矛先を向けてきた。そのときになって初めてパリ市民は、この九カ月の苦難は実は予行演習にすぎなかったことを突如理解した。五月一四日、ドイツ軍はセダンでフランス軍の防御線を突破した。五月二九日には正体不明の小型ボートからなる小艦隊がダンケルク沖に姿を現し、イギリスの遠征軍を撤退させはじめた。六月三日にはパリ郊外が空爆され、大量の市民が脱出を始めた。ドーマルはアルプスのペルヴーに逃れ、ソリータ・ソラーノはいやいやながらアメリカへ去った。六月八日、マーガレット・アンダーソン、ジェイン・ヒープ、そしてモニークはボルドーからワシントン号に乗ろうと八方手をつくしたが、結局失敗した。六月一一日、パリは不吉な黒い雲におおわれ、翌一二日、市はドイツ軍に街を明け渡した。二八〇万市民のうち、実に二一〇万人が奔流のように街から流れ出たが、それを待っていたのはストゥーカ急降下爆撃機の機銃掃射であった。ここでも歴史は明と暗を分かった。その一方にいたのがグルジェフであった。

彼の身を案ずる人々の熱心な勧めで不本意ながら街を出たものの、二四時間後には彼の意見が通って、人の波をかきわけてパリにもどっていった。六月一四日の早朝、ドイツ軍が市の門に姿を現した。パリで一番有名な娼館であるル・シャバネはドアを閉め、こう張り紙をした──「三時に開業いたします」[5]。事態が変われば変わるほど彼らは変わるまいと決意していた。しかしほかのところでは事態は急速に変化していた。たとえばティエリ・ド・マルテル医師はジョルジェット・ルブランの治療にあたれなくなった。特権を利用して自分の医薬棚からストリキニーネを一服分取り出し、次のような言葉を残してこれを服用したのである──「私はもう六〇歳を過ぎ、人生に望むものは何もない。それにドイツ軍がシャンゼリゼを行進するのを見るなんて我慢できない」[6]。七四歳のグルジェフはこうした馬鹿なことはいっさいしなかった。神話はこう述べている──彼は凱旋門の上にスヴァスティカ（鉤十字）がひるがえるのとほぼ時を同じくして、コロネル・レナール街のアパルトマンに帰ってきた。旅に疲れてはいたが、将来に絶望することはなかった。これが戒厳令下の──彼は必ずしも守らなかったが──一五三三日の始まりであった。

一晩のうちに、パリという舞台は、新しい、人気のない役者で埋まっていた。ドイツ軍──慇懃無礼なくそったれども、である。カフェ・ド・ラ・ペではヒトラー親衛隊がシャンペンで勝利の祝杯をあげた。グルジェフが『ベルゼバブ』を書いた机も使われたことはまちがいない。六月二三日の日曜日、兵士の数はとりわけ増えた。ヒトラーが黒塗りのベンツでオペラ座を訪ねたのである。（そのときここのドアマンは、総統から差し出された五〇マルクのチップを鼻で嘲笑い、その名を歴史にとどめた）。車の走行は厳禁され、グルジェフのモータリストとしてのキャリアは無期限に停止となった。奇妙な、しかし悪くない静寂がパリをつつんだ。合板の客車を引き、その上に「迅速、快適、安全」の宣伝文句が書かれた自転車タクシーや、昔ながらの辻馬車が街を走り、空気は澄み、スズメたちは喜んだ。すでにずっと以前、グルジェフはこうしたスズメの目に映る情景を見事に描写していた。

　突然、道には騒音が、ガタガタ揺れるような音が聞こえ、しばらくするとかぐわしい香りが漂ってきた。これをかぐと、われわれの中のあらゆる部分が喜びを表した。……あなた方にもおわかりのように、食物がなければスズメでも健康な子孫を残すのはむずかしいだろう。[7]

この夏には、古代を思わせる牧歌的な情景の中を、ゲシュタポの黒いシトロエンだけが突っ走るという光景が見られた。

スズメには好都合だったこの運命の転回も、平均的なパリジャンには残酷な斧となって振りおろされた。この占領期間中の食料事情の悪化から、二〇キロ近く体重を減らす者も珍しくなかった。一九四〇年九月二三日にグルジェフが受け取った配給カードは、七〇歳以上用の「V」カテゴリーだった。これを手にした彼は、妊娠中の女性や小さな子供を連れた母親に交じって、超現実的な情景を展開する市場でミルクを買った。「パリの主婦たちは借りた赤ん坊を抱いたり、エプロンの下に枕を入れたり、かと思えば、これもどこかから借りてきた誰かの祖父母を肩にもたれかけさせて、何時間も乳製品を売る店の前に立っていた」[8]。こうしたトリックは新たな現象だった。慢性化した栄養不良はますます悪化し、社会は二極分化していった――うまく立ち回れる人間と、状況に押しつぶされてしまう人間とに。

「D」システム（Dは「なんとかやっていく」を意味する“debrouillardise”の略）はさらにさまざまな形態を生み出した。乾燥させたイラクサをタバコのかわりにしたり、焦がした麦をコーヒーの代用品にするといった可愛らしいことが高じて、ぎょっとするようなことが行われるようになってきた。リュクサンブール公園では、年輩の紳士が恥ずかしそうにハトに罠をかけていたり、つがいのモルモットを「アパルトマン用のウサギ」と銘うって売ったり、さらには新聞にこんな健康に対する警告まで出た――「ネコを食べている人、要注意！」。闇物資に手を出さないという名誉と引き換えに骨と皮になった人もいれば、腹をすかせた子供をかかえる女性の中には「ドイツ兵に身体を売る」者もいた。かと思えば、正確には思い出せないような怪しい取り引きをする者もいた。フランス農業の弾力性、その農民の名うての狡猾さと貪欲さ、ドイツ政府のがちがちの形式主義、ヴィシー政権の官僚の堕落ぶり、抗独レジスタンスの共産主義者グループ「マキ・ルージュ」および非共産主義者グループの「マキ・ブラン」をとりまく陰謀のネットワーク、そして何より、普通のパリ市民が土壇場で発揮する工夫の才――こうしたもののすべてが、グルジエフが勢力をふるう地盤を形成したのである。

一九四〇年一〇月、ジャンヌ・ド・ザルツマンは彼女のフランスの弟子たちを、不安な気持ちでコロネル・レナール街六番地に連れていった。ロシアを離れて以来、グルジエフはこれ以上危険な状況の中で教えたことはなかった。戒厳令の帰宅時間は午後九時から真夜中の一二時まで延ばされてはいたが、きわめて厳格に実行されていた。弟子の一人はこう記している――「死の危険を冒してまで人気のない街路に出ていく者など誰もいなかった」。いかなる者であれグループでミーティングを開くなど、危険と戯れるようなものだった。近くのローリストン街では、以前は警部だったボニーが今では邪悪きわまりないフランスの「ゲシュタポ」司令部の部長になっていて、朝一番の仕事といえば無記名の告発の手紙を選別することだった。ムシュー・グルジエフはすでに当局の「知るところ」となっており、彼の口ひげは今ではペタン元帥*の口ひげのように真っ白（「徳を表す色である純白[10]」だったが、その性格は「灰色」であると公式には記録された。フランス人にもドイツ人にも同様にほほえみかけ、キリスト教徒にもユダヤ教徒にも変わらず穏やかに、また公平に接し、ロシア白軍と闇市に同じ程度に関わり、アメリカからおびただしい数の手紙を受け取り、絨毯や外国の通貨を扱い、つけまつげを製造するという不可思議なビジネスのオーナーである男――グルジェフが取り調べの対象となったのはむしろ当然であろう。官僚たちのさまざまな派閥間ではこれ以外の件ではほとんど合意はなかったが、ともかくG・I・グルジェフの監視を続けることでは一致した。そして犯罪捜査課とパリ市当局が連携して、彼に関する正式な書類の作成が始められた。

一九四〇年から四一年にかけての冬は例年より早く、またとりわけ厳しかった。トマスとオルガ・ド・ハルトマン夫妻はクールブヴォアの家を接収され、他の何千という人々と同じように、住人が逃げ出して荒れ果てた建物の中で震えながらこの冬を過ごした。氷点下の日が七〇日も続き、老人や虚弱な人の中には死ぬ者も出はじめた。ドイツ軍は毎日午後になると、雪が降ろうが氷が張ろうが一日も欠かさず、凱旋門まで軍事行進を行った。その行進曲はコロネル・レナール街六番地にも、二重のシャッターを通してかすかに聞こえてきた。グルジェフが何がなんでも生き延びようとしていたことは疑いない。他の者のためにも死ぬわけにはいかなかった。秘教の伝承は別にしても、彼を頼ってくる無力な人々を守ってやれるのは彼だけだったのだ。

私の家族とても大きい。……私の家に毎日やってくる老人も私の家族。彼らには他に家族がないから。……こういった人々は……食べ物を見つけることさえできない。でも私にはできる。誰が戦争に勝つか、私

訳注＊――――第二次大戦中ドイツがフランスを占領したとき、臨時政府であるヴィシー政権が樹立されたが、ドイツに協力するペタン元帥は一九四〇年から一九四四年までその国家主席を務めた。

興味ない。愛国心もないし、平和に対して大きな理想も抱いていない。……誰もが理想を抱き、平和という目標をもって、そして殺し合っているのだ。私の目標はただひとつ。自分のために、私の生徒のために、家族のために、この大きな家族のために生き延びることだ。だから私は彼らのできないことをする。ドイツ人と、警察と、「闇市」をやっている理想に燃えた人たちと取り引きをするのだ。その結果、私は十分に食べ、以前と同じようにタバコを吸い、酒を飲み、その他必要なものを手に入れる。……だから多くの人を助けることもできる。[11]

この陰鬱で厳しい時代、グルジェフの慈愛の目がとりわけ注がれたのは一人の孤児だった。「私は彼が理解できる。彼の言葉がわかる。私が好きなのは彼の話す言葉だ。それを聞くために、それが引き起こす本物の感情を感じるために、私は毎日五キロのお菓子を彼に与えた。一キロ四一〇フランもするお菓子をだ[12]」。大人たちを援助するときも彼は非常にこまやかな気配りを示した。ドイツ軍はロスチャイルド家その他の著名なユダヤ系の一族が所有する美術品を計画的に略奪していった。フェルメールの「天文学者」はヒトラーに、ゴッホの「アルルの橋」はゲーリング元帥にもち去られた。このときグルジェフもこの事件に関心を抱いた。アカシア街のビストロの赤いモールスキン張りの椅子にゆったり腰をおろした彼はよく、腹をすかせた絵描きを相手に、その下手な絵を一枚一枚はめながら、分厚いフランの札束を銀行員のような見事な手つきで数え、そして買ってやるのだった。彼のうるさい審美眼はまったく価値のないものばかりを選んだ。「私の絵画のコレクションはパリで、いや、世界中で最悪のものだろう[13]」。彼はコロネル・レナール街六番地の薄暗い奇妙なギャラリーでこれらを展示したが、絵はたいてい釘ひとつでぶら下げられ、中には、こうした「創造的作品」のど真ん中に釘が打ちこんであるのもあった。

グルジェフが占領下のフランスにとどまっていたというのは、純粋に歴史的事実なのか、それとも神話なのか？　ついに、彼を緊急脱出させようという画策がオルギヴァンナおよびニューヨークのグループによってなされた。フランスの非占領地域からスペイン、ポルトガルを通って脱出させようというのである。アメリカとドイツはまだ交戦状態に入っていなかった。ソリータ・ソラーノは色めきたったニューヨークのグループを動かし、スカイラー・ジャクソンは適当な住居をニュージャージー州で探しはじめた。……しかしこれは実現する運命にはなかった。グルジェフは、ジャンヌ・ド・ザルツマンおよび新たなフランス人の弟子を見捨てることを頑として拒んだのである。彼のこの態度は、空爆にさらされるロンドンに踏みとどまったジェイン・ヒープの態度に酷似している。

家のまわりにたくさんの爆弾が落ちた。ついこの前のものすごい爆撃では、夜の八時四五分から朝の五時まで五百機以上の爆撃機が来て、もう少しで家がやられるところだった。……自分が恐がっていないと感じるのはうれしい。……今、世界の宗教についての本を読んでいる。人間が作った宗教ではなく、神から贈られたもの、グルジェフの教えもそのひとつだ。[14]

これとは逆に、ピョートル・ウスペンスキーは政治状況について深く（そして完全に誤って）分析・熟考した結果、リン・プレイスの弟子たちを置き去りにして、一九四一年一月二九日、ジョージック号でニューヨークに向けて出航した。これによってグルジェフは、アメリカに行くという選択肢を拒否する決意をいっそう固めることとなった。

一九四一年の春になっても（この頃ジャン・ポール・サルトルは、ドイツの捕虜収容所第一二号を脱出してガール・ド・レストに姿を現した。戦争が終わる気配はまったく見えなかった。見通しは暗かったが、グルジェフはいっこうにひるむ様子を見せなかった。もう何十年も前、別の集団狂気が荒れ狂っているさなかにこう言明している――「われわれには関係ない。戦争であろうがなかろうが同じことだ。われわれはいつも儲けているのだ」[15]。相互破壊は人間にかけられた呪いの中でも最悪のものだが、同時にそれは、世界をエネルギーのうずまくその基層から遮断している殻を打ち砕き、根源的な問いを発し、生命エネルギーを解放し、そして真剣な探求者を生み出すという側面ももっている。グルジェフのこのパリでの経験は、はるか以前にモスクワとペトログラードで予行演習を済ませたものだったのだ。……いずれにせよ、永遠に続くものなど何もない。六月二二日、ヒトラーがロシアに侵攻したとき、運命は明らかにその方向を転じたのである。

一九四一年一〇月のあるうすら寒い日、癌はついにジョルジェット・ルブランの命を奪い去った。非占領地域にあるカンヌ近くの「バラ荘」で過ごした彼女の最期の日々は、陰鬱な中にも誇り高いものであった。彼女の命を支えていたのはモルヒネやセドル、『バラの騎士』ばかりではなかった。毎朝彼女は『ベルゼバブ』を読み、夜にはフランス語と英語で「主の祈り」を唱えた。一〇月一八日、意識が混濁した。彼女はグルジェフが来るという妄想に、いや、もう自分のそばにいて、苦しみを分かち合ってくれているという妄想にとりつかれた。「彼は来るわ。私にはわかっているの。いえ、もうそこに来ているわ――下から入ってきたわ」[16]。しかし現実のグルジェフには車もガソリンも通行証もなかった――すでに七五歳、もう時間は残されていなかった。

夕方の便でパリからの葉書が届いた。文面でグルジェフは、彼女が「すばらしい勇気をもっている」と述べ、彼女を「友人」と呼んでいた。表情がまるで変わった彼女はこう言った――「本当にそう言ってるの？」。そして続く言葉が彼女の最後の言葉となった――「さあ……私たちは死のうとしてるけど、本当に死ぬことはないんだわ[17]」。

二日後に彼女はこの世を去り、ノートル・ダム・デ・アンジュ寺院の墓地に葬られた。

「コンパクトな」アパルトマンからグルジェフは戦争の展開を冷静に見つめていた、まるで天文台から火星を観察するように。フランスの芸術界をおおっていた道徳的優柔不断、「レジスタンスと裏切りを分かつ線は、天才と狂人の間のそれより細い[18]」と思われるときに見せる優柔不断はグルジェフにはなかった。また、インテリたちの解放後を見越した資格の争奪戦（一九四一年一二月一一日にアメリカがドイツに宣戦布告をした日からにわかに高まった）も彼には無縁だった。目の前にある現実だけで十分だった。……寒かった。若いドイツ兵はモンマルトルの丘でスキーをしていた。電気の供給は不安定だった。（一九四二年一月二三日と二四日には、グルジェフはろうそくだけに頼らねばならなかった）。ストーヴ用の炭はほとんど手に入らず、弟子たちは石炭がら入れから取ってきたコークスのかけらや、時には固めたおがくずでできた練炭を差し入れてくれたり、またほんの稀にではあるが、正真正銘の石炭を一個もってくる者もあった。公式の配給食料は一日一二〇〇カロリーまで減らされたが、これは栄養士が生命維持に必要と考えるカロリーの半分にすぎなかった。彼の有名な食料貯蔵室のストックもさすがに少なくなってきた。……ちょうどそんな折り、グルジェフはエディアールに行き、「ニューヨークからの手紙がいい知らせをもたらした[19]」ことを伝えた。ある裕福なアメリカ人の弟子がテキサスの油田を贈ってくれたというのである。彼は、戦争が終わるまでつけで買い物ができればありがたい、終われば好きなだけドルが入ってくると言った。エディアールや他の小売店はいささかの疑念はもったが、しかしこれを認めることにしたので、グルジェフの行動の自由ははるかに大きくなった。

一九四二年の春は残酷な知らせとともにやってきた。五月二九日、ドイツは布告を発し、すべてのユダヤ人は黄色いダヴィデの星を身につけるよう命じた。グルジェフはただちにまわりの者に、非占領地域に逃げるか、さもなければ「地下に潜る」ことを強く勧めた。もし後者を選べばかなりの注目を引いて、その結果、すでに潜伏しているユダヤ人をはじめ、彼らをかくまうことになるグループの非ユダヤ人のメンバー、さらにはそれをそそのかしたグルジェフ自身にも危険がおよぶであろう。潜伏したユダヤ人の配給手帳はもはや無効であった。彼らは薄汚い屋根裏部屋や地下室で、ほとんどが慣れない手つきでこまごました工芸品を作り、それを彼らの保護者が売り歩き、闇市で食料を買うのであった。絶望的な生活であったが、時代そのものがそうだったのだ。パレ・ベルリッツで催された敵意むきだしの「ユダヤ人とフランス」展は、同じく毒のある反ユダヤ的、反フリーメイソン的雑誌『オー・ピローリ』と歩調を合わせた。

ユダヤ人に死を！　そうだ、もう一度言おう、死を！　ユダヤ人に死を！　ユダヤ人は人間ではない。臭いにおいをまき散らす動物だ。シラミを取ってやろう。伝染病が広がらないように……われわれは病気と死から身を守る——どうしてユダヤ人からも守らないのか？[20]

ヴァンス湖畔のヴィラでコニャックのグラスを傾けながら、アイヒマンとハイドリッヒはユダヤ人問題の「最終解決案」を固めていた。

ルネ・ドーマルの妻の実家であるミラノヴァ家がユダヤ系であったために、彼と妻のヴェラは永久にグルジェフから切り離され、非占領地域をさまよっていた。空腹をまぎらわすためにお湯を飲むこともあるような生活であった。『類推の山』の第四章まで書き進めていたルネは、グルジェフの姿を生き生きと描こうと毎日格闘していた。

あの男を思い出しなさい。突然現れ、すべてをたたき壊し、人を素手で捕まえては夢から引きずり出し、真昼の光の中で刺の上に座らせるあの男を。そして同時に、われわれはどうしたら思い出せるかを知らない、ということも覚えておきなさい。[21]

ジャンヌ・ド・ザルツマンの影響圏にいる作家、たとえばリュック・ディートリッヒやランザ・デル・ヴァストらに会うと元気を取り戻すこともあったが、そういう機会はきわめて稀だった。

一九四二年六月下旬（この頃マーガレット・アンダーソンはリスボンからニューヨークへ向かうドロットリングホルム号に乗りこんだが、その切符はアーネスト・ヘミングウェイが買ってやったものだった）、ジャンヌ・ド・ザルツマンはついにリュック・ディートリッヒをコロネル・レナール街六番地に連れていった。のちにリュックはルネにこう書き送っている——「ぼくはようやく、自信をもつというのがどういうことか感じはじめている。……ほかのこと（このオレンジの皮の山）は、それ相応の場所におかなければならない。……今ぼくは、別の道、まったく別の道に進もうと決意している[22]」。

しかし、こうしたリュックの熱意が源泉に還りたいというドーマルの気持ちをいかに煽りたてようと、歴史は残酷にもこれを許さなかった。七月一六、一七の両日に決行された「春風作戦」で、フランス警察の九百の分隊がパリのユダヤ人を急襲し、ドランシーの強制収容所を経てアウシュヴィッツへと送りこんだのであった。送られた数はおよそ一二万人、生還したのはわずか千五百人にすぎなかった。……人類のこの恐るべき悲劇は、グルジェフが五月に発した警告的な予言を成就したのである。

一九四二年一一月にはドイツはヴィシー政権との合意を一方的に破棄し、非占領地域を蹂躙（じゅうりん）した。一九四三年二月、ドイツが若いフランス人を強制労働に駆り立てはじめると、アンドレ・ジッドやジャン・コクトーといったドイツに協力的な知識人（「屈辱的平和よ、永遠に！」）はますます人気を失っていった。完全に優位に立ったのは地下雑誌『戦闘（コンバ）』のまわりに集まったカミュ、ジャン・ブリュレ、アンドレ・マルロー、サルトルらのレジスタンス作家たちだった。……しかしパリの思想界には目に見えない第三の勢力が活動していた。彼らは個人の変容という醒めた目標を抱く人々で、この隠れた勢力はジャンヌ・ド・ザルツマンを通してコロネル・レナール街に集まってきた。

一九四三年の半ばには、かなりの数のフランス人が、グルジェフの教えの複雑なモザイクの中になんとか自分の場所を見つけていた。サル・プレイエルでグルジェフはムーブメンツのクラスに熱意を注いだ。数十年前、ここにユリアやオルギヴァンナ、ジャンヌ、エリザベータらが立っていたが、今では新たな世代が整列していた――ボーリース、マルト、ブシック、ソランジュ、ニコルらである。コロネル・レナール街六番地では、しわのよった門衛が毎日出入りする男女の群れを見ては、ムシュー・グルジェフのアパルトマンはなんて広いんだと驚くばかりであった。彼らはサロンでの二時間におよぶ『ベルゼバブ』の朗読中、小さな木のスツールに窮屈そうに座っていた。毎週木曜の夜には食堂に四〇人がすしづめになり、新参者は皿を膝の上に、あるいは暖炉やピアノの上において食べた。

そこでは、他人のすね、膝、そして二つの太ももの間に自分を押しこまなければならなかった。つまり三人の間に割りこむのである。しかも客はまだ来ていた。……彼らはその情景に圧倒されてしばらく戸口で躊躇していた。……このかわいそうな鷺（さぎ）たちは、一本足で注意深くバランスをとりながら、足をおろせる場所を空しく探しているのであった。[23]

グルジェフのこうした儀式的な食事にはすでにフランス様式が取り入れられていたが、これは戦前のパリの優雅さとも、またドアの外の困窮した世界とも驚くほどかけ離れていた。なにしろ今では、米が薬品扱いされ、医師の処方がなければ手に入らなくなっていたのである。買い出しから調理、盛りつけにいたるまですべてグルジェフ自身がとりしきるこの食事は実に見事で、長く弟子たちの記憶に残った。「あの特別のグルジア料理には小さなチキンと米とタマネギが入っていたが、指で食べなければならなかった」「あのクルド風のデザート、あれは、求婚者のプロポーズが受け入れられたとき、翌日彼が未来の花嫁に贈るものなんだ[24]」……グルジェフの席の左には「ディレクトゥール」、つまり儀式の進行役が座り、一定の時間をおいて立ち上がっては、自然な、あるいは作りものの冷静さで、続けざまに「白痴（イディオット）のための乾杯★14」の音頭をとるのであった。これをするには強い記憶力と鋭い時間感覚が必要で、おまけにグルジェフの詳細な指示と彼の眼光を受けながら遂行しなければならなかった。

> 「ディレクトゥール」の役につくと、全体を完全に掌握しておかなければならなかった。……やるべきことをやっている間は、他のことに気をとられてはならなかった。巨額の金を動かすビジネスをやっているときでも、そのことは忘れなければならなかったのだ。[25]

「ディレクトゥール」の左には「ヴェルスール」（「執事」）が座り、アルマニャックやウォトカのグラスを満たす任務を帯びていた。グルジェフの右には「ムシュー・エグー」（給仕長）が座ったが、これは通常「著名な人物」があたり、彼にはホスト自ら、さまざまな、いささかうさんくさい料理をふんだんに取ってくれた——たとえば「半分皮をはいで焼いた仔牛の頭の、切り取られた頭蓋の中でまだ脳が泡を吹いている部分」[26]などである。「エグー」の右には「ムシュー・プベル」(「ごみ箱」)が座り、「エグー」の皿から食べ残しを片づけていた。必要なときには「エグー・プール・スイート」(たいていは可愛い女性だった)が出てきて、グルジェフが甘いものを配るのを手伝った。彼の圧倒的存在感とその実にちぐはぐなもてなし方のために、こうした饗宴はなんとも計りがたい雰囲気を生み出した。「一種の連鎖反応が起こり、あらゆるものは通常の意味を失ってしまった。食べること、話すことは非常に重要な行為になり、テーブル越しの言葉は胸を突き刺すナイフとなった」[27]

グルジェフのやり方は、「ノーベル賞受賞者と道路清掃人を並べ、貴婦人を売春婦の横に座らせる」という常識はずれの機知に富んだものだった。かくして、レスリングの元チャンピオンのチェコフ・チェコヴィッチと「ミュジーク・コンクレート」*の創始者であるピエール・シェフェール、ある「セクシー」な女性の弟子とさまざまな文化の辛辣な観察者であるルネ・ズベール、キツネのような女たらしのリュック・ディートリッヒとブルターニュの田舎女ルイーズ・ル・プルドムが席をともにしたのである。

白けた沈黙が続いたが、食事が進むにつれて徐々にぎこちない会話が始まった。「私に何か話してくれる者はいないかな？」[28]というグルジェフの声に、全員はっとわれに返った。「誰か大声で話しなさい、話しなさい！」彼は助け船を出すかのように言い張った。……誰か質問はないかな？　本当の質問は？　自分の主要な欠点をさらけだすような質問をする者はいないかな？　ではみんなを代表してルネ・ズベールに話してもらおう。「全員の目がいっせいに私に向いた。と突然私は、自分が無限の宇宙に直面しているような、宇宙飛行士になって無重力状態で浮かんでいるような気がした」[29]。もしその話がなんらかの実質を伴っているならば、グルジェフは優しい父親のようにそれに反応したであろう。あるいはもしそれが前途になんらかの希望を抱かせるようなものであれば、ジャンヌ・ド・ザルツマンにその人間の指導にあたるよう指示するだろう。しかしもし単に「でっちあげた」ものであれば、ゼウスの雷が落ちた――「お前わかってない。お前完全な白痴。精神病院行き候補生。くずだ！　どうしようもないくずだ！」。

一九四四年五月一〇日、ドイツ軍は肩までの高さが四五センチ以上ある犬をすべて徴用した。八月二五日には、ディートリッヒ・フォン・ショルティッツがパリをルクレール将軍に明け渡した。この両日の間に、グルジェフは二人の若い作家を失ったが、彼らが生きていれば、解放後のフランスでグルジェフを認知させるような活動をしていたであろう。ルネ・ドーマルの病気は知らぬまにかなり進行していて、もはや高地に行くことはできなくなっていた。その間も彼は『類推の山』を芸術的に磨きあげることに心血を注いでいた。しかし三六歳で病気が悪化したときには、「第一キャンプを設営する」と題された第五章までしか進んでいなかった。リュック・ディートリッヒは小説『町の徒弟』を完成し、そこに暗号化した形でグルジェフに対する賛辞を盛りこんだ。それればかりか、ほんのわずかな経験をもとに、マルセイユで自分の「グルジェフ・グループ」まで始めていたのである。

五月二一日、ドーマルがパリで苦しんだ末に息を引き取ったとき、ディートリッヒは精神的な危機に陥っていた。平和と静けさを求めたディートリッヒは、やはりグルジェフの弟子であったフランスの精神科医ユベール・ブノワを伴ってノルマンディーの海岸に移ったが、それは連合軍によるノルマンディー上陸作戦決行の二週間前のことだった。サン・ローでの大規模な戦闘に巻きこまれて不運にも負傷した彼は、パリのリヨテ病院に運ばれたものの、脳に壊疽あるいは膿瘍ができていると診断され、ついにそこで死亡した。三一歳であった。……その二日前、顔を紅潮させ、生気にあふれたグルジェフがこの弟子を見舞ったとき、その頃にはほとんど入手不可能

訳注＊――楽音または自然音をテープに録音し、電気的に分解し、変化させたのち、作曲家の意図に従って結合・配列して再生する音楽。

だったオレンジを二個もってきた。それをひとつずつディートリッヒの手に握らせると、こう言った――「お前の全人生はこのときのための準備だったのだ」[30]。

一週間後の八月一九日の土曜日、パリ蜂起が始まり、追いつめられたドイツ軍とド・ゴール主義者および共産主義者の間で激しい市街戦が行われた。おかげでグルジェフの日課であるトルコ風呂行きも不可能になった。しかし、もしフォン・ショルティッツがヒトラーの命令を守ってパリを爆破していたならグルジェフには大打撃だっただろうが、少なくともそれはまぬがれた。次の木曜日、グルジェフは空からまかれたビラを複雑な思いで読んだ――「踏みとどまれ、すぐ救援に行く！――ルクレール」。八月二五日の金曜日には警察本部で降伏文書が調印された。巨大な力が突如現れては、消えていった。オクターヴの進路が曲がったのだ。ドイツとヴィシーはもはや「世界文化の中心地」ではなくなっていた。……グルジェフの食料貯蔵室の天井からつり下がってゆっくり揺れている、銀色のフォイルのうろこをつけた大きなチョコレートの魚は、ついに歴史が垂らした餌には食いつかなかったのだ。さまざまな共和国は通り過ぎていった。グルジェフは残った。

続く三日間、「フランス万歳」の大合唱が巻き起こったが、それは暗に「ペタンを絞首台に！」を意味していた。ドイツへの協力者は法的手続きを経ない報復を受けた――適切なものもあったが、そうでないものも多かった。パリのどの地域でも、頭をそられて涙に暮れる女の姿、さらには、胸や背中に銃弾やナイフの一撃を受け、もはや物言わなくなった男たちの姿が見られた。……グルジェフはドイツの「理想主義者たち」と商売上の付き合いはあったが、家父長的な彼の人間性、それにグループの中のユダヤ人のメンバーを助けたことで、こうした譴責はすべてまぬがれた。

ところがフランス警察はあからさまな偽善性を発揮し、この機会に乗じてグルジェフの身元調査に乗り出した。捜査令状をもった警察が、外貨を違法に所持していないかどうか調べるためにコロネル・レナール街六番地を捜索した。事前にこの情報を伝えてくれた弟子に、感謝をこめて彼は言った――「心配ない。彼らは何も見つけられないだろう[31]」。……その午後、捜索隊がやってきて、彼のマットレスの下から大量のドルを見つけた。グルジェフが警察の拘置所に送られたと聞いて、ジャンヌ・ド・ザルツマンは仰天した。拘置所内では他の留置人が彼に聞いた――「お前さん、ここは何度目だい?」。「一〇回目だ![32]」グルジェフの堂々たる応対に一同は彼を温かく迎えた。……しかし翌朝になると、警察は前日拘留したのとはまったく違う「グルジェフ」を釈放した。前科もなく、「外貨についてはまったく何も知らない、おまけにフランス語もほとんど話せない哀れな老人[33]」であるグルジェフを。(のちにグルジェフはこの話をするのを大いに好んだが、金をマットレスの下に隠したことになるとちょっと口ごもり、子供っぽい無邪気さで聴衆を見回すと、こう言った――「いい場所だろう? うん?[34]」)

彼の熱心な活動は続いた。解放されたパリでは、フランスのグループの新たな中核的メンバーは、何を要求するかわからない厳格な師からばかりでなく、厳しい欠乏状態の試練も受けなければならなかった。一九四四年から四五年にかけての冬もまた厳しかった。電気供給は相変わらず不安定で、食料も、奇妙なことに、以前よりもっと乏しくなった。(背後では対独レジスタンスのならず者たちが暗躍しているようだった)。コロネル・レナール街はスケート・リンクのように氷が張り、老人が転んで骨を折ってもそれを固定する石膏が街中どこにもなかった。悪夢から覚めたパリは、ほこりっぽく、光あふれる一九四五年の春を迎えた。四月三〇日にはヒトラー自殺のニュースがもたらされ、そして五月六日*にはヨーロッパ戦勝記念日のどんちゃん騒ぎがやってきた。……「舞踏教師」はついに切り抜けたのだ。

訳注*――ヨーロッパ戦勝記念日は五月八日である。著者に確かめたところ、誤植ではないという。戦勝記念日が近々来ることを見越して歓喜が爆発したのであろうか。

戦後のパリ人の関心の中では、グルジェフはいかなる場所も占めてはいなかった。春が過ぎ、夏の干魃が予感される頃、大衆の注意は最高裁判所で展開しているドラマに注がれていた。老年を迎えたペタン元帥が大反逆罪の嫌疑に対する弁明を行っていた――「フランスはただひとつ、私はそれを体現しているのだ」。この間に、知的中心はカフェ・デ・ドゥー・マゴから平凡なカフェ・ド・フロールに移っていた。（薬にますますおぼれるようになっていたサルトルは、ここのテーブルに専用の電話を引いていた……）。コロネル・レナール街六番地の小さなアパルトマンは、グルジェフのとりまきや債権者以外、パリジャンの関心をいっさい引かなかった。それでも七月末までには、二度ほど、その尋常ならざる磁力を発揮する機会を得た。

最初に帰ってきたのは元気なキャサリン・ヒュームで、「国連難民救済局」の制服を着てモンパルナス駅に降り立ったが、その姿は予備役のバスの車掌を思わせた。不安と既視感とがどうしようもなく交錯する中、彼女は現在と過去の記憶をなんとか折り合わせようとした。グルジェフのアパルトマンがウェスト・ウェスト伯爵*の城のように近づきがたかったらどうしよう？　あるいは逆に、アーサー王伝説の聖杯管理人の城のようにあっけなく消えていたらどうしよう？　しかし、ああ、あった！「薄暗い玄関口では、電圧の低い電灯ひとつの光でやっと、あの見慣れた〈故障中〉の注意書きがエレベーターのドアにかかっているのが見えた」[35]。彼女は期待と予感にわれを忘れてベルを押した――もしかしたら彼はこの訪問を鼻であしらうかもしれない。（「君は多くのものを失いすぎた」[36]）。返事がないのでもう一度押した。

長い間待っていた。すると、高いドアの向こうで、重い足をゆっくり引きずるような音がした。……ドアが開くと、そこにはグルジェフが立っていた。その顔には、見知らぬ者を見るときの不愉快そうな表情があった。私の制服が彼の目には奇妙に映るだろうことを忘れていたのだ。

「クロコダイル（ワニ）です、ミスター・グルジェフ……」

「クロコ・ディール！」ドアが大きく開いた。私は彼の腕に飛びこみ、大声で泣きだした。彼も感激したようで、しわがれた声で何度も言った――「来るとは思わなかったよ……まったく！[37]」。

サフランの香りのする食料貯蔵室で、グルジェフはキャサリン・ヒュームに濃いブラック・コーヒーを入れてやった。「本物のコーヒーだ！[38]」と彼はフランス語で言った――「こんなコーヒーが飲めるのはパリでもここだけだ」。キャサリンは息せき切ってさまざまなニュースを伝えた。ソリータ・ソラーノは元気で、アメリカ女性ボランティア・サーヴィスで働いていること、モン・サン・ミシェルは破壊をまぬがれたこと、ドイツ軍は何百万というユダヤ人をガス室に送ったこと、等々。ホロコーストのことを聞いたグルジェフの「顔は曇り、額の血管が浮き上がって脈打った。その曇らせた顔の中に私は神の怒りを見た。人間が人間に対してくり返し行う非人間的な行為を憤るこの聖なる怒りは、今にも爆発しそうであった[39]」。ドイツへの途上にあったキャサリンは、時間が来たので立ち上がった。するとグルジェフは彼女に甘い菓子の箱を贈った。「ラベルに描かれた魅力的な女性は紫の長椅子に横になり、バラを挿した長い髪の下からは化粧した眼が誘惑的に見つめている……[40]」。この女性は、クロコ・ディールおよびかつての「ロープ」のメンバーとは正反対の存在だったのだ。

この菓子を贈った男は今や八〇歳になっていたが、彼をおとなしく伝記の中に押しこもうとすれば、つまり、親切で歯の多少抜けかけた、風変わりな老人として描こうとすれば、真実からかけ離れてしまう。二人目の予期せぬ訪問者は温かく迎えられたが、ここでも、かつてのムシュー・ボンボンなら決してしないような迎え方をし

訳注＊――――カフカの作品『城』の登場人物。彼の住むとされる城に主人公はどうしても到達できない。

た。……アメリカの軍服を着たフリッツ・ピータースがなんとかグルジェフに会おうと必死になってたどり着き、疲れきって門衛の椅子に倒れこんだとき、フリッツはひどい精神衰弱に――彼の言葉によれば、半狂乱になっていた。一時間も待った頃、コロネル・レナール街の石畳をたたく杖の音が聞こえてきた。

私は身を硬くして立ち上がった。するとグルジェフが……戸口に現れた。彼は私にはまったく気づかずに近づいてきた。私は自分の名前を口にした。彼は私をしばらく見つめていたが、いきなり杖を落とし、大声で叫んだ――「息子よ！」。……われわれは抱き合った。彼の帽子が頭から落ち、門衛が……すっとんきょうな声をあげた。[41]

この再会のクライマックスは、なんといっても、せせこましいパリのアパルトマンの台所で古い冷蔵庫にもたれかかっていたグルジェフの中に、サルムング修道院のグルジェフが、エネルギーの「大蓄積機」を自由に使えるグルジェフが姿を現したときである。この場面を劇的に描くフリッツ・ピータースの筆は、何年にもわたってグルジェフが見せてきた不思議な治癒力、心身症の人々を癒すあの不思議な力を解き明かす、またとない鍵を提供してくれる。

私は彼から目を離すことができなかった。彼が恐ろしく疲れているのがわかった――実際、これほど疲れた人間を見たことがなかった。私は椅子にぐったり腰をおろし、コーヒーをすすっていた。そのうち、自分の内部に不思議なエネルギーがわきあがってくるのが感じられた。私は彼を見つめ、自動的に身体を伸ばした。すると、強烈な青い電光が彼から発して私の中に流れこんでくるような気がし、それと並行して、疲労感が体内から流れ出るのを感じたのである。しかし同時に、彼の身体は前かがみになり、その顔からは生気が消えていた。私はびっくりして彼を見た。彼の方は、私が背筋を伸ばして座り、元気にほほえんでいるのを見ると、すばやくこう言った――「君はもう大丈夫だ。火にかけた料理を見ておいてくれ――私は行かなくてはならん」。……彼が一五分ばかり姿を消していた間、私は鍋の料理を見ていたが、われながら自分の状態に驚いて呆然としていた。これまでの人生でこれほど気持ちよく感じたことはなかったからである。……しかし彼が台所に再び姿を見せたときにも同じくらい驚いた。すっかり変わっていたのだ。元気にあふれ、ずるそうにほほえむ彼は、まるで若者のように見えたのである。[42]

キャサリン・ヒュームとフリッツ・ピータースの突然の訪問をもって、彼の五年にわたる監禁状態は終わりを告げた。そしてこの出来事は（一九四五年八月一五日の日本の降伏という事件以上に強力に）、グルジェフ神話の次の舞台の幕を押し上げたのである。これはいい戦争だったのか？　まあ、いくらかいいところもあった、という程度のものであろう。グルジェフはこれまで持ち前の鉄面皮で「物質的問題」にかろうじて対処してきたが、ここにきてその問題はいよいよ切迫してきた。運命はルネ・ドーマルやリュック・ディートリッヒら彼の支持者を奪い去り、ランザ・デル・ヴァストやピエール・ミネといった彼を批判する者を生き延びさせた。ジャンヌ・ド・ザルツマンは占領という厳しい試練の中でその真価を見事に発揮し、グルジェフの主要な後継者として浮上してきた。しかし『ベルゼバブ』の出版のめどはいまだに立っていなかった。グルジェフがサル・プレイエルで見せたちょっとした奇蹟も、その成果ははっきりしたものではなかった。イギリスやアメリカからの古い弟子たちで埋めつくされたもっと大きなワークの舞台へ、グルジェフはなんとかして新しいフランスのグループを登場させなければならなかった。このグループは、いわば天才少年がまだおとなしくしている、といったところがあり、この先さまざまな「誤解」が生じるのは目に見えていた。彼もその最盛期にはわざと摩擦を生み出していたが、八〇歳の誕生日が近づいている今では、そうした戦術は考えられなかった。逆に、もし彼がいい羊飼いなら、いかなる代価を払ってでも散らばった群れをひとつにまとめなければならなかった。……さもないと、すべてが危機に瀕することになるだろう。

15 聖なる調和

［1945.8.15～1948.10.30］

反対物を和解させ、調和させる、過去を反省して未来にそなえる——グルジェフの計画は非の打ちどころがなかった。しかしそれはスムーズに実行されるのだろうか？　いやいや、とんでもない。フランス人のグループを組み入れるという微妙な問題はおくとしても、イギリスやアメリカの弟子たちは内部に混乱をかかえていた。コロネル・レナール街六番地の「観測所」から、グルジェフは世界がばらばらに崩壊していく光景を観察していた。

これまでワークに関わってきた著名な人たちが戦後の厳しい情景の中に立ち現れてきたとき、彼らを物笑いのタネにするのはいともたやすいことだった。きわめて高尚な動機に邪魔をされ、共通の理想によって分割され、弟子たちの熱狂的活動のおかげで英雄もどきの存在に堕してしまった彼ら——しかし彼らは運命が命じたまさにその役割を演じているのだ。かつてのオラージュ・グループは、ニュージャージー州メンダムに居を構えたウスペンスキーからのくり返しの攻撃にも、がっちりとガードを固めていた。ロンドン郊外ヴァージニア・ウォーターのリン・プレイスでは、歴史心理学協会の高官たち（ケネス・ウォーカー、R・J・G・メイヤー、ドクター・フランシス・ロールズ）がこまごました規則や罰則を作って「システム」を守ろうとしていた——規則のひとつはグルジェフの名前を口にすることを禁じていた。ウェアのグレイト・アムウェル・ハウス、そしてキングストン・オン・テムズのクーム・スプリングズにそれぞれ陣取ったドクター・ヘンリー・モーリス・ダンロップ・ニコルとジョン・ゴドルフィン・ベネットは、互いのやり方に疑惑を募らせていた。ジェイン・ヒープは精神病院に隔離され、ウスペンスキーはかつての弟子のベネットとやりとりするのに弁護士を通していた。……彼らは人間的だった、あまりに人間的だった――巨大な神話、彼らがそのおかげで歴史に足跡を残せるようになった神話の片隅で、優先権を求めて争うのを目にするとき、伝記作家は共感を禁じえない。彼らは何よりその弱さゆえに、真摯な努力ゆえに、そしてパリの「食料と叡智の詰まった食料貯蔵室に座っている老賢者[1]」に寄せる共通の思想的敬意ゆえに兄弟なのである。

一九四六年一月一三日、グルジェフは八〇歳の誕生日を祝った。ある瞬間には彼も「老齢からくる合法則的なさまざまな病気[2]」の餌食になっているように見えるが、次の瞬間には「獰猛で機敏、獲物に飛びかかる瞬間を油断なくねらっているような、途方もないエネルギーを内に秘めているという印象[3]」を与えるのであった。老境にさしかかってからのグルジェフは、「後継者を探す」といういたずらっぽい実験をくり返してきた。自分で生み出した不吉な沈黙を、彼はこうした言葉で打ち破るのだった――「人生において人間がなすべきことは、彼がそこで学び、蓄積したことを受け渡す人間を見つけることだ。そのような器を見つければ、もう死んでもよい[4]」。

グルジェフはゆっくり腕を上げ、使徒を探す指がみんなが見守る部屋の中をさまよい、ついにある者に向けられた。古参の弟子たちは、びっくりして眼をむきだしているその人間の反応を食い入るように見つめたが、ジャンヌ・ド・ザルツマンもその一人だった。彼らはその反応をその人間のエゴイズムのしるしと受け取ったのだ。（この「選抜」を全面的に受け入れた唯一の人物は、選ばれる可能性がきわめて低いフリッツ・ピータースだった）

グルジェフとお上品な文化人の世界の間にはいかなる和解も交流もなかった。戦後のパリで主要な座を占めたイデオロギーは三つ、すなわち共産主義、実存主義、そしてド・ゴール主義とカトリックの連合、であった。グルジェフはこの三者からともに無視されたが、かといって彼が批判の矢面に立たなかったということではない。こんな老齢になっても、いまだに彼は典型的な「青ひげ」連中から追いまわされたが、これも彼がキャサリン・マンスフィールドに示した私心のない親切のぞっとするような帰結だったのである。一九四六年一月一九日、雑誌『イリュストラシオン』は、ロラン・メルランの「キャサリン・マンスフィールドのドラマ」という記事を載せたが、これはフランスの大衆ジャーナリズムの基準からしても実に馬鹿げたものであった。

> グルジェフは彼のもっている魔術の力を集中させたかのようであった。彼の眼からは人を麻痺させる毒素が放射され、ゆっくりと弟子たちの額に浸透していき……彼らはみな催眠状態に陥った。キャサリン・マンスフィールドを含む彼らは、この屈従的な状態にみだらな楽しみさえ感じているようだった。[5]

その数カ月後、この「美女と野獣」伝説は、イレーヌ＝キャロール・ルウェリオッティの『若き女性の日記』の出版によって、新たな、しかしあまり芳しくない支持を得た。若くて才能にあふれ、しかし結核を病んでやせ衰えたイレーヌは驚くほどキャサリン・マンスフィールドに似ていた。彼女はリュック・ディートリッヒを通してワークに入り、一九四五年八月一一日、棺に入ってワークから出ていった。肉体的にも精神的にもリュックに誘惑されていたイレーヌは、まもなく師に彼女の否定的感情を伝え、結局その感情につつまれたまま、サランシュで心臓病のため、その悲劇的な生涯を閉じるのである。(「お母さん、私はどうやら、グルジェフが私に魔法をかけたと信じたまま一生を終えそうです」[6])

グルジェフが社会と和解するためには、彼の魔法をかける力、「状況の詩人」たる能力が大きくものをいった。そしてこの力には、時さえも指を触れることはできないようだった。一九四六年六月、キャサリン・ヒュームが

「ポーランド産のウォトカと新しい女性の友人チュウカを連れてゲルマニアから」帰ってきたとき、彼女を迎えたグルジェフはひどく弱々しく見えた。「彼の気管支から痰が詰まったような変な音がするのを聞いて、私は胸を打たれた」[7]。しかし、この世的なものをひっくり返す力をもったこの男は、こんなことで弱りはしなかった。……チュウカは尼僧院から逃げ出してきた女性で、罪の意識にさいなまれており、グルジェフの突き刺すような眼光から必死でこの過去を隠そうとした。物思いにふけっていると思ったら実は眠りこんでいた彼を見て、彼女はかわいそうと思うと同時にほっとした。そしてキャサリンにこうささやいた――「もう行かなくては……彼はとても疲れているわ」[8]。

その瞬間、グルジェフは片目を開き、横目で彼女を見た。彼の顔にはまた生気がよみがえり、ほほえみがしわのよった顔中にゆっくりと広がっていった。彼はチュウカにうなずき、しわがれ声のフランス語で「＊＊修道会の修道尼よ」と、彼女がかつて属していた修道会の名を正確に言ったのである[9]。

あとでわかったのだが、キャサリンが持参したウォトカとタバコは余計だった。ぎっしり詰まった食料貯蔵室の棚を皮肉たっぷりに見やりながら、グルジェフは言った――「私がアメリカ軍とあまりいい関係にない」[10]と考えてくれる必要はなかった、と。それに、忠誠心の堅固なニューヨークのグループもまた、新たに寄付を始めていた。テキサスの油田はその一端であったし、エディアールへの大きなつけも彼らがなんなく返済してくれた。……しかしそれでもグルジェフは返済不能ぎりぎりのところにいたのである。

金を送ってくれたのがニューヨークであったとすれば、ワークに新たな血を注ぎこみ、フランスとアングロ・サクソンの「白痴ども」の心からの相互理解を促してくれたのはロンドンであった。今ではロンドンのハミルトン・テラスに居を構え、セント・ジョンズ・ウッドで有名な工芸品店「木馬」を経営していたジェイン・ヒープは、すでに二〇年近くグルジェフの旗持ちを務めてきたが、グルジェフに直接会いたいという人たちに必要な訓練を与えるのに余念がなかった。彼女は警告した――「彼は多面的な存在です。しかしよく見ていれば、ほんの時折賢者が通り過ぎるのが見えるでしょう[11]」。一九四六年の秋、彼女の許可を受けた者たち――マイケル・カラー＝ブリッグズ、アニー＝ルー・ステイヴリー、ドクター・ジョン・レスター、エルスペス・シャンコミュナルら――が、震えながらコロネル・レナール街六番地の階段を上っていた。「こわがる必要はない」とグルジェフは念を押した。「ここがお前たちの家だ。私は新しい父なのだ[12]」

社会的通念から身をかわす術においては達人の域に達していたジェイン・ヒープは、おそらく彼女の弟子たちに、グルジェフの中にひそんでいる超現実的な要素に対してきちんとした準備をさせたのであろう。たしかにこの「状況の詩人」は、彼らの中にものの核心を見抜くたしかな目を感じたのである。「ミスター・グルジェフは冷酷無情な思いやりをわれわれに注いでくれた。考慮することは減っていった。彼は測り知れない彼方から恐るべき力でもって話すのであった。……『私、お前たちを招く、私の次の結婚式に！』と彼は言った[13]」。セント・ジョンズ・ウッドから来た者たちは誰一人この金言を世俗的な言葉に翻訳しようとはしなかった。

グルジェフの召使い頭ともいうべき存在が彼らの道を多少なめらかにしてくれた。それは若いリーズ・トラコルで、威厳ある態度となみはずれた順応性をもつ彼女は「普遍的タイプ」と認定されていた。リーズに今の仕事とアメリカ合衆国大統領の二役を務めろと言えば、「今から三時間以内に[14]」やるだろう、とグルジェフは胸を張って言った。それどころか、もし必要とあらば、彼女はマダム・ド・ザルツマンのかわりさえできるだろう！

ある朝、ジェイン・ヒープの弟子たちがサロンに入ろうと神経質そうにホールに集まると、ドアに鍵がかかっていた。そこに現れたグルジェフは叫んだ――「なんたることだ！　こんな大事な人たちを待たせるとは！　リーズはどこだ？　鍵はどこだ？」[15]。台所から大きなドライバーと金槌をもってくると、彼はドアのちょうつがいを壊すまねをしはじめた。「それはまるでサーカスのピエロが、謝りながらあわてふためいているのとそっくりだった」[16]。そこへリーズが大きな買い物袋を下げて現れると、グルジェフは彼女の思慮のなさに雷を落とした。それを平然とやりすごすと、彼女は戸口の上から鍵を取り、何事もなかったかのようにドアをあけた。

ジェイン・ヒープがもどってきたのは自明のことだったし、リータ・ソラーノやニューヨークのオラージュのグループも同様であった。しかしそれ以上の人々の帰還の道筋には、行く手をさえぎるような灰色の哲学的ドルメンがそびえていた――ピョートル・デミャノヴィッチ・ウスペンスキーである。一九四七年一月、彼はついに大西洋を渡ってイギリスに帰ってきた。すぐさまグルジェフはその件について正確な報告を受けたが、その内容は彼を悲しませた。「高次の源泉」との接触に失敗したことからくる絶望は、ウスペンスキーを慢性的飲酒へと駆り立てていた。かつてはそびえ立っていたその知性も今では打ちひしがれ、彼の内的統一感も疑わしいものになっていた。バジル・ティリーの運転するビュイックでサウザンプトンからリン・プレイスに向かう間も、彼は悪化の一途をたどる腎臓病に苦しみ、そしてどうしようもない絶望感にさいなまれていた。

グルジェフは、かつて自分の庇護のもとにあった者が希望を喪失しているのを見て決して無関心ではいられなかった。（その希望は、ウスペンスキー自身が多くのイギリス人に与えたものにほかならなかった。）ウスペンスキーがクイーン・エリザベス号を下船して数日もたたないうちに、ジャンヌ・ド・ザルツマンは、コロネル・レナール街六番地のテーブルへの心温まる招待状を渡していた。しかし彼はこれを拒絶した。彼が心に描いていたシナリオにはこの壮大な和解は入っておらず、むろん死の床での告解など論外だった。そのかわりに彼が用意していたのは、劇的なカタルシス――彼自身の生涯の仕事および彼の弟子たちの努力を公開の席で否定することだった。……二月二四日から六月一八日の間にウェスト・ケンジントンのコレット・ガーデンズで行われた六回のミーティングは決定的に重要なものとなった。その場で、『奇蹟を求めて』の著者はあらゆる質問を驚くほど断固たるニヒリズムでたたきつぶしたのである。

ウスペンスキーが公開の場で自らの精神的破産を認めたことを揶揄したり、その至高の（遅きに失しはしたが）正直さを賞賛するのを拒んだりすれば、このけたはずれに不可思議な人生をあまりに過小に評価することになるだろう。コレット・ガーデンズでは誰一人決定的な質問を口にしなかった――「われわれはグルジェフのところに行くべきでしょうか？」。おそらく彼らは、この病んでみすぼらしい、しかし決して自分を曲げない人間の口から否定の言葉が出ることを予想するのにあまりに急だったのであろう。しかし、ウスペンスキーに迫りくる死の影、「システム」の公然たる放棄、そして永劫回帰への信念、こうしたものがリン・プレイスになんともいいようのない雰囲気を、コロネル・レナール街六番地のそれに劣らずピンと張りつめた雰囲気を生み出していなかったと、誰が言えよう。グルジェフをつつむ神話はまたいっそうふくらみ、一種の危険な心理ドラマの様相を呈するにいたった。そして一九四七年一〇月二日、ウスペンスキーの死という測り知れない中間休止がやってきたのである。

ウスペンスキーの設立した歴史心理学協会の主要メンバーは通常の葬儀を営んだあとはまったく途方に暮れてしまった――こういう言い方では、彼らがこうむったショックの大きさは伝わらないだろう。ピムリコのロシア教会から重い足取りで流れ出てくる熱心な者たちを、どうやって、どこに導けばいいのだろう？　もっとも確実な道はニュージャージー州の「フランクリン農場」から指導を仰ぐことだ、と彼らは考えた。そこには未亡人となったソフィー・グリゴリエヴナ・ウスペンスキーが、古参の弟子たちと汚くてよく吠えるチャウチャウ（中国種の犬）に囲まれて暗い部屋で暮らしていた。協会の中でもっとも力がある三人が、マダム・ウスペンスキーの心を探るためにロンドンを発ってフランクリン農場に向かった。そこで彼らが目にしたのはロシア的曖昧さの煙暮であったが、おぼろげながら確認できたのは次のような穏やかならぬ疑問であった――「もしより高次の師が現れたらどうするか?」[17]。パーキンソン病の中期段階にあったソフィー・グリゴリエヴナ自身にとっても、この疑問は心に突き刺さるものであった。それでも彼女はパリのかつての師に三百ドルと絹の反物を贈ったが、フランス人の弟子たちは、そんな神経を逆なでするようなものは送り返すよう強く進言した。グルジェフはこうした批判を弄する者を強い調子で非難した――「だめだ。お前たちはネズミからゾウを作り出している」[18]。

月日がたつにつれて緊張は高まっていった。リン・プレイスでは精神的荒廃感がいよいよ募り、ついにマダム・ウスペンスキーの指導を仰ぎたいという魂の底から出るような嘆願がなされた。一九四八年一月初旬、彼女はもはや躊躇してはいなかった。秘書に命じて電報を打たせたのだ。それは彼女がグルジェフィアンとしての不滅の王冠を戴いたことを示すものだった。彼女の精神の独立性を示し、そしてリン・プレイスでの劇的な反応を得るためには、青白い顔の近寄りがたいウスペンスキーの亡霊を背負っているという感覚が多少とも必要であった。「われわれが待ちこがれていた電報の内容は実に強烈だったので、歴史心理学協会の幹部はまっぷたつに分かれてしまった。その内容は簡単きわまるものだった――『パリのミスター・グルジェフに接触しなさい』」[19]

二派に分かれて抗争を始めたリン・プレイスは、良心の火に焼かれてもだえ苦しんだ。遅くて残酷な春が過ぎ、夏になった。一九四八年六月初め、いつ果てるともしれない会議や夕食の席での話し合い、そしてどなり合いのさなか、一通の電報が舞いこみ、リン・プレイス、フランクリン農場、コロネル・レナール街六番地を結ぶ魔法の三角形はついに完結することになった。グルジェフその人が発信したこの電報は実にそっけないものだった――「お前たちは羊飼いのいない羊だ。私のところに来なさい」[20]。

自己栄光化という非難はここではまったく当たらない。グルジェフはむしろ禁欲的に、残されたわずかな力をすべてつぎこんで、和解という目標になんとか到達しようとしていたのだ。この間の経緯をうまく物語っているのはドロシー・カルーソー（エンリコ・カルーソーの未亡人）である。彼女はマーガレット・アンダーソンの一番新しいコンパニオンとして六月にアメリカから着いたばかりだったが、その頭はアンダーソン流のロマンティックな考えでいっぱいだった。ヘルメス・トリスメギストスやグノーシス、エッセネ派やピタゴラス学派などが曖昧模糊として混じり合っていたのである。

しかしグルジェフを見たとき、私のそんな先入観は消えました。私が見たのは病気でやつれた老人でしたが、それでもその弱った身体からはものすごい精神の力が放射しており……私は強い刺激を受けて全注意を集中しました。彼の顔の表情ひとつひとつ、身体のちょっとした動きを見るだけで、胸が痛みました。[21]

こうした直感的理解は得たものの、ドロシーはやがてこのアパルトマンで大きな劣等感を味わうようになる。（「ここでは私以外の誰もが魂をもっているように見えます。私には魂はないのでしょうか[22]」）。彼女の疎外感、そして『ベルゼバブ』を読むときの困難に敏感に気づいたグルジェフは、彼女をそばに呼び、古ぼけたフラスコからコーヒーをついでやった。そしてこう言って彼女を驚かせた——「君は父親を助けなきゃいかん」。ドロシーはもう父親はいないと言った。

知っている。前に話してくれたね。しかし、父親がいたからこそ君はここにいる。そのことに感謝しなさい。君は君自身の父親であり、彼に借りがある。彼はもう死んだ。もう借りを返すには遅すぎる。それでも借りは返さねばならん。彼を助けなさい。……自分に働きかけるのだ。……自分にやることが、すなわち彼のためにもなるのだ。[23]

この不可解な言葉にドロシーは「何か不思議で豊かなものを、深い意味[24]」を感じとったが、その言葉の裏にあるのは、グルジェフは彼女を拒否してはいないということだった。……彼は誰も拒否せず、むしろますます多くの者をテーブルに招いていたのである。

グルジェフがモーリス・ニコルとどのように接触したのか、詳しい記述は残っていない。ニコルはもう若くはなく、健康も完全というわけではなかったが、立派な医者という評価は定着していた。パリに行けば歓迎されることはほぼ察しがついていたが、「母親の子宮にもどる」のはとるべき道筋とは思われなかった。そんなわけで、グルジェフの人生最後の極度に劇的なこの時期、グレイト・アムウェル・ハウスのグループは孤高を保ち、自分たちの確信を磨きあげていた。……この時期に活動していたもう一人の重要な役者はジョン・ゴドルフィン・ベネットで、彼の場合、グルジェフが直接接近したわけではなかった。大きな可能性をはらむこの再会は、ひとつの偶然がきっかけとなって実現した。一九四八年六月七日、ベネットはふらりとニュージャージーのフランクリン農場を訪ねた。敬意をこめてソフィー・グリゴリエヴナと話していたとき、彼はある打ち明け話をした。ウスペンスキーが亡くなった日、ベネットがいたクーム・スプリングズに「天使か、あるいはそれ以上の大きな存在[25]」のようなものが現れた、というのである。マダム・ウスペンスキーは聴覚も弱り、口もなめらかには動かなかったが、それでもこう話した――「ミスター・ウスペンスキーがいなくなった今、あなたはどうするつもりですか?[26]」。ベネットが、ミスター・グルジェフが頭がおかしくなっていなかったり、あるいは死んでいなければいいのですが、と言うと、マダム・ウスペンスキーは言葉少なに答えた――「彼の頭はおかしくはありません。これまでも一度もそんなことはありませんでした。今パリにいます。あなたも行ってごらんなさい[27]」。

いつもそうだが、ここでもベネットは転向するのになんの道徳的、あるいは知的な抵抗を感じなかった。彼は一九二四年にグルジェフを拒絶してウスペンスキーを取った——それが今、判断よくグルジェフのもとに帰ろうとしているのだ。……一九四八年七月初め、グルジェフはベネットからの手紙を受け取った。クーム・スプリングズの生徒二百人と、南アフリカ、トランスヴァール州北部のクロコダイル（リンポポ）河近くにある「ドンケルフーク」農場を提供すると言ってきたのである。これを読んだときのグルジェフの心情はいかばかりであっただろう。しかし明らかなことがひとつある。ウスペンスキーへの忠誠心によって何年もの間せき止められていたアングロ・サクソンの流れが、今や奔流となってグルジェフにもどってきたのである。

五一歳のベネットは、七五歳になる二度目の妻ウィニフレッド・アリスを連れて、一九四八年八月初め、コロネル・レナール街六番地に姿を見せた。彼はこの「刺激的な世界の中心地」の基準からしても、いささか興味深い立場に立っていた。もう何十年も「グルジェフ」は彼にとって影であり、記憶であり、口にしてはならない存在だった。そして、彼自身が講演やセミナー、あるいは著作でその存続に寄与しているすばらしい教えの唱道者であったが、彼にとってはすでに「故人」であった。そのグルジェフが、予知しうるあらゆる期待を裏切る姿で——つまり頭には房飾りのついたフェズ帽をかぶり、子供用のスリッパをはき、ずるそうな手は寄る年波で骨ばってしみだらけとなり、汚れたコートの下から堂々たる腹を突き出して——ゴロワーズのタバコの煙につつまれて姿を現したのだ。自らを弁護する者の前に立ち、相手に注意を集中しているグルジェフは、「エヴェレストやオリノコ河のように危険で、抗生物質のように手に入りにくく、そして恋人のように多くを要求した[28]」。

ジャンヌ・ド・ザルツマンがベネットを再び紹介し、彼がプリウーレにいたときの思い出（一九二三年の三五日間）を話すと、グルジェフは長い間彼をじっと探るように見つめていたが、ついにこう言った——「いや、覚えていない[29]」。しかし、もし彼の眼が人間の精神に巧みに忍びこみ、その人間の内部を見通すことができたとすれば、グルジェフはたしかにこのクーム・スプリングズから来た男の中にきわめて特殊な挑戦を読みとっていた。……ジョン・ゴドルフィン・ベネットがそなえた豊かな精神性は、ボルシュ司祭の「穏やかな光」に捧げたような種類の精神性ではなかった。それは逆に、断食や徹夜の祈禱、さまざまな試練、誘惑、神の顕現、予兆、恩寵、神秘的な絶頂体験といった領域をあわただしく駆け抜けてきたものだった。ベネットは過去七年間にわたって、「主の祈り」を（最後に「主の御心は成就されるであろう」という言葉をつけ加えて）一日に千回唱えるという行を続けてきた。彼のこうした休むことを知らない活動は二つの大きな野心から発していた。ひとつは新しいキリストのための使徒パウロの役割を演じること、すなわち説教し、使徒書簡を書き、主教を任命して無数の人間を改宗させること。いまひとつは、彼自身が不死になること。今グルジェフの前に現れたベネットは、多くの弟子を委譲し、影響力のある人々を紹介し、高度の組織力、流暢なトルコ語とロシア語の能力を提供し、そして強い意志でワークに関わろうとしていた。……グルジェフは彼を利用することにした。

「ポリー」という愛称をもつベネットの妻は、精神的な野心はそれほどなく、むしろ肉体的な犠牲者としてやってきた。名医が集まるロンドンのハーリー通りの医者たちは、彼女の肉体的な変調――背骨かもしれないし、腎臓、あるいは癌かもしれなかった――に頭をひねっていた。しかし彼女は、そのよくしつけられた態度で（彼女はバローダ*のエリオットの娘だった）そうした哀れむべき状態を隠していた、あるいは隠していると思っていた。しかしそうした仮面はグルジェフには通用しなかった。

しばらくするとグルジェフは食べるのをやめ、私の妻に英語で話しかけた――「どこか痛いのかね？」「はい」。「ひどく？」「はい」。彼はテーブルを離れると、小さな瓶をもって帰ってきた。そこから錠剤を二つ取り出すと、こう言った――「これを飲みなさい。もし痛みが消えたら、どう治療したらいいかわかるだろう。もし消えなければ、そう言いなさい」[30]。

ポリーの痛みはたちどころに軽減したが、その後の二人のやりとりはグルジェフの治療法にひそむ自己犠牲的な要素をほのめかしている。彼は尋ねた——「痛みはどこへいった？」。彼女は答えた——「消えました」。彼はなおも言った——「今どこにあるかと聞いているのだ」。彼女は目に涙をためて言った——「あなたが取り去ってしまいました」。彼は言った——「それはよかった。これで君を助けることができる」。[31]

一九四八年八月八日の土曜日、グルジェフは車でカンヌに向かった。老齢になっても運転への情熱は消えることはなく、かといって技術が上達するわけでもなかった。モンタルジを通り過ぎるとき、彼は事故を起こし、相手の酔っぱらいのトラック運転手は即死した。グルジェフの方も肋骨を強打し、胸骨は折れ、顔は傷つき、頭蓋骨にひびが入り、肺には血がつまって窒息状態になった。しかもハンドルと座席にはさまれて身動きできなくなってしまった。救出作業の間、彼の意識はしっかりしており、それどころか、致命的な出血が起こらないよう作業員に指示さえしていた。ジャンヌ・ド・ザルツマンは狂ったように車をモンタルジに走らせ、すぐにグルジェフを退院させると、這うような低速でパリに連れ帰った。

日曜日の夕方、コロネル・レナール街六番地に着いたところを見ていたベネットは、そのときの様子を活写している。

車のドアがあくと、グルジェフがゆっくりおりてきた。服は血だらけで、顔は打撲で黒くなっていた。……私の目の前にいるのは死にかけた人間であった。いや、そう言うだけでは不十分だろう。すでに死んだ

訳注＊———インド西部の旧藩王国、およびその首都。

男、死体が車からおりてきたのだ。ところがこの死体は歩いていた。……歩いて自室まで行き、腰をおろすと、彼は口を開いた――「内臓は全部やられてしまった。新しいのを作らねばならん」。私にはほほえみながらこう言った――「今晩夕食に来なさい。私はこの身体に仕事をさせねばならん」。そのとき激痛が彼を襲い、耳から血が吹き出した。[32]

言語に絶する苦痛の中で行われたこの夕食会のことは、唖然としているゲストの記憶の中に深く根をおろした。顔は青ざめ、首には包帯をぐるぐる巻きにしたグルジェフが座をとりしきったが、そこには美しくも恐ろしいかよわさが見られた。彼は傷ついた指で痛々しそうに鱒を切り分け、配った。「好きかね？　じゃあ食べなさい！」[33]。同席していた二人の医者のうち、一人は彼は生き延びると信じ、もう一人は懐疑的だった。しかし二人とも彼がモルヒネを飲んで寝たほうがいいという点では一致していた。

ディレクトゥールが立ち上がり、グラスをもちあげ、細心の注意を払った声で言った――「〈普通の白痴〉（オーディナリー・イディオット）の健康を祝して！」。陰鬱な面もちの会席者たちは、ウォトカより強い燃えるような感情を飲み干した。するとディレクトゥールは息せき切って次の乾杯に進んだ――「〈超　白　痴〉（スーパー・イディオット）の健康を祝して！」。いつになったら、いつになったら、グルジェフは行くんだろう？……「〈主要な白痴〉（アーチ・イディオット）の健康を祝して！」……モルヒネが出されたが彼は飲むのを拒否した。やっとのことでメロンをひと口かふた口食べた。そしてディレクトゥールに対抗するかのようにこう言った。

主観的、客観的なものも含めて、すべての「どうしようもない白痴」（ホープレス・イディオット）の健康を祝して！　ということはつまり、名誉ある死を迎える運命にある者、および犬のようにくたばってしまいそうな者すべての健康を祝して！[34]

白痴のための乾杯がこれほどの切迫感をもち、鬼気迫るものであったことはかつてもこれ以後もなかった。しかしグルジェフはなおもこうつけ加えた。

ついでながら、このことはつけ加えておかねばならん。この世で自己修練をした者だけが名誉ある死を迎えることができる。自己修練を行わない者は、遅かれ早かれ、汚らしい犬のように、時には狂犬病にかかった犬のように死ぬのだ。[35]

ここでジャンヌ・ド・ザルツマンは、穏やかに、しかし断固たる態度で客を引き取らせた。そしてこの重病人を説得してベッドに入れたが、彼がそこから再び起き上がるかどうかは保証のかぎりではなかった。

グルジェフはどうしようもない患者だった——レントゲン、休養、ペニシリン（「これは人間の魂にとっては毒だ」）、こうした医師の勧めをすべてにべもなく拒絶した。巡回看護婦は「この人は死にたいの？　彼のやっているのは自殺行為よ[36]」と抗議した。それでも彼は死ななかった。「痛い。ひどい苦痛を私は味わっている[37]」とドロシー・カルーソーに打ち明けはしたものの、それでもモルヒネは絶対に飲まなかった。「苦痛とともにいかに生きるか[38]」を体得したというのである。八月一二日の水曜日になってもほとんど歩けなかったが、ベネットをはじめとする二百人の弟子に驚くべき招待状を送った——「みんな来なさい。フランスのグループは今休暇中だ。時間を浪費はできない。来たい者はみな連れてきなさい[39]」。その七日後にはグルジェフはすっかりよくなっていた。再びお気に入りのカフェに姿を現した彼は、きちんとした身なりをし、金の握りの杖をもち、強い日差しをさえぎるパナマ帽をかぶっていた。八二歳になっていたが、「彼は完全に回復し、事故前よりもむしろ若く見えた。ショックが彼の肉体を弱めるのではなく、逆に強くしたかのようだった」[40]。

ウスペンスキーの死で始まった一〇カ月におよぶ休止期間は、グルジェフの事故によって終わりを告げた。この注目すべき八月も終わる頃、それぞれに異なる六つの流れがぎこちないながらもコロネル・レナール街で合流しはじめた。ロンドンからはフランク・ピンダー、スタンリー・ノット、そしてジェイン・ヒープのグループ。ニューヨークからはマーガレット・アンダーソン、ドロシー・カルーソー、そしてソリータ・ソラーノ。リン・プレイスからはケネス・ウォーカーとその家族。メンダムからはオーブリー・ウォルトン、レジナルド・ホァー、そしてバジル・テイリー。クーム・スプリングズからはJ・G・ベネットと、エリザベス・メイオールやドクター・バーナード・コートニー＝メイアーズらを含む六〇人の弟子。そしてフランスの田舎から帰ってきた日焼けしたフランス人の弟子たちは、ワークがかつて経験したことがないほどの多様性と歴史性に直面したのである。

異端、背教、分裂、破門、除名、選ばれし者と呪われし者――ワークの辞書には、破滅を予感させるこうした言葉を入れる余地はなかった。言葉を入れる余地はないかもしれないが、では言葉によって記号化される内容の方はどうだろう。これはおそらく別のことであろう。調和と普遍的な友愛関係の探求は、コロネル・レナール街六番地に突如出現した肩をたたきあう仲間意識よりはるかに重要な問題であった。やってきた者がみな一様に胸に秘めていた新約聖書の次のような言葉も、この状況を解決する力にはなりそうになかった――「命にいたる門はせまく、その道は細い。そして、それを見いだす者が少ない。にせ預言者を警戒せよ。彼らは、羊の皮を着てあなた方のところに来るが、その内側は強欲な狼である」[41]。

こうした態度を傲慢な理性主義で説明しようとしても混乱が増すばかりだろう。グルジェフに会い、彼の炎で焼かれること、自分の一生のエネルギーと能力を、かぼそいが客観的な希望に賭けること、自己の不完全で束の間の生存を巨大で厳格な批判の前にさらすこと、そしてこうしたことすべてを真の「存在・努力」で支えること——こうした経験を通して人は、確信を抱きにくい領域で確信を得るにいたるのである。一九四八年八月、それぞれのグループのリーダーは、友情を育てるのが一番という決意、そしてそれに向かっての努力にもかかわらず、当初の穏和な態度を硬化させていった。

新参者がグルジェフの小さなサロンに入ると、たくさんの小像に光が当てられ、鏡の中に幾重にも映っているのを目にした。ラクダに乗ったヌビア人、ロシアの馬車に乗った近衛兵、馬上のハンガリーの軽騎兵、旋回しているバレリーナ、馬で駆けているアラブの首長などである。しかし偶像のコレクターとしてのグルジェフは、「息子や娘」のコレクターとしてのグルジェフに比べれば無に等しかった。彼は喧嘩ばかりしている自分の精神的子孫たちを独特の家長的雰囲気でまとめあげ、疲れを見せずに教えた。個人的な面談、多くを語る眼差し、そっとほのめかすような言葉を通して、あるいは酒を飲んだり、時には悪態をついたり、ハーモニウムを演奏しているとき、「全然おかしくない」冗談を何度もくり返したり、誰かに借金して別の人の借金を返すときにさえ、彼はたえず教えつづけたのである。彼は言葉には頼らなかった。そのかわりに、けたはずれの食事会、コショウ入りのウォトカ、超現実的な自動車旅行を使った。彼はある人間の過去にではなく、現在に対して乾杯した。また彼が弟子を見るとき、彼独自の「微分学」を使ったのはまちがいないが、その際、その弟子の国籍やこれまでのワーク歴などではなく、弟子が明瞭に示す「白痴のタイプ」を勘定に入れたのであった。……「もだえ苦しむ白痴」〔スクァーミング・イディオット〕やヒステリー女性に乾杯！　「ジグザグ白痴」〔イディオット〕に乾杯！　「啓蒙された白痴」〔エンライトゥンド・イディオット〕に乾杯！　「特許つきの白痴」〔パテンティッド・イディオット〕に乾杯！　この「普遍的白痴学」を使った奇妙な新種形成は、逆説的に、きわめて大きな求心効果を発揮したのである。

ウスペンスキーの側近の弟子たちは、形式的な学習よりもむしろ彼からの微妙な影響力によって「プリマス・ブレスレン*風のしかつめらしい顔つき」[42]になってしまっていたが、その彼らが今やグルジェフのアパルトマンの小さなスツールに腰をかけ、さまざまな白痴のために乾杯をしているのであった。彼らが身につけた高度の、時に重箱の隅をつつくような知的洗練、そして彼らの信念を支える柱そのものがグルジェフの巨大な挑戦にさらされたのである。「君たちは感じなければならない。とにかく感じるのだ。知性はぜいたく品だ。君たちは悔悟の念を感じなければならないのだ」[43]。彼らが学びたいと期待していた分野、すなわち記憶に頼る分野が、ここではもっともあてにならないものとされた。彼らがなじんだ黒板とチョークはどこにいったのか？　エニアグラムや創造の光の図表、水素表はどこにあるのだ？　そんな彼らに、グルジェフは警告するようにこう告げた——「私のところに来る者はみな毎日浣腸しなければならない。器具をいつももっていなさい。もっていない者は明日の朝早くここに来なさい。私があげよう。明朝五時だ」[44]。……彼らの期待は見事に裏切られた。

ウスペンスキーからグルジェフのもとに移るということは、何よりもまず、陰気から陽気への移行であった。「彼は大きな腹の前で手をこすりながら言った——『パトロンはたえず注意を求めている。このパトロンこそ、きわめて重要な人物なのだ。常に大きな敬意を払わねばならない。いつも満腹にさせておかなくてはならない……』[45]。しかしその後の夕食はひどいものだった——尻にも肝臓にも、そして何より良心にこたえた。たとえば客観的および主観的な「どうしようもない白痴（ホープレス・イディオット）」を区別することには、ほとんど耐えがたいほどの重みがあった。

この区別がはらむ恐るべき現実をグルジェフがわれわれに話したときのことは、いかなる言葉をもってしても伝えることはできない。彼は燃えるような眼と、預言者エレミアのような響きわたる声で話した。私は何人かの老人がくずおれて泣いているのを見た。おそらく彼らは子供のとき以来これほど心を動かされたことがなかったのだろう。[46]

彼らにかぎらず、この独特の雰囲気の中にいた多くの者は、自分たちが陥っている苦境がいかに極端なものであるかを知って動揺した。バジル・ティリーはメンダムにいる妻のイレーネに書いている――「今はわれわれの人生の真の収穫の時期だが、しかし見たまえ、われわれは収穫を通り越して粉ひき場のまっただなかにいるのだ――神よ、われらを助け給え！」[47]。

とりわけ感動的なのはケネス・ウォーカーの場合である。彼は一九二四年以来、その立派な経歴と内的な力をすべてウスペンスキーと彼の「システム」につぎこんできた。それが六六歳になった今、彼の人生は悲劇的に変化したのである。彼の二人の旧友、ドクター・フランシス・ロールズ、R・J・G・メイヤー、ペントランド卿ジョン・シンクレアといった著名な友人は誰一人として彼と一緒にパリには行かず、彼自身もウスペンスキーの変心と死によって打ちひしがれてこの地にやってきたのである。「グルジェフは心からの同情をもって彼を迎え、彼の信念と希望を復活させた。こうした変容がわれわれの目の前で起こるのを見るのは大きな喜びだった。数日後にはウォーカーはすっかりよみがえった……」[48]。彼の妻のメアリーは、グルジェフのアパルトマンの居心地のよさは筆舌につくしがたい、そしてグルジェフは彼女がそれまでに出会った人間の中でもっとも驚くべき人物だと述べ、急いでこう結論している――彼は人間というよりも、むしろある種の魔術師だった、と。

一九四八年九月初め、グルジェフはコロネル・レナール街六番地のごった煮の鍋の中に、「もっと確固たる場

訳注＊――――プリマス同胞教会。一八三〇年頃、イギリスのプリマスにジョン・ネルソン・ダービーによって設立されたキリスト教の一派。正式の聖職者、形の整った信条や礼拝形式などをすべて排除し、聖書だけを唯一の拠り所とした。

所」という以前から抱いていた希望を投げこんだ。どこか田舎の、よい雰囲気と生活上の厳しさを兼ねそなえた場所、弟子個々人の希望を共通の目的へと収斂(しゅうれん)させられるような場所である。この、いわば理想化された「プリウーレ」を探すという案は、二五年前にプリウーレに入ることのできなかったフランス人の熱狂に火をつけた。熱心な調査があちこちで行われ、その結果、びっくりするほど早くひとつの可能性が浮上してきた。パリ南西四五キロにあるランブイエのシャトー・ド・ヴォワザンである。おまけに実に有利な条件であった。砂糖で大儲けをした所有者は、税金を最小限にするために安く貸したいと考えていた。そしてこの弱みにジャンヌ・ド・ザルツマンとJ・G・ベネットはつけこんだのである。

どうしてグルジェフは今さらこんなことを始めたのだろう？　八二歳になった彼には、当然、こんな冒険に乗り出すだけのかつてのような力も動機もなかったはずである。この時点で彼の教えを広めるためのもっと重要な戦略は、どう見ても、延び延びになっていた『ベルゼバブの孫への話』の出版であった。この著作――オルガ・ド・ハルトマンの献身的助力とオラージュおよびジェイン・ヒープの智恵という助けを得てようやく形を整えたこの著作、彼が獲得したもっとも深い洞察をなんとか伝えようと必死になり、そのために一時は彼に自殺まで考えさせたこの著作――の中には、彼の教えの本質がひそんでいた。著作、そう……しかし本の形にはなっていなかった。タイプされ、謄写版で刷り、公然と、あるいは秘密裡にコピーされ、こっそり手から手へと回される――二〇年がたった今でも『ベルゼバブ』はまだ出版されていなかった。相変わらず原稿のまま秘蔵されていたこの著作は、その影響力を発揮する日を待っていたのである。

ランブイエでの奇想天外な商談が進むうちに、『ベルゼバブ』の出版のほうがシャトー購入よりも大事だという認識が生じ、その出版に向けてのより大きな計画へと力点が移っていった。しかしこの力点の移行は、ある好ましからざる副産物を暗示していた。ひとたび『ベルゼバブ』が出版されるや、グルジェフその人が「消えてしまう」のではないかという懸念である。ナイーヴな弟子たちは彼がどこに行こうとついていくと言い張ったが、彼は冷たく言い放った——「私は簡単には見つからんよ」[49]。フランク・ピンダーはおそらく誰よりもこの状況下での人間関係について敏感だったが、彼は出版を延期するよう主張した——「どうして『ベルゼバブ』を今出版せねばならんのだ。文法的なミスや誤った句読点がそこらじゅうにある。きちんと編集しなおすべきだ」[50]。しかしグルジェフは彼の意見を一蹴した——「これは粗削りのダイヤモンドだ。今は編集する時間がない。すぐに出さねばならん」[51]。『来るべき善きものの前触れ』の値段が八フランから一〇八フランと幅があったように、『ベルゼバブ』の価格も、ちょっとした一財産からほとんど無料に近い額まで幅をもたせることになった。グルジェフの弟子たちは、これはと思われる人たちに無料で配布するために財布をはたかなければならなかった。この著作は同時に四カ国語で、そしてロシアを含む全世界で出版され、ふさわしい弟子たちが労働者クラブで朗読会を開く予定だった。この出版に熱意を燃やすJ・G・ベネットは、『エヴリボディ』誌に適切と考える記事を載せた。

「シャトーおよび『ベルゼバブ』計画」の弱点、と同時に強みは、なんといっても財政面にあった。シャトーを借りるにせよ本を出版するにせよ、膨大な費用が——「たくさんのゼロ」が——必要だった。それはどこから調達するのか？　フランスから？……うまくいけば。しかしポール・シェフェールも言うように「われわれフランス人は……世界中で一番けちな国民で……おまけに一番疑い深いのだ」[52]。イギリスから？……残念ながらイギリスの弟子たちはこの八月に財布をはたいて献金したばかりで、その金もグルジェフのポケットに慢性的にあいている穴から全部すり抜けてしまっていた。……老いたりとはいえ御しがたいこの舞踏教師は、必要とする金のかすかな香りが漂ってくるのを見逃さなかった。かくして一九四八年九月九日、ニューヨークでのムーヴメンツのデモンストレーションに一八人（六人ずつ三列）の弟子を送りこむ計画を口にした。

フランスの「デモンストレーション・クラス」ならこの計画を見事に実行できただろうが、それでもグルジェフは、統合を表現すべき祭壇の上で、彼らの達成した技術上の完璧さを犠牲にせねばならなかった。「君は今どんな状況にあるんだね？」と彼は陽気にバジル・ティリーに聞いた。「君はイギリス人だね？ 私と一緒に一カ月ほどアメリカに行けないかね？[53]」。ほどなくしてサル・プレイエルの床は（いや、そればかりかオテル・ベルファストの床までが）、新参のイギリス人の必死の練習で踏み鳴らされることになった。「君はゾウの従兄弟だね」とグルジェフはティリーに言った。「ネコの従兄弟にならなきゃだめだ[54]」。イギリス人の指導にはパリのグループがあたることになった。とりわけその中心的存在であったのは著名なアルフレッド・エティエヴァンで、彼は「ピリピリするほどの真剣さを秘めたフランスの若者で、燃える内なる炎はその虚弱な身体には熱すぎ、若くして死ぬ運命にあった[55]」。指導者の善意は徹底的に試され、そしてそれは十分に証明された（ニューヨークでのデモンストレーションに選ばれるイギリス人が増えれば、それだけフランス人が減ることになるにもかかわらず……）。九月一八日、ベネットのイギリスの弟子たちを前に、グルジェフとジャンヌ・ド・ザルツマンの厳格な目が見守る中、フランス人たちが予定されている全プログラムを演じたが、これはイギリス人に、畏敬の念を抱かせるような——ほとんど不可能に近い——レベルを見せつけたのである。

ナンセン・パスポートしかもっていない社会の厄介者であったグルジェフは、ここでもまたカフカの小説ばりの奇妙な状況に遭遇するが、それとて彼の外国行きを妨害したというよりは、むしろ奇妙な出来事で飾りたてたと言ったほうがいい。パリ警察は彼のアメリカ行きに大喜びだったが、再入国許可証を出す気などさらさらなかった。ところが再入国許可証がないと（そしてそれを使う明らかな意図がないと）アメリカ大使館はビザを出さなかった。この袋小路は、グルジェフお得意のボンボン配布も、いや、紙幣ばらまきをもってしても打開できそうになかった。しかし官僚レベルで行きづまっても、彼の秘密の影響力は弟子を通して外交レベルにまで達した。結局必要な書類はすべて、フランスの前首相じきじきの保証を得て発給されたのである。

一九四八年一〇月三〇日、グルジェフはジャンヌ・ド・ザルツマンを伴ってニューヨークへ向かった。彼はすでにアルフレッド・エティエヴァンを送りこんでムーヴメンツのクラスを始めさせていた。あとに残った者たちは、もろいかもしれないが驚くほどの団結力を見せており、その様子はドロシー・カルーソーの回想録の中にうかがえる。

座って観察し、印象を取り入れ、喜びを感じているうちに、私の中ではある感覚がますます大きくなっていった。それは、この部屋の中のあらゆるものが他のあらゆるもの——人々の立ち居振る舞いや顔つき、声、食べ物、音楽の和音のように一体となって振動する私の思考——と調和のうちに関連しあっているという感覚であった。[56]

コロネル・レナール街六番地で行われた送別の昼食会では、ディレクトゥールの役は、信頼されていたベルナール・ルメートルではなくベネットに割り当てられた。彼は「白痴のための乾杯」という儀式の慣例を破って、グルジェフ自身の健康を祝して乾杯しようとした。「ノー」——すぐさまグルジェフが横やりを入れた。「私はイギリス人の健康を祝して乾杯しようと思う。彼らのおかげで私はなんの負債もなくニューヨークに船出できるのだ。まるで赤ん坊のように無垢なままでね[57]」

ル・アーヴルで乗船したグルジェフは、出航前のさまざまな儀式の合間にもう一度「姿を見せた」。辛辣なメッセージ、如才ない脇台詞、はたまた意味深長な沈黙、キャビアやアルマニャック、ザクースカや臭いチーズを扱う真剣でこっけいな彼の「ビジネス」、いらだった船のパーサーとの言い争い……こうしたものが今回の航海でも待っていた。この老人の百戦錬磨の人生航路、高価で現実離れしたものをいたく好む傾向を見るとき、彼には果てしない寿命が約束されているように思われた。……しかし、カモメの切ない鳴き声に、逃れようのない離別の不吉な予兆を聞きとった者はいなかったか？ この土曜日からきっかり一年後、地球が太陽のまわりを一周したとき、この稀代の旅人は、もっと長い、不思議な旅へと旅立つことになる。そう、そのときには、ゲオルギー・イヴァノヴィッチ・グルジェフは帰らぬ人となっているのである。

16 さようなら、みんな

［1948. 10. 31〜1949. 10. 29］

グルジェフ神話の巨大な迷路を、アリアドネの糸のように、ある不可思議な特性をもった意図が貫いている。つまり彼は自らの人生を、その中の出来事も象徴性も含めて自分の手で構築したのではないか、というひそかな思いは、本書の最終章にすさまじいばかりの重要性を付与するのである。

「私……グルジェフ。私、死なない」[1]。この悪名高い宣言は（すぐになんでも信じてしまう彼の弟子も、逆になんでもかんでも中傷する者も同様に困惑させたが）、もちろん観念的にしか解釈できない。グルジェフはただの一度として、死をその固定観念から解き放つことができると考えたことはないし、また彼だけは棺桶に入らなくてよいと考えたこともない。彼もすべての人間と同じ道をたどったのであるが、しかし違うのは、彼は熟慮を重ねつつ、分厚い経験の絨毯の上を歩いたということである。ムーヴメンツを作り、音楽を演奏し、彼のいう「エーディオッツ（白痴）」のために乾杯し、新しいサラダをでっちあげ、ボンボンをばらまき、チョコレート・バーを配り、ゴロワーズのタバコを吸い、ミネラル・ウォーターを飲んではげっぷをした。カフェとナイトクラブとトルコ風呂と高い峠を通り過ぎ、子供たちに冗談をとばし、消化不良に悩まされ、羊の頭と途方もないヴィジョンから栄養をとってきた。……そしてついに、ソクラテス的な冷静さで勝ち誇って死の杯を飲み干す瞬間が迫っていたのである。

「お前は糞の中のうじ虫みたいにのたうちまわっている！」[2]。一九四八年一一月、グルジェフはカーネギー・ホールのスタジオに入り、アルフレッド・エティエヴァンが教えてきたアメリカ人の生徒たちと対面した。高齢で、波止場から直接やってきたにもかかわらず、彼はいつまでも衰えない生命力の象徴のようであった。

ムーヴメンツを教えながら、頻繁にリズムを変え、まちがいを指摘し、弟子たちを言葉で鞭打った。……ひとつのムーヴメントから別のものへと移りながら、早口で説明をし、絶対に妥協を許さず、さらに多くの努力と理解を要求した。[3]

グルジェフが『魔術師たちの闘争』の練習を再開すると、かつてのピョートル・ウスペンスキーの弟子たち――彼がニューヨークで行っていた講義を硬直したピューリタニズムに翻訳して受け取っていた弟子たちは、突如としてその舞踏の中で、嫉妬、虚栄心、貪欲、自尊心、怒り、等々、嘔吐を催させるような兆候を示しはじめた。「誰もが狂ったように位置を変え、テンポを変えつつ、前後に動きまわっていた。怒りに震え、悪魔のような顔つきで旋回し、互いの前を通り過ぎていった」[4]。そしてその直後には、同じ舞踏者が、敬虔さと畏怖の念、そして共感が調和している感覚を自分の中で感じるように要求された。

今回もウェリントン・ホテルの小さなスイートに入ったグルジェフは、またしても「料理禁止」の張り紙の下で例の「ピーク・ニーク」を始めた。彼の一日は多忙だった。チャイルズ・レストランで、トマト・ジュースとアップル・ブランディ、卵の朝食をとると、西四六番街のルクソール浴場で会合をもった。ミネラル・ウォーターを十分に飲み、頭には冷やしたタオルを巻いていた。

彼の腹帯は巨大で、このトルコ風呂での彼の風体は……どう控えめにいってもロダンのバルザックといった感じだった。……褐色の肌の、ひげをはやしたグルジェフの謎めいた姿が、高温風呂からサウナへ、そしてロシア風呂へと猫のように優雅に歩いていくのを見ると、他の客たちは不思議がったにちがいない……[5]

ビジネス・ランチ、短い昼寝、熱心な弟子たちやチャイルズの客たちとの無数の面会、カーネギー・ホールでのムーヴメンツの指導、たくさんの白痴（イディオット）を招いてのウェリントン・ホテルでの祝祭的な夕食会……こうした超多忙な一日のあと、この八二歳の老人はこう聞くのであった――「今晩何かおもしろいことはないかな？」[6]。

ニューヨークのこの「最後のお祭り騒ぎ」の渦中にいたグルジェフのとりまき連中は実に多彩だった。プリウーレからの生き残り組、かつてのオラージュの将校たち、「ロープ」にいた少数の者、フランス人の副官たち、メンダムのマダム・ウスペンスキーから逃れてきた小心者たち、希望を抱いて最近加わってきた種々雑多な人間……ウェリントン・ホテルでの夕食会では、著名な者と雑魚たちが、まるで樽に詰められたニシンのようにひしめきあっていた。

大きな木の葉で作ったエニアグラムの下に座ったグルジェフの近くには、時折ではあるが、人の目を奪うようなポークパイ・ハットをかぶったフランク・ロイド・ライトが座っていることもあった。この偉大な建築家は、今設計しているS・C・ジョンソン会社のビルのことを話すかと思えば、次には調子の悪い胆嚢に飛んだ。「私、七回医者になった」[7]とグルジェフが口をはさんだ。「パリには二百人弟子がいるが、みな医者だ」。オルギヴァンナからこっそり頼まれていたグルジェフは、驚くほど見事にライトを説得し、今医者から勧められている食事をやめて、かわりにマトンとアボカド、それにコショウ入りのアルマニャックをとるよう勧めた。ここで彼のユーモアと存在感が大きくものを言った。彼が古くてぼろぼろになったハーモニウムを弾きはじめると、それはまるで別の、もっとよい世界から響いてくる音楽のようであった。「今演奏しているこの音楽は」とグルジェフは言った――「イエス・キリストが一八歳から三〇歳まで過ごした修道院から来たものだ」[8]。

グルジェフはポール・アンダーソンを彼の「アメリカの秘書」に、そしてエドウィン・ウルフを「大蔵大臣」に任命したが、彼が選んだ「お気に入りの息子」はちょっとした「政治的」騒動を引き起こした。彼がアメリカでのワークの進展の最高責任者に選んだのは、まだ動きがいかにもぎこちないヘンリー・ジョン・シンクレア、すなわちペントランド卿だったのだ。彼の内的資質の問題を別にすれば、この選択はいろんな意味で問題があった。まず彼は比較的若かった。アメリカ人でもないし、オラージュの弟子でもなく、プリウーレどころか、コロネル・レナール街六番地にさえ行ったことがなかった。そもそもグルジェフにはまったく会ったことがなかったのだ。四〇歳の、やせて背が高く、戦闘的な眉の下から鋭い鳥のような眼が光っているこのスコットランド人は、ケンブリッジ、ハイデルベルク、リン・プレイス、そしてメンダムが生み出した高級品だった。彼はどう見ても「ムッシュー・エグー」や「ムッシュー・プベル」には不似合いであった。

高級服に身を固めたペントランドの感性は、恐ろしく趣味の悪いオレンジ色のツイードのスーツを着たグルジェフの前でうろたえずにいられるだろうか。あるときグルジェフが、シャトー・ド・ヴォワザンの写真をみんなに回しながら、五千ドル現金で寄付する者にはここのスイートを確保しようと約束したとき、ペントランドはあの有名な眉を無意識のうちにひそめなかっただろうか。彼の貴族特有の上品さは、夕食後のまったく新しい種類の会話に適応できただろうか。(こうした会話の中であるときグルジェフは、ひどく考えこんだ様子で、ある自信満々の牧師に言った――「あのね、君、君がつけている襟は、売春婦が生理のときにつける赤いカーネーションみたいだね[9]」)

ペントランドがウスペンスキーの非の打ちどころのない高弟であったという事実は、彼に対する高い評価という謎を深めるばかりである。……ウスペンスキーはかわいそうであった(とグルジェフは、ニューヨークの弟子たちを前にして言った。——もし彼があんなにこそこそ策を弄さなかったなら、「犬のようにくたばる」必要はなかったであろう。すると、一人の元気のいい若者が反論した——われわれがここにいるのもひとえにミスター・ウスペンスキーのおかげではないか、と。「君がここにいることになんの意味がある？」とグルジェフは威厳に満ちて答えた。「君も同じくいずれは犬のようにくたばるのだ」[10]

一九四八年の冬のさなか、ソフィー・グリゴリエヴナ・ウスペンスキーがグルジェフをメンダムに招いたとき、いったい彼女はどういう気持ちだったのだろう？　またどんな気持ちでグルジェフはこの申し出を受け入れたのだろう？　カーテンの奥の、薬の瓶が林立したこの未亡人の部屋では、実際に何が起こったのだろう？　旧交を温め、今ではかなり怪しくなったソフィー・グリゴリエヴナの健康についてのやりとりが終わると、残るのはひとつの緊急の問題、すなわちけたはずれの価値を秘めた原稿の将来であった。

ウスペンスキーがグルジェフの思想を書きとどめた原稿、『ある未知の教えの断片』（『奇蹟を求めて』）は客観的報告の傑作であったが、その出版は一八年間も延期されていた。ルートレッジ社のウスペンスキー担当の編集者はこの原稿の潜在的価値を鋭くかぎとり、一九三一年にはどうしても印刷したいという意向を示した。ウスペンスキー自身、気分によってはそちらに傾くこともあった。しかしそんな気分は長くは続かなかった。一九三〇年代の後半を通してずっと彼は、すばらしいリン・プレイスの敷地内を太った愛馬のジングルズに乗って巡回していたが、そんなときも彼の心は痛々しく引き裂かれていた。かつて見、そして聞いたものを編纂する作業を進めるうちに、彼はあっぱれな率直さで、いかに多くのものを「G」に負っているかを認めざるをえなくなった。しかしその「負債」を広く読者、そして当然ながら弟子たちに——グルジェフの名前さえ口にすることを禁じてきた弟子たちに——公開する時期が熟しているかどうかについては、さらにじっくり考えてみる必要があった。一九四七年一〇月、突然襲ってきた死のときも、彼がこれを考えつづけていたことは疑いない。

メンダムでソフィー・グリゴリエヴナがグルジェフに、震えて自由にならない指で夫の原稿を手渡す姿には痛々しいものがあった。それが生み出された時期は永遠に去っていた。最初のペトログラードのグループのメンバーは四散し、その多くは亡くなっていた。……しかしその昔、失われた世界で、突然神秘的に花開いた心理学と宇宙論の一大融合体が、今ここに、まるできれいな押し花のように、見事な象形文字となってよみがえったのである。夫の死に打ちひしがれてはいたが、夫の著作の五分の四がグルジェフ自身の言葉であることを痛いほど知っていたマダム・ウスペンスキーは、彼に出版の許可を求めるという課題を自ら引き受けたのである。これまで結論は棚上げにされてきた。というのも、もし『断片』が急いで印刷され、『ベルゼバブ』の出版がなんらかの理由で暗礁に乗り上げたとしたら、この思想の起源についての好ましからざる混乱がこれ以後のワークにつきまとうことになるだろうからだ。

根本的な問題はこうであった――いったい『断片』は、世俗的、内的、両オクターヴにおいて、グルジェフが響かせた音を忠実に再現しているのだろうか？　グルジェフは原稿にざっと目を通し、しばらく考えこんでいたが、やがて言った――「以前私はウスペンスキーを憎んでいた。でも今は愛している。これはとても正確、私が言ったとおりを書いている」[11]。実質的にこの言葉が、ソフィー・グリゴリエヴナと、彼女が「X」と呼んできた謎の存在との長期間にわたる関係にけりをつけた。彼女の病気はどうにもならない段階にまで進んでおり、彼の方も「断続的な咳に悩まされていたが、気管の奥から聞こえるゴロゴロいう音は、肺が慢性的に炎症を起こしていることを示していた」。二人とも残された時間は限られていた。……しかしワークという眠れる巨人はゆっくりと動きはじめ、『ベルゼバブ』と『断片』という両足を得て歩きはじめようとしていた。

とはいえ、どちらの本も好意的な書評は期待すべくもなかった。グルジェフの見るところでは、アメリカ、イギリス両国の思想の主流、いわゆる文化的「上流階級」のお偉方や、恍惚のすばらしさを主張する夢遊病者たちは、彼に反対するほかなかったのである。それでも彼は『ベルゼバブ』の旗のもと、そうした陣営からの射撃に向かって弟子たちを進軍させることを決意した。一月一三日のグルジェフの誕生日のお祝いに駆けつけていたＪ・Ｇ・ベネットは、ウェリントン・ホテルのグルジェフの隣に部屋をとっていたが、「イギリスの栄誉ある代表者[12]」という不吉な称号を与えられた。五番街の五七番通りを下ったところにあるチャイルズ・レストランで、彼は師と朝のコーヒーをともにするという栄誉にあずかったが、そこでグルジェフは有無をいわせぬ調子で言った――「君は今手紙書く[13]」。まな板の上の鯉といった心境のベネットは、いったい自分が何を書くのか皆目見当もつかないままに書きはじめた。

コロネル・レナール街六番地、パリ、一七区

一九四九年一月一三日

この手紙は、現在および過去の私の熟達した弟子たちに送られるものである……[14]

こうして、グルジェフの名のもとに、グルジェフの引き寄せるような眼に見つめられつつベネットは書き進めた。彼の万年筆は、まるで魔法使いの弟子の箒のようにひとりでに動くかのようであった。言葉が何にも邪魔されずに金色のペン先から流れ出てきた。こうして二人は延び延びになっていた『ベルゼバブ』の出版の先触れをし、「熟達者」（ベネットにはとりわけ耳ざわりな言葉だった）に初版を百ポンドで買うよう要請し、それで他の弟子たちが一部無料で受け取れるようにしたのである。

こうした行動を起こすことにより、私の思想に接してそこから個人的な助力を得てきた者たちが、私がまいた種の成果を取り入れるのを助け、そして私への返礼として何かすることが可能になるであろう。

G・I・グルジェフ[15]

グルジェフはひとことも言わずにこの手紙を折り畳むと、ポケットに入れた。

この前日にフランクフルトから飛行機で着いていたキャサリン・ヒュームは、ウェリントン・ホテルに昼食にやってきて、茶目っけたっぷりの大団円にちょうど間に合った。折り畳んだ手紙をポケットから取り出すと、グルジェフはベネットに渡し、（まるでベネットがこれを見たことがないかのように）言った――「読みなさい、読みなさい――みんなにだ」[16]。長くて騒々しい昼食の間、紙の皿で食事をとりながら出席者は興奮して意見を交わした。「そこにいた者は全員大きな声で賛同の意を表した。まったくそのとおり、ミスター・グルジェフだけがあんな本を書ける、云々」[17]。その間グルジェフは黙って座っていた――ただ著作権に関する代理人だけを任命した。フランスではルネ・ズベール、アメリカではペントランド、イギリスではベネットである。

一九四九年三月初めの風の強い午後、グルジェフはクイーン・メアリー号でシェルブールに向けて出航した。さらば、アメリカ、さらば、ニューヨーク！　ラニヨン*が描くような華々しく実り多かった長い関係よ、さらば……クーリッジ政権下のアメリカに着き、離れるときはトルーマンが政権を取っていた。黄金の二〇年代を、禁酒法時代を、株式の大暴落を、大恐慌を、ニューディール政策とフェアディール政策をその目で見、続けざまに起こったビルの高さ競争（ウールワース・ビル、クライスラー・ビル、エンパイア・ステイト・ビル）を皮肉な目で眺め、ジャック・ダニエルズをストレートで味わい、フォックストロットに眉をひそめ、コニー・アイランドを訪ね、カーネギー・ホールでデモンストレーションをした――こうしたことはすべて、サルムング修道院への巡礼がたどった奇妙な紆余曲折の帰結であった。……船尾には冬の太陽がゆっくりと沈んでいき、それを背景に、自由の女神がしだいに小さくなり、マンハッタン島の摩天楼が徐々に固い花崗岩の地盤の中に沈んでいった。どれだけの「一ドル札」や「五ドル札」を——いや、何「千ドル」を——グルジェフは高次の目的のために「聖化」したのだろう？ どれほどの（オーデュボン＊＊が描いたような鮮やかな）異国風の鳥が彼のユニークな記憶の中に残ったのであろうか？

グルジェフはかつてないほどの数のとりまきを一緒に連れ帰っていた。グルジェフがその中の三人だけを彼の一等船室の夕食のテーブルに呼ぶとすれば誰だろうかと、あえて想像力を働かせるならば、それはジャンヌ・ド・ザルツマン、ペントランド卿、そしてイオヴァンナ・ロイド・ライトであっただろう。かなり迷った末に、あの偉大な建築家はオルギヴァンナに賛同し、この大事な一人娘を送り出すことにしたのである。「そう、私にも遠い修道院にたくさんの息子がいる[18]」とグルジェフは言ったが、この言葉はいささか議論の余地のあるところだろう。イオヴァンナは（たとえばマダム・ウスペンスキーの孫娘のタチアナのような他の五、六人の娘とともに）グルジェフの「仔牛たち」の一人になった。これは彼のまわりを飾る若い女性のグループで、彼はもし時間が許せば彼女たちに神聖舞踏を教え、「エグー・プール・スイート」にもしようと考えていた。

パリの四月！ 栗の木の下で恋人たちがささやきあうお決まりの言葉には感動的なほどに無縁であったグルジェフではあるが、これが彼にとって最後の春になるだろうという予感ゆえか、いつも帳の向こうに隠れている彼の感情もいつになく深い感慨に満たされていた。彼はジャンヌ・ド・ザルツマンをロンドンに送り、ケネス・ウ

訳注＊——アルフレッド・デイモン・ラニヨン（一八八四〜一九四六）。アメリカのジャーナリスト、短編作家。ユーモラスな作品で有名。代表作は *Guys and Dolls*。

訳注＊＊——アメリカの鳥類学者、画家。『北米鳥類図鑑』を著した。（一七八五〜一八五一）

ォーカーがコレット・ガーデンズで主催しているグループのメンバーに会ってくるよう命じた。彼女はグルジェフも一緒に来てほしいと強く説得したが、彼は腰を上げようとはしなかった。フランスが彼の注意を独占している以上、イギリスの山が動いてムハンマドの方にやってくることは当然で、それはイギリスのグループに対する軽視とか強要とは明らかに無縁だった。それに彼は、シャトー・ド・ヴォワザン購入の計画をあっさり放棄しており、今ではもう少し小さな場所を探しはじめていたのである。

グルジェフの「ピーク・ニーク」旅行はそのためであったと同時に、いわば動く大学であった。弟子たちはいつも大きな不安にとらわれていた。何日の何時にそれは動きはじめるのか？　どこに向かうのか？　誰が選ばれるのか？（バジル・ティリーは自分が指名されたときの様子を書いている――「〈ミスター・ティギー〉はミセス・スッタの車に乗ってヴィシーへ行く。私のにおいが耐えられなくなったら私は別の車に移る」[19]。朝早く、コロネル・レナール街の狭い路上では気ぜわしく大型のバスケットやスイカが積みこまれ、出発前の緊張をいやが上にも高めた。「最後にグルジェフが現れた。大きな黒いパイプに詰めた巻きタバコをくゆらせ、赤いフェズ帽を後方に粋に傾けてかぶり、ポケットは千フラン札がぎっしり詰まった財布でふくらんでいた」。旅の初めから終わりまで、金は、奔放に、といって言いすぎであれば、鷹揚に使われた。

六月一二日、風変わりなお菓子のおみやげを詰め、ヴィシーの有名な水マッサージで元気を回復したグルジェフはパリに帰ってきた。そしてアカシア街のお気に入りのカフェに入ると、やってくる客全員に「ものすごい色の、変わったケーキ」[20]を振る舞った。

夏至の頃のパリは燃え立つように暑く、グルジェフはしゃれたパナマ帽をかぶった。彼は次の、もっと雄大な旅のことを気まぐれにほのめかすようになる。延び延びになっていたロンドンを訪れ、そこからアメリカへ行き、そこでシトロエンの一軍団を借りて中西部へ乗りこもうというのであった。かと思えば、弟子たちが大勢集まっている真ん中で胸を刺すようなつつましい希望をもらすこともあった――「シャモニーに行きたい。あそこで水の流れるのを聞けば少しは眠れるだろう[21]」。来る日も来る日も彼は四〇人もの「客」と差し向かいで面談した。彼は今でもケーキやボンボン、食べ物や金まで人に与えるのを一向にやめようとしなかったが、彼に残された時間とエネルギー、そして能力はこんなことをするにはあまりに貴重であった。弟子たちに良心が欠けていたわけではない。ドロシー・カルーソーは観察している――「彼はこの種の力を使うことでひどく消耗していた。どうして彼はこんなことをしなければならないのだろう？　まわりの者もどうしてさせるのだろう？　私たちはおとなしく家に帰って、この疲れた老人をそっとしておくべきなのだ」。ところが、ほかならぬグルジェフ自身が、彼の「練達の弟子たち」をそれぞれにやっかいな問題に直面させ、なんとかちょっとでもいいから彼に相談したいという状況を作り出していたのである。「この男はもうすぐ死ぬ――私が質問をする前に死んでしまうだろう[22]」

ニューヨークのときと同じように、彼のまわりはいつも新しくやってくる者たちでごったがえしていた。グルジェフの背後にひそむ深い過去の中からあっと驚くような人物が現れて、サルムング修道院とこうしたうぶな「新参者」を結ぶ精神的な絆を確認するということはもはやなかった。いや、彼の前半生に登場した人物の中で生き残っている者自体がほとんどいなくなっていたのだ。レノーチカ・サヴィツキーの父*はすでにロシアを離れていたし、ジャンヌ・ド・ザルツマンとフランク・ピンダーは、トビリシのあの忘れがたい小路を彼に思い出させた。中流階級出身の三人のイギリス人女性（エリナー・クラウディ、グラディス・アレクサンダー、ドクター・メアリー・ベル）はプリウーレの写真アルバムの中で色あせていた。……しかしこれだけの人間に囲まれ、

訳注＊――ロシア時代の弟子。その後、ウスペンスキーがレノーチカの義理の父となる。

大きな目標を抱いているグルジェフには、ノスタルジアにひたっている余裕はなかった。「古き良き日々」は今なのだ。七月の終わり、その意気ごみでグルジェフは、「旧友であり敵」である人物と最後の対決へと出かけていった。

三台の車を連ねたグルジェフの一行は、ギアをきしませ、エンジンを全開にしてスイスへの道を登っていった。ジュネーヴでは、三〇年前に北コーカサスの山を陰鬱な顔をして徒歩で越えたエリザベータ・グリゴリエヴナ・スジャーンヴァルが髪を整えて彼を待ち受けていた。彼女の一生もまた数奇なものであった。革命の巨大な力に押し流され、上流ブルジョア階級のぬくぬくした生活から放り出された彼女は、魔術師の手に落ち、さんざん抵抗しながらも変容の道をひきずられてきた——そして今、清潔だが面白味のないこのカルヴァンの街で、完全な俗世の生活の聖域を取り戻したのであった。あの特別なイヤリングを宝石箱から取り出すとき、彼女の心中はおののき、身震いをしたであろうか。

再会はバロック風の駅のビュッフェで行われた。スイスの楽団が勢いよく演奏し、会話を妨げた。グルジェフもしだいにいらだってきたようだ。

> しばらくして彼はウェイター頭を呼び、かなりのチップを握らせて音楽をやめさせた。どのみちあれは音楽ではない、あれはオナニーで、音楽家はみんなオナニストだ、と彼は言った。オーケストラへの賛辞を期待していたであろうウェイター頭は、何を言っているのかわからないと言った——いったいどういう意味でしょう？[23]

この無作法な言葉に気分を害したマダム・スジャーンヴァルは、これ以後永遠にグルジェフの生涯から姿を消す。一方グルジェフは、シャモニーの水の音をしばらく聞いて元気を回復すると、パリの熱気の中へ帰っていった。

コロネル・レナール街六番地で、サル・プレイエルで、あるいはレナ、ベルファスト、サンレモといったホテルで、グルジェフのとりまきの間では一週ごとに緊張が高まっていった。全体のペースを上げなくてはならない、一両日中にチベットに行かなくてはならないから、とグルジェフは言った。「チベットですか、ムシュー、それともディエップ*ですか？[24]」と、ある弟子は困惑して聞き返した。「ミスター・グルジェフはとりわけ意地悪そうなほほえみを浮かべると、こう答えた――『どちらへ行くのもひどく金がかかるよ』。まるで行き先など問題ではないとでも言わんばかりであった[25]」

また時に彼はアメリカ行きの希望をもちだした――もし誰かあとに残って彼の小像の面倒を見てくれさえすれば。コブラを手にしたクレオパトラや、鳩に耳をかませている女の像をいとおしそうに見やりながら、彼はつぶやいた――「これはみんなとっても貴重なものなんだ[26]」。

暗紅色のフェズ帽をかぶり、オックスフォード・ブルーのカーテン――赤い花が対称的に配されているせいで台無しになっていた――を背にして座ったグルジェフは夕食の座をとりしきっていた。彼の腹（彼自身は「スーツケース」と呼んでいた）は見事だった。彼が言うには、ブッダも牛の胃の食べ過ぎで見事な腹をしていたということだ。喜劇？　そう、彼はたっぷりと、しかも実に繊細な喜劇を披露してくれた。しかし、グルジェフの生涯におけるこの最後の年、彼の顔に高貴さ、癒しがたいほどに深い悲しみから生じる周囲を圧するような威厳を見て取らない者がいたであろうか。彼が弟子たちに注ぐ眼差しには動揺はなく、また弟子たちの方も彼への気

訳注＊―――イギリスへの船が出るフランスの港町。

配りを怠ることはなかった。「食事の終わりに〈エグーン〉が彼にタバコを差し出し、〈プベル〉が火をつけると、彼はしみじみ言った――『今や私の人生はバラよ、バラよ、だ――一介のおいぼれ舞踏教師にすぎないこの私が』[27]」

こうした謙遜はともかくとして、長い生涯を内的ワークに捧げてきたグルジェフは、いったい自分をどう評価していたのであろう。人間第四番？　第五番？　第六番？　それとも第七番？　常にパラドックスに忠実であった彼は、謙虚さと目をむくほどの自尊心とを同時に示した。ルネ・ズベールはグルジェフの謙虚さをほめたたえている――「われわれや私の家族の、いや、私がこれまでに会った誰と比較しても、彼は謙虚さの怪物であった[28]」。エドウィン・ウルフにグルジェフは穏やかにこうもらしている――「地球上には私以上の人間がたくさんいる。私はまだまだ未熟だ[29]」。

ところが一方、例の謎めいた言葉が語る彼は、がらりと違った相貌を見せる。「私は〈ゼロ〉が七つついた小切手だって切れる。……こんなこと王様だってできやせんよ[30]」。少なくともJ・G・ベネットにとってはこの意味は明瞭であった。グルジェフは盗賊仲間の隠語を使って彼独自の数秘学的類型学ともいうべきものを巧妙に表現していたのだ。すなわち千ポンドが「ゼロ」、五百ポンドが「せむし」というわけだ。つまり彼のいわんとするところは、自分は億万長者だというのではなく、人間第七番であるということなのだ。客観的かつ完璧な実践的知識をそなえ、太陽系の内部では不死である人間第七番……ベネットがここまで考えたとき、彼は命じられた――グルジェフがアメリカにいる間に「三つのゼロとせむし」を手に入れるように、と。

グルジェフの言葉の真意、あるいは彼の位階がどうであれ、自分は見ることのかなわぬ「新世界」のために格闘していたことは疑いを容れない。彼の肉体はぼろぼろになっていた。彼が生涯をかけて行ったことの成果は、もうすぐ、弟子たちのこれからの努力と、そして彼が伝えた舞踏、音楽、そして著作に依存せざるをえなくなる。半ば真剣に、半ば茶目っけで、彼は『ベルゼバブ』がその侵食的な力を、この不条理で充満した世界に対して徐々におよぼしはじめる時を祝って乾杯した。一九四九年八月二四日、ベネットはイタリアのサンレモで開かれたモンテッソーリ学会でグルジェフの思想に言及し、それをイタリアのラジオが取り上げた。これを聞いたグルジェフは喜びを大げさに表した――「もしかしたらローマ法王が聞いたかもしれん。いつか『ベルゼバブ』が法王の宮殿で読まれるかもしれない。もしかしたら私もそこにいるかもしれない[31]」。

ローマが『ベルゼバブ』を受け入れるというのは突飛な考えではあったが、コロネル・レナール街六番地ではさらに突飛な考えがゆらめいていた。

この大晩餐会は――こんなことを言うとショックを与えるだろうか――別の晩餐会を思い起こさせた。そう、「最後の晩餐」だ。無理やり人生に放り出されてしまったわれわれは、悲劇的な愛餐会*に参加していた。われわれは師と同じ皿に手をつけた。この中の誰がユダで、誰がお気に入りの使徒だろうと考えるだけで発作が起こりそうだった[32]。

そのとおり！……地平線の向こうにひそんでいるが必ずやってくる未来、予断を許さぬ未来の中で、グルジェフの目的に仕える者は、そしてこれを裏切る者は誰だろう？　彼の説く「新世界」の本質を見抜き、その実現に手を貸す者は誰だろう？　彼のけたはずれの伝道活動に身を捧げる者は誰なのか？――「イギリス人は全員私の思想の信奉者にならねばならぬ。……全員かゼロか、どちらかだ[33]」

訳注＊――初期キリスト教徒の間で行われた友愛の会食。

師が亡くなると、歴史はただちに弟子たちのあまりに人間的な行為を記録しはじめるであろう。彼のまわりにいたすべての者たちが、それぞれの理解に応じてこの記録に貢献するだろう。（偏向は徐々にではあるが必然的に起こるであろう）。聖ペテロにも比すべき重責を引き受けたジャンヌ・ド・ザルツマンでさえ、イスカリオテのユダこそイエスの最良の親友であり、イエスの教えが歴史に埋もれるのを救い出したまさにその人であったとするグルジェフの異教的見方をなんとか受け入れなければならなかった。「ユダがいたからこそ、君たちのイエスは二千年もの間神でおられたのだ[34]」

グルジェフはチベットにはもどらなかった（ディエップにも行かなかった）が、彼の最後の探査行はかつての「真理の探求者」の線にそったものだった。ラスコーの壁画に向かったのである。この老人は暑さをものともせずに南へ向かい、スヴェール、ヴィシー、クレルモン・フェラン、モン・ドール、ラ・ブールブール、ユルセル、テュル、そしてブリーヴを経て、八月三一日午後九時、モンティニャックのオテル・ソレイユ・ドールに到着した。翌朝になっても彼はまだひどく疲れており、足も不吉なほどふくれていたので、ベネットは自分の車で洞窟の入口まで彼を運んだ。洞窟の中の暗闇は驚くほど冷たかった。数千年の昔、絹の上にインクで描いたかのように軽いタッチで岩に描かれた六メートルもある巨大な牡牛が、突如として明かりの中に浮かび上がった。アレクサンドロポール出身の羊飼いの息子で、カフェ・ド・ラ・ペの常連であるこの男に、こうした図像はどれほど身近な、あるいは縁遠いものだったのであろう？　この客観芸術を生み出したのはいったい誰だったのだろう？　いつ？　なんのために？　真っ暗な洞窟の中、どんな明かりを使い、いかなる衝動に突き動かされたのであろうか？　パンフレットに書かれている答は、どれほど科学的なものであろうとグルジェフにはこれっぽっちの価値もなかった。『ベルゼバブの孫への話』という壮大な「反歴史」を生み出した想像力は、この洞窟の岩の上に、かすかではあるがまごうかたなきアトランティスの証拠を見たのであった。……グルジェフはフランク・

ロイド・ライトのために特別のアルバムを買い、娘のイオヴァンナに、簡潔だが意味深長な言葉を添えて渡した――「こうした場所が存在していることを彼に伝えなさい[35]」。

九月までにはグルジェフは、全エネルギーをフランスに集中することに決め、どこか適当なシャトーを購入してそこに「ベルゼバブの世界センター」を創設することにした。ところが同時に彼は、一〇月二〇日にアメリカ号でニューヨークに行くことも考えていた。時々夕食の席で彼はポケットから、黄色に緑の斑点のついた小さな木の蛇を取り出し、こちらへくねらせるかと思えば次にはあちらにくねらせた。九月二二日までに彼はアメリカのビザを取り、またラ・グラン・パロワッスのステーション・ホテルを購入する契約を取り交わしていた。

鉄道を見おろす岩だらけの斜面に、マリーゴールドや手入れのしていないバラの茂みに囲まれて立つこの「貧しい男のシャトー」からは、高い栗の木々を通してうねうねと流れるセーヌ河の雄大な景色が見渡せた。大きな台所、荒れ放題の庭、敷地内に散在する廃屋同然の建物――グルジェフのイギリス人の弟子たちにはおなじみの（フランス人の弟子たちには新しい経験となる）あの肉体労働が約束されていた。ラ・グラン・パロワッスのシャトーは今やすべてグルジェフのものとなった。しかしもっとも必要とするものが欠けていた――彼がどうしても実現できないでいた計画を確固たるものにする献身的な弟子たちである。一〇月八日には彼はここに入る許可を得た。秋の陽が射しこむ中、はじける薪の火を前にしたグルジェフは、コートの襟を立てたままシャトーのダイニング・ホールに言葉もなく座っていた。彼の足はその前日にアメリカのマッサージ師から治療を受けたばかりだったが、痛々しく腫れあがり、スツールの上に乗せられていた。昼食は、医者の勧めで、ミルクにひたした堅パンとクリーム、それにヨーグルトだけであった。……実際、信じられないという気持ちを一時棚上げにしないかぎり、ラ・グラン・パロワッスに第二のプリウーレを見たり、あるいは彼のアメリカ行きを思い描いたりすることはできそうにない。

その三日後、パリのアパルトマンで朗読を行っているとき、グルジェフは初めて人前であくびをした。彼の衰弱を隠し通すのは、あるいはその進行を遅らせるのはいよいよむずかしくなってきていた。ドロシー・カルーソーがアカシア街で最後のお別れを述べたとき、彼女は師の苦しみを見て胸がしめつけられた。

「どこか痛むんですか？」彼は椅子の上でちょっと体を動かしたが、そのとき初めて私は彼がうめき声のようなものを出すのを聞いた。「私はこの痛みになれなくちゃならん」と彼は言った。それから彼は手を差し出し、私はその手を取って別れを告げた。そして、彼を強い日差しの中に一人残して、その場を去った。[36]

痛みだけが彼の道連れだったのではない。どうしようもない疲労にも悩まされていた。この舞踏教師はほとんど歩けなくなっていたのだ。それでも彼は頻繁に歩いた。弟子たちがサル・プレイエルでムーヴメント第一七番、「マルティプリケーション」を練習しているところへ、全力をふりしぼって入っていき、彼らの行っている「存在努力」を見るのであった。

サルムング修道院は記憶と仮説の彼方へと去っていってはいたが、グルジェフがこの三〇年間「寺院舞踏のよき教師[37]」であったことはまちがいない。彼のこのたゆまざる献身に（誰かが言うように）軽蔑すべき点などあるだろうか？　容易に秘密を明かそうとしないエソテリシズムを彼のせいにすることができるだろうか？――「お前は私が話すことを媒介する単なる象形文字にすぎない。生涯その秘密は明かしはしない[38]」。あるいは逆に、彼は世代を超えたダンサーたちを引っぱって鉄剣の間をくぐり抜けさせ、言葉による説明を超えた微妙で活力にあふれた真理へと導いたのであろうか？　彼はずっと前にフランス人の弟子たちに四〇のムーヴメンツを教えると約束し、これまでに三八を教えてきた。そして今突然、第三九番を教えはじめた。これは内的な注意力をあちこちに動かすものであった。……伝統的な科学を保持し、新しい世代に伝えるという彼の仕事は終わった。一〇月一四日の金曜日、グルジェフはサル・プレイエル三二号室で行われているムーヴメンツのクラスに姿を見せたが、それが最後になった。……呆然とする弟子たちの前で倒れたのである。

この老人が次の週までもちこたえると誰が予想できたであろう。彼の治療には弟子の医師たち（アバディー、コンジュ、コートニー＝メイアーズ、エッグ、アンバシーズ、ヴェッス、ウォーカー）の多数があたったが、彼らはみなよく似た教育を受けており、「この王様を癒す」のは不可能だという点で意見が一致した。にもかかわらず、グルジェフはもちこたえた。看護は若いリーズ・トラコルに任された。彼女はこのちょっと例を見ないほど不可思議な患者を昼夜を分かたず看病したが、そのきゃしゃな肩には何百人という弟子の過大な期待がのしかかった。時にグルジェフは自分がどうしようもなく弱っていることを認めたが、それを頑固に拒むこともあった。リーズに自分を外に出すなと命ずるかと思えば、次には室内に閉じこめておくなと命じるのであった。次の金曜日、エリザベス・メイオールはグルジェフが果物屋で、「イギリス人にやる」のだといって大量にバナナを買いこんでいるのを見つけて仰天した。「彼の様子を見た私は大きなショックを受けた。病状は明らかに悪化しており、顔は黒ずみ、眼の下には黒いくまが深く刻まれていた。……彼の中に老人を見たのはこのときが初めてだった[39]」

その日、すなわち一〇月二一日、『ベルゼバブ』のゲラが出版社からグルジェフのもとに届いた。ついに、彼の生み出した現代の神話が、彼の象徴的自伝が、そして新しい世界を切り開く彼の強力な「先兵」が、著者の弱ってしみだらけになった手に握られたのだ。グルジェフはなぜかしら閉じこもり、ジャンヌ・ド・ザルツマンとしか面会しなかった。ある証言によれば、まさにこのときに彼は自らに課した地上での仕事を終え、「高次の諸力」が彼をその仕事から解放したという事実を受け入れたように見えたという。

二日の土曜日、彼は外出したが、これが最後の外出となった。数時間後、偶然ベネットは彼が一人でお気に入りのカフェに座り、立ち上がって車までもどる力もなく途方に暮れているのを発見した。ベネットは生涯、このときの「連れもどし」を忘れなかった。グルジェフはあらぬ方にハンドルを回し、シープスキン・ブーツにペダルの操作は邪魔され、彼のふくらんだ足はブレーキさえ満足に踏めなかった。

生涯、このときほど恐いドライブは後にも先にも経験したことがない。カルノー街を横切るとき、大きなトラックがわれわれの方に突進してきた。グルジェフはスピードを落とすことすらできなかった。奇蹟的に道は横切ったが、今度はターンができなかった。彼は車が走るにまかせ、ようやくのことで停車させた。私は彼をエレベーターまでほとんど抱いて運ばなくてはならなかった。[40]

続く三日間、グルジェフは急に態度を変えた——痛み止めの注射は相変わらず拒んだが、心臓のための注射はさせるようになった。羊の脳を食べると言い、悲しげな顔をした看護婦は強い調子で追い払った——「二〇歳以上の看護婦はいらん！」[41]。今やこの小さなアパルトマンは多くの人間の最高度の関心が集中する場となった。「マダム・ド・ザルツマン、リーズ、ガボ、その他彼の近親の者はみなできるかぎりのことをしている。私は〈われわれ〉が〈あるもの〉に対して闘っている、いうなれば、みんなで力を合わせて砦を守っている、という感じがしている」[42]

二四日の月曜日の夜一一時半、グルジェフは突然、自分の部屋に夕食のテーブルをセットしろと言ってまわりを驚かせた。「白痴（イディオット）」（いったい何人の白痴が彼の手から生み出されたことだろう）のために最後の乾杯がラルサングル・アルマニャックであげられた。そしてあの、人にとりつくような彼の「音楽」が演奏されたが、これも最後になった。ジャンヌ・ド・ザルツマンは大きな圧力を感じていた。火曜日にはニューヨークのドクター・ウェルチに電話をし、すぐこちらに来て肝臓の治療をしてほしいと頼んだ。……その夜、天気は崩れた。グルジェフが眠れないまま寝返りをくり返し、ドクター・ウェルチが東へと飛行を続けている間に、ものすごい突風がパリを襲い、屋根の瓦を吹き飛ばし、木々をなぎ倒した。一九時間の飛行に疲れ果ててはいたが、ドクター・ウェルチは飛行場から患者のもとへ直行した。「彼の激しい息づかいを聞き、灰色に変色した顔や、やせ衰えた身体、ふくれあがった足と腹を見たとき、私はショックに打ちのめされた。彼の顔には死の刻印がはっきりと押されていた」。そのときグルジェフは声をあげた――「ブラボー、アメリカ！　ブラボー、ドクター」[43]。

ドクター・ウェルチの診断がジャンヌ・ド・ザルツマンに、そして血縁的および思想的なグルジェフの家族にいかなる打撃を与えたか、想像できるだろうか。患者はますます衰弱しつつあった。もう歩けないだろう。しかし……

話しながらふと目を上げると、彼が私の方に歩いてくるのが見えた。ゆっくりした足取りで、かつての生き生きした歩き方の戯画を見ているようだった。その様子はまるで、彼が自分で自分の襟をつかんで立ち上がらせ、むきだしの意志で自分を支えているかのようだった[44]。

この信じられない光景を見たドクター・ウェルチは希望を取り戻した。医学の干渉に最後のチャンスを与えてみようではないか。ジャンヌ・ド・ザルツマンとしばらく話してから、彼は救急車を呼んだ。グルジェフはリーズに命じてスーツケースにいっぱい看護婦にやるボンボンを詰めさせ、スプーンも入れるように言った。病院にないかもしれないから、というのである。彼は派手なパジャマ姿で、医師の命令を無視してタバコを吸いながらコロネル・レナール街六番地を離れた。

彼は担架の上にまっすぐ背を伸ばして座り、王子のような格好で運ばれていった！　家族は戸口に集まってその様子を見守っていた。老いた門衛は涙を流していた！　彼は歩道を運ばれていくとき、わずかに手を振るような仕草をし、こう言った――「さようなら、みんな[45]」。

一〇月二六日の水曜日、グルジェフはヌイーイにあるアメリカン・ホスピタルの一階の特別室に入ったが、二度とそこから生きて出てくることはなかった。

治療は成功したが患者は亡くなった――これが基本的な構図である。誰に責任があるわけでもなかった。（死後、彼を解剖した医師は、グルジェフの臓器がほとんど機能不全の状態にあったことを知って目を疑った）。入院したとき、彼の体内には腹水がいっぱいたまっていた。一二リットルの腹水がたまった彼の腹はふくれあがり、呼吸を妨げていた。高血圧のためアルブミンが減少していたので、この腹水を抜くしか手の施しようがなかった。一〇月二七日木曜日の早朝、ドクター・ウェルチはこの腹水除去施術を行ったが、施術中も患者は――予想どおりというべきか――フェズ帽をかぶり、高価なラクダのコートを着たまま、熱いブラック・コーヒーの入ったカップと木製のタバコ・ケースをもてあそんでいた。危険な、いや、ほとんど超現実的ともいうべきこの極限状態の中でさえ、グルジェフは完璧なまでに状況の支配者であった。彼は皮肉っぽくドクター・ウェルチに言った――「ドクター、君が疲れてさえいなければなあ[46]」。

しかし、その後一連のわずらわしい検査が続き、何種類もの鎮痛剤が投与されると、彼は明らかに落ちこんでいった。昼頃には、家族の姿を認めるのがやっとというほどにまでなった。その日の午後、彼はジャンヌ・ド・

ザルツマンに最後の指示を与えた——痛々しく、ゆっくりと……

一番大事なこと、まずやるべきことは、やがて現れるであろう要求に応える能力をもった、一群の核になる人々を準備することだ。これに責任をもつ核となる人間がいなければ、この思想の影響力もある一定の境界線を越えることはあるまい。それには時間がかかる。……いや、長い長い時間がかかるかもしれない。[47]

これが記録に残る最後の言葉となった。

金曜日の朝、雪が降りはじめた。グルジェフはもう話すことはできなかったが、全力をふりしぼって手を差し出し、ジャンヌ・ド・ザルツマンの手を取った。しだいに昏睡状態に陥り、そのめくるめくような世界の中で、彼は（リーズの言葉を借りれば）「ひどく興奮しはじめた」。グルジェフといえどもこの最後の試練は避けられなかった——人間的経験のすべてを、彼は一滴残らず飲み干したのだ。その夜、死期が近づいたことを察知したジャンヌ・ド・ザルツマンは、ド・ハルトマン夫妻に電話をかけた。グルジェフ自身が二〇年もの昔に追放した二人ではあったが、それでも彼の人生の幕が引かれるときにはいなくてはならない人物だと感じたのである。トマス・ド・ハルトマンは六三歳になり、心臓病を患って床についていたが、この知らせを聞くと飛び起きた。数分後にはオルガは古い車を走らせ、雪の中をスリップしながらガルシェからヌイーイへの道を急いでいた。しかし、遅かった。彼らが着いたときには、すでに医学の重い帳が彼らとグルジェフとの間を遮断していた。

翌朝にはグルジェフの興奮はおさまっていた。彼の心はすでに慈しみ深い忘却の淵へと沈みつつあったのかもしれない。おそらくそうだったのだろう。しかし、もしかしたら、閉じた瞼の下で、意識の最後の砦の中で、さまざまな画像がゆっくりと退きながらも漂っていたのかもしれない。ヤンギ・ヒサール、アム・ダリヤ、「ヴェサネルニアの木」、「砂漠化以前のエジプトの地図」、「アメリカン・カナリア」、新品の自転車の大群……動き、たえまない動き——アルパ・チャイを越え、ゴビ砂漠を越え、めまいのするようなロープの吊り橋を渡り……エニアグラムの動き、ムーヴメンツの踊り手たちの動き……そして走馬燈のように浮かんでは消えていく無数の顔——もの悲しげなソロヴィヨフ、ルボヴェドスキー王子、ユリア・オストロフスカ（彼女がレナ・カヴァリエリから美人コンテストの優勝を奪い取ったあの日）……フィロス、最後まで忠実に主人のお供をした蚤だらけの老犬……再び橋のイメージ、その下の深い峡谷は無限の闇に消えていく。あと一歩……

一九四九年一〇月二九日、土曜日の朝一〇時半、ヌイーイのアメリカン・ホスピタルにて、ゲオルギー・イヴァノヴィッチ・グルジェフ死去。

誰もが予期していたとはいえ、彼の死は、弟子たちにとって天地を揺るがすような、まるで自然がひっくり返ったような衝撃であった。デス・マスクがとられ、検死が行われた。香油を塗られた彼の遺体は、ろうそくの明かりで照らされた病院内のチャペルの棺台の上に四日間安置された。亡くなった土曜日の夜、弟子たちはムーヴメンツを行ったサル・プレイエルからまっすぐここへやってきて、彼らの舞踏教師の足元にひざまずいた。その場で彼らが見せた集中力、存在感の重さ、そして恐るべき単純さの中に、ついに教えられることのなかった「ムーヴメント第四〇番」を見る者もいた。彼の遺体には昼夜を分かたず見張りがつき、毎日午後三時半には小柄なひげづらの司祭が祈りを捧げた。

一一月二日の水曜日、弟子たちはダリュ街にあるアレクサンドル・ネフスキー大聖堂を埋めつくした。一方ヌイーイでは、またしても超現実的なドタバタ喜劇が話の流れを妨害した。葬儀屋が来てみると、棺がグルジェフを入れるには小さすぎるのがわかり、あわてて取り替えるよう電話をしたのである。午後四時から六時までの間、大聖堂を埋めた会衆は、咳や衣ずれの音はもちろん、ほとんど息さえも止めて待っていた。「その沈黙が秘める、それまで体験したことがないほどのたぐいまれな質」に、司祭までもが強い感銘を受けた。ついにグルジェフの遺体が運びこまれると、聖歌隊席から、深い響きのロシア語で、彼を讃える歌が流れてきた。礼拝が終わり、司祭が聖障を閉じると、急に停電し、何百というろうそくが漆黒の闇の中に浮かび上がった。ろうそくの灯に照らされた何百もの顔は、苦しみにひきつってはいたが、決意に満ちていた。それは、手探りでワークを続けていこうとする決意であった。

一一月三日、葬儀の日、大聖堂には壮大な鎮魂歌が鳴り響いた。「その場の注意の凝集度はあまりに高く、そのためまるで棺が燃えあがっているかのように思われた」[48]。ベルゼバブを、そしてイスカリオテのユダを擁護した者が、ロシア正教特有の鼻をつく香とこまごました儀式の中にのみこまれてしまうのが適切かどうか、あるいは黄金の礼服をまとい、形式にのっとって棺台の前をまるで夢遊病者のように歩いている司祭たちが、この場の状況の実相を見抜いていたかどうか——意見の分かれるところであろう。

おお、聖なる神よ、確固として揺るぎなきものよ、不死なるものよ、われらに慈悲を垂れ給え。主よ、今この生を離れた汝のしもべ、ゲオルギーを、祝福された永遠の眠りの中に安らわせ給え。そして彼の名を不朽たらしめ給え。

祝福された永遠の眠り！　少なくともこの点では、組織化された宗教は物事を逆さまに見ているが、それも許されるであろう。「ゲオルギー・イヴァノヴィッチ・グルジェフ」が何者であったにせよ、彼が覚醒を求めて闘ったことはまちがいない。今彼は煉獄にいるのだろうか？（彼はこの煉獄という概念に、極端な、しかし崇高な広がりを与えた）。それとも天国に？　もしそうだとしても、そう長くはなかったであろう。「天国は二、三日滞在するにはいいところだ。しかし次の年も、また次の年も、何百年もそこにいることを想像してみたまえ。天国に満足していてはならん――絶対太陽への道を見出さねばならないのだ[49]」

胸をつまらせた弟子たちの長い列が棺の足元まで続き、そこにおかれている勝利者聖ゲオルギウスの聖像に口づけした。聖ゲオルギウス――グルジェフの「非常に高くつく」この守護聖人は、意図的苦悩の中でのみ援助の手を差し伸べるのであった。白痴（イディオット）ども！　彼らはみな白痴であった。しかしそれは、壮大な神話の中の白痴、われわれの世紀では比肩する者のない白痴どもであった。グルジェフただ一人のおかげで自分の白痴性を感じとった白痴どもだったのだ。その白痴一人一人が、今それぞれの悲しみの中で、思い出し、約束し、そして畏敬の念に浸っていた。

後世の者たちはあなたをカカシに変えるでしょう。化石に、司祭に、「普通の白痴（オーディナリー・イディオット）」に、いや、哲学者にだって変えるでしょう。……これほど厚顔無恥に神を求める者を、そして自分の魂にこれほど過大な要求をする異端者を、私はこれ以後見ることはないでしょう。……あなたの人生を代わりに生きようなどと考える者がいるでしょうか？　あなたに代わってその人生を完結してくれる者が？　あなたはついに私に本当の涙を流させたのです。[50]

ミスター・グルジェフは堂々たる葬儀の馬車に乗り、最後の（事故の心配のない）旅をした。葬儀の列は、四台の大きな馬車で混雑するコロネル・レナール街をゆっくりと下っていき、郊外に出ると、ブリヴーレに向かって歩を早めた。彼はアヴォンの墓地の家族の墓に、妻と母にはさまれて埋葬された。見守る会衆は静まり返り、ひとり墓守りだけが泣いていた。陽は沈み、霜がおりはじめ、人々は去っていった。

その夜、ジャンヌ・ド・ザルツマンは五〇人の高弟をアパルトマンに集め、こう言った――「ミスター・グルジェフは亡くなりました。しかしあのような師にとって代われる人はいないのです」[51・★31]。誰もがこの言葉に深くうなずいた。

年譜

ゲルジェフの年譜を作成しようとするこれまでのいかなる試みにも、独特の困難がつきまとってきたように見える。そもそも生年月日からして特定できないのである。もっともゲルジェフ自身は一八六六年だと主張してはいるが。生年から一九一二年にいたる期間は、ゲルジェフ自身の手になるかなり印象主義的な四冊の著作に頼らざるをえない。そこに見られる記述は、本質的に神話的で、それゆえ、一貫性や、アリストテレス的論理、年代順の配列といった配慮からは無邪気なまでに自由である。

なんといっても悪名高いのは、「失われた二〇年間」と呼ばれる一八八七年から一九〇七年にかけての期間である。同時代に中央アジアを探査した偉大な探検家たち（スヴェン・ヘディン、オーレル・スタイン卿、アルベルト・フォン・ル・コック、ポール・ペリオ、大谷光瑞師）の日記を見ても、ゲルジェフの証言を支える記述が見つかるのではないかという期待は裏切られる。それゆえ、以下に示す年譜の中のこの時期の部分も仮のもので、これに該当する章、「長き探求」も、彼の足跡を執拗に追っているわけではない。

それでも、ゲルジェフの記述に符合、あるいは少なくともこれに相反することのない歴史的事件はあり、これは太字で示した。ゲルジェフ自身が日時を明記している場合には、その出典を示した（「原注B・引用文献」参照）。一九一三年から一九四九年にいたる期間は、一次文献や、弟子たちの証言や回想、無理のない推論によってかなり明確に跡づけられるが、この場合の困難は、こうした回想録を残した者たちが内的な問題に注意を集中している点にある。ワークが関係性に重点をおくということもあって、これらの回想録作家たちは（P・D・ウスペンスキーを唯一の例外として）正確な日時の重要性を奇妙にも看過しているように思われる。

1866	一月（?）、グルジェフ、ロシア―トルコ国境ロシア側にあるアレクサンドロポールの、カッパドキア系ギリシア人地区に生まれる。
1870〜72	ただ一人の弟ドミトリ・イヴァノヴィッチ（一八七〇?）、そして妹（一八七一?）誕生。
1873	夏、グルジェフの父ギオルギオス・ギオルギアデス、伝染病で家畜をすべて失い、家計は危機に瀕する。その後、材木工場を開く。
1874〜76	二人の妹、誕生。
1877	父の材木工場が倒産、大工業に転じる。グルジェフ、年少にもかかわらず家計を助ける。 **四月二四日、ロシアがトルコに宣戦布告。** **一一月一八日、ロシアがトルコ国境の要塞の町カルスを占拠。**
1878	父は家族を連れてカルスに移り、ギリシア人地区で大工業を再開する。
1879〜80	ロシア陸軍付属大聖堂の地方主席司祭ボルシュが、グルジェフの個人教授を引き受け、同時に四人の神学校の卒業生を彼の教師に任命する。グルジェフ、カルスの陸軍付属病院の図書館で熱心に読書に励む。 個人教授の一人、ボガチェフスキーから道徳面での影響を受ける。
1881	グルジェフの好きだった一番上の妹、死亡。グルジェフ、アラガツ湖での射撃の事故で危うく死にかける。いくつかの「超常現象」を目にして強く心を奪われる。
1882	血気にはやってピョートル・カルペンコと決闘をし、射撃演習場で危うく死にかける。
1883	家を離れ、ティフリスに移るが、長輔祭の聖歌隊にもグルジア神学校にも入るのに失敗。トランスコーカサス鉄道会社に火夫として職を得るが、仕事の合間をぬって徒歩でエチミアジンに巡礼し、三カ月間、サナイン修道院のイェヴランピオス神父のもとで学ぶ。サルキス・ポゴシャンとアブラ

ム・イェロフと親交を結ぶ。

1884　人間の生の意味について、疑問を深めていく。

1885　夏、メヴレヴィーおよびベクターシ・ダルヴィーシュを研究するためにコンスタンティノープルを訪ね、エキム・ベイと出会う。ハジ・ベクターシュ、コニヤ、アクシェヒル経由で、両親が再びもどってきていたアレクサンドロポールに帰る。

1886　グルジェフとポゴシャン、遺跡の町アニで手当たりしだいに発掘していたとき、紀元前二五〇〇年頃にバビロンで創設された叡智を伝承するスクールと思われる「サルムング教団」に関する記述を発見する。

1887　アルメニア人の自衛組織、アルメナカン党の伝書使として、ポゴシャンとともにクルディスタンに向かうが、その際、「サルムングを発見する」というドン・キホーテ的な決意をする。しかしその途上、ザホの近くで偶然「砂漠化以前のエジプトの地図」を手に入れ、そのため方向を変えてアレクサンドリアに行く。（そこでポゴシャンと別れる。カイロで二人の年長の探求者、ユリ・ルボヴェドスキー王子およびスクリドロフ教授と強い絆を結ぶ。

1888〜89　ルボヴェドスキーとテーベを、スクリドロフとアビシニアおよびスーダンを、そして一人で変装してメッカとメディナを訪ねる。スクリドロフとイラクのニップールのバビロンの遺跡を訪ねる。コンスタンティノープルに帰る途中、ヴィトヴィツカヤ（「真理の探求者」の唯一の女性メンバー）に会い、ロシアまで付き添う。

1890〜93　おそらくは新たに結成されたアルメニア社会革命党、ダシナク党の使者としてスイスを訪ね、その後ローマに定住する。

1894〜95　**スルタン・アブデュル・ハミト二世、トルコ中のアルメニア人の虐殺を煽動する。**

再びアレクサンドロポールに定住し、エソテリックな伝統的叡智を求めるグループ「真理の探求者」創設（一八九五）の中心メンバーとなる。

1896

古代の「イマストゥン友愛団」の遺跡を求めてクレタ島におもむくが、これは同時にギリシアのスパルタクス的極左社会主義グループ、エスニキ・エテリアの諜報員としての仕事も兼ねていた。

二月、トルコに対するギリシアの人民蜂起。

グルジェフ、スファキア地区にいたとき撃たれ、[1]意識不明の状態で救出されてエルサレムに運ばれる。アレクサンドロポールで回復する。

1897

一月一日、「真理の探求者」に加わり、ナヒチェヴァンを出発、[2]トルキスタンを経てタブリーズ、そしてバグダッドにいたる（探検一）。（エキム・ベイとペルシアのダルウィーシュのエピソード）。中央アジアのさらに広い探査行を可能にするために、ロシア皇帝の政治諜報員となり、さらに、ブリヤート系モンゴル人で、チベットの高官であったアグワン・ドルジェフと関係をもつ（?）。オレンブルクからスヴェルドロフスクを経てシベリアまで旅する（探検二）。

1898

復活祭の頃ブハラの新市街で、社会的ドロップアウト、ソロヴィヨフと親交を結ぶ。グルジェフとソロヴィヨフ、一二日間目隠しをされたまま旅をし、サルムング修道院の本部に入ることを許される。（ここは、グルジェフの思想、シンボリズム、およびムーヴメンツの源泉とされている）。思いがけずそこでルボヴェドスキーに会うが、彼は健康を害している。ルボヴェドスキーはまもなく、別の場所で霊的指導を受けるためにそこを離れ、グルジェフを悲しませる。しばらく修道院に滞在したのち、ゴビ（あるいはタクラマカン?）砂漠を、スクリドロフはじめ「真理の探求者」のメンバーと探査する（探検三）。ソロヴィヨフの唐突な死[3]ののち、ケリヤ・オアシスに帰る。

1899

メルヴに滞在。グルジェフとスクリドロフ、ダルウィーシュの姿に変装して、アム・ダリヤ（オクサス河）をさかのぼり、カフィリスタンにいたる。（スクリドロフとジョヴァンニ神父のエピソード）。バクーにもどり、ペルシア音楽を学ぶ。グルジェフとヴィトヴィツカヤ、アシハバードで「世界旅行ワークショップ」を開いて大儲けをする。

1900　一月二日、「探求者」とともにチャルジョウを発ち、パミール高原を経てインドにいたる[4]（探検四）。（カルペンコ、および「エズ・エズーナヴーロン」のエピソード）。「真理の探求者」解散。

1901　七月二三日、リヴァディアで皇帝ニコライ二世に謁見する（?）。トランスカスピ海地方の仏教徒に変装し、チベット高地に潜入、「紅帽派」のラマ僧について学ぶ（?）。チベットの女性と結婚する（?）。

1902　山岳部族間の争いに巻きこまれ、再び撃たれる[5]。タクラマカン砂漠の端にあるヤンギ・ヒサールのオアシスで療養、回復。催眠術および動物磁気を、科学的ないしは愛他的目的以外には使用しないことを決意する。

1903　チベットにもどる。

七月五日、フランシス・ヤングハズバンド大佐、インドからチベットに侵攻。

1904　**三月三一日、英軍、ギャンツェにおいてチベット人を大量虐殺。**

八月三日、ヤングハズバンド、ラサ入城。

秘儀を伝授されたラマが若くして殺されるのを見て苦しんだグルジェフは、戦争の誘因となる集団暗示および集団ヒステリーに対して闘いを挑むことを決意する。水腫を患い、チベットを離れてアレクサンドロポールの両親のもとに帰る。回復すると、再び中央アジアに向けて出発（冬）するが、チアトゥラ・トンネルの近くで、コサックとグリア地方の人々の争いに巻きこまれ、三度目の被弾[6]。アシハバードを経由し、ヤンギ・ヒサールまで困難な旅をし、その地で回復する。

1905〜07　二年間、中央アジアのある特定できないスーフィー教団に滞在した（?）のち、ロシア領トルキスタン、ウズベク人の首都タシケントに定住。何度かサマラを訪ね、死の床についているヴィトヴィツカヤを見舞う。

1908〜10　タシケントで超自然現象を扱う科学の「教授」となり、故意に山師的スタイルで教えはじめる。教えながら、ヨーロッパ化されたロシア人を「モルモット」にして彼らの反応を調べる。石油、魚、家畜、絨毯、七宝焼、その他の売買でかなりの富を集める。ゆっくりとロシアの首都圏をめざして西進を始める。

1911　これまでにさまざまな源泉から蓄積した異なる知識を、特別な用語を、またある場合には疑似科学的用語を使って統合し、一大体系を構築する。
九月一三日、催眠術その他を使わないという決意を新たにし、以後二一年間、「人工的生活」を送ることになる。

1912　新年、モスクワに現れ、最初の弟子を集める（従兄弟のセルゲイ・メルクーロフ、ウラディーミル・ポール、ラフミリエヴィッチ）。サンクト・ペテルブルクでユリア・オストロフスカと結婚する（？）。
中頃、『ターシャム・オーガヌム』を読み、著者のP・D・ウスペンスキーに将来の有望な弟子を見出す。

1913　サンクト・ペテルブルクで、「オゼイ王子」の偽名を使い、レフ・ルヴォヴィッチ、およびシャムザラン・バドマイエフ（？）を教える。
冬、サンクト・ペテルブルクで、音楽学生のポール・デュークスが最初のイギリス人の弟子として彼のもとに来る。

1914　春、サンクト・ペテルブルクで、ドクター・レオニード・スジャーンヴァルを引きつける。（「オゼイ王子」の偽名を捨てる）
八月一日、ドイツ、ロシアに宣戦布告。
九月一日、サンクト・ペテルブルク、ペトログラードと改名。
一一月一三日、『モスクワの声』に『魔術師たちの闘争』の広告を載せ、ウスペンスキーの注意を引く。
一二月、弟子たちの書いた『真理のきらめき』という短文を監修する。

1915　四月、モスクワでウスペンスキーを弟子として受け入れる。（一週間後、ウスペンスキーはペトログラードに帰る）
秋、定期的にペトログラードを訪れ、ウスペンスキーとその仲間に会い、話をする。

1916　二月～八月、集中的活動期間。徐々に活動の中心をペトログラードに移し、六人（スジャーンヴァル、ウスペンスキー、アンドレイ・ザハロフ等）から三〇人にふくらんだグループに対し、実質的に彼の「システム」全体を伝授する。

八月、フィンランドを訪れた際、ウスペンスキーに強烈なテレパシー体験を与える。

一二月一六日頃、ペトログラードで、作曲家のトマス・ド・ハルトマンを、一九一七年二月に彼の妻オルガを弟子にする。

1917　二月二三日、「変貌した」グルジェフ、弟子たちと別れ、最終的にペトログラードを離れ、ユリア・オストロフスカとともにモスクワ経由でアレクサンドロポールに向かう。

三月一六日　ロシア革命――皇帝ニコライ二世廃位、ケレンスキー臨時政府樹立。

三月～六月、アレクサンドロポールの家族のもとにとどまる。

七月初め、ペトログラードに向かうが、考えを変え、コーカサスのエッセントゥキに居を定める。

七月～八月、エッセントゥキで、モスクワとペトログラードから呼び寄せた一二人の弟子（ウスペンスキー、ザハロフ等）に、六週間にわたり心身に働きかける実験的訓練を集中的に行う。

八月下旬、ハルトマン夫妻、エッセントゥキに来てグループに加わる。グルジェフに対するウスペンスキーの信頼、揺らぎはじめる。黒海沿岸のトゥアプセに移る。

八月～一二月、一〇月にスジャーンヴァル夫妻が加わり、増加した中核的な弟子を連れ、内戦を避けるため黒海沿岸各地に移り住む。

一一月七日（旧暦一〇月二六日）、ボルシェヴィキ革命成功、レーニン、権力を握る。

1918　一月、エッセントゥキに帰る。

二月一二日、アレクサンドロポールがトルコの脅威を受けていることを知り、父と二番目の妹を除く家族を自分のグループに加える。弟子たちを呼び寄せ、集中的ワークを始める。

三月、ウスペンスキー、グルジェフから離れる。

七月中旬、二番目の妹とその家族、避難民となってエッセントゥキのグルジェフのもとに来る。五月一五日にアレクサンドロポールで父がトルコ軍に射殺されたことを聞く。

七月下旬、内戦がエッセントゥキにも迫ってきたので、インドゥク山への「科学的調査隊」の話をでっちあげ、新聞に載せる。

八月六日、科学者になりすまし、（家族やウスペンスキーを除く）一四人を連れてエッセントゥキを発つ。鉄道でマイコプに行くが、そこも交戦状態にあり、三週間足止めをくう。

八月〜九月、グループを導き、赤軍と白軍の前線を五度くぐり抜けて、北コーカサスの山脈を徒歩で越え、黒海沿岸のソチに着く。ザハロフを含む多くの弟子、グルジェフのもとを離れる。

1919

一月中旬、残った弟子たち（マダム・オストロフスカ、スジャーンヴァル夫妻、ハルトマン夫妻等）を連れてソチからポチに移る。鉄道でグルジアの首都トビリシに移り、そこに落ちつく。

復活祭の頃、芸術家アレクサンドル・ザルツマンとその妻ジャンヌを弟子にする。トビリシにやってきた弟子ドミトリにニュースを聞き、五月初めオルガ・ド・ハルトマンをエッセントゥキにやって、必要なものを回収、メッセージを届けさせる。

六月二二日、ジャンヌ・ザルツマンと協力して、トビリシ・オペラハウスで初めての神聖舞踏（ムーヴメンツ）の公演を行う。

七月、八月をボルジョミで過ごす。

九月中旬、トビリシにもどり、「人間の調和的発達のための学院」を創設する。（創設メンバーはドクター・レオニード・スジャーンヴァル、トマスおよびオルガ・ド・ハルトマン、アレクサンドルおよびジャンヌ・ザルツマン、エリア・オストロフスカ（？））

冬、グルジア・メンシェヴィキ社会民主共和国の支持を得て、「システム」の教えを続ける。エリザベータ・ガルムニアンとオルガ・ヒンツェンベルク（オルギヴァンナ）を弟子にし、『魔術師たちの闘争』の制作に集中する。

1920

春、グルジアの社会・政治的状況、顕著に悪化する。

その余波を受けて、グルジェフの学院、存続の危機に見舞われる。三月、フランク・ピンダー小佐を弟子にする。

五月下旬、三〇人の弟子を連れ、徒歩でトビリシから黒海沿岸のバトゥーミに移る。そこからコンスタンティノープル（イスタンブール）に向かう。

六月七日、コンスタンティノープルのペラ地区、クムバラジュ通りのアパートに落ちつく。二月からコンスタンティノープルに来ていたウスペンスキー、彼の弟子たちをグルジェフにゆだねる。

六月～八月、ウスペンスキー、トマス・ド・ハルトマンとともに、『魔術師たちの闘争』のシナリオと音楽の制作に当たる。またこの二人とメヴレヴィー・ダルウィーシュの儀式を研究する。

九月、ガラタ塔近くのアブドゥルラティーフ・イエメネジ通り一三番地に、かなり大きな家を借りる。

一〇月、学院を再開し、公開講演および半公開の神聖舞踏のリハーサルを行う。ウスペンスキー、再び離反し、プリンキポ島に引きこもる。

一一月中旬、妹のアンナ・アナスタシエフとその子供が、息子のヴァレンティンを除いて、バイタールでトルコ人に虐殺されたことを知る。

一二月、アレクサンドル・ザルツマンを通して、ジュネーヴのジャック＝ダルクローズから、ドレスデン郊外のヘレラウに来るよう招待する手紙をもらう。この招待を受け、ヴィザを申請する。

1921

一月初旬、スルタンの甥、メフメット・サバヘッディン王子との親交を回復する。J・G・ベネット大尉と会う。

五月中旬、一般の関心が薄れたため学院を閉鎖し、プリンキポ島に隠居する。

八月、ヴィザがおりたので、弟子たちを連れて鉄道でトルコからドイツに向かう。一三日、コンスタンティノープルを離れ、一五日、ブルガリアのソフィア着。一六日、セルビアのベオグラード着。一七日、ハンガリーのブダペスト着。二一日、ブダペスト発。チェコスロヴァキア経由で、二三日、ベルリン着。

（この頃ウスペンスキー、コンスタンティノープルからロンドンに移るが、妻のソフィーはグルジェフに同行する）

九月、シュマルゲンドルフの郊外に落ち着き、オルガ・ド・ハルトマンを私設秘書にする。

一一月二四日、ベルリンで、ヨーロッパで最初の講演を行う。

冬、ザルツマン夫妻を伴ってヘレラウのダルクローズ学院を訪ね、ハラルト・ドールンを通してこの建物の部分所有を求める。これに関して裁判が起こる。

1922

二月一三日、初めてロンドンを訪ね、A・R・オラージュをはじめとするウスペンスキーの著名な弟子たちの忠誠を勝ち得る。

三月一五日、二度目、そして最後のロンドン訪問。自分の支配力を確認し、ウスペンスキーと衝突。影響力のある弟子たちがグルジェフのイギリス永住権獲得のために奔走するが、彼はベルリンへ帰る。

晩春、三度目の設立趣意書を英語、ドイツ語、フランス語で出す。

六月、ヘレラウの建物譲渡に関する民事訴訟に敗訴。イギリスでの永住権を実質的に拒否される。

七月一四日、弟子を伴ってドイツからパリへ移る。ダルクローズ学院の施設を借りて活動を続ける一方、オルガ・ド・ハルトマンに自らの学院に適切な建物を探させる。

一〇月一日、イギリスからの寛大な財政援助を受けて、フォンテーヌブロー・アヴォンのプリウーレ・デ・バス・ロージュを購入、弟子たちとともに移る。

一〇月、プリウーレでの活動を管轄すると同時に、パリでさまざまなビジネスを営む。

一〇月一七日、死期が迫ったニュージーランドの作家、キャサリン・マンスフィールドをプリウーレに迎える。

一一月、神聖舞踏を集中的に教えはじめる。

一一月下旬、プリウーレの敷地内にスタディ・ハウスの建築を始める。

一二月一六日　プリウーレの火災をくいとめる。

1923

一月九日、キャサリン・マンスフィールド死去、一二日、アヴォンの墓地に埋葬される。グルジェフ、彼女の死に関して中傷を受ける。同日、スタディ・ハウス完成。

二月、報道記者（とりわけE・C・ボウヤー）や学者（とりわけドニ・ソラ教授）ら、プリウーレでグルジェフにインタヴューし、比較的好意的な記事を発表、広く読まれる。

五月、自動車の運転を習う。コマンダン・マルシャン街九番地にエズラ・パウンドを迎える。

夏、プリウーレのスタディ・ハウスで音楽や神聖舞踏の「公開の夕べ」を定期的に開き、土地の名士や、時にはディアギレフ、シンクレア・ルイスといった著名な文化人が訪れる。

一二月、疲労がたまってはいたが、ヨーロッパで最初の神聖舞踏のデモンストレーションを行う。一六日、シャンゼリゼ劇場で初演、好悪入り交じった評価を受ける。母と妹をロシアから救出し、プリウーレに住まわせる。

1924

一月四日、約三五人の弟子を連れ、パリ号でアメリカに発つ。ニューヨーク（一月〜二月）、フィラデルフィア、ボストン、シカゴ（三月）でデモンストレーションを行い、質量ともにかなりの新たな弟子を獲得する。（とりわけマーガレット・アンダーソン、ミュリエル・ドレイパー、ジェイン・ヒープ、ゴーラム・マンソン、C・S・ノット、ジーン・トゥーマー）
四月八日、学院のニューヨーク支部を開設する。
六月、フランスに帰る。コマンダン・マルシャン街のアパルトマンの賃貸権が切れたので、ペレール大通り四七番地に新たな部屋を借りる。
七月八日、パリからフォンテーヌブローに帰る途中、自動車事故を起こし、瀕死の重傷を負う。妻と妹の看護を受け、医師の予想に反してゆっくりと回復。
まだ回復期にある八月二六日、正式に学院の「閉鎖」を告げるが、実際は熱心でない弟子たちの追放にとどまる。
一〇月、オラージュにアメリカでのワークを指導するよう指示する。自分の思想を著作によって未来に伝えようと決意し、
一二月一六日、主著『ベルゼバブの孫への話』の執筆に着手する。

1925

三月、『ベルゼバブ』の最初の草稿は解読不能とのオラージュの報告を受け、以後長く続く文体上の格闘が始まる。

六月下旬、慢性的な肝臓病をわずらっていた母、プリウーレにて死去。

七月二九日、トマス・ド・ハルトマンとの集中的な作曲活動、始まる。

冬、妻のマダム・オストロフスカ、癌が進行。通常の放射線療法も、グルジェフの非正統的な療法も満足な結果を生まない。

1926

一月八日、メイベル・ドッジ・ルーハン、ニューメキシコ州タオスの広大な敷地をグルジェフに提供するが、
二月一日、グルジェフはこれを辞退する。
二月～六月、ユリア・オストロフスカの看病に献身するが望ましい成果はあがらず、
六月二六日、ユリア死去。ウスペンスキー、彼女の葬儀に参列する。
七月、アレスター・クロウリー、プリウーレを訪れるが、グルジェフは彼を断固として拒否する。

1927

春、財政的に行きづまり、四月一六日、ペレール大通りのアパルトマンを出ざるをえなくなる。

五月一日、トマス・ド・ハルトマンと協力して行ってきた作曲活動を打ち切る。

夏、アメリカの弟子たちや野次馬が大挙してプリウーレに来る。将来彼の秘書となるソリータ・ソラーノに会うが、彼女はよい印象を受けない。詩人ウォルドー・フランクを追い出す。

一一月六日、健康が急激に衰えていることに気づき、ぜひとも必要な『ベルゼバブ』の大幅な書き直しには時間が足りないと確信して、パニック状態に陥り、自殺を考える。

1928

一月中旬、オラージュ、新妻ジェシーを伴ってプリウーレに短い、そして最後となる滞在。

五月五日、執筆活動に刺激を与えるため、彼の生活をあまりに快適にしてくれている者たちを、さまざまな口実をもうけて「追放」する。

初夏、高弟たちを各地に派遣する——マダム・ウスペンスキーをイギリスへ、ザルツマン夫妻をフランクフルトへ。ジェイン・ヒープのプリウーレ滞在に難色を示すが、彼女がモンマルトルで「芸術家グループ」に教えることは許可する。

晩夏、アレクサンドル・ザルツマン、フランスのオカルティスト、ルネ・ゲノンの攻撃からグルジェフを擁護する。

秋、『ベルゼバブ』の書き直しに一応の満足を示し、二作目の『注目すべき人々との出会い』の執筆を開始する。

1929

一月、ド・ハルトマン夫妻だけを伴い、パリ号で二度目のアメリカ訪問。夫妻、自分のもとから独立して生活するようにとのグルジェフの忠告に抵抗する。

一月二三日のアメリカ到着から、四月五日のフランスへの出航までの間に、弟子たちとの関係を強化し、かなりの資金を集める。

初夏、再びマダム・ウスペンスキーをイギリスに派遣する。ド・ハルトマン夫妻にプリウーレを出るよう最後通告を与え、二人がクールブヴォアに定住する手助けをする。

六月、ルイーズ・ゲフェルトを秘書に任命する。

九月、フリッツ・ピータースがプリウーレを離れられるよう取り計らう。ルイーズ・ゲフェルトとオルガ・ド・ハルトマンを伴ってフランクフルトとベルリンを訪問。その際、意図的にオルガに冷たい態度をとる。

一〇月、ウォール街の証券取引所で大暴落発生。グルジェフのアメリカの弟子たちに打撃を与える。

1930

個人的な書類をすべて焼却し、オルガ・ド・ハルトマンとの最後の別離を演出したのち、

二月、ブレーメン号で三度目のアメリカ訪問に出発。ニューヨークでは、『ベルゼバブ』の出版に関わるアルフレッド・クノップ社との話し合いをぶち壊すなど、意図的に困難な状況を生み出す。オラージュに深い幻滅を味わわせたのち、

四月、フランスに向け出航。

晩秋、パリでアレクサンドル・ザルツマン、ルネ・ドーマルの関心を引く。ドーマル、のちにフランス人として最初のグルジェフの弟子となる。

冬、四度目のアメリカ訪問。オラージュと決裂。

一一月一三日、ニューヨーク着。

一二月一日、オラージュの弟子たちに、オラージュを師として拒否するよう要求する。一二月一〇日、オラージュ、イギリスでの休暇から帰り、グルジェフの行動を支持、自らを断罪する。

一二月二九日、シカゴに向かう。

1931

一月、ニューヨークに帰り、行動主義心理学者ジョン・ワトソンをはじめとする知識人と会う。

三月一三日、オラージュとの最終的な別離のの

ち、混乱した弟子たちを残してフランスに出航。

春、ソーントン・ワイルダー、短期間プリウーレに滞在する。

夏、ウスペンスキーがプリウーレに来るのを拒否、両者最終的に決裂。マダム・ウスペンスキー、アスニエールを離れ、イギリスに定住する。

秋、芝居じみた拳銃事件を起こす。

一一月、五度目のアメリカ訪問。シカゴのジーン・トゥーマーのグループの指導にあたる。ニューヨークで冒険作家ナーディル・カーン(「アフメド・アブドゥッラー」)、グルジェフをラマ・アグワン・ドルジェフとまちがえる。

1932

一月一六日、ブレーメン号でシェルブールに向け出航。

二月、パリで、ジェイン・ヒープのグループのメンバーでアメリカ人のレズビアン作家、キャサリン・ヒュームが接触してくる。グルジェフは彼女に、今はすっかりさびれてしまったプリウーレを見せる。

五月一一日、プリウーレの閉鎖および居住者の退去を指示。グルジェフ自身はカフェ・ド・ラ・ペの上のグラン・トテルに入る。

八月、オラージュ、グルジェフとの関係修復を拒絶する。

九月一三日、さまざまな問題を引き起こすことになる自伝的著作、『来るべき善きものの前触れ』を書きはじめる。

冬、六度目のアメリカ訪問。グルジェフは資金集めに奔走しているという印象を与え、ジーン・トゥーマーおよび彼のシカゴ・グループとの間に溝ができる。

1933

三月七日、『来るべき善きものの前触れ』に奇妙な「補足的通知」を書く。

四月、重病をわずらっているアレクサンドル・ザルツマン、フォンテーヌブローのカフェ・アンリ四世でグルジェフと会う。

五月(?)、プリウーレの所有権を失う。

秋、七度目のアメリカ訪問。ニューヨークのヘンリー・ハドソン・ホテルで、旧オラージュ・グループとの関係を再開する。

1934

三月三日、アレクサンドル・ザルツマン死去。

五月、シカゴ・グループを訪ねるが、そこへ向かう列車の旅で、故意にフリッツ・ピータースを疎遠にする。

六月から七月にかけて、ウィスコンシン州タリエシンのオルギヴァンナを訪ね、彼女の夫フランク・ロイド・ライトに強い印象を与える。

八月一八日、メイベル・ドッジ・ルーハンに、一九二六年一月に彼女が申し出た土地の提供を請うたが、彼女は断る。

九月、ニューヨークにもどり、通俗作家ロム・ランドーの不愉快なインタヴューに二度応じる。

一〇月、『来るべき善きものの前触れ』を断罪し、全部数の回収を命じる。

一一月五日のオラージュの死の知らせを聞いて強いショックを受け、機械的な悔やみの言葉を聞くのにうんざりして、ワシントン、ボストン、シカゴ、南部諸州の旅に出る。

1935

一月、ニューヨークにもどる。

四月九日、『生は〈私が存在し〉て初めて真実となる』の「プロローグ」脱稿。上院議員、ブロンソン・カティングからプリウーレ再購入のための資金援助を受けることを期待してワシントンに行く。

五月六日、カティング、飛行機事故で死亡。グルジェフ、深く失望し、ロシアへ帰ろうとするが果たせない。二重の失望の中で執筆をやめ、姿を隠す。

六月〜八月、ドイツ、レニングラード、中央アジアへ旅したと推測されるが、確認できない。

九月、パリに姿を現す。ロム・ランドー、ベストセラーとなる『神はわが冒険』を出版、グルジェフを中傷し、彼とアグワン・ドルジェフを混同。

一〇月一八日、ジェイン・ヒープ、パリからロンドンに移る。彼女のグループの三人のアメリカ女性がグルジェフに接近、最初のパリ・グループの集まりが、二一日、オテル・ナポレオン・ボナパルトで開かれる。

クリスマス、サル・プレイエル近くのラビー街のアパルトマンに移る。

1936

一月初旬、レズビアンだけのグループ、「ロープ」を結成（最初のメンバーはエリザベス・ゴードン、ソリータ・ソラーノ、キャサリン・ヒューム、「ヴェンディ」)、ラビー街で集まる。
春にかけて、彼女らとともに、ヨーロッパ各地に自動車旅行をする。

六月、ジョルジェット・ルブラン、マーガレット・アンダーソン、モニークにワークへの参加を許可するが、「ロープ」へは入れない。

七月下旬、「ロープ」とのワークを一時中断し、ルネ・ドーマルとジャンヌ・ド・ザルツマンのセーヴル・グループに最初の接触。

八月、マルヌ河近くに見つけたシャトーを買うことができず、コロネル・レナール街六番地の小さなアパルトマンに移る。

一〇月、「ロープ」を再召集。

冬、ジョルジェット・ルブランがひどく病んでいるのを知り、病状を軽くしてやる。

1937

春、自動車旅行を再開する。弟のドミトリ、癌にかかる。

八月、グルジェフの看護も空しく、ドミトリ死去。

秋、「ロープ」および派生的レズビアン・グループ、実質的に解散。(キャサリン・ヒュームとウェンディはアメリカに帰り、マーガレット・アンダーソンとジョルジェット・ルブランはノルマンディーに移る)。ソリータ・ソラーノを秘書にする。

1938

四月、ドクター・レオニード・スジャーンヴァル、ランス近郊で死去。ジャンヌ・ド・ザルツマンが主宰する、ルネおよびヴェラ・ドーマル、フィリップ・ラヴァスティーヌ、アンリおよびアンリエッタ・トラコルらのグループに、作家リュック・ディートリッヒが加わる。グルジェフ、非公式にジャンヌ・ド・ザルツマンを彼の代理として認める。

1939

三月、ソリータ・ソラーノを伴い、パリ号で八度目のアメリカ訪問。

国際情勢、いよいよ緊迫する。

ニュージャージーに定住するようにという強い要請を断り、五月一九日、ノルマンディー号でフランスに帰る。

夏、マダム・ウスペンスキーを看病するためにイギリスに渡ることを考えるが、ウスペンスキーの反対で実現しない。

九月一日、第二次世界大戦勃発。大戦中はパリのコロネル・レナール街六番地にとどまる。

1940

春、デュ・フール街五四番地で集会をもっていたジャンヌ・ド・ザルツマンのグループが拡大し、影響力を増す。グルジェフ、フィリップ・ラヴァスティーヌとルネ・ドーマルとの結びつきを強める。

六月、連合軍敗退。ドイツ軍、パリを占拠する。六月一二日、弟子たちはグルジェフを田舎に移すが、一四日、彼はコロネル・レナール街六番地にもどる。

一〇月、ジャンヌ・ド・ザルツマン、彼女のフランス人のグループを正式にグルジェフに引き渡す。

冬、食料欠乏、厳しい寒さの中、グルジェフ、近隣の家族を助ける。

1941

コロネル・レナール街六番地で集まるフランス人のグループ、拡大。

六月二二日、ヒトラー、ロシアに侵攻。

一〇月二〇日、ジョルジェット・ルブラン、癌のため死去。

一二月一一日、アメリカ、ドイツに宣戦布告、パリ解放の期待高まる。

1942

春、テキサスの油田を譲渡されたという話をでっちあげ、つけで買い物をする。

五月二九日、ドイツ軍、ユダヤ人に黄色のダヴィデの星をつけるよう強制する。

グルジェフ、ユダヤ人の弟子たちに「地下に潜る」よう勧め、彼らはキリスト教徒の弟子たちにかくまわれる。

六月下旬、ジャンヌ・ド・ザルツマン、グルジェフにリュック・ディートリッヒを紹介する。

七月一六日〜一七日、パリのユダヤ人、「春風作戦」により強制収容所に送られる。ルネとヴェラ・ドーマル、グルジェフに会えなくなる。

一一月、ドイツ軍、フランスの非占領地域を荒しまわる。

1943

フランス人の弟子、増える。サル・プレイエルにおいて、エニアグラムにもとづくムーヴメンツを集中的に教える。「白痴のための乾杯」の儀式を頻繁に行う。


1944 五月二一日、ルネ・ドーマル死去。

八月一二日、リュック・ディートリッヒ死去。

八月二五日、パリ解放。

秋、通貨に関する法律違反の容疑で逮捕されるが、すぐに釈放される。


1945 **四月三〇日、ヒトラー自殺。**

五月六日、連合軍勝利。

キャサリン・ヒューム、フリッツ・ピータース、グルジェフを訪問。

八月一一日、イレーヌ＝キャロール・ルウェリオッティの死に関し、いわれなき批判を受ける。

八月一五日、日本降伏、大戦終結。

リーズ・トラコル、グルジェフのアパルトマンの住みこみ家政婦になる。

1946 一月一九日、雑誌『イリュストラシオン』で、グルジェフとキャサリン・マンスフィールドの関係が嘲笑される。
ロンドンのジェイン・ヒープのグループから、最初の弟子たちがパリに来る。

1947 一月、ウスペンスキー、アメリカからイギリスに帰る。グルジェフ、ウスペンスキーをパリに呼ぶが、彼はこれを辞退する。
一〇月二日、ウスペンスキー死去。メンダムのマダム・ウスペンスキー、グルジェフに関係修復の申し出をする。

1948 一月、マダム・ウスペンスキー、イギリスでの夫の弟子たちにグルジェフに接触するよう勧める。

六月、グルジェフはウスペンスキーの弟子たちを召集するが、彼らはまだ動揺している。

八月、グルジェフ、二五年の時を経て、再びJ・G・ベネットをワークに迎え入れ、彼の妻のウィニフレッドを治療する。

八月八日、自動車事故で再び重傷を負うが、驚くべき速さで回復。ジェイン・ヒープ、ウスペンスキー、マダム・ウスペンスキー、オラージュ、ベネット（しかしニコルは除かれる）の弟子たちをパリに呼び寄せ、フランス人の弟子たちと交わらせる。

一二月一七日、シャトー・ヴォワザンの購入資金調達と『ベルゼバブ』出版の意図を胸に、ニューヨークに到着。資金を集め、マダム・ウスペンスキーに夫の遺作『未知の教えの断片』(『奇蹟を求めて』)の出版を許可する。

1949

春、『ベルゼバブ』の出版が迫ったことを告げ、J・G・ベネット、ペントランド卿、ルネ・ズベールを遺著管理人に指名する。

三月、イオヴァンナ・ロイド・ライトを含む多くの弟子を伴い、クイーン・メアリー号でフランスに出航。

六月、自動車でヴィシーへ行く。

七月、自動車でジュネーヴへ行き、マダム・スジャーンヴァルに会う。

八月、イタリアのラジオ局が彼の思想を、モンテッソーリのシステムとの関わりで好意的に紹介。自動車でモンティニャックに行き、ラスコーの洞窟の壁画を見る。

九月、一〇月二〇日にニューヨークに出航すると告げる。新しいセンターにする目的で、ラ・グランジ・パロワッスを購入。

一〇月、健康悪化。一一日、最後のムーヴメント(第三九番)を教え、一四日、ムーヴメンツのクラスで昏倒。リーズ・トラコルの看護と多くの医者の治療を受けるが、容態は改善しない。二一日、『ベルゼバブ』のゲラ刷りを受け取る。容態は悪化するが、二四日、白痴のための最後の乾杯をあげる。二六日、スイーイのアメリカン・ホスピタルに入院。ドクター・ウェルチ、腹水除去施術を行う。二七日、ジャンヌ・ド・ザルツマンに最後の指示を与える。二八日、昏睡状態に陥り、二九日、午前一〇時半頃、死去。続く数日間に葬儀が行われる。

一一月三日、フォンテーヌブロー・アヴォンの墓地の家族の墓に埋葬される。残された者は、ジャンヌ・ド・ザルツマンの指導のもと、ワークの継続と彼の思想の伝達に献身することを確認する。

原注A・用語解説　目次

原注A・用語解説

グルジェフその人

★1 グルジェフの生年月日 [p. 021]

グルジェフは一八六六年に生まれた――この仮説の根拠は三つある。

(1)グルジェフ自身が、時にはっきりと、また時に曖昧に、一八六六年だと言っている。(たとえばパリのグループの一九四三年一二月一六日のノートでは、彼はこう言っている――「私は七八歳だが、これまで数えきれないくらい幻滅をなめてきた」。また、J・G・ベネット[1]やエリザベス・ベネット[2]によれば、一九四九年にグルジェフはこう言っている――「私はもう八三歳になった」)

(2)一九四九年に『フォト・アンドリュー』に載った有名な写真は、八三歳の老人のにおいがしている。

(3)グルジェフが述べている子供時代の出来事と、動かしようのない歴史的事実とは、(年譜を見ていただければわかるように)一八六六年を基準点にしたときにのみうまく折り合わせることができる。(たとえば、彼が七歳の頃、父の家畜が「牛疫」の犠牲になったと述べているが[3]、この記述は、彼の生年が一八六六年と考えると、農業上の記録とぴったり一致する。一八七二年から七三年にかけて、ロシア南部のステップで発生した牛疫は小アジア全体に広がり、これにかかった家畜の九〇〜九五パーセントが死んだのである)

一八六六年説が浮上してきた背景には、グルジェフの出生証明書が存在しないことから、さまざまな非論理的な憶測が乱れとんできたという事実がある。『エンサイクロペディア・ブリタニカ』はいかなる根拠もあげずに一八七二年と記している。(おまけに、グルジェフの死の日付も間違っている)。ジェイムズ・ウェッブの一八七四年七月二六日という主張[4]は、彼のきわめて問題の多い「グルジェフ=ウシェ・ナルズノフ仮説」をどう見るかによって評価が分かれる。(★3参照)

しかし大半の論者は、明らかにほとんど検証もせずに他人の説を受け売りして一八七七年としているが、この誤りはなかなかしぶといもののようである。これはもとをただせば、J・G・ベネットの、グルジェフのパスポートに一八七七年一二月二八日と明記してあるという報告[5]を鵜呑みにしたものである。しかし、グルジェフは数種のパスポートを魔法のように使い分けたという事実を前にしては、この論は根拠を失ってしまう。いくつかは一九三〇年二月に焼却しているし、[6]他のものは一九三一年に使っていたらしい。[7]重要なナンセン・パスポート（★27参照）は、ベネットは見ていないが、これとはまったく違う一八六四年一月一日を記載している。

では、なぜグルジェフはパスポート申請の際に異なる生年月日を使ったのか——その理由は推測するしかないが、歴史的な正確性を期するよりもはるかに重要な理由があったからにちがいない。グルジェフの高弟の一人であるジャンヌ・ド・ザルツマンが、グレゴリウス暦の一八七七年一月一三日説を採っている（実際にはユリウス暦の一八七七年一月一日としている。フランス語版の『注目すべき人々との出会い』[8]編者の注を参照）のは残念ながら事実であるが、こうしたことを考慮に入れても、一八七七年説を採っている論者は十分に考え抜いたとは思えない。

一八七七年一一月一七日、トルコ軍のガーズィー・ムフタール・パシャは、アルメニアの将軍ミハイル・タリエロヴィッチ・ロリス＝メリコフ伯爵に打ち破られ、ロシア皇帝軍はカルスの町に入った。グルジェフの幼年時代の出来事の中で、彼が、家族や彼の弟あるいは三人の妹とともに、この事件の直後にカルスに入ったということ以上に信用できることはない。

一八七七年説を曲げようとしない者は、以下の事実をなんとか説明せねばなるまい。この数カ月後に彼の公的な教育がカルスで始まっていること、四人の子供の誕生と、彼の父の事業が二度にわたって失敗する、その間の四年間が、どのように短時日のうちに圧縮されるのか？　グルジェフは戦争に対する見解をたびたび表明しているが、彼がそのさなかに生まれたはずのロシア・トルコ戦争にはなぜ一度も言及していないのか？　それに、七二歳なのになぜ八〇歳を越えているように見えたのか？　グルジェフ自身が矛盾することをしばしば述べているので、これを説明するには困難が伴うであろう。

本稿は一八六六年説を初めて詳説したものだが、彼と直接の関係があった弟子の中でも、これを主張する者はいた。たとえばポポフの『グルジェフ——自己への……他者との……ワークのための、活動』[9]や、ゴーラム・マンソンの「黒羊の哲学者たち——グルジェフ、ウスペンスキー、オラージュ」[10]（『トゥモロウ』）を参照せよ。トマス・デイリーも、新しく出したド・ハルトマンの『ミスター・グルジェフとの日々』の決定版で一八六六年説を採用しているのは注目に値する。

★2　グルジェフの名前［p. 021］

子供の名前はいつも伝記作家にとっては頭痛の種である。私は主人公を初めから「グルジェフ」と呼ぶことでこれを解決した。

このやり方は変則的ではあるが便利である。彼は子供の頃は「タタク」と呼ばれ、少年時代には「黒ん坊」、のちには「黒いギリシア人」、壮年になっては「トルキスタンの虎」と呼ばれた。後年になってもさまざまな名前が彼につきまとった――「オゼイ王子」「奇蹟」「ムシュー・ボンボン」「教授」、そして「舞踊教師」。もっとも一般的なゲオルギー・イヴァノヴィッチ・グルジェフは、もとのギオルギオス・ギオルギアデス（あるいはゲオルギアデス）を読み変えたものである。ギリシア人の父祖の名を採った姓はまずアルメニア風にグルジァンになり、それからロシア風にグルジェフになった。クリスチャン・ネームのギオルギオスは西欧風にゲオルギー（あるいはジョージ）になり、イヴァノヴィッチはロシア風に新たに挿入されたものである。

発音について。ロシア語は厳格に三シラブルの発音、すなわちグィルド・ジー・エフと発音することを要求する。現代英語ではグル・ジーフと発音するのが一般的であろうが、アクセントをつけず、グル・ジ・エフと発音するのを好む者もいる。グルジェフにまつわる他の分野と同じく、ここでも曖昧さの入りこむ余地は十分にある。

★3 グルジェフの「正体再考」[p. 388]

グルジェフが中央アジアにいたと考えられている時期（一八九七〜一九〇七）に、やはりこの地域を探査した同時代の探検家たち（スヴェン・ヘディン、オーレル・スタイン卿、アルベルト・フォン・ル・コック、ポール・ペリオ、大谷光瑞師）の書き残したものの中に、彼の記述を裏づけるものが見られない以上、彼の正体を再考しようとする試みは驚くにはあたらない。一九三一年の冬、グルジェフはニューヨークで作家であり冒険家であるナーディル・カーン（筆名「アフメド・アブドゥッラー」）に会うが、彼はグルジェフを、注目すべきブリヤート系のモンゴル人で、一三代ダライ・ラマであるトゥプテン・ギャツォ・ペルサンボ（一八七六〜一九三三）の師であるアグワン・ドルジェフ（ガワン・ロプサン）とまちがえる。グルジェフはそのとき彼の誤りを正しはしなかった。

一九三五年九月、通俗作家のロム・ランドーは、ベストセラー『神はわが冒険』[11]の中で、ナーディル・カーンの誤りが人口に膾炙するのに手を貸した。チベットに関する権威であるアレクサンドラ・デイヴィッド＝ニールは、『ヌーヴェル・リテレール』に寄せた「グルジェフ―ドルジェフ」[12]という論文の中で、この見方を完全に覆している。ドルジェフ（一八五〇頃〜一九三八）はグルジェフよりかなり年上で、彼よりずっと前に死亡し、また彼とは似ても似つかなかった、と。

これよりはるかに精緻な論を展開しているのがジェイムズ・ウェッブで[13]、彼はグルジェフをドルジェフの仲間のウシェ・ナルズノフ（あるいはノルザノフ、一八七四年〜？）と同一視している。ナルズノフはカルムイク族出身の仏教徒で、彼についてはアリステァ・ラムが『英国と中国領中央アジア』[14]の中で触れている。ウェッブが自らの論を裏切るかのように載せているナルズノフの写真は、グルジェフとはまったく似ていないが、伝記的および歴史的類似（要約は不可能）を見ると、馬鹿げた考えとして一蹴するのは慎みたい。ナルズノフは一九〇八年一一月、グルジェフがモスクワとサンクト・ペテルブルクに現れる少し前に歴史から姿を消している。

一九一三年頃には、グルジェフは「オゼイ王子」の名でポール・デュークスに教えている（チベット語で「オドゼイ」とは光線のことである）。さまざまな表記法を考慮に入れれば、「ウシェ」と「オゼイ」は同じものである可能性もある。ついでにつけ加えておけば、一九三一年にはグルジェフが「ナール」の名で旅行していることが報告されている。[15] ロシアの資料のさらなる調査が待たれる。

グルジェフの教え

★4　アフォリズムと書体［p. 363］

グルジェフの四〇のアフォリズム（そのうち三八は、グルジェフ『真の世界から見た光景』[1]に所収）は、彼の最後のシリーズの四〇のムーヴメンツを思い起こさせる。この中には、単純な訓戒調のもの（たとえば「すべての宗教を敬え」）から、鋭い洞察（たとえば「魂をもつ者は幸いなり、まったくもたない者もまた幸いなり、しかし魂の萌芽をもつ者には、禍と悲しみあれ」）まで、さまざまなものがある。

もともとグルジェフはこれらを一九二二年にプリウーレで作り、スタディ・ハウスの壁に見事な書体で書かせた。そのためにアレクサンドル・ザルツマンは非常に美しい曲線的な書体を編みだし、上から下に向かって読ませるようにした。これらのアフォリズムは音声的に英語に移されたが（プリウーレではフランス語は場違いだった）、そのやり方は単純かつ不変で、暗号化したものであった。残念ながら現在では、この書体を読めるグルジェフィアンは一パーセントくらいであろう。その象徴的な意味にアプローチできる者については、いうまでもない。

★5　注意力［p. 088］

人間の注意力に関する現代の研究に対してグルジェフが行った寄与はユニークなものである。実験心理学の初期の頃、ヴィルヘルム・マックス・ヴントやエドワード・ブラッドフォード・ティチナー、ウィリアム・ジェイムズといった人たちにとって、注意力はキー・コンセプトであった。しかしこれらパイオニアたちの実験は、自分たちが何をやっているかというしっかりとした考えをもつことなく行われ、やがて二派に分裂し、不毛な学術的議論に終始することになる。一方は機能主義者で、彼らは注意力をひとつのプロセスと見るが、もう一方の構造主義者たちは感覚の明晰性を最重要視していた。

医学的心理学者の中でぜひ触れておかねばならないのは、かつては著名であったが今は奇妙に忘れられたピエール＝マリー＝フェリックス・ジャネである。この精神分析学の父は、注意力に欠陥をもつ患者は自己の体験を統合するのが困難で、そのため精神分裂に陥りやすいことを説得力をもって述べた。もう一人、注意力とリラクゼーションとの関連で注目していいのは、ローザンヌのロジェ・ヴィトースという素性のわかりにくい人物で、彼はT・S・エリオットの分析医でもあった（アンリ・F・エレンベルガー『無意識の発見――動的精神医学の歴史と発展』[2]参照）。「私の体験とは、私がそれに注意を向けようと決めたものである」と言ったのはウィリアム・ジェイムズ（一八四二～一九一〇）であるが、この洞察を、意識の現象学というコンテクストの中で、実際の注意力の動きに応用したのはグルジェフである。二〇世紀に入って近年にいたるまで、さまざまな学派が登場してきた――ゲシュタルト心理学、交流分析、S―R学習法、ユング学派、クライン学派、そして内紛を起こしているさまざまなフロイト学派。こうした諸学派はみな注意力を、観念的にも方法論的にも周辺に追いやってきた。かくして、学者でない素人のグルジェフィアンだけが、彼らの正典にもとづいて、注意力を人間理解における本質的条件と考えてきたのである。

グルジェフの立場を簡潔に説明したものとしては、ウィリアム・シーガル「注意力」[3]（『人間の構造』）参照。さらに詳細については、C・デイリー・キング『意識の心理学』[4]、特に第一〇章の「自己観察のテクニックの適合性」参照。

★6 非難の仕方［p. 299］

弟子を責めるという問題はグルジェフにつきまとう。ある弟子はこう述べている。

> 彼の弟子の誰かの生活に、さまざまな出来事、たとえばレイプとか、尼僧になるとか、自然死あるいは自殺、破産あるいは経済的大成功などのことが起きると、その弟子は、出席したらしたで、欠席したらしたで、人を助けても、逆に助けなくても、話しても沈黙しても、ともかく何をしても叱られ、咎められた。

グルジェフに対するもっともよく見られる批判は、その批判そのものよりもっと説得力のある反駁を常に引き起こしてきた。たとえば、ポーウェルらの行ったきわめて信憑性の低い指摘、すなわち、グルジェフは地政学者カール・ハウスホーファーと協力してナチスのイデオロギー構築に中心的役割を演じ、さらにはハーケンクロイツを使うことさえ示唆したのではないかという指摘は、ハウスホーファーの子息のドクター・ハインツ・ハウスホーファーによって否定されている（一九五六年一二月三一日付の手紙[5]）。

グルジェフがキャサリン・マンスフィールドを凌辱したという中傷は、特に論ずるにもあたらない。プリウーレにいたことが彼女の死を早めたのではないかという非難は、長く続いた彼女の病理学的経歴を軽視することになるだろう。（ドクター・ブライス・クラーク「キャサリン・マンスフィールドの病気[6]」参照。この点についての詳細な説明は、ジェイムズ・ムア『グルジェフとマンスフィールド[7]』参照）。グルジェフが著名なフランス人の弟子、ルネ・ドーマルの死期を早めたという指摘は、ドーマルの妻のヴェラの見方と一致しないばかりか、彼の弟のジャック・ドーマルが手紙で明言していることとも異なる[8]。最後に、グルジェフが若いイレーヌ＝キャロール・ルウェリオッティに「自殺」をするようしむけたという非難も、彼女の死亡証明書とも、また彼女の母の見方とも違う（「マダム・ルウェリオッティの手紙[9]」）。両者とも、彼女の死は長く患った肺結核から併発した心臓病によるとしている。

もっとも新しい批判的流言は、ロシア革命後の混乱期に、グルジェフが無慈悲にも「ある女性に、赤軍と白軍が戦闘している前線を越えて、クリミアからモスクワにもどるよう命じた」というものだが、この出所は曹洞禅の老師、ロバート・エイトキンらしい（ヘレン・トウォーコフ『アメリカの禅[10]』参照）。

将来グルジェフ研究がさらに隆盛し、一定の学術的ないわゆる正典が現れるまで、この種の色とりどりの流言がこれからも出てきて、大手を振ってまかりとおるだろう。

一九二〇年代の文筆家たち（D・H・ロレンスやウィンダム・ルイスら）のとげとげしい弾劾から始まったグルジェフ批判は、現在では、ポーウェルの周到な調査を経ない商業主義にのった煽情的なものから、ウィットール・N・ペリーの『伝統から見たグルジェフ[11]』に見られるような、フリッチョフ・シュオンの流れを汲む哲学的な立場からの辛辣な論難まで、かなりの広がりを見せている。グルジェフ自身は、いかなる側からのものであれ、批判を避けようなどとは夢にも思わなかったが。精神的な「非難の仕方」、および「マラマティー教団」と「カランダリー教団」の違いについての学術的な論考は、J・スペンサー・トリミンガム『イスラームのスーフィ教団[12]』の「付録B」を参照。

★7　エコロジーの先駆者としてのグルジェフ［p. 085］

グルジェフの探求はおよそ一八八四年頃から始まったが、彼を突き動かしたのは、

> この地上のさまざまな外形をした生物の、その生のプロセスがはらんでいる正確な意味を、そして中でもとりわけ、そうした視点から見た人間の生の目的を、明確に理解したいという、やむにやまれぬ欲求

であった。とすれば、エコロジーという概念が（その実践は別として）、それと意識しないでグルジェフに多くを負っているとしても驚くにはあたらない。早くも一九一六年、彼はエコロジー的パラダイムの本質的な観点を述べているが、これはようやく五〇年後に一般に認められるようになる。「有機生命体は地球の表面全体をおおう敏感な皮膜のようなものである[13]……」。これは太陽が形成した「生命圏」の概念を先取りしたもので、こうしたモデルは約一〇年後に（『地球化学』[14]、『生命圏』[15]参照）、ロシアの地球科学者ウラディーミル・イヴァノヴィッチ・ヴェルナツキー（一八六三～一九四五）が、科学的経験主義の根本原理を十分に考慮にいれた上で発展させることになる。最近では、ジェイムズ・ラヴロックが『ガイア――地球の生命への新たな視角』[16]の中で、地球は自律性と定常性をそなえた惑星であると述べて議論を引き起こしたが、これも同様の見方の発展形態と見ていいだろう。

グルジェフの提示した「生きとし生けるものの図表」[17]は、人間以下、人間、人間以上の存在体を、それらが何を食べ、何に食べられるかにしたがって段階的に（いささか疑わしくなるほど単純に）分類したものである。「自然界ではすべてはつながっており、またすべては生きている」[18]という単純な言葉から、人間の知性に挑戦するかのような定式「トロゴオートエゴクラティック・プロセス」（「私は自分を食べることで私を維持する」[19]）まで貫いて走っているのは、「相互維持」という概念、すなわち宇宙の中で絶えることなく続くエネルギーと物質との相互交渉という考え方である。グルジェフの「宇宙のモデル」は本質的に共生的である。

グルジェフはスローガンを嫌い、したがってアルベルト・シュヴァイツァーの「生命への畏敬」やエルンスト・シューマッハーの「スモール・イズ・ビューティフル」といったような形でエコロジー運動に寄与するところは何もなかった。同時に彼は、汎神論的な自由神学や功利主義的美学にもまったく関心がなかった。彼のヴィジョンは目的論的でも人間中心論的でもなかった。彼が見ていたのは、すべての関係が三の法則に支配され、すべての変化が七の法則に支配されている、そのような動的かつ神聖なる宇宙であった。彼がその知性で達成したもののおかげで、この息をのむような全体図の中で、存在（ビーイング）という意味での人間の進化の道

筋が確保されたのである。

★8　エニアグラム［p. 054］

グルジェフがもっとも愛したシンボルはエニアグラムである。彼はこれを、永遠運動を図式的に表す普遍的象形文字としてきわめて高く評価した。このエニアグラムを特定の方向で応用したものが、彼が一九一六年にモスクワとペトログラードの弟子たちに教えた、マクロコスモスおよびミクロコスモスのレヴェルでの動的な統合モデルとしての「三の法則」と「七の法則」である。その後、一九二二年に、彼は多くの神聖舞踏あるいは「ムーヴメンツ」の最初のものを教えるが、そこに見られる美しいが厳格に規定された個々の、および全体が連動する一連の動きは、エニアグラムを動くシンボルとして提示したものである。

グルジェフのエニアグラムの描き方について。まず円を描き、その円周を九等分する。区分点に右上から時計回りに番号をふり、頂点に9が来るようにする。次に9、3、6を結ぶ正三角形を描く。そして1、4、2、8、5、7を順に結び、（頂点9を通る直径に対しシンメトリーな形となる）変則的な六角形を描く。整数3と7は、多くの形而上学的なシステムと同様グルジェフのモデルでもきわめて重要であるが、ここでは1、4、2、8、5、7という順序は特別な意味をもっている。これは3およびその倍数を除くすべての整数を含んでいる。そしてこれは1（モナド）を7で割って得られる小数であり、2以上の整数を7で割った場合にも、同じ順序が形を変えて現れる（2÷7＝0.285714, 3÷7＝0.428571という具合である）。

グルジェフ自身の言葉はP・D・ウスペンスキーの『奇蹟を求めて[20]』に見られるが、このシンボルの内包する意味をもっとも深く説明したものは、『ベルゼバブの孫への話』の第三九章と第四〇章であろう。エニアグラムについての解説としては、『奇蹟を求めて[21]』、およびモーリス・ニコルの『G・I・グルジェフとP・D・ウスペンスキーの教えに関する心理学的解説[22]』第二巻を参照。

ついでながら、一九八〇年代に、「人間の潜在能力開発運動」に触発されて大学やカトリックの瞑想センターなどへエニアグラムが導入されはじめたが、これはエニアグラムの模倣版で、一種お手軽な「魂測定類型学」とでもいうべきものだ。しかしそこではグルジェフの教えや生涯についてはひとことも触れていない。この模倣の出発点は、一九六八年にチリのアリカで創設された「インスティトゥート・デ・グノセロヒア」、そしてそれに続いて一九七一年にニューヨークで創設された「アリカ・インスティテュート」である。これには、クラウディオ・ナランホ、チャールズ・T・タート、それに頭のいい観念論的日和見主義者のボリビア人オスカー・イチャーゾが関わっているが、明らかに彼らは、グルジェフのシンボルを、その内的な意味を把握せずに外面だけを借用している。この逸脱に対する批判としては、ジェイムズ・ムア「エニアグラム——発展的研究」[23]（『今日の宗教——現代宗教ジャーナル』）を参照。

★9 グルジェフと科学［p. 070］

グルジェフは科学者ではなく、精神の師であった。彼は現代科学を真正面から攻撃したが、その精神構造は非科学的なものとは正反対であった。実際、彼の経験主義、実験をし、そのくり返しによって検証せよという態度は、ガリレオやボイル、ラヴォワジェが唱えた、仮説を立て、実験によって帰納的に結論を引き出せという方法を心理学の領域に応用したものといっていい。物理学の中のいくつかの分野では、彼が何十年も前に予言したことが、今日ではほとんど正統の地位を占めようとしている（たとえば、★7を参照）。彼の述べる振動に関する理論およびその実際の働きは、読者に強い印象を与える。

では、なぜグルジェフはあれほど見事なまでに非科学的な主張をしたのであろうか？　彼の擁護者はその理由を二つあげる。

(1)読者にショックを与え、非難を喚起するために（★6参照）わざととてつもないことを書いた。（たとえば彼は、われわれの太陽は熱も光も発していないと言っているが、彼自身これを「恐ろしく馬鹿げたこと」として提示している）

(2)彼は本質的に寓意的に書いた。（たとえば、彼の「月」は無意識の異常な状態を指している）

しかしこうした見方を押し進めていくと、グルジェフが提示した宇宙のモデルにそむくことになりかねない。少なくとも、『奇蹟を求めて』に見られる彼の宇宙論は、単なる寓話でも、人を驚かすためのものでもなく、現代科学の中で急激に進んでいるパラダイム・シフトの枠組みの中で論ずるに値するものである。

科学のとらえる宇宙が「俗」であるのに対し、グルジェフの見る宇宙は「聖」である。科学の扱う宇宙が量的なものであるのに対し、グルジェフの説く宇宙は質的である。科学の宇宙はあらゆる方向に向かって等質に広がっていて価値とは無関係であるのに対し、グルジェフの宇宙は存在論的に創造主に依存しており、そこにはヒエラルキーがある。科学の宇宙は拡散しており、グルジェフの宇宙には中心（「絶対太陽」）がある。科学の宇宙は「時空」において広がりつつあるのに対し、グルジェフの宇宙は「存在（ビーイング）」において拡大している。科学の宇宙は不活性で、地球の生命圏とはある不可思議な形で、そしていささか異常な形で切り離されている。グルジェフの宇宙は生きている（スピノザ的にいえば、物活論的*である）。科学は（コペルニクス革命およびネオ・コペルニクス革命にもかかわらず）心理的には人間を宇宙の中心に据えるが、グルジェフは宇宙の端っこにおく。

クラウジウス[**]が熱力学の第二法則を発見して以来、厳密な学としての科学はこれにとらわれ、この法則をおかすものは許容されなくなった。グルジェフの「偶像破壊」がきわめて重要な意味をもつのはそのためである。残念ながら、グルジェフの思想および物理学のいくつかの分野に深く入りこんで両者を検討しないかぎり、評価を下すのはきわめて困難である。グルジェフが「永久に動きつづける機械[24]」を作り出そうとする人間を皮肉に描くとき、クラウジウスに同意しているとも見られる。しかしなんといっても違うのは、グルジェフの宇宙は、無限にゆっくりとではあるが、低エントロピー(すなわち高次の秩序)に向かうという点である。つまり彼の宇宙は潜勢力の点で増大し、ますます生命力を増すのである。一方、科学の宇宙はしだいに潜勢力を失い、やがて絶対的な熱力学的均衡状態、静止状態に達し、それとともに時間も消滅する——恐るべき「宇宙の熱死状態」が到来するのである。

有機生命体の存在自体、エンタルピー[***]が与えられれば、(すな

訳注*——物質は生命と不可分で、生命は物質の属性であるとする説。

訳注**——ドイツの数理物理学者、熱力学の分野の先駆者。(一八二二〜八八)

訳注***——蒸気、空気、燃料ガスなどのもつ熱エネルギーを表す状態量のひとつ。ある系の内部エネルギー(U)と、その系の圧力(P)と体積(V)の積との和として表される(U+PV)。

わち外部からエネルギーが注入されれば)、エントロピーの低下、すなわち高次の秩序の誕生は、地域的、部分的には可能であることを示している。地球の生命圏に関しては、太陽を第一源泉、つまりこのような注入の主要な回路とみなす点では科学とグルジェフの間に相違はない。統計的にいえば、「閉じたシステム」の中ではエントロピーの増大は避けられない。しかし自然界では、完全に閉じたシステムは、小さなスケールではとらえることができないし、一方大きなスケールになると、科学の唱える永久に拡大する宇宙という考えと「閉じたシステム」という考えとを和解させようとすれば、物理学は形而上学に近づくことになる。

しかし実際には、地球、生命圏、人類、そして月は、開かれたシステムの中で機能しており、それには、太陽からの放射物(光の放射物の一オクターヴ、熱放射物の三オクターヴ、紫外線の半オクターヴ)はもちろん、さまざまなエネルギーの段階から発した放射物が浸透している。エンタルピー的なエネルギーの注入の第一源泉として「絶対」を提示するグルジェフは、彼の全システムの動力の源泉を、根源的な神秘にゆだねるのである。しかし科学も、その経験論的モデルを組み立てるとき、その最小のいわば「積み木」を仮定する点において、同じく神秘に依存しているのである。

科学の観点から見れば、グルジェフの異端の最たる点は、月に存在論的「意味」を付与したこと、そしてそれが地球およびその

動物、植物に巨大な影響を与えると、証明もせずに明言したことである。科学にとって、月は基本的に死んだ衛星で、哲学的、形而上学的意味はまったくない。その地球に与える影響は機械的、偶発的で、潮の満干を除けば非常にわずかである。グルジェフの見方はこれとは正反対で、スケールおよび相対性に関するいくつかの原理によれば、月はきわめて重要な役割を担っている。彼の「月」はこれから生まれようとする存在体であり、生命圏と共生的につながっていて、地上のあらゆる有機生命体を（ちょうど時計の振り子がその機構を動かすように）活性化し、地球上の生物が死んだときに放出する一種の「波動」から栄養をとっているのである（『奇蹟を求めて』[25]参照）。

おもしろいことに、現代の科学は、グルジェフが以上のような考えを開陳した一九一六年当時よりもはるかに大きな因果性を月に認めている。生物学も、人間は月の（そしてもちろん太陽の）影響を受けて進化したものであるというグルジェフの主張に、以前よりもずっと近づいている。つまり、両生類がいなければいかなる地上の動物も存在しえず、潮の満干がなければ両生類は現れず、月がなければ潮の満干はありえない、というわけである。今ではさらに、月が大気中のオゾン・レヴェル、空気の流れ、地磁気の活動、磁気の屈性、地震、降水、ハリケーンの発生などにも影響を与えているのではないかと考える学者もいる。社会科学者の中には、月の諸相と、殺人や自殺、てんかんの発作、患者の入院、狂気の認定などとの相関関係を真剣に考える者もいる。……グルジェフが提示したさらに驚くべき考えを認めるか、それとも包括的に否定してしまうかは、伝統的に認められてきた諸力（引力、電磁気、原子力など）を扱う科学の仕事ではない。それを真に証明する責任は、ひとえに彼の信奉者の肩にかかっているのである。彼らがこの重荷を背負うまでは――その可能性はあまり高そうにないが――「腹をすかせた月」は、これからもグルジェフイアンの間での単なる論争の的にとどまるであろう。

『ベルゼバブ』（一九二六）の中でグルジェフは抽象的な宇宙論を展開したが、同時に実に手のこんだ、しかも個人化した宇宙生成論を提示した。これを擁護する者は、これは詩的な創世神話であり、それゆえ、意味、価値、（またそれほどではないが）意識という問題を避けて通っている科学とは、本質的に同じ基準では計れないという、なかなか立派な弁護をすることが可能であった。そして、だからこそグルジェフは、以下のような主張をすることができた――はるか遠い昔、「彗星コンドール」が地球に衝突し、その結果地球から大きな破片が分離し、地球を中心とする軌道を回りはじめた、これがわれわれの月である、と。

しかし、いかに寓話として豊かだとしても、これを字義どおりに取ろうとすると大きな困難がもちあがる。月が、このような大災害の結果地球の物質から誕生したという見方は、多くの著名な科学者（クラーク・マックスウェル、トマス・チェンバレン、フォレスト・モールトン、ジェイムズ・ジーンズ卿、ハロルド・ジェフリー、ヘンリー・ラッセル）に支持されてきたが、グルジェフのこの独自の見解はまったく注目されなかった。

科学はつい最近この「天変地異説」を放棄し、もともとスウェーデンの博識家にして神秘家であるエマニュエル・スェーデンボルグ（一六八八〜一七七二）が提出した仮説、すなわち、惑星間に拡散していた物資が集まって誕生した月を地球がその引力で引きつけたのだ、という仮説を再び取り上げて磨きをかけた。炭素による年代測定法によると、地球の岩石と月の岩石はほぼ同時代のものだというのだが、しかしこの説はグルジェフの説とは衝突する。彼の述べる大災害は月の物質をプラズマへと融解したはずで、その地質学上の時計を実質的にゼロにもどしたであろう。というわけで、現時点では、グルジェフの月学と折り合いのつくような説得力のある科学的モデルは存在しない。天文学の学説が短命なのは悪評高いところだが、その変転によってグルジェフの説がまた日の目を見るようになるかどうか、なんともいえない。（グルジェフが「彗星コンドール」を思春期の始まりの寓意として使っているのは、また別の問題である）

★10 ムラー・ナスレッディン［p. 021］

グルジェフは著作の中で、トルコの民間伝承に登場する賢者にして馬鹿、馬鹿にして賢者、「比肩するものなきムラー・ナスレッディン・ホジャ」をほめたたえているが、彼を通して明らかに何か重要なことを言おうとしている。伝統的な「滑稽譚」（マキャヴェリ的狡猾さを見せるものもあれば、どうしようもない馬鹿さかげんを示すものもあるが）の中でのナスレッディンは、われわれが現実だと思っているものを常にひっくり返す存在だというのは、重要な点であろう。グルジェフと同様、ナスレッディンもパラドックスを具現化した存在である。超現実的だがニヒリズムの影などみじんもない。グルジェフの万神殿の中では、地上のユーモラスなナスレッディンは、理想化された神的な存在であるアシアタ・シーマッシュやルボヴェドスキーと同等の位置を占めているのである。

グルジェフの創造したナスレッディンは、民間伝承の小噺に登場する滑稽なアンチ・ヒーローというよりは、むしろ含蓄のある言葉をもらす、目から鼻に抜けたような革新者の風貌をもつ存在だ。（たとえばこんなことを言う――「あの男は、たった今ヨーロッパの有名な精神科医に診てもらったばっかりのようにいらいらしている」）。こうした格言の一覧は、『G・I・グルジェフ「森羅万象――ベルゼバブの孫への話」への手引きと索引』[26]を参照。シェイクスピアなど比較的新しい人物に言及しているところを見ると、格言の大半はグルジェフ自身の創作であろう。

一八八五年頃、グルジェフはトルコのアクシェヒルを訪ねているが、そこにはナスレッディンのものと伝えられる墓があり、墓碑には三八六年と刻まれている。ムラーはほとんどのことを逆さまにやったと伝えられているので（ロバに乗るときも後ろ向きに乗ったという）、彼の死亡の年もイスラーム暦六八三年（西暦一二八四〜八五年）とされている。ナスレッディンの歴史的実在性はいまだに学術的な論争の的になっている。

ナスレッディンの滑稽譚が初めてトルコで廉価本として出版されたのは一八三七年、ドイツ語訳は一八五七年、フランス語訳は一八七六年である。初期の英訳のひとつは、ヘンリー・D・バーナム訳『ナスレッディン・ホジャ物語』[27]である。ナスレッディン物語をもっとも包括的に集めたものは、今でもA・ヴェセスキの『ホジャ・ナスレッディン』[28]である。短い解説としては、『イスラーム百科事典』第三巻にフェヒム・バイラクタレヴィッチが書いているものが優れている。グルジエフはもちろん本からナスレッディンのことを知ったのではなく、今でも中近東全体に流布している豊かな口承の伝統にヒントを得たのである。

★11 『魔術師たちの闘争』[p. 213]

グルジエフのマニ教的なレヴュー、『魔術師たちの闘争』はついに上演されることはなかった。しかし伝記上でのこの創作の重要性は、いくら強調してもしすぎることはないであろう。というのも、この創作こそが、一九一四年に『モスクワの声』紙上にこれの広告を出したグルジエフと、一九四八年にニューヨークでそのリハーサルを行ったグルジエフとを結びつけているからだ。一九一九年の秋、グルジエフはトビリシでトマス・ド・ハルトマンにあるシナリオを話しはじめた[29]。一九二〇年の夏には、コンスタンティノープルでウスペンスキーはグルジエフがこれに手を入れるのを助けたが[30]、このシナリオは彼の死後に出版された（グルジエフ『魔術師たちの闘争』[31]）。これとは異なるテクストがパリのアンスティテュ・グルジエフの文書館に残っている。

一九二三年一二月にシャンゼリゼ劇場で行われたムーヴメンツ・デモンストレーションの際に、座席係が着た衣装は、グルジエフ自身がデザインし、裁断したものである。舞台の後ろの垂れ幕は、グルジエフの指導のもとにアレクサンドル・ザルツマンがデザインしたものだが、その写真がウェッブの本に載っている[32]。グルジエフの振り付けは、部分的にムーヴメンツの中に残っている。彼の音楽の一部分は、一九八五年に出されたトライアングル・レコーズのアルバムに入っている（★12参照）。第三幕用の初期の楽譜は、ジャンヌ・ド・ザルツマンの監修のもとで演奏され、日付も番号もつけられていない七八回転のレコード（ニューヨーク、バルトーク・レコーディング・スタジオ）の1A面に収録されている。その他の雑多な楽譜はイェール大学の音楽図書館のトマス・ド・ハルトマン・コレクションに収蔵されている。

『魔術師たちの闘争』はグルジェフの生涯の幕を引くときにも一役演じた。一九四九年一一月三日、パリのアレクサンドル・ネフスキー大聖堂で行われた鎮魂ミサの際、説教は次の引用で締めくくられた――「神とすべての天使は、われわれが常に、どこにいてもわれわれの自己を想起するのを助けることによって、われらが悪を為すのを防ぐであろう」。

グルジェフの方法

★12 グルジェフの音楽〔p. 230〕

グルジェフの音楽を語るには、彼の有能で忠実な弟子かつ筆記者、クラシック音楽の教育を受けたロシアの音楽家、トマス・アレクサンドロヴィッチ・ド・ハルトマン（一八八六〜一九五六）に対する賛辞の言葉から始めるのが適当であろう。彼は常々謙虚に言っていた――「これは〈私の音楽〉ではない。彼のだ。私はただ師のハンカチを拾っただけだ」。しかしグルジェフが霊感を得て、そのエッセンスを口にすると、それをアレンジし、楽譜に記し、最初に演奏したのはほかならぬトマスであった。グルジェフは楽器の演奏に秀でていたわけではなかったが、ピアノやハーモニカ[1]、ギター[2]、ポータティヴ・オルガン*を演奏した。特に晩年には、ポータティヴ・オルガンでよく即興演奏をした。彼は調号をつけたり、基本的なメロディーを記譜したりするのは十分できた[3]。何より彼は、協力して作曲を行う上で十分な指導力を発揮したが、ローレンス・ローゼンタールはその力を「音楽史上きわめてユニーク」と評した。

グルジェフの音楽の経歴は、カルスの教会の聖歌隊員として始まった。彼は聖歌に熱中し、ティフリスの長輔祭の聖歌隊に入ろうとまでしたが、これは果たされなかった。成年に達すると、中東や中央アジアの伝統音楽や宗教音楽に関する知識を深めた。西洋の思弁的な音楽学に関して、彼がいかに深い理解をもっていたかについては、ウェッブの『ハーモニアス・サークル――G・I・グルジェフ、P・D・ウスペンスキー、そしてその信奉者たちの生涯と仕事』[4]を、また「マントラ的な」詠唱についてはデュークスの『果てしなき探求』[5]を参照。

グルジェフは全部で三百ばかりの曲を作った。ムーヴメンツおよびバレエ音楽の大半は、初期にトマス・ド・ハルトマンと協力して作られた。もっと短い描写的な標題音楽（優しいものやウィットに富んだもの、エレジー的なもの、宗教的なもの、ユーモラスなものなど）は、一九二五年七月二九日から、協力関係が終わる一九二七年五月一日までの比較的短期間に集中的に作られた。

訳注*――中世からルネサンスにかけて使われた、もち運べるパイプオルガン。

第三の、ほとんど前例がないカテゴリーは「観念的音楽」とでも呼べるだろう。たとえば「聖なる肯定、聖なる否定、聖なる調和」は三の法則と七の法則を音楽的に表現したものと考えられる。

　これらの音楽は民族音楽を丹念に模倣したものではない。むしろグルジェフは、古代から続く伝統の本質を変容し、別の水路に導いて、現代人に存在を求める努力を促し、それを支えるために使ったと言うべきであろう。西洋に影響を与えようと決意していた彼は、自分の作品を本質的にヨーロッパ的な楽器であるピアノで表現したが、その作品群はアジアの香りを濃厚に放っていた。未知のものを既知のものを通して知らしめるためにとった手段であろう。もちろん、トマス・ド・ハルトマンがこの楽器を得意としていた（プロコフィエフやシュナーベルを教えたアネット・エシポフに習っている）ことも、グルジェフがピアノを選んだひとつの理由ではあろう。しかし協力者として、ウラディーミル・ポールではなくトマス・ド・ハルトマンを選んだのはほかならぬグルジェフであった。

　グルジェフの音楽の大きな特徴は強烈なリズムである。男性のムーヴメンツでは特にそれが顕著だ。音楽学的にさらに分析を押し進めるには、まず、グルジェフが楽器を選ぶ上できわめて厳格であったということを認識する必要がある。彼の豊かなメロディーは、あらかじめ決められた和声的構造の中から生まれる。分析してみると、彼が主音を大きく強調し、しかもその音楽が基本的に旋法様式、すなわち長音階、短音階以外の音階にもとづいたものであるために、ほとんど転調をしないことに気づくであろう。そのかわり装飾音はふんだんにあり、しかもそれが近接する音にすべりこんでいくので、何かしら四分音のような印象を与えるのである。ここに見られる特徴は、音が脱落して半音から短三度になることで、彼のお気に入りの旋法は、ニ音、ホ音、ヘ音、ト音、イ音、変ロ音、嬰ハ音、ニ音（時にホ音は変ホ音になる）という流れである。

　おもしろいことに、彼自身の七の法則から導き出される音階はあまり使っていない。（これはむしろ現代に見られる長音階で、ギリシアの全音階を含むドリア旋法*を転回させたもの、すなわち、ホ音、ニ音、ハ音、ロ音、イ音、ト音、ヘ音、ホ音と続くもので、プラトンの『ティマイオス』の中でデミウルゴスが使う旋法である）

　グルジェフ－トマス・ド・ハルトマン音楽は、まだ今のところ、正統的なグルジェフ・サークルの外ではほとんど光を当てられていないが、彼らの作品の格好の入門となるものが、トマス・ド・ハルトマンの演奏を録音したテープから再録音され、コンパクト・ディスクおよびカセット・テープの形で発売されている（トライアングル・レコーズ）[6]。彼らのピアノ曲の楽譜の決定版は、ドイツのショット出版社（ここはモーツァルト、ベートーヴエン、ヴァーグナーの初版を出したところである）から全四巻で出版された。完全ではないが、二人の音楽のかなりのものは、J・ウォルター・ドリスコルとグルジェフ・ファウンデーション・オブ・カリフォルニアが編纂した『グルジェフ――注釈付き文献一覧』[7]に見られる。さらに研究を望まれる方は、イェール大学の音楽図書館のトマス・ド・ハルトマン文献を参照のこと。

★13 神聖舞踏［p. 069］

グルジェフが演じたたくさんの役――イデオローグ、行動人、作家、「医師・催眠術師」――の中でも、彼は「寺院舞踏のかなり優秀な教師」[8]と呼ばれるのを一番喜んだのではないだろうか。この舞踏は二つの重要な機能をもっているといわれる。すなわち、踊り手自身の調和のとれた発達、そして秘教的知識を後世に伝えることの二つである。今日、グルジェフィアンは、「ムーヴメンツ」と呼ばれる（一九二八年以前は「エクセサイズ」と呼ばれていた）舞踏が、測り知れない重要性をもつ霊的な遺産として、ワークの中核をなすものと考えている。

訳注＊――中世教会の第一旋法。二音から二音までの上昇音階とその移調音階。

訳注＊＊――ある特定の職業に結びついたムーヴメント。

グルジェフ自身はムーヴメンツの動きの分析は奨励していないが、それをわきまえた上で見ると、七つのかなりはっきり区別できるカテゴリーが見えてくる。

一　律動的なもの（和声的、造形的、職業的＊＊）
二　六つの基本的エクセサイズ、あるいは「オブリガトリーズ」
三　儀式的舞踏および医療的体操
四　女性の舞踏
五　男性が行う民族的な舞踏――「ダーヴィッシュ」や「チベッタン」など
六　寺院で行われる神聖舞踏、および活人画
七　グルジェフが最後に教えた、部分的にエニアグラム的な三九のムーヴメンツ

これらのうち、儀式的、民族的、寺院的舞踏の多くがその起源を中央アジアにもっていることは、グルジェフ自身が認可したプログラム・ノートに記されている。しかしこれら三つのカテゴリーの舞踏は、単なる「発見された踊り」ではない。中央アジアを探検した地理学者や人類学者の誰一人として、このような構成をもつ舞踏のことを報告している者はいない。エニアグラムに基づく進展という観点からいえば（★8参照）、これらの舞踏は、ピ

タゴラス的な香りはするものの、前例のないものであろう。グルジェフのムーヴメンツは、彼が創作したものも、どこかから取り入れたものも含めて、舞踏の達人としての彼の天才が見事に開花したものといえよう。

明らかにグルジェフは、クラシック・バレエをはじめ、いかなる西洋のダンスやリトミックや体操の流派からも影響を受けていない。逆の可能性、つまりグルジェフが（意図せずに）モダン・バレエに影響を与えた可能性は、簡単には否定できない。ディアギレフは彼のバレエ・リュスのプログラムに神聖舞踏を入れないかともちかけたが、グルジェフはこれを断った。リンカン・エドワード・カースティンは、有名なアメリカン・バレエ・スクールの創設者（一九三四）であり監督（一九四〇）であるが、彼は一九二七年七月にプリウーレに滞在した。彼はジョージ・バランシンとの仕事について語る際、グルジェフから甚大な影響を受けたことを認めている。（彼は自著『踊るニジンスキー』をグルジェフに捧げているが、その献辞の中で書いている――「私がやることはすべてそうだが、役に立つものはみな、G・I・グルジェフの人物および思想から得たものである」。一九八〇年六月二七日付の『タイムズ・リテラリィ・サプルメント』編集長宛の彼の手紙も参照）

グルジェフは終生舞踏を教えつづけた。一九一四年一一月一三日、彼は「バレエ」、『魔術師たちの闘争』の広告を載せ、一九一八年三月、エッセントゥキではこれを実際に教えはじめた。[9]初期の五年間、彼はデモンストレーションを収入源のひとつとした。一九一九年六月にはトビリシで、一九二三年一二月にはパリで、一九二四年の一月から二月にかけてはニューヨークで行っている。彼の主たる目的は、弟子たちを強烈な経験の中に投げこむことにあったが、またひとつには、いわば「時代に栄養を与え」、いい弟子を見つけるためでもあった。彼が執筆に打ちこんだ時期（一九二五〜三五）には、ムーヴメンツは別の環境の中、有能な女性の弟子たちによって教えられた（とりわけジャンヌ・ド・ザルツマン、ジェスミン・ハワース、そしてローズ・メアリー・ノット）。一九三六年八月、ジャンヌ・ド・ザルツマンのセーヴル・グループを相手に、サル・プレイエルを舞台にして、グルジェフは最後の活発な指導期間に入り、これは第二次大戦の間じゅう続くことになる。彼は一九四九年一〇月一一日、最後のムーヴメンツを教えるが、これは死のわずか一八日前のことであった。

グルジェフの舞踏は、「表現主義」を、つまり霊感とか直感に従うことをいっさい許さない。個々のムーヴメンツの外的な動きは、最初から最後まで「数学的に」決められている（日本人のいう「型」を参照のこと）。ひとつひとつの姿勢、動き、リズムは、場所、長さ、体重の位置にいたるまで指示される。慣習的動きや反射的動きは排され、均整美もほとんど強調されない。腕、脚、頭は、それぞれ独立した対位法的リズムに従って動き、これに数を数えることが加わることもあるが、内部では常にその感覚を感じていなければならない。無言の、あるいは言葉を発しながら行う祈りの舞踏でも同じことである。こうした多くの指示に従うには、知性、感情、身体に注意をバランスよく向けつづけることが不可欠である。

グルジェフによれば[10]、はるか昔には神聖舞踏は、それ自身の文法、語彙、統語法をそなえた普遍的言語であり、基本的には意思疎通の手段であった。個々の舞踏は本であり、動きの流れやリズムは文章、個々の姿勢は単語であった。この普遍的言語を再生させようとしたグルジェフの試みがどこまで成功したかはにわかに断じがたい。エニアグラム的なムーヴメンツは、ある程度は知的に理解することもできよう（むろんシンボルの理解能力に応じてだが）。しかしジェスチャー（「ムドラー」を参照のこと）にこめられたグルジェフ的語彙について合意が見られても、それで他のカテゴリーのムーヴメンツの理解が進むわけではない。はっきりいえることは、舞踏を行う個々の人間のほうが、学者や、いわんやのぞき見連中よりも、はるかにその意味を感じることができるということだ。個々人が自らの体験を通して苦労して得たものは、もしムーヴメンツのクラスが全体でこれを理解するならば、普遍的、客観的な意味と一致するかもしれない。

一九二二年、ドイツ人のクエーカー教徒であるアルフォンス・パケは、『デルフォイへの旅』[11]の中で、初めてグルジェフの神聖舞踏について書いた。続く一九二三年から二四年にかけてのデモンストレーションでは、ジャーナリズムからかなりの注目を浴びたが、記者たちはグルジェフの舞踏をエキゾティックな娯楽と見なし、その真の機能や意味についてはほとんど見抜くことができなかった。哲学的見地からこれを批判した記事はただひとつだった。それによると、グルジェフは神聖舞踏をもとの宗教的枠組みから引き抜き、ニーチェ的な、人間を超人に仕立てあげるシステム、すなわち高次の力の存在を認めないシステムのレヴェルにまで堕落させてしまった、というのである。こうした記者たちの直感の欠如は、実際にムーヴメンツをしたことがないことを考慮すれば、仕方がないことであろう。

神聖舞踏は師から弟子へと直接に伝承される。テクストブックの類は存在しないし、また存在しえない。これについて書かれたものもあまりなく、あってもすべてあとになって書かれたもので、公正を欠いている。かなり長い、しかし必然的に誤った情報にもとづいて書かれているのは、メル・ゴードンの「グルジェフのムーヴメンツ――奇蹟の劇場」[12]（『ドラマ・レヴュー』）である。技術的および歴史的な記述はほとんどないが、これよりもっと深い洞察を示しているのは、ポーリーヌ・ド・ダンピエールの「神聖舞踏――意識的調和の探求、ジャック・ル・ヴァロワのインタヴューに答えて」[13]（『アメリカン・セオソフィスト』）である。ジェイムズ・ムアの「キャサリン・マンスフィールドとグルジェフの神聖舞踏」[14]『キャサリン・マンスフィールド――百周年記念論集』）は、二人の関係の歴史的背景に詳しい。グルジェフのムーヴメンツの包括的な解説は、一九五〇年五月一八、一九日に、ロンドンのドルリー・レインにあるフォーチュン劇場で行われたデモンストレーションのプログラム・ノートに見事にまとめられている。

グルジェフの死後、彼の伝統を受け継ぐグループは、この伝統を目に見える形で記録し、将来に残すために大きな努力を払ってきた。ジャンヌ・ド・ザルツマンの監督のもと、フランス人、イギリス人、アメリカ人が協力して、かなりの時間と費用と努力をつぎこんで、一〇本近い記録用のフィルムをパリで製作したのである。その中で一般に手に入るのは、今のところ、ピーター・ブルックの監督した映画『注目すべき人々との出会い』（一九七九）の最後の一〇分間だけである。★11、および★21を参照のこと。

★14 白痴のための乾杯 [p. 447]

グルジェフの「白痴のための乾杯」および「白痴学」は、彼の方法論の中でもとびぬけて奇妙で、また革新的なものである。彼が主催して定期的に開かれた儀式的な晩餐会では、一連のカテゴリーの白痴のために形式に従った乾杯が行われ、時にはある特定のタイプの白痴に光を当てるために、即興的な乾杯がつけ加えられることもあった。乾杯の音頭はディレクトゥールがとったが、これは通常男性で、時に女性のこともあった。ディレクトゥールはグルジェフの左に座った（グルジェフの晩年には、ベルナール・ルメートルが一番有名である）。客は全員、アルマニャックかウォトカの杯を干さなければならなかった――もっとも、ある特定のカテゴリーに属する客は、敬意を払われ、これを免除されたが。晩餐会に参加した者は、ディレクトゥールのほかにも、「ヴェルスール」「プベル」「エグー」「プーシュ・デグー」「エグー・プール・スイート」などに任命された。（晩餐会の席順については、リーナ・ハンズ『マダム・エグー・プール・スイートの日記』[15]を参照）

グルジェフが白痴のための乾杯を始めたのは一九二三年であったが、一九四〇年以降はますますこれに重きをおくようになった。彼は「白痴」という言葉から否定的な意味合いを取り去り、個人性という意味を付与した。（ギリシア語の語源的意味は「私は自分のものを自分で作る」というものである）。白痴性そのものは普遍的なもので――神自身でさえ「独自の白痴」（第二一番）だ――これから派生する違いが、「詩的」であると同時に深い含蓄をもつ人間の類型学を提供してくれるのである。個々の弟子はまず、直感によって、以下の二一の分類の中から自分にふさわしいと思われるものを選ぶよう言われる。

一　オーディナリー（普通の）
二　スーパー（超）
三　アーチ（主要な、悪賢い）
四　ホープレス（どうしようもない）
五　コンパッショネット（思いやりのある）
六　スクァーミング（もだえ苦しむ）
七　スクェア（公明正大な、四角四面の、やぼったい）
八　ラウンド（円熟した、活発な、鉄面皮の）
九　ジグザグ（首尾一貫しない）
一〇　エンライトゥンド（啓蒙された、下手に理屈のわかる）
一一　ダウティング（なんでも疑う）
一二　スワガリング（いばりちらす、大ぼらをふく）

われわれの——かつては実存的なものであったが今では純粋に歴史的な——興味を引くのは、グルジェフ自身が弟子たちに与えた分類である。（オラージュは「超白痴（スーパー・イディオット）」、ドクター・スジャーンヴァルは「主要な白痴（アーチ・イディオット）」、ジェシー・オラージュは「もだえ苦しむ白痴（スクアーミング・イディオット）」、J・G・ベネットは「円熟した（ラウンド）」または「なんでも疑う白痴（ダウティング・イディオット）」、等々）。グルジェフが「白痴性を脱却した者」として挙げたのはただ一人、ジャンヌ・ド・ザルツマンだけである。[16]

グルジェフとの食事の席では常に注意を保ちつづけなければならなかったし、それに酒を飲んで大騒ぎをするといった雰囲気はまるでなかったので、乾杯は一二回を超えることはなく、それに近づくことも稀だった。これに続く白痴は（信頼すべきものとして活字になったものはどこにもないが）、次のようであったろうと思われる。

一三　ボーン（生まれつきの）
一四　パテンティッド（特許つきの、明白な）
一五　サイコパシック（精神分裂的な）
一六　ポリヘドラル（多彩な面をもつ）

白痴第一番から第一六番までは、存在（ビーイング）の点で優劣がなく、単に行動特性上の違いだけを示しているように見えるが、あとに続くタイプへの望ましい「進化」を読みとることも不可能ではない。（たとえばホープレスからコンパッショネットへ）。もちろんそれぞれのタイプそのものの中に、進化あるいは退化の余地がある。回想録の中でもっとも多く触れられているのは、主観的な「どうしようもない白痴（ホープレス・イディオット）」、すなわち自分が無であることを自覚し、それゆえ名誉ある死を迎える可能性をもっている者と、客観的な「どうしようもない白痴（ホープレス・イディオット）」、つまりエゴイズムにがんじがらめにされ、そのため犬のようにくたばる運命にある者との違いである。（アルメニア語では、人間の死は「メルニール」、動物の死は「サトキール」という）。しかしながら、実際にはすべての白痴の中には違いと同時に共通点も見られる。グルジェフには次のような言葉がある。

> ジグザグは高いところにいる白痴だ。あっちに行ったりこっちに行ったりする。違った複数の「私」を気づきのきっかけに使いなさい。自分がそうだと知っている「糞」と闘うのだ。……それをやれば、私は全身全霊でその人を賛美しよう！　しかし一週間に金曜日が五日あると考えているような普通のジグザグ・イディオットは、糞の中の糞だ。

白痴第一七番から第二一番までは精神的なヒエラルキーをなしている。つまり「客観理性」の段階を反映しているのである。白痴第一八番は、人間が到達できる最高の段階であるが、しかしそこにいたるためには、まず自発的に第一七番から第一番に、すなわち「普通の白痴（オーディナリー・イディオット）」に降りねばならない。白痴第一九番から第二〇番は神の息子たちにとっておかれる。

宗教的儀式を思わせる食事と、その中で必ず行われる一連の家父長的、儀式的な乾杯の起源を尋ねるには、今もグルジアに続いている伝統、すなわち「タマダ」と呼ばれる者が主宰し、「トゥルンバス」が執行係をつとめる食事を見るだけで十分だろう。それでも、グルジェフの「白痴学」の起源についてはまったく何もわかっていない。J・G・ベネットが示唆するように[17]、グルジェフがトルキスタンのスーフィー教団からこれを借用したというのは、イスラームがアルコールの使用を禁止していることを考えると、きわめて突飛な着想といわねばなるまい。

白痴のための乾杯は、一九四九年のグルジェフの死後ただちに停止された。グルジェフという圧倒的存在がないかぎり、これを継続しても、中身のない形骸だけが残るのではないかと危惧したためである。

グルジェフの脇役的な弟子たち

★15　J・G・ベネットの若き日の冒険 [p. 359]

J・G・ベネットは、一九二八年三月七日から四月四日まで約一カ月間、アテネ中央拘置所に拘留された。これについての彼自身の記述は『証言』の第一二章に見られるが、これは、ワークに関わった人々の述べるところとも、また外務省文書第三七一号（一二九一九および一二九二〇番）の内容とも異なっている。こうした異同は、実はこれにとどまらず、彼のこれ以前の軍における活動の記述と、陸軍省に残る記録との間にも見られる。ベネットは三月三日、治安判事の命令により、ギリシアの小さな港町、カヴァラで逮捕されたが、その理由は、その地の土地登記官に賄賂を贈り、彼が関心をもっていたオスマン帝国の財産の権利証書を偽造させようとした、というものであった。公式の罪状は「他人をそそのかして公式文書を偽造させたこと」である。

　ベネット釈放のために奔走した人の中には、二度目の妻となったウィニフレッド、ロンドンでの（マルコム卿夫人を含む）ワークの強力な仲間たち、エーゲ海信託会社の有力なメンバー、それにイギリス大使のパーシー・ライアム・ロレイン卿（彼は英国臣民が「東洋風の香りのするもうひとつのティックボーン事件*」の主人公になることに耐えられず、ベネットを非難しはしたが）らがいた。四月四日、彼は意を決してヨウ素を飲んで盲腸炎を引き起こし、アテネの拘置所から市の療養所に移された。四月一九日、罪状は、彼が代理人を務めていた会社を詐欺にかけようとした、というものに軽減された。そして四月二五日には、百万ドラクマの保釈金をもって釈放された。公文書館の書類によれば、イギリス外務省は気が進まないながらも圧力をかけつづけ、そのおかげで一九二八年八月二五日、ベネットに対する罪状はすべて取り下げられた。しかしベネット自身が言うところでは、約一年後の一九二九年九月二七日、彼は最初の罪状でサロニカの控訴裁判所に起訴され、自らギリシア語で弁護をし、晴れて無罪放免になった、ということである。

訳注*――当時有名だった相続詐欺事件の犯人。

　公文書館に保管されている外務省文書第三七一号を調べてみると、一九二一年から一九三一年にかけてベネットがくりひろげたバカンの小説ばりの冒険のありさまが浮かび上がってくる。一九二一年にはアルバニアの空位になった王位を（他の者とともに）提供される。一九二一年から一九二四年にかけては、ジョン・ウェズリー・ド・ケイ（一八七二～一九三八）と事実上のパートナー関係を結んでいた。ド・ケイは華やかな経歴を誇る冒険家で、第一次大戦中は、正しくか誤ってかはともかく、「モーディカイ」の暗号名で、「ドイツ秘密警察の妨害工作および殺人担当部隊の部隊長」としてM一五文書の中に記載されていた（文書第一二一七九番）。一九二三年にはベネットは、「呪われしアブデュル」の八人の未亡人の所有権の代理人に任命された。一九二六年にはサロニカからハシーシを密輸したとの嫌疑をかけられた。そして一九二九年には、王立造幣局の通貨監査長官代理のロバート・アーサー・ジョンソン卿の名声を傷つけようと画策した（文書第一三六六一番）。ベネットは、ワーク・サークルでも知られていた陸軍中佐のジョージ・メイトランド・エドワーズの支援を受けた。いろいろな機会にベネットは人々を困惑させたが、その被害をこうむった人々の中には、ウスペンスキーや、著名な外交官で一九二五年七月七日にコンスタンティノープルで自殺をとげたエリック・グレアム・フォーブス・アダムがいた。

ベネットに難癖をつけるのがここでの目的ではない。この時期の彼の活動をどう見るかは、さまざまに意見が分かれるだろう。どの意見を取るにせよそれはグルジェフには関わりがない。なんといっても二人は、一九二三年にたったの三日間しか会っていないのだから。一見するとベネットのライフスタイルは、たとえばスズメに色を塗って「アメリカン・カナリア」といって売っていた若き日のグルジェフを彷彿とさせる。しかし一九二一年からの一〇年間、彼が精神の道の途上で変わらぬ探求心をもちつづけていたかどうかについては、かなり疑問が残る。

★16 セルゲイ・ドミトリエヴィッチ・メルクーロフ［p. 117］

『奇蹟を求めて』[2]の中でウスペンスキーは、彼をグルジェフに紹介したある未知の彫刻家「M」について述べているが、私はこの人物が、レーニンのモニュメントの制作で有名なセルゲイ・ドミトリエヴィッチ・メルクーロフ（一八八一〜一九五二）ではないかという仮説を立てた。そこから、グルジェフの家族を調べる可能性が広がってきたのである。

メルクーロフ（表記法はさまざまである）という姓は、二箇所で見ることができる。ひとつはグルジェフ自身が、アレクサンドロポールの叔父を「親愛なるギオルギー・メルクーロフ[3]」と呼んでいる箇所、もうひとつはオルガ・ド・ハルトマンが「彫刻家のメルクーロフの家族は、アレクサンドロポールのミスター・グルジェフの両親の家の隣に住んでいる[4]」と述べているところである。（トマス・C・デイリー、T・A・G・デイリー編の「ミスター・グルジェフとの日々』では、クリスチャン・ネームのドミトリが加えられている。）『真理のきらめき』[5]の中では、グルジェフは一九一四年のモスクワで「幼年時代からの友達で、有名な彫刻家」と接触のあることを述べている。さらに彼は、この彫刻家がゴーゴリのデスマスクを作ったと言っている。……こうした記述は、単なる偶然の一致とは思えないほどぴったりとS・D・メルクーロフに重なる。彼は一八八一年一〇月二一日アレクサンドロポールに生まれ、のちモスクワで名声を獲得する。彼の特徴はデスマスクに異常な関心を示したことで、トゥマニアン、レフ・トルストイ、ゴーリキー、スクリャービン、マヤコフスキー、ゼトキン、エイゼンシュタイン、それにアルメニア教会の総主教であるクリミアン・ハイリクのデスマスクを作っている。

S・D・メルクーロフがグルジェフの従兄弟なのか又従兄弟なのかはっきりしないので、注意が必要だ。父の名をとったドミトリエヴィッチという名前が反映しているように、彼の父の名はギオルギーではなくてドミトリである。それに、グルジェフに[6]よれば、ギオルギー・メルクーロフの息子は一八八八年には「ほぼ学校を終えようとしていた[7]」。しかしS・D・メルクーロフの方はこの年にはまだ七歳で、アレクサンドロポール市立ギムナジウム、ティフリス・ギムナジウム、キエフ・ポリテクニーク、チューリヒ大学、ミュンヘン芸術アカデミーへと続く教育の戸口に立ったばかりであった。

グルジェフとメルクーロフの関係がいかなるものであったにせよ、二人の関係において劇的かつ皮肉な軸の役目を果たすのは、誰あろう、レーニン（ウラディーミル・イリイチ・ウリヤーノフ）その人であった。『ベルゼバブ』の中に登場する「レントロハムサニン」[8]の中に、グルジェフは、レーニンの存在の重要性と、その性格、および反伝統的な態度がおよぼす影響力に対する彼の嫌悪感をともに反映させている。それとは対照的に、一九一八年、メルクーロフはレーニンと親しく会話を交わしている。一九三七年にはモスクワ運河にレーニンの彫像を完成させ、一九四一年には、クレムリン宮殿の大会議場のレーニンのモニュメントを制作したことに対して国家勲章を贈られる。……それ以前、一九二四年一月二一日にレーニンが死去したときには、メルクーロフは彼のデスマスクをとっている。

グルジェフは生前、広く知られることはなかったが、S・D・メルクーロフは数々の栄誉に輝いた。一九四五年から一九四九年にかけては国立プーシキン美術館の館長を務めた。唯一の著書、『ザピスキ・スクリプトラ（彫刻家のノート）』は、死後、一九五三年に出版された。彼は一九五二年七月八日にモスクワで亡くなり、ノヴォデヴィチー墓地の、彼自身がモスクワで一九一三年頃——おそらくグルジェフの直接の影響下にあった頃——に制作し、「思索」と名づけた彫像の下に埋葬された。彼に関する情報は、アルメニアのレニナカン、ハフタナキ大通りにあるメルクーロフ記念館から入手できる。

★17 エセル・マーストン [p. 268]

エセル・マーストンはロンドンのウスペンスキーの弟子の一人だったが、グルジェフに初めて会ったのは、彼が一九二二年三月にウェスト・ケンジントンで行った講演のときであった。もともと彼女がプリウーレに行ったのは、グルジェフに慢性的な脊椎の痛みを治療してもらおうと思ったからである。結局彼女は、一九二二年から一九二七年というかなり長い期間ここに滞在することになるが、この期間中の彼女は、まだ子供だったフリッツ・ピータースが描いた残酷なほど滑稽な姿[9]より、もっと共感をもって描かれる資格があろう。残念なことに、彼女自身が残した一〇章からなる回想録はあまりにお粗末なもので、学術的な出版社からこれを出すなど夢にも考えられなかっただろう。

マーストンの父はドイツ系ユダヤ人の亡命者で、母はポルトガル系ユダヤ人の貴族の出身だった。キャノン・ホランドか、もしくはベイカー・ストリート・スクールで教育を受けたのち、彼女は、第一次大戦の傷病兵を看護する志願救助隊、つづいて海軍に入った。プリウーレを去って五年後の一九三二年、精神探求の道をインドに向け、ティルヴァンナマライのシュリ・ラマナ・マハリシのアシュラムに腰を据えた。（一九三九年当時の彼女のそこでの生活の一端は、『シュリ・ラマナ・マハリシとの会話』[10]第三版を参照。グルジェフ（一九四九）、マハリシ（一九五〇）の死後、彼女はJ・G・ベネットとわずかではあるが接触した。（ベネットについての彼女の評価は好悪入り交じったものだったようである）

★18 フランク・ピンダー［p. 218］

フランク・ピンダー（一八八二〜一九六二、フル・ネームはフランシス・ウィリアム・スタンリー・ピンダー）は、ポール・デュークスに次ぐ二人目のイギリス人の弟子という意味で重要である。グルジェフいうところの「学識者」という理想像は、ピンダーにおいてその名誉を傷つけられたわけではないが、それにしても彼の学識と実際性はたしかに独特のものであった。

ピンダーがグルジェフの人生に登場してくるのは、一九一九年七月、クバン河地方の主要都市、エカチェリノダールでのことである。当時彼は、アントン・イヴァノヴィッチ・デニキン将軍率いる志願兵部隊に派遣された英国経済使節団の団長として、ホルマン将軍のもとで働いていた。A・R・オラージュの紹介を受けた彼は、貧窮していたウスペンスキーに新聞の要約記事を書く仕事を依頼する。もしかしたら彼は、当時、政府の宣伝省で働いていたマダム・ウスペンスキーとアンドレイ・ザハロフを知っていたかもしれない。その後ピンダーはロストフに移るが、この町が一九二〇年一月八日にボルシェヴィキの手に落ちると、彼の運命はにわかに雲行きが怪しくなってくる。いくつかの回想録に出てくるやや疑わしい記述、すなわち彼は捕らえられ、死刑を宣告されるが、列車での劇的な脱出に成功した、という話は、事あるいは公文書館の記録では確かめることができない。この点はJ・G・ベネットの主張[11]、つまりピンダーはイギリスの諜報員で、バクーとバトゥーミ間のパイプラインを守る任務を帯びていた、という主張も同様である。

ピンダーがグルジェフと最初に接触したのは一九二〇年三月のことである。当時彼は、グルジア・メンシェヴィキ社会民主共和国の首都であったトビリシに、英国行政長官オリヴァー・ウォードロップ付きの文化担当官として派遣された。グルジェフが彼に接触したのは、ウスペンスキーと、コンスタンティノープルにアンティークの絨毯を売る商売を共同でやっていた二人の男に勧められたためのようである。グルジェフとピンダーは、まもなくトビリシを発ってコンスタンティノープルに向かう。グルジェフは五月下旬、ピンダーは七月であった。（表向きはワルシャワへの途上に寄るということになっていた）

一九二二年三月一五日、二度目のロンドン訪問をしたグルジェフは、ケンジントンのウォリック・ガーデンズ三八番地で講義をしたが、その際ピンダーを通訳に連れてきていた。当時起こりつつあったグルジェフとウスペンスキーの間の決裂に際しては、強くグルジェフを支持した。一九二二年一〇月、キャサリン・マンスフィールドがグルジェフに接触してきたとき、グルジェフはピンダーに命じてセレクト・ホテルで彼女と話をさせ、のちには通訳をさせた。キャサリン・マンスフィールドはピンダーのことを、「注目に値する人で……貨物運搬船の船長のような人でした」と言っている。

一九二四年一月四日、グルジェフが弟子の大半を連れてアメリカに発ったとき、プリウーレの管理を任せたのはピンダーであった。そんなわけで、その二月にD・H・ロレンスとアレスター・クロウリーがのぞき見的にプリウーレにやってきたとき、相手をしたのは彼であった。クロウリーは日記に書いている――「ものすごくいい奴……ピンダーと過ごしたすばらしい夕べ」。しかし、グルジェフの個人的な書類（一九三〇年にはグルジェフ自身が燃やしてしまう）の中にたまたま見つけたものに腹を立てたピンダーは、一〇年以上もグルジェフとの関係を断ってしまい、彼の前に再び現れるのは一九三七年頃のことである。

その後はこの関係を維持し、一九四八、四九年頃には、『ベルゼバブ』の出版をめぐる議論に積極的に加わっている。グルジェフとの関係は他の弟子たちより長いにもかかわらず、彼は、グルジェフの生前も死後も、教える立場に立とうとはしなかった。それでも彼の『ベルゼバブ』の読みは、多くの言語に通暁していることもあって、非常に深い。公文書館にあるさまざまな書類に、ピンダーがグルジェフに最初に接触したときの記録が残されている。グルジェフの弟子としてのピンダーは、C・S・ノットの『この世を経巡る旅』[12]に描かれており、これはアダム・ノットの所有する第一次資料でも裏づけられている。

★19 ロザミア卿夫人［p. 255］

グルジェフのパトロンになった者の中で、ロザミア子爵夫人、メアリー・リリアン（一八七五～一九三七）ほど気前がよく、また気ままな人物もいなかった。メアリー・リリアン・シェアはロンドンのシティで金物屋を営むぱっとしない商人、ジョージ・ウェイド・シェアの娘として生まれた。父はのちに破産したが、彼女の方は一八九三年、一八歳のとき、新聞出版で財をなしたハロルド・シドニー・ハームズワースと結婚したことから、上流階級への道が開かれた。事業が成功するにつれてハームズワースの社会での階級も上昇していった。一九一〇年には准男爵に推され、一九一四年には男爵に、そして一九一九年にはヘムステッドのロザミア子爵になる。ロザミア卿夫人が初めてグルジェフに会ったのは、一九二二年二月一三日、ウェスト・ケンジントンのウォリック・ガーデンズ三八番地でであったが、そのとき彼女は四七歳で、第一次大戦で二人の息子、ハロルド・アルフレッド・ヴァイヴィアン・セント・ジョージとヴェアを亡くしたあとだった。彼女は生まれつき生の喜びを感じるタイプであったが、このときは息子の死から立ち直らせてくれるような思想を求めていた。

実をいうと、ロザミア卿夫人がグルジェフの人生に登場したのはこの前年である。グルジェフの思想がイギリスに根をおろすきっかけとなったのは、一九二一年の夏に彼女がウスペンスキーに打った電報であった――「貴著『ターシャム・オーガヌム』にいたく感動、ニューヨークかロンドンでお会いしたし、費用はすべて任されたし[13]」。一九二一年八月、ウスペンスキーがロンドンに着くと、ロザミア卿夫人はすぐにウェスト・ケンジントンのグウェンダワー通り五五aにフラットを買い与え、セント・ジョンズ・ウッドのサーカス通りでディナー・パーティーを開いて彼を社交界に紹介した。さらに彼の本を友人全員に送り、T・S・エリオットにも紹介した（デイヴィッド・ガーネット『森の花』[14]参照）。

一九二二年の二月から三月にかけてグルジェフが二度ロンドンを訪れると、彼女は忠誠心を彼に振り替え、サーカス通りの自分のスタジオを彼の学院に提供した。彼女はまた、グルジェフおよび彼に随行するロシア人たちにイギリスへの移住の許可を出すよう、当時の内務大臣エドワード・ショートに働きかけた者の中では最大の有力者であったが、この試みは成功しなかった。実をいうと、夫との不和により、彼女の影響力はかなり衰退していたのである。

一九二二年七月、グルジェフがパリに落ちつくと、ロザミア卿夫人はオテル・ウェストミンスターに宿をとる。グルジェフ、ウスペンスキーと三人で話し合ったあと、彼女は、ラルフ・フィリップソンと同額をプリウーレ購入のために出すことにした。彼女自身何度かプリウーレを訪ねたが、熱心な弟子というよりは庇護者であることはますます明らかになった。そんな彼女をグルジェフは丁重に、しかし皮肉をこめて扱った。しかし彼女の仲間たちはそんなに慈悲深くなかった。彼らは彼女をこきおろした。ヴィヴィアン・エリオット*は一九二三年一月二日、エズラ・パウンドにこう書いている――「彼女はたがはずれてしまったようです――あの一番危険な、熱に浮かされてうわごとを言う女性の一人です。今彼女はラ〔ママ〕・プリウーレとかいう精神病院で、キャサリン・マンスフィールドと一緒に裸で宗教的な踊りを踊っています」

グルジェフが執筆に没頭するようになり、彼女の方も新たな関心の対象を見つけると、個人的な接触は減ったが、それでも経済的な援助は続いた。一九二九年の夏、グルジェフはルイーズ・ゲフェルトを秘書にし、ロザミア卿夫人に経済的援助の継続を請う手紙を書かせている。[15] 彼女は癌のために一九三七年、スイスで死去したが、グルジェフの仕事にこれだけの物質的な貢献をした人はほかにはいないであろう。

★20 ジーン・トゥーマー［p. 318］

作家「ジーン」（ナサニエル・ピンチバック）・トゥーマー（一八九四～一九六七）は、グルジェフの思想をアメリカに広めるにあたって、その初期には大きな貢献をしたが、しかし彼の場合、熱意が能力を上回っていたこともあって、A・R・オラージュが登場すると、その存在は影が薄くなってしまった。ウスペンスキーの『ターシャム・オーガヌム』を読んで感激し、一九二四年の春にグルジェフがニューヨークで行ったデモンストレーションを見て興奮した彼は、その年の七月下旬、プリウーレに行った。残念なことに、その直前の七月八日にグルジェフはひどい自動車事故を起こし、そのため有益な接触はできず、おまけに一九二四年一〇月にはグルジェフが学院を「解散」してしまったために、ジーン・トゥーマーは失望してニューヨークに帰った。

ニューヨークで彼は、ろくに知りもしないのにグルジェフの神聖舞踏を教えはじめたが、これは言い訳のできない失態であり、案の定六週間で失敗に帰した。しかしこのエピソードは、これ以後、グルジェフの目的を遂行するために彼がくり返し見せることになる努力の基調低音を形成した。つまり彼は、時期尚早にもかかわらず、自分で自分に指導者の役割を与えたのである。オラージュやジェスミン・ハワース、ゴーラム・マンソンらとの関係も、初めは良好だったが、だんだんぎすぎすしてきた。トゥーマーはたくさんのグループやワークショップを設立したが——ハーレム（一九二五）、シカゴ（一九二六）、ウィスコンシン州ポーテッジ（一九三一）、ペンシルヴェニア州ドイルズタウン（一九三七、一九四二、そして一九五四）——シカゴのグループだけが再生する力をそなえていた。

グルジェフは執筆に没頭し、一九二八年五月五日には弟子たちの追放を決意するので、トゥーマーが彼と個人的に接触する機会はきわめてかぎられていた。彼が実質的にグルジェフと初めて話をしたのは一九二六年の夏にプリウーレにおいてで、一九二七年と一九二九年の夏に短い滞在をしたときにもその機会があった。大西洋をはさんでの二人の連絡でも、そして一九三〇年代初期のニューヨークとシカゴでの再会でも、話題の中心はグルジェフの逼迫した経済状態であった。トゥーマーは一九三一年一〇月三〇日にマージェリー・ラティマーと、そして一九三四年九月一日にはマージョリー・コンテントと結婚するが、それを通してグルジェフとの関係は弱まり、ついには途切れてしまう。二人は一九三

訳注＊——T・S・エリオットの最初の妻。のちに精神病に陥る。

五年三月以降、二度と会うことはなかった。

トゥーマーは、ややぎこちなくではあるが、グルジェフの舞台の上で二つのよく知られた役割を果たした。ひとつはメイベル・ドッジ・ルーハンがニューメキシコ州タオスにワークを移植したいと申し出た（一九二五～二六）ときの仲介役、もうひとつは、いかがわしい「ポーテッジ潜在能力強化コース」（一九三一年六月～九月）の主役である。結局のところ彼は、あれほど望んでいたグルジェフ思想の偉大な体現者にはならなかった。（「歴史はこういうだろう。シカゴのジーン・トゥーマー。シカゴ人トゥーマー、と」）。事実、一九三四年から五三年にかけて、彼はグルジェフ運動の完全に外側に立っていた。

アメリカでのワークに対する彼の真の、そして貴重な貢献は、少なくともその外形だけでも、ワークをニューヨークのインテリのサークルの外に広げたことであろう。それにまた、彼がパイオニアとなってグルジェフとアレクサンダー・テクニークを、またクエーカーとを結びつけた功績は、「普遍的な」価値をもつものであろう。一九五三年にグルジェフ・サークルに復帰し、最後の一〇年間を病床で過ごしたジーン・トゥーマーは、一九六七年三月三〇日、七三歳で没した。彼の人生の詳細についてはカーマンおよびエルドリッジの『ジーン・トゥーマーの生涯[16]』を参照。

グルジェフの知人たち

★21 エミール・ジャック＝ダルクローズ [p. 238]

リトミックの創始者であるエミール・ジャック＝ダルクローズ（一八六五～一九五〇）はグルジェフの同時代人である。彼はスイス人の両親のもと、ウィーンで生まれた。その地でアントン・ブルックナーについて、のちにはパリでドリーブとフォーレについて学んだのち、一八九二年にはジュネーヴ音楽学校の和声および ソルフェージュの教授になった。この地で彼は「ラ・メトード・リトミック」もしくは「ジムナスティック・リトミック」と呼ばれる複雑なシステムを作り上げ、一九〇〇年から一九一二年にかけてヨーロッパ中でこれを教えた。一九一一年、彼の教えに強い印象を受けたポーランド系ドイツ人の慈善家、ヴォルフとハラルトのドールン兄弟が、ヘレラウに所有する教育施設の建物をダルクローズが自由に使えるよう提供した。

ここヘレラウの地で、ベル・エポックも黄昏にさしかかった一九一一年から一四年の間、ダルクローズの仕事を強力に支えたのは、将来グルジェフの万神殿を飾ることになる二人の人間、舞台照明と装置では世界的な権威であったアレクサンドル・ザルツマンと、彼の妻で、「しなやかな身体で炎のように踊る美しいダンサー」、ジャンヌ・ザルツマンであった。第一次大戦の勃発とともにダルクローズのヘレラウとの関係も途切れ、彼はジャンヌ・ザルツマンの故郷であるジュネーヴへ帰った。ここに彼は一九一五年、ジャック＝ダルクローズ学院を建て、パリで教えた二年間を除いて、死ぬまでこの地で教えた。

ダルクローズのリトミックとグルジェフの神聖舞踏の出会いは、一九一九年のトビリシにさかのぼる。この年の六月二二日、オペラ・ハウスで行ったデモンストレーションのために、ジャンヌ・ザルツマンがリトミックを教えていた自分の弟子を彼にゆだねたのである。一九二一年の冬、ダルクローズの援助を受けてグルジェフがヘレラウに来たとき、彼は明らかに例の教育施設をめぐってなんらかの申し出をし、結果的に訴訟に巻きこまれた。ジエスミン・ハワースとローズ・メアリー・ノットはダルクローズの弟子であったが、このころグルジェフの弟子になり、のちには神聖舞踏の教師として大きな尊敬を受けるようになる。一九二二年七月にグルジェフが初めてパリに来たとき、とりあえず本拠を定めたのはヴォージラール街のジャック＝ダルクローズ学院であった。

グルジェフとダルクローズが直接会ったかどうかは定かでない。ミセス・ノットと、かつて大英帝国の士官であったミセス・ナタリー・ティンギーは、老年になって、グルジェフ、ダルクローズ、ルドルフ・フォン・ラバン（振り付け師、舞踏理論家で、「キネトグラフィー・ラバン」と呼ばれる舞踏の動きの記譜法の創始者）の三者が会談したというおぼろげな記憶を語っている。オスカー・ビエンツは、ラバンがグルジェフの思想の影響を間接的に受けていると主張しているが、この三者会談を年譜の中に位置づけるのはきわめて困難である。ヘレラウを扱った一般的文献（たとえばパウル・ラーベ編の『表現主義の時代』[1]）はあまり参考にならない。これに関しては、ドイツ語の第一次文献をもっと調べる必要があろう。ともかくジャック＝ダルクローズは、一九二三年にパリのシャンゼリゼ劇場で行われたグルジェフのムーヴメンツ・デモンストレーションは見ている（そして否定的に反応している）。おそらくそのときアレクサンドル・ザルツマンが二人を互いに紹介したと思われるが、記録はまったく残っていない。

★22 メフメット・サバヘッディン王子 [p. 236]

メフメット・サバヘッディン王子（一八七七〜一九四八）は二重の意味で重要である。まずJ・G・ベネットをグルジェフに紹介したこと（ウスペンスキーへの紹介はあえてしなかった）、さらに重要なのは、彼の動きがグルジェフの動きにある影を投げかけるからである。ベネットの述べるところによれば[2]、グルジェフが最初にサバヘッディンに会ったのは、「彼（サバヘッディン）が、一九〇八年の青年トルコ党の革命ののち、ヨーロッパからトルコに帰ってきたとき」のことだった。サバヘッディンが実際にトルコに帰ってきたのは一九〇八年九月二日のことで、エユップに埋葬すべく、父ダーマート・マフムート・パシャの骨をたずさえていた。ところがグルジェフの方は、彼自身の記述によれば、その頃タシケントにいたのである。

ベネットは、サバヘッディンは一九〇八年から一九一二年にかけて三回か四回グルジェフに会ったと主張しているが、もしそうなら、グルジェフは、少なくとも断続的にコンスタンティノープルに来ていなければならない。しかしこれはグルジェフに関する種々の記述に反する。一九〇八年から一九一三年の間、サバヘッディンはコンスタンティノープルで政治に没頭していた。しかし一九一三年の四月、彼の秘書兼諜報員であったサトヴェット・ルトフィの危険な陰謀に巻きこまれ、やっとのことで法の裁きを逃れて逃亡した。

一九一三年から一九二一年にかけてのサバヘッディンの動静は、グルジェフにはほとんど関わりをもたない。グルジェフはこの時期ロシアおよびグルジアで独自の活動を続けており、ここにサバヘッディンが入りこむ余地はどう考えてもないようだ。それにサバヘッディン自身が、二人は一九一二年から一九二一年の間は会っていないと言っている。この期間、サバヘッディンは、大法官マフムート・シェヴケット・パシャが一九一三年六月一一日に暗殺された事件の容疑で、軍事法廷で欠席裁判を受けて死刑を

宣告されていたが、ヨーロッパ諸国の政府から身柄を保護されていた。一九一五年から一九一六年にかけて、彼はアテネに姿を現す（ジョン・プリスランド『ディーズ・ベイ――ウィンダム・ディーズ卿の研究一八八三～一九二三』[3]参照）。そして一九一七年から一八年にはジュネーヴに現れる（外務省文書第三七一号、三三九八番参照）。一九一八年一二月、新たに王位についたスルタン・メフメット六世はサバヘッディンの地位を回復し、コンスタンティノープルへの帰還を強く勧める（外務省文書第三七一号、三四九番参照）。

グルジェフ関係の文献に登場するさまざまな「王子」（ルボヴェドスキー王子、ニジェラーゼ王子、ムクランスキー王子、等々）の中で、唯一歴史的な実在の人物として特定できるのがこのサバヘッディン王子である。ダーマート・マフムート・セラレッディン・パシャとセニハ・スルターナ（スルタン・アブデュル・ハミト二世の妹）の間に生まれた彼は、父方では大法官の孫で、母方では、スルタン・アブデュル・メジトの孫にあたった。彼はまた、続いてスルタンになった三人の兄弟――アブデュル・ハミト二世（治世一八七六～一九〇九）、メフメット五世レシャド（一九〇九～一九一八）、そして、グルジェフが一九二一年にサバヘッディンに再会したときに王位についていたメフメット六世ヴァフデッディン（一九一八～一九二二）――の甥でもあった。

近代トルコの誕生を描いた膨大な文献の中に現れるサバヘッディンは、個人的にも歴史的にも、ささやかな存在である。(ジェマール・パシャ、P・フェシュ、E・クーラン、B・ルイス、D・フォン・ミクシュ、E・E・ラムザゥア、S・JおよびE・K・ショーの著作を参照)。歴史学の文献に登場する彼は、J・G・ベネットの回想録に出てくるような精神的探求に関心のある若者ではなく、破廉恥だが実際性に欠ける陰謀家、青年トルコ党のリベラル陣営を代表するイデオローグ、政治的権力を飽くことなく追求したが失敗した人物として描かれている。

しかし歴史学の文献はグルジェフを研究する者にはあまり役に立たない。というのも、サバヘッディンが明らかに示していた神智学および人智学に対する強い関心、そしてそれとのつながりにはいっさい触れていないからである。しかし、一九〇七年、サバヘッディンがパリで、オスマン帝国のリベラル派とダシナク党のK・マルミアンとの二回目の会議の共同司会を務めたことには言及しておく価値があるだろう。若き日のグルジェフがダシナク党と関係があったのではないかと推測されるからである。

一九二一年以降のグルジェフとサバヘッディンとの接触に関しては、いかなる証言も残っていない。一九二六年のギリシアの秘密諜報局の書類は、サバヘッディンと彼の娘のフェティエおよびJ・G・ベネットを、サロニカでのハシーシ密輸事件と関係づけている(外務省文書第三七一号、一二九二〇番)。サバヘッディンは一九四八年六月三〇日、スイスのヌーシャテルの近くのコロンビエでひっそりと死去した。

★23 フランク・ロイド・ライト [p. 401]

グルジェフとライトの関係については、これからも常に論争がもちあがるだろう。この二人の傑出した人物の信奉者たちが、それぞれの名声を頑なに保持しようとするだろうからである。二人の関係は一九二八年八月二五日に始まった。この日ライトは、一九一九年から一九二四年までグルジェフの献身的な弟子であったオルギヴァンナ・ヒンツェンベルクと三度目の結婚をしたのである。

オルギヴァンナのグルジェフの思想に対する忠誠心、そして彼女のライトに対する影響力は、どんなに強調しても誇張にはならないだろう。そのため、一九三二年の夏、「タリエシンでの建築ワークショップ」を告げるライトの手紙に応えてやってきた若い弟子たちは、必然的に、オカルト的色調を帯びたグルジェフの影響をこうむらざるをえなかった。そしてこの影響は、タリエシンでの教育体制およびそれを支える思想を――建築の実技面はむろん別だが――強く支配したのである。両者の関係をめぐる論争に火をつけたのは、ロバート・C・トゥオンブリーの異例の学術論文、「有機的生活――フランク・ロイド・ライトのタリエシン友愛団とゲオルギー・グルジェフの人間の調和的発達のための学院」[4]（『ウィスコンシン歴史雑誌』）である。

二人の主人公が最初に会ったのは、一九三四年六月、ウィスコンシン州スプリング・グリーン、タリエシン・イーストにおいてだった。時にグルジェフ六八歳、ライト六五歳。二人は互いに共感と敬意を抱き、この後も何度か会合をもつ。ライトはグルジェフをタリエシンに招き、グルジェフはライトをコロネル・レナール街六番地に、そしてニューヨークにも招いた。グルジェフの弟子たちのうち、タリエシンで丁重にもてなされた者の中には、ジャンヌ・ド・ザルツマン、C・スタンリー・ノット、ローズ・メアリー・ノット、トマスおよびオルガ・ド・ハルトマンがいた。第二次世界大戦直前の暗雲たれこめていた時期から、一九四一年一二月一一日のアメリカの対独参戦にいたる期間、グルジェフはウィスコンシンに本拠地を定めようかという考えを抱いていたようだ。

ライトが通常の意味でグルジェフの弟子になったという痕跡はない。彼は誇り高く、独立心旺盛な天才で、そのもっとも創造的な仕事はグルジェフに会う前に完成していた。しかしこの、めったに人をほめない二人の男が、一五年にもわたって、互いに対して特別の敬意を抱いたのである。一九四九年八月、グルジェフはラスコーの有史以前の洞窟壁画を見にいったが、そのとき彼はまず自分の印象をライトに伝えたいと思った。その年の一〇月二九日、グルジェフは死去し、ライトの二つ目の本拠地、アリゾナ州フェニックス、パラダイス・ヴァレー、タリエシン・ウェストを訪ねることは永久にかなわなくなった（ハリー・アダスキン『フィドル奏者の選択――回想録一九三八～一九八〇』[5]参照）。ライトの晩年に対するグルジェフの影響が、初期のライトにおよぼしたルイス・サリヴァンの影響に匹敵するものかどうかは推測の域を出ないが、ライトがグルジェフに対して抱いていた敬意が心からのものであることは、『ウィスコンシン州報』一九五一年一一月三日号に彼が寄せた賛辞を見ればよくわかる。

この稀に見る関係は、どちらがどちらより優勢であったかなどというけちな議論でおとしめられてはならない。グルジェフの死後しばらくして、ライトはニューヨークのクーパー・ユニオンである勲章を授けられたが、その際、彼は司会者の許可を得て短いスピーチをした。その中で彼は言った――「世界でもっとも偉大な人間が最近亡くなりました。彼の名前はグルジェフです」（ゴーラム・マンソン『黒羊の哲学者たち』[6]参照）。ライトがグルジェフを強く支持したことは、予想どおりの嘘と中傷を彼にもたらした。一九五四年のFBI長官J・エドガー・フーヴァーのメモには、（すでに死後五年たっているにもかかわらず）グルジェフがライトを洗脳していると記されている。

雑録

★24「鐘の歌」[p. 194]

有名な「鐘の歌」——「若いインドの娘はどこに行くの？」——は、レオ・クレマン・フィリベール・ドリーブ（一八三六〜九一）の手になるもので、一八八三年四月一四日にパリのオペラ・コミック座で初演された『ラクメ』の第二幕から取られたものである。グルジェフは少なくとも二度、オルガ・ド・ハルトマンにこれを歌うよう頼んでいる。一度は一九一八年九月、エッセントゥキからの山越えに成功したとき、もう一度は、一九二四年一月、パリ号船上でムーヴメンツ・デモンストレーションを始める前である。これが特筆に値するのは、ヨーロッパ文化の本流に対して彼が示したきわめて例外的な肯定の印だからである。

『ラクメ』を作曲したときのドリーブと、『魔術師たちの闘争』を作曲したときのトマス・ド・ハルトマンは、まったく同じ問題に直面した。伝統的な東洋音楽を、模倣しないで、しかもそれを思い起こさせる曲を作るという課題である。この問題を解決するために、ドリーブは、嬰ヘ長調、変ニ長調、変ト長調などの、普通には滅多に見られない調性を使い、しかもたびたびまったく関連のない調に変調し、また色彩豊かなハーモニーを得るために「対斜」*を利用した。弦楽部ではフラジオレット**や、駒のすぐそばを弾くスル・ポンティチェロの弓使いをしたり、また多彩なディヴィジ***を使ったりした。打楽器部ではガラガラやグロッケンシュピール（鉄琴）、小シンバルなどを用いた。（ちなみに、オルガ・ド・ハルトマンがこれを歌ったとき、あちこちに挿入された高いホ音をうまく歌えたかどうか気になる人もいるだろう。なぜといって、それこそが、この「鐘の歌」、あるいは「パリアの娘の伝説」が、コロラトゥーラ・ソプラノ歌手の試金石といわれるゆえんだからである）

『ラクメ』と『魔術師たちの闘争』ではレヴェルが根本的に違うことを認めた上でなら、われわれは両者の構造上の類似性を指摘してもいいだろう。『ラクメ』は、オリジナルの版では、四つの対話部と二つのメロドラマ（音楽をちりばめたロマン的な劇）部（台本はリブレット作家のゴンディネとジルの手になり、オーケストラの伴奏つきで歌われる）から成っている。第二幕の尼僧たちの寺院舞踏を見ると、ドリーブがジャック＝ダルクローズの先生だったのがなるほどと思われる。というわけで、形式的には

訳注*——通例、異なる声部間における斜めの増一度関係。
訳注**——弦を指で強く押さえずに軽く触れて倍音（基音の整数倍の振動数をもつ音）を出す奏法。
訳注***——オーケストラ等の弦楽部で、同じパート譜の中で複数の声部に分かれて演奏することを指示する、「ここから分けて」の意。

『ラクメ』がオペラで『魔術師たちの闘争』がバレエという違いはあるにせよ、どちらも異国情緒豊かな東洋を舞台としたマルチメディア・レヴューと考えることができよう。

　ドリーブのヒロイン、ラクメ、グルジェフのヒロイン、ゼイナブともに、道ならぬ恋のために道徳的、精神的危機に陥り、それが緊張度の高い宗教的文脈の中で演じられる。どちらのヒロインも処女の尼僧である。一九一四年にグルジェフがこのバレエを「あるヒンドゥー教徒の脚本」として宣伝したのは、適切であると同時に誤解を招くものでもあった。彼の意図がインドの宗教性を——それがミーマーンサーであれヴェーダーンタであれ、サーンキヤであれヨーガであれ、はたまたニヤーヤであれヴァイシェーシカであれ——賞賛することでなかったのは言うまでもない。むしろ彼は一貫してそれには否定的であった。一九一五年にはウスペンスキーに、インドは（否定的な意味での）「哲学」しかもっていないと言っているし[1]、一九四九年にはインドに「真理の売春宿」の烙印を押している[2]。（★11も参照のこと）

★25 『鳥たちの会議』[p. 254]

『鳥たちの会議』（原題は Manṭiq al-ṭayr 鳥の言葉）は散漫だが実に手のこんだ寓話の古典で、作者はペルシアの神秘主義詩人、ファリード・ウッディーン・アブー・ハミド・ムハンマド・ビン・イブラヒーム（一一八〇頃〜一二二〇頃）、通称「アッタール」である。

　主人公は機略縦横のフーポー。「スィームルグ」は最初鳥たちの神聖なる王、いや、実質的には神として登場する。鳥たちはフーポーに説かれてスィームルグを探す旅に出るが、大半はその途中で死んでしまう。そして生き残った三〇羽が、自分たちこそスィームルグであることを認識するのである。（ペルシア語で「スィー・ムルグ」とは、三〇羽の鳥を意味する）

　作者アッタールの性格描写の微妙さ、スィームルグ探求に対するそれぞれの鳥たちの反応は、グルジェフの見せる探求心と驚くべき類似を示し、いや、グルジェフの「白痴」の類型学さえそこに読み取れるかもしれない。翻訳はいくつかあるが[3]、英語として一番読みやすいのは、グルジェフの弟子のC・S・ノットがガルサン・ド・タッシィのフランス語訳（一八六三）から重訳したものであろう[4]。

★26 ムクランスキー王子 [p. 108]

　グルジェフは何度か、グルジアの伝説的な王子、ムクランスキーに言及している。冗談めかして彼の甥だと自称してみたり[5]、またムクランスキーが彼への経済的援助を断ったと言ったりしている[6]。金持ちで、度をすぎて気前がいい、というムクランスキーのステレオタイプの起源は、すでに一六世紀のグルジアに見られる。カルトリーの王コンスタンティンの息子、バグラトが、兄で王でもあるゲオルギー九世からムクランの地に森林の領地をもらう（名前はムクラ、すなわち樫の木からきている）。一六四九年、王室の血統が途絶えたため、ムクラン家が王位についた。

★27 グルジェフのナンセン・パスポート［p. 265］

一九二一年一一月および一二月、ソヴィエト最高会議の布告により、グルジェフは反ボルシェヴィキの亡命者として、正式に無国籍者とされた。一九二二年の夏、国際連盟のロシア難民担当高等弁務官であったドクター・フリッチョフ・ナンセンは、制限付きのパスポートを導入した。このパスポート（二五フランで毎年更新可能）のおかげで、グルジェフは国際的に身分を認められ、またビザさえもっていれば国境を越える自由も認められた。しかしながら、グルジェフがフランスに滞在していた全期間を通じて、国外追放の可能性は常にあったし、また前後九度にわたるアメリカ渡航の際には、フランスへの再入国ビザがおりないという懸念がつきまとった。

訳注＊――当時台頭してきた労働者勢力に対抗するために生まれた右派政党連合体。一九一九年から二四年にかけて政権を握る。

★28 ポアンカレ［p. 265］

グルジェフのフランス入国許可は、時の首相ポアンカレその人から与えられたというルイ・ポーウェルの主張は[7]、突飛でまた実状にそぐわない。一九二二年一月一五日、レイモン・ニコラ・ランドリー・ポアンカレはアリスティード・ブリアンのあとを襲って首相となった。彼および彼の断固たる反ボルシェヴィキ的ブロック・ナシオナル＊は、きわめて寛容な移民政策を実行した。一九二二年の時点でフランスにどれだけのロシア難民が居住していたかは誰にも断定できない。国際連盟、アメリカ赤十字、フランス国勢調査局、それぞれの推定は、七万人から四〇万人までと、恐ろしく幅があるからである。しかしパリに約四万五千人がいたのは確かと思われる。その波乱万丈の人生にもかかわらず、グルジェフもこの時期には、パリを実質的な「流浪するロシア人の首都」とした何万人という故郷喪失者の一人と見なさなくてはならない。

これに関する背景については以下を参照のこと。ロシア移民の新聞『ヴォズロジェーニエ（再生）』に載ったポアンカレの死亡記事[8]、ロバート・H・ジョンソン『新メッカ、新バビロン――ロシア亡命者たちのパリ』[9]。

★29 貴族の称号［p. 411］

パルティキュール・ノビリアール（「ド（de）」「フォン（von）」「ツー（zu）」など）は、ヨーロッパ諸国で、土地もちの貴族階級出身であることを表す称号である。グルジェフ自身は平民の出であったが、「人間の調和的発達のための学院」の創設時からいる彼の弟子たちはみなこの称号に関わりをもっている。

ハルトマン家の場合が一番明瞭である。彼らはいつもパルティキュール・ノビリアールを使ったが、彼らにはその資格があった。トマス・ド・ハルトマンは近衛隊の士官であったばかりでなく、皇帝ニコライ二世の個人的な庇護を受けていた。それに彼は、『無意識の哲学』の著者であるエドゥアルト・フォン・ハルトマンの甥の息子であった。オルガ・ド・ハルトマンはペータ―・フォン・ネトルホルスト男爵とクルーゲ・フォン・クルーゲナウ男爵の義理の妹であり、また、貴賤相婚ではあるが、皇帝ヴィルヘルム一世の曾孫にあたっていた。スジャーンヴァル家の場合も、ド・ハルトマン家より多少知名度は低かったかもしれないが、これまた明瞭であった。ロシアの制度では、彼らはパルティキュール・ノビリアールを使う資格を有していたが、単に使おうとしなかったのだ。

ザルツマン家、あるいはド・ザルツマン家の場合はさらなる解明が必要である。トマス・ド・ハルトマンは初期に、それも一度だけ、アレクサンドル・フォン・ザルツマンという名称で彼を指したことがあるが、一九一一年から一四年にかけて、ヘレラウのジャック＝ダルクローズの学院に提出したたくさんの書類には、すべて「ザルツマン」としか書いていない。一九二二年にキャサリン・マンスフィールドとの間に交わした書簡でもはっきり「ザルツマン」と書いているし、一九三二年、シャンゼリゼ劇場で会ったベリル・ド・ズートにも「ザルツマン」と言っている。

しかしアレクサンドルが一九三四年三月三日にジュネーヴ近郊のレイシンで死去したあと、妻のジャンヌはセーヴル・グループの中核となるメンバーをマダム・ジャンヌ・ド・ザルツマンの名前で召集している。これについてはさまざまな説が飛び交っているが、どれも説得力に欠ける。たとえば、「ド」をつけることで、戦争の予感におびえるフランス国内で高まる反ドイツ感情を避けようとした（彼女は実はスイス生まれなのだが）、というもの。ジェシー・オラージュはさらに進んでこんなことを言っている――ザルツマン家はパルティキュール・ノビリアールをつける権利などなかったのだが、オルガ・ド・ハルトマンとの競争意識かられをつけたのだ。……しかしこれはジャンヌ・ド・ザルツマンの性格、そして彼女の価値観の広さからしてまったく考えにくいことである。

★30 グルジェフの縁故関係再考［p. 408］

グルジェフはティフリスの神学校でスターリン（イオシフ・ヴィサリオノヴィッチ・ジュガシヴィリ）と机を並べていたという彼自身の主張[10]は、どうにも現実的でない。グルジェフが実際に神学校に行っていたかどうかさえ、証拠となるものがないのだ。スターリンは一八七九年生まれ、グルジェフは一八六六年である（★1参照）。スターリンは一八九四年九月一日から、放校になる一八九九年五月二八日まで神学校に在籍しているが、その期間グルジェフは、「真理の探求者」の仲間とともに中央アジアで探査行を行っていたと推測されている。ウェッブが提出している異説、すなわち神学生スターリンは、ティフリスのグルジェフ家に下宿していたが、かなりの額の金を借りたまま行方をくらました、という説も同じく説得力がない。当時ティフリスに住んでいたのはドミトリ・グルジェフだけであり、それにきわめて厳格な神学校は学外での下宿など認めていなかった。

グルジェフとスターリンほど、性格的にも信念の点でも対照的な存在はまたとなかろうが、不思議なことにグルジェフは、レーニンやトロツキーを、暗号化された言語ではあるが、激しく攻撃したようにはスターリンを攻撃していない。若き日のグルジェフとスターリンの関係のかすかな可能性を示唆する状況証拠だけは十分にありそうである。革命の初期、スターリンは（故人となったバクーの絨毯商人）「ニゼラーゼ」の偽名を使っているが、グルジェフは仲間の一人である「ニジェラーゼ」に言及している[11]。それどころか彼は明らかに、「ニジェラーゼ王子」に関する章全体の公表をひかえている[12]。一九三五年五月、グルジェフはスターリンの支配下にあるロシアに移住する可能性を探っている（が、当局からいわれた入国許可の条件を受け入れることができなかった）。

一九四〇年、グルジェフの従兄弟で以前の弟子であるＳ・Ｄ・メルクーロフ（★16参照）が、モスクワの農業博覧会場にスターリンの彫像を建立した功績に対して国家勲章を与えられた。一九六七年にはスターリンの一人娘であるスヴェトラーナ・イオシフォヴナ・アリルーイェヴァが故国を捨ててアメリカに逃れた。一九七〇年、（オルガ・ド・ハルトマンの義理の妹であるエリザベート・シューマトフとの休暇の計画をすっぽかして）スヴェトラーナはタリエシン・ウェストに行き、そこで、オルギヴァンナ・ロイド・ライトの亡くなった長女の夫であった男性と結婚した。オルガ・ド・ハルトマンとオルギヴァンナは、当時アメリカで生き残っていたグルジェフの弟子たちの中で、もっとも古参の二人であった。スターリンの娘が二人のこれほど近くに来ることになったのはまったくの偶然かもしれない。スヴェトラーナは辛辣な反グルジェフ的言動を残しているからである。スヴェトラーナ・アリルーイェヴァ『遠き音楽』[13]参照。

★31 グルジェフの後継者 [p. 507]

グルジェフの後継者の問題は、何千という人間を実存的に巻きこむので、必然的に情緒的な問題になる。彼は自分の思想を純粋な形で残そうと断固たる決意をしていたが、しかし同時に、いかなる教えも、七の法則に従って必ず歪曲されるということも確信していた。グルジェフの著作や音楽を商業ベースに乗せることはともかくとして、彼の死後、どのようにして彼の教えを広めるのか、誰が、いかなる正統性に基づいて、そしていかなる必要にかられて？ この大きな、論争を引き起こさずにはいない問題の答は、最終的には非グルジェフィアンで、彼の教えに距離をおいた歴史家によって提出されることになるかもしれない。しかしそうした歴史家に欠けているのは、自分たちが論じていることについての経験的な知識である。彼らは、J・H・レイナーやキャスリーン・リョーダン・スピースといった周辺的なグルジェフィアンがもたらした貢献を適度に押し進めることには失敗しないだろう。知的分析と統合を得意とする学者には、グルジェフの後継者の系譜に関してはすでに次のような有益な本が出ている。J・ウォルター・ドリスコル、グルジェフ・ファウンデーション・オブ・カリフォルニア編『グルジェフ――注釈付き文献一覧』[14]。ここには、本流や脇道や、常に派生しつづける分派も含めて、見事に図解してある。

一九九〇年五月二五日に一〇一歳で亡くなるまでに、ジャンヌ・ド・ザルツマンはグルジェフから課せられた仕事、すなわち教えの中核となる人々を養成するという仕事を押し進め、ロンドン、パリ、ニューヨーク、カリフォルニア、カラカス、シドニーなどの諸都市に、ワークの本拠を作り上げた。（通常、グルジェフ・ファウンデーションとかグルジェフ・ソサエティなどの名称が冠せられている）。これらの団体は厳格なヒエラルキー的、あるいは「使徒的」性格を帯びており、それがグルジェフの教えの伝承の正統性を――むろんこうした組織がやりうる範囲においてであるが――可能にしているのである。かつてのグルジェフの弟子で生き残っている者はみな、ジャンヌ・ド・ザルツマンが最高位にあることを認めており、こうした団体と手を携えて歩んでいる光景は感動的でさえある。

客観的に見て、後継者問題に影響を与えているのは、主要な弟子たちの死去した順序である。そこで以下に、グルジェフより長く生きた主な弟子たちの死亡した年を列挙してみよう。

ジェイムズ・ヤング＝一九五〇年、ドクター・モーリス・ニコル＝一九五三年、トマス・ド・ハルトマン＝一九五六年、ローランド・ケニー＝一九六一年、フランク・ピンダー＝一九六二年、マダム・グリゴリエヴナ・ウスペンスキー＝一九六三年、ジェイン・ヒープ＝一九六四年、ケネス・ウォーカー＝一九六六年、ポール・デュークス卿＝一九六七年、ジーン・トゥーマー＝一九六七年、ゴーラム・マンソン＝一九六九年、エリザベータ・スジャーンヴァル＝一九七二年、マーガレット・アンダーソン＝一九七三年、J・G・ベネット＝一九七四年、ジャン・ヴェッス＝一九七五年、ソリータ・ソラーノ＝一九七五年、C・S・ノット＝一九七八年、アンナ・ブトコフスキー＝ヒューイット＝一九七八年、フリッツ・ピータース＝一九七九年、ルネ・ズベール＝一九七九年、オルガ・ド・ハルトマン＝一九七九年、ローズ・メアリー・ノット＝一九七九年、アンリエット・ランヌ＝一九八〇年、キャサリン・ヒューム＝一九八一年、ペントランド卿＝一九八四年、オルギヴァンナ・ロイド・ライト＝一九八五年、ジェシー・オラージュ＝一九八五年、ルイーズ・マーチ＝一九八七年、バジル・ティリー＝一九八八年、ジャンヌ・ド・ザルツマン＝一九九〇年。

グルジェフの使った二つの方法（「白痴のための乾杯」と「トリック、半トリック、そして本当の現象」の実演）はもう行われていないが、各地のグルジェフ・ファウンデーションおよびソサエティは、グループ・ワーク、神聖舞踏、音楽、ドラマ、特別研究プロジェクトや工芸など、熱意と高度の統合性をもって、幅広い分野の活動を提供している。ジャンヌ・ド・ザルツマンがグルジェフの神聖舞踏を保存するためにフィルムにおさめた際、協力したのは彼らであり、私が、将来の歴史家ばかりでなく、現在グルジェフの真の教えを求める者にも推薦したいのは、まさにこれらの団体なのである。

現在、グルジェフをめぐっては、多くのグループがさまざまな動きをしており、また種々の文献を出版している。そうした中で、騒々しく騒ぎ立て、問題を引き起こしているのは、まず第一に、グルジェフの弟子の中で、その後の軌跡が彼から離れてしまった者（代表的な例はJ・G・ベネットで、彼はグルジェフの死後、スブド、疑似スーフィズム、その他さまざまな教えにおもむいた）、そして第二には、それを明示するしないにかかわらず、グルジェフの正統な衣鉢を継ぐと自称している者（イドリーズ・シャー、E・J・ゴールド、ロバート・バートン、ゲイリー・チコイン、その他）だが、彼らは実際グルジェフに会ったこともないのである。対抗的なグループや模倣グループ、いや、中にはこれを茶化すかのようなグループなど、さまざまな組織が、華々しい自己宣伝とともに目まぐるしく生まれては、幻滅の闇の中に消えていく。こうしたグループや組織の価値を決めるには、歴史を信じるしかないだろう。

グルジェフの教えを正統的に継承していると自負する者たちも、それが根をおろした各文化の影響を完全にまぬがれているわけではない。アメリカでは、彼の教えは、いわゆる「ニューエイジ」や「潜在能力開発運動」などの大きな流れの中に容易にのみこまれてしまった。ラテン・アメリカではローマン・カトリック教会との和解と協力は避けられなかった。イギリスは、アンリエット・ランスがウスペンスキーの冷たい知的風土をなんとか一掃したのち、アレクサンダー・テクニークの教師たちが示している強い関心を受け入れるという課題をかかえている。フランスは静寂主義、および恩寵の教義に対する明らかな共感を示している。（おもしろいことに、これはグルジェフのいう「オブリゴルニアン努力」とは対照的なものである）。そしてこれを支えているのは、クンダリニー・ヨーガの香りのする行である。

このような必然的な、そしておそらくは短命な変奏曲は、新たに生まれる国際主義的な精神の中で統合されるかもしれない。それが実現するまでは、これらの変奏曲は、（ジャンヌ・ド・ザルツマンの鋭い言葉を借りれば）「種々雑多な模倣の中を通り抜け、自らの響きと活動の力を保持してきた思想の力を試す絶好の機会」を提供してくれるであろう。

原注B・引用文献

出典の略号

A1 *The Fiery Fountains* (Margaret Anderson)
(マーガレット・アンダーソン『火の泉』)

A2 *The Unknowable Gurdjieff* (Margaret Anderson)
(マーガレット・アンダーソン『不可知のグルジェフ』)

B *Beelzebub's Tales to His Grandson* (Gurdjieff)
(グルジェフ『ベルゼバブの孫への話』)

F *In Search of the Miraculous* (P. D. Ouspensky)
(P・D・ウスペンスキー『奇蹟を求めて』)

H *Herald of Coming Good* (Gurdjieff)
(グルジェフ『来るべき善きものの前触れ』)

I *Idiots in Paris* (J. G. & E. Bennett)
(J・G&E・ベネット『パリの白痴たち』)

M *Meetings with Remarkable Men* (Gurdjieff)
(グルジェフ『注目すべき人々との出会い』)

N1 *Teaching of Gurdjieff* (C. S. Nott)
(C・S・ノット『グルジェフの教え』)

N2 *Journey through This World* (C. S. Nott)
(C・S・ノット『この世を経巡る旅』)

NW *Gurdjieff: Making a New World* (J. G. Bennett)
(J・G・ベネット『グルジェフ・新しい世界の創造』)

OLWG *Our Life with Mr. Gurdjieff* (Thomas de Hartmann)
(トマス・ド・ハルトマン『ミスター・グルジェフとの日々』)

P1 *Boyhood with Gurdjieff* (Fritz Peters)
(フリッツ・ピータース『グルジェフと過ごした少年時代』)

P2 *Gurdjieff Remembered* (Fritz Peters)
(フリッツ・ピータース『回想のグルジェフ』)

PP *With Gurdjieff in St. Petersburg and Paris* (Butkovsky-Hewitt)
(ブトコフスキー＝ヒューイット『サンクト・ペテルブルクとパリのグルジェフ』)

TS *Life Is Real Only Then, When "I Am"* (Gurdjieff)
(グルジェフ『生は〈私が存在し〉て初めて真実となる』)

V *Views from the Real World* (Gurdjieff)
(グルジェフ『真の世界から見た光景』)

W *Witness* (J. G. Bennett)
(J・G・ベネット『証言』)

表記上の略号

f.　そのページから以下のページにかけて。
Ibid.　すぐ前に掲載の本と同書。
oral　文字にはなっていないが、広くグルジェフのものと考えられている言葉。
q.　他の本からの孫引き。
passim　このページに限らず、あちこちに。

たとえば「*M* 37」とあれば、*Meetings with Remarkable Men* の37頁を指す。
参考文献一覧にある書籍からの引用にあたっては、一覧の中で同一著者の本が一冊限りのものについては、著者名と頁のみを挙げた。一覧に挙げていないものからの引用は、出典を明記した。

第I部　自己神話化

1　思考の覚醒

1　*M* 47
2　*B* 27
3　Ibid.　33
4　*NW* 21
5　*M* 70
6　Ibid.
7　Ibid.　205
8　Ibid.
9　Ibid.　114
10　*H* 13
11　*M* 91
12　Ibid.

2　長き探究

1　*F* 15f.
2　*TS* 7
3　Hulme　63
4　*TS* 27
5　Ibid.
6　*M* 211
7　*H* 17
8　*M* 93
9　*TS* 27
10　*M* 37
11　Ibid.　118
12　Ibid.　99
13　Ibid.　119
14　*TS* 25

15 Ibid. 21
16 *M* 197
17 Ibid. 143
18 *TS* 25
19 *NW* 105
20 James Elroy Flecker
21 *NW* 64
22 *M* 161
23 L. A. Waddel, *The Buddhism of Tibet* 30
24 *B* 613
25 *TS* 9
26 Ibid. 23
27 *TS* 9
28 Peter Fleming, *Bayonets to Lhasa: The First Full Account of the British Invasion of Tibet in 1904,* Rupert Hart-Davis, 1961, 132
29 *B* passim
30 *TS* 27
31 *B* 579
32 *TS* 28
33 *M* 43
34 *H* 19
35 *TS* 9
36 *H* 22
37 Ibid. 20
38 Ibid. 22
39 Ibid. 12
40 *H* 12
Wyndham Lewis, "Letter to Violet Schiff"(20 Sept. 1922), British Library
41 Margaret Anderson, *The Strange Necessity: The Autobiography Resolutions and Reminiscences to 1969,* Horizon Press, New York, 221

第II部 思想の顕現

思想の顕現

1 J. B. Priestley, *Man and Time,* Aldus Books, 1964, 264
2 Philip Mairet, *A. R. Orage: A Memoir,* Reintroduction XXIV, University Books, New York, 1966
3 Henri Tracol, *Man's Awakening and the Practice of Remembering Oneself,* Guild Press, 1968, 2
4 Richard Rees, "Monsieur Gurdjieff," *Twentieth Century,* vol. 164, no. 981, Nov. 1958, 439
5 Michel de Salzman, "Footnote to the Gurdjieff Literature," *Parabola,* V (3), New York, Aug. 1980
6 *B* 777

7 Ibid. 751
8 *F* 85
9 *H* 13
10 *B* 136
11 Ibid. passim
12 Ibid. 82
13 Ibid. 81
14 Ibid. 88
15 *NW* 65
16 *B* 418
17 Ibid. 561
18 Ibid. 739
19 Ibid. 343
20 *B* passim
21 Ibid. 341
22 *F* 51
23 *B* 1056
24 *F* 326
25 *B* 1207
26 A. R. Orage, *On Love: With Some Aphorisms & Other Essays,* The Janus Press, 1957, 48
27 *F* 50
28 Peter Brook, q. James Moore, *The Guardian,* 20 Jul. 1976, 10
29 Mairet, *A. R. Orage*, 81
30 *V* 191
31 *F* 65
32 Ibid. 217
33 *B* 386
34 Ibid. passim
35 *M* 242
36 *V* 283
37 Kenneth Walker, *A Study of Gurdjieff's Teaching,* Jonathan Cape, 1957, 16
38 *F* 30
39 *M,* Translator's Note x

第Ⅲ部 同盟者の記録保管所

1 オゼイ王子

1 *NW* 108
2 *V* 178
3 *B* 50
4 *V* 8
5 *F* 271
6 *TS* 36
7 *M* 9

8 Gurdjieff, *The Struggle of the Magicians,* 23f.

9 *P1* 75

10 *M* 127

11 *B* passim

12 *P1* 114

13 Colin Wilson, *Rasputin and the Fall of the Romanovs,* Arthur Barker, 1964, 113

14 Edmund Taylor, *The Fall of the Dynasties: The Collapse of the Old Order 1905–1922,* Doubleday & Co., New York, 1963, 172

15 Wilson, *Rasputin,* 142

16 James Webb, *The Occult Establishment,* Richard Drew Publishing, 1981, 196

17 Robert de Ropp, *Warrior's Way,* George Allen & Unwin, 1980, 103

18 *B* 95f.

19 Ibid. 403

20 Dukes 106

21 Ibid. 105

22 *M* 225

23 Dukes 120

24 *M* 210

25 P. D. Ouspensky, *Tertium Organum: The Third Canon of Thought: A Key to the Enigmas of the World,* Knopf, New York, 1922, 306

26 Harold C. Schoenberg, *The Great Pianists,* Gollancz, 1969, 332

27 Dukes 120

28 Ibid. 100

29 Ibid.

30 Ibid. 103

31 Ibid. 102

32 Ibid.

33 Ibid. 107

34 Ibid.

35 Ibid. 104

36 Ibid. 111

37 Ibid. 109

38 *PP* 66

39 Ibid. 67

40 Taylor, *The Fall of the Dynasties,* 226

41 Ibid. 242

42 Ibid. 227

43 *F* 24

2 聖なる肯定

1 *F* 7

2 Ibid.
3 *M,* Translator's Note ix
4 *OLWG* 5
5 *F* 165
6 Ibid. 16
7 Ibid. 12
8 Ibid. 314
9 Ibid. 10
10 *PP* 35
11 David Marshall Lang, *The Armenians: A People in Exile,* George Allen & Unwin, 1981, 27
12 L. D. Trotsky, *History of the Russian Revolution,* vol. 1, Gollancz, 1932, 84
13 Carl Zigrosser, *My Own Shall Come to Me: A Personal Memoir and Pictures Chronicle,* Casa Laura, Philadelphia, 1971, 158
14 *F* 53
15 Ibid. 31
16 Ibid. 33
17 *PP* 70
18 Ibid. 36
19 Ibid. 74
20 *F* 232
21 Ibid. 247
22 Ibid. 253
23 *PP* 81
24 Ibid. 79
25 *F* 262
26 Ibid.
27 Ibid.
28 Ibid. 263
29 Ibid. 226
30 Ibid. 268
31 Wilson, *Rasputin,* 198
32 *F* 51
33 Ibid. 273
34 *OLWG* 2
35 Ibid. 4
36 Ibid. 3
37 Taylor, *The Fall of the Dynasties,* 255
38 *OLWG* 6
39 Ibid. 7
40 Ibid. 8
41 *F* 324

3 安全の幻影

1 *M* 48

2 *F* 342
3 *M* 57
4 *F* 340
5 Ibid.
6 Ibid. 342
7 Ibid. 341
8 Ibid.
9 *M* 45
10 *F* 342
11 Ibid.
12 Ibid. 343f.
13 Ibid. 346
14 Ibid.
15 Ibid. 367
16 *M* 245
17 *F* 368
18 *OLWG* 11
19 *F* 325
20 *OLWG* 13
21 Ibid. 15
22 Ibid. 17
23 Ibid. 22
24 Webb 156
25 *F* 178
26 Ibid.
27 *OLWG* 28
28 *PP* 105
29 *OLWG* 30
30 Ibid.
31 *B* 341
32 *F* 373
33 *OLWG* 48
34 *F* 373
35 Ibid. 374
36 *M* 278
37 *B* 746
38 *M* 49
39 *OLWG* 34
40 Ibid. 38
41 Ibid.
42 *M* 271

4 コーカサスのルリハコベ

1 *M* 275
2 *OLWG* 54
3 *M* 46
4 *OLWG* 52

5 Ibid.
6 Ibid.
7 Ibid. 55
8 *OLWG* 56
9 Ibid. 57
10 Ibid. 60
11 Ibid.
12 *M* 274
13 Ibid.
14 Ibid.
15 *OLWG* 61
16 *M* 276
17 *OLWG* 63
18 *M* 276
19 *OLWG* 74
20 *M* 277
21 *F* 21f.
22 Hulme 121
23 *M* 276

5 メンシェヴィキに囲まれて

1 *M* 279
2 Ibid. 280
3 *OLWG* 83
4 Ibid.
5 René Daumal, *Mount Analogue: An Authentic Narrative,* Vincent Stuart, 1959, 6
6 Zigrosser, *My Own Shall Come to Me,* 165
7 *OLWG* 80
8 Ibid.
9 Ibid. 81
10 Ibid.
11 Ibid. 85
12 Ibid. 87
13 *F* 14
14 Thomas de Hartmann, "The Folk Song and Its Collectors," *Anahit,* Paris, 1935; original lecture given Tbilisi, 1919
15 *OLWG* 90
16 Ibid.
17 Ibid. 91
18 Walker, *A Study of Gurdjieff's Teaching,* 18
19 Bechhofer-Roberts 64
20 *OLWG* 92
21 Ibid.
22 *F* 381
23 *M* 280

24 *OLWG* 93
25 *M* 281
26 *N1* 84
27 Frank Lloyd Wright, *An Autobiography,* Longman, Green, 1932, 444
28 *F* 17
29 *OLWG* 96
30 *F* 17
31 *OLWG* 94
32 Bechhofer-Roberts 65
33 Ibid. 66
34 Ibid. 250
35 Ibid. 66
36 Ibid. 81
37 Ibid. 68
38 *OLWG* 96
39 Bechhofer-Roberts, "The Forest Philosophers," *Century Magazine,* CVIII (1), New York, May 1924, 67
40 Nott papers
41 Ibid.
42 *NW* 108
43 *M* 281
44 *OLWG* 97

6 魔術師たちの闘争

1 J. G. Bennett, *The Crisis in Human Affairs,* Prologue, Hodder and Stoughton, 1948
2 *The Times,* Special Correspondent, 31 Mar. 1919
3 *M* 178
4 *B* 382
5 Ibid. 972
6 P. D. Ouspensky, *A New Model of the Universe: Principles of the Psychological Method in Its Application to Problems of Science, Religion, and Art,* RKP, 1931, 388
7 *F* 382
8 Tracol, *Man's Awakening,* 2
9 *W* 61
10 *F* 383
11 *PP* 21
12 *OLWG* 1
13 Ibid. 101
14 *B* 3
15 Gurdjieff, *Magicians,* 37
16 Saurat, "A Visit to Gourdjiev"
17 *W* 134
18 Gurdjieff, *Magicians,* 47

19 *B* 1056
20 *M* 217
21 *B* 1066
22 *W* 111
23 Ibid. 52
24 Arnold J. Toynbee, *The Western Question in Greece and Turkey: A Study in the Contact of Civilisations,* Constable, 1922, 185
25 *W* 53
26 *NW* 90
27 *W* 65
28 Beryl de Zoete, *The Thunder and the Freshness,* Neville Spearman, 1963, 23
29 *W* 69
30 Claude Bragdon, *The Secret Springs,* Andrew Dakers, 1939, 267
31 Lizelle Reymond, *To Live Within,* George Allen & Unwin, 213
32 *F* 384
33 *W* 166
34 Harold Armstrong, *Turkey in Travail: The Birth of a New Nation,* John Lane The Bodley Head, 1925, 105
35 *M* 283
36 *OLWG* 103

7 グルジェフ氏、列車を乗り換える

1 *OLWG* 104
2 *NW* 132
3 *B* 89
4 Stefan Zweig, q. Edmund Taylor, 396
5 Ibid. 395
6 *V* 167
7 *OLWG* 105
8 Ibid.
9 *OLWG* 106
10 *B* 429
11 A. S. Neill, *"Neill! Neill! Orange Peel,"* Weidenfeld, 1973, 120
12 Ibid. 117
13 *P1* 56
14 *F* 384
15 David Garnett, *The Flowers of the Forest,* Chatto & Windus, 1955, 225
16 Loran Hurnscott, *A Prison, A Paradise,* 185
17 Roland Merlin, "Le drame de Katherine Mansfield," *L'Illustration* 16, 19 Jan. 1946
18 *B* 10

19 *V* 76
20 Ibid. 79
21 Ibid. 81
22 *N1* 27
23 Ibid.
24 Edwin Muir, *An Autobiography,* Hogarth Press, 1940, 173
25 A. R. Orage, *New Age* X, 24, 11 Apr. 1912, 564
26 Muir, *An Autobiography,* 173
27 *B* 10
28 *NW* 135
29 *N2* 91
30 Ibid.
31 Pogson 72
32 *N2* 99
33 Walker, *A Study of Gurdjieff's Teaching,* 13
34 Ibid.
35 Bechhofer-Roberts, "The Forest Philosophers," 78
36 Ibid. 69
37 *B* 661
38 *M* 284
39 Pauwels 31
40 *OLWG* 109
41 Young 34
42 Ibid. 35
43 *PP* 127
44 *V* 82
45 Young 37
46 *P1* 36
47 Merston（Ch. X）1
48 *M* 285
49 *OLWG* 110
50 Matthew 8: 20
51 *M* 285

8 ハイダ・ヨーガ

1 *M* 285f.
2 Ibid. 286
3 *F* 48
4 Bechhofer-Roberts, "The Forest Philosophers," 73
5 Pogson 84
6 Ibid.
7 Ibid. 83
8 Katherine Mansfield, *The Letters of Katherine Mansfield,* Constable, 1928, 256
9 Olgivanna 8
10 Merston（Ch. X）2
11 Bechhofer-Roberts, "The Forest Philosophers," 70

12 *M* 289
13 Ibid.
14 Ibid. 286
15 *W* 121
16 Clifford Sharpe, "The Forest Philosophers," *The New Statesman,* part 1, XX (516), 3 Mar. 1923, 627
17 *W* 121
18 Denis Saurat, "Visite à Gourdjieff," *La Nouvelle Revue Française,* XLI, 242, Paris, Nov. 1933
19 Mansfield 695
20 Ibid. 680
21 *NW* 140
22 Ibid.
23 *B* 651
24 Mansfield 680
25 Webb 260
26 *N1* 28
27 Sharpe, "The Forest Philosophers," 627
28 Bechhofer-Roberts, "The forest Philosopher," 77
29 Adèle Kafian, "The Last Days of Katherine Mansfield," *Adelphi,* XXIII, Oct.-Dec. 1946, 36
30 Olgivanna 6
31 Mansfield 677
32 Ibid. 695
33 Ibid. 684
34 *W* 266
35 Mansfield 685
36 *F* 385
37 Mansfield 695
38 Merston (Ch. X) 4
39 *F* 389
40 Ibid. 385
41 Bechhofer-Roberts, "The forest Philosophers," 76
42 *V* 109
43 Mansfield 690
44 *B* 343
45 Young 34
46 Mansfield 694
47 Fritz Peters, *Balanced Man: A Look at Gurdjieff Fifty Years Later,* Wildwood House, 1979, 44
48 Ibid. 68
49 Mansfield 692
50 Pogson 86
51 *OLWG* 113
52 *N1* 28
53 *OLWG* 116
54 Merston (Ch. X) 11
55 *OLWG* 120

56 *NW* 147
57 Merston (Ch. X) 11
58 Ibid. 5
59 *V* 284
60 Mansfield 696
61 *OLWG* 120
62 Ibid. 112
63 Ida Baker, *Katherine Mansfield: The Memories of LM,* Michael Joseph, 1971, 224
64 Mansfield 700
65 *OLWG* 121
66 *B* passim
67 Olgivanna 12
68 William Orton, *The Last Romantic,* Cassell, 1937, 274
69 *N1* 56
70 Baker, *Katherine Mansfield,* 226
71 *OLWG* 121

9 虎に乗る

1 *M* 23
2 *M* 153
3 Wyndham Lewis to Violet Schiff, 20 Sept. 1922, British Library.
4 Vivienne Eliot, letter to Ezra Pound, 2 Nov. 1922
5 John Middleton Murry, "In Memory of Katherine Mansfield," *Adelphi* 1, Jan. 1924, 664–5
6 John Middleton Murry, letter to Beatrice Campbell, 1955
7 Kafian, "The Last Days of Katherine Mansfield," 37
8 *V* 267
9 J. Spencer Trimmingham, *The Sufi Orders in Islam,* Clarendon Press, 1971, 267
10 Saurat, "Visite à Gourdjieff"
11 Ibid.
12 Ibid.
13 Ibid.
14 *F* 385
15 *W* 118
16 Young 38
17 Ibid.
18 Hulme 66
19 *W* 119
20 Noel Stock, *The Life of Ezra Pound,* RKP, 1970, 253
21 Pogson 83
22 *NW* 146
23 Ibid. 147
24 Bechhofer-Roberts, "The Forest Philosopers," 69
25 Mark Schorer, *Sinclair Lewis: An American Life,* New

York, 1961, 378
26 Merston (Ch. X) 4
27 Young 40
28 *V* 107
29 *TS* 30
30 Ibid.
31 *M* 290
32 Ibid.
33 "Ce que L'Institut Gurdjieff a voulu nous présenter," *L'Echo des Camps-Elysées,* 1 (37), Dec. 1923
34 "L'Institut Gurdjieff," *Le Figaro,* 13 Dec. 1923
35 *OLWG* 123
36 "Théâtre des Champs-Elysées," *Le Temps,* 15 Dec. 1923
37 *OLWG* 124
38 Ibid. 123
39 Ian E. Black, *A Friend of France,* Jonathan Cape, 1941, 19
40 *M* 293
41 Ibid.
42 Ibid.
43 *M* 292
44 *OLWG* 126
45 *B* 1051
46 Munson 208
47 Webb 280
48 Lincoln Kirstein, letter to James Moore, 19 Mar. 1981
49 W. J. Welch 101
50 Seabrook 169
51 *N1* 8
52 Louise Welch 8
53 Webb 282
54 Seabrook 166
55 Ibid. 166
56 Webb 268
57 Ibid.
58 *N1* 19
59 Munson 214
60 Webb 279
61 Ibid. 282
62 Munson 208
63 Ibid. 256
64 *N1* 22
65 Ibid. 21
66 *B* 923
67 *OLWG* 130
68 *M* 248
69 *OLWG* 128
70 *V* 191

71 Louise Welch 9
72 *B* 935
73 Ibid. 936
74 *V* 164
75 *M* 297
76 *TS* 90
77 Ibid. 92
78 Louise Welch 10
79 Mabel Dodge Luhan, *Lorenzo in Taos,* Secker, 1933, 128
80 John Symonds, *The Great Beast,* Mayflower Books, 1973, 303
81 *A1* 94
82 *B* 675

10 死と作家

1 *B* 1185
2 Ibid. 1186
3 *F* 100
4 Webb 294f.
5 *V* 3
6 *OLWG* 135
7 *N1* 80
8 Louise Welch 41
9 *N1* 81f.
10 *TS* 31
11 Ibid. 45
12 *OLWG* 138
13 *N1* 82
14 *OLWG* 139f.
15 *N1* 82
16 *B* 1188
17 *TS* 4
18 *P1* 128
19 Ibid.
20 *TS* 92
21 *OLWG* 145
22 *B* 9
23 Ibid. 51
24 Ibid. 4
25 *P1* 130
26 *H* 42
27 *B* passim
28 *TS* 37
29 Landau 258
30 *M* 249
31 Louise Welch 2
32 Holbrook Jackson, "A. R. Orage: Personal Recollections,"

Windmill, 3: 1, 1948
33 *TS* 95f.
34 *P1* 31
35 Louise Welch 49
36 *TS* 61
37 Webb 340
38 *TS* 38
39 *B* 913
40 *P1* 78
41 Ibid. 91
42 Ibid. 102
43 *TS* 154
44 *P1* 106
45 Ibid. 107
46 Ibid. 104
47 Walker 147
48 *P1* 107
49 Ibid. 109
50 Ibid. 110
51 *N1* 122
52 Symonds, *The Great Beast,* 402
53 Ibid. 412
54 Webb 315
55 Ibid. 360
56 *A2* 28
57 Ibid. 29
58 Webb 346
59 Ibid.
60 *TS* 7
61 Ibid. 6
62 Munson 270
63 *NW* 274
64 *TS* 5
65 Ibid. 2f.
66 Ibid. 34
67 Ibid. 2
68 *H* 85
69 Jessie Orage v.v.
70 *TS* 43
71 Ibid. 45
72 Webb 321

11 飛び散るドングリ

1 *M* 225
2 *A1* 13
3 Janet Flanner, "A Life on a Cloud: Margaret Anderson," *Janet Flanner's World: Uncollected Writings 1932–1975,* Secker

& Warburg, 1980, 328

4 Solita Solano, q. *Little Review,* May 1929, 81

5 *W* 115

6 Jean-Pierre Laurant, *Le Sens Caché selon René Guénon, Lausanne,* 1975

7 Webb 467

8 *OLWG* 151

9 *B* 1237

10 Mansfield, *The Letters of Katherine Mansfield,* 134

11 Wolfe 7

12 Webb 364

13 *OLWG* 153

14 Webb 365

15 *Little Review,* May 1929, 5f.

16 Ibid. 66

17 *OLWG* 153f.

18 Ibid. 154

19 Ibid.

20 *P1* 173

21 Ibid.

22 Ibid.

23 *N2* 24

24 *OLWG* 155

25 Ibid. 156

26 Webb 366

27 Ibid.

28 Louise Welch 82

29 Ibid. 108

30 *TS* 51

31 *N2* 19

32 Ibid. 20

33 Webb 322

34 Daumal, *Mount Analogue,* 32

35 Ibid. 33

36 Claude Mauriac, "Daumal à la recherche de l'absolu," *Le Figaro,* Paris, 2 Feb. 1970

37 *M* 26

38 *TS* 70

39 Ibid. 65

40 Ibid. 100

41 Ibid. 121

42 Ibid. 124f.

43 Seabrook 187

44 Wolfe 15

45 Ibid. 18

46 *N2* 14

47 Ibid. 38

48 Thornton Wilder, *The Journals of Thornton Wilder,* ed.

Donald Gallup, 143

49 Ibid. 144

50 Ibid. 146

51 Ibid. 147

52 *N2* 107

53 Monk Gibbon, *The Masterpiece and the Man: Yeats as I Knew Him,* Rupert Hart-Davis, 1959, 91

54 Hulme 70

12 聖なる否定

1 Bragdon, *The Secret Springs,* 327

2 Webb 423

3 Ibid. 327

4 Ibid. 328

5 Landau 264

6 Ibid.

7 *P2* 21

8 Louise Welch 117

9 Webb 415

10 *P2* 18

11 Thomas Mona, "Petit déjeuners en ville," *Le Matin de Paris,* 11 Jan. 1980

12 Hulme 64

13 Ibid. 62

14 Ibid. 66

15 Ibid. 69

16 *N2* 69

17 Ibid. 70

18 Ibid. 71

19 McCorkle 59

20 Ibid. 60

21 Ibid. 58

22 Ibid. 65

23 Ibid.

24 Webb 371

25 Landau 254

26 *H* 45

27 *P2* 24

28 Webb 420

29 Landau 244

30 Webb 421

31 *H* 84

32 Webb 422

33 de Zoete, *The Thunder and the Freshness,* 22

34 *H* 88

35 Landau 253

36 *P2* 34

37 Ibid. 35

38 Webb 422

39 Ibid. 423

40 *P2* 40

41 Ibid.

42 *N2* 80

43 Ibid. 152

44 Edgar Tafel, *Apprentice to Genius: Years with Frank Lloyd Wright,* Dover Publications, New York, 1979, 139

45 Frank Lloyd Wright, "At Taliesin," *The Capital Times,* 26 Aug. 1934

46 Frank Lloyd Wright, *Wisconsin State Journal,* 3 Nov. 1951, section 2, p. 3

47 Svetlana Alliluyeva, *The Faraway Music,* Lancer International, New Delhi, 1984, 57

48 Landau 248

49 Ibid. 246

50 Ibid. 248

51 *TS* 50

52 Ibid. 150

53 Ibid. 152

54 Ibid. 154

55 Ibid. 156

56 Ibid. 155

57 Ibid. 44

58 *NW* 108

59 *TS* 166

60 *P2* 27

61 *TS* (revised edition) 174

62 Ibid. 45

63 *Washington Post,* 7 May, 1935

64 Ibid.

65 *NW* 182

13 治癒の諸様式

1 Landau 232

2 Ibid. 263

3 *F* 257

4 Peters, *Balanced Man,* 43

5 Hulme 76

6 Ibid. 78

7 Solita Solano, "The Hotel Napoleon Bonaparte," *Quarterly Journal of the Library of Congress* 34, Oct. 1977, 311

8 Hulme 85

9 Ibid. 87

10 Ibid. 82

11 Ibid. 98

12 Ibid. 91
13 Ibid. 89
14 *H* 22
15 Hulme 92
16 Ibid. 96
17 *A1* 14
18 *A2* 143f.
19 Ibid. 148
20 *A1* 119
21 Hulme 106
22 Vera Daumal, "Notes: La littérature à propos de Gurdjieff et de René Daumal," *La Nouvelle Revue Française* II (22), 1 Oct. 1954, Paris, 720f.
23 Hulme 123
24 Ibid. 130
25 *A2* 149
26 *A1* 119
27 Hulme 114
28 Ibid. 123
29 Ibid. 129
30 Ibid.
31 Ibid. 138
32 Ibid. 144
33 Ibid. 158
34 *A1* 123
35 *A2* 155
36 *A1* 124f.
37 Solita Solano, letter to John C. Broderick, 20 Jul. 1966
38 Random 174
39 *N2* 123
40 Wolfe 23
41 Hulme 169
42 Ibid. 173
43 *N2* 123
44 *A1* 143

14 戦争だ

1 Giles Perrault, *Paris under the Occupation,* André Deutsch, 1989, 20
2 *A1* 136
3 Ibid. 171
4 Pierre Schaeffer, q. Pauwels 410
5 Perrault, *Paris under the Occupation,* 9
6 *A1* 162
7 *M* 15
8 Flanner, *Janet Flanner's World,* 51
9 Zuber 1

10 Perrault, *Paris under the Occupation,* 15
11 *P2* 92f.
12 Gurdjieff (Group exchange 1943)
13 *P2* 108
14 *A1* 174
15 *F* 326
16 *A1* 180
17 Ibid.
18 Paul Webster & Nicholas Powell, *Saint-Germain-des-Pres: French Post-War Culture from Sartre to Bardot,* Constable
19 Hulme 216
20 *Au Pilori,* 14 May 1941, q. Perrault, *Paris under the Occupation,* 174
21 Pierre Matauschek & Jacques Revignes, "René Daumal: Soldat du Je," *Presse de la Manche,* 5 Apr. 1974
22 Random 221
23 Schaeffer, q. Pauwels 405
24 Zuber 26
25 Gurdjieff (Group exchange 1943)
26 W. J. Welch 123
27 Schaeffer, q. Pauwels 443
28 Ibid. 412
29 Zuber 10
30 Random 243
31 *W* 256
32 Ibid.
33 Ibid. 257
34 Ibid.
35 Hulme 211
36 Ibid.
37 Ibid. 212
38 Ibid.
39 Ibid. 214
40 Ibid. 216
41 *P2* 81
42 Ibid. 82

15 聖なる調和

1 Hulme 257
2 *B* 364
3 W. J. Welch 134
4 *P2* 112
5 Roland Merlin, "Le drame de Katherine Mansfield," *L'Illustration* 16, 19 Jan. 1946
6 Pauwels 355
7 Hulme 259
8 Ibid. 260

9 Ibid.
10 Ibid. 258
11 Staveley 51
12 Ibid. 6
13 Ibid. 31
14 *I* 70
15 Staveley 12
16 Ibid. 13
17 *W* 243
18 Webb 462
19 Walker 134f.
20 Webb 461
21 Dorothy Caruso, *A Personal History by Dorothy Caruso,* Hermitage House, New York, 1952, 172
22 Ibid. 177
23 Ibid.
24 Ibid. 178
25 *W* 226
26 Ibid. 240
27 Ibid.
28 Schaeffer, q. Pauwels 409
29 *W* 246
30 Ibid.
31 Ibid. 247
32 Ibid. 249
33 Caruso, *A Personal History,* 180
34 Oral
35 Oral
36 *W* 250
37 Caruso, *A Personal History,* 180
38 *W* 250
39 Ibid. 251
40 Caruso, *A Personal History,* 181
41 Matthew 7: 15
42 Walker 154
43 *N2* 239
44 Staveley 57
45 Walker 145
46 *W* 253
47 Tilley 41, 10 Sept. 1948
48 *W* 253
49 Oral
50 *N2* 242
51 Ibid.
52 Schaeffer, q. Pauwels 429
53 Tilley 40, 10 Sept. 1948
54 Ibid. 43, 16 Sept. 1948
55 de Ropp, *Warrior's Way,* 199

56 Caruso, *A Personal History,* 182
57 *W* 257

16 さようなら、みんな

1 *I* 107
2 de Ropp, *Warrior's Way,* 199
3 Popoff 123
4 Ibid. 125
5 W. J. Welch 133
6 Wolfe 29
7 W. J. Welch 127
8 de Ropp, *Warrior's Way,* 198
9 W. J. Welch 126
10 *W* 260
11 Ibid.
12 *W* 260
13 Ibid. 261
14 Ibid.
15 Ibid. 262
16 Hulme 280
17 *W* 262
18 Popoff 152
19 Tilley 56
20 Ibid. 61
21 Caruso, *A Personal History,* 184
22 Schaeffer, q. Pauwels 425
23 *I* 3
24 Ibid. 17
25 Ibid.
26 Ibid.
27 Ibid. 25
28 Zuber 16
29 Wolfe 25
30 *I* 35
31 *W* 271
32 Schaeffer, q. Pauwels 443
33 *I* 30
34 Ibid. 46
35 *W* 272
36 Caruso, *A Personal History,* 187
37 *B* 9
38 Schaeffer, q. Pauwels 436
39 *I* 93
40 *W* 278
41 Tilley 73
42 *I* 96
43 W. J. Welch 139

44 Ibid. 138
45 *I* 100
46 W. J. Welch 139
47 *V* Foreword viii
48 Zuber 41
49 *W* 272
50 Schaeffer, q. Pauwels 448
51 *W* 282

年譜

1 *TS* 7
2 *M* 183
3 *M* 165
4 *M* 252
5 *TS* 9
6 *TS* 9
7 *H* 11

原注A・用語解説

グルジェフその人

1 *W* 64
2 *I* 70
3 *M* 40f.
4 Webb, 54
5 *NW* 14
6 *OLWG* 155
7 "Diogenes," *Time and Tide,* 11 May 1957
8 *Recontres avec des hommes remarquables,* Julliard, Paris, 1960
9 Popoff 148
10 Gorham Munson, "Black Sheep Philosophers: Gurdjieff—Ouspensky—Orage," *Tomorrow* IX (6), Feb. 1950, New York, 20
11 Landau, *God Is My Adventure*
12 Alexandra David-Néel, "Gurdjieff-Dordjieff," *Nouvelles Littéraires,* Paris, 11 Apr. 1954
13 Webb (Ch. 2)
14 Alistair Lamb, *Britain and Chinese Central Asia,* Routledge & Kegan Paul, 1960
15 "Diogenes"

グルジェフの教え

1 *V* 281–4
2 Henri F. Ellenberger, *The Discovery of the Unconscious: the History and Evolution of Dynamic Psychiatry,* Allen Lane: The Penguin Press, 1970

3 William Segal, “The Force of Attention,” *The Structure of Man,* Green River Press, Stillgate Publishers, Vermont, 1987
4 King, *The Psychology of Consciousness,* (Ch. X)
5 *Frankfurter Allgemeine Zeitung*
6 Brice Clarke, “Katherine Mansfield’s Illness,” *Proceedings of the Royal Society of Medicine,* vol. 48, Apr. 1955, 1029–32
7 Moore, *Gurdjieff and Mansfield*
8 *Le Figaro Litteraire,* 27 Mar. 1954
9 “Une Lettre de Mme Reweliotty,” *L’Aurore,* 11 Oct. 1973
10 Helen Tworkov, *Zen in America,* North Point Press, San Francisco, 1989
11 Whitall N. Perry, *Gurdjieff in the Light of Tradition,* Perennial Books, 1978
12 Trimingham, *The Sufi Orders in Islam,* Appendix B
13 *F* 138
14 *La géochimie,* Paris, 1924
15 *Biosfera,* Leningrad, 1926
16 James Lovelock, *Gaia: A New Look at Life on Earth,* Oxford University Press, 1979
17 *F* 323, Fig. 58
18 Ibid. 322
19 *B* passim
20 *F* 286–95
21 *F* 376–8
22 Maurice Nicoll, *Psychological Commentaries on the Teaching of G. I. Gurdjieff and P. D. Ouspensky,* Vincent Stuart, 1952, vol. 2, 379–438
23 James Moore, “The Enneagram: A Developmental Study,” *Religion Today: A Journal of Contemporary Religions,* Vol. 5, No. 3
24 *B* 73 ff.
25 *F* 84 ff., 138 ff.
26 *Guide and Index to G. I. Gurdjieff’s All and Everything: Beelzebub’s Tales to His Grandson,* The Society for Traditional Studies, Toronto, 1971, 171–82
27 Henry D. Barnham, *Tales of Nasr-ed-din Khoja,* Nisbet & Co., 1923
28 A. Wesseski, *Der Hodscha Nasreddin,* Weimar, 1911
29 *OLWG* 93
30 *F* 382
31 Gurdjieff, *The Struggle of the Magicians*
32 Webb 288–9

グルジエフの方法

1 *TS* 12f.
2 Dukes 105

3 *OLWG* 101
4 Webb 509–13
5 Dukes 101 ff.
6 Triangle Records, Triangle Editions Inc., P.O. Box 452, Lenox Hill Station, New York, New York 10021
7 J. Walter Driscoll, Gurdjieff Foundation of California, *Gurdjieff: An Annotated Bibliography,* Garland Publishing, New York, 1985, 8–10
8 *B* 9
9 *F* 372
10 *B* 476
11 Alphons Paquet, *Delphische Wanderung,* Drei Masken Verlag, Munich
12 Mel Gordon, "Gurdjieff's Movement Demonstrations: The Theatre of the Miraculous," *Drama Review,* XXII (2), Jun. 1978, New York, 32–44
13 Pauline de Dampierre, "Sacred Dance: The Search for Conscious Harmony," interview with Jacques Le Vallois, *American Theosophist,* vol. 73 no. 5, May 1985
14 James Moore, "Katherine Mansfield and Gurdjieff's Sacred Dance," *Katherine Mansfield: Centennial Essays,* Louisiana State University Press, 1991
15 Rina Hands, *The Diary of Madame Egout Pour Sweet,* Two Rivers Press, 1991, 3
16 McCorkle 76
17 *NW* 157

グルジェフの脇役的な弟子たち

1 *W* 157
2 *F* 6
3 *M* 71
4 *OLWG* ix
5 *V* 33
6 *M* 65
7 Ibid. 71
8 *B* 390–410
9 *P1*
10 *Talks with Sri Ramana Maharishi,* 3rd edn, Tiruvannamalai, 1963
11 *NW* 123
12 *N2* (Ch. 10)
13 *W* 69
14 Garnett, *The Flowers of the Forest,* 225
15 McCorkle 30
16 Kerman & Eldridge, *The Lives of Jean Toomer*

グルジェフの知人たち

1 *The Era of Expressionism,* ed. Paul Raabe, trans. J. M.

Ritchie, Calder & Boyars, 1974

2 *W* 63

3 John Presland, *Deedes Bey: A Study of Sir Wyndham Deedes 1883–1923,* Macmillan & Co., 1942, 197

4 Robert C. Twombly, "Organic Living: Frank Lloyd Wright's Taliesin Fellowship and Georgi Gurdjieff's Institute for the Harmonious Development of Man," *Wisconsin Magazine of History,* vol. 58, no. 2, winter 1974–5

5 Harry Adaskin, *A Fiddler's Choice: Memoirs 1938 to 1980,* November House, Vancouver, 1982, 99

6 Munson, "Black Sheep Philosophers"

雑録

1 *F* 15

2 *I* 68

3 E. FitzGerald, Boston, 1899; R. P. Masani, 1924

4 The Janus Press, London, 1954

5 *B* 50

6 *M* 248

7 Pauwels 31

8 *Vozrozhdenie,* 16 Oct. 1934, Paris

9 Robert H. Johnston, *New Mecca, New Babylon: Paris and the Russian Exiles, 1920–1945,* McGill-Queen's Univ. Press, Kingston & Montreal, 1988

10 *NW* 99

11 *M* 191

12 *NW* 178

13 Alliluyeva, *The Faraway Music,* 87

14 J. Walter, Gurdjieff Foundation of California, *An Annotated Bibliography*

参考文献

以下の簡略な参考文献一覧には、本書で扱ったもののみを載せている。ここでは原則として、伝記的資料があるものを除いては、グルジェフの教えを解説した著作は省いている。特別に注記したもの以外はすべてイギリスで出版された初版である。グルジェフに関する総合的な目録に関心のある方は、J・ウォルター・ドリスコルとグルジェフ・ファウンデーション・オブ・カリフォルニア編『グルジェフ――注釈付き文献一覧』（ニューヨーク、ガーランド出版社、一九八五［J. Walter Driscoll and the Gurdjieff Foundation of California, *Gurdjieff: An Annotated Bibliography,* New York: Garland Publishing, 1985, ISBN 0-8240-8972-3］）を参照されたい。同書には一七四三項目が収録されている。また同書の増補版は現在出版準備中である。

ゲオルギー・イヴァノヴィッチ・グルジェフ

以下のグルジェフの著作は、出版年順ではなく、執筆順に掲載してある。

◎*The Struggle of the Magicians,* The Stourton Press, Capetown, 1957.
◎*Views from the Real World,* Routledge & Kegan Paul, 1973. ［*V*］
（『グルジェフ、弟子たちに語る』前田樹子訳　めるくまーる　一九八五）
◎*Beelzebub's Tales to His Grandson,* Routledge & Kegan Paul, 1950. ［*B*］
（『ベルゼバブの孫への話――人間の生に対する客観的かつ公平無私なる批判』浅井雅志訳　平河出版社

一九九〇）
◎*Meetings with Remarkable Men,* Routledge & Kegan Paul, 1963. ［*M*］
（『注目すべき人々との出会い』棚橋一晃監修・星川淳訳　めるくまーる　一九八一）
◎*Life Is Real Only Then, When "I Am,"* Triangle Editions, New York, 1975. ［*TS*］
（『生は〈私が存在し〉て初めて真実となる』浅井雅志訳　平河出版社　一九九三）
◎*Herald of Coming Good,* La Société Anonyme des Editions de L'Ouest, Angers (France), 1933. ［*H*］

【注】グルジェフは『来るべき善きものの前触れ』を出版したのち、適切でないと感じてすべて回収した。それと対照的に、P・D・ウスペンスキーの重要な著作『奇蹟を求めて――未知の教えの断片』（邦訳サブタイトルは「グルジェフの神秘宇宙論」――訳者）は、かなりの部分をグルジェフ自身の言葉が占めているが、その正確さについてはグルジェフ自身が感謝の念を込めて確認している。

書簡および日記類

◎Bennett, John G. & Elizabeth, *Idiots in Paris: Diaries of J. G. Bennett and Elizabeth Bennett, 1949*, Coombe Springs Press, 1980. ［*I*］
◎Mansfield, Katherine, *Katherine Mansfield's Letters to John Middleton Murry 1913–1922*, ed. John Middleton Murry, Constable, 1951.
◎Tilley, Basil, *Letters from Paris and England 1947–1949*, privately printed at the Phene Press, 1981.

回想録

◎Anderson, Margaret, *The Fiery Fountains,* Rider & Co., 1953. [*A1*]

◎Bechhofer-Roberts, C. E., *In Denikin's Russia and the Caucasus, 1919–1920: Being the Record of a Journey to South Russia, the Crimea, Armenia, Georgia and Baku in 1919 and 1920*, Collins, 1921.

◎Bennett, J. G., *Witness*, Hodder & Stoughton, 1962. [*W*]

◎Butkovsky-Hewitt, Anna, *With Gurdjieff in St. Petersburg and Paris*, Routledge & Kegan Paul, 1978. [*PP*]

◎Dukes, Sir Paul, *The Unending Quest,* Cassell, 1950.

◎de Hartmann, Thomas, *Our Life with Mr. Gurdjieff,* Cooper Square Publishers, New York, 1964. [*OLWG*]

(『グルジェフと共に』前田樹子訳　めるくまーる　一九八八)

◎Hulme, Kathryn, *Undiscovered Country,* Little, Brown & Co., Boston, 1966.

◎Kenney, Rowland, *Westering,* Dent, 1939.

◎Landau, Rom, *God Is My Adventure,* Ivor Nicholson & Watson, 1935.

◎Leblanc, Georgette, *La Machine à Courage: Souvenirs,* Janin, Paris, 1947.

◎McCorkle, Beth, *The Gurdjieff Years 1929–1949: Recollections of Louise March,* The Work Study Association, New York, 1990 (paperback).

◎Merston, Ethel, *Memoirs* (unpublished).

◎Nott, C. S., *Teachings of Gurdjieff: The Journal of a Pupil. An Account of Some Years with G.*

I. Gurdjieff and A. R. Orage in New York and at Fontainebleau–Avon, Routledge & Kegan Paul, 1961. [*N1*]
(『回想のグルジェフ――ある弟子の手記』古川順弘訳　コスモス・ライブラリー　二〇〇二)
———, *Journey Through This World: The Second Journal of a Pupil. Including an Account of Meetings with G. I. Gurdjieff, A. R. Orage and P. D. Ouspensky,* Routledge & Kegan Paul, 1969. [*N2*]

◎Olgivanna (Mrs. Frank Lloyd Wright), "The Last Days of Katherine Mansfield," *The Bookman* LXXIII (1), March 1931, New York, pp. 6–13.

◎Ouspensky, P. D., *In Search of the Miraculous: Fragments of an Unknown Teaching,* Routledge & Kegan Paul, 1950. [*F*]
(『奇蹟を求めて――グルジェフの神秘宇宙論』浅井雅志訳　平河出版社　一九八四)

◎Peters, Fritz, *Boyhood with Gurdjieff,* Gollancz, 1964. [*P1*]
(『魁偉の残像――グルジェフと暮らした少年時代』前田樹子訳　めるくまーる　一九八七)
———, *Gurdjieff Remembered,* Gollancz, 1965. [*P2*]

◎Pogson, Beryl, *Maurice Nicoll: A Portrait,* Vincent Stuart, 1961.

◎Popoff, Irmis B., *Gurdjieff: His Work on Myself... with Others... for the Work,* Vantage, New York, 1969.

◎Saurat, Denis, "A Visit to Gourdyev," *Living Age* CCCXLV (4408), Jan. 1934, pp. 427–33.

◎Seabrook, William, *Witchcraft: Its Power in the World Today,* Harrap, 1940.

◎Staveley, A. L., *Memories of Gurdjieff,* Two Rivers Press, Aurora (Oregon), 1978.

◎Walker, Kenneth, *Venture with Ideas,* Jonathan Cape, 1951.

◎Welch, William J., *What Happened in Between: A Doctor's Story,* George Braziller, New York,

1972.
◎Wolfe, Edwin, *Episodes with Gurdjieff,* Far West Press, San Francisco, 1974 (paperback).
◎Young, James Carruthers, "An Experiment at Fontainebleau: A Personal Reminiscence," *New Adelphi* I (1), Sept. 1927, pp. 26–40.
◎Zuber, René, *Who Are You, Monsieur Gurdjieff?*, Routledge & Kegan Paul, 1980 (paperback).

【注】

(1)トマスおよびオルガ・ド・ハルトマンの『ミスター・グルジェフとの日々』(*Our Life with Mr. Gurdjieff*)については、C・デイリーおよびT・A・G・デイリー編の増補決定版(ペンギン・ブックス、一九九二)をぜひ参照されたい。

(2)ロチェスター・フォーク・アート・ギルドおよびマーチ家は、ベス・マコークル編『グルジェフ1929–1949——ルイーズ・マーチの回想』(*The Gurdjieff Years 1929–1949: Recollections of Louise March*)とはなんの関わりもないことを言明している。

回想録集

◎Anderson, Margaret, *The Unknowable Gurdjieff,* Routledge & Kegan Paul, 1962. [*A2*]
◎Pauwels, Louis, *Gurdjieff,* Times Press, Douglas (Isle of Man), 1964 (paperback).

歴史的・文学的研究

◎Bennett, J. G., *Gurdjieff: Making a New World,* Turnstone Books, 1973. [*NW*]
◎Kerman, Cynthia Earl & Eldridge, Richard, *The Lives of Jean Toomer: A Hunger for Wholeness,*

Louisiana State Univ. Press, USA, 1987.
◎Moore, James, *Gurdjieff and Mansfield,* Routledge & Kegan Paul, 1980.
◎Munson, Gorham, *The Awakening Twenties: A Memoir History of a Literary Period,* Louisiana State Univ. Press, USA, 1985.
◎Random, Michel, *Les puissances du dedans:Luc Dietrich, Lanza del Vasto, René Daumal, Gurdjieff,* Denöel, Paris, 1966.
◎Webb, James, *The Harmonious Circle: The Lives and Work of G. I. Gurdjieff, P. D. Ouspensky, and Their Followers,* Thames & Hudson, 1980.
◎Welch, Louise, *Orage with Gurdjieff in America,* Routledge & Kegan Paul, London & Boston, 1982 (paperback).

第一次資料

グルジェフに関する重要な資料および写真類の多くは、パリのミシェル・ド・ザルツマン、そしてカリフォルニアのグルジェフ・ファウンデーションのもとに集められつつある。重要な第一次資料はいまなお個人の手許にあるものも多い。グルジェフその人に関するものでなく、特定の弟子たちに関する資料は、特別コレクションとして、アメリカの公的機関に収蔵されている。以下にそのいくつかを列記する。

国会図書館公文書館（ワシントンDC）――マーガレット・アンダーソン、ジェイン・ヒープ、ソリータ・ソラーノ
フィスク大学図書館（テネシー州、ナッシュヴィル）――ジーン・トゥーマー
メリーランド大学マッケルヴィン図書館（ポーター・ルーム）――ジューナ・バーンズ、ジェイン・ヒ

ープ
プリンストン大学図書館——ジーナ・ゲイル
ウェズレイアン大学オリン図書館——ゴーラム・マンソン
ウィスコンシン州立歴史協会——ジーナ・ゲイル
ウィスコンシン大学ミルウォーキー校ゴルダ・メイアー図書館——マーガレット・アンダーソン
イェール大学バイネック稀書草稿図書館（コネティカット州ニューヘイヴン）——ミュリエル・ドレイパー、キャサリン・ヒューム、メイベル・ドッジ・ルーハン、ピョートル・デミヤノヴィッチ・ウスペンスキー、ジーン・トゥーマー
イェール大学音楽図書館（コネティカット州ニューヘイヴン）——トマス・ド・ハルトマン

訳者あとがき

「われわれはいつも儲けています。だからわれわれには関係ありません。戦争であろうがなかろうが同じことです。われわれはいつも儲けているのです」（『奇蹟を求めて』）――最後のペテルブルク訪問を終えたグルジェフが、モスクワまで列車で帰った。同じ客車に乗り合わせたAという著名なジャーナリストが、ある新聞に「路上にて」という記事を載せ、ここである不思議な東洋人との会話を記録している。上に引いた言葉はその中に出てくるものだ。鋭敏なウスペンスキーはすぐこれに注釈をつけ、こう言っている。「Gはもちろん、エソテリックなワークのこと、つまり〈知識の収集〉や人々を集めることを言っているのである。しかしAは彼が石油のことを言っていると思いこんでしまったのだ」。そのとおりである。しかしそれ以上でもある。けだしこの言葉は、グルジェフというひとりの稀有な人間が世界にもたらした、「ワーク」と呼ばれる知と行の一大体系の神髄を表現しているといっていいだろう。

ロシア革命の混乱を避けながら逃亡を続け、そしてその逃避行そのものをワークに変換してしまうグルジェフという男。多くの者が恐怖にとりつかれ、幻想と狂気に陥っていったあの大混乱を、実に「ずるく」泳ぎぬき、コンスタンティノープルへ、さらにはヨーロッパへと脱出していった男。――この逃避行は本書の圧巻のひとつであり、またこれまでのどの類書よりも詳しいものだ。そこからは、コーカサスの山々を越える弟子たちの不満の声や荒い息遣いさえ聞こえてきそうである。その苦難を、グルジェフはひとつのワークに変えてしまった。

「儲けて」しまった。いつも、どんなことがあっても、たとえそれが戦争でも、そこから「儲け」を出す。これがいかに至難の業であるかは、日々のちょっとしたことに苛立ち、怒り、嘆き、困難を避け、あるいは先送りしようとしている私／われわれの日常を振り返れば一目瞭然であろう。われわれの通常の一日は、まったく「儲け」がないまま終わってしまう。「儲け」もないまま、喜怒哀楽に振り回される日々が続く人生の中で、誕生の時に渡された「資金」は、多くの場合肉体が衰える前に底をつき、まったくの無一文になって塵に還っていく。――グルジェフの見る大半の人間の人生はおおよそこういったものだ。しかしわれわれの多くはこれを是としている。「これが人生」というわけだ。

しかしどの時代にも、「これが人生」と思えない一群の人々が存在した。ロシアを含む広義の「西洋」に現れたグルジェフの最初の仕事は、こうした人間を一定数集めることだった。そのときの苦労、あるいは幸運な出会いは、本書に十分に書いてある。しかし肝要な点は、グルジェフはそれさえもすべてワークとしてやったということである。これが彼のいう「第四の道」だ。あらゆることをワークとしてやること、ワーク的視点から見ること。著名なグルジェフィアンの一人であるロバート・ド・ロップのグルジェフ評は、グルジェフのこのような生き方を見事に言い当てている――「言葉の十全な意味で、彼は内なる規律に従い、何を何のためにやっているかを熟知した上で戦略的に生きた」。（本書の校正を進めるのと並行して、ジョン・フックスという、コロラド州デンバーのグループを長く主宰してきた人の『グルジェフから四〇年』という本の訳出の監修を行ったが、この中で彼は、こういう態度を「ワークを生きる」と表現している。至言だと思う。ちなみにこの本は、高踏的「知」に走りがちな日本のグルジェフ運動には一服の清涼剤のような、実践的「知」に満ちたワークへの良い指南書である。牧野泰司氏の訳で近いうちにアトリエHBから出版される予定なので、一読をお勧めしたい）

人間がより高次の知あるいは認識を獲得（グルジェフはこれを「不死性の獲得」と呼んでいる）するために生

み出した種々の行法を、グルジェフは三つに分け、それぞれ「ファキールの道」「修道僧の道」「ヨーギの道」と名づけた上で、自らが示す道を「第四の道」と呼んだのはよく知られている。この道は「砂漠への隠遁も生計の道を放棄することも要求しない。……それどころか、人が第四の道を始めるときにおかれている状況、いうなればワークが彼を見出したときの状況が、少なくともワークの最初期には、最良のものなのだ。その状況は彼には自然なものだ。つまりその状況は、その人自身なのだ。というのは、人の生活とその状況は、彼の人となりに関連しているからだ。生活から生み出された状況以外はすべて、人間にとっては人工的なもので、そんな人工的な状況のもとでは、ワークは彼の存在の全側面に触れることはできないだろう」(『奇蹟を求めて』)

われわれは、今この状況において、まったく「自然」である。しかし誰でもわかるように、そのことは何も約束しない。先ほどの言い回しを使うなら、「自然」なままに塵に還っていくだけだ。何かが為されねばならない。伝統的な「道」、あるいは宗教が強みをもっているのはまさにこの点においてである。長大な時間の中で編み上げられた壮大な知と行の体系は、人が何を為すべきか、何を為せばどこへ導かれるかを、ぼんやりとではあるが教えてくれる。その力は時に圧倒的でさえあった。しかしそれがほころびを見せはじめたことは、ドストエフスキーのイヴァン・カラマーゾフが神に人生への入場券を突き返し、ニーチェの「狂人」が神の死を宣言するのを待つまでもなく多くの人の目に明らかになってきた。これは世俗化を始めた人類の歴史にとって必然的な成り行きであっただろう。

グルジェフが自らのシステムをもって西洋に現れたのはこうした世俗化がいよいよ加速していく時代であった。この「西洋」とは、「宗教は長い間に生命力がまったく枯渇するほど退歩してしまっているのに、……ファキールやヨーギのスクールに似たものがひとつもない」世界である。この言葉からもわかるように、グルジェフは決してこれらの伝統的な道を全面的に否定したのではない。「道」とは、「人間の隠された可能性を開発する唯一の方法」だとし、「道」に依るのでなければ人間機械として機械的な生を送ることから逃れる道はないと断言する。「たとえ科学的、哲学的、宗教的、あるいは社会的な興味に満たされていても、日常生活には、道に含まれる可能性を開くものは何もなく、また何もありえない」からだ。しかし、上に引いたように、これらの伝統的な道はなんらかの「人工的な状況」を要求するために、しかもそれぞれが、肉体、感情、精神・知性のどれかひとつにのみ働きかけるために、さらには、形骸化が進んでいるために、十分に効率的なものではなくなってきた。これに対して第四の道は、「肉体、感情、精神における一連の並行した訓練」をとおして得られる理解を何よりも重視する点で、他の道とは異なり、効率的だ。彼がこの道を「ずるい人間の道」と呼ぶ所以である。

では第四の道に弱点はないのか？　少なくとも、変わりたい意欲はあるが、意志はそれほど強くない多くの者にとって弱点と呼べるものは？　それは、第四の道は先の三つの道のような確固たる形式をもっていないということだ。「これさえやっていれば安心」という鎮静剤を与えてくれないことだ。それゆえグルジェフはこう強調する――「それ（あなたにふさわしい形式）はまず見つけられねばならない」。第四の道にふさわしい形式を見つけることがいかに困難であるかは、本書に見事に描かれている。それを説く当のグルジェフ自身が、これを見つけるためにどれだけの努力をし、忍耐を重ね、失敗し、苦悩し、また立ち上がって挑戦する、というプロセスをいったい何度くり返したかを見るがいい。そしてそのプロセスが死の直前まで続いたかを。

そのため彼の生涯は、凡俗な目には失敗の連続に映るだろう。やっと手に入れた、確固たる基盤（に見えた）プリウーレも、弟子の追放その他、さまざまな手段を使って、自らぶち壊したかのように見える。熱意ある多くの人々が集まった、それゆえ「ワーク」拡大の可能性がもっとも大きかったアメリカの諸グループも、何度も出かけていったとはいえ、本腰を入れて指導する気配はついに見せなかった。それどころか、オラージュの追放、メイベル・ルーハンの土地の提供の拒否、ジーン・トゥーマーの軽い扱い、金ばかりほしがるという印象を意図的に作りあげる、等々、せっかくできかけた基盤を自分の手で突き崩したのではないかとさえ思える。こうして、あちこちに芽を出してきた運動拡大の可能性を、グルジェフは自らの手で注意深く次々と摘み取っていったかのような印象を与えるのだ。いったいこれはなぜなのか？　おそらくここに、「いつも儲ける道」の本質が隠されているのだろう。

どんな状況からでも「儲ける」ことができる精神とは、人間とは、いったいいかなる怪物なのか——本書の魅力のひとつは、グルジェフの生の航路を、微に入り細をうがって読者の前に提示することをとおして、そのような存在が実在したことを「証明」したことであろう。グルジェフと苦い訣別を経験したのち、その生の終わりまで彼に対しては愛憎半ばした複雑な感情を抱きつづけたウスペンスキーは、ロバート・ド・ロップが「ミスター・グルジェフはとても奇妙な人だったにちがいない」と言ったとき、言下にこう言い放っている——「奇妙な！　彼はけたはずれの人間だった。どれくらいけたはずれだったか、君には想像もつかないだろう」。

グルジェフはたしかに怪物的な存在であった。しかしこの本は、いわゆる信奉者の賛辞という形でそのことを記述しているのではない。もしそうであれば、はるかに凡庸で退屈な書物になっていたことだろう。著者のムア氏はこの点にはきわめて敏感で、全面的な賛美は全面的な否定と同じく生産的、未来志向的ではないことをよくわきまえている。自身熱心なグルジェフィアンでありながら、いや、むしろそうであるからこそ、信奉による形骸化には強い警戒を示している。グルジェフの教えの伝授に関する「正統性」には厳格だが、それと同時にはっきりとこう言いきっている——「最終的に確定されたグルジェフなどというものは幻想でしかない」と。これは訳者の信じるところと共鳴する。『奇蹟を求めて』の「あとがき」でも書いたことだが、グルジェフは「最終的にはわれわれ一人一人にとって、あるいは一つ一つのグループにとってのみ存在する」のである。さらに進んでムア氏はこうも言う——「彼を攻撃する者と賛美する者との激突こそが、これから先何世紀にもわたる〈激しく、活気に満ちた出来事〉を約束してくれるのだ」と。すなわち、彼のシステムを単なる思想としてではなく、「生きられるワーク」として実践し、その経験を、時に激突しあいながらも交換することのみがグルジェフのメッセージの真の継承を約束すると言うのである。

そうした著者の態度の反映であろうか、本書は、グルジェフの怪物的存在の描写においてのみ秀逸なのではない。平凡だが強い熱意をもつ者、自分が怠惰であることを意識し、それを克服しようと努めることができる者なら（プリウーレの壁に記されたアフォリズムのひとつにはこうあった――「私はワークを愛する者を愛する」）、グルジェフの「ような」人間になる可能性も同時に示唆する勇気の書でもある。「ような」の中身がどの程度になるかは、無論各自の努力に委ねられてはいるが。

*　*　*

本書にもあるように、グルジェフは神智学に対して厳しい言葉を残している。神智学を継承し、人智学という形で発展させたのは、グルジェフの同時代人のルドルフ・シュタイナーであった。グルジェフがシュタイナーを知っていたのか、知っていたとしたらどのような目で見ていたのかは、残念ながら本書では触れられていない。伝えられるシュタイナーの人物像から感じられる静謐さ、温和さ、その著書や講演録に見られる理知的で抑制のきいた語り口などを見るかぎり、「ごろつき賢者」とも呼ばれたグルジェフとこれほど対照的な人間もまたといないように思われる。しかし、こうした差異は本質的なものか、と問い直してみたくなる。こう思わせるのは、シュタイナーがそのニーチェ論『フリードリヒ・ニーチェ――自らの時代と闘う者』の中で引用している言葉のためだ。すなわち、シュタイナーがニーチェの精神の核心部分として注目している、ツァラトゥストラの弟子たちに与える言葉ほど、グルジェフの精神、あるいは彼が終生とりつづけた姿勢に近いものはないと感じられるからだ。ニーチェ・シュタイナー・グルジェフ――人間の生の意味の内奥に迫ろうと奮闘し、おそらくは近代においてもっとも深いところにまで到達した三者の間で共振している次の言葉を、本書の読者に贈りたい。

君たちは、ツァラトゥストラを信じる、と言う。しかしツァラトゥストラがどうだというのか。君たちは私の信者だと言う。しかし信者だからどうだというのか。君たちは君たち自身をまだ求めなかった。だから私を見つけたのだ。だから信じたところで何も始まらない。私を失いなさい。そして君たち自身を見つけなさい。君たちみんなが私を否定したとき、私はまた君たちのところへ戻ってくるだろう。

* * *

本書は、James Moore, *Gurdjieff: The Anatomy of a Myth* (Element Books, 1999) の全訳である。著者のムア氏に初めてロンドンでお会いしたのはもうずいぶん前のことだ。謝辞にも記されているジェフリー・サマーズ氏宅に夕食に招かれたときのことである。当時彼ら二人は、ロンドンのグルジェフ・ソサエティの中の一グループのリーダーを共同で務めていた。その数年後、訳者は一年間ケンブリッジ大学に滞在する機会を得た。そのとき幸運にも、同ソサエティの別のグループに参加することを許され、毎週のミーティングとムーヴメンツのクラスにケンブリッジから通っていた。そのときにも、グルジェフの誕生祝いその他のソサエティ全体での催しで二人には何度かお会いした。そうしたときムア氏は、グルジェフの直接の弟子であり、また本書が捧げられている自らの師であったアンリエット・ランヌの厳格な指導について語ってくれたが、全体に寡黙な人であった。いつも自己観察に集中しているという印象を与え、口を開くと、会話が単なる連想によって機械的に流れていることを気づかせるような発言をしていたのを思い出す。その数年後にイギリス南部で開かれたグルジェフ関係の集まりでお会いしたときも、その印象は変わらなかった。そのような彼は自身の経歴についても多くを語らなかったが、以下のようなことを話してくれた。一九二九年、コーンウォールに生まれる。長くロンドンの陸軍省に勤務するが、約二〇年前に退職し、執筆活動に専念する。以後、*New Scientist, Religion Today, Resurgence* などの雑誌に多数の論文を発表する。一九五六年以来種々のグルジェフ・サークルに加わるが、グルジェフ・ソサエティの古参メンバーの一人でもあった。一九八〇年には、グルジェフとキャサリン・マンスフィールドとの関わりを論じたユニークな著書、*Gurdjieff and Mansfield*（London: Routledge & Kegan Paul）を出版。「王立アジア協会」会員。グルジェフの思想についてオクスフォード大学でセミナーを行った最初の人間でもある。その後数年して、種々の理由からソサエティを離れ、今では独自にグループを指導している。

本書の強みは、なんといっても、これまでのどのグルジェフの評伝よりも多くの資料・史料にあたり、存命中の関係者の話を聞くなどして、現在望みうるもっとも詳細な検証を経て書かれたものだという点であろう。ここに描かれているグルジェフはほとんど絵画的にきらめき、『ベルゼバブ』や『奇蹟を求めて』からは感じとりにくい体温が伝わってくる。いかに怪物的であれ、彼も一人の人間であったことがわかる。そしてそれが、先にも書いたが、熱意はあるが怠惰にとらわれがちなわれわれに勇気と示唆を与えてくれる。

著者自身断っているように、グルジェフのような人物の伝記を書くということは、伝記執筆に共通する困難をはるかに超える困難を作者に要求する。その前半生は謎に包まれており、資料といえばグルジェフ自身が書き残したもの以外ほとんどない。かといってこれに全面的に依拠するのは伝記作家の沽券にかかわる、というわけだ。これまでグルジェフの謎の前半生については多くの者が解読を試みてきた。比較的成功したと思われるものもある。しかしこの場合、「成功」といっても、それは読み物としておもしろく、まずまずの説得力をもつ、といった程度にすぎない。それ以上は求められないのだ。ムア氏のこの著作の場合も、この前半生の記述の成否に関しては、読者の判断を仰ぐしかない。しかしひとつ言えることは、本書が、ほとんどの類書以上に歴史性を重視していることで、ここではグルジェフはカリスマ的人物というより歴史的人物として刻印されている。それがこの書にある厚みを付与しているのではないかと思う。

資料が比較的多く残っている後半生、すなわちモスクワ出現以後になると、氏の筆は俄然勢いを増す。これまではほとんど触れられてこなかった資料を駆使してグルジェフの日々を再現している。その筆致には、「一大絵巻を繰り広げる」という形容を使いたくなる。ムア氏は、伝記作家にとどまらず、自らもグルジェフィアンとして長くワークを続けてきた。というよりも、グルジェフィアンとしての探求が彼をグルジェフの生涯の探究へと向かわせたのであろう。「伝記作家の真の問題は、伝記作家と彼が描く対象の〈存在（ビーイング）〉の乖離なのだ」という印象深い言葉は、このような背景をもつ作者以外からは期待できないだろう。この謙虚さ、対象に対する、信奉ではなく畏敬の念こそ、本書を貫く基調低音であり、その大きな特徴といえるだろう。グルジェフィアンとしての氏は、グルジェフに関心を持ち、日本あるいは外国でのグルジェフ・グループとの接触を真剣に求める本書の読者に、以下のウェッブサイトを推奨している。http://www3. mistral. co. uk/gsg またムア氏本人には、以下のアドレスをとおして連絡できる。enquiries @ gurdjieff. org. uk

* * *

本書の校正を進めていた頃、昨年（二〇〇一年）の八月にミシェル・ド・ザルツマンが亡くなったという知らせをおくればせながら受け取った。ムア氏も深い謝意を表しているミシェルは、グルジェフの直接の後継者であるジャンヌ・ド・ザルツマンの子供としてワークを見ながら育ち、パリのグループの主宰者となり、のちには、パリ・ロンドン・ニューヨークという、いわゆるワークの「トライアングル」の中心的存在として多くの人に影響を与えてきた人物である。訳者はたまたまその死の一年前、彼が二〇年来続けていたスイスの山中での夏のワーク合宿に参加する機会を得た。行く前から、ミシェルも年をとったからこれが最後の夏になるかもしれないといううわさを聞いてはいたが、まさか彼の死によってそれが現実のものになろうとは、その時は思いもしなかった。スイスで実際に見た彼は、足こそやや弱っていたが元気そうで、理論的なことは一切まじえず、機知に富んだ冗談めかした話でわれわれの注意を内的成長へと促していた。そのいたずらっぽく笑う眼は、ムラー・ナスレッディンを、あるいはグルジェフその人を連想させた。欧米圏の多くのグループがグルジェフの後継者として認めていた彼が亡くなったことで、二一世紀のグルジェフ運動は文字通り新たな局面に入ったといえよう。とはいえ、本書にもあるように、グルジェフその人のような圧倒的な存在感をもった指導者はもはや現れないだろうというのはほぼ共通認識になっており、その意味では、各地域のグループがそれぞれのリーダーのもとでこれまでどおりの活動を続けていくことになるだろう。いずれにせよ、彼の母ジャンヌの訃報に次ぐこの知らせを受けて、訳者は、スイスや、その前年に参加したニューヨークのグルジェフ・ファウンデーションの夏のキャンプでの経験などを思い出した。こうした場所では、「白痴のための乾杯」こそなかったが、その教えの精神とスタイルはグルジェフ晩年のそれを踏襲しているかに思われた。そこに来ていた人たちの顔を思い出すにつけ、グルジェフという人間のまいた種が、着実に幹を伸ばし、花をつけようとしているという思いを禁じ得なかった。

*　*　*

翻訳に関して一言。著者がフランス語、ドイツ語にとどまらず、ロシア語、トルコ語、ギリシア語、アルメニア語等々を、多くの場合英訳や注釈なしで使っているのは翻訳者泣かせであった。またムア氏はなかなかの文体家で、凝った、あるいはきらびやかな表現を多用する。もっと平易に表現してくれれば、と思うこともしばしばであった。もちろん『ベルゼバブ』などとはまったく違う意味であるが、この種の書物としては難物のひとつといえよう。この翻訳は、数年前にケンブリッジに滞在していたときに行ったもので、ロンドンのムア氏には何度か長い質問一覧を送り、丁寧に答えていただいた。本書の翻訳・出版を快諾してくださったこととあわせて、心からの謝意を表したい。

＊　＊　＊

最後に、いつものことながら、平河出版社の藤井愛子氏には大変なご苦労をおかけしたことを記しておきたい。実に緻密な編集・校正作業は、翻訳者にとってはありがたいと同時に苦行でもあったが、訳文の正確さやなめらかさ、種々の表記にいたるまで、徹底的に目をとおしていただいた。今回の翻訳では、地名や人名などを現地語風に表記するという今日の傾向にならい、これまで訳者が慣習的に使ってきた表記も一部見直し、できるだけ現地語に近いものにすることにした。しかし、グルジェフ運動が英米圏を中心に展開していること、また、たとえばムーヴメンツの表記などは英語読みが定着していること、さらには出身国以外で活動した人の名をどう発音するかという問題等々、諸々の事情があって、この作業は想像以上に複雑であった。(たとえば、これまで「ダーヴィッシュ」としていたものは「ダルウィーシュ」にするが、ムーヴメンツの「トレンブリング・ダーヴィッシュ」などはそのまま残した)。フランス語の表記に関しては、訳者の勤務先の同僚である志賀亮一氏に教えを乞うた。中近東、ロシアなど、多出する地名、人名のチェックについては、山川裕子氏、長谷川郁子氏はじめ多くの方々のご助力を得た。該当する大使館にもお世話になった。これらの表記が少しでも正確になったとすれば、それはこうした方々に負うものである。記して感謝したい。

二〇〇一年一一月

浅井雅志

著者略歴

ジェイムズ・ムア 〈James Moore〉

一九二九年、イギリスのコーンウォールに生まれる。長年ロンドンの陸軍省に勤務するが、一九八〇年頃より執筆活動に専念。『ニューサイエンス』『レリジョン・トゥデイ』などの雑誌に多数の論文を発表する。また一九五六年以来、グルジェフに関わるさまざまな団体に参加し、グルジェフ・ソサエティのリーダーの一人として活躍。オックスフォード大学で初めてグルジェフに関するセミナーを行う。現在は同ソサエティを離れ、独自のグループ活動を続けている。王立アジア協会会員。

著書に、*Gurdjieff and Mansfield* (Routlege & Kagan Paul, 1980), *Katherine Mansfield: Centennial Essays* (Loisiana State University Press, 1991) など。

訳者略歴

浅井雅志 〈あさい・まさし〉

一九五二年、広島県生まれ。同志社大学大学院修士課程、マンチェスター大学大学院博士課程修了。マンチェスター大学より Ph. D. 取得。現在、京都橘女子大学教授。一九七五年以来「ワーク」に関わり、イーデン・ウェスト・キョートを主宰する。

著書に、*Fullness of Being: A Study of D. H. Lawrence*（リーベル出版）、『ロレンス研究』（共著、朝日出版社）、『オカルト・ムーヴメント』（共著、創林社）など。訳書に、P・D・ウスペンスキー『奇蹟を求めて』、G・I・グルジェフ『ベルゼバブの孫への話』『生は〈私が存在し〉て初めて真実となる』（ともに平河出版社）、D・H・ロレンス『不死鳥 I』『不死鳥 II』（共訳、山口書店）、マイケル・ベル『モダニズムと神話』（共訳、松柏社）など。

グルジェフ伝
神話の解剖

第 1 刷発行——2002年 3 月15日
著者————ジェイムズ・ムア
訳者————浅井雅志
発行者————森眞智子
発行所————株式会社平河出版社
東京都港区三田3-1-5　〒108-0073
TEL.03 (3454) 4885　FAX.03 (5484) 1660
振替 00110-4-117324
装丁————春井裕
印刷所————凸版印刷株式会社
ISBN4-89203-316-2　C0010

グルジェフ関連書籍

ベルゼバブの孫への話
人間の生に対する客観的かつ公平無私なる批判

G.I.グルジェフ＝著　浅井雅志＝訳

◉宇宙船カルナック号を舞台に賢者ベルゼバブが孫に語る，惑星地球の三脳生物＝人間をめぐる大宇宙史。巧妙かつ精緻な企みをもって書かれたグルジェフ思想の集大成。

●A5判上製　定価[本体7,282円＋税]

生は〈私が存在し〉て初めて真実となる

G.I.グルジェフ＝著　浅井雅志＝訳

◉自らの思想とエクセサイズ（行法）の核心を示し,〈生〉の中での実践をうながすグルジェフ最後のメッセージ。後半生の自伝ともいえる，謎に満ちた未完の書。

●四六判上製　定価[本体2,427円＋税]

奇蹟を求めて
グルジェフの神秘宇宙論

P.D.ウスペンスキー＝著　浅井雅志＝訳

◉運命的な出会いから別離まで，世紀の神秘思想家グルジェフとともに過ごした8年間のドキュメント。知られざる思想体系の全貌が肉声で語られる。

●四六判並製　定価[本体2,136円＋税] mind books

グルジェフ・ワーク
生涯と思想

K.R.スピース＝著　武邑光裕＝訳

◉人間の可能性を最大限生かすグルジェフの〈ワーク〉とは何なのか？　長年〈ワーク〉を実践してきた心理学者が明らかにする〈第四の道〉の全体像。

●四六判並製　定価[本体1,456円＋税] mind books